北京市教育科学"十二五"规划重点课题"促进学习困难小学生脑执行功能健康发展的运动干预理论构建与实证研究"（AGA15205）资助

运动改善学习困难小学生脑执行功能健康发展的理论与实践

殷恒婵　潘家礼　崔　蕾　著

北京体育大学出版社

策划编辑：力　歌
责任编辑：王泓滢
责任校对：朱燕春
版式设计：联众恒创

图书在版编目（CIP）数据

运动改善学习困难小学生脑执行功能健康发展的理论与实践 / 殷恒婵, 潘家礼, 崔蕾著. -- 北京 : 北京体育大学出版社, 2021.12
ISBN 978-7-5644-3515-8

Ⅰ. ①运… Ⅱ. ①殷… ②潘… ③崔… Ⅲ. ①体育运动 - 影响 - 学习困难 - 小学生 - 学习心理学 Ⅳ. ①G442

中国版本图书馆CIP数据核字(2021)第261911号

运动改善学习困难小学生脑执行功能健康发展的理论与实践
YUNDONG GAISHAN XUEXI KUNNAN XIAOXUESHENG NAO ZHIXING GONGNENG JIANKANG FAZHAN DE LILUN YU SHIJIAN

殷恒婵　潘家礼　崔　蕾　著

出　　版：北京体育大学出版社
地　　址：北京市海淀区农大南路 1 号院 2 号楼 2 层办公 B-212
邮　　编：100084
网　　址：http://cbs.bsu.edu.cn
发 行 部：010-62989320
邮 购 部：北京体育大学出版社读者服务部 010-62989432
印　　刷：北京虎彩文化传播有限公司
开　　本：787mm × 1092mm　1/16
成品尺寸：185mm × 260mm
印　　张：32.5
字　　数：564 千字
版　　次：2022 年 1 月第 1 版
印　　次：2022 年 1 月第 1 次印刷
定　　价：288.00 元

作者的话

执行功能（Executive Function），是指在完成复杂的认知任务时，对各种基本认知过程进行协调和控制的高级认知过程。脑执行功能不良的儿童，不仅学习能力受损，还常继发行为和情绪等方面的问题。研究表明，学习困难小学生脑执行功能存在发育不良的特点。在我国，学习困难小学生发生率约为15%。学习困难严重影响了学生的学业成绩，对其个性与心理健康发展也有潜在负面影响。目前，探索提升学习困难小学生脑执行功能的有效手段，进而改善学生学习困难的现状，成为教育学、心理学、体育学等众多学科的关注热点。

近年来，本团队前期围绕运动与脑执行功能开展了系列研究，发现运动对普通、肥胖、聋哑、注意缺陷多动障碍儿童脑执行功能均具有改善作用，初步提示运动可以作为一种提高和改善儿童脑执行功能的有效手段。然而，目前尚未发现运动与学习困难小学生脑执行功能的相关研究。因此，构建运动改善学习困难小学生脑执行功能发展的理论，并根据不同类型学习困难小学生的脑执行功能特点，靶向开发运动干预方案，探索运动与学习困难小学生脑执行功能的关系，为针对性地促进学习困难小学生脑执行功能健康发展，改善其生活质量，具有重要的理论意义和实践价值。

2015年6月，北京师范大学体育与运动学院殷恒婵教授承担了北京市教育科学“十二五”规划重点课题：促进学习困难小学生脑执行功能健康发展的运动干预理论构建与实证研究（AGA15205）。

本课题主要完成人为殷恒婵教授（北京师范大学体育与运动学院）、潘家礼副教授（重庆师范大学体育与健康科学学院、北京师范大学体育与运动学院博士）、崔蕾博士（北京师范大学体育与运动学院）。

本专著共包括理论篇和实践篇两部分，各部分的研究成员如下：

一、理论篇（共四章）

组长：殷恒婵

副组长：潘家礼、崔蕾、陈爱国、胡惕、马强、傅雪林

主要成员：王源、朱丽娜、胡玲玲、李秀娟、蔡将、罗锐、张静怡、申其淇、李静、王东岭

二、实践篇（共四章）

组长：殷恒婵

副组长：潘家礼、崔蕾、陈爱国、马强、胡惕、孙伟

主要成员：蔡将、崔映斌、苗仁杰、张艺萌、王源、朱丽娜、胡玲玲、李秀娟、申其淇、李静、王东岭、李昀霏

运动与学习困难小学生脑执行功能关系的研究是十分复杂的课题，在如此短的时间内，开展这些工作并撰写这样一部涉及多学科领域的著作，过程艰辛。本书中若有不妥之处，我们真诚地希望得到同行专家和读者的批评、指正。最后，向所有支持和帮助过本课题研究的单位和个人表示由衷的感谢！

殷恒婵　潘家礼　崔　蕾

目 录

理论篇

实 践 篇

理论篇

第一章　脑执行功能概述

第一节　脑执行功能的定义

一、国外关于脑执行功能含义的观点

脑执行功能是认知心理学的研究热点，由于其含义的广泛性以及不同学者理解角度的不同，对脑执行功能的解释仁者见仁。

脑执行功能的研究起源于对前额叶皮层受到损伤的研究。哈洛（Harlow）在1868年发现前额叶皮质的损伤会严重损害脑执行功能，从而揭开了脑执行功能研究的序幕。案例证明，前额叶皮层的损伤会导致“脑执行功能障碍综合征”，表现出许多行为缺陷。在很长一段时间内，脑执行功能常常被看作是由前额叶调节的认知功能，两种用语也经常通用。萨尔豪斯（Sallhouse）等指出，目前学术界诸多文献中脑执行功能和前额叶功能经常出现交替使用的现象，也有使用中央脑执行功能来替换脑执行功能的现象。虽然上述表述存在着差异，但实际上它们的生理基础、功能等都是一样的，都是前额叶的功能，只是表述名称不同而已。

关于脑执行功能的定义，其中具有代表性的观点有以下几种。

史密斯（Smith）等的观点：脑执行功能是认知功能的重要方面，其核心内容是对相关信息的注意、对无关信息的抑制以及对不同任务的管理和控制。

米亚可（Miyake）的观点：脑执行功能是一种有意识的控制机制，它采用灵活有效的方式协调不同认知过程，并调节人类复杂的心理活动。

加扎尼娜（Gazzanina）认为：脑执行功能是个体采用多种方式来协调多个认知系统的活动，从而使得行为顺利实施的一种复杂的认知过程。

阿尔瓦雷茨（Alvarez）等认为：脑执行功能是一种高级认知功能，是用来调控低级认知过程和目标指向的行为。

恩索尔（Ensor）和休斯（Hughes）认为：脑执行功能是帮助个体在监控目标

的基础上，做出恰当反应，从而适应环境的目标指向行为。

二、国内关于脑执行功能含义的观点

周晓林认为：脑执行功能的本质是个体为了目标，有序且有目的性地对其他认知过程进行调节的行为。

李红等的观点：脑执行功能是一种复杂的认知过程，是指有机体对思想和行为进行有效控制的加工过程。

魏勇刚指出：脑执行功能是指那些对个体的意识和行为进行监督和控制的各种操作过程。

目前研究者们比较认可的脑执行功能含义可以归纳为：个体在完成复杂的认知任务时，对各种基本认知过程的协调。其根本目的是产生有目的性的、协调有序的行为；本质是对其他认知过程的调节和控制。

第二节　脑执行功能的结构

对于脑执行功能的结构问题，学者们一直处于不断的探索中。早期研究者认为脑执行功能是作为整体而存在的，是一个单一的系统，不包含任何明显的子功能或子成分。然而，随着研究的深入，临床和个体差异的研究均表明，脑执行功能并不是一个单一的结构，而是包含不同成分的多维结构，具有可分离性。

巴德利（Baddeley）把脑执行功能四个子功能：抑制、转移、更新以及双任务协调的表现。抑制或抑制主导行为倾向有利于更多目标适应，这种行为大多与脑执行功能相关。米亚可与他的同事们强调了一个事实——在负启动（负启动的原因是当探测刺激中的目标字母在启动刺激中未被注意时，二者在呈现时间上的区别性降低，因此使被试产生混淆，从而影响对该字母的识别）和反应性抑制（反应抑制，reactive inhibition，是指有机体对某个刺激因反应次数增多而使反应强度减弱的现象）的情况下，抑制既可以被控制和被预算，也可以不受控制。这些研究者强调，只有在被控制和被预算的情况下，反应的抑制才有资格称为一种脑执行功能。另一种被巴德利区分出来的脑执行功能是转移，即转移注意力的能力或者反应定势之间转移的能力。更新被认为在本质上是执行功能的第三种认知功能，它用于对相关任务信息的传入和对记忆中信息随后修订的编译和评估。这种脑执行功能具有对记忆中的内容进行活性控制的特点。

信息不只是被动地储存起来，相反，它会根据新的信息进行修改。根据巴德利所说的，最后的脑执行功能是双任务的协调表现，即同时协调两个任务行为的能力。这里的主要问题是，无论由于第二任务的引进而导致的基线任务的性能恶化与否，两个任务都必须要同时进行。

米亚可以大学生为研究对象，使用结构方程模型对脑执行功能结构做潜变量分析，分离出脑执行功能的三个主要成分：抑制（inhibition）、刷新（updating）和转换（shifting/switching）。菲斯克（Fisk）等人研究发现，脑执行功能包括四个子功能：抑制、刷新、转换和存取。由于存取功能与长时记忆关联性更强，因此，该研究结论基本支持米亚可的三维度观点。除存取之外，其他三种子功能与米亚可发现的脑执行功能子功能相似，该研究为米亚可提出的脑执行功能三维结构的科学性提供了神经影像学的有力证据。卡廷（Cutting）等人认为，脑执行功能是由一系列诸如计划、抑制、组织、工作记忆和自我监控等高级技能组成的。

陈天勇和李德明以中国人为研究对象，使用结构方程模型进行潜变量分析，也证实了脑执行功能三种子功能的存在。文萍以儿童群体为研究对象的研究也发现脑执行功能的三维结构特征同样适用于儿童群体。综上，脑执行功能的三个子功能的具体含义如下：

（1）抑制功能是指认知过程中有意识地对自动的、占主导地位的、优势反应的抑制，包括阻止与情境不适宜的优势反应进入；终止被部分激活但与目标无关的信息进入；抑制不相关信息的激活。

（2）刷新功能是指依据新呈现的信息，对工作记忆中的内容进行不断连续的修正，其本质不是被动地保持信息，而是按需要有意识、活跃地操作工作记忆的信息。

（3）转换功能是指在执行复杂的认知任务时心理操作或定势间的往复转换，也称任务转换。

基于以上研究认为，脑执行功能具有多种不同的构成成分，并且其构成成分具有可分离性。因此，现阶段研究者公认的脑执行功能主要包括三个子功能，分别是抑制功能、刷新功能和转换功能。

第三节 脑执行功能的作用

脑执行功能的本质在于对认知活动进行调节、监督和控制，以使个体产生有序、恰当的行为。儿童作为个体发育发展的关键期，脑执行功能的发展水平对其生活质量具有重要作用。

一、脑执行功能与学习

脑执行功能涉及记忆、控制、认知灵活性等内容，因而对学习有着重要的意义。6 ~ 11 岁的儿童大脑处于快速发育时期，同时也是儿童脑执行功能发展的关键期。学习与大脑前额叶的发展有着密切的联系，学习新知识时都会有脑执行功能的参与。有研究表明，认知灵活性强的儿童比认知灵活性弱的儿童更容易将知识进行同化和顺应，自然迁移知识，构建新的知识框架。通常脑执行功能差的儿童难以适应新的学习任务，常表现出固执、拘泥于形式等行为。患有明显学习能力下降的发育性协调运动障碍的儿童具有明显的脑执行功能缺陷，说明脑执行功能不良严重影响儿童智力、学习和社会功能的发展。无论哪种儿童，其认知灵活性并不是一成不变的，而是可以通过训练提高的。这对于脑执行功能差的儿童是一种希望和动力。

二、脑执行功能与数学学习

数学学习困难一直是困扰教师的一个难题。研究者认为，工作记忆是影响数学学习的主要因素。工作记忆包括言语、视空间、中央脑执行功能等三个方面。数学学习能力差的儿童往往在上述方面存在缺陷，而且中央脑执行功能对其影响更为严重。吉尔里（Geary）等认为，概念知识和运算程序是数学学习困难的主要障碍，而中央脑执行功能正是关系到上述能力的重要因素。彼得（Peter）等也发现存在中央脑执行功能缺陷的儿童易于表现出数学学习困难。为了探讨儿童的脑执行功能与数学学习间的关系，布尔（Bull）和约翰斯顿（Johnston）采用威斯康星卡片分类测试等任务对其进行了研究，结果发现数学成绩差的儿童发生错误率偏高。斯旺森（Swanson）的研究发现，注意资源的有效分配是影响数学学习的重要因素，而这恰与中央脑执行功能有关。周世杰等人的研究也发现，儿童的数学推理能力和心算能力在很大程度上与工作记忆、加工速度、脑执行功能有着密切的联系。因此，中央脑执行功能对于数学学习有着重要的影响作用，加强中央脑执行功能的分离研究是一种迫切的需求。

有研究表明，在理论上，工作记忆等脑执行功能的构成成分对于个体发现、信息筛选、加工、抑制控制等都具有重要作用，而这些是算术认知运行必然要经历的过程或步骤。因此，可以大胆推测两者之间必然存在着关联性，脑执行功能在算术认知策略运行的过程中有着特殊的意义和作用。

三、脑执行功能与阅读

阅读是从文字里获得基本信息的过程，是人们认识客观世界、获得社会经验最有效的手段。廷克（Tinker）认为，引起阅读困难的原因是复杂的，可能与中央脑执行功能等有关。斯旺森通过对阅读、学习成绩差异显著的两组学生进行研究，发现即使对部分干扰变量进行了控制，两组学生之间的脑执行功能仍存在显著差异。

王恩国等研究发现阅读和脑执行功能间存在着一定的联系，阅读困难的儿童的中央脑执行功能水平较低，其脑执行功能的不足不仅表现在工作记忆方面的缺陷，还表现在特定工作记忆方面能力的不足。

王恩国、刘昌研究发现，初二学生语文学习困难组脑执行功能任务的反应时明显高于控制组，即学习困难学生的中央脑执行功能存在缺陷。

贾斯特（Just）指出，中央脑执行功能可能在抑制机制上影响着阅读理解。例如，在阅读的过程中，儿童如果不能对刚刚加工过的信息进行联想，那么就可能导致这些无关信息依旧处在工作记忆里并处于激活的状态，从而加重当前阅读加工、存储的任务，不能为下一步阅读及时提供材料而造成阅读困难。刷新、转换与阅读能力间也存在着一定的联系，索菲（Sophie）等人通过对 9 ~ 12 岁普通儿童的研究予以了证实。帕拉迪诺（Palladino）在实验中发现，阅读成绩差的被试儿童往往对目标词的回忆更少，容易产生更多错误信息的干扰。因此不同的记忆刷新测试对阅读是有影响的。

四、脑执行功能与推理

加布里埃利（Gabrieli）认为，推理是工作记忆能力的总和。也有人认为，推理与工作记忆有密切关系，工作记忆对信息保持具有重要作用，同时能够对内部心理信息形成表征；而从整体上看，中央执行系统的表征形式要比上述表征过程抽象复杂得多。奇洛凝（Kyllonen）和恩格尔（Engle）等人发现，脑执行功能在推理能力的培养与发展方面有着重要作用。索非等人通过对脑执行功能和推理关系的研究发现，刷新功能和语言推理有关，转换功能与非语言推理有关。周世杰等指出，数字、图案推理与脑执行功能、加工速度等均显著相关。泽拉佐（Zelazo）等人提出的脑执行功能的问题解决框架有助于对问题解决推理的研究。

五、脑执行功能与情绪

前额叶神经系统能够调控儿童的行为和情绪。情绪控制是个体有意识地对情绪从产生到保持再到形成模式化的一个心理过程，期间情绪的强度、持续时间等会发生变化。

临床研究表明，额叶受到损伤的儿童，在脑执行功能受损后，往往会出现脾气暴躁、倔强、具有攻击性等情绪控制异常的行为。因此，可以推断抑制功能和情绪的调控之间可能存在着某种联系。情绪控制的过程并非只依靠单一环节来实现，整个过程需要情感系统、注意系统、自律系统共同作用实现，而注意控制的作用尤为重要。注意系统与自我控制之间也存在着密切的联系。有研究者利用侧抑制和斯特鲁普测试等进行抑制测验，研究不同压抑水平、不同冲动性水平儿童的抑制水平，结果表明，成绩适应性强的儿童抑制功能好于较易冲动儿童的抑制功能。

六、脑执行功能与攻击行为

攻击行为通常是指个体有意识、有目的地进行或试图进行伤害他人心理或身体的行为。攻击性儿童、工读生以及暴力罪犯等是目前对于攻击行为和脑执行功能关系研究的常见研究对象。

塞金·琼·R（Séguin，Jean R）和皮尔·罗伯特（Pihl，Robert）等发现，攻击性强的个体脑执行功能比普通个体要差，反之亦然。攻击性个体的注意、记忆、问题解决的能力往往较差，即使排除社会因素的影响也是同样的结果。因此，攻击行为强度与脑执行功能成反比。江文庆和杜亚松从具有较强攻击性、破坏性行为青少年的神经心理测试、脑成像及基因等各方面针对脑执行功能的研究做了详细综述，试图解释该类脑执行功能异常的原因。

邢燕雷研究发现，性别差异能够影响个体脑执行功能、主动性、攻击行为等；不同脑执行功能子功能的发展水平所对应的儿童攻击亚类型也不同；攻击行为受到多种因素的影响，不仅受儿童自身的脑执行功能发展水平的影响，还受到父母教养方式等综合影响。

自我控制在儿童的社会性交往行为中表现出重要作用。纪林芹曾使用ERP技术进行脑实验研究，研究发现攻击性儿童的抑制控制、计划能力较差，脑执行功能显然受到影响。冯杉杉的研究结果发现，高攻击倾向学生的脑执行功能显著差于低攻击倾向学生，两种攻击类型学生的“冷”抑制能力差异显著。

七、脑执行功能与气质

目前，对脑执行功能和气质的关系研究多集中于其构成成分与气质之间关系的研究。在进行罗特巴特（Rothbart）儿童行为问卷表（CBQ）调查中发现，气质与自我调节间的结合方式，可以预测儿童社会性功能的发展情况。在现实中我们可以发现，一般在强烈的情绪情境中，调节能力较低的儿童社会功能、社会行为更差。有研究者假设抑制控制与气质有关，认为儿童的气质特征能够在抑制控制上有差异性的体现，并最终体现在将来的行为和能力中。李娜研究发现，延迟满足能力不同的儿童在气质中的反应阈限维度中存在差异。儿童的趋避性与等待时间之间有密切关系。一般认为，趋避程度越低，延迟等待的时间就越长，反之亦然。儿童抑制控制能力的发展情况又会进一步影响到儿童的行为、能力等其他方面。延迟满足能力强的儿童其注意的广度大、持久性强，更少分心，善于主动解决问题。杨丽珠、刘文的研究也表明，自我延迟满足能力强的儿童情绪水平一般都较积极，控制冲动的能力更强，活动水平更高，在任务完成方面更持久。

第四节 脑执行功能的测量

一、测量任务

随着对儿童脑执行功能的定义和构成成分逐渐达成共识，研究者开发出大量科学的、具有针对性的心理测量任务。脑执行功能的子功能（抑制功能、刷新功能和转换功能）的常见测量任务如下。

（一）抑制功能的测量任务

1. Stroop 色 – 词测验（The Stroop Color-Word Test）

Stroop 色 – 词测验共包括3张卡片。卡片A用黑色字迹写上随机排列的红、绿、黄、蓝4个字，共50个字。卡片B与A雷同，所不同的是，以不同于黑色字迹的红、绿、黄、蓝4种颜色写上述4个字。卡片C与B雷同，所不同的是，用红、绿、蓝、黄4种颜色点点，而不写任何字。该测验进行4种测查：①要求被试读卡片A；②读卡片B而不管字的颜色；③说出卡片C的颜色名称；④说出卡片B的颜色名称，而不管写什么字。要求被试尽可能快地说出颜色，根据完成时间评分。因为该测验容易操作、计分方便、被试也容易理解，所以应用十分广泛，对测量脑执行功能中的抑制控制和反应的可塑性较敏感。

2. Flanker 任务

Flanker任务又叫侧抑制任务，在中央呈现靶刺激（例如字母R或字母L）两侧同时呈现与它不一致（如“LLRLL”）或一致（如“RRRRR”）的刺激。一般情况下，相比于一致刺激条件，对不一致刺激条件的反应时间更长，精确度也更低。

3. 日/夜 Stroop 变式任务（Day-night Stroop Task）

日/夜Stroop变式任务为两张卡片，一张绘有一个红色的太阳，另一张绘有一个月亮和几颗星星，要求被试看到太阳说“白天”，看到月亮和星星说“夜晚”。这一任务通常用于幼儿脑执行功能测量。儿童大概在6岁时会出现天花板效应，后来研究者为了使任务对所有年龄儿童都具有挑战性，于是在日/夜卡片基础上增加了男孩/女孩、上/下、大/小卡片。测验中，按照图片的意思反应（看到女孩图片说“女孩”）是必须抑制的优势反应。

4. 数字 Stroop 测验

数字Stroop测验任务按经典的色－词Stroop任务范式进行设计，刺激材料由字色改为数字（1、2、3、4）。卡片A上随机排列一些符号串（如××、×××、×、××××），卡片B上随即排列着由1、2、3、4组成的数字串，数字与数字串数量冲突（如222、33、4、1111）。该测验进行2种测量：①要求被试说出卡片A上每串符号的个数；②说出卡片B上每个数字串的个数，而不管组成数字串的数字。刺激呈现后，要求儿童在保证正确的前提下，尽快对数字串的数字个数进行反应。通常数字串的数字会干扰对数字串的数字个数反应，因为认出数字会自动激活，这是必须要抑制的。这一任务降低了对阅读能力的要求，而且也容易操作、计分方便，所以应用较为广泛，是较好的抑制控制测量任务。

5. 冲突动作反应任务（Conflicting Motor Response）

冲突动作反应任务是一种行为抑制控制任务。测试时，实验者向儿童演示两种相反的手势，如“握拳”和“伸掌”，“摸鼻子”和“摸耳朵”。实验时，实验者做出一种手势，要求儿童做出与此相反的手势，然后实验者做第二个手势，要求儿童做出实验者前面做过的手势。这一任务实施简单，适合不同年龄的儿童，广泛应用于大脑发育缺陷研究中，这些研究的文献中保存了大量与其他测量任务的比较数据。

（二）刷新功能测量任务

1. 数点广度任务（Counting Span Task）

数点广度任务的材料为一些绘有黄色和绿色圆点的卡片。刺激卡片上随机排列着一些绿色和黄色的点，测验时，实验者按规定的序列呈现卡片，首先给儿童两张正面朝下的卡片，实验者翻开第一张卡片（如 4 个黄点 6 个绿点），要求儿童数卡片上的黄色点数。数完后，这张卡片被翻转，下一张卡片被翻开（如 5 个黄点 5 个绿点），继续要求儿童数卡片上的黄点数。在数完点数之后，这张卡片又被翻转。然后，实验者指着第一张卡片和第二张卡片，要求儿童按顺序回忆每张卡片上黄点的数量。如果儿童能够正确回忆（4 和 5）就算通过。如果一次不成功，可另外摆两张卡片，进行第二次测试。再测成功也算通过两张卡片系列广度（2 张卡片，广度设计为 2）。之后依次增加卡片数量，儿童在某一卡片系列两次测试都不能通过时，测试就终止（停测）。这一任务要求加工（数点数）和储存（按顺序记住每张卡片上的黄点数），是典型的记忆刷新测量任务，适合于学龄儿童测试。

2. n-back 任务

n-back 任务要求被试将刚刚出现过的刺激与前面第 n 个刺激相比较，通过控制当前刺激与目标刺激间隔的刺激个数来操纵负荷。当 n=1 时，要求被试比较当前刺激与它相邻的前一个刺激；当 n=2 时，则比较当前刺激和它前面隔一个位置的刺激；当 n=3 时，要求比较的是当前刺激和它前面隔两个位置的刺激，依此类推获得不同程度的任务难度。任务类型包括字母匹配任务、位置匹配任务和图形匹配任务三类。在位置匹配任务中，要求被试判断两个刺激呈现的位置是否相同，而不管两者是否为同一个字母或图形；在字母或图形匹配任务中，则要求被试判断两个刺激是否为同一个字母或图形，而不管它们的呈现位置如何。该范式的优点在于将任务设计成在工作记忆上施加一个连续的、参数可变的负荷，而其他任务需要保持恒定。

3. 读句子广度（Sentence Span）

读句子广度是让儿童阅读一些句子，这些句子以 2 ~ 5 个句子组成一组，每个句子的最后一个词都留空，如 3 个句子系列：“鱼在游泳，鸟在（　　）；雪是白的，煤是（　　）；在牛棚里，农场工人在挤（　　）”。每组句子逐句呈现，读完每一句后要求儿童填上每个句子的最后一个词。这一任务要求加工（阅读和填词）和储存（按顺序记住每个句子的最后一个词），是典型的记忆刷新测量任务。

4. 听句子广度（Listening Span）

听句子广度是让儿童听一些句子，这些句子以 2 ~ 5 个句子为一组，每个句子逐句呈现。读完每一句后要求儿童判断这个句子的对错。例如，“A 和 B 是字母表中的开头两个字母”；“鸡是生活在海里的动物”。一组句子呈现完毕后，要求儿童按顺序回忆每个句子的最后一个词。这一任务要求加工（阅读与填词）和储存（按顺序记住每个句子的最后一个词），是典型的记忆刷新测量任务。

5. 最后三位数字刷新任务

最后三位数字刷新任务的实验材料为不同的数字系列。测验时，研究者随机呈现一系列数字，要求被试不断重复最后出现的三位数字。例如，依次呈现数字 6-3-2-9-7，被试就应该报数：6-63-632-329-297。数字系列有 4、5、6 三种长度，在测验中数列长度随机安排，被试不知道数列何时呈现完毕。计分方法为一系列完全正确得 1 分，中途任何一次漏报或误报都不给分。这一任务简单易操作，但年幼儿童不易理解实验要求。实验时，一定要让被试通过练习充分理解实验要求。

6. 活动记忆任务

与最后三位数字刷新任务类似。这种范式要求被试听或看一系列未知长度的项目串，被试在回忆项目时，有两种回忆方式，一是回忆出尽可能多的项目，二是只回忆最近呈现的几个项目，包括两项难度不同的分任务。在较易任务中，由计算机在屏幕中央以每 1.75 秒呈现一个数字的速度，随机呈现一系列的数字，要求被试随时大声报告数列的最后 3 位。例如，呈现数字 7-6-2-1-4，被试就应该依次报告：7-6-762-621-214，最终答案为 214，完全正确得 1 分，中途任何一次漏报或误报都不能得分。数列有 4 ~ 9 位 6 种长度，在每一数列中没有相同的数字出现。在实验中数列长度随机安排，被试不知道数列何时呈现完毕。练习 8 次，正式测验 24 次（每种长度 4 次）。较难任务与较易任务基本相同，只是将数字呈现的速度改为每 0.75 秒一个。在活动记忆任务中，被试要保持一个激活的项目序列，在该项目序列的长度大于需要反应的项目序列长度时，每呈现一个新的项目，被试就要消除掉记忆中位于项目序列位置最前面的那个项目，并把新呈现的项目加到末端。

（三）转换功能测量任务

1. 威斯康星卡片分类任务（WCST，Wisconsin Card Sorting Task）

威斯康星卡片分类任务的材料由 128 张反应卡片和 4 张刺激卡片组成。每张卡片均包含 3 个纬度的特征：颜色（红、绿、蓝、黄）、形状（正方形、圆形、五角形、三角形）和数量（1、2、3、4）。4 张刺激卡片一直放在儿童前面的桌子上。测验时，要求被试把每一张反应卡片与桌面上的 4 张卡片之一相匹配，并将反应卡片放到它所匹配的那张刺激卡片的下面。每放一张，主试者就反馈说“对了”或“错了”，但不给被试任何有关分类原则的提示。主试者掌握的分类顺序为颜色—形状—数量—颜色—形状—数量。当被试连续 10 次分类正确，主试者即转换分类原则，但对被试没有提示，直到完成正确分类 6 次或做完全部 128 次。被试放卡片的时间没有限制。

2. 大小奇偶转换任务（More-odd shifting）

大小奇偶转换任务刺激材料为 8 个数字（1 ~ 9，没有 5）。测验时，第一步为大小判断，要求被试对呈现的数字进行大小判断（5 以下为小，5 以上为大）；第二步为奇偶判断，对呈现的数字进行奇偶判断；第三步需要进行两种判断策略的转换。转换所需时间的计算：第三步中实验的平均反应时间与前两步（不需要转换）实验的平均反应时间之差。

3. 数字 - 字母任务

数字 - 字母任务是一项计算机程序任务，刺激材料为成对的数字 - 字母（如 7 G）。在研究时，将计算机分为四个象限，当数字 - 字母对出现在屏幕上方两个象限时，要求被试指出数字是奇数还是偶数；当数学 - 字母对出现在屏幕下方两个象限时，要求被试指出字母是辅音字母还是元音字母。实验顺序是：数字 - 字母对首先在屏幕上方两个象限出现，然后在下方两个象限出现，最后绕四个象限按顺时针方向呈现。前两步不需要任务转换，第三步需要进行两种不同类型的转换。转换所需的时间计算：第三步中实验的平均反应时间与前两步（不需转换）实验的平均转换时间之差。

二、量表评估

前面介绍的是一些测量任务。研究者们还试图通过父母对儿童日常行为进行评估，了解他们的脑执行功能情况，这样，就出现了对脑执行功能的量表评估手段。

（一）脑执行功能行为评估量表（Behavior Rating Inventory of Executive Function，BRIEF）

脑执行功能是一个非常宽泛的概念，它涉及多种能力，从计划、自我检测到工作记忆，从认知、情绪成分到外显行为。过去的一些测验，都是把成人的测验拿过来用（downward extension），而脑执行功能行为评估量表（BRIEF）是专门为儿童和青少年设计的测验，所测结果能精确地反映儿童的日常行为。因此，可以说 BRIEF 测定的是儿童的真实世界（real world）的技巧，而不是仅仅在测验室内的技巧。这无疑可以提高对脑执行功能测定的神经心理作用。

BRIEF 是由 4 位神经心理学家经过十几年的精心策划、研究和试验得出来的，供家长、抚养者和老师使用的评估儿童脑执行功能的量表。目前的 BRIEF 成套问卷包括：86 道题目的家长问卷（Parent Form）及其计分卡（Parent Form Scoring Summary），86 道题目的老师问卷（Teacher Form）及其计分卡（Teacher Form Scoring Summary）。每道题目都是 3 级评分（从没有、有时、经常）。每一种问卷大约需要 10 ~ 15 分钟就能完成。

BRIEF 检查脑执行功能的 8 个方面的特征：抑制（inhibit）、转换（shift）、情绪控制（emotional control）组成行为调节指数（Behavioral Regulation Index，BRI）；始动（initiate）、工作记忆（working memory）、计划 / 组织（plan/organize）、材料组织（organization of materials）、监督（monitor）组成元认知指数（Meta-cognition Index，MI）。BRI 和 MI 共同组成整体脑执行功能（Global executive Composite，GEC）。

登卡拉 MB（Denckla MB）在他对 BRIEF 的评论中提出三个问题：①能否测“真实世界”的问题，涉及评定者对条目在字面上的理解，还有就是评定者的情绪是否影响结果；②日常行为的脑执行功能与实验室的脑执行功能是否一致，而日常行为受社会情绪因素的影响很大；③ BRIEF 测定的未必都是额叶功能，也有可能是全脑功能，对 BRIEF 的额叶定位功能提出了挑战。

（二）儿童执行行为异常评估（Behavioral Assessment of the Dysexecutive Syndrome for Children，BADS-C）

儿童执行行为异常评估（BADS-C）是基于真实环境（real-world environment）对儿童的脑执行功能进行评估的一种新方法，是由埃姆斯利・H（Emslie H）、威尔逊・FC（Wilson FC）、伯登・V（Burden V）、尼蒙史密斯・I（NimmoSmith I）和威尔逊・BA（Wilson BA）编制、发明的，在成人的有关工作记忆测验的基础上发展而来。

1．BADS–C 组成

BADS–C 由 5 个发育性操作测验和 1 套问卷，共 6 部分组成。BADS–C 测定的脑执行功能涉及以下几个方面：

（1）灵活度和坚持度（flexibility and perseveration）；

（2）新问题解决方法（novel problem solving）；

（3）顺序性（sequencing）；

（4）使用反馈（using feedback）；

（5）计划性（planning）；

（6）冲动（impulsivity）；

（7）听从指导（following instructions）。

2．BADS–C 测验

BADS–C 的 5 个操作测验如下。

（1）打牌测验（Playing Cards Test）：在对牌进行分类时的注意力，并且能把错误找出来。计算限定时间内的错误数。

（2）水测验（Water Test）：是对 Klosowska 所描述的任务（task）的新的应用。在限定的时间里，用所给材料（包括一个很薄的量杯）分 5 步动作完成，测定计划性。

（3）寻找钥匙测验（Key Search Test）：不限时间的测验，在纸上画出如何计划并完成找到丢失的钥匙的步骤。测定儿童的计划、自我监管、冲动等特点。

（4）动物园地图测验（Zoo Map Tests）：该测验分测验 1 和测验 2 两个部分。让儿童用纸和笔，在纸上找出动物园中动物的位置并使用不同颜色的笔画出每次走过的路线。测验 1 给出最少的要求，让儿童按照自己的计划进行；测验 2 则是在严格要求下的按顺序找。

（5）六步测验（Six Part Test）：在 5 分钟时间里，给出解决问题的 6 个步骤，主要测定儿童的计划、时间安排、操作、组织和遵守指令等能力。

BADS–C 的问卷分为由家长和老师完成的儿童执行异常问卷（Dysexecutive Questionnaire for Children，DEX–C）两个量表，共 20 个条目，分别从情绪 / 人格、动机、行为和认知四个方面评出儿童可能存在的潜在缺陷。

第五节　脑执行功能的可塑性

“可塑性”一词源于医学，用于解释器官或组织改变或修复的能力。组织器官的可塑性可以保证其应对外部环境的变化，以更好地生存和发展。可塑性是大脑的重要属性之一，现在不同学科研究领域的学者都非常重视从动态的视角来研究大脑结构和功能变化，大脑可塑性是研究发展和经验对大脑结构、功能的变化影响。

大脑可塑性一般认为包括结构变化和功能变化两个方面。结构变化又包括微观层面和宏观层面两种：第一，微观层面上，因发展和经验引起的树突密度的变化、树突长度的增加、神经元数量的增减以及脑皮层新陈代谢的改变等；第二，宏观层面上，因发展和经验而导致的皮层厚度的改变、脑重的改变、各脑区沟回面积的变化等。功能的变化较为复杂，包括分子、细胞、皮层地图以及神经网络等不同系统的功能改变。分子和细胞层面的功能变化表现为突触连接的变化、突触效能的变化等；而皮层地图层面的功能变化主要表现为区域、方位、面积以及区域之间联合或分离的改变等；神经网络层面的功能变化包括不同感觉通道之间跨通道的功能改变等，是一种系统水平的可塑性。

脑的可塑性为脑执行功能的可塑性提供了基础。近年来，研究者采用功能性磁共振成像（fMRI）技术从个体发展的角度对不同年龄阶段儿童脑执行功能的脑区激活模式进行了大量对比研究，并发现不同脑执行功能对应脑区活动表现出较为一致的规律，即脑执行功能发展和其对应脑区的活动与年龄和脑执行功能水平相关。随着年龄的增长，脑执行功能对应的脑区逐渐专门化，与其发展密切相关的脑区激活增强，而与其发展无关的脑区激活减弱。因此，脑执行功能具有可塑性，此时出现在研究者面前一个令人激动的研究领域：脑执行功能的干预。在教育领域，脑执行功能的干预研究结果可以为问题儿童的干预、治疗和教育辅导提供有针对性的帮助，还可以为健康儿童执行功能促进提供有效手段；在医学康复领域，研制的脑执行功能的有效干预训练方案可以为脑执行功能缺陷个体的临床康复和治疗提供可靠的手段和方法，具有重要的应用价值。

第二章　学习困难与脑执行功能

第一节　学习困难定义

学习困难是一个国际性的研究课题，其专门研究最早可以追溯到19世纪初。这一时期以医生和生理学家为主的研究者有著名生理心理学家布罗卡（Broca）和威尼克（Winick），他们开始对脑功能及脑功能失常的脑部伤害病患者进行研究，主要集中在生理方面。在这一时期，研究者和人们普遍认为学习困难主要是由大脑损伤所引起的，对此介入医疗的结果并不理想。

关于什么是学习困难，至今还未形成一致的、广为接受的定义。美国心理学家柯克（Kirk）于1963年开始提倡使用学习困难一词——Learning Disabilities。他的定义是，有一类儿童，他们在社会交往技能的发展中存在障碍。这类儿童，不包括那些有感觉障碍的儿童（如盲或聋），也不包括那些有智力缺陷的儿童。经历了漫长的研究发展阶段和多次修订，学习困难的概念最终于1989年由全美学习失能共同委员会达成了统一意见。学习困难的操作定义：在接受正规教育条件下，智力正常的学生在听、说、读、写、计算、思考等学习能力的某一方面或几方面表现出明显困难，并经常伴有社会交往和自我行为调节方面的障碍。国内学者钟启泉也提出了学习困难的概念：学习困难是指智力属于正常范围，但是由于各自不同的原因，学习成绩未能达到同其智力水准相称的学业不良的学生，这种不良是可逆的，在一定的补救教育的条件下是可以发生变化的。

第二节　学习困难分类

国外研究者柯克对学习困难类型的分类：发展性学习困难和学习性学习困难。发展性学习困难包括注意困难、记忆困难、知觉障碍和感知运动、认知能力困难、语言困难。学习性学习困难包括阅读困难、拼写困难、写作困难、计算困难。

刘少文对学习困难学生的智力特点进行了研究，认为学习困难存在三个类型：第一类型为注意困难和记忆缺陷；第二类型为常识缺乏；第三类型为智力困难。中国教育科学研究院陈云英等人则将学习困难归纳为三个主要类型：第一类型是对语言的接受和表达方面的学习困难；第二类型是阅读与书写方面的学习困难；第三类型是数学方面的学习困难。首都儿科研究所孙静将学习困难分成五大类：第一类是语言接受和语言表达障碍；第二类是基本的阅读技能和阅读理解能力的障碍；第三类是书写表达的障碍；第四类是数学计算和数学推理能力障碍；第五类是其他先天性思维方面的障碍，如情绪与行为障碍。张舒哲重点介绍了四种有代表性的学习困难基本类型：第一类型是根据学习困难的原因，分为生理缺陷型和心理缺陷型；第二类型是根据学习困难形成过程中发生作用的影响因素多少，分为单一型和综合型；第三类型是根据学习困难的可矫正性分为暂时型和持续型；第四类型是根据学生的神经类型特点分为兴奋型和安静型。上海教育科学研究院吴增强把学习困难分成四大类：暂时性困难学生、能力型困难学生、动力型困难学生和整体性困难学生。

本研究在前人研究的基础上，将学习困难划分为三种类型，即语文学习困难、数学学习困难和双科学习困难（语文和数学学习均困难，后简称为“双困”），并采用运动干预手段促进不同类型学习困难小学生脑执行功能的改善。本研究关于语文学习困难、数学学习困难和双困的概念如下。

语文学习困难是指智力属于正常范围，由于语文能力的缺损而导致学生在语文学习上的落后，即明显落后于同年龄或同年级水平的现象。

数学学习困难是指智力属于正常范围，由于数学能力的缺损而导致学生在数学学习上的落后，即明显落后于同年龄或同年级水平的现象。

双困（语文和数学均困难）是指智力属于正常范围，由于语文和数学能力的缺损而导致学生在语文和数学学习上的落后，即明显落后于同年龄或同年级水平的现象。

第三节　语文学习困难与小学生脑执行功能

工作记忆的效率被看作是影响阅读障碍的主要预测指标。工作记忆包含了信息加工和储存同时进行的过程，从而对成功阅读起着重要作用。对工作记忆与阅读关系的研究发现，阅读障碍学生与普通学生相比，在整个儿童、青少年及成人阶段都存在工作记忆方面的困难。阅读障碍的记忆问题反映了他们在选择性注意、组织、复述和语音编码方面的困难，而这些困难又均处于执行系统的控制之下。因此，脑执行功能被看作是产生和影响学业成绩的焦点。近期的研究也表明，阅读障碍者的记忆能力明显不足与这些人的执行处理过程有关。工作记忆的缺陷可能导致阅读发展的迟缓。与普通儿童相比，阅读困难儿童存在较多的注意问题，如注意力不集中、容易分心、不能很好地抑制无关刺激的干扰等。同时，曾飚、周晓林、孟祥芝等研究指出，阅读困难儿童存在注意转换缺陷。帕拉金（Palladin）等根据莫里斯（Morris）和琼斯（Jones）的刷新任务，采用不同的记忆刷新测试，研究结果表明，阅读困难儿童的刷新功能存在缺陷，该研究结果支持了记忆刷新和阅读理解之间存在着关系。张明和隋洁选取成绩位于后 10% 的学生为学习困难生，用工作记忆容量对双优生、数困生和阅困生的脑执行功能进行研究，发现各类学习困难生普遍存在脑执行功能的缺陷。总之，研究表明，阅读困难与工作记忆执行缺陷密切相关。

工作记忆是一个影响个人执行许多与文本呈现有关能力的重要因素。肯迪奥（Kendeou）进一步指出，在工作记忆中保持信息的积极能力在产生推论中是必要的。好的理解者有能力去获得关于文本的重要信息，且同时忽视不重要的或者是不相关的信息。

曾飚、周晓林、孟祥芝等研究指出阅读困难儿童存在注意转换缺陷。刷新、转换和阅读能力之间也存在着一定的关系，索菲（Sophie）等人通过对 9 ~ 12 岁普通儿童的研究初步证实了该假设。

帕拉迪诺（Palladino）等采用刷新任务进行测试，在实验中发现，阅读困难儿童的刷新功能存在缺陷，具体表现为阅读成绩差的被试往往对目标词的回忆更少，容易产生更多错误信息的干扰，因此不同的记忆刷新测试对阅读是有影响的。

大量研究已经明显地报告出了在孩童和成人二者中工作记忆评测（特别是那些需要聚集的储存和口头信息的过程）对于衡量阅读能力有明显的作用。工作记忆还被发现与对于理解力非常重要的技能有相关性，如对推断和理解的监控。最后，研究还表明技能更少的理解者在工作记忆的不同衡量方面比那些技能多的理解者表现更差。调查者已经把这一缺乏认为是语义学的缺点或者是一个更普遍的语言缺乏。

特利 – 埃姆斯（Turley-Ames）和惠特菲尔德（Whitfield）的研究探讨了工作记忆广度与阅读能力之间的关系，结果发现工作记忆广度与阅读能力存在显著相关。帕拉金（Polladin）等根据莫里斯和琼斯的刷新任务，采用不同的记忆刷新测试，研究表明阅读困难儿童的刷新功能存在缺陷。该研究结果支持了在记忆刷新和阅读理解之间存在关系。

总之，研究结果表明，刷新功能缺陷为阅读困难的主要原因。

第四节　数学学习困难与小学生脑执行功能

国外研究表明，儿童早期的脑执行功能同样可以有效预测其小学及以后的数学学业成就，某一种或几种脑执行功能结构成分是影响儿童数学学习的重要认知机制之一。

中央脑执行功能具体可分为策略转换、双任务协调等功能。在进行关于儿童数学认知的研究时，研究结果表明，脑执行功能与数学学习成绩相关。张妍以 2 ~ 4 年级小学生为研究对象，采用测试问卷和脑执行功能测试任务，探讨了数学学习困难小学生脑执行功能与数学学习能力的关系，研究结果表明，数学学习困难小学生脑执行功能存在缺陷，这种缺陷与数学学习能力存在密切关系。麦克莱恩（McLean）和希契（Hitch）研究发现，脑执行功能与算术存在相关关系。

帕索伦吉（Passolunghi）研究了数学学习困难小学生脑执行功能与数学的关系，研究发现，抑制功能严重缺陷是数学学习困难小学生学习障碍形成的主要原因。王恩国选取初中数学学习困难小学生为被试，进行了脑执行功能的工作记忆和加工速度的测试，研究结果表明，数学学习困难学生的工作记忆和中央脑执行功能存在缺陷。

有研究发现，3 ~ 5 岁儿童的抑制能力可以显著预测他们的早期数学能力，即使控制了其他脑执行功能结构因素，抑制对能力儿童（2 ~ 5 岁）的数学技能仍有显著独立贡献。在低龄数学学习困难儿童的研究中，托尔（Toll）等的跟踪研究发现，数学持续低分儿童（6 ~ 7 岁）也表现出认知抑制弱项。而国内周欣等则发现，认知转换对 5 ~ 6 岁数学能力不足儿童有显著影响。

张妍研究表明：数学困难儿童在中央脑执行功能方面存在缺陷。首先表现为注意控制差，他们在面临复杂任务需要分配注意时，不能有效地使用协调策略，合理分配注意资源；其次，抑制能力差，不能很好地抑制无关信息的干扰；再有，刷新能力存在缺陷；最后，在语言和视觉空间模板要求同时储存和加工时，执行和协调能力降低。麦克莱恩（Mclean）和希契（Hitch）评价了阅读正常但是数学困难的 9 岁儿童，采用了 10 个任务评价工作记忆的不同方面，其中包括脑执行功能的亚类型。结果发现：相对于年龄匹配组，学习困难儿童在策略转换上存在损害；

而与年龄更小的能力匹配组相比，他们则是在与长时记忆有关的脑执行功能上有差异，这些儿童语音工作记忆正常，但是在空间工作记忆和执行加工上受损。显然，麦克莱恩和希契等人的研究结果为脑执行功能与数学学习之间的密切关系提供了有力的实证依据。

总之，研究表明，数学学习困难以抑制功能缺陷为主要原因，也有研究表明，数学学习困难与刷新功能缺陷有关。这种国内外研究结论不一致的现状，一方面可能由于早期脑执行功能评测工具的开发尚未完善，而各个研究选用的测试任务多有差异；另一方面则是已有研究样本的选择所涉及的儿童年龄范围不同。

第五节　双困学习困难与小学生脑执行功能

当前对有阅读和算数障碍儿童的脑执行功能障碍的了解还是知之甚少。双困儿童的脑执行功能障碍是否只是单一障碍儿童中所发现缺陷的简单总和，还是只是与其中一个单一障碍组的障碍相似，在当前很难推测出来。

金志成以学习困难小学生和双优小学生为研究对象，研究对象的选取以学习成绩的全区排名为依据，选取排名最后的 20% 学生，采用混合实验设计，对学习困难小学生和双优小学生的记忆容量的差异进行比较，研究表明，双优小学生的记忆容量优于学习困难小学生。

王恩国以初中生为被试，采用巴德利（Baddeley）开发的任务测试不同类型学习困难中学生的工作记忆，研究结果表明，所有类型学习困难中学生的工作记忆均存在缺陷，数学学习困难中学生视觉空间工作记忆有缺陷；语文学习困难中学生阅读广度及语言功能记忆有缺陷；双困中学生计算和阅读广度均有缺陷。

郑惠以 9 ~ 12 岁儿童为研究对象，比较不同类型学习困难小学生的认知行为，研究发现，不同类型学习困难小学生均存在认知行为损伤，双困小学生最为严重。张妍以不同类型学习困难小学生为被试，研究了不同类型学习困难小学生的脑执行功能特点，发现数学学习困难小学生以抑制功能缺陷为主，语文学习困难小学生以刷新功能缺陷为主，双困小学生的抑制、刷新和转换功能均存在缺陷。斯路易斯（Sluis）比较了不同类型学习困难小学生的脑执行功能，研究发现，双困小学生脑执行功能各维度（抑制、刷新、转换）均存在缺陷，数学学习困难小学生以抑制功能缺陷为主，语文学习困难小学生以刷新功能缺陷为主。总之，已有研究表明，双困小学生抑制、刷新和转换功能均存在缺陷。

第三章　运动与脑执行功能

第一节　动作特征与脑执行功能

一、动作特征与老年人脑执行功能

单越涛选取符合纳入标准的福州市鼓楼区省体中心附近社区中老年人，随机分为太极拳训练组和对照组。太极拳训练组在福建中医药大学具有5年以上教学经验的体育教师带领下进行12周的二十四式简化太极拳锻炼，每次集中练习60分钟，每周练习5次，持续12周。对照组不进行任何干预，保持原有生活方式。干预前后分别应用中国修订版韦氏成人记忆量表检测被试记忆功能，应用TAP2.3注意力测试系统测试被试注意功能，应用由Eprime心理学编程软件编制的Stroop色－词转换测试被试脑执行功能。比较干预前后各组上述指标的改变及太极拳训练组和对照组之间的差异。太极拳训练组和对照组在脑执行功能Stroop评测比较中，对一致性测试正确率（$p=0.000 < 0.05$）、中性测试正确率（$p=0.294 > 0.05$）、反向测试正确率（$p=0.023 < 0.05$）干预前后差值比较，差异具有统计学意义；对中性测试反应时（$p=0.295 > 0.05$）、一致性测试反应时（$p=0.104 > 0.05$）、反向测试反应时（$p=0.57 > 0.05$）干预前后差值比较，差异均无统计学意义。12周的二十四式简化太极拳能明显改善中老年人的记忆能力、听觉分散性注意力和脑执行功能中的控制功能，对注意力的其他维度有改善的趋势，但作用不明显。

戈成在其硕士论文中证明“太极拳练习有益于老年人的认知功能改善”，研究发现：①太极拳练习可以提高老年人整体脑执行功能以及抑制、刷新、转换功能的正确率；②太极拳练习对老年人抑制、刷新、转换功能的加工速度并没有积极的影响；③太极拳练习对一般老年人的刷新功能正确率有益处，随着练习时间和练习级别的提高，刷新功能正确率也有显著的提高。

赵红霞认为，单一的、急性太极拳运动对认知过程没有显著的影响，但是重复参与太极拳运动与自我调控行为监控过程的好转有关，即急性太极拳运动对认知控制没有显著的影响，而慢性太极拳运动对练习者的认知控制能力有积极的影响。

赵红霞认为，行为学数据显示，太极拳组与对照组相比，其反应时长没有显著差异，在一致性的刺激类型上其错误率也没有显著差异，但是在不一致性的刺激类型上其错误率存在显著差异。此结果说明，通过 12 周的中等运动强度太极拳练习后执行控制能力增加，主要表现为反应抑制能力的提高。事件相关电位的数据显示：①慢性的简化二十四式太极拳干预后，太极拳组后测的 P300 幅值相对于基测而言有所增加；②慢性太极拳干预组与非干预组的基测和后测比较，P300 幅值存在显著差异；在后测中组别之间有一定的差异，慢性太极拳干预组比非干预组的 P300 幅值要大。结论：重复参与太极拳运动与自我调控行为的好转有关，也就是慢性的太极拳练习对注意的集中能力和抑制无关刺激的能力有关，即慢性太极拳运动对于其练习者的认知控制能力有积极的影响。

夸克（Kwok）证明，运动干预影响认知功能发生显著改变的最短时间为 8 周，采用的锻炼内容是提炼太极拳动作要领改编的协调性练习。

卡赛丁（KasaiJ）和源（Nguyen）均证明，接受整套太极拳干预的被试，其认知功能改变的最短时间为 24 周（6 个月）。这说明针对老年人认知功能修改后的运动干预方案，在干预效果方面要好于原版套路。

蒋长好认为，太极拳锻炼较之于西方的有氧运动、阻力训练和柔韧性运动等锻炼方式，更有益于某些方面的脑执行功能提升。

荣湘江认为，太极拳可以较为明显地缩短中老年人的反应时长，提高中老年人的反应灵敏度，但对力量性指标（如握力）未见明显的影响，这可能是太极拳本身运动强度不大造成的。

二、动作特征与大学生脑执行功能

文世林认为，中等强度有氧运动可短暂提升大学生的脑执行功能水平，其中，Flanker 任务的行为操作表现有所提高，右侧背外侧前额叶皮质区（R-DLPFC）与右侧额极区（R-FPA）的神经激活水平有所增加，且局部脑区的血流动力学变化与行为操作表现的提高具有一致性。

贠小波以二十四式简化太极拳为运动干预方式，研究不同持续时间的有氧运动对大学生脑执行功能的影响效果，以期为有氧运动提高认知功能、促进脑执行功能的改善提供理论依据，丰富脑执行功能的研究内容，从而为体育锻炼促进个体脑执行功能的改善提供有效地理论基础与实证依据。实验随机选取天津体育学院大学生对照组与实验组各24名，各组内又分为男女各一组，每组12人，实验组进行为期8周的二十四式简化太极拳锻炼干预，对照组不做任何形式的运动干预。在实验前、第五周、第九周分别对实验组和对照组进行脑执行功能测试。以E–Prime1.1为载体，以Flanker任务、2–back任务、More–odd shifting为测量任务分别测量脑执行功能的三个子功能：抑制功能、刷新功能、转换功能。结果发现，二十四式简化太极拳锻炼能够有效地提高大学生的抑制功能、刷新功能与转换功能。抑制功能随二十四式简化太极拳锻炼时间的增加而持续增强，且女生明显好于男生；男大学生对于运动改变刷新功能的效果随着时间的推移要好于女大学生，且具有较强的显著性；而转换功能在男女之间的改善并没有显著性差异，只是个体间成绩的高低变化；并且每项子功能测试在前4周的改善状况要好于后4周的改善状况。

三、动作特征与普通儿童脑执行功能

殷恒婵以326名小学生为研究对象，在课外体育活动实施两种持续20周的不同运动干预方案，实验前、10周后和20周后，分别使用Flanker任务、2–back任务、More–odd shifting任务全面评价小学生的脑执行功能。探讨“武术+跳绳+8字跑”和“花样跑步”两种运动干预方案对小学生脑执行功能各个维度的效果及其随时间变化的特征。结果：①20周运动干预后脑执行功能的三个子功能（抑制、刷新和转换）的水平＞10周运动干预后的水平＞运动干预前的水平；②“武术+跳绳+8字跑”方案对抑制功能水平的提高要显著好于“花样跑步”方案；③“花样跑步”方案对刷新功能水平的提高要显著好于“武术+跳绳+8字跑”方案；④两种方案均对小学生转换功能产生积极促进作用，且效果不存在差异。研究结论是“武术+跳绳+8字跑”和“花样跑步”方案均对小学生脑执行功能具有促进作用，且随干预时间增加，效果更为显著；两种方案在改善小学生脑执行功能子功能的效果上各有所长。

张佩佩选取昆山市某小学五年级两个班的小学生为研究对象，随机指定其中一个班为实验组，共37（男20，女17）人，另一个班为对照组，共40（男20，女20）人。实验组进行8周软式棒垒球运动方案教学，对照组进行常规的教学活动。实验过程中，使用Flanker任务、1–back任务、More–odd shifting任务评价两组小学生的脑执行功能。研究表明，8周的软式棒垒球运动方案可以发展小学生整体脑执行功能，对小学生的抑制功能、刷新功能和转换功能都有显著性提高。

刘丽丽以五年级两个自然班43名小学生为研究对象，随机选取一个班为实验组（男10人，女11人），另一个班为对照组（男11人，女11人）。在体育课上对实验组进行为期8周、每周2次共计16次课的花样跳绳运动干预，对照组上常规体育课。8周实验前后分别使用Flanker任务、1-back任务及More-odd shifting任务测量小学生脑执行功能的抑制、刷新和转换三个子功能的变化，旨在探讨8周花样跳绳运动对小学生脑执行功能的改善作用。研究表明，8周花样跳绳运动方案对小学生脑执行功能发展有积极的影响，刷新功能和转换功能均有提高。

丁莉以“Poker Face”恰恰舞运动为运动干预手段，以处于脑执行功能发育关键期小学四年级学生为实验对象，将实验对象分为对照组（25人）、实验组（24人），使用Flanker任务、1-back任务和More-odd shifting任务分别测量被试干预前、后脑执行功能的抑制、刷新和转换三个子功能的变化，旨在探讨12周中等强度“Poker Face”恰恰舞运动方案对小学生脑执行功能的影响。研究发现，经过12周中等强度“Poker Face”恰恰舞干预的小学生在脑执行功能任务测试上的表现要比没有经过运动干预的小学生的表现要好。12周中等强度“Poker Face”恰恰舞运动对小学生抑制、刷新和转换三个子功能均产生了选择性的积极影响。

张浩选取五年级小学生两个班，随机分为实验班（42名学生）和对照班（43名学生），使用Flanker，1-back以及More-odd shifting任务全面评价五年级小学生8周实验前后脑执行功能的抑制、刷新和转换三个子功能的变化，使用大肌肉动作发展测验评价五年级小学生8周实验前后大肌肉动作发展的变化。研究表明，8周新思维体育游戏活动对小学生大肌肉动作、脑执行功能发展具有促进效果，且大肌肉动作发展在8周新思维体育游戏活动促进脑执行功能发展中起到中介作用。

不同运动项目对脑执行功能的影响研究主要涉及的项目有脚踏车、乒乓球、游泳、健美操等。张劲松等人以参加乒乓球训练和游泳训练的儿童为研究对象，训练前后使用Go/No-Go任务测试两组儿童抑制功能和事件相关电位成分N2波幅。结果发现，游泳组较乒乓球组反应时间短，但正确率较低；接受乒乓球训练的儿童在抑制控制方面优于接受游泳训练的儿童。吉晓海以四年级小学生为研究对象，选取了经常进行羽毛球、篮球、乒乓球、跆拳道训练的儿童和不参加训练的儿童进行脑执行功能测试，研究发现五个组刷新功能均无显著性差异，篮球组和乒乓球组抑制功能好于羽毛球组、跆拳道组、对照组，羽毛球组和跆拳道组转换功能好于篮球组、乒乓球组、对照组。研究揭示了不同的运动项目对儿童脑执行功能各子功能的改善效果不同。

傅建、范亚荣认为：①不同时间中等强度体育锻炼对初中生脑执行功能整体、抑制功能和转换功能具有显著影响，对刷新功能没有显著影响；②在 45 分钟体育锻炼中累积 27 ± 1.35 分钟中等运动强度的初中生，语文、数学和英语的学业成绩均有提高且效果最好，但不同时间中等强度体育锻炼对初中生的语文、数学和英语学业成绩影响没有显著差异；③在 45 分钟体育锻炼中累积 22.5 ± 1.35 分钟、27 ± 1.35 分钟中等运动强度的初中生，脑执行功能的转换功能对学业成绩的间接效应具有显著性。结论：①中等强度体育锻炼的累积时间达到 20 分钟以上对初中生抑制功能和转换功能的效益最为显著；②持续 8 周、每周 3 次、每次累积持续 25 分钟左右的中等运动强度体育锻炼对初中生学业成绩具有积极影响；③体育锻炼主要通过脑执行功能的转换功能对学业成绩产生影响。

四、动作特征与特殊儿童脑执行功能

殷恒婵、潘家礼、陈爱国等探讨研发的篮球运动干预方案对学习困难和普通小学生脑执行功能的影响，比较学习困难和普通小学生脑执行功能干预前后的差异，揭示运动与学习困难小学生脑执行功能的关系，为学校促进学习困难小学生脑执行功能健康发展提供有效的运动干预方案。依据学习困难小学生选取标准，选取实验组 48 人（学习困难小学生 23 人，普通小学生 25 人），对照组 45 人（学习困难小学生 22 人，普通小学生 23 人）；采用研发的篮球运动干预方案在体育课上对实验组进行运动干预，运动干预周期为 10 周，每周 3 次，每次运动持续时间 30 分钟，运动强度为中等强度：心率达到（220– 年龄）×（60% ~ 69%），测量干预前后小学生脑执行功能的变化。结果：①采用三因素重复测量方差分析，研究发现，不同组别学习困难小学生干预前后的脑执行功能变化具有显著性差异，实验组抑制功能、刷新功能和转换功能反应时非常显著降低，对照组抑制功能、刷新功能和转换功能反应时无显著变化；②采用三因素重复测量方差分析，研究发现不同组别普通小学生干预前后的脑执行功能变化具有显著性差异，实验组抑制功能、刷新功能和转换功能反应时显著降低，对照组抑制功能、刷新功能和转换功能反应时无显著变化；③采用三因素重复测量方差分析，研究发现实验组学习困难小学生脑执行功能的提高幅度非常显著高于实验组普通小学生脑执行功能的提高幅度。结论：运动干预对学习困难和普通小学生的脑执行功能均具有积极影响，实验组学习困难小学生脑执行功能的改善效果优于实验组普通小学生。

殷恒婵、潘家礼、陈爱国等探讨研发的“合作游戏 + 武术操 + 花样踢毽”运动干预方案对数学学习困难小学生脑执行功能的影响，揭示运动与数学学习困难小学生脑执行功能的关系，为学校促进数学学习困难小学生脑执行功能的改善提供运动干预方案。方法：选取六年级 59 名数学学习困难小学生，其中实验组 36 人，对照组 23 人；采用研发的运动干预方案对实验组进行运动干预，运动干预周期为 10 周，每周 3 次，每次运动持续时间 30 分钟，运动强度为中等强度，测量干预前后数学学习困难小学生脑执行功能的变化。结果：①研究发现，运动干预对数学学习困难小学生抑制功能具有积极影响；②研究发现，运动干预对数学学习困难小学生的刷新功能和转换功能尽管无显著影响，但对实验组刷新功能和转换功能有改善趋势；③研究发现，运动干预对数学学习困难小学生数学成绩具有积极影响。结论：“合作游戏 + 武术操 + 花样踢毽”运动干预方案对数学学习困难小学生抑制功能具有改善作用并且提高了数学成绩。

陈爱国探讨 8 周足球运动方案对留守儿童脑执行功能的影响，为采用足球运动手段改善留守儿童的脑执行功能提供实践基础。研究结果表明，8 周足球运动对留守儿童发育不良的脑执行功能有显著改善作用。

蒋任薇实验选取了扬州市和泰州市特殊教育学校 9 ~ 13 岁聋哑儿童共 33 人为研究对象，将其随机分为中等强度花样跳绳运动干预组（18 人）和对照组（15 人）。对运动干预组进行为期 8 周的中等强度花样跳绳运动干预（每周 3 次，每次 40 分钟），运动干预在大课间进行。在实验前对所有被试（实验组和对照组）的脑执行功能进行测量。分别使用 Flanker 任务、1-back 任务、More-odd shifting 任务测量被试脑执行功能的抑制、刷新和转换功能。运动干预组进行为期 8 周的花样跳绳干预，对照组进行正常的学习和生活。实验结束后，再使用 Flanker 任务、1-back 任务、More-odd shifting 任务对所有被试的脑执行功能进行测量。研究结果表明，8 周的中等强度花样跳绳运动提高了聋哑儿童的刷新和转换功能，但是对抑制功能没有起到积极的影响。8 周的中等强度花样跳绳运动干预可以作为改善聋哑儿童脑执行功能的一种干预方式，为运动促进聋哑儿童脑执行功能发展提供理论依据和实践基础。

第二节　运动负荷与脑执行功能

一、运动负荷与老年人脑执行功能

我国学者文世林等人采用近红外光谱成像技术（functional near-infrared sepectroscopy，FNIRS）和行为测试探讨10分钟中等强度有氧运动对15名老年人在Flanker任务过程中的行为表现和脑激活模式的影响。结果发现，中等短时强度有氧运动显著提高了老年人的行为操作表现，并增强了左额极区的神经激活性，且局部脑区神经活性的增加与认知表现的提高同步出现。

帕特里克·J. 史密斯（Patrick J. Smith）对运动干预周期在6周到18个月不等的实证研究进行元分析得出，干预周期的长短与老年人注意力和处理速度的提高程度相关，干预周期越长，其注意力和处理速度提高幅度越大，少于12周（3个月）的干预不足以产生改善认知功能的效果。

二、运动负荷与大学生脑执行功能

陈爱国、殷恒婵、颜军等采用被试内设计，选取30名大学生（男女人数各半），使用功率自行车实施30分钟的不同强度的有氧运动，采用Flanker任务、n-back任务和More-odd shifting任务分别测查被试基线、小强度有氧运动、中强度有氧运动和大强度有氧运动后脑执行功能的抑制、刷新和转换三个功能。研究表明，不同强度的短时有氧运动对脑执行功能会产生选择性的积极影响，且不随性别变化而改变。研究旨在从运动强度和性别角度选择合理的有氧运动干预方案改善脑执行功能。

张瑞选取年龄为19 ~ 24岁的37名内蒙古师范大学体育专业的男大学生为被试单独实验。实验过程采用2（刺激类型：一致，不一致）×2（阶段：前测，后测）×2（冲突背景：高冲突 – 低控制、低冲突 – 高控制）×4（强度：大、中、小、休息）的混合实验设计。其中，被试内变量为刺激类型和阶段，被试间变量为冲突背景与强度。实验时，被试被随机分配到四个不同强度的组，并在功率自行车上以固定速度运动5分钟，期间每分钟测量一次心率并让被试口头完成主观强度感觉等级（RPE）量表，休息组被试则静坐15分钟。被试在运动前后分别完成颜色－物体Stroop任务和选择反应时任务，并由计算机记录被试的反应时和正确率。研究认为，颜色－物体Stroop任务较好地测量了执行控制功能。同时，发现急性运动对颜色－物体Stroop效应反映的执行控制功能有积极影响，并且不同强度的急性运动的影响程度不同。对体育专业大学生来说，中等偏大的运动强度有更积极的影响。

三、运动负荷与普通儿童脑执行功能

运动强度对儿童脑执行功能的关系研究主要集中在不同强度有氧运动对脑执行功能的影响。希尔曼（Hillman）等选择儿童为研究对象，儿童年龄是9～10岁，一共20名。运动干预采取的是中等强度的短时有氧运动，对被试进行20分钟的中等强度的运动干预，并且在干预后使用Flanker任务测量儿童的抑制功能。研究结果显示，运动干预后儿童的抑制功能得到了提高。埃伦伯格（Ellemberg）等以72名男孩为被试，通过检测反应时来考察中等强度运动干预对儿童脑执行功能抑制成分的影响作用。结果发现，一次30分钟的自行车运动训练能够提高儿童的抑制功能水平。汤姆波罗夫斯基（Tomporowski）等对69名肥胖儿童（7～11岁）进行视觉转换研究，通过随机分组后使用视觉转换任务考察儿童的视觉转换能力，儿童在经过一次23分钟的中等强度跑步运动后，其视觉转换能力并未发生显著变化。陈爱国等选择10岁儿童为研究对象，综合使用多种测量技术探讨短时中等强度有氧运动改善儿童脑执行功能的脑机制。结果发现，短时中等强度有氧运动可对儿童的脑执行功能加以改善，其脑机制是：短时中等强度有氧运动诱发儿童脑执行功能脑激活模式的变化。陈爱国选取了四年级小学生120人，随机分为小强度组、中强度组、大强度组和对照组，采用开发的篮球运球训练方案对小学生进行了一次30分钟的训练，训练前后使用Flanker任务、1-back任务、More-odd shifting任务评价小学生的抑制功能、刷新功能和转换功能。研究发现，中等强度的篮球训练对小学生脑执行功能的各子功能的改善效果最好。以上这些均揭示了中等强度的运动对脑执行功能具有积极影响且为唤醒水平假说和神经营养因子假说等理论所解释，提示中等强度可以作为发展和改善儿童脑执行功能的手段之一。综上所述，研究一致认为，中等强度有氧运动对脑执行功能的促进具有明显作用。

运动的持续时间对儿童脑执行功能影响的研究包括两类：第一类是短时有氧运动，即一次性持续时间为10～60分钟的、以有氧代谢提供能量的运动方式；第二类是长期有氧运动，即多次、有计划的有氧运动。埃伦伯格等曾以72名男孩为被试，通过检测反应时来考察中等强度运动干涉对儿童脑执行功能抑制成分的影响。研究发现，一次30分钟的自行车运动训练能够提高儿童的脑执行功能水平，而且这样的结果在7岁组和10岁组均有出现。陈爱国选择四年级小学生为研究对象，随机分为8分钟运动组、8分钟对照组、15分钟运动组、15分钟对照组、30分钟运动组、30分钟对照组，采用中等强度的篮球运动干预方案对三个组进行了一次性的实验，研究发现，30分钟的篮球运动对小学生的脑执行功能效果最好。卡米霍（Kamijo）等对43名7～9岁健康儿童进行了为期9个月、每周5次、每次120分钟的运动干预，结果发现运动干预提高了儿童的脑执行功能。泽瓦斯（Zervas）等通过对9对双胞胎男孩进行6个月的长期有氧跑台运动研究，发现运动组儿童的思维决策能力有显著提高。以上研究揭示了运动对脑执行功能改善效果与运动的持续时间相关，每周3次，每次30分钟的运动持续时间运动干预效果较好。

四、运动负荷与特殊儿童脑执行功能

殷恒婵选取学习困难小学生和普通小学生各102名，将两组被试随机分为实验组和对照组，采用开发的篮球运动干预方案对实验组实施16周的运动干预，实验前、实验8周、16周、17周（干预结束后第1周）、18周（干预结束后第2周）时采用脑执行功能测量工具全面评价学习困难小学生和普通小学生的抑制、刷新、转换三个子功能。运动负荷包括每周3次、每次运动持续时间30分钟、运动强度控制在能有效促进小学生脑执行功能的中等强度，采用Polar心率表进行运动强度监控。研究发现，16周篮球运动干预对学习困难小学生、普通小学生脑执行功能均有积极效益；且随时程变化，运动干预对不同类型小学生脑执行功能的效益存在差异。该研究首次探讨16周篮球运动干预对学习困难小学生、普通小学生脑执行功能影响的时程效益特征及其差异，为设计促进不同类型儿童脑执行功能发展的运动方案提供实践基础。

陈爱国探讨了8周足球运动方案对留守儿童脑执行功能的影响，运动负荷为每周2次的体育课时间，每次持续时间40分钟。研究结果表明，8周足球运动对留守儿童发育不良的脑执行功能有显著改善作用。

陈爱国选取9～13岁聋哑儿童33人，将聋哑儿童随机分为实验组和对照组，使用Flanker任务、1-back任务、More-odd shifting任务全面评价聋哑儿童8周实验前后脑执行功能的抑制、刷新和转换三个子功能的变化，旨在探讨8周中等强度的花样跳绳运动对聋哑儿童脑执行功能的影响。运动负荷采用为期8周的干预，每周3次，每次40分钟，共21次，聋哑儿童中等强度运动负荷设定为儿童的60% ~ 69%最大心率，其中最大心率=220-年龄，并在实验过程随机选取6名儿童（3男3女），佩戴R8800CX8D型心率遥测仪（芬兰产）全程监控儿童运动负荷，保证每次活动期间儿童的心率不少于20分钟是处在60% ~ 69%最大心率范围内。研究表明，8周中等强度的花样跳绳运动对聋哑儿童刷新功能和转换功能有显著促进效果。

总之，以上研究均表明不管是老年人、大学生，还是普通儿童和特殊儿童中等强度的有氧运动效果最好。

第三节　运动情境与脑执行功能

一、运动情境与普通儿童脑执行功能

赵中艳以四年级小学生为实验对象，以中等运动强度为干预手段，将实验对象分为对照组、个人跳绳组及团体跳绳组，使用Flanker任务、1-back任务和More-odd shifting任务分别测量被试在实验前、后脑执行功能的抑制、刷新和转换三个子功能的变化，采用多元重复测量方差分析法分析运动类型因素、时间因素及其交互作用对脑执行功能的影响。结果：①不同类型跳绳对小学生整体脑执行功能（抑制、刷新、转换）具有积极的改善效果；②不同类型跳绳对小学生脑执行功能的效果不同。抑制功能：团体组＞个人组＞对照组；刷新功能：团体组＞个人组＞对照组；转换功能：团体组＞个人组＞对照组。结论：不同类型跳绳对小学生脑执行功能均具有改善作用，团体类型运动能更好地提高小学生的脑执行功能。

二、运动情境与特殊儿童脑执行功能

殷恒婵选取学习困难小学生和普通小学生各102名，并将两组被试随机分为实验组和对照组，采用开发的篮球运动干预方案对实验组实施16周的运动干预，实验前、实验8周、16周、17周（干预结束后第1周）、18周（干预结束后第2周）时采用脑执行功能测量工具全面评价学习困难小学生和普通小学生的抑制、刷新、转换三个子功能。该方案运动情境围绕抑制、刷新、转换功能设计，通过教师口

令、组织形式、辅助器材创设“合作情境”，创设内容多样、路线多变的情境，从而促进抑制功能的发展。创设“问题情境”，使小学生需要对教师的动作、口令、问题等进行记忆，并提取出相应的答案和当前任务所需要的动作，从被动接受变为主动探索。创设“多记忆点的情境”，使学生主动储存每个点的任务信息，到达不同点时再灵活提取出该任务点所需要的动作，从而促进刷新功能的发展。创设“多任务情境”，使学生从单一任务变为多任务操作，从而促进转换能力的发展。该研究首次探讨16周篮球运动干预对学习困难小学生、普通小学生脑执行功能影响的时程效益特征及其差异，为设计促进不同类型儿童脑执行功能发展的运动方案提供实践基础。

总之，我们从动作特征、运动负荷、运动情境三个方面全面梳理了研究现状，目的在于为未来研究提供参考。未来发展的议题与展望应该有以下几点。

（一）锻炼处方的建立及组合

过去的研究已由有氧运动形式推及至目前的阻力训练、协调性锻炼及太极拳，为锻炼处方在类型方面提供基础。但在其他锻炼处方的成分方面，目前的研究资料仍较少。过去已有急性锻炼通过剂量反应关系探讨过一次性锻炼的强度和时间效应，为建立急性锻炼处方提供了重要的参考依据。后续研究可根据此剂量反应继续探索，为建立增强认知功能的锻炼处方提供实证依据。

（二）认知功能类型多样化探究

过去在认知功能方面的探讨已有较大发展，当代研究则有另外两个方向的发展趋势：①对特定认知功能进行细致的探讨，例如，在记忆方面，研究已对工作记忆、关联性记忆、长期记忆、工作记忆、内隐记忆等进行了多方面且细致的探讨；②出于对特定人群在生态效度方面的考虑，目前已有许多研究针对儿童提供了其在整体学业表现、语言和数学等特定学科的研究，为认知功能在实际应用中的表现提供依据。这些趋势可为后续研究者在探讨不同认知功能类型上提供参考。

（三）调节变量的影响

调节变量是未来研究的可能方向之一。过去研究已经就锻炼类型、认知功能类型、脑执行功能类型，甚至是不同人群类型等调节变量进行了探究，而近期研究则开始就其他调节变量进行了初探。例如，桑（Song）等指出，同时具备正常体重与高心血管适能者在简单认知过程中的反应最优，诱发的P3波幅最大。但是，同时具有肥胖与低心血管适能者在完成脑执行功能任务时的表现最差。肥胖与心血管适能可根据不同的实验设计成为调节变量或中介变量，甚至是人群变量，未来研究建议以此理论模式为基础进行探究。

近年来对调节变量研究的另一趋势是，探索与认知功能有关的基因表达，如脂蛋白基因、脑源性神经营养因子等，这些研究提供了以基因为视角探索锻炼与认知功能关系的实证基础，值得关注。

（四）特定人群的拓展

除了对老年人、儿童和注意缺陷多动障碍（ADHD）人群的研究以外，近期研究开始聚焦于认知功能障碍，尝试探讨中慢性锻炼或体适能对更多人群的影响，如肥胖人群、罹患失智症、阿尔茨海默病之老年人群体或帕金森病等神经退化症患者；还有研究以罹患心脏衰竭临床人群，甚至是冰毒成瘾者为被试。这些研究皆彰显了慢性锻炼与认知功能在人群特异性方面的多样化未来方向。

（五）认知神经科学跨领域的结合

跨领域已成为当代研究的趋势，其中，认知神经科学因结合了认知心理学与神经科学成为探讨认知功能议题的首选学科。对人体研究而言，ERP（事件相关电位）与 MRI（磁共振成像）已被广泛地运用于探索慢性锻炼与认知功能关系的研究；近期一些研究还采用了生理指标，如心率变异性。以光学探索脑组织氧合作用的功能性近红外光谱仪，或是以分子影像为基础的正电子放射断层摄影等，已在近期锻炼与认知功能议题上逐渐发展。

第四节 运动影响脑执行功能的理论学说

经常参加体育锻炼能提高大脑皮层兴奋和抑制的协调作用，使得大脑的灵活性、协调性、反应速度等得以改善和提高，因而体育运动可以提高个体的认知加工速度。随着研究的不断深入，各领域的研究者从所处领域和自身专业的视角提出了有关运动和脑执行功能两者关系的见解或观点。目前，比较具有影响力的理论主要有生理学理论、心理学理论、情境认知理论、动作学习与经验理论等。

一、生理学理论

（一）血管改变假说

运动会导致与认知功能相关的血管发生改变，包括增加氧饱和度、提高血管生成和增加脑血流量。早在 1980 年，斯彼杜索（Spirduso）就推测规律运动导致认知功能改变的潜在机制可能和增加脑血流量有关。最近关于运动导致脑循环的研究结果已经使我们可以认识到运动对具体血管和半球的血流、脑组织氧化作用、流速和脑代谢的影响。脑循环的作用是满足代谢的需要和通过排除代谢废物保持脑平衡。尽管在静息和中等强度运动时总体脑血流量保持不变，但是局部脑血流量在中等强度运动时能增加 30%，增加脑血流量的脑区有前额叶、顶叶和部分颞叶。在脑的发育过程中，血管生成自发发生，但是随着年龄的增加，产生新血管的能力逐渐丧失。一些研究发现，长期运动训练导致较多脑血流。随着较多脑血流的持续影响，大鼠初级运动皮层和皮层下区域（如海马体）的毛细血管密度和灌注增加。由于海马体在形成新的记忆时是一个高度氧依赖型的结构器官，因此，血管生成也许是揭示运动导致学习记忆提高的一个原因。

（二）神经营养因子假说

运动可以通过分子途径如神经营养因子影响大脑的结构和功能。神经营养因子是指参与神经元存活、增殖、分化和突触功能的一组因子，包括 BDNF（脑源性神经营养因子）、NGF（神经生长因子）、NT-3（神经营养因子 3）、NT-4（神经营养因子 4）、NT-5（神经营养因子 5）、CNTF（睫状神经营养因子）、GDNF（胶质细胞系来源的神经营养因子）等。其中，BDNF 是一种具有促进和维持神经元生长、存活以及功能作用的活性蛋白因子。BDNF 可以影响海马体、皮质、纹状体和小脑等中枢神经部位神经细胞的分化、生长和存活，也被认为与增加老年人对脑损伤和退化的抵抗力有关。许多研究也发现，运动有助于与学习记忆密切相关脑区神经元的增殖、存活和分化，促进长时程增强（LTP）的诱导，提高实验动物的空间记忆和被动逃避记忆能力。越来越多的研究发现，运动可以调节 BDNF 的水平。约翰逊（Johnson）研究表明，运动可以导致不同脑区的 BDNF 的产生，如海马体、皮质、纹状体和小脑等，其中影响最大的是海马体。

生长在有可操作性的项目、新颖性的食物、社会交流和其他刺激性行为丰富环境下的大鼠，较久坐的大鼠会增加 BDNF、突触及神经生物化学等变化。这种改变不仅仅造成认知功能的即刻提高，而且有神经保护作用。运动对 BDNF 的影响已经得到正常的大学生被试的证明。费里斯（Ferris）让大学生被试在不同日期分别参加低于通气阈 20% 的运动和高于通气阈 10% 的运动，然后检查肘前静脉的 BDNF 和 Stroop 色 - 词测验成绩，结果发现仅高于通气阈 10% 的运动 BDNF 浓度和 Stroop 色 - 词测验成绩显著增加，增加的 BDNF 与 VO_2max 和认知改变不相关，而与乳酸的变化相关。这个研究表明，运动强度对于 BDNF 的增加也许是必需的。

（三）神经内分泌机制

有氧运动可诱发多个神经内分泌系统通路激活，而这些神经内分泌通路的激活与认知功能关系密切，因此有研究者开始从神经内分泌的角度理解运动对认知功能的影响。他们认为，运动可通过诱发大脑不同程度的神经内分泌反应来影响脑执行功能。麦克莫里斯（Mcmorris）研究结果认为，运动时能够激活多种神经内分泌通路（如 SAS、ASN 和 HPA 轴），这些内分泌通路间会发生协同作用影响认知功能。研究者设计了一个实验，研究运动、SAS、HPA 轴和认知功能的关系，以 24 名经常参加运动的男大学生为被试，检测在 50% 和 80% 的最大有氧输出运动时脑执行功能任务（Flanker 任务）和血浆中肾上腺激素、去甲肾上腺激素、促肾上腺皮质激素（ACTH）、皮质醇的浓度的关系，在 80% 的最大有氧功率（MAP）时，一致和冲突条件下的反应时和错误率高于其他条件。运动条件下，血浆中肾上腺激素和 ACTH 浓度的变化能够预测反应时变化，而去甲肾上腺激素的浓度的变化预测错误率的变化。运动必须达到一定的强度才能影响认知功能，SAS、HPA 在运动影响认知过程中扮演重要角色。已有研究表明：运动可以激活神经内分泌活动，影响认知功能以及高级认知功能——脑执行功能。

总之，血管改变假说、神经营养因子假说和神经内分泌机制从生理学角度对运动影响脑执行功能的加工机理进行了解释，初步揭示了运动与脑执行功能的关系，为我们开展运动与脑执行功能的研究提供了生理理论基础。已有研究表明人体的心率与运动强度密切相关，因此当前的研究均采用心率来检测运动强度。

二、心理学理论

（一）认知心理学假说

1. 唤醒水平假说

有氧运动有助于个体唤醒水平的提高，在促进个体新陈代谢、加速大脑和脑执行功能相关区域血流量的同时，促进个体认知功能的发展和成熟。有研究表明，体育运动能提高生理唤醒水平，进而很好地分配注意力以对干扰进行认知控制（希尔曼等，2009）。生理唤醒水平提高表示部分神经递质（如多巴胺、去甲肾上腺素和血清素）在大脑中瞬间释放。

2. 认知能量模型

认知能量模型通过模型构建的形式来进行直观研究，把认知过程划分为认知机制、脑执行功能控制系统、能量机制三个水平，基础是由编码、中央加工、运动反应等构成的第一级认知水平。在此基础上产生认知的中间过程即唤醒（Arousal）、激活（Activation）和努力（Effort）等三个能量库（Energetic Pools）。第三级是认知过程的上层结构（管理 / 脑执行功能），该结构层和个体的计划、错误尝试、纠正、协调等存在着联系。

3. 认知储备假说

亚科夫·斯特恩（Yaakv Stern）提出了认知储备（Cognitive Reserve）的概念假说，即个体间具有不同的储备（认知储备、脑储备、总储备）。当大脑某一区域受到损伤时，其他区域能够像输送储备资源一样来弥补由于损伤造成的功能障碍。受教育水平高的个体或具有更高储备的个体拥有更为广泛复杂的大脑网络，其弥补功能损伤的能力更强，所以同类情况下认知功能障碍程度更轻。

运动领域中认知储备假说的证据来源于早期的身体活动和晚年的认知功能下降间的关系研究。研究发现，早期参加有规律身体活动的老年人，较不参加有规律身体活动的老年人，其晚年认知功能高。身体活动通过刺激神经营养因子、神经细胞生长等途径增加脑储备是前提。经常参加身体活动的人具有较高水平的认知能力和抵抗认知疾病的弹力。科尔科姆（Colcombe）研究发现：有氧运动干预能提高前额叶、顶叶和颞叶的灰质和白质的体积，为认知储备假说提供了证据。

（二）认知神经科学假说

脑的可塑性假说认为，任何心理现象均以中枢神经系统尤其是大脑为基础。同样，产生的认知改善效应是脑对动作的反应，是大脑可塑性变化的结果。大脑可塑性一般包括结构改变和功能改变两个大方面。结构改变又包括微观层面和宏观层面两种：微观层面上，因发展和经验引起的树突棘密度的变化、树突长度的增加、神经元数量的增加以及脑皮层新陈代谢的改变等；宏观层面上，因发展和经验而导致的皮层厚度的改变、脑重的改变、各脑区沟回面积的变化等。功能改变要更加复杂，包括分子、细胞、皮层地图以及神经网络等不同系统的功能改变分子和细胞层面的功能变化主要表现为突触连接的变化、突触效能的变化等；而皮层地图层的功能变化主要表现为区域、面积以及区域之间联合或分离的改变等；神经网络层面的功能变化包括不同感觉通道之间跨通道的功能改变等，是一种系统水平的可塑性。亚奇尼（Jacini）通过核磁共振技术扫描脑部结构，发现有 10 年以上训练年限的跆拳道运动员的认知功能相关脑区的灰质密度显著增加。科尔科姆（Colombe）和埃里克森（Erickson）使用完全随机实验设计，通过核磁共振技术扫描脑部结构，研究发现，与对照组比较，6 个月有氧运动组老年人的认知相关脑区（前额叶、额叶及顶叶）的灰质和白质容量显著增加。该研究从脑结构的变化角度，初步揭示了运动改善脑执行功能的脑机制。科尔科姆和克雷默（Kramer）使用完全随机实验设计，采用FMRI方法检测老年人6个月的体育锻炼前后完成Flanker任务时的脑区激活的特征，结果发现6个月的有氧运动能提高老年人的认知功能，其主要机制是通过降低前扣带回激活水平，提高中前脑回和顶上小叶等相关的脑区激活水平。该研究从脑功能变化的角度，揭示了体育锻炼改善脑执行功能的脑机制。

近年来，儿童脑可塑性研究为其脑执行功能的可塑性提供了基础，研究发现：不同脑执行功能对应脑区活动与年龄之间相关，表现出较一致的规律。多塞特（Dowsett）和利夫西（Livesey）首次用实验证明了脑执行功能是可以训练的，这也成为日后人们寻找实验证据的来源。实验表明，增加任务训练有助于儿童在逐步完成实验任务的同时提高其复杂结构系统，这个系统能够帮助儿童增强自身的抑制控制能力，尤其在3岁儿童身上体现得更加明显。儿童在执行任务的过程中逐步习得任务要求的复杂规则，在这个过程中神经系统不断发展的同时，恰当的任务经验不断得到积累，反应控制能力和相应的脑执行功能也得到进一步的发展。多塞特和利夫西以学前儿童为研究对象，重点研究了其抑制控制的发展情况，尤其是在技能训练方面的执行效果。通过用Go/No–Go任务测量研究表明，持续的任务执行可以提高个体复杂的规则结构意识，从而增强抑制控制的能力。个体在训练中得到提升的不仅仅是反应控制能力，还包括信息表征能力、工作记忆能力、注意选择能力、错误纠正能力等。这些能力的形成和成熟既需要神经系统的发展，也需要任务经验的支持。

三、情境认知理论

（一）迁移理论

迁移理论指出，在运动过程中，人们通常会有协调动作、注意观察、反应记忆等生理和心理上的反应或训练，这些过程的实现都离不开认知过程的支持。在上述观点的基础上，布朗（Brown）认为，运动中的心理操作导致运动认知的提高，在运动过程中人们主动使用运动心理认知，能够使得其迁移到一般的认知上而产生普遍性意义。布莱克（Black）的研究发现，任务的复杂性对脑功能的影响存在差异。因此，参加有复杂结构的运动，特别是那些学习和团队协作的运动，对大脑的血管生成和脑血流效果很好。

（二）寓身认知理论

费多益提出了寓身认知理论。寓身认知理论认为，大脑、身体与环境组成的整体活动系统应该是建构和解释认知活动的真正依据，确信认知来源于身体，特别是动作和环境的交互作用。

小学生学习的因果关系往往通过目标性的动作来展示。这一观点较适合解释小学生运动与认知的关系。需要特别强调的是：动作技能，特别是精细运动技能的获得和执行，需激活大脑、小脑、基底节等多部位中枢，且不同阶段中枢激活的部位及激活体积在动作学习、巩固等阶段也存在差异。近年来的研究结果表明，动作技能和心智技能具有同源性，精细动作和认知功能动用的大脑皮质相同。过去，研究者一直认为小脑仅仅是精细动作的控制中枢，但现在，越来越多的研究结果显示，小脑还参与感觉、认知等多种功能的完成。主要原因在于小脑在解剖上与其他神经中枢具有广泛联系，个体完成精细运动时激活小脑，可能同时激活小脑的感觉和认知功能，进而改善脑执行功能。另外一个调节精细运动的重要中枢器官是纹状体。研究发现纹状体激活在学习和记忆后期巩固和强化学习过程中占主导作用，涉及刺激—反应机制。此外，对大脑皮质的研究也发现，精细动作会激活大脑皮质的多数脑区，主要包括运动区、感觉区和前额叶等，而前额叶与认知发展紧密联系。前额叶不仅是感知觉、记忆等基本认知过程的基础，也是脑执行功能的基础，同时也是运动技能学习和控制过程中的关键部位。有学者通过实验研究提供了佐证。陈爱国选取 9 名 10 岁的儿童为研究对象，采用 Flanker 任务和核磁共振技术检测一次 30 分钟的短时中等强度的有氧运动对儿童脑激活模式的变化。研究表明，短时中等强度有氧运动能改善儿童的脑执行功能，其脑机制是短时中等强度有氧运动诱发了儿童脑执行功能脑激活模式的变化。李琳以普通女大学生为被试，在功率自行车上进行了一次 30 分钟的中等强度有氧运动干预，干预前后运用功能核磁共振成像技术对被试进行扫描，结果发现 30 分钟中等强度的功率自行车运动可以引起女大学生脑激活模式发生改变。

（三）情境嵌入认知理论

情境嵌入认知理论观点认为，认知活动是在主体的身体和物质与社会环境之间动态的交互作用下完成的。情境嵌入认知观点也得到了实验证明，里斯（Reese）研究了儿童记忆发展与母亲回归过去事物的模式相关，证明了社会交互作用可以影响记忆。这些研究结果表明，运动技能学习时前额叶脑区血流量增加，运动技能熟练后前额叶血流量降低，运动脑区血流量增加，揭示了运动技能可以直接激活认知大脑皮质，促进认知发展，脑执行功能则随着认知功能的改善而发生改观。

情境认知理论揭示了认知功能的发展是需要通过大脑、身体、环境组成的活动系统完成的，作为高级认知的脑执行功能同样也要遵循这种规律，因此，研究者开始关注运动情境对脑执行功能的影响。陈爱国以四年级小学生为研究对象，按照组织形式的不同把小学生随机分为对照组、个人跳绳组和合作跳绳组，采用一次30分钟的跳绳干预，研究发现，合作跳绳组小学生的脑执行功能各子功能的改善效果均好于个人跳绳组。学生动作学习活动不仅仅是身体活动，而且是一种认知活动，任何动作反应都需要脑执行功能的参与，认知科学研究表明，脑执行功能的发展是在不断发现问题和解决问题的过程中得到锻炼和发展的。因此，体育教学中努力创设恰当的运动情境，通过运动情境引发问题，启发学生运用脑执行功能解决问题，以问题情境为主线充分利用运动情境，控制运动情境，来组织和调控体育课堂教学，促进学生的脑执行功能发展。“问题情境”是在运动教学内容和学生求知心理之间造成一种“不协调”，把学生引入与运动问题有关的情境的过程。这个过程是“不协调—探索—运用脑执行功能深思—发现—解决问题”的过程。创设问题情境的关系是选准新运动知识的切入点，设计情境要有梯队，有连续性，能引发学生的积极情绪体验。体育运动中，教师运用问题把学生引入问题情境中，学生要运用脑执行功能来完成问题，在不断反复运用脑执行功能过程中，学生的脑执行功能得到了锻炼和发展。“合作学习情境”是以合作学习小组的形式，利用教学动态因素形成学生之间的互动，引起学生积极学习情感反应的教学过程。合作学习情境的整个过程大致是：诱导产生合作动机—明确任务—合作探索—交流学习—反馈结果。体育教学中教师创设合作情境，学生之间形成合作团队，每个人在团队中有明确的责任，为了较好地完成自己的任务，每个学生以积极的态度投入到教学中，情绪体验是积极的，并且脑执行功能从任务开始到任务结束都参与其中，在这个过程中学生的脑执行功能得到了锻炼和发展。“多记忆点情境”是指在运动情境中的不同点上设置不同的任务，让学生在这个点上提取原有记忆并完成该点要完成的动作任务。多记忆点情境使学习困难儿童的脑执行功能在这种情境下得到了反复训练，使学生的刷新、抑制和转换功能得到发展。“多任务情境”是指在运动情境中设置的多项任务目标，复杂动作、多个动作交替和路线的多变均是多任务情境，在多任务情境中学习困难小学生通过完成多项任务，使他们的抑制、刷新和转换功能得到了训练和发展。

总之，从生理学理论、心理学理论、情境认知理论科学阐释了运动与脑执行功能的关系，揭示了运动与脑执行功能的认知机制和情境认知途径，尤其是情境认知理论不再把计算看作认知活动的本质和唯一途径，同时也不再坚持经典大脑假设，而是把大脑、身体与环境组成的整体活动系统作为理解和构建认知活动的实在基础。事实上，除了寓身认知尝试以身体为核心理念构建认知理论外，还存在着以生物进化、特定处境以及社会集体等不同理论支点来构建认知活动的尝试。

四、动作学习与经验理论

美国的心理学家桑代克认为，学习就是形成联结，学习即“联结”（包括知识学习和动作技能学习）。联结是指某些情境仅仅能够唤起特定反应，而不能够唤起其他反应的倾向。因此说，这个情境也可以成为刺激，包括外界情境（学生接触的环境）和内部情境（学生的思维、情绪等）。可以说，学习是在一定的情境中经过不断尝试、错误而获得最后的成功。经过多次尝试，在刺激与反应之间就建立了一种联结关系。因此，运动技能学习是刺激与反应的联结。动作学习的实质是动作经验的积累，动作来源于经验，而经验促进动作发展。

动作通过以下两个方面作用于脑执行功能。

一方面是动作经验。运动不仅涉及运动皮质、小脑、脑干等脑的局部区域的活动，而且与大脑前额叶、顶叶、颞叶、丘脑、边缘系统等多个区域有密切联系。董奇研究指出，动作的完成需要多个脑区共同作用，通过情绪体验为背景，对外界环境做出恰当反应，期间需要经历“计划—选择—决策—执行—反馈—调整”等环节。现代神经科学研究成果发现，复杂动作活动的实现是脑神经网络中的一组神经元被激发，涉及多个脑区的协同作用，具体表现为小脑、运动皮层、前额叶、顶叶、前扣带回、基底节、丘脑区形成某种特定的连通回路。张英波认为，个体完成一般动作可以通过动作程序理论来解释，动作是在执行器水平上的执行动作前预先组织好的一系列动作指令。而复杂动作、新颖动作和针对性动作使动作执行者针对变化的外界环境调整动作，具有可调整的动作特点包括动作时间的变化、动作幅度的变化、肢体和使用肌肉的变化等。有研究表明，将更多认知参与的体育运动与无认知参与的体育运动相比，对认知功能的促进作用更大，包括脑执行功能。含有复杂挑战的体育运动需要更多的认知参与，如可以进行群体游戏或双人合作锻炼等。从表面上看，有无认知参与的体育运动均能提高生理唤醒，但是只有认知参与的体育运动组能够激活高级认知过程。近期的研究强调，身体活动引起的生理唤醒水平升高以及身体动作的复杂性是运动影响脑执行功能的机制，复杂的体育运动类型与简单重复性的体育运动相比更能促进认知功能的提高。通过增加游戏的复杂性，如游戏规则、速度及协调性等，可以使参与者为了达到成功而不断地需要认知参与，从而为了适应后续任务的需要激活脑执行功能。由此可见，复杂动作激发了前额叶神经回路，脑执行功能参与其中。大量动作的练习和运用积累了大量的脑执行功能经验，而经验又促进了脑执行功能的发展。

另一方面是动作通过社会实践获得经验。当动作经历新的不同情境，个体将提取已有动作，并根据实际情况组合原有动作，形成新的、针对性的动作。在这个过程中需要脑执行功能的参与，经过反复的锻炼后，脑执行功能得到了发展和提高。因此，我们认为，复杂性动作、新颖性动作和针对性的动作有利于小学生脑执行功能的发展。

第四章　多途径运动促进学习困难小学生脑执行功能发展的理论模型

第一节　多途径运动促进学习困难小学生脑执行功能发展的理论模型阐述

我们在总结了运动影响普通儿童脑执行功能的理论假说基础上，根据学习困难小学生的身心发育特点以及脑执行功能发育特征，提出运动干预促进学习困难小学生脑执行功能发展的多途径理论（图 4–1）。

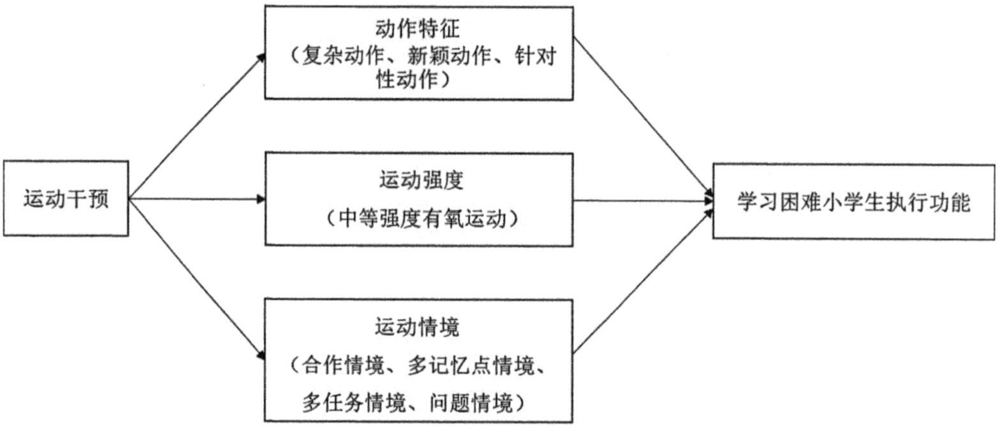

图 4–1　运动干预促进学习困难小学生脑执行功能发展的多途径理论

由图 4–1 可以看到，运动干预通过动作特征、运动强度和运动情境三条途径促进学习困难小学生脑执行功能发展。动作特征主要是项目的动作技术特征，不仅具有动作内容的丰富性，而且具有路线的多变性等特点，具体体现为动作的复杂性、新颖性和针对性。复杂动作、新颖动作和针对性动作均具有根据外界环境变化进行调整和修正的特性，要完成这些动作需要脑执行功能的参与，经过反复训练，学习困难小学生的脑执行功能得到发展。

运动强度有大强度、小强度和中等强度，已有研究表明各强度的运动均对脑执行功能的改善有效果，但中等强度的效果最佳。

运动情境是指运动过程中学生所处的教学情境，学生的动作学习是在一定的情境中，在学生、老师、教学情境的综合作用下完成的。学习困难小学生在问题情境、合作情境、多记忆点情境、多任务情境中锻炼和发展了脑执行功能各子功能（抑制、刷新和转换）。

总之，运动干预促进学习困难小学生脑执行功能的发展是通过动作特征、运动强度、运动情境三条途径综合来完成的。

第二节　运动干预改善学习困难小学生脑执行功能多途径理论模型的应用原则

一、动作特征设计指导原则

（1）发展抑制功能时强调阻止占优势反应的动作和破除习惯性动作。

（2）发展刷新功能时强调学生主动储存当前任务所需要学习的动作，并在已学会动作的基础上提取出新任务所需要的动作。

（3）发展转换功能时强调每个动作的设计都包含多项任务，任务的完成需要快速转换功能参与才能达成。

（4）复杂动作、新颖动作、针对性动作越多，脑执行功能的效果越好。

二、运动强度设计指导原则

运动强度以中等强度最好，即平均心率处于（220– 年龄）×（60% ~ 69%）的数值。

三、运动情境设计指导原则

（1）通过教师口令、组织形式、辅助器材创设“合作情境”。

（2）创设内容多样、路线多变的情境，从而促进抑制、刷新和转换功能的发展。

（3）创设“问题情境”，使小学生更多地需要对教师的动作、口令、问题等进行记忆，并提取出相应的答案做出当前任务所需要的动作，从被动接受变为主动探索。

（4）创设“多记忆点情境”，使学生主动储存每个点的任务信息，到达不同点时再灵活提取出该任务点所需要的动作，从而促进刷新功能的发展。

（5）创设“多任务情境”，使小学生从单一任务变为多任务操作，从而促进转换能力的发展。

第三节 运动干预促进学习困难小学生脑执行功能多途径理论模型的应用案例

一、设计的背景

学习困难是指智力属于正常范围，但由于各自不同的原因，学习成绩未能达到同其智力水准相称的情况，但这种不良是可逆的，在一定的补救措施下是可以发生变化的。据有关调查发现，国外学习困难的发生率在中小学为 20% ~ 30%，在中国约为 15%。学习困难严重影响了学生的学业成绩，对其个性与心理健康发展也有潜在负面影响，这引起了全社会的广泛关注。有关研究表明，脑执行功能发育不良是导致学生学习困难的主要原因，脑执行功能的改善将有助于提升其身心健康及学业成绩。因此，探索促进和改善学习困难小学生脑执行功能的有效手段，成为多学科的研究热点。

近年来，越来越多的研究者开始关注有氧运动用于发展普通儿童脑执行功能的有效性，运动有利于改善普通小学生的脑执行功能已为唤醒水平假说、脑可塑性假设、神经营养因子假说等理论所解释。运动作为促进儿童脑执行功能健康发展的手段，由于其成本低、效果好逐渐被大家认可。也有研究者开始尝试研究体育运动对特殊儿童脑执行功能的影响，研究发现，体育运动对肥胖、注意缺陷多动障碍、聋哑儿童的脑执行功能均具有改善作用，初步提示运动可以作为一种提高特殊儿童脑执行功能的手段。特殊儿童中最为典型的就是学习困难小学生，然而，迄今为止，尚未有研究涉及运动与学习困难小学生脑执行功能关系的研究，因此，有必要采用运动手段，针对不同类型学习困难小学生脑执行功能的发育特征研发运动方案，进行靶向干预，从而促进其脑执行功能的健康发展。

目前，我们研究发现，学习困难小学生包括语文学习困难、数学学习困难和双困学习困难。

二、促进语文学习困难小学生脑执行功能发展的“趣味游戏＋花样跳绳＋花样跑步”运动干预方案的设计与实施

（一）开发的必要性

1．阐明“趣味游戏＋花样跳绳＋花样跑步”运动干预方案与语文学习困难小学生脑执行功能的关系

跳绳运动动作丰富，路线也多变，儿童完成跳绳动作除了需要眼、手、脚的配合外，还需要对时间和空间有很好的把握。儿童跳绳要根据已经学会的动作来刷新出完整动作，并根据新的要求把学会的动作组合在一起刷新出新的跳法。总之，学生完成跳绳动作与脑执行功能密不可分。花样跑步动作本身有快速跑和耐力跑，而本方案的花样跑步则融入了针对刷新功能改善的灵活性练习、敏捷性练习、障碍跑等，不仅能增强学生体质，发展学生多种身体素质，更与脑执行功能的刷新功能紧密相关。

目前，很多人仅仅知道练习跳绳和跑步可以强身健体、娱乐身心，但对跳绳和跑步促进语文学习困难小学生脑执行功能健康发展的作用却缺乏了解。

2．为学校提供可选择的促进语文学习困难小学生脑执行功能发展的运动干预方案

目前，趣味游戏、花样跳绳、花样跑步对脑执行功能的发展缺乏针对性，因此，亟待根据已有研究成果，依据体育运动影响脑执行功能的三条途径（动作特征、运动情境、运动强度），开发针对语文学习困难小学生脑执行功能影响的运动干预方案，为采用“趣味游戏＋花样跳绳＋花样跑步”运动干预方案促进语文学习困难小学生脑执行功能发展提供理论和实践基础。

（二）运动促进学生脑执行功能多途径理论模型应用指导原则

根据语文学习困难小学生脑执行功能（包括抑制、刷新和转换）的刷新功能发育不良的特点，运动影响学习困难小学生脑执行功能的三条途径（动作特征、运动情境和运动强度），以学生有兴趣、易操作、有推广价值为原则选择了趣味游戏、花样跳绳、花样跑步三个运动项目，研发“趣味游戏＋花样跳绳＋花样跑步”运动干预方案。发展刷新功能时，强调学生主动储存当前任务所需要学习的动作，并在已学会动作的基础上，提取出新任务所需要的动作。运动情境也围绕刷新功能设计，通过教师口令、组织形式、辅助器材创设“问题情境”，使小学生更多地需要对教师的动作、口令、问题等进行记忆，并提取出相应的答案和当前任务

所需要的动作，从被动接受变为主动探索；创设“多记忆点情境”，使学生主动储存每个点的任务信息，到达不同点时再灵活提取出该任务点所需要的动作，从而促进刷新功能的发展。运动强度控制在能有效促进小学生脑执行功能的中等强度。

（三）可行性分析

本实验研究采用的花样跳绳和花样跑步运动在设计过程中充分考虑了儿童的生长发育规律和身心发育特点，并按照跳绳和跑步的创编原则进行创编：

（1）以已有的跳绳和跑步为基础进行了改编；

（2）根据运动影响脑执行功能的已有研究成果来改编；

（3）咨询小学体育老师并邀请相关跳绳和跑步专家一起开发。

因此，花样跳绳和花样跑步方案具有可行性。

（四）方案的创新性

本实验研究开发的“趣味游戏 + 花样跳绳 + 花样跑步”运动干预方案，针对语文学习困难小学生脑执行功能的刷新功能发育不良的特点，从运动影响脑执行功能的三条途径（动作特征、运动情境、运动强度）来综合开发，而且方案是组合方案。从理论上来说，该运动干预方案的效果会比没有依据脑执行功能特点来改编的单一花样跳绳或花样跑步方案好。

三、促进数学学习困难小学生脑执行功能发展的“合作游戏 + 武术操 + 花样踢毽”运动干预方案的开发与实施

（一）开发的必要性

1. 阐明“合作游戏 + 武术操 + 花样踢毽”运动干预方案与数学学习困难小学生脑执行功能的关系

武术操是将武术基本功和武术基本动作结合在一起，以体操的形式，并按照一定音乐节奏来编排的一种运动形式。武术操不仅动作丰富，而且路线多变，对小学生来说具有简单易学、参与积极性高等特点。花样踢毽主要指用脚采用不同的踢法，伴以头、胸、腹、肩、腿部身体各部分动作变化，使毽子的踢法和花样更加丰富。花样踢毽动作具有动静结合、高低有别、上下翻飞、步移身换、灵敏机动、眼随毽行、腰腿相随等特点。对于青少年更是一项极好的运动，对提高身体的柔韧性、灵敏性、协调性、耐久性、平衡性、力量性等都有很大的益处。全国中小学对武术操和花样踢毽的普及程度越来越高。目前，很多人仅仅知道练习

武术操和花样踢毽可以强身健体、娱乐身心，但对武术操和花样踢毽促进数学学习困难小学生脑执行功能健康发展的作用缺乏了解。

武术和踢毽是民族传统项目，是中国体育文化的精粹，对小学生尤其是学习困难小学生的运动参与社会适应的发展都有积极的作用。《义务教育体育与健康课程标准》提倡校本课程的建设，并提倡校本课程资源的开发。武术和踢毽具有简单易学、普及程度高、推广价值高、学生喜欢等优点。我们根据数学学习困难小学生抑制功能差的特点，开发了武术操、花样踢毽及一些合作体育游戏，不仅对学习困难小学生的脑执行功能有改善作用，而且锻炼了学生的身体，起到了改善教学和学习的双重效果。

2. 为学校提供可选择的促进数学学习困难小学生脑执行功能发展的运动干预方案

目前，合作游戏、武术操和花样踢毽对脑执行功能的发展缺乏针对性，因此，亟待根据已有研究成果，依据体育运动影响脑执行功能的三条途径（动作特征、运动情境、运动强度），开发针对数学学习困难小学生脑执行功能影响的运动干预方案，为采用“合作游戏 + 武术操 + 花样踢毽”促进数学学习困难小学生脑执行功能发展提供理论和实践基础。

（二）多途径运动促进小学生脑执行功能发展的理论模型应用指导原则

根据数学学习困难小学生脑执行功能（包括抑制、刷新和转换）的抑制功能发育不良的现象，运动影响学习困难小学生脑执行功能的三条途径（动作特征、运动情境和运动强度），以学生有兴趣、易操作、有推广价值为原则选择了合作游戏、武术操、花样踢毽三个运动项目，研发“合作游戏 + 武术操 + 花样踢毽”运动干预方案。动作特征围绕着抑制功能来编排，动作编排时强调阻止占优势反应的动作和破除习惯性动作。运动情境也围绕着发展抑制功能来设计，运动过程中教师通过口令、组织形式、辅助器材创设“合作情境”，抑制被激活的优势动作，达到与同伴一致的节奏，从而共同完成合作任务。创设内容多样、路线多变的情境，促进抑制功能的发展。运动强度采用能有效促进小学生脑执行功能的中等强度。

（三）可行性分析

本实验研究采用的武术操和花样踢毽运动在设计过程中充分考虑了儿童的生长发育规律和身心发育特点，以国家体育总局在中小学推广的三套武术操为基础，并按照武术操和花样踢毽的创编原则进行创编。本实验做出了如下创编：

（1）以已有的踢毽和花样踢毽为基础进行了改编；

（2）根据运动影响脑执行功能的已有研究成果来改编；

（3）咨询小学体育老师并邀请相关武术和踢毽专家一起开发。

因此，武术操和花样踢毽方案具有可行性。

（四）方案的创新性

本实验研究开发的“合作游戏＋武术操＋花样踢毽”运动干预方案，针对数学学习困难小学生脑执行功能的抑制功能发育不良的特点，从运动影响脑执行功能的三条途径（动作特征、运动情境、运动强度）来综合开发，而且方案是组合方案。从理论上来说，该运动干预方案的效果会比没有依据脑执行功能特点来改编的单一武术操或花样踢毽方案更明显。

四、促进双困小学生脑执行功能发展的“篮球”运动干预方案的开发与实施

（一）开发的必要性

1.阐明“篮球运动”与学习困难小学生脑执行功能关系的需要

篮球运动是集对抗性、趣味性、健身性为一体的运动项目，具有简单易学、易集体参与、有推广价值等优点。目前，很多人仅仅知道练习篮球可以强身健体、娱乐身心，但对篮球促进双困小学生脑执行功能健康发展的作用缺乏了解。

2.为学校提供可选择的促进学习困难小学生脑执行功能发展的运动干预方案

目前，篮球对脑执行功能的发展缺乏针对性，因此，亟待根据已有研究成果，依据体育运动影响脑执行功能的三条途径（动作特征、运动情境、运动强度），开发针对学习困难小学生脑执行功能影响的运动干预方案，为采用篮球运动干预方案促进学习困难小学生脑执行功能发展提供理论和实践基础。

（二）多途径运动促进小学生脑执行功能发展的理论模型应用指导原则

根据双困小学生脑执行功能各子功能（抑制、刷新和转换）均发育不良的特点，运动影响学习困难小学生脑执行功能的三条途径（动作特征、运动情境、运动强度），以学生有兴趣、易操作、有推广价值为原则选择了篮球运动项目，研发篮球运动干预方案。动作特征围绕着脑执行功能的各子功能（抑制、刷新、转换）而编排。在篮球动作的编排上，发展抑制功能时，强调阻止占优势反应的动作和破除习惯性动作；发展刷新功能时，强调学生主动储存当前任务所需要学习的动作，并在已学会动作的基础上，提取出新任务所需要的动作；发展转换功能时，强调每个动作的设计都包含多项任务，任务的完成需要快速转换功能参与才能达成。

运动情境也围绕抑制、刷新、转换功能设计，通过教师口令、组织形式、辅助器材创设“合作情境”，创设内容多样、路线多变的情境，从而促进抑制功能的发展。创设“问题情境”，使小学生更多地需要对教师的动作、口令、问题等进行记忆，并提取出相应的答案和当前任务所需要的动作，从被动接受变为主动探索；创设“多记忆点情境”，使学生主动储存每个点的任务信息，到达不同点时再灵活提取出该任务点所需要的动作，从而促进刷新功能的发展。创设“多任务情境”，使学生从单一任务变为多任务操作，从而促进转换能力的发展。运动强度控制在能有效促进小学生脑执行功能的中等强度。

（三）可行性分析

本实验研究采用的篮球在设计过程中充分考虑了儿童的生长发育规律和身心发育特点，并按照篮球创编原则进行创编：

（1）以小学推广的篮球为基础进行篮球创编；

（2）根据运动影响脑执行功能的已有研究成果来改编；

（3）咨询小学体育老师并邀请相关篮球专家一起开发。

因此，篮球方案具有可行性。

（四）方案的创新性

本实验研究开发的篮球运动干预方案，针对学习困难小学生脑执行功能发育不良的特点，从运动影响脑执行功能的三条途径（动作特征、运动情境、运动强度）来综合开发，而且方案是组合方案。从理论上来说，该运动干预方案的效果会比没有依据脑执行功能特点来改编的篮球方案更明显。

实践篇

第五章　不同类型学习困难小学生脑执行功能发育特征研究

第一节　语文学习困难小学生脑执行功能发育特征研究

一、研究目的

以语文学习困难和普通小学生为研究对象，探讨语文学习困难小学生脑执行功能发育特征，为针对性地开发改善语文学习困难小学生脑执行功能的运动干预方案提供依据。

二、研究对象与方法

（一）研究对象

根据学习困难小学生筛选标准，选取小学四、五、六年级语文学习困难小学生 44 名，普通小学生 48 名。

语文学习困难小学生筛选标准：根据国内外以往研究，本研究对语文学习困难小学生的选取标准为三条，并且需同时满足这三条要求：①选用《瑞文标准推理测验》（张厚粲等修订）测试小学生的智力，从而排除智力缺陷的小学生；②期末考试成绩低于 70 分（语文成绩）；③班主任和任课教师结合学生的平时学习情况，认为该生是语文学习困难小学生。

（二）脑执行功能的测量

研究使用的儿童脑执行功能测量工具是由我国学者陈爱国、殷恒婵等开发（效度大于 0.85)。测量任务在计算机上完成，采用 E-Prime1.1 系统操作，采用 Flanker 任务测量抑制功能，采用 1-back 任务测量刷新功能，采用 More-odd shifting 任务测量转换功能。测量地点选在环境安静舒适的计算机房内，主试者经过培训，在每次测试前，首先进行操作方法讲解，然后指导被试练习，直至所有被试熟练掌握后再正式开始测试。

三、研究结果与分析

为了解语文学习困难小学生脑执行功能发育特征，对语文学习困难和普通小学生脑执行功能各子功能进行独立样本 t 检验。由表 5-1 结果发现：语文学习困难小学生的刷新功能水平低于普通小学生，且具有非常显著性差异（t=3.024，$p < 0.01$）；抑制功能和转换功能水平均不存在显著性差异（$p > 0.05$）。结果表明，语文学习困难小学生刷新功能发育水平低于普通小学生。

表 5-1　语文学习困难和普通小学生脑执行功能发育特征的 t 检验结果（M ± SD）

脑执行功能	语文学习困难小学生（n=44）	普通小学生（n=48）	t	p
抑制	32.50 ± 23.31	25.09 ± 9.77	1.935	0.058
刷新	1023.01 ± 180.96	926.81 ± 117.73	3.024	0.003**
转换	360.28 ± 157.28	391.63 ± 81.27	−1.163	0.249

注：*$p < 0.05$；**$p < 0.01$

四、讨论

研究结果表明，语文学习困难小学生刷新功能显著低于普通小学生刷新功能水平。该研究结果与以往研究结果一致。肯迪奥等发现，在工作记忆中保持信息能力是产生阅读的必要条件，好的理解者有能力去获得关于文本的重要信息，且同时忽视不重要的或者是不相关的信息。帕拉迪诺等在实验中发现阅读困难儿童的刷新功能存在缺陷，具体表现为：阅读成绩差者，更容易被错误信息干扰，在测试中对目标词的回忆更少。西格尔（Seigel）等比较了阅读障碍的儿童和正常的儿童在刷新任务上的成绩，发现有阅读障碍的儿童在刷新任务上表现出劣势。德容（De Jong）等研究了阅读障碍儿童在复杂跨度任务（阅读跨度、计数跨度和运算跨度）上的成绩，结果发现，有阅读障碍的儿童在完成复杂跨度任务上的表现较差，表明阅读障碍儿童在刷新功能上存在缺陷。该研究结果支持了在记忆刷新和阅读理解之间存在关系。综上所述，刷新功能发育不良的儿童在主动存储、提取工作记忆中信息的能力上存在缺陷，儿童在语文学习的过程中，不能主动刷新之前加工过的信息，将不利于对当前信息的储存和任务加工，影响到后续学习任务所需信息的储存和提取，最终导致语文学习困难。

五、结论

语文学习困难小学生脑执行功能发育水平低于普通小学生，尤其是刷新功能发育不良。

第二节　数学学习困难小学生脑执行功能发育特征研究

一、研究目的

以数学学习困难和普通小学生为研究对象，探讨数学学习困难小学生脑执行功能发育特征，为针对性地开发改善数学学习困难小学生脑执行功能的运动干预方案提供依据。

二、研究对象与方法

（一）研究对象

根据学习困难小学生筛选标准，选取小学四、五、六年级数学学习困难小学生 47 名，普通小学生 48 名。

数学学习困难小学生筛选标准：根据国内外以往研究，本研究对数学学习困难小学生的选取标准为三条，并且需同时满足这三条要求：①选用《瑞文标准推理测验》（张厚粲等修订）测试小学生的智力，从而排除智力缺陷的小学生；②期末考试成绩低于 70 分（数学成绩）；③班主任和任课教师结合学生的平时学习情况，认为该生是数学学习困难小学生。

（二）脑执行功能的测量

研究使用的儿童脑执行功能测量工具是由我国学者陈爱国、殷恒婵等开发（效度大于 0.85）。测量任务在计算机上完成，采用 E-Prime1.1 系统操作，采用 Flanker 任务测量抑制功能，采用 1-back 任务测量刷新功能，采用 More-odd shifting 任务测量转换功能。测量地点选在环境安静舒适的计算机房内，主试者经过培训，在每次测试前，首先进行操作方法讲解，然后指导被试练习，直至所有被试熟练掌握后再正式开始测试。

三、研究结果与分析

为了解数学学习困难小学生脑执行功能发育特征，对数学学习困难和普通小学生脑执行功能各子功能进行独立样本 t 检验。由表 5-2 结果发现：数学学习困难小学生的抑制功能水平低于普通小学生，且具有显著性差异（$t=3.112$，$p < 0.01$）；刷新功能和转换功能水平均不存在显著性差异（$p > 0.05$）。结果表明，数学学习困难小学生抑制功能发育水平低于普通小学生。

表 5-2　数学学习困难和普通小学生脑执行功能发育特征的 t 检验结果（M ± SD）

脑执行功能	数学学习困难小学生（n=47）	普通小学生（n=48）	t	p
抑制	37.50 ± 25.55	25.09 ± 9.77	3.112	0.003**
刷新	970.72 ± 128.61	926.81 ± 117.73	1.736	0.086
转换	437.36 ± 138.94	391.63 ± 81.27	1.963	0.055

注：$^*p < 0.05$；$^{**}p < 0.01$

四、讨论

研究表明，数学学习困难小学生抑制功能显著低于普通小学生抑制功能水平。该研究结果与以往研究结果一致。万（Van）等研究发现，存在脑执行功能缺陷的儿童易于表现出数学学习困难。在低龄数学学习困难儿童中，托尔等对数学持续低分的儿童（6 ~ 7 岁）开展的跟踪研究，也表明数学能力差的儿童表现出认知抑制的弱项。帕索伦吉研究了数学学习困难小学生脑执行功能与数学的关系，研究发现抑制功能严重缺陷是数学学习困难小学生形成的主要原因。布莱尔（Blair）等研究发现 3 ~ 5 岁儿童的抑制能力可以显著预测他们的早期数学能力。埃斯彼（Espy）等研究了脑执行功能与学龄前儿童的数学能力熟练程度的关系，研究发现脑执行功能的抑制功能对儿童（2 ~ 5 岁）的数学能力有显著独立贡献。王晓芳等采用数值 - 大小干扰（magnitude-size Stroop）任务，探讨了不同年级数学障碍儿童和普通儿童抑制能力的差异，结果发现数学障碍儿童只在需要抑制能力参与的刺激冲突条件下的正确率显著低于普通儿童，而在不需要抑制能力参与的刺激中性条件和刺激一致条件下两组之间没有显著差异，表明数学障碍儿童抑制能力发展迟缓是数学障碍产生的原因之一。综上所述，本研究中涉及的数学学习困难儿童的抑制功能缺陷可能是导致其数学学习困难的一个因素。

五、结论

数学学习困难小学生脑执行功能发育水平低于普通小学生，尤其是抑制功能发育不良。

第三节　双困小学生脑执行功能发育特征研究

一、研究目的

以双困（语文、数学学习均困难）和普通小学生为研究对象，探讨双困小学生脑执行功能发育特征，为针对性地开发改善双困小学生脑执行功能的运动干预方案提供依据。

二、研究对象与方法

（一）研究对象

根据学习困难小学生筛选标准，选取小学四、五、六年级双困小学生 46 名，普通小学生 48 名。

双困小学生筛选标准：根据国内外以往研究，本研究对双困小学生的选取标准为三条，并且需同时满足这三条要求：①选用《瑞文标准推理测验》（张厚粲等修订）测试小学生的智力，从而排除智力缺陷的小学生；②期末考试成绩低于 70 分（包括语文成绩、数学成绩）；③班主任和任课教师结合学生的平时学习情况，认为该生是双困小学生。

（二）脑执行功能的测量

研究使用的儿童脑执行功能测量工具是由我国学者陈爱国、殷恒婵等开发（效度大于 0.85）。测量任务在计算机上完成，采用 E-Prime1.1 系统操作，采用 Flanker 任务测量抑制功能，采用 1-back 任务测量刷新功能，采用 More-odd shifting 任务测量转换功能。测量地点选在环境安静舒适的计算机房内，主试者经过培训，在每次测试前，首先进行操作方法讲解，然后指导被试练习，直至所有被试熟练掌握后再正式开始测试。

三、研究结果与分析

为了解双困小学生脑执行功能发育特征，对双困和普通小学生脑执行功能各子功能进行独立样本 t 检验。由表 5–3 结果发现：双困小学生的抑制功能、刷新功能和转换功能水平低于普通小学生，且均具有非常显著性差异（$p < 0.01$）。结果表明双困小学生抑制功能、刷新功能和转换功能发育水平均低于普通小学生。

表 5–3　双困和普通小学生脑执行功能发育特征的 t 检验结果（M ± SD）

脑执行功能	双困小学生（n=46）	普通小学生（n=48）	t	p
抑制	42.88 ± 18.47	25.09 ± 9.77	5.797	0.000**
刷新	1156.91 ± 293.17	926.81 ± 117.73	4.954	0.000**
转换	561.13 ± 199.21	391.63 ± 81.27	5.359	0.000**

注：$^*p < 0.05$；$^{**}p < 0.01$

四、讨论

研究表明，双困小学生抑制、刷新和转换功能均显著低于普通小学生水平。该研究结果与以往研究结果一致。王恩国以初中生为被试，首次将学习困难学生分为语文学习困难、数学学习困难和双困学生，采用巴德利开发的任务测试不同类型学习困难中学生的工作记忆，结果发现，所有类型学习困难中学生的工作记忆均存在缺陷，双困中学生计算能力和阅读广度均有缺陷。斯路易斯比较了不同类型学习困难小学生脑执行功能，研究发现，双困小学生脑执行功能各维度（抑制、刷新、转换）均存在缺陷。张妍以不同类型学习困难小学生为被试，研究了不同类型学习困难小学生的脑执行功能特点，发现双困小学生的抑制、刷新和转换功能均存在缺陷。郑惠以 9 ~ 12 岁儿童为研究对象，比较不同类型学习困难小学生的认知行为，研究发现，对于认知行为损伤程度，不同类型学习困难小学生均存在，双困小学生最为严重。因此，双困小学生抑制、刷新和转换功能均存在不同程度的缺陷。

五、结论

双困小学生脑执行功能发育水平低于普通小学生，具体体现在抑制、刷新、转换功能发育均不良。

第六章　促进语文学习困难小学生脑执行功能发展的实证研究

第一节　短时运动干预方案对语文学习困难小学生脑执行功能影响的研究

一、研究目的

针对语文学习困难小学生脑执行功能发育不良的特点，尤其是刷新功能的发育不良，开发“趣味游戏”“花样跳绳”“花样跑步”“趣味游戏 + 花样跳绳 + 花样跑步”四套短时运动干预方案，对语文学习困难小学生进行一次性 30 分钟的运动干预，揭示不同短时运动干预方案对其脑执行功能的影响效果，并为长期运动干预方案的开发提供依据。

二、研究对象与方法

（一）研究对象

选取四、五、六年级 110 名语文学习困难小学生为研究对象，实验分为四个组，实验组一（趣味游戏）24 名，实验组二（花样跳绳）23 名，实验组三（花样跑步）22 名，实验组四（趣味游戏 + 花样跳绳 + 花样跑步）21 名，对照组 20 名。

语文学习困难小学生筛选标准：根据国内外以往研究，本研究对语文学习困难小学生的选取标准为三条，并且需同时满足这三条要求：①选用《瑞文标准推理测验》（张厚粲等修订）测试小学生的智力，从而排除智力缺陷的小学生；②期末考试成绩低于 70 分（语文成绩）；③班主任和任课教师结合学生的平时学习情况，认为该生是语文学习困难小学生。

（二）运动干预方案的研发

针对语文学习困难小学生脑执行功能发育不良，尤其是刷新功能发育不良的特点，考虑到学生年龄对运动的适应性、学生的运动兴趣，以及运动项目易操作和易开展的特点，结合运动改善儿童脑执行功能的动作特征、运动强度和运动情境三条途径，确定本研究的四套干预方案："趣味游戏""花样跳绳""花样跑步""趣味游戏＋花样跳绳＋花样跑步"。趣味游戏项目具有多样的内容与形式、多变的动作与规则，需要学生主动记忆不同游戏内容的相关动作、不同游戏形式的相关规则，并在游戏过程中按照当前任务的需要从工作记忆中灵活地提取。花样跳绳项目需要运动者手持跳绳并通过手、脚、眼的配合，全身协调用力才能完成一个跳绳动作，学生需要主动记忆不同花样的动作、节奏，在运动过程中需要不断提取不同花样的摇绳幅度、频率，以及步伐动作。花样跑步项目的形式多样、路线丰富，学生需要主动记忆不同的形式和路线，并在跑步过程中灵活提取不同形式的动作信息，以及不同路线的位置信息。三个项目本身的特征均与刷新功能紧密相连，且以往研究表明单一与组合方案对小学生脑执行功能影响不同（殷恒婵，陈爱国，2011，2014），故设计三套单一项目方案和一套组合方案。运动强度采用中等强度控制，中等强度被证明对促进儿童脑执行功能发展是非常有效的运动强度，中等运动强度的心率计算方法为：（220－年龄）×（60%～69%）。每套方案的运动持续时间均为30分钟，组合方案中：趣味游戏10分钟，花样跳绳10分钟，花样跑步10分钟。具体安排如表6-1。

表6-1　运动干预方案一览

组别	运动方案	运动强度	运动持续时间（分钟）
实验组一	趣味游戏	（220－年龄）×（60%～69%）	30
实验组二	花样跳绳	（220－年龄）×（60%～69%）	30
实验组三	花样跑步	（220－年龄）×（60%～69%）	30
实验组四	趣味游戏＋花样跳绳＋花样跑步	（220－年龄）×（60%～69%）	30

（三）运动干预方案的实施

运动干预方案的实施技术路线见图 6-1。

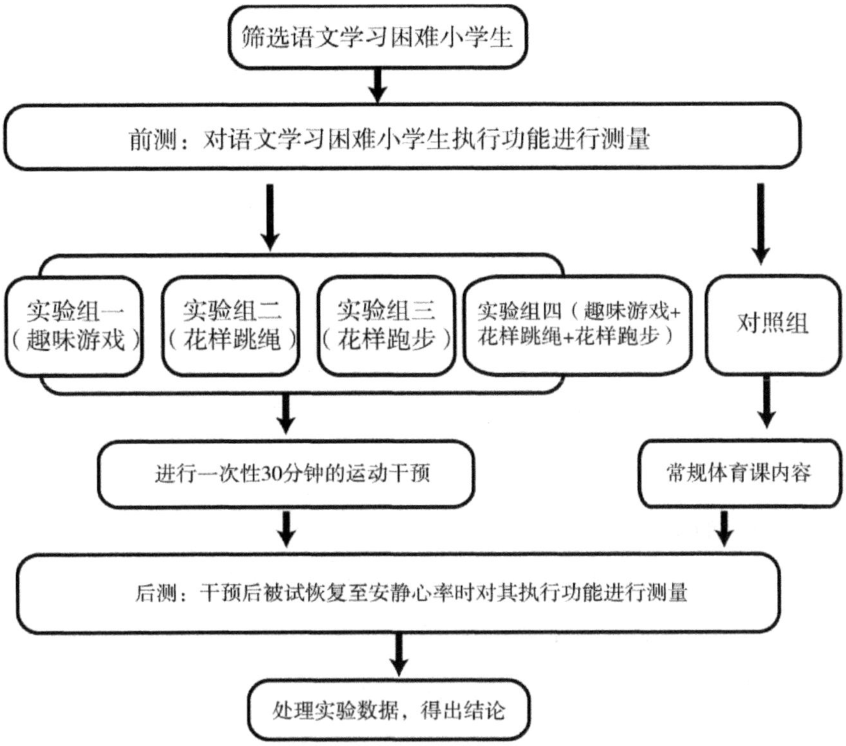

图 6-1　技术路线图

（四）实验条件的控制

1. 脑执行功能的测量

研究使用的儿童脑执行功能测量工具由我国学者陈爱国、殷恒婵等开发（效度大于 0.85）。测量任务在计算机上完成，采用 E-Prime1.1 系统操作，采用 Flanker 任务测量抑制功能，采用 1-back 任务测量刷新功能，采用 More-odd shifting 任务测量转换功能。测量地点选在环境安静舒适的机房内，主试者经过培训，在每次测试前首先进行操作方法讲解，然后指导被试练习，直到所有被试熟练掌握操作方法后再正式开始测试。

2. 运动强度的监控

本运动干预实验研究中运动强度的监控方法是监测心率，每次实验都随机选取 6 名被试学生，男女人数均等，佩戴 Polar 心率表至实验结束，每次实验进行 4 次心率测量：安静时、第 10 分钟、第 20 分钟、第 30 分钟，通过 Excel 2000 进行录入和统计（表 6–2）。

表 6–2　心率测试表

（单位：次）

姓名	安静时心率	第 10 分钟心率	第 20 分钟心率	第 30 分钟心率
学生 1				
学生 2				
学生 3				
学生 4				
学生 5				
学生 6				

三、研究结果与分析

（一）运动强度监控的结果与分析

运动干预过程中，“趣味游戏”实验组的平均心率为 140 次 / 分，为最大心率的 67% 左右；“花样跳绳”实验组的平均心率为 137 次 / 分，为最大心率的 65% 左右；“花样跑步”实验组的平均心率为 138 次 / 分，为最大心率的 66% 左右；“趣味游戏 + 花样跳绳 + 花样跑步”组合实验组平均心率为 138 次 / 分，为最大心率的 66% 左右；各实验组均达到了运动干预方案要求的中等强度（图 6–2）。

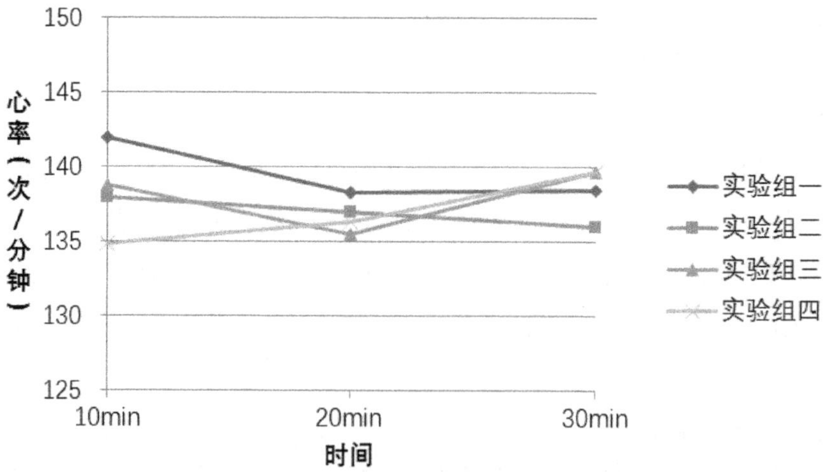

图 6–2　各运动干预方案平均心率监控图

（二）各组语文学习困难小学生脑执行功能前测同质性检验结果与分析

为考察各组语文学习困难小学生实验前脑执行功能是否处于相同水平，对四个实验组和一个对照组小学生的抑制、刷新、转换功能的前测成绩进行单因素方差分析，结果显示，抑制功能［$F_{(4,\ 105)}$=0.406，p=0.804 > 0.05］不具有显著性差异；刷新功能［$F_{(4,\ 105)}$=1.174，p=0.327 > 0.05］不具有显著性差异；转换功能［$F_{(4,\ 105)}$=2.59，p=0.904 > 0.05］不具有显著性差异。说明各实验组及对照组刷新、抑制和转换功能前测之间均不具有显著性差异，即各实验组和对照组的前测水平同质。

（三）四套运动干预方案对语文学习困难小学生脑执行功能影响的结果与分析

采用 5（组别）×2（时间）的重复测量方差分析法，组别分为实验组一（趣味游戏）、实验组二（花样跳绳）、实验组三（花样跑步）、实验组四（组合组）、对照组 5 个组，时间为前测和后测 2 个时间点，分析组别与时间对语文学习困难小学生脑执行功能的影响，结果如表 6–3。

表 6–3 运动干预对语文学习困难小学生脑执行功能影响的方差分析

脑执行功能	交互作用	III 型平方和	df	均方	F	p
抑制	组别	5171.991	4	1292.998	1.803	0.134
	时间	20548.800	1	20548.800	32.481	0.000**
	时间 × 组别	7665.104	4	1916.276	3.029	0.021*
刷新	组别	1381856.247	4	345464.062	9.354	0.000**
	时间	1483052.237	1	1483052.237	193.176	0.000**
	时间 × 组别	743782.776	4	185945.694	24.220	0.000**
转换	组别	55966.490	4	13991.622	0.542	0.705
	时间	23219.870	1	23219.870	2.042	0.156
	时间 × 组别	16811.576	4	4202.894	0.370	0.830

注：$^{*}p < 0.05$；$^{**}p < 0.01$

1. 四套运动干预方案对语文学习困难小学生抑制功能的影响结果与分析

四套运动干预方案对被试在抑制功能上的影响表现为组别主效应［$F_{(4,\ 105)}$=1.803，p=0.134 > 0.05］不显著，说明各组之间抑制功能不存在显著性差异；时间主效应［$F_{(4,\ 105)}$=32.481，p=0.000 < 0.01］非常显著，说明抑制功能随时间变化而变化；时间 × 组别的交互效应［$F_{(4,\ 105)}$=3.029，p=0.021 < 0.05］显著，

说明四组被试干预前后抑制功能变化具有显著性差异。

通过进一步对时间 × 组别的交互作用进行简单效应分析，结果发现，不同组别间前测抑制功能差异不显著［$F_{(4,\ 105)}$=0.41，p=0.804 > 0.05］，后测抑制功能具有显著性差异［$F_{(4,\ 105)}$=5.83，p=0.000 < 0.01］；“趣味游戏”实验组抑制功能前后测具有显著性差异［$F_{(1,\ 105)}$=7.02，p=0.000 < 0.01］，“趣味游戏”实验组抑制功能后测显著好于前测；“花样跳绳”实验组抑制功能前后测具有显著性差异［$F_{(1,\ 105)}$=5.59，p=0.000 < 0.01］，“花样跳绳”实验组抑制功能后测显著好于前测；“花样跑步”实验组抑制功能前后测具有显著性差异［$F_{(1,\ 105)}$=13.59，p=0.000 < 0.01］，“花样跑步”实验组抑制功能后测显著好于前测；“趣味游戏 + 花样跳绳 + 花样跑步”组合实验组抑制功能前后测具有显著性差异［$F_{(1,\ 105)}$=19.91，p=0.000 < 0.01］，“趣味游戏 + 花样跳绳 + 花样跑步”组合实验组抑制功能后测显著好于前测；对照组抑制功能前后测不具有显著性差异［$F_{(1,\ 105)}$=0.07，p=0.796 > 0.05］。各运动方案均对语文学习困难小学生完成抑制任务的表现产生了积极的影响，结果证明“趣味游戏 + 花样跳绳 + 花样跑步”组合方案对语文学习困难小学生抑制功能的改善效果最好（图 6–3）。

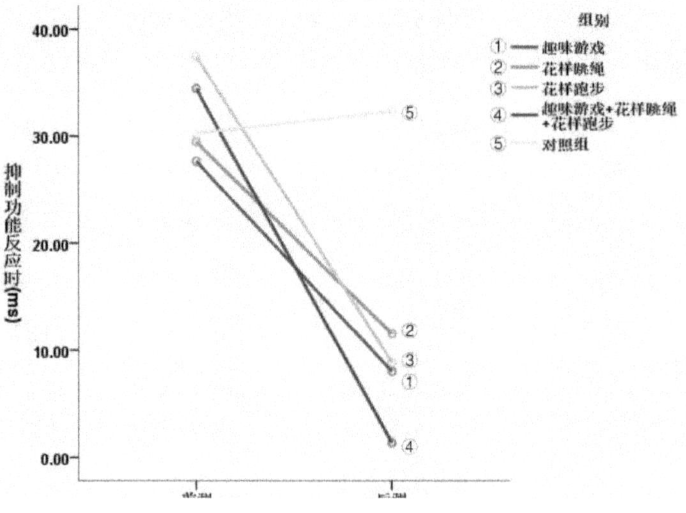

图 6–3　各实验组与对照组抑制功能变化图

2. 四套运动干预方案对语文学习困难小学生刷新功能影响的结果与分析

四套运动干预方案对被试在刷新功能上的影响表现为组别主效应［$F_{(4,\ 105)}$=9.354，p=0.000 < 0.01］非常显著，说明各组之间的刷新功能具有显

著性差异；时间主效应［$F_{(1,\ 105)}$=193.176，p=0.000 < 0.01］非常显著，说明刷新功能随时间变化而变化；时间 × 组别的交互效应［$F_{(4,105)}$=24.220，p=0.000 < 0.01］非常显著，说明四组被试干预前后刷新功能变化具有显著性差异。

通过进一步地对组别的主效应进行多重比较，结果表明：①各实验组与对照组相比，刷新功能均具有非常显著性差异（p < 0.01），各实验组的刷新功能反应时均低于对照组，即刷新功能好于对照组；②各实验组之间的刷新功能改善程度不同，“趣味游戏 + 花样跳绳 + 花样跑步”组合实验组与“趣味游戏”实验组、“花样跳绳”实验组、“花样跑步”实验组的刷新功能均存在显著性差异（p < 0.05），（趣味游戏 + 花样跳绳 + 花样跑步）组合实验组刷新功能好于其他各组，其他各实验组间不具有显著性差异（表 6–4）。

表 6–4　不同运动干预方案间刷新功能的多重比较

组别（I）	组别（J）	均值差（I–J）	标准误	p
实验组一	实验组二	7.4121	40.52428	0 .855
	实验组三	–18.4389	42.12775	0 .663
	实验组四	86.4447*	40.07148	0 .033*
	对照组	–166.8729**	42.12775	0 .000**
实验组二	实验组三	–25.8510	42.55868	0 .545
	实验组四	79.0326	40.52428	0 .054
	对照组	–174.2850**	42.55868	0 .000**
实验组三	实验组四	104.8836*	42.12775	0 .014*
	对照组	–148.4340**	44.08822	0 .001**
实验组四	对照组	–253.3176**	42.12775	0 .000**

注：*p < 0.05；**p < 0.01

通过进一步地对时间 × 组别的交互作用进行简单效应分析，结果发现，不同组别间刷新功能前测差异不显著［$F_{(4,\ 105)}$=1.17，p=0.327 > 0.05］，刷新功能后测都具有非常显著性差异［$F_{(4,\ 105)}$=20.04，p=0.000 < 0.01］；“趣味游戏”实验组刷新功能前后测具有非常显著性差异［$F_{(1,\ 105)}$=47.63，p=0.000 < 0.01］，“趣味游戏”实验组刷新功能后测非常显著好于前测；“花样跳绳”实验组刷新

功能前后测具有非常显著性差异［$F_{(1, 105)}=43.89$，$p=0.000 < 0.01$］，“花样跳绳”实验组刷新功能后测非常显著好于前测；“花样跑步”实验组刷新功能前后测具有非常显著性差异［$F_{(1, 105)}=21.79$，$p=0.000 < 0.01$］，“花样跑步”实验组刷新功能后测非常显著好于前测；“趣味游戏＋花样跳绳＋花样跑步”组合实验组刷新功能前后测具有非常显著性差异［$F_{(1, 105)}=196.99$，$p=0.000 < 0.01$］，“趣味游戏＋花样跳绳＋花样跑步”组合实验组刷新功能后测非常显著好于前测；对照组刷新功能前后测不具有显著性差异［$F_{(1, 105)}=0.10$，$p=0.751 > 0.05$］。参照表 6–4 的多重比较结果可以看出：各运动方案均对语文学习困难小学生完成刷新任务的表现产生了积极的影响，且“趣味游戏＋花样跳绳＋花样跑步”运动干预方案对语文学习困难小学生刷新功能的改善效果最好（图 6–4）。

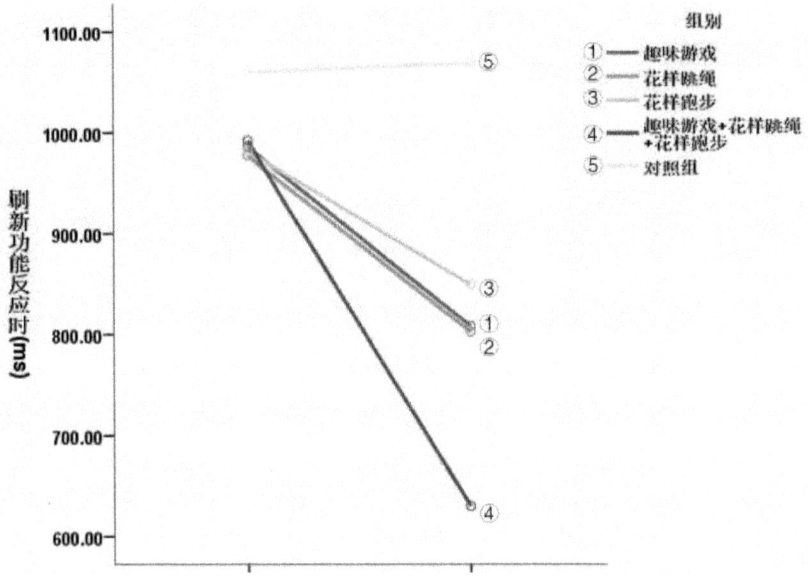

图 6–4　各实验组与对照组刷新功能变化图

3. 四套运动干预方案对语文学习困难小学生转换功能影响的结果与分析

四套运动干预方案对被试在转换功能上的影响表现为组别主效应［$F_{(4, 105)}=0.542$，$p=0.705 > 0.05$］不显著，说明各组转换功能无显著性差异；时间主效应［$F_{(1, 105)}=2.042$，$p=0.156 > 0.05$］不显著，说明转换功能没有随时间变化而变化；时间 × 组别的交互效应［$F_{(4, 105)}=0.370$，$p=0.830 > 0.05$］不显著，说明四组被试干预前后转换功能变化没有显著性差异。

运动干预后各组转换任务反应时均下降，“趣味游戏＋花样跳绳＋花样跑步”

实验组转换任务反应时下降幅度高于其他各组，即“趣味游戏 + 花样跳绳 + 花样跑步”运动方案对转换功能的改善好于其他方案（图 6–5），但无显著性差异。

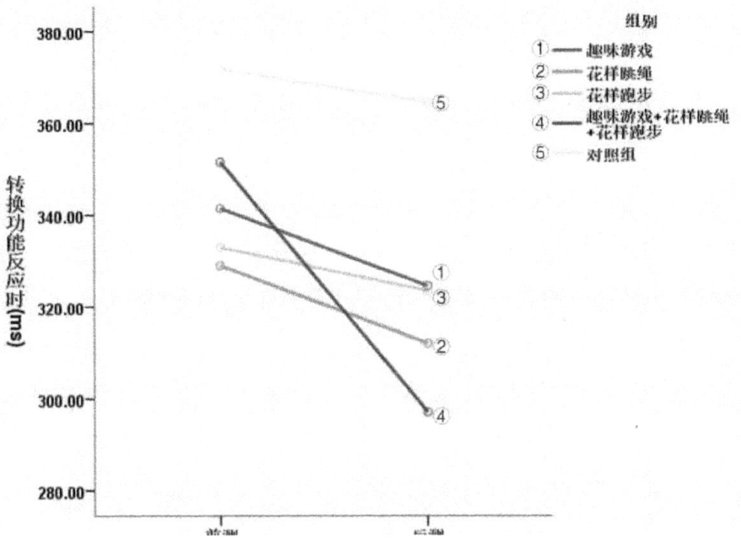

图 6–5　各实验组与对照组转换功能变化图

四、讨论

本研究结果表明，四种不同类型运动干预方案对语文学习困难小学生脑执行功能影响的效果不同，四种方案都能有效改善语文学习困难小学生的脑执行功能，其中组合方案运动干预的效果最好。本结果与以往的研究结果一致。张劲松等对参加乒乓球训练和游泳训练的 6 ~ 9 岁儿童进行了每周 3 ~ 5 次，每次持续时间 2 小时，为期 3 个月或 2 年的训练，结果发现接受乒乓球训练的儿童比接受游泳训练的儿童在抑制性控制方面强。这说明不同的运动特征对脑执行功能的影响不同。不同的研究对上述观点给出了不同的佐证，从不同的角度论证了不同特征运动训练任务对认知功能起到的影响作用也不同。布莱克研究发现，运动训练的复杂程度对脑功能的影响不同。研究者采用动物实验，将成年大鼠分为杂技训练组、有氧运动组和无运动组，发现参与复杂运动的杂技训练组大鼠的神经连接要比另外两组多，有氧运动组大鼠的血管生成和脑血流比其他组的更多。由此可见，复杂程度较高的训练，包括那些要求团队协作的运动训练与简单的运动训练对脑功能的影响不同。复杂的体育运动类型与简单重复性的体育运动相比更能促进认知功能的提高，这也与本研究的结果相符。“趣味游戏＋花样跳绳＋花样跑步”是组合运动方案，涉及三个运动项目，其复杂程度是其他三个项目的总和，且30分钟的运动过程中，每10分钟就需要变换到下一个运动项目中，更需要学生及时更新工作记忆，从工作记忆中提取出当前项目所需的信息，以适应任务的需要，故使学生的刷新功能得到更加频繁的锻炼，对其刷新功能的改善效果更好。

五、结论

针对语文学习困难小学生的特点开发的“趣味游戏”“花样跳绳”“花样跑步”“趣味游戏＋花样跳绳＋花样跑步”四套运动干预方案均能够有效改善语文学习困难小学生的脑执行功能，其中“趣味游戏＋花样跳绳＋花样跑步”运动干预方案对语文学习困难小学生刷新功能的改善效果最好，可以作为开发长期运动干预方案的依据。

第二节　10周运动干预对语文学习困难小学生脑执行功能影响的研究

一、研究目的

以语文学习困难小学生为研究对象，针对其脑执行功能发育不良，尤其是刷新功能发育不良的特点，在第一节的研究基础上，进一步开发10周“趣味游戏＋花样跳绳＋花样跑步”运动干预方案，验证针对性的长期运动干预方案对语文学习困难小学生脑执行功能的影响效果，为促进语文学习困难小学生脑执行功能的发展和改善提供针对性的有效的运动干预方案。

二、研究对象与方法

（一）研究对象

经筛查选取四、五、六年级语文学习困难小学生45名，其中，实验组25名，对照组20名。

语文学习困难小学生筛选标准：根据国内外以往研究，本研究对语文学习困难小学生的选取标准为三条，并且需同时满足这三条要求：①选用《瑞文标准推理测验》（张厚粲等修订）测试小学生的智力，从而排除智力缺陷的小学生；

②期末考试成绩低于 70 分（语文成绩）；③班主任和任课教师结合学生的平时学习情况，认为该生是语文学习困难小学生。

（二）运动干预方案的研发

针对语文学习困难小学生刷新功能发育不良的特点，在促进语文学习困难小学生脑执行功能改善的运动干预方案探索的基础上，按照一次性“趣味游戏 + 花样跳绳 + 花样跑步”运动干预方案开发的思路和原则，进一步开发为期 10 周的“趣味游戏 + 花样跳绳 + 花样跑步”运动干预方案。方案还严格控制了体育运动的其他特征：运动频率为每周 3 次；每次运动干预时间为 40 分钟，其中，准备活动 5 分钟，趣味游戏 10 分钟，花样跳绳 10 分钟，花样跑步 10 分钟，放松活动 5 分钟。运动干预方案见表 6–5，每次课时实施方案具体安排见附录。

表 6–5　运动干预方案

运动项目	运动强度	运动持续时间	运动频率
趣味游戏 + 花样跳绳 + 花样跑步	（220– 年龄）×（60% ～ 69%）	30 分钟	3 次 / 周

（三）运动干预方案的实施

运动干预方案实施的技术路线图见图 6–6。

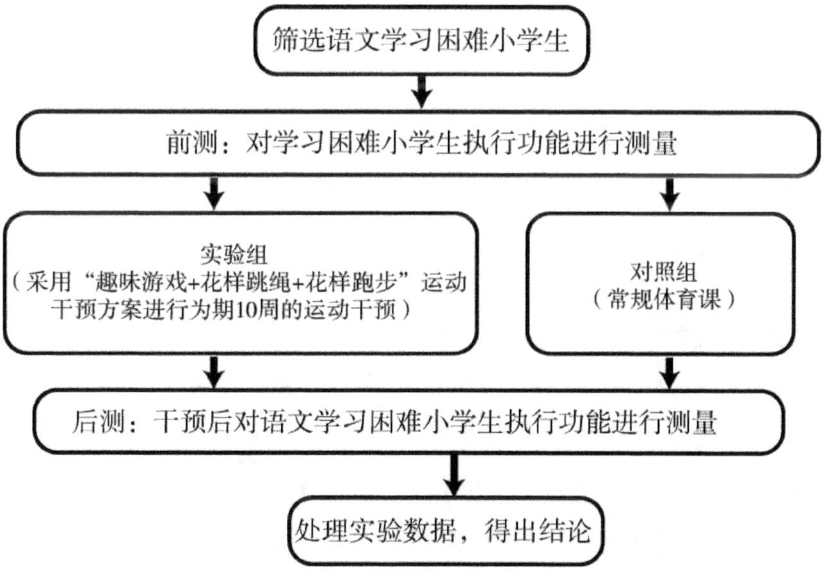

图 6–6　技术路线图

（四）实验条件的控制

1. 脑执行功能的测量

研究使用的儿童脑执行功能测量工具由我国学者陈爱国、殷恒婵等开发（效度大于0.85）。测量任务在计算机上完成，采用E-Prime1.1系统操作，采用Flanker任务测量抑制功能，采用1-back任务测量刷新功能，采用More-odd shifting任务测量转换功能。测量地点选在环境安静舒适的机房内，主试者经过培训，在每次测试前首先进行操作方法讲解，然后指导被试练习，直到所有被试熟练掌握操作方法后再正式开始测试。

2. 运动强度的监控

本运动干预实验研究中运动强度的监控方法是监测心率，每次实验都随机选取6名被试学生，男女人数均等，佩戴Polar心率表至实验结束，每次实验进行4次心率测量：安静时、第10分钟、第20分钟、第30分钟，通过Excel 2000进行录入和统计（表6–6）。

表6–6 心率测试表

（单位：次）

姓名	安静时心率	第10分钟心率	第20分钟心率	第30分钟心率
学生1				
学生2				
学生3				
学生4				
学生5				
学生6				

三、研究结果与分析

（一）运动强度监控的结果与分析

在运动干预实验过程中，实验组被试平均心率为136次/分，达到了最大心率的65%左右；每次干预时6名学生的平均心率控制在133 ~ 138次/分，达到了运动干预方案要求的中等强度（图6–7、图6–8）。

（二）语文学习困难小学生脑执行功能前测的同质性检验结果与分析

为考察实验组与对照组语文学习困难小学生的脑执行功能前测是否处于相同水平，对实验组和对照组语文学习困难小学生的抑制、刷新和转换功能的前测成

绩进行独立样本 t 检验，结果显示，抑制功能（t=1.872，p=0.068 > 0.05）、刷新功能（t=-0.610，p=0.545 > 0.05）、转换功能（t=0.716，p=0.478 > 0.05）前测实验组与对照组抑制、刷新、转换功能均不具有显著性差异。

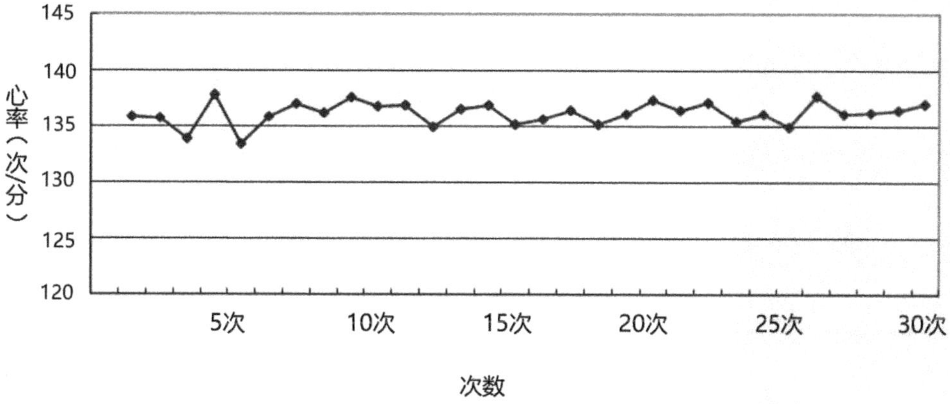

图 6-7　实验组每次活动 6 名被试平均心率监测图

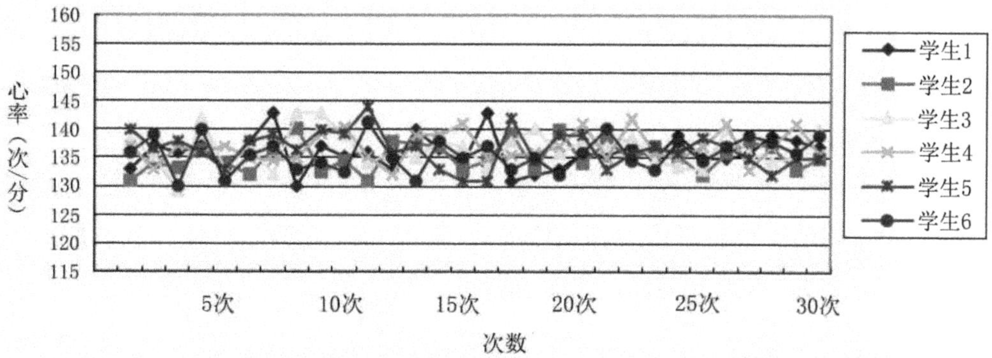

图 6-8　实验组每次活动个人平均心率监测图

（三）10 周“趣味游戏 + 花样跳绳 + 花样跑步”组合方案运动干预对语文学习困难小学生脑执行功能影响的结果与分析

采用 2（组别）×2（时间）的重复测量方差分析法，组别为实验组和对照组，时间为前测和后测，分析组别与时间二因素对语文学习困难小学生脑执行功能的影响效果，结果如表 6-7。

表 6-7　运动干预对语文学习困难小学生脑执行功能影响的方差分析

脑执行功能	交互作用	III 型平方和	df	均方	F	p
刷新	组别	460619.321	1	460619.321	4.925	0.032*
	时间	175758.889	1	175758.889	9.390	0.004**
	时间 × 组别	212769.052	1	212769.052	11.367	0.002**
抑制	组别	1160.889	1	1160.889	1.411	0.241
	时间	287.848	1	287.848	0.246	0.622
	时间 × 组别	1783.298	1	1783.298	1.524	0.224
转换	组别	14060.131	1	14060.131	0.419	0.521
	时间	215760.547	1	215760.547	6.132	0.017*
	时间 × 组别	90266.565	1	90266.565	2.565	0.117

注：$^*p < 0.05$；$^{**}p < 0.01$

1.运动干预对语文学习困难小学生抑制功能影响的结果与分析

10 周运动干预对语文学习困难小学生的影响在抑制功能上，表现为组别主效应不显著［$F_{(1, 43)}=1.411$，$p=0.241 > 0.05$］，说明实验组与对照组抑制功能差异无显著性；时间主效应不显著［$F_{(1, 43)}=0.246$，$p=0.622 > 0.05$］，说明抑制功能没有随时间变化而变化；时间 × 组别的交互效应不显著［$F_{(1, 43)}=1.524$，$p=0.224 > 0.05$］，说明实验组与对照组干预前后抑制功能变化差异不存在显著性。结合图 6-9，运动干预后对照组抑制任务反应时上升，实验组抑制任务反应时下降，即实验组抑制功能得到提高，但无显著性差异。

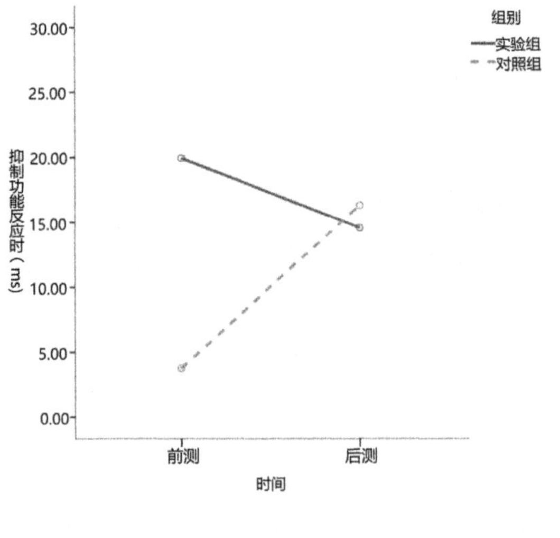

图 6-9　运动干预前后实验组与对照组抑制功能变化图

2. 运动干预对语文学习困难小学生刷新功能影响的结果与分析

10 周运动干预对语文学习困难小学生的影响在刷新功能方面，表现为组别主效应显著［$F_{(1, 43)}$=4.925，p=0.032＜0.05］，表明实验组与对照组刷新功能差异具有显著性；时间主效应非常显著［$F_{(1, 43)}$=9.390，p=0.004＜0.01］，表明刷新功能有随时间变化的趋势；时间 × 组别的交互效应［$F_{(1, 43)}$=11.367，p=0.002＜0.01］非常显著，表明实验组与对照组干预前后刷新功能差异具有非常显著性。进一步进行简单效应分析发现，实验组与对照组前测刷新功能差异不显著［$F_{(1, 43)}$=0.37，p=0.545＞0.05］，后测刷新功能具有非常显著性差异［$F_{(1, 43)}$=13.36，p=0.001］，实验组后测刷新功能反应时非常显著低于对照组；实验组运动干预前后刷新功能变化具有非常显著性差异［$F_{(1, 43)}$=23.98，p=0.000＜0.01］，实验组后测刷新功能反应时非常显著低于前测，对照组运动干预前后刷新功能变化不具有显著性差异［$F_{(1, 43)}$=0.04，p=0.839＞0.05］。

以上结果表明，10 周运动干预对语文学习困难小学生的刷新功能具有非常显著的影响，10 周“趣味游戏 + 花样跳绳 + 花样跑步”运动干预促进了语文学习困难小学生刷新功能的提高（图 6–10）。

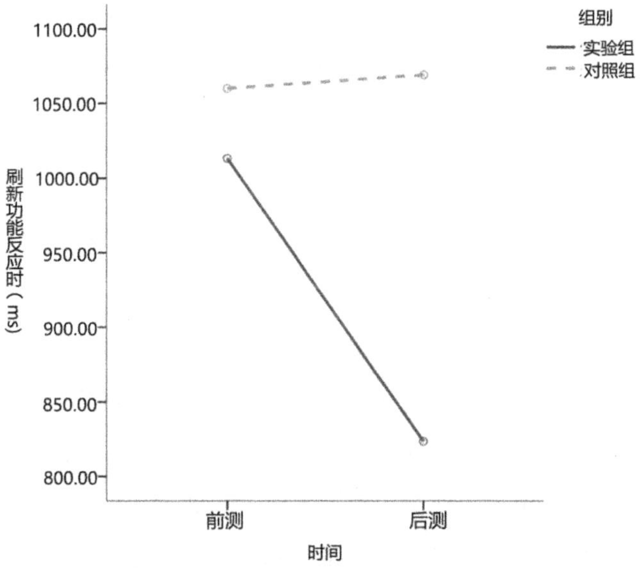

图 6–10　运动干预前后不同组别刷新功能变化图

3. 运动干预对语文学习困难小学生转换功能影响的结果与分析

10 周运动干预对语文学习困难小学生的影响在转换功能方面，表现为组别主

效应不显著 [$F_{(1,\ 43)}$=0.419，p=0.521 > 0.05]，表明实验组与对照组转换功能差异不具有显著性；时间主效应显著 [$F_{(1,\ 43)}$=6.132，p=0.017 < 0.05]，表明转换功能有随时间变化的趋势；时间 × 组别的交互效应 [$F_{(1,\ 43)}$=2.565，p=0.117 > 0.05] 不显著，表明实验组与对照组干预前后转换功能变化差异不存在显著性。结合图 6-11，运动干预前后实验组与对照组的转换任务反应时都呈下降趋势，实验组的下降幅度大于对照组，运动干预对语文学习困难小学生转换功能具有一定的促进作用，但无显著性差异。

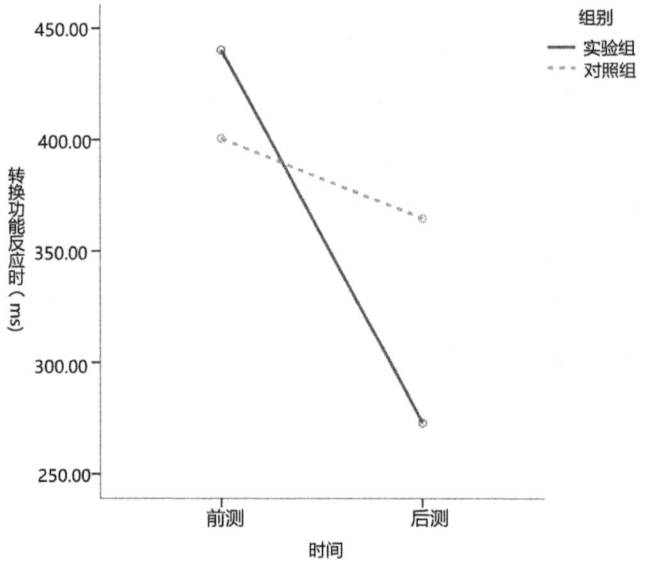

图 6-11　运动干预前后不同组别转换功能变化图

（四）10 周“趣味游戏 + 花样跳绳 + 花样跑步”运动干预对语文学习困难小学生的语文学业成绩影响的结果与分析

采用 2（组别）× 2（时间）的重复测量方差分析法，组别为实验组和对照组，时间为前测和后测，分析运动干预对语文学习困难儿童语文成绩的影响。结果发现，组内时间因素效应（$F_{(1,\ 43)}$=0.010，p=0.920 > 0.05）不显著；组间组别因素效应（$F_{(1,\ 43)}$=0.370，p=0.546 > 0.05）不显著；时间和组别交互作用（$F_{(1,\ 43)}$=0.828，p=0.368 > 0.05）不显著。结果表明，运动干预对语文学习困难小学生学业成绩没有显著的作用（表 6-8）。

（五）语文学习困难小学生脑执行功能变化与学业成绩的关系

采用皮尔逊（Pearson）相关分析，探讨运动干预前后语文学习困难小学生脑执行功能变化与学业成绩变化的相关性。结果发现，语文学习困难小学生语文成绩变化与抑制功能变化（r=0.094，p=0.539 > 0.05）、刷新功能变化（r=–0.156，p=0.311 > 0.05）、转换功能变化（r=–0.184，p=0.238 > 0.05）的相关关系均不显著。

表 6–8 运动干预对语文学习困难小学生语文成绩的影响

交互作用	III 型平方和	df	均方	F	p
时间	0.011	1	0.011	0.010	0.920
组别	0.342	1	0.342	0.370	0.546
时间 × 组别	0.907	1	0.907	0.828	0.368

（六）语文学习困难小学生脑执行功能变化对语文成绩变化的预测作用

以语文成绩变化为因变量，以抑制功能、刷新功能、转换功能变化为自变量，采用多元逐步回归分析，结果未能输入任何变量进入方程，即 10 周运动干预前后脑执行功能各子功能变化对语文学业成绩的变化均无显著的预测作用。

四、讨论

本研究结果表明，10 周运动干预对语文学习困难小学生的刷新功能的改善具有显著作用，“趣味游戏 + 花样跳绳 + 花样跑步”运动干预方案促进了语文学习困难小学生刷新功能的提高。以往的研究表明，工作记忆即刷新功能的缺陷是语文学习困难小学生的主要预测指标，因此“趣味游戏 + 花样跳绳 + 花样跑步”运动干预方案的设计主要针对刷新功能的改善。运动方案除具有趣味性、创造性、竞赛性等特点，还对运动技术、运动节奏、运动规则有较高的学习要求，能够很好地促进工作记忆的储存和刷新能力。体育游戏本身与学生刷新功能紧密相关。本方案中的趣味游戏在以往体育游戏的基础上，衍生出针对刷新功能改善的游戏规则与项目。教师通过动作、口令和问题的不断变化训练学生的工作记忆，改善学生工作记忆的刷新能力。花样跳绳运动技术本身能够促进脑执行功能的发展，方案中的花样跳绳在以往跳绳的基础上，融入了针对刷新功能改善的跳法与组织形式，通过赋予每个动作一个节奏，使学生主动学习每个节奏对应的动作，并在已经习得的节奏基础上，按照教师给出的节奏跳出相应的花样。通过设计较多的花样跳以及将花样编排成不同的组合跳，使学生需要从记忆中提取原有花样的动作，重新排列组合并储存在工作记忆中，不同的组合需要学生从记忆中不断地提取相应的动作和节奏，促进其刷新能力的提高。跑步动作单一、变化少，而本方案的花样跑步则融入了针对刷新功能改善的灵活性练习、敏捷性练习、障碍跑等花样，不仅能增强学生体质，发展学生多种身体素质，更与脑执行功能的刷新功能紧密相关，如障碍跑，学生在到达不同的障碍点时要迅速刷新出该障碍点需要做的动作及数量，锻炼其对工作记忆的灵活操作能力，促进其刷新功能的提高。在10周的运动干预过程中，动作技术及规则的要求难度逐渐升高，学生需要主动储存新的信息以及灵活操作工作记忆中的信息以适应复杂任务的需要，使学生的刷新功能得到频繁的锻炼，因此组合运动干预方案对语文学习困难小学生刷新功能具有非常显著的积极影响。

10周的运动干预没有显著影响小学生的学业成绩，这与以往的研究结果有所不同。美国“零点体育课”项目指出，在上文化课之前进行大量的体育锻炼能提高学生的阅读能力以及其他学科的学习能力；项目研究结果发现，大强度（80% ~ 90%最大心率）心肺训练有益于儿童阅读理解和数学能力的提高。德克斯特（Dexter）等人研究了17所学校的517名16岁的高中学生，通过调查运动表现和数学与英语成绩之间的关系，发现数学、英语成绩和运动表现之间存在微弱的正相关。菲尔德（Field）等人采用调查问卷的方法研究89名高中学生的锻炼习惯和学业表现之间的关系，研究发现，经常锻炼的学生的成绩要显著好于不经常锻炼的学生。埃里克松（Ericsson）将251名小学生分为两个实验组（152人）和一个控制组（99人），为实验组儿童增设一门体育课，每周实行两节额外的体育课教学。进行三年干预后，发现实验组儿童的数学、阅读、写作的分数显著高于控制组，同样的优势还存在于注意力上，但随着时间推移，注意力的增强也逐渐消失。大量的研究都指出运动对学业成绩具有积极的或是微弱的影响，但是本研究并没有得出相似的结果，分析原因可能主要在于运动干预的时间和强度。多数研究得出运动影响学习成绩的结论都是至少一两年以上长期的运动，而本研究干预的时间仅仅10周，运动干预对学习成绩的影响还没有达到显著的程度，因此，增加运动干预的时间，对学习成绩的影响可能达到显著性水平。

另一研究结果表明，干预后实验组的抑制任务反应时、转换任务反应时均降低，即语文学习困难小学生的抑制和转换功能具有一定的改善趋势，但是没有达到显著性程度。因此，开展运动干预对学习困难小学生脑执行功能影响的追踪研究，探究学习困难小学生的脑执行功能随运动干预时间变化的规律十分必要。

研究还发现，对照组刷新和抑制任务反应时上升，即刷新功能、抑制功能有下降趋势。归其原因：一方面，有研究表明，工作记忆的缺陷也与抑制功能不足有关；另一方面，本研究的样本数较少，尤其是对照组仅为20人，有可能是样本量过小导致的结果。

塞萨贝拉·诺埃尔（Censabella，Noel）的研究表明，学习困难学生存在抑制无关信息时的困难，这种情况导致了工作记忆中存在内源性信息干扰，降低了工作记忆水平。斯旺森的研究发现了相似的问题，认为 6 ~ 49 岁年龄段人群的阅读困难与工作记忆存在缺陷有关，研究发现，注意控制能力的下降是造成工作记忆能力下降的原因之一。

上述的研究表明，抑制功能及刷新功能的低下可能是语文学习困难小学生的发育特征之一，因此，未来可以开展大样本量的研究，进一步揭示语文学习困难小学生脑执行功能的发育特征。可针对语文学习困难小学生的脑执行功能缺陷开发针对性的运动干预方案并尽早干预，促进其脑执行功能的健康发展，为针对性地改善其脑执行功能提供理论与实践支撑。

五、结论

10 周的“趣味游戏 + 花样跳绳 + 花样跑步”运动干预方案对语文学习困难小学生的刷新功能具有积极的促进作用，可以作为有效促进语文学习困难小学生脑执行功能改善的运动干预方案。10 周运动干预对语文学习困难学生语文学习成绩没有显著影响。

第三节　16 周运动干预对语文学习困难、普通小学生脑执行功能影响的时程效益比较研究

一、研究目的

根据语文学习困难小学生脑执行功能发育不良的特点，研发 16 周“趣味游戏 + 花样跳绳 + 花样跑步”运动干预方案。采用此方案对语文学习困难小学生和普通小学生进行为期 16 周的运动干预，测量 5 个时间点——实验前、实验 8 周、实验 16 周、17 周（运动干预后 1 周）、18 周（运动干预后 2 周）——脑执行功能的变化；探讨 16 周运动干预对语文学习困难小学生和普通小学生脑执行功能影响的 18 周时程效益；分析比较语文学习困难小学生和普通小学生脑执行功能 18 周时程效益差异。全面揭示运动对语文学习困难小学生脑执行功能的影响效益，为设计促进学习困难儿童脑执行功能发展的运动方案提供实践基础。

二、研究对象与方法

（一）研究对象

经筛查，选取四年级语文学习困难小学生49名、普通小学生59名为研究对象：实验组55人（语文学习困难24人、普通31人），对照组53人（语文学习困难25人、普通28人）。

语文学习困难小学生筛选标准：根据国内外以往研究，本研究对语文学习困难小学生的选取标准为三条，并且需同时满足这三条要求：①选用《瑞文标准推理测验》（张厚粲等修订）测试小学生的智力，从而排除智力缺陷的小学生；②期末考试成绩低于70分（语文成绩）；③班主任和任课教师结合学生的平时学习情况，认为该生是语文学习困难小学生。

（二）运动干预方案的研发

根据语文学习困难小学生脑执行功能刷新发育不良的特点，以第一节中一次性“趣味游戏 + 花样跳绳 + 花样跑步”运动干预方案和第二节中10周干预的研究为基础，进一步开发16周“趣味游戏 + 花样跳绳 + 花样跑步”运动干预方案，运动方案的动作特征和运动情境围绕着发展脑执行功能的刷新功能进行设计。“趣味游戏 + 花样跳绳 + 花样跑步”运动干预方案包括运动频率、每次运动持续时间、运动强度和运动项目。运动干预周期为16周，每周3次；每次运动干预时间40分钟，其中，准备活动5分钟、趣味游戏10分钟、花样跳绳10分钟、花样跑步10分钟、放松活动5分钟；运动强度控制在能有效促进小学生脑执行功能发展的中等强度（220–年龄）×（60% ~ 69%）（表6–9）。

表6–9　运动干预方案一览表

运动项目	运动强度	运动持续时间	运动频率
趣味游戏 + 花样跳绳 + 花样跑步	（220–年龄）×（60% ~ 69%）	30分钟	3次/周

（三）运动干预方案的实施

运动干预方案的实施见图6–12。

（四）实验条件的控制

1.脑执行功能的测量

研究使用的儿童脑执行功能测量工具由我国学者陈爱国、殷恒婵等开发（效度大于0.85）。测量任务在计算机上完成，采用E–Prime1.1系统操作，采用 Flanker 任务测量抑制功能，采用 1-back 任务测量刷新功能，采用 More-odd shifting 任务测量转换功能。测量地点选在环境安静舒适的机房内，主试者经过培训，在每次测试前首先进行操作方法讲解，然后指导被试练习，直到所有被试熟练掌握操作方法后再正式开始测试。

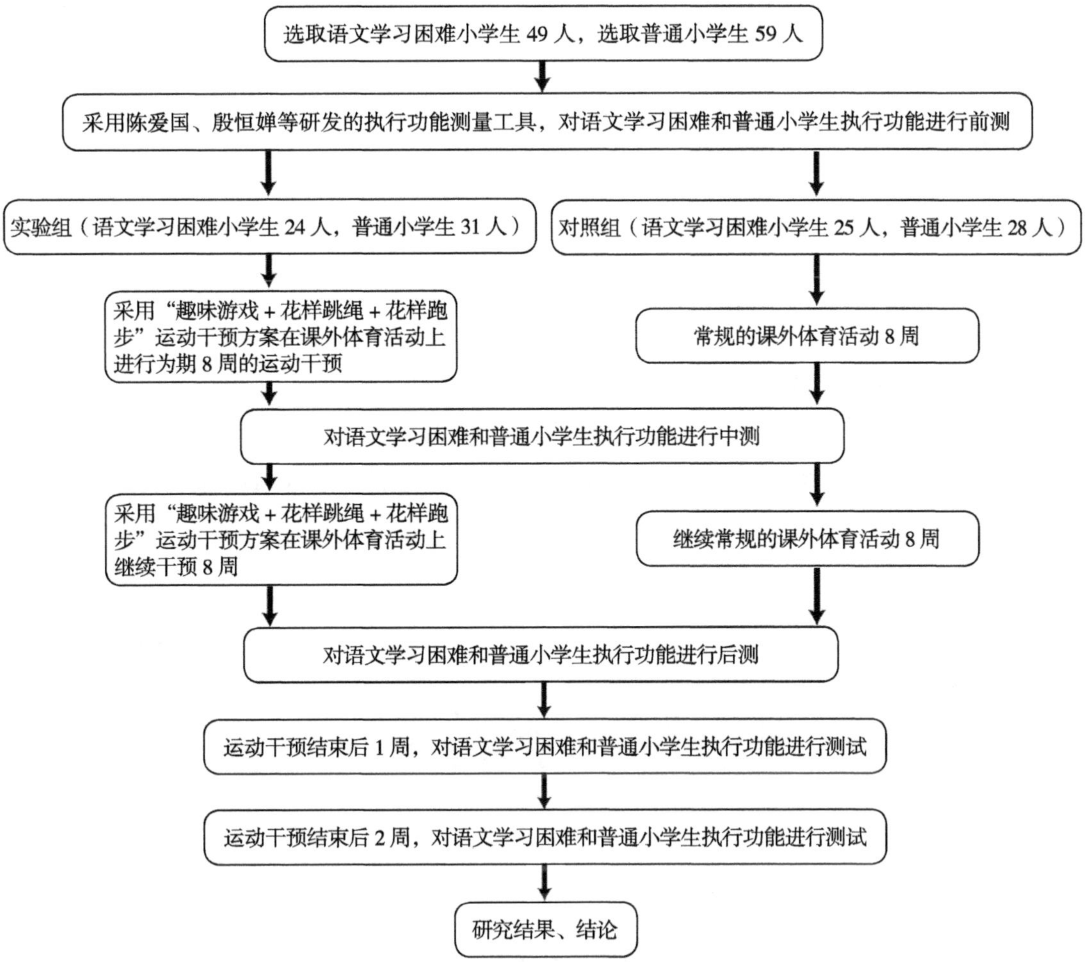

图 6-12　技术路线图

2. 运动强度的监控

本运动干预实验研究中运动强度的监控方法是监测心率。每次实验都随机选取 6 名被试学生，男女人数均等，佩戴 Polar 心率表至实验结束。每次实验进行 4 次心率测量：安静时、第 10 分钟、第 20 分钟、第 30 分钟，通过 Excel 2000 进行录入和统计（表 6-10）。

表 6–10　心率测试表

（单位：次）

姓名	安静时心率	第 10 分钟心率	第 20 分钟心率	第 30 分钟心率
学生 1				
学生 2				
学生 3				
学生 4				
学生 5				
学生 6				

三、研究结果与分析

（一）运动强度监控的结果与分析

如图 6–13 所示，运动干预过程中，实验组平均心率为 137 次 / 分，即达到了最大心率的 65% 左右；每次干预时 6 名学生的平均心率控制在 133 ～ 142 次 / 分，达到了运动干预方案要求的中等强度（图 6–14）。

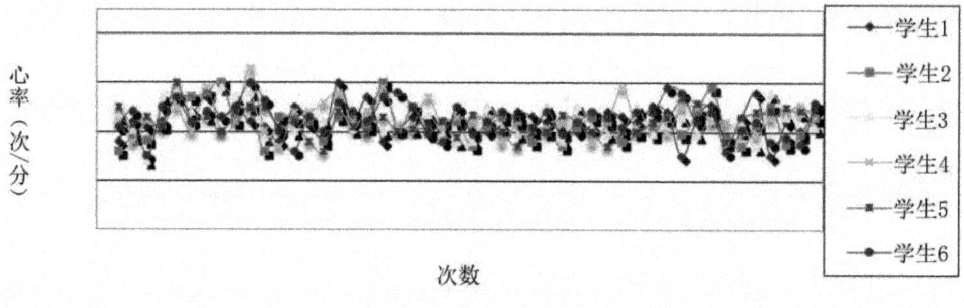

图 6–13　实验组每次活动个人平均心率监测图

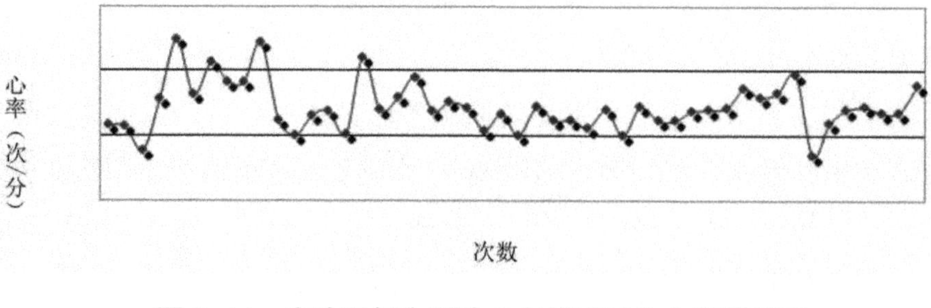

图 6–14　实验组每次活动 6 名被试平均心率监测图

（二）同质性检验的结果与分析

1. 实验组和对照组语文学习困难小学生前测脑执行功能的同质性检验结果与分析

为了考察实验组与对照组语文学习困难小学生脑执行功能前测是否处于相同水平，对两组小学生抑制、刷新和转换功能前测结果进行独立样本 t 检验。结果显示：抑制功能（t=–1.014，p=0.317 > 0.05），刷新功能（t=0.063，p=0.950 > 0.05），转换功能（t=–0.411，p=0.683 > 0.05）（均不存在显著性差异，说明实验前实验组和对照组语文学习困难小学生脑执行功能水平同质（表 6–11）。

表 6–11　实验组和对照组语文学习困难小学生脑执行功能同质性检验结果

脑执行功能	实验组（M ± SD）	对照组（M ± SD）	t	p
抑制	27.68 ± 3.10	28.96 ± 5.49	–1.014	0.317
刷新	1215.28 ± 128.80	1212.94 ± 131.95	0.063	0.950
转换	397.22 ± 58.92	405.95 ± 86.63	–0.411	0.683

2. 实验组和对照组普通小学生前测脑执行功能的同质性检验结果与分析

为考察实验组与对照组普通小学生脑执行功能前测是否处于相同水平，对两组普通小学生的抑制、刷新、转换功能前测结果进行独立样本 t 检验，（表 6–12）结果显示：抑制功能（t=–0.490，p=0.628 > 0.05）、刷新功能（t=1.107，p=0.273 > 0.05）、转换功能（t=0.111，p=0.912 > 0.05）均不存在显著性差异，说明实验前实验组和对照组普通小学生的脑执行功能水平同质（表 6–12）。

表 6–12　实验组和对照组普通小学生前测脑执行功能同质性检验结果

脑执行功能	实验组（M ± SD）	对照组（M ± SD）	t	p
抑制	17.61 ± 20.85	19.48 ± 4.39	–0.490	0.628
刷新	968.09 ± 91.82	938.70 ± 111.89	1.107	0.273
转换	347.60 ± 137.93	344.51 ± 66.52	0.111	0.912

（三）16 周“趣味游戏 + 花样跳绳 + 花样跑步”运动干预对语文学习困难、普通小学生脑执行功能影响的结果与分析

1. 运动干预对语文学习困难、普通小学生抑制功能影响的结果与分析

采用 2（组别）× 2（类型）× 5（时间）混合实验设计的三因素重复测量

方差分析，组别因素为实验组和对照组，类型因素为语文学习困难小学生和普通小学生，时间因素为实验前、8 周、16 周、17 周和 18 周五个时间点（实验前为前测，8 周为中测，16 周为后测，17 周为后期 1，18 周为后期 2），分析运动干预对语文学习困难和普通小学生抑制功能的影响。由表 6–13 的研究结果发现：组别主效应［$F_{(1,\ 104)}$=37.507，p=0.000 < 0.01］显著性，表明实验组和对照组抑制功能差异显著；类型主效应［$F_{(1,\ 104)}$=25.358，p=0.000 < 0.01］显著，表明语文学习困难和普通小学生抑制功能差异显著；时间主效应［$F_{(4,\ 416)}$=6.805，p=0.000 < 0.01］显著，表明抑制功能有随时间变化的趋势；组别 × 类型的交互作用［$F_{(1,\ 104)}$=6.937，p=0.010 < 0.05］显著，表明实验组和对照组的语文学习困难和普通小学生的抑制功能差异具有显著性；时间 × 组别的交互作用［$F_{(4,\ 416)}$=6.997，p=0.000 < 0.01］显著，表明实验组和对照组的抑制功能变化差异具有显著性；时间 × 类型的交互作用［$F_{(4,\ 416)}$=2.369，p=0.052 > 0.05］具有边缘显著性，表明语文学习困难和普通小学生抑制功能随时间变化差异具有边缘性显著性；时间 × 组别 × 类型的交互作用［$F_{(4,\ 416)}$=2.490，p=0.043 < 0.05］显著，表明不同组别语文学习困难和普通小学生抑制功能随时间变化差异具有显著性。

以上结果表明，运动干预对语文学习困难和普通小学生抑制功能均具有积极影响，但效果可能存在差异。

表 6–13　运动干预对语文学习困难、普通小学生抑制功能影响的方差分析

交互作用	III 型平方和	df	均方	F	p
组别	8327.846	1	8327.846	37.507	0.000**
类型	5630.403	1	5630.403	25.358	0.000**
时间	1427.242	4	356.811	6.805	0.000**
组别 × 类型	1540.278	1	1540.278	6.937	0.010**
时间 × 组别	1467.655	4	366.914	6.997	0.000**
时间 × 类型	496.798	4	124.199	2.369	0.052
时间 × 组别 × 类型	522.355	4	130.589	2.490	0.043*

注：$^*p < 0.05$；$^{**}p < 0.01$

2. 运动干预对语文学习困难、普通小学生刷新功能影响的结果与分析

采用 2（组别）×2（类型）×5（时间）混合实验设计的三因素重复测量方差分析：组别因素为实验组和对照组，类型因素为语文学习困难小学生和普通小学生，时间因素为实验前、8 周、16 周、17 周和 18 周五个时间点，分析运动干预对语文学习困难和普通小学生刷新功能的影响。由表 6–14 的研究结果发现：组别主效应［$F_{(1,\ 104)}=87.522$，$p=0.000 < 0.01$］显著，表明实验组和对照组刷新功能差异具有显著性；类型主效应［$F_{(1,\ 104)}=87.150$，$p=0.000 < 0.01$］显著，表明语文学习困难和普通小学生刷新功能差异显著；时间主效应［$F_{(4,\ 416)}=98.771$，$p=0.000 < 0.01$］显著，表明刷新功能有随时间变化的趋势；组别 × 类型的交互作用［$F_{(1,\ 104)}=12.545$，$p=0.001 < 0.01$］显著，表明不同组别语文学习困难和普通小学生的刷新功能差异具有显著性；时间 × 组别的交互作用［$F_{(4,\ 416)}=71.555$，$p=0.000 < 0.01$］显著，表明实验组和对照组的刷新功能变化差异具有显著性；时间 × 类型的交互作用［$F_{(4,\ 416)}=12.024$，$p=0.000 < 0.01$］显著，表明语文学习困难与普通小学生刷新功能变化差异具有显著性；时间 × 组别 × 类型的交互作用［$F_{(4,\ 416)}=5.683$，$p=0.000 < 0.01$］显著，表明不同组别语文学习困难与普通小学生刷新功能随时间变化差异具有显著性。

以上结果表明，运动干预对语文学习困难、普通小学生刷新功能均具有积极影响，但效果可能存在差异。

表 6–14　运动干预对语文学习困难、普通小学生刷新功能影响的方差分析

交互作用	III 型平方和	df	均方	F	p
组别	4315476.691	1	4315476.691	87.522	0.000**
类型	4297170.095	1	4297170.095	87.150	0.000**
时间	1917885.850	4	479471.462	98.771	0.000**
组别 × 类型	618574.924	1	618574.924	12.545	0.001**
时间 × 组别	1389418.703	4	347354.676	71.555	0.000**
时间 × 类型	233471.044	4	58367.761	12.024	0.000**
时间 × 组别 × 类型	110342.223	4	27585.556	5.683	0.000**

注：$^{*}p < 0.05$；$^{**}p < 0.01$

3. 运动干预对语文学习困难、普通小学生转换功能影响的结果与分析

采用 2（组别）×2（类型）×5（时间）混合实验设计的三因素重复测量方差分析：组别因素为实验组和对照组，类型因素为语文学习困难小学生和普通小学生，时间因素为实验前、8 周、16 周、17 周和 18 周五个时间点，分析运动干预对语文学习困难和普通小学生转换功能的影响。由表 6–15 的研究结果发现：组别主效应［$F_{(1,\ 104)}=11.900$，$p=0.001 < 0.01$］显著，表明实验组和对照组转换功能具有显著性差异；类型主效应［$F_{(1,\ 104)}=10.869$，$p=0.001 < 0.01$］显著，表明语文学习困难和普通小学生转换功能具有显著性差异；时间主效应［$F_{(4,\ 416)}=4.945$，$p=0.001 < 0.01$］显著，表明转换功能具有随时间变化的趋势；组别 × 类型的交互作用［$F_{(1,\ 104)}=2.179$，$p=0.143 > 0.05$］不显著，表明不同组别语文学习困难和普通小学生的转换功能不具有显著性差异；时间 × 组别的交互作用［$F_{(4,\ 416)}=3.243$，$p=0.012 < 0.05$］显著，表明实验组和对照组的转换功能变化具有显著性差异；时间 × 类型的交互作用［$F_{(4,\ 416)}=0.808$，$p=0.521 > 0.05$］不显著，表明语文学习困难和普通小学生转换功能随时间变化无显著性差异；时间 × 组别 × 类型的交互作用［$F_{(4,\ 416)}=0.507$，$p=0.730 > 0.05$］不显著，表明不同组别语文学习困难和普通小学生转换功能随时间变化无显著性差异。

以上结果表明，运动干预对语文学习困难、普通小学生转换功能均具有积极影响，但效果可能存在差异。

表 6–15　运动干预对语文学习困难、普通小学生转换功能影响的方差分析

交互作用	III 型平方和	df	均方	*F*	*p*
组别	225741.020	1	225741.020	11.900	0.001**
类型	206190.987	1	206190.987	10.869	0.001**
时间	90941.835	4	22735.459	4.945	0.001**
组别 × 类型	41344.228	1	41344.228	2.179	0.143
时间 × 组别	59650.101	4	14912.525	3.243	0.012*
时间 × 类型	14857.436	4	3714.359	0.808	0.521
时间 × 组别 × 类型	9333.918	4	2333.479	0.507	0.730

注：$^*p < 0.05$；$^{**}p < 0.01$

（四）16周“趣味游戏+花样跳绳+花样跑步”运动干预改善语文学习困难、普通小学生脑执行功能的时程变化特征的结果与分析

1. 运动干预改善语文学习困难、普通小学生抑制功能的时程变化特征的结果与分析

抑制功能的时间 × 组别 × 类型的交互作用显著，进一步进行简单简单效应检验，结果发现：

（1）语文学习困难小学生抑制功能的时程变化特征。

①实验组语文学习困难小学生不同时间点上的抑制功能存在显著性差异［$F_{(4,\ 416)}=15.24$，$p=0.000 < 0.01$］，对照组语文学习困难小学生不存在显著性差异［$F_{(4,\ 416)}=0.08$，$p=0.989 > 0.05$］。进一步对实验组语文学习困难小学生各时间点抑制功能进行多重比较，发现：8周、16周、17周、18周各时间点上的抑制功能均显著好于实验前（$p < 0.01$），16周、17周两个时间点上的抑制功能均显著好于8周（$p < 0.01$），18周的抑制功能显著好于8周（$p < 0.05$），其他各时间点之间无显著性差异（$p > 0.05$）。抑制功能时程效益表现为：18周、17周、16周＞8周＞实验前，可以看出运动干预时间越长，抑制功能的变化越明显，并且效果在干预结束后两周内具有稳定性（图6–15）。

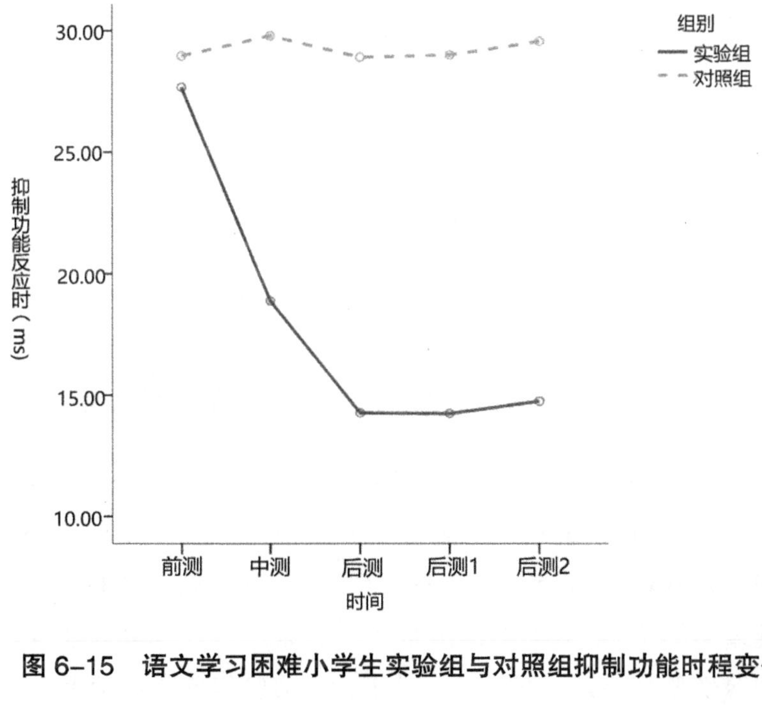

图6–15　语文学习困难小学生实验组与对照组抑制功能时程变化

②实验组语文学习困难小学生与对照组前测抑制功能不存在显著性差异［$F_{(1, 105)}$=0.17，p=0.681 > 0.05］，但是在 8 周、16 周、17 周、18 周四个时间点上抑制功能存在显著性差异（p < 0.01），即经过运动干预，实验组语文学习困难小学生各时间点的抑制功能均好于对照组（图 6-15）。

（2）普通小学生抑制功能的时程变化特征。

①实验组普通小学生不同时间点上的抑制功能不存在显著性差异［$F_{(4, 416)}$=1.78，p=0.132 > 0.05］，对照组普通小学生不同时间点上的抑制功能不存在显著性差异［$F_{(4, 416)}$=0.07，p=0.990 > 0.05］；进一步对实验组普通小学生各时间点抑制功能进行多重比较，发现实验前、8 周、16 周、17 周、18 周各时间点之间抑制功能均无显著性差异（p > 0.05）；即经过运动干预，普通小学生的抑制功能有改善趋势，但各时间点之间不存在显著性差异（图 6-16）。

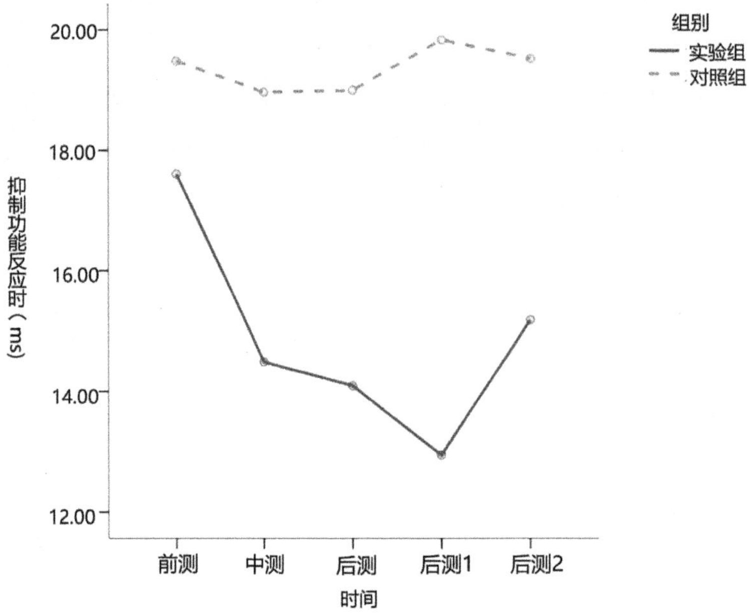

图 6-16　普通小学生实验组与对照组抑制功能时程变化

②普通小学生实验组与对照组实验前［$F_{(1, 105)}$=0.49，p=0.485 > 0.05］、8 周［$F_{(1, 105)}$=3.53，p=0.063 > 0.05］抑制功能均不存在显著性差异，实验组与对照组 16 周［$F_{(1, 105)}$=5.69，p=0.019 < 0.05］、17 周［$F_{(1, 105)}$=10.27，p=0.002 < 0.05］抑制功能均存在显著差异（p < 0.05），18 周［$F_{(1, 105)}$=3.62，p=0.060 > 0.05］抑制功能均存在边缘性显著差异；即经过运动干预，实验组普通小学生运动干预效果

出现显著性变化较晚，16 周时的抑制功能好于对照组，后期效果稍有反弹，但是干预效果基本保持（图 6–16）。

2. 运动干预改善语文学习困难、普通小学生刷新功能的时程变化特征的结果与分析

刷新功能的时间 × 组别 × 类型的交互作用非常显著，进一步进行简单简单效应检验，结果发现：

（1）语文学习困难小学生刷新功能的时程变化特征。

①实验组语文学习困难小学生不同时间点上的刷新功能具有显著性差异［$F_{(4, 416)}$=130.61，p=0.000 < 0.01］，对照组语文学习困难小学生不同时间点上的刷新功能不存在显著性差异［$F_{(4, 416)}$=1.92，p=0.107 > 0.05］。进一步对实验组语文学习困难小学生各时间点刷新功能进行多重比较，结果发现：8 周、16 周、17 周、18 周各时间点上的刷新功能均显著好于实验前（$p < 0.01$），16 周、17 周、18 周各时间点上的刷新功能均显著好于 8 周（$p < 0.01$），16 周、17 周、18 周之间无显著性差异（$p > 0.05$）。刷新功能时程效益表现为：18 周、17 周、16 周 > 8 周 > 实验前，可以看出，运动干预时间越长，刷新功能的变化越明显，并且效果在干预结束后两周内具有稳定性（图 6–17）。

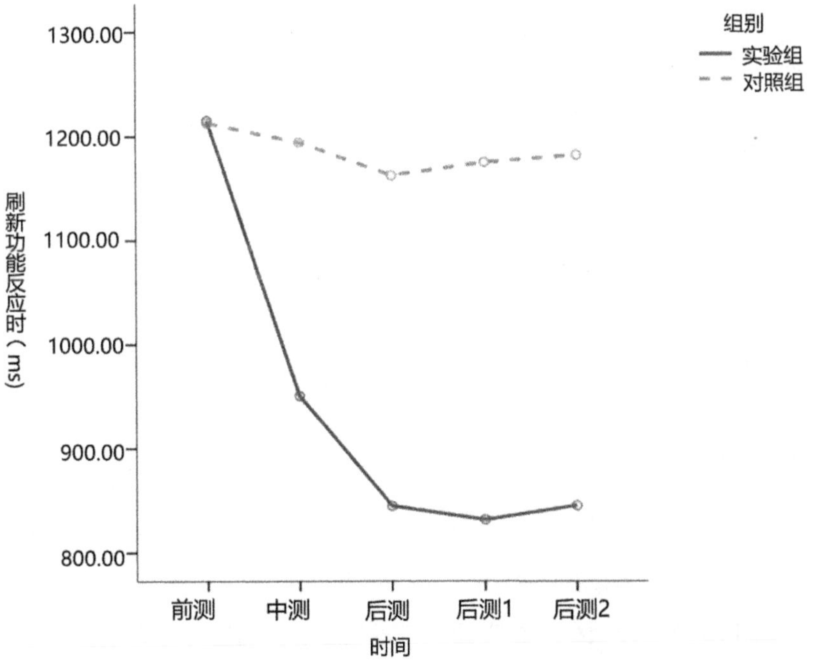

图 6–17 语文学习困难小学生实验组与对照组刷新功能时程变化

②语文学习困难小学生实验组与对照组前测刷新功能不存在显著性差异［$F_{(1, 105)}=0.00$，$p=0.945>0.05$］，8 周、16 周、17 周、18 周刷新功能均显著性好于对照组（$p<0.01$）；即经过运动干预，语文学习困难小学生实验组各时间点的刷新功能均好于对照组（图 6–17）。

（2）普通小学生刷新功能的时程变化特征。

①实验组普通小学生不同时间点上的刷新功能具有显著性差异［$F_{(4, 416)}=46.55$，$p=0.000<0.01$］，普通小学生对照组不存在显著性差异［$F_{(4, 416)}=0.39$，$p=0.814>0.05$］。进一步对实验组普通小学生各时间点刷新功能进行多重比较，发现：8 周、16 周、17 周、18 周各时间点上的刷新功能均显著好于实验前（$p<0.01$），16 周、17 周、18 周各时间点上的刷新功能均显著好于 8 周（$p<0.05$），16 周、17 周、18 周之间无显著性差异（$p>0.05$）。刷新功能时程效益表现为：18 周、17 周、16 周＞ 8 周＞实验前，可以看出，运动干预时间越长，刷新功能的变化越明显，并且效果在干预结束后两周内具有稳定性（图 6–18）。

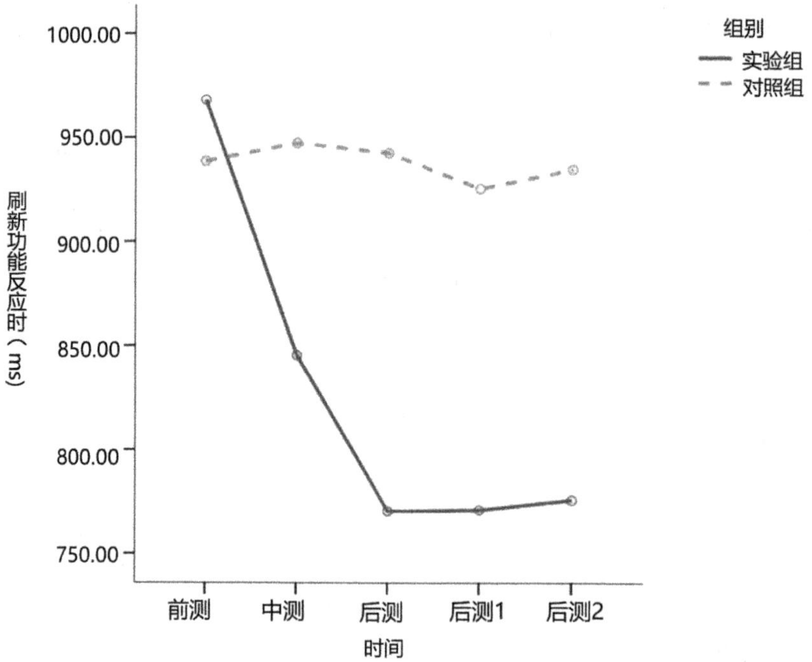

图 6–18　普通小学生实验组与对照组刷新功能时程变化

②普通小学生实验组与对照组前测刷新功能不存在显著性差异［$F_{(1, 105)}=$

0.15，p=0.704 > 0.05］，8 周、16 周、17 周、18 周刷新功能均显著好于对照组（p < 0.01）；即经过运动干预，普通小学生实验组各时间点的刷新功能均好于对照组（图 6–18）。

3. 运动干预改善语文学习困难、普通小学生转换功能的时程变化特征的结果与分析

对转换功能的时间 × 组别 × 类型的交互作用进一步进行简单简单效应检验，结果发现：

（1）语文学习困难小学生转换功能的时程变化特征。

①语文学习困难小学生实验组不同时间点上的转换功能存在显著性差异［$F_{(4,\ 416)}$=6.94，p=0.000 < 0.01］，语文学习困难小学生对照组不存在显著性差异［$F_{(4,\ 416)}$=0.10，p=0.983 > 0.05］。进一步对实验组语文学习困难小学生各时间点转换功能进行多重比较，发现：16 周、17 周、18 周各时间点上的转换功能均显著好于实验前（p < 0.01），8 周、16 周、17 周、18 周各时间点之间无显著性差异（p > 0.05）。转换功能时程效益表现为：18 周、17 周、16 周、8 周 >实验前，改善效果在干预结束后两周内具有稳定性（图 6–19）。

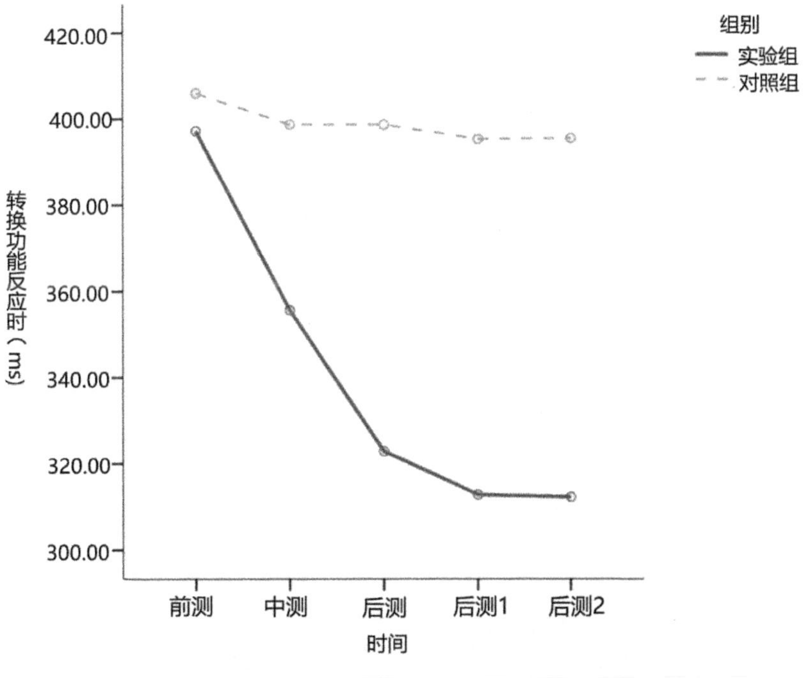

图 6–19　语文学习困难小学生实验组与对照组转换功能时程变化

②语文学习困难小学生实验组与对照组前测［$F_{(1, 105)}=0.12$，$p=0.726>0.05$］、8 周［$F_{(1, 105)}=2.51$，$p=0.116>0.05$］转换功能不存在显著性差异，16 周、17 周、18 周转换功能存在显著性差异（$p<0.01$）；即经过运动干预，语文学习困难小学生实验组运动干预效果出现显著变化较晚，16 周后各时间点的转换功能均好于对照组（图 6–19）。

（2）普通小学生转换功能的时程变化特征。

①普通小学生实验组不同时间点上的转换功能不存在显著性差异［$F_{(4, 416)}=1.89$，$p=0.112>0.05$］，对照组不存在显著性差异［$F_{(4, 416)}=0.04$，$p=0.997>0.05$］。进一步对实验组普通小学生各时间点转换功能进行多重比较，发现：普通小学生实验组 8 周、16 周、17 周、18 周与实验前转换功能存在显著性差异（$p<0.01$），8 周、16 周、17 周、18 周各时间点之间无显著性差异（$p>0.05$）。转换功能时程效益表现为：18 周、17 周、16 周、8 周＞实验前，改善效果在干预结束后两周内具有稳定性（图 6–20）。

②普通小学生实验组与对照组前测、8 周、16 周、17 周、18 周转换功能均不存在显著性差异，即经过运动干预，普通小学生实验组与对照组各时间点的转换功能有改善趋势，但均不存在显著性差异（图 6–20）。

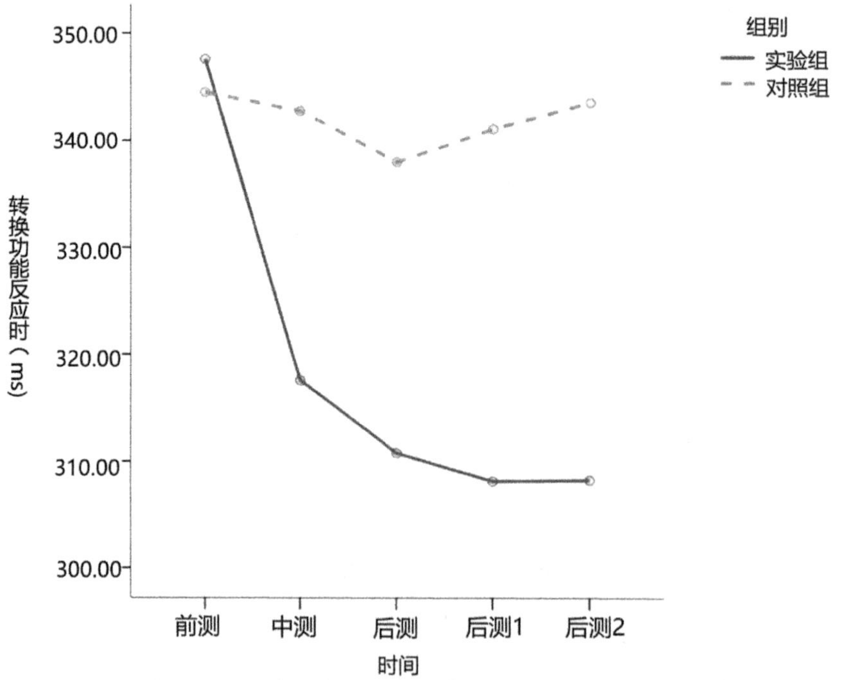

图 6–20　普通小学生实验组与对照组转换功能时程变化

（五）16 周“趣味游戏 + 花样跳绳 + 花样跑步”运动干预改善语文学习困难、普通小学生脑执行功能的时程变化特征比较的结果与分析

1. 运动干预改善语文学习困难、普通小学生抑制功能的时程变化特征比较的结果与分析

对抑制功能的时间 × 组别 × 类型的交互作用进行简单简单效应检验，结果还发现：实验组语文学习困难、普通小学生前测抑制功能具有显著性差异［$F_{(1, 105)}$=10.36，p=0.002 < 0.01］，8 周抑制功能具有显著性差异［$F_{(1, 105)}$=3.99，p=0.048 < 0.05］，16 周、17 周、18 周抑制功能均不具有显著性差异（p > 0.05）。即运动干预对语文学习困难小学生抑制功能的改善效果好于普通小学生。实验干预前，语文学习困难小学生的抑制功能显著低于普通小学生，而运动干预 16 周时，语文学习困难小学生的抑制功能与普通小学生水平不存在差异（图 6–21）。

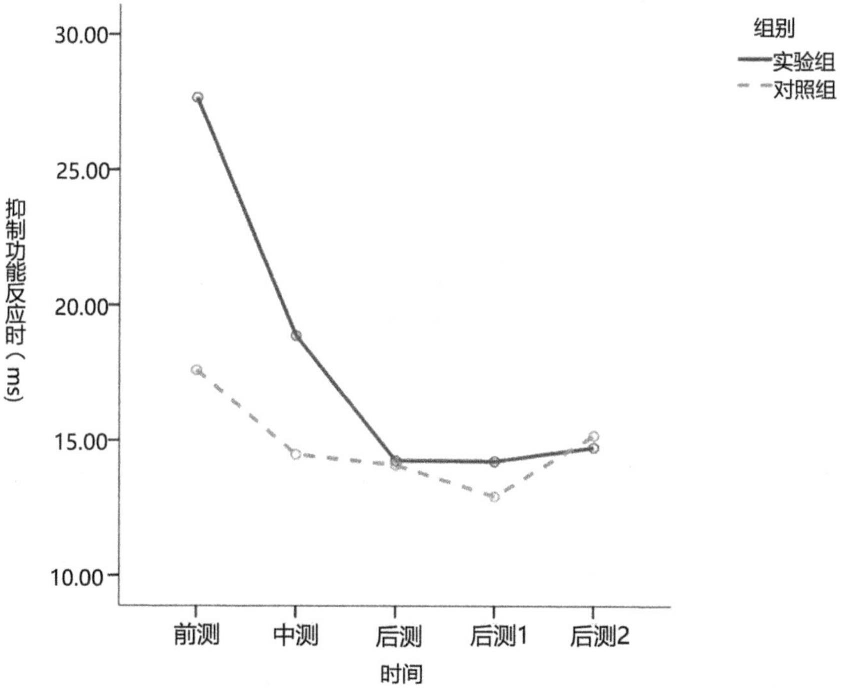

图 6–21　实验组语文学习困难、普通小学生抑制功能时程变化

2. 运动干预改善语文学习困难、普通小学生刷新功能的时程变化特征比较的结果与分析

对刷新功能的时间 × 组别 × 类型的交互作用进行简单简单效应检验，结果还发现：实验组语文学习困难、普通小学生前测［$F_{(1, 105)}$=61.61，p=0.000 < 0.01］、

8周［$F_{(1,\ 105)}$=10.01，p=0.002 < 0.01］刷新功能具有显著性差异（p < 0.01），16周、17周、18周刷新功能均具有显著性差异（p < 0.05）；即实验组普通小学生各时间点刷新功能均好于语文学习困难小学生，运动干预对语文学习困难、普通小学生刷新功能均有改善效果，但改善效果在两类学生中无显著差异（图6–22）。

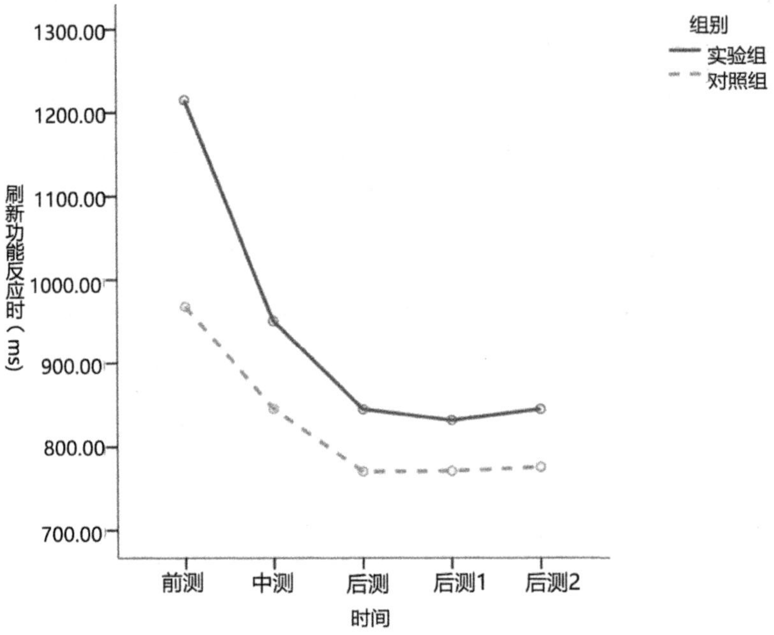

图6–22 实验组语文学习困难、普通小学生刷新功能时程变化

3. 运动干预改善语文学习困难、普通小学生转换功能的时程变化特征比较的结果与分析

对转换功能的时间 × 组别 × 类型的交互作用进行简单简单效应检验，结果还发现：实验组语文学习困难、普通小学生前测转换功能具有边缘性显著差异［$F_{(1,\ 105)}$=3.76，p=0.055 > 0.05］，8周、16周、17周、18周转换功能均不具有显著性差异（p > 0.05）；即运动干预对语文学习困难小学生转换功能的改善效果好于普通小学生，实验干预前，语文学习困难小学生的转换功能边缘性显著低于普通小学生，而运动干预8周及以后，语文学习困难小学生的转换功能与普通小学生水平不存在差异（图6–23）。

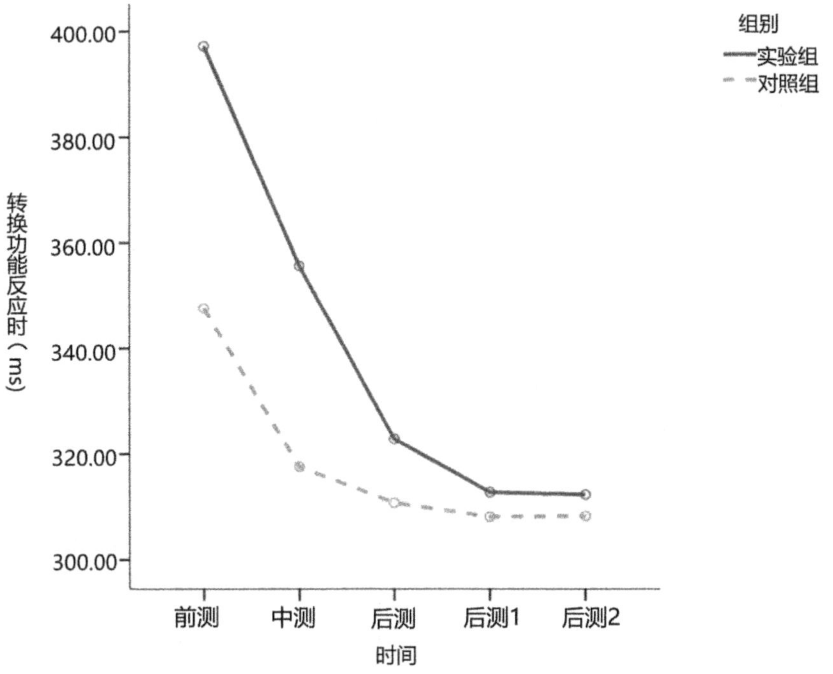

图 6-23　实验组语文学习困难、普通小学生转换功能时程变化

四、讨论

（一）16 周“趣味游戏 + 花样跳绳 + 花样跑步”运动干预方案对语文学习困难和普通小学生脑执行功能影响的时程效益特征

本研究发现，“趣味游戏 + 花样跳绳 + 花样跑步”运动干预方案对语文学习困难和普通小学生的脑执行功能均具有改善作用，首次揭示了运动干预语文学习困难和普通小学生脑执行功能的时程效益特征。研究发现，此方案运动干预语文学习困难学生脑执行功能时程特点是：运动干预语文学习困难实验组 8 周时，抑制和刷新功能改善效果显著；16 周时，改善效果进一步显著，即显著好于前测和 8 周；17 周和 18 周水平基本稳定保持在 16 周水平左右；与语文学习困难对照组相比，在干预 8 周时，实验组的各时间点的水平显著好于对照组。转换功能在干预 8 周时有改善趋势，但是不显著，在干预 16 周时，改善效果显著，17 周和 18 周改善水平稳定保持在 16 周水平，同时在 16 周及其以后的两周三个时间点上语文学习困难实验组显著好于语文学习困难对照组。从时程上看，我们可以总结出：针对性的运动方案干预 8 周后语文学习困难小学生的脑执行功能开始得到显著改善，干预 16 周时改善效果最好，干预后的两周脑执行功能基本保持在 16

周的水平，即干预后的保持效应至少两周。这与本章第二节中的研究以及以往的研究基本一致，运动干预 10 周后，学习困难小学生脑执行功能开始改善，体现在不同的子功能上。殷恒婵采用“武术＋跳绳 +8 字跑”和“花样跑步”对普通小学生进行干预，结果表明，20 周运动干预后小学生脑执行功能水平好于 10 周运动干预后小学生脑执行功能水平；颜军探讨了不同持续时间健美操锻炼对大学生脑执行功能的影响，研究显示脑执行功能的改善效果是 12 周锻炼组＞ 6 周锻炼组＞常规教学组，结果表明，锻炼持续时间是健美操促进大学生脑执行功能改善的主要因素之一。因此可以看出，针对性方案运动干预 8 周，学习困难学生脑执行功能具有显著性变化，干预 16 周效果最好，停止干预后脑执行功能至少具有两周的保持效应。

此方案运动干预普通小学生脑执行功能时程特点：实验组普通小学生抑制功能各时间点水平不存在显著性差异，但是总体具有改善的趋势，并且在 16 周和 17 周两个时间点上，显著好于对照组，说明运动干预 16 周时抑制功能具有一定的变化；实验组普通小学生刷新功能干预 8 周时即呈现显著性差异，16 周时具有进一步改善趋势但是变化不显著，17 周和 18 周时基本保持干预 16 周时水平；在 8 周及其以后的四个时间点上，刷新功能显著好于普通小学生对照组。实验组普通小学生转换功能在实验 8 周时即显著改善，好于前测，后期具有继续改善趋势，但是没有显著性差异，16 周改善效果最好，17 周和 18 周基本保持 16 周水平；转换功能各时间点与普通小学生对照组没有显著性差异。这说明此运动方案对普通小学生的干预效果总体上也具有显著性，主要体现在刷新和转换功能上，同样在运动干预 8 周时基本具有显著性改善，运动干预 16 周时改善效果最好，并且也具有两周后期效果稳定保持特点。

以上结果提示锻炼持续时间是“趣味游戏＋花样跳绳＋花样跑步”运动干预方案影响脑执行功能发展的主要因素之一，其中锻炼时间投入是小学生在学习过程中所消耗的时间资源，从研究结果发现，干预 8 周时脑执行功能效果开始显著改变，16 周的脑执行功能效果好于 8 周，说明锻炼时间投入越多，脑执行功能改善的效果越好。结果可从运动干预方案本身、生理基础和脑机制三个方面进行解释：从运动干预方案方面来说，根据语文学习困难小学生刷新功能发育不良的特征进行设计，动作技能常以连续任务的形式出现，其记忆系统是以基底神经节为主要环节，动作技能具有长期保持性，从而促使经过运动干预后的小学生脑执行功能也具有保持性特征；从生理基础方面来说，运动能够促进高级中枢和低级中枢改善；从脑机制方面来说，经过长期的精细动作训练，可使大脑发生局部可塑性的结构变化。

（二）16 周“趣味游戏 + 花样跳绳 + 花样跑步”运动干预方案对语文学习困难和普通小学生脑执行功能影响的时程效益比较

本研究结果也发现，16 周“趣味游戏 + 花样跳绳 + 花样跑步”运动干预方案对语文学习困难和普通小学生时程效益差异表现为：语文学习困难小学生抑制和转换功能的改善效果好于普通小学生，运动干预 8 周及以后，语文学习困难小学生与普通小学生的转换功能水平不存在差异，即语文学习困难小学生达到普通小学生水平；运动干预 16 周，语文学习困难小学生与普通小学生的抑制功能水平不存在差异，即语文学习困难小学生达到普通小学生水平；运动干预对语文学习困难、普通小学生刷新功能均有改善效果，但在这两类学生中改善效果无显著差异，即普通小学生的刷新功能显著好于语文学习困难小学生。这一结果说明此方案在干预 8 周后开始显示出对脑执行功能的改善效果，在 16 周时改善效果最好，并且此方案对刷新功能的改善效果最好。这与本章第二节和以往的研究基本一致。第二节中 10 周运动干预显著改善了抑制和刷新功能。

同时研究结果还发现，“趣味游戏 + 花样跳绳 + 花样跑步”运动干预方案对于抑制、刷新、转换功能的改善效果均表现为语文学习困难小学生好于普通小学生，语文学习困难小学生脑执行功能改善幅度大的原因可能有：一方面，课外体育活动上语文学习困难小学生得到关注，积极性提高；另一方面，此方案的认知负荷能够满足语文学习困难小学生的认知记忆容量。

以上研究结果可以从学习动机、认知负荷、神经通路三个方面进行解释：

从学习动机方面来说，在运动方案实施过程中，体育教师对所有学生的关注是一样的，平时在文化课学习上较少受到关注的语文学习困难小学生会明显感觉到自己被关注了，于是学习动机增强，学习的积极性提高，因此脑执行功能的改善效果好。

从认知负荷方面来说，该运动干预方案满足了语文学习困难小学生的认知记忆容量，运动干预中，学习难度由易到难，语文学习困难学生在学习和练习趣味游戏、花样跳绳、花样跑步过程中需反复运用抑制、刷新和转换功能，因此使脑执行功能的三个子功能不断地得到锻炼和提高。

从神经通路方面来说，与普通小学生相比，语文学习困难小学生的神经通路发育程度可能存在缺陷，而以往研究表明有氧运动干预对脑执行功能的改善和神经通路的激活具有积极影响，因此经过运动后语文学习困难小学生的神经通路可能得到改善或激活，所以语文学习困难小学生的抑制和转换功能的改善效果好于普通小学生。

五、结论

16周的“趣味游戏 + 花样跳绳 + 花样跑步”方案对语文学习困难、普通小学生脑执行功能均有积极效益，对脑执行功能的改善效果随时程变化逐渐加强，且效果在干预结束后两周内具有稳定性；但运动干预对语文学习困难和普通小学生脑执行功能影响的效益随时程变化存在差异；运动方案干预对语文学习困难小学生脑执行功能改善效果更好，干预后基本能够达到普通小学生水平。

第四节　脑执行功能在运动影响语文学习困难小学生语文成绩中的中介效应研究

一、研究目的

本研究以语文学习困难小学生为研究对象，依据运动干预改善语文学习困难小学生脑执行功能发育的研究基础，探讨运动干预对语文学习困难小学生学业成绩的影响，并进一步分析脑执行功能在运动干预改善语文学习困难小学生学业成绩中的中介作用，为揭示运动干预与语文学习困难小学生学业成绩的关系，为通过脑执行功能促进小学生学业成绩提供理论和实践基础。

二、研究对象与方法

（一）研究对象

经筛查选取四年级语文学习困难小学生49人，其中实验组24人，对照组25人。

语文学习困难小学生筛选标准：根据国内外以往研究，本研究对语文学习困难小学生的选取标准为三条，并且需同时满足这三条要求：①选用《瑞文标准推理测验》（张厚粲等修订）测试小学生的智力，从而排除智力缺陷的小学生；②期末考试成绩低于70分（语文成绩）；③班主任和任课教师结合学生的平时学习情况，认为该生是语文学习困难小学生。

（二）运动干预方案的实施

运动干预方案实施技术路线见图 6–24。

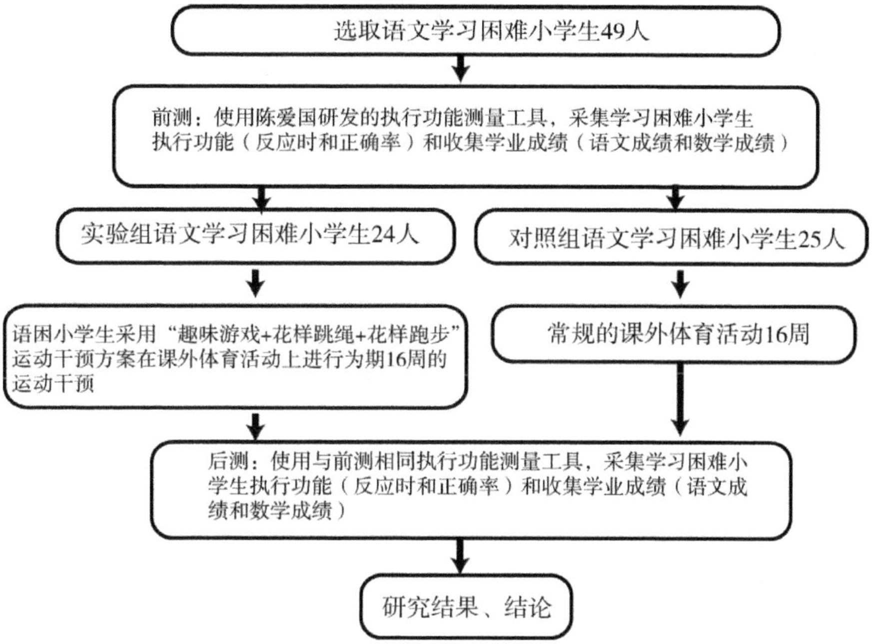

图 6–24　技术路线图

（三）实验条件的控制

1. 脑执行功能的测量

研究使用的儿童脑执行功能测量工具是由我国学者陈爱国、殷恒婵等开发（效度大于 0.85）。测量任务在计算机上完成，采用 E–Prime1.1 系统操作，采用 Flanker 任务测量抑制功能，采用 1–back 任务测量刷新功能，采用 More–odd shifting 任务测量转换功能。测量地点选在环境安静舒适的机房内，主试者经过培训，在每次测试前首先进行操作方法讲解，然后指导被试练习，直到所有被试熟练掌握操作方法后，正式开始测试。

2. 学业成绩测量

学业成绩采集采用学生上一学期期末学业成绩和运动干预后本学期期末成绩为学生的学业成绩，并将分数进行标准化（Z 分数）。

3. 运动强度的监控

本运动干预实验研究中运动强度的监控方法是监测心率，每次实验都随机选取 6 名被试学生，男女人数均等，佩戴 Polar 心率表至实验结束，每次实验进行 4

次心率测量：安静时、第10分钟、第20分钟、第30分钟，通过Excel 2000进行录入和统计（表6–16）。

表6–16 心率测试表

（单位：次）

姓名	安静时心率	第10分钟心率	第20分钟心率	第30分钟心率
学生1				
学生2				
学生3				
学生4				
学生5				
学生6				

三、研究结果与分析

（一）同质性检验的结果与分析

1.脑执行功能同质性检验的结果与分析

考察语文学习困难小学生实验组与对照组前测脑执行功能是否处于相同水平，对实验组和对照组语文学习困难小学生前测脑执行功能进行同质性检验，结果显示（表6–17）：语文学习困难小学生前测抑制功能（t=–1.281，p=0.208 > 0.05）、前测刷新功能（t=0.142，p=0.888 > 0.05）、前测转换功能（t=–0.271，p=0.788 > 0.05）均不存在显著性差异，说明实验前实验组和对照组语文学习困难小学生脑执行功能各子功能水平同质。

表6–17 实验组和对照组语文学习困难小学生脑执行功能 t 检验结果

脑执行功能	实验组（M ± SD）	对照组（M ± SD）	t	p
前测抑制	27.6616 ± 3.17001	29.2964 ± 5.34605	–1.281	0.208
前测刷新	1224.6252 ± 123.09679	1219.3542 ± 130.73975	0.142	0.888
前测转换	401.0970 ± 57.02925	407.0038 ± .88.33284	–0.271	0.788

2.学业成绩的同质性检验的结果与分析

考察语文学习困难小学生实验组与对照组前测语文成绩是否处于相同水平，对实验组和对照组语文学习困难小学生前测语文成绩进行同质性检验，结果显示

（表 6–18）：语文学习困难小学生前测语文成绩（t=–0.299，p=0.766 > 0.05）不存在显著性差异，说明实验前实验组和对照组语文学习困难小学生语文成绩水平同质。

表 6–18　实验组和对照组语文学习困难小学生语文成绩 t 检验结果

学业成绩	实验组（M ± SD）	对照组（M ± SD）	t	p
语文成绩	–0.044 ± 1.117	0.042 ± 0.895	–0.299	0.766

（二）16 周"趣味游戏 + 花样跳绳 + 花样跑步"运动干预对语文学习困难小学生脑执行功能影响的结果与分析

1. 运动干预对语文学习困难小学生抑制功能影响的结果与分析

对 2（组别：对照组、实验组）×2（时间：前测、后测）混合设计的研究采用重复测量方差分析法，分析运动干预对语文学习困难小学生抑制功能的影响，结果发现（表 6–19）：抑制功能组内时间因素效应［$F_{(1, 45)}$=70.935，p=0.000 < 0.01］非常显著；组间组别因素效应［$F_{(1, 45)}$=29.724，p=0.000 < 0.01］非常显著；时间 × 组别交互作用因素［$F_{(1, 45)}$=65.809，p=0.000 < 0.01］非常显著。结果表明，运动干预对语文学习困难小学生抑制功能有显著的积极作用（表 6–19）。

表 6–19　运动干预对语文学习困难小学生抑制功能的影响

交互作用	III 型平方和	df	均方	F	p
时间	1060.852	1	1060.852	70.935	0.000**
组别	1544.098	1	1544.098	29.724	0.000**
时间 × 组别	984.194	1	984.194	65.809	0.000**

注：*p < 0.05；**p < 0.01

2. 运动干预对语文学习困难小学生刷新功能影响的结果与分析

对 2（组别：对照组、实验组）×2（时间：前测、后测）混合设计的研究采用重复测量方差分析法，分析运动干预对语文学习困难小学生刷新功能的影响，结果发现（表 6–20）：刷新功能组内时间因素效应［$F_{(1, 45)}$=229.843，p=0.000 < 0.01］非常显著；组间组别因素效应［$F_{(1, 45)}$=25.218，p=0.000 < 0.01］非常显著；时间 × 组别交互作用因素［$F_{(1, 45)}$=132.473，p=0.000 < 0.01］非常显著（表 6–20）。

结果表明，运动干预对语文学习困难小学生刷新功能有显著的积极作用。

表 6-20　运动干预对语文学习困难小学生刷新功能的影响

交互作用	III 型平方和	df	均方	F	p
时间	1083720.478	1	1083720.478	229.843	0.000**
组别	584886.707	1	584886.707	25.218	0.000**
时间 × 组别	624614.307	1	624614.307	132.473	0.000**

注：$^{*}p < 0.05$；$^{**}p < 0.01$

3. 运动干预对语文学习困难小学生转换功能影响的结果与分析

对 2（组别：对照组、实验组）×2（时间：前测、后测）混合设计的研究采用重复测量方差分析法，分析运动干预对语文学习困难小学生转换功能的影响，结果发现（表 6-21）：转换功能组内时间因素效应［$F_{(1,45)}$=11.301，p=0.002 < 0.01］非常显著；组间组别因素效应［$F_{(1, 45)}$=5.514，p=0.023 < 0.05］非常显著；时间 × 组别交互作用因素［$F_{(1, 45)}$=6.049，p=0.008 < 0.01］非常显著。结果表明，运动干预对语文学习困难小学生转换功能有显著的积极作用（表 6-21）。

表 6-21　运动干预对语文学习困难小学生脑执行功能转换功能的影响

交互作用	III 型平方和	df	均方	F	p
时间	40750.342	1	40750.342	11.301	0.002**
组别	27531.305	1	27531.305	5.514	0.023*
时间 × 组别	43730.510	1	43730.510	6.049	0.008**

注：$^{*}p < 0.05$；$^{**}p < 0.01$

（三）16 周“趣味游戏 + 花样跳绳 + 花样跑步”运动干预对语文学习困难小学生学业成绩影响的结果与分析

对 2（组别：对照组、实验组）×2（时间：前测、后测）混合设计的研究采用重复测量方差分析法，分析运动干预对语文学习困难小学生语文成绩的影响，结果发现：组内时间因素效应［$F_{(1, 47)}$=0.027，p=0.869 > 0.05］不显著；组间组别因素效应［$F_{(1,47)}$=3.217，p=0.079 > 0.05］不显著；时间和组别交互作用因素［$F_{(1, 47)}$=66.011，p=0.000 < 0.01］非常显著。结果表明，运动干预对语文学习困难

小学生学业成绩有显著的积极作用（图 6–25）。

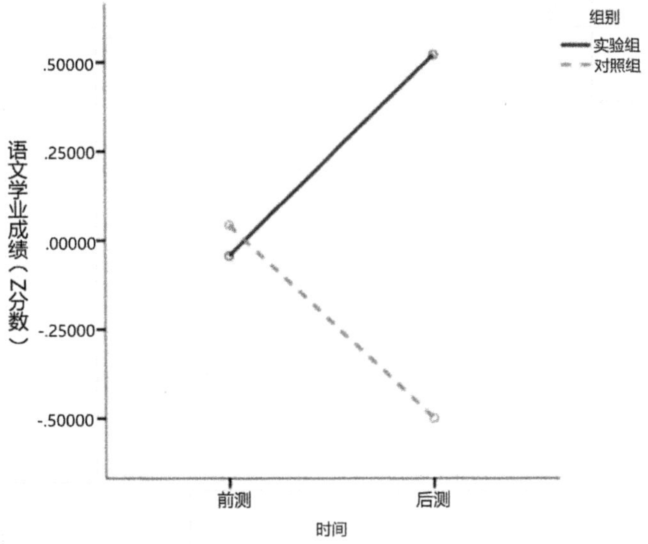

图 6–25　运动干预对语文学习困难小学生语文学业成绩的影响

（四）语文学习困难小学生脑执行功能变化与学业成绩关系的结果与分析

采用皮尔逊相关分析，探讨运动干预前后语文学习困难小学生脑执行功能变化与学业成绩变化的相关性。结果发现，语文学习困难小学生语文成绩变化与抑制功能反应时变化（$r=-0.628$，$p < 0.001$）、刷新功能反应时变化（$r=-0.640$，$p < 0.001$）、转换功能反应时变化（$r=-0.319$，$p=0.026 < 0.05$）均具有显著的负相关,即语文成绩变化与抑制功能、刷新功能和转换功能变化均具有显著的正相关。

（五）脑执行功能变化对语文学习困难小学生语文成绩预测作用的结果与分析

以语文成绩变化为因变量，以抑制功能、刷新功能、转换功能变化为自变量，采用多元逐步回归分析脑执行功能对语文学习困难小学生语文成绩的预测作用，结果显示（表 6–22），脑执行功能三个子功能变化对语文成绩变化具有显著预测力的功能为 2 个，依次为刷新功能和抑制功能。两个预测变量的决定系数为 0.479，回归模型整体性检验的 F 值为 21.15。（$p < 0.05$），因此，两个预测变量共可有效解释语文成绩变化的 47.9%。从每个预测变量来看，对语文成绩变化最具预测力的为刷新功能，其解释变异量为 41.0%，抑制功能的预测力为 6.9%。

表 6–22　脑执行功能对语文学习困难小学生语文成绩的影响结果

输入变量顺序	R^2	ΔR^2	F	△ F	B	标准误	Beta
刷新功能变化	0.410	0.410	32.675	32.675	–0.002	0.000	–0.640
抑制功能变化	0.479	0.069	21.150	6.088	–0.030	0.012	–0.358

（六）脑执行功能在运动干预改善语文学习困难小学生学业成绩中的中介效应检验的结果与分析

运动干预能够改善语文学习困难小学生脑执行功能与语文成绩，而刷新、抑制功能变化能够预测语文成绩的变化，因此，本研究假设刷新功能、抑制功能变化为运动改善语文成绩的中介变量。采用温忠麟等人提出的中介效应检验程序在 SPSS 和 Mplus 上进行中介效应的检验。

具体检验程序：①检验回归系数 c，如果显著，继续下面的第二步，否则停止分析。②做巴伦（Baron）和肯尼（Kenny）提出的部分中介检验，即依次检验系数 a、b，如果都显著，意味着自变量对因变量的影响至少有一部分是通过了中介变量实现的，进行第三步；如果至少有一个不显著，进行第四步。③做贾德（Judd）和肯尼完全中介检验中的第 3 个检验，检验系数 c'，如果不显著，说明为完全中介作用；如果显著，说明为部分中介作用，检验结束。④用 Bootstrap 法直接检验 H0：ab=0，如果显著，则中介效应显著，观察第三步检验中 c' 的显著性，判断中介效应为部分中介效应或完全中介效应，否则中介效应不显著，停止分析。考虑自变量 X 对因变量 Y 的影响，如果 X 通过影响变量 M 来影响 Y，则称 M 为中介变量。目前，对中介效应的检验方法很多，而鉴于检验力更高的是使用偏差校正后的置信区间，即所谓的偏差校正的非参数百分位 Bootstrap 法，我们在此选择用 Mplus 软件来调用 Bootstrap 法计算系数乘积的置信区间，实现系数乘积的 Bootstrap 法检验。

1. 抑制功能在运动干预改善语文学习困难小学生语文成绩中的中介效应检验的结果与分析

以运动干预为自变量，以语文成绩变化为因变量（Y），并假设抑制功能的变化为中介变量（$M1$）的中介效应分析（标准化）。在逐步检验的第三步中，b 的系数不显著（t=–0.523，$p > 0.05$），根据温忠麟等人提出的检验程序，需要采用 Bootstrap 法检验 H0：ab=0 的显著性（表 6–23），结果显示，95% 置信区间上限和下限分别为 –5.785 和 0.884，包括 0。说明抑制功能的中介效应不显著。

表 6–23　抑制功能在运动影响改善语文学习困难小学生语文成绩的中介效应检验

步　骤	标准化回归方程	回归系数检验	
第一步	Y=–0.764X	SE=0.136	t=–8.125**
第二步	M=0.781X	SE=1.558	t=8.580**
第三步	Y=–0.079M+–0.702X	SE=0.013	t=–0.523
		SE=0.220	t=–4.624**

注：**$p < 0.01$

2. 刷新功能在运动干预改善语文学习困难小学生语文成绩中的中介效应检验的结果与分析

以运动干预为自变量，以语文成绩变化为因变量（Y），并假设刷新功能的变化为中介变量（M）的中介效应分析（标准化）。在逐步检验的第三步中，b 的系数不显著（t=0.286，$p > 0.05$），根据温忠麟等人提出的检验程序，需要采用 Bootstrap 法检验 H0：ab=0 的显著性（表 6–24），结果显示，95% 置信区间上限和下限分别为 –42.298 和 102.890，包括 0。说明刷新功能的中介效应不显著。

表 6–24　刷新功能在运动影响改善语文学习困难小学生语文成绩的中介效应检验

步　骤	标准化回归方程	回归系数检验	
第一步	Y=–0.764X	SE=0.136	t=–8.125**
第二步	M=0.856X	SE=28.141	t=11.364**
第三步	Y=0.053M+–0.809X	SE=0.001	t=0.286
		SE=0.266	t=–4.400**

注：**$P < 0.01$

四、讨论

（一）16 周“趣味游戏 + 花样跳绳 + 花样跑步”运动干预对语文学习困难小学生脑执行功能的影响

本研究结果表明，16 周“趣味游戏 + 花样跳绳 + 花样跑步”运动干预方案对语文学习困难小学生脑执行功能具有积极的影响，符合本研究之前的结果，也与以往的研究结果一致。陈爱国等探讨“趣味游戏 + 花样跳绳 + 花样跑步”组合运动方案对语文学习困难小学生脑执行功能的影响，结果发现 10 周的“趣味游戏 + 花样跳绳 + 花样跑步”组合运动方案对语文学习困难小学生的刷新功能有显著提升作用。本研究采用了与该研究相同的运动干预方案，然而随着对语文学习困难小学生干预周期的延长，其脑执行功能不仅在刷新功能上有较为显著的改善，抑制功能和转换功能也随着运动干预时间的持续延长获得较为明显的改善效果，进一步表明运动干预对语文学习困难小学生脑执行功能的积极影响会随着运动干预时间的延长达到更为理想的改善效果。

本研究所选用的运动干预方案是根据语文学习困难小学生脑执行功能发育特征设计，并且是“趣味游戏”“花样跳绳”“花样跑步”“趣味游戏 + 花样跳绳 + 花样跑步”四套方案中对语文学习困难小学生脑执行功能改善效果最佳的方案。研究发现，复杂的体育运动类型与简单重复性的体育运动相比更能促进认知功能的提高（John R. Best，2012；Pesce etal.，2009）。这也与本研究的结果相符。“趣味游戏 + 花样跳绳 + 花样跑步”是组合运动方案，涉及三个运动项目，复杂程度均比其他三个高，且 30 分钟的运动过程中每 10 分钟就需要变换到下一个运动项目中，需要学生及时更新工作记忆，从工作记忆中提取出当前项目所需的信息，以适应任务的需要，故使学生的脑执行功能得到更加频繁的锻炼。

（二）16 周“趣味游戏 + 花样跳绳 + 花样跑步”运动干预对语文学习困难小学生语文成绩的影响

本研究结果发现，16 周的“趣味游戏 + 花样跳绳 + 花样跑步”运动干预对语文学习困难小学生语文成绩的影响效果显著。

研究结果发现，运动干预可以促进语文学习困难小学生语文成绩的提升。当前，还未有直接研究运动干预促进学习困难小学生学业成绩的实验研究，但是来自教育领域的研究指出，采取一定的干预措施可以有效改善学习困难小学生的学业成绩。如李丽霞等探讨了采用适合学习困难儿童的合作学习模式的教学模式对学习困难儿童成绩的影响，发现合作学习模式能加强学习困难儿童的学习兴趣动机、增强记忆力和专注力、减少焦虑，对学习困难儿童成绩能起到积极作用。邓肯（Duncan）和约翰逊（Johnson）将小学生分为中、高运动剂量组和休息组，运动组进行 20 分钟的脚踏车测力运动，发现无论多大的运动强度都能提升儿童的拼读能力，其中中等强度的运动对阅读能力的提升更明显。

运动对学业成绩的重要作用一直没有得到足够的重视，直到美国内帕维尔区的“零点体育课”项目出现，才使人们对体育促进学业成绩具有了积极的认识。“零点体育课”项目的目的是希望确定上文化课之前进行大运动量的体育锻炼是否能提高学生的阅读能力以及其他学科的学习能力，项目研究结果发现大强度（80% ~ 90% 最大心率）心肺训练有益儿童的阅读理解和数学能力提高。这为人们认识体育锻炼对学业成绩和学习能力的促进作用提供了很好的证据。2010 年美国疾病控制与预防中心发表了《以学校为基础的身体活动与学业表现关系》的研究报告显示：以学校为基础的体育活动对数学、阅读、写作等学业成绩有积极效益，可以增强学生的课堂表现等学习行为，能促进注意力、自尊心、创造力、计划能力等学习相关的认知技巧和态度。

运动对学业成绩的影响需要时间累积效应，本章第二节中相同方案 10 周的运动干预对学习困难学生的学业成绩影响没有出现显著性，而 16 周的干预对学业成绩产生了积极的效应，说明运动改善学业成绩需要一定时间的累积效应。分析原因，这可能与影响学业成绩的复杂因素有关。影响学业成绩的因素非常多，运动可以短时和长时影响脑执行功能，但是不能短时间内影响学业成绩，这说明体育运动不但影响了脑执行功能，可能还影响了其他因素，如自信和个体的积极状态等，从而影响学业成绩。

（三）脑执行功能在运动干预改善语文学习困难小学生语文成绩中的中介作用

研究结果表明，刷新功能和抑制功能对语文学习困难小学生语文成绩有一定的预测力，达到显著性影响，而转换功能对语文成绩的预测力并不显著。然而，本研究中刷新功能和抑制功能在运动改善学习困难小学生语文成绩中未发现有显著的中介作用，原因可能是，运动对学业成绩的影响可能是通过一个或几个中介变量作用的，并不是直接产生影响的。运动是通过其他变量来提高学业成绩的。基于前人研究的基础，汤姆波罗夫斯基等学者假设了一个理论模型。从这个模型中可以看出，运动对学业成绩影响的因素较多，运动既可以直接影响学业成绩，也可以通过中介变量间接地影响学业成绩。中介变量包含体质因素、健康因素、心理社会因素等，并且不仅中介变量可以影响学业成绩，还有一部分的调节变量也在运动与学业成绩之间扮演着重要的角色，如性别、年龄、家庭、社会经济地位、文化等。

王淑珍探讨脑执行功能各子功能与学业成绩的关系，结果发现刷新功能的任务效应和抑制功能的 Stroop 效应可以作为学业成绩的预测因子。脑执行功能对学业成绩的预测作用已经毋庸置疑，脑执行功能与学业成绩密切相关。本研究将脑执行功能作为影响学习困难小学生学业成绩的中介变量，但是实验结果显示实验组学生的抑制、刷新和转换三个子功能对语文成绩改善均没有表现出显著性，脑执行功能的中介效应不显著，即运动干预并不是通过改善语文学习困难学生的脑执行功能来提高学业成绩的。

五、结论

综上所述，16 周“趣味游戏 + 花样跳绳 + 花样跑步”运动干预改善了语文学习困难小学生的抑制、刷新、转换功能，提高了其语文成绩，抑制、刷新功能的改善对其语文成绩的提高有预测作用。但在本研究中，运动并不是通过改善学生脑执行功能这一途径来提高学业成绩的，运动改善学业成绩的脑执行功能中介机制还需要进一步研究。

第七章　促进数学学习困难小学生脑执行功能发展的实证研究

第一节　短时运动干预方案对数学学习困难小学生脑执行功能影响的研究

一、研究目的

针对数学学习困难小学生脑执行功能发育不良，尤其是抑制功能发育不良的特点，开发“合作游戏”“武术操”“花样踢毽”“合作游戏 + 武术操 + 花样踢毽”四套短时运动干预方案，对数学学习困难小学生进行一次性 30 分钟的运动干预，揭示不同短时运动干预方案对数学学习困难小学生脑执行功能的影响效果，并为长期运动干预方案的开发提供依据。

二、研究对象与方法

（一）研究对象

以四、五、六年级共 118 名数学学习困难小学生为研究对象。实验组分为四个组，分别是实验组一（合作游戏）25 名，实验组二（武术操）23 名，实验组三（花样踢毽）25 名，实验组四（合作游戏 + 武术操 + 花样踢毽）23 名，对照组 22 名。

数学学习困难小学生筛选标准：根据国内外以往研究，本研究对数学学习困难小学生的选取标准为三条，并且需同时满足这三条要求：①选用《瑞文标准推理测验》（张厚粲等修订）测试小学生的智力，从而排除智力缺陷的小学生；②期末考试成绩低于 70 分（数学成绩）；③班主任和任课教师结合学生的平时学习情况，认为该生是数学学习困难小学生。

（二）运动干预方案的研发

运动项目的选择既考虑到学生兴趣及易操作、易开展的特点，又考虑到运动项目特征与抑制功能的关系：合作游戏项目的内容与形式具有多样性、动作与规则具有多变性；当儿童与有共同目标的玩伴一起游戏时，需要考虑同伴的情况来做出动作，其抑制控制发挥的作用更大。武术操项目是基于我国传统文化，通过不同节拍的组合与转换形成完整套路，并随口令或音乐进行有节奏性的运动，在进行不同手型、步法，以及节奏的顺序变化时需要学生抑制惯性思维来完成多变的动作；花样踢毽项目通过基本的踢毽动作与形式，进行不同的组合，使单一的动作变成复合的，若要很好地完成不同身体部位与毽的结合，就需要抑制不相关动作的产生。三个运动项目都在不同程度上与抑制功能有着密切的联系，为探究多个项目组合对抑制功能的影响，故而选择将三者组合在一起形成组合项目。运动强度采用中等强度控制，中等强度被证明对促进儿童脑执行功能发展是非常有效的运动强度，中等运动强度计算方法为：（220– 年龄）×（60% ~ 69%）。每次运动持续时间为 30 分钟，其中合作游戏 10 分钟，武术操 10 分钟，花样踢毽 10 分钟（表 7–1）。

表 7–1　不同运动干预方案一览表

组别	运动项目	运动强度	运动持续时间（分钟）
实验组一	合作游戏	（220– 年龄）×（60% ~ 69%）	30
实验组二	武术操	（220– 年龄）×（60% ~ 69%）	30
实验组三	花样踢毽	（220– 年龄）×（60% ~ 69%）	30
实验组四	合作游戏 + 武术操 + 花样踢毽	（220– 年龄）×（60% ~ 69%）	30

（三）运动干预方案的实施

干预方案实施技术路线图 7–1。

（四）实验条件的控制

1. 脑执行功能的测量

本研究使用的儿童脑执行功能测量工具是由我国学者陈爱国、殷恒婵等开发（效度大于 0.85）。测量任务在计算机上完成，采用 E–Prime1.1 系统操作，采用 Flanker 任务测量抑制功能，采用 1–back 任务测量刷新功能，采用 More–odd shifting 任务测量转换功能。测量地点选在环境安静舒适的机房内，主试者经过培训，在每次测试前首先进行操作方法讲解，然后指导被试练习，直到所有被试熟练掌握操作方法后，正式开始测试。

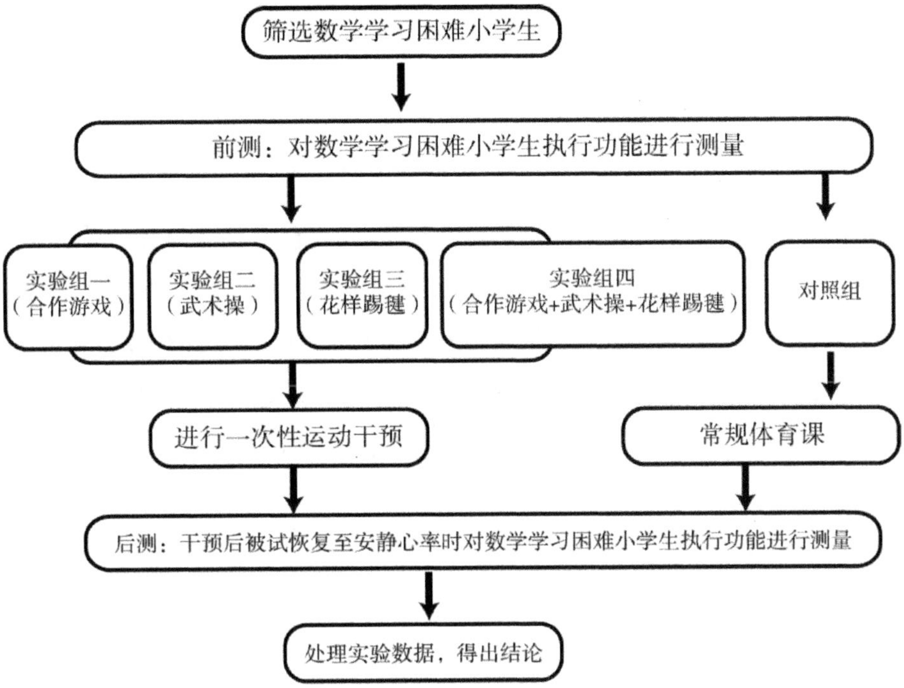

图 7–1 技术路线图

2. 运动强度的监控

本运动干预实验研究中运动强度的监控方法是通过心率监测，每次实验都随机选取 6 名被试学生，男女人数均等，佩戴 Polar 心率表至实验结束，每次实验进行 4 次心率测量：安静时、第 10 分钟、第 20 分钟、第 30 分钟，通过 Excel 2000 进行录入和统计（表 7–2）。

表 7–2 心率测试表

（单位：次）

姓名	安静时心率	第 10 分钟心率	第 20 分钟心率	第 30 分钟心率
学生 1				
学生 2				
学生 3				
学生 4				

姓名	安静时心率	第 10 分钟心率	第 20 分钟心率	第 30 分钟心率
学生 5				
学生 6				

三、研究结果与分析

（一）运动强度监控结果

运动干预过程中，“合作游戏”实验组的平均心率为 139 次 / 分，为最大心率的 67% 左右；“武术操”实验组的平均心率为 136 次 / 分，为最大心率的 65% 左右；“花样踢毽”实验组的平均心率为 140 次 / 分，为最大心率的 67% 左右；“合作游戏 + 武术操 + 花样踢毽”组合实验组平均心率为 138.3 次 / 分，为最大心率的 67% 左右；各实验组均达到了运动干预方案要求的中等强度（图 7–2）。

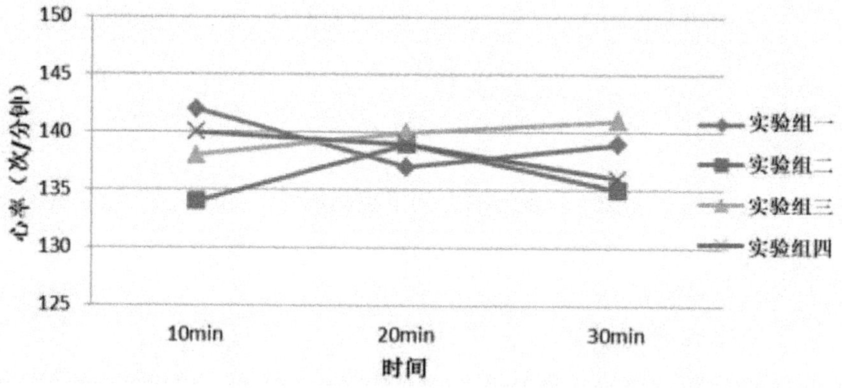

图 7–2　不同运动方案平均心率监控图

（二）各组数学学习困难小学生脑执行功能前测同质性检验的结果与分析

为考察各组数学学习困难小学生实验前脑执行功能是否处于相同水平，对四个实验组及一个对照组数学学习困难小学生的抑制、刷新、转换功能的前测成绩进行单因素方差分析，结果显示，抑制功能［$F_{(4,\ 113)}=0.356$，$p=0.839>0.05$］不具有显著性差异；刷新功能［$F_{(4,\ 113)}=0.279$，$p=0.891>0.05$］不具有显著性差异；转换功能［$F_{(4,\ 113)}=1.023$，$p=0.399>0.05$］不具有显著性差异。这说明前测各实验组与对照组抑制、刷新、转换功能前测成绩之间均不具有显著性差异，即各实验组和对照组的前测水平同质。

续表

（三）四套运动干预方案对数学学习困难小学生脑执行功能影响的结果与分析

采用5（组别）×2（时间）的重复测量方差分析法，组别分为实验组一、实验组二、实验组三、实验组四、对照组5个组，时间为前测和后测2个时间点，分析组别与时间对数学学习困难小学生脑执行功能的影响，结果见表7–3。

表7–3 不同运动干预方案对数学学习困难小学生脑执行功能影响的方差分析

脑执行功能	交互作用	III型平方和	df	均方	F	p
抑制	组别	13702.81	4	3425.701	2.773	0 .03*
	时间	12632.331	1	12632.331	11.186	0 .001**
	时间 × 组别	8300.499	4	2075.125	1.837	0 .127
刷新	组别	105286.442	4	26321.610	0.700	0 .593
	时间	317917.267	1	317917.267	18.713	0 .000**
	时间 × 组别	122242.416	4	30560.604	1.799	0 .134
转换	组别	182594.342	4	45648.585	2.024	0 .096
	时间	71215.339	1	71215.339	4.099	0 .045*
	时间 × 组别	35608.644	4	8902.161	0 .512	0 .727

注：$*p < 0.05$；$**p < 0.01$

1. 四套运动干预方案对数学学习困难小学生抑制功能影响的结果与分析

四套运动干预方案对被试在抑制功能方面的影响表现为组别主效应［$F_{(4,\ 113)}=2.773$，$p=0.03 < 0.05$］显著，说明各组之间抑制功能具有显著性差异；时间主效应［$F_{(1,\ 113)}=11.186$，$p=0.001 < 0.01$］非常显著，说明抑制功能随时间变化而变化；时间 × 组别的交互效应［$F_{(4,\ 113)}=1.837$，$p=0.127 > 0.05$］不显著，说明四组被试干预前后抑制功能变化不具有显著性差异。

通过进一步进行多重比较分析（表7–4）发现，合作游戏实验组与对照组有显著性差异（$p=0.027 < 0.05$）、武术操实验组与对照组有显著性差异（$p=0.044 < 0.05$）、花样踢毽实验组均与对照组有显著性差异（$p=0.02 < 0.05$），而组合实验组与对照组有非常显著性差异（$p=0.002 < 0.01$）。

如图7–3所示，"合作游戏＋武术操＋花样踢毽"组合实验组干预后的抑制任务反应时非常显著低于对照组，组合方案运动干预实验组对数学学习困难小学生完成抑制任务时的表现产生了积极的影响，组合方案运动干预实验组促进了数学学习困难小学生抑制功能的提高。

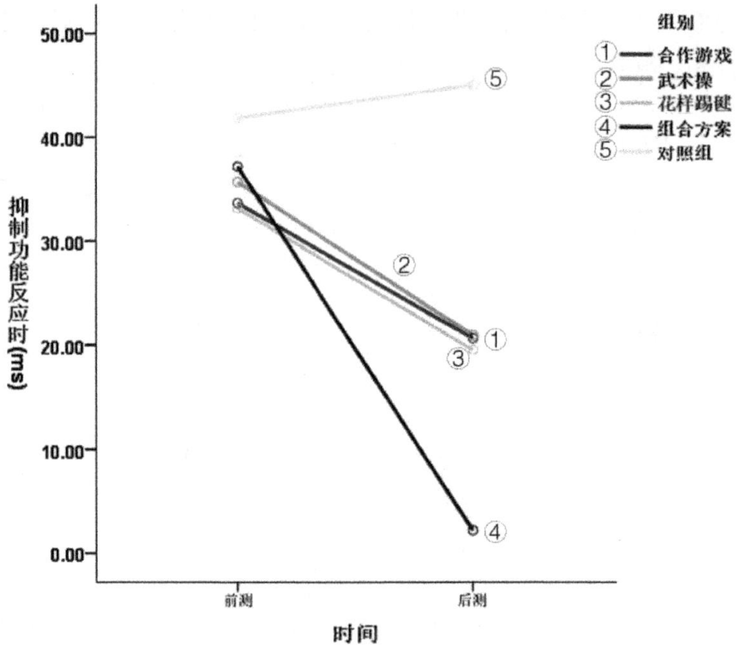

图 7-3　各运动方案组与对照组抑制功能变化图

表 7-4　不同运动方案间抑制功能的多重比较

（I）组别	（J）组别	均值差值（I–J）	标准误差	p
实验组一	实验组二	−1.1606	7.18041	0.872
	实验组三	0.8068	7.02922	0.909
	实验组四	7.4744	7.18041	0.300
	对照组	−16.2851*	7.26490	0.027*
实验组二	实验组三	1.9674	7.18041	0.785
	实验组四	8.6350	7.32847	0.241
	对照组	−15.1245*	7.41128	0.044*
实验组三	实验组四	6.6676	7.18041	0.355
	对照组	−17.0919*	7.26490	0.020*
实验组四	对照组	−23.7595*	7.41128	0.002**

注：$^*p < 0.05$；$^{**}p < 0.01$

2. 四套运动干预方案对数学学习困难小学生刷新功能影响效果的结果与分析

四套运动干预方案对被试在刷新功能上的影响，表现为组别主效应不显著［$F_{(4, 113)}$=0.7，p=0.593 > 0.05］，说明各组之间刷新功能不具有显著性差异；时间主效应非常显著［$F_{(1, 113)}$=18.713，p=0.00 < 0.01］，说明刷新功能随时间变化而变化；时间 × 组别的交互效应不显著［$F_{(4, 113)}$=1.799，p=0.134 > 0.05］，说明四组被试干预前后刷新功能变化不具有显著性差异。如图 7–4 所示，运动干预前后各方案与对照组的刷新任务反应时均呈下降趋势，“合作游戏 + 武术操 + 花样踢毽”组合实验组的下降幅度大于其他各组和对照组，组合方案运动干预实验组对数学学习困难小学生刷新功能具有一定的促进作用，但不存在显著性差异。

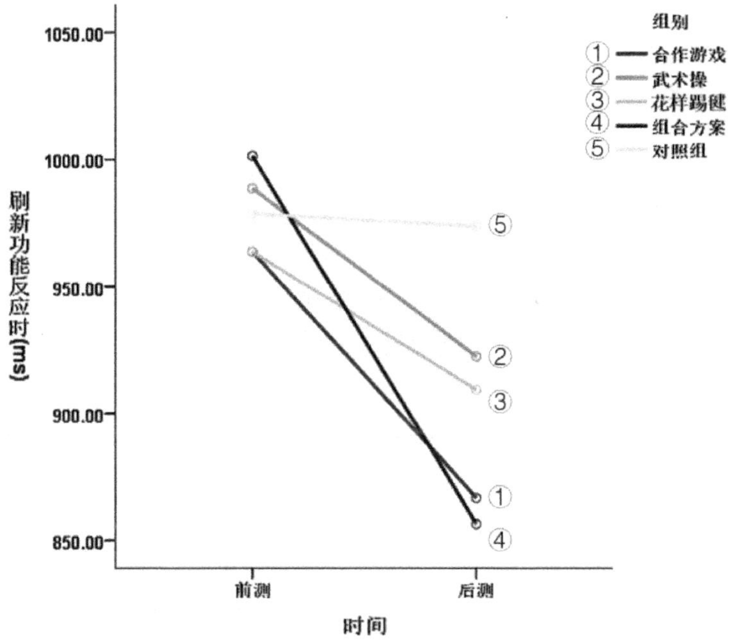

图 7–4　各运动方案组与对照组刷新功能变化图

3. 四套运动干预方案对数学学习困难小学生转换功能影响的结果与分析

四套运动干预方案在转换功能上对被试的影响，表现为组别主效应［$F_{(4, 113)}$=2.024，p=0.096 > 0.05］不显著，说明四个实验组转换功能不具有显著性差异；时间主效应［$F_{(4, 113)}$=4.099，p=0.045 < 0.05］具有显著差异，说明转换功能随时间变化而变化；时间 × 组别的交互效应［$F_{(4, 113)}$=0.512，p=0.727 > 0.05］不显著，说明四组被试干预前后转换功能变化不具有显著性差异。如图 7–5 所示，运动干预前后各方案与对照组的转换任务反应时均呈下降趋势，“合作游戏 + 武术操 + 花样踢毽”组合实验组的下降幅度大于其他各组和对照组，组合方案运动干预实验组对数学学习困难小学生转换功能具有一定的促进作用，但不存在显著性差异。

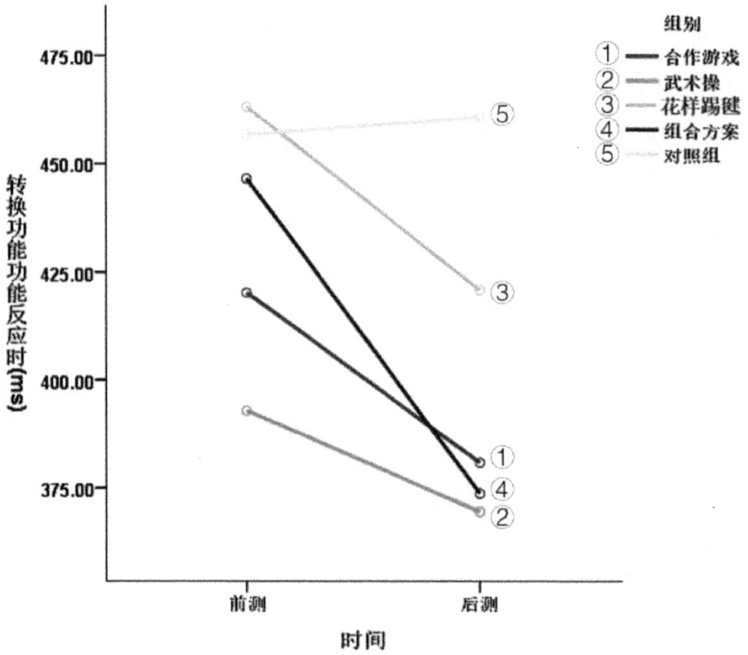

图 7–5　各运动方案组与对照组转换功能变化图

四、讨论

本研究表明，不同短时运动干预方案对数学学习困难小学生脑执行功能的影响效果不同，实验组一（合作游戏）、实验组二（武术操）、实验组三（花样踢毽）在不同程度上对脑执行功能都起到促进作用，与对照组相比，实验组四（合作游戏 + 武术操 + 花样踢毽）的变化趋势更加明显。这与以往的研究结果一致。刘婵娟以男女小学生各 20 名为研究对象，研究武术对小学生身心特征的影响，结果发现通过武术套路的练习可以很好地发展小学生的平衡性以及提高反应能力，对小学生的抑制和消退抑制能力也有积极影响。

不同的研究对上述观点给予了证据支持，从不同的角度论证了不同特征的运动训练任务对认知功能起到不同的影响作用也不同。贝斯特(Best)和莫罗(Moreau)的研究认为，复杂动作操作形式与简单动作操作形式相比，复杂动作操作本身比简单动作能够促进脑执行功能发展，同时复杂动作操作过程中的大量的认知参与也会使脑执行功能得到更多地锻炼，这种双重作用进一步促进了脑执行功能的发展。这些研究与本研究的结果相符，“合作游戏 + 武术操 + 花样踢毽”是组合运动干预方案，既有单个项目的特点，又有混合项目的复杂性，除了完成合作游戏、武术操、花样踢毽单个项目对脑执行功能的要求以外，又需要学生通过抑制非当下运动项目的动作来迅速完成整体运动组合，以适应任务的需要，故使学生的抑制功能得到频繁的训练，对其抑制功能的改善效果最好。

五、结论

针对数学学习困难小学生的“合作游戏”“武术操”“花样踢毽”“合作游戏 + 武术操 + 花样踢毽”四套短时运动干预方案均可以有效促进数学学习困难小学生脑执行功能的发展，但是组合运动干预方案对数学学习困难小学生的抑制功能改善效果更好，可以作为选择长期运动干预方案的依据。

第二节　10 周运动干预促进数学学习困难小学生脑执行功能影响的实验研究

一、研究目的

本研究以数学学习困难小学生为研究对象，针对其脑执行功能发育不良，尤其是抑制功能发育不良的特点，在第一节的研究基础上，进一步开发 10 周“合作游戏 + 武术操 + 花样踢毽”运动干预方案，探索长期运动干预方案对数学学习困难小学生脑执行功能的影响效果，为促进数学学习困难小学生脑执行功能的发展提供针对性的有效运动干预方案。

二、研究对象与方法

（一）研究对象

经筛查选取四、五、六年级数学学习困难小学生 100 名为研究对象：实验组 49 人，对照组 51 人。

数学学习困难小学生筛选标准：根据国内外以往研究，本研究对数学学习困难小学生的选取标准为三条，并且需同时满足这三条要求：①选用《瑞文标准推理测验》（张厚粲等修订）测试小学生的智力，从而排除智力缺陷的小学生；②期末考试成绩低于 70 分（数学成绩）；③班主任和任课教师结合学生的平时学习情况，认为该生是数学学习困难小学生。

（二）运动干预方案的研发

针对数学学习困难小学生抑制功能发育不良的特点，在促进数学学习困难小学生脑执行功能改善的运动干预方案探索的基础上，按照一次性“合作游戏 + 武术操 + 花样踢毽”运动干预方案开发的思路和原则，进一步开发为期 10 周的“合作游戏 + 武术操 + 花样踢毽”运动干预方案。方案还严格控制了体育运动的其他特征：运动频率为每周 3 次；每次运动干预时间为 40 分钟，其中准备活动 5 分钟，合作游戏 10 分钟，武术操 10 分钟，花样踢毽 10 分钟，放松活动 5 分钟。（表 7–5）每次课时实施方案具体安排见附录。

表 7–5　运动干预方案一览表

运动项目	运动强度	运动持续时间	运动频率
合作游戏 + 武术操 + 花样踢毽	（220– 年龄）×（60% ~ 69%）	30 分钟	3 次 / 周

（三）运动干预方案的实施

运动干预方案实施技术路线见图 7–6。

（四）实验条件的控制

1. 脑执行功能的测量

研究使用的儿童脑执行功能测量工具是由我国学者陈爱国、殷恒婵等开发（效度大于 0.85）。测量任务在计算机上完成，采用 E–Prime1.1 系统操作，采用 Flanker 任务测量抑制功能，采用 1–back 任务测量刷新功能，采用 More–odd shifting 任务测量转换功能。测量地点选在环境安静舒适的机房内，主试者经过培训，在每次测试前首先进行操作方法讲解，然后指导被试练习，直到所有被试熟练掌握操作方法后，正式开始测试。

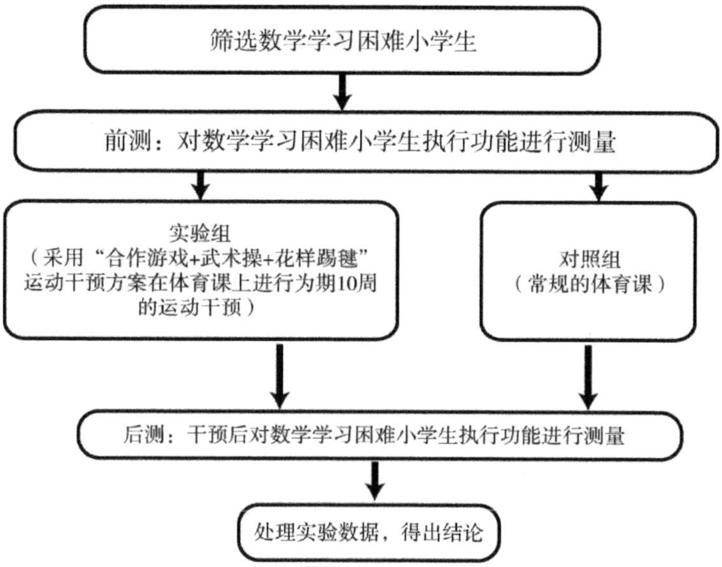

图 7–6　技术路线图

2. 运动强度的监控

本运动干预实验研究中运动强度的监控方法是监测心率，每次实验都随机选取 6 名被试学生，男女人数均等，佩戴 Polar 心率表至实验结束，每次实验进行 4 次心率测量：安静时、第 10 分钟、第 20 分钟、第 30 分钟，通过 Excel 2000 进行录入和统计（表 7–6）。

表 7–6　心率测试表

（单位：次）

姓名	安静时心率	第 10 分钟心率	第 20 分钟心率	第 30 分钟心率
学生 1				
学生 2				
学生 3				
学生 4				
学生 5				
学生 6				

三、研究结果与分析

（一）运动强度监控的结果与分析

运动干预过程中，实验组平均心率为 137 次 / 分，即达到了最大心率的 66%

左右；每次干预时 6 名学生的平均心率控制在 133 ~ 138 次 / 分，达到了运动干预方案要求的中等强度（图 7–7、图 7–8）。

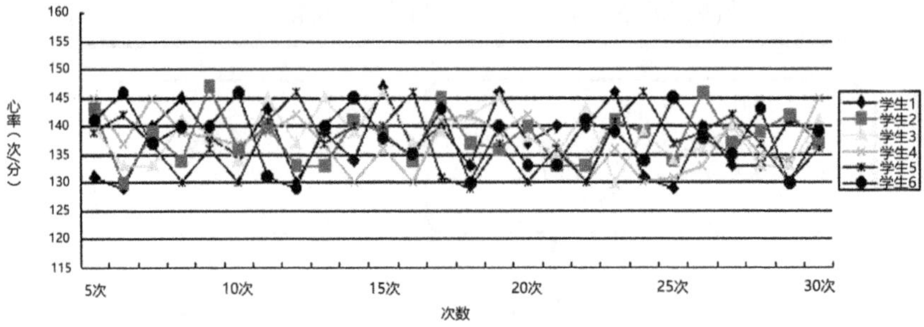

图 7–7　实验组每次活动个人平均心率监测图

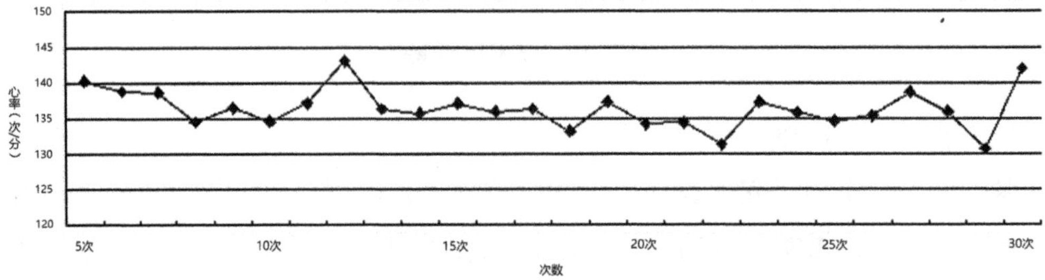

图 7–8　实验组每次活动 6 名被试平均心率监测图

（二）数学学习困难小学生脑执行功能前测的同质性检验结果与分析

为考察各实验组数学学习困难小学生实验前脑执行功能是否处于相同水平，对实验组和对照组数学学习困难小学生的抑制、刷新和转换功能的前测成绩进行独立样本 t 检验，结果显示，抑制功能（t=–0.065，p=0.948 ＞ 0.05）、刷新功能（t=0.619，p=0.537 ＞ 0.05）、转换功能（t=–0.935，p=0.352 ＞ 0.05）前测实验组与对照组抑制、刷新、转换功能均不具有显著性差异。

（三）10 周“合作游戏 + 武术操 + 花样踢毽”运动干预对数学学习困难小学生脑执行功能影响的结果与分析

采用 2（组别）×2（时间）的重复测量方差分析法，组别为实验组和对照组，时间为前测和后测，分析组别与时间对数学学习困难小学生脑执行功能的影响，结果见表 7–7。

表 7–7　运动干预对数学学习困难小学生脑执行功能影响的方差分析

脑执行功能	交互作用	III 型平方和	df	均方	F	p
抑制	组别	5783.541	1	5783.541	6.818	0.010**
	时间	8399.358	1	8399.358	9.491	0.003**
	时间 × 组别	6231.516	1	6231.516	7.042	0.009**
刷新	组别	115061.769	1	115061.769	0.916	0.341
	时间	171116.919	1	171116.919	6.112	0.015*
	时间 × 组别	3681.107	1	3681.107	0.131	0.718
转换	组别	25964.489	1	25964.489	0.499	0.482
	时间	14413.065	1	14413.065	0.353	0.554
	时间 × 组别	20946.471	1	20946.471	0.514	0.475

注：$^*p < 0.05$；$^{**}p < 0.01$

1. 运动干预对数学学习困难小学生抑制功能影响的结果与分析

10 周运动干预对数学学习困难小学生的影响在抑制功能方面表现为，组别主效应［$F_{(1, 98)}$=6.818，p=0.01］非常显著，表明实验组与对照组之间抑制功能差异具有非常显著性；时间主效应［$F_{(1, 98)}$=9.491，p=0.003 < 0.01）］非常显著，表明运动干预前后抑制功能具有非常显著性差异；时间 × 组别的交互效应［$F_{(1, 98)}$=7.042，p=0.009 < 0.01］非常显著，表明运动干预前后实验组与对照组的抑制功能变化差异具有非常显著性。

对二次交互效应进一步进行简单效应分析，结果发现，运动干预前实验组与对照组之间抑制新功能不具有显著性差异［$F_{(1, 98)}$=0.00，p=0.948 > 0.05］，运动干预后，实验组与对照组之间抑制功能具有非常显著性差异［$F_{(1, 98)}$=16.25，p=0.000 < 0.01］；实验组运动干预前后的抑制功能具有非常显著性差异［$F_{(1, 98)}$=16.78，p=0.000 < 0.01］，运动干预后实验组的抑制功能反应时非常显著低于运动干预前，对照组运动干预前后无显著性变化［$F_{(1, 98)}$=0.09，p=0.766 > 0.05］。

以上结果表明，运动干预对数学学习困难小学生完成抑制任务时的表现产生了积极的影响，即 10 周“合作游戏 + 武术操 + 花样踢毽”运动干预改善了数学学习困难小学生的抑制功能（图 7–9）。

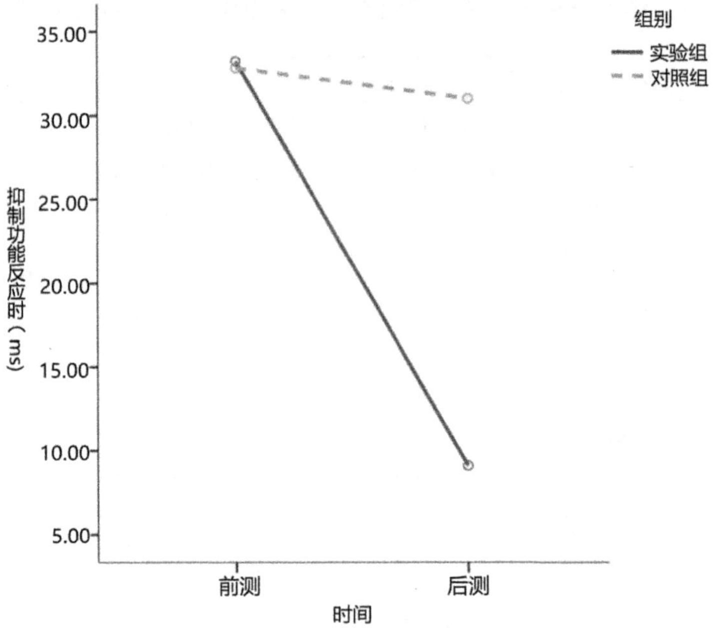

图 7-9　运动干预前后实验组与对照组抑制功能变化图

2. 运动干预对数学学习困难小学生刷新功能影响的结果与分析

10 周运动干预对数学学习困难小学生的影响在刷新功能方面表现为，组别主效应［$F_{(1,\ 98)}$=0.916，p=0.341 ＞ 0.05］不显著，表明实验组与对照组刷新功能差异不具有显著性；时间主效应［$F_{(1,\ 98)}$=6.112，p=0.015 ＜ 0.05］显著，表明刷新功能有随时间变化的趋势；时间 × 组别的交互效应［$F_{(1,98)}$=0.131，p=0.718 ＞ 0.05］不显著，表明实验组与对照组干预前后刷新功能差异不具有显著性。结合图 7-10，运动干预前后实验组与对照组的刷新任务反应时都呈下降趋势，实验组的下降幅度高于对照组，运动干预对数学学习困难小学生刷新功能具有一定的促进作用，但不存在显著性差异。

3. 运动干预对数学学习困难小学生转换功能影响的结果与分析

10 周运动干预对数学学习困难小学生的影响在转换功能方面表现为，组别主效应［$F_{(1,\ 98)}$=0.499，p=0.482 ＞ 0.05］不显著，表明实验组与对照组转换功能差异不具有显著性；时间主效应［$F_{(1,\ 98)}$=0.353，p=0.554 ＞ 0.05］不显著，表明转换功能没有随时间变化的趋势；时间 × 组别的交互效应［$F_{(1,\ 98)}$=0.514，p=0.475 ＞ 0.05］不显著，表明实验组与对照组干预前后转换功能变化差异不具有显著性。结合图 7-11，运动干预后对照组转换任务反应时上升，实验组转换任务反应时下降，即转换功能得到提高，但无显著性差异。

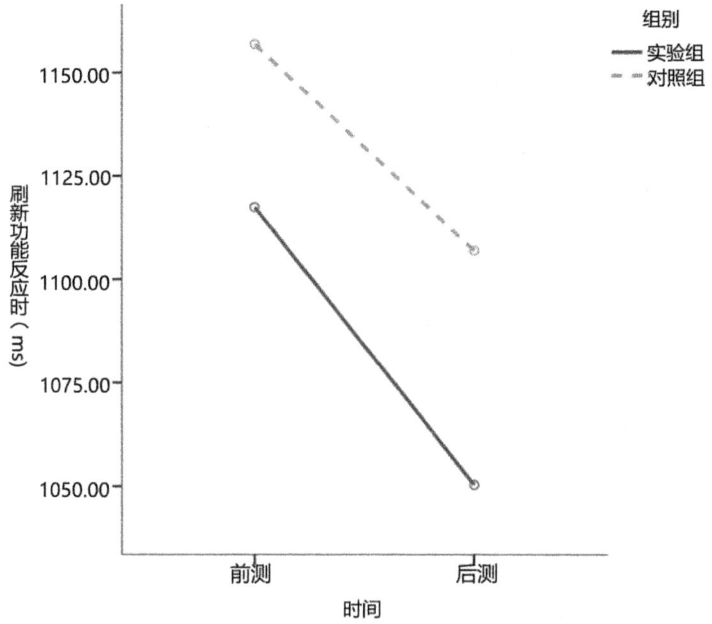

图 7–10 运动干预前后实验组与对照组刷新功能变化图

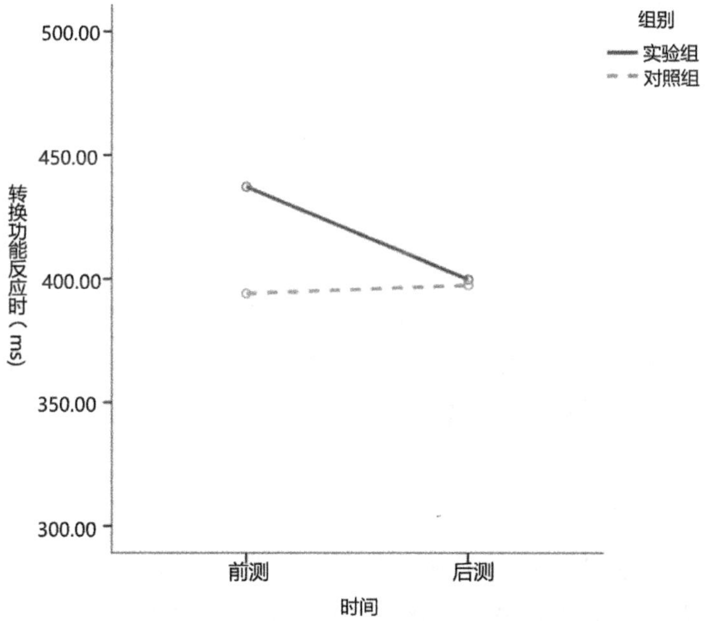

图 7–11 运动干预前后实验组与对照组转换功能变化图

（四）10 周"合作游戏 + 武术操 + 花样踢毽"运动干预对数学学习困难小学生数学成绩影响的结果与分析

采用 2（组别）×2（时间）的重复测量方差分析法，组别为实验组和对照组，时间为前测和后测，分析运动干预对数学学习困难儿童数学成绩的影响（表 7–8），结果发现，组内时间因素效应［$F_{(1,\ 98)}$=0.000，p=0.991 > 0.05］不显著；组间组别因素效应［$F_{(1,\ 98)}$=2.374，p=0.127 > 0.05］不显著；时间和组别交互作用［$F_{(1,\ 98)}$=0.336，p=0.563 > 0.05］不显著；结果表明，运动干预对数学学习困难小学生数学成绩没有显著的作用。

表 7–8　运动干预对数学学习困难小学生数学成绩的影响

交互作用	III 型平方和	df	均方	F	p
时间	0.000	1	0.000	0.000	0.991
组别	2.339	1	2.339	2.374	0.127
时间 × 组别	0.339	1	0.339	0.336	0.563

（五）数学学习困难小学生脑执行功能变化与学业成绩的关系

采用皮尔逊相关分析探讨运动干预所致学习困难小学生脑执行功能变化与学业成绩变化的相关性。结果发现，数学学习困难小学生数学成绩变化与抑制功能变化的相关系数为 r=0.072，p=0.475 > 0.05，差异不具有统计学意义，数学成绩变化与刷新功能变化的相关系数为 r=–0.029，p=0.778 > 0.05，差异不具有统计学意义，数学成绩变化与转换功能变化的相关系数为 r=0.067，p=0.510 > 0.05，差异不具有统计学意义。

（六）数学学习困难组小学生脑执行功能变化对数学成绩的预测作用

以数学成绩变化为因变量，以抑制功能、刷新功能、转换功能变化为自变量，采用多元逐步回归分析，结果未能输入任何变量进入方程，即 10 周运动干预前后脑执行功能各子功能变化对数学成绩的变化均无显著的预测作用。

四、讨论

本研究结果表明 10 周运动干预对数学学习困难小学生的抑制功能产生了显著的影响，"合作游戏 + 武术操 + 花样踢毽"组合运动干预方案促进了数学学习困难小学生抑制功能的提高。早期许多研究者如吉尔里认为，数学学习困难与中央脑执行功能的障碍有关，如注意和抑制控制障碍，因为这些障碍会导致个体对数学领域内的概念知识理解模糊，导致解决运算问题的困难。帕索伦吉比较研究计算困难儿童与优秀儿童认为，计算困难儿童在工作记忆任务的回忆任务中存在大量干扰信息，他们认为计算困难儿童工作记忆的缺陷与抑制控制能力差有关。由此推断抑制控制差是影响儿童计算问题解决困难的基本因素。针对抑制功能特点，将多种运动项目组合形成“合作游戏 + 武术操 + 花样踢毽”运动干预方案，并进行为期 10 周的运动干预。本次实验严格控制了运动时间、强度、频率，使之更加科学、有效。在合作游戏练习过程中，通过让两人或多人共同完成同一目标，双方必须适当抑制自己的习惯动作才能更好地配合，进而完成项目达到目标。武术操首先通过每一节共四个八拍的不同武术动作的变换进行刺激练习，其次，当动作熟练后根据老师的口令将每一节的顺序进行变换，进一步刺激学生的反应，为了做对动作，学生就需要更多地运用抑制能力进行判断。踢毽则需要学生在动作变换的基础上，将多余的动作抑制，从而更高效地完成目标任务。当每一个项目自身进行变换后，将三个项目进行组合，那么学生又需要在不同的运动项目之间进行转变，项目自身以及项目之间的不同变换恰恰与抑制任务内容的方式比较相同。而抑制功能就是对自动的、占主导地位的、优势反应的抑制，包括阻止与情境不适宜的优势反应进入，终止部分被激活但与目标无关的信息进入，抑制不相关信息的激活。因此，“合作游戏 + 武术操 + 花样踢毽”组合运动干预方案促进了数学学习困难小学生的抑制功能的提高，可以作为有效改善数学学习困难小学生脑执行功能的运动干预方案。

10 周的运动干预对小学生的学业成绩没有显著影响，这与以往的研究结果有所不同。已有大量研究指出运动对学业成绩可能存在积极的影响。美国零点体育课项目指出，上文化课之前进行大量的体育锻炼——大强度（80% ~ 90% 最大心率）心肺训练有益于儿童阅读理解和数学能力的提高。德克斯特等人研究了 17 所学校的 517 名 16 岁的高中学生，通过调查运动表现和数学与英语的成绩之间的关系，发现数学、英语成绩和运动表现之间存在微弱的正相关。菲尔德等人采用调查问卷的方法研究 89 名高中学生的锻炼习惯和学业表现之间的关系，发现经常锻炼的学生的成绩要显著好于不经常锻炼的学生。科埃（Coe）等人研究了三、六和九年级的 1701 名学生，采用标准化测试，研究结果发现六和九年级学生中，体适能高的学生社会科学和数学的成绩更好。麦克马洪（MacMahon）等人研究了 52 名 7 ~ 12 岁私立学校智力正常的男生，采用 WRAT（测量阅读、拼写、理解的一种学业成绩测量工具）测试作为学业成绩，采用有氧运动组干预 20 周，研究发现干预后学生的自我概念和体适能发生显著改变，而学业成绩没有显著变化。可以看出，运动对学业成绩的影响是非常复杂的现象，本研究中运动没有对学业成绩产生有效影响的原因可能主要在于运动干预的时间，上述多数研究得出运动影响学习成绩的结论都是长期的运动，至少一两年以上，而本研究干预的时间仅仅 10 周，运动干预对学习成绩的影响还没有达到显著的程度，因此提示我们，增加运动干预的时间才可能对学习成绩的影响达到显著性水平。

另一研究结果表明，干预后实验组的刷新任务反应时和转换任务反应时均降低且实验组的变化趋势较对照组更大，即 10 周运动干预后数学学习困难小学生的刷新和转换功能具有一定的改善趋势，但不存在显著性。因此，开展运动干预对学习困难小学生脑执行功能影响的追踪研究，探究学习困难小学生的脑执行功能随运动干预时间变化的规律十分必要。

五、结论

10 周的“合作游戏 + 武术操 + 花样踢毽”组合运动干预方案对数学学习困难小学生的抑制功能具有积极的促进作用，可以作为有效改善数学学习困难小学生脑执行功能的运动干预方案。10 周运动干预对数学学习困难小学生学业成绩没有显著影响。

第三节　16 周运动干预促进数学学习困难、普通小学生脑执行功能影响的时程效益比较研究

一、研究目的

根据数学学习困难小学生抑制功能发育不良的特点，研发 16 周“合作游戏 + 武术操 + 花样踢毽”运动干预方案，采用该方案对实验组数学学习困难小学生和普通小学生进行为期 16 周的运动干预，测量五个时间点［实验前、8 周、16 周、17 周（干预后 1 周）、18 周（干预后 2 周）］脑执行功能的变化，探讨 16 周运动干预对数学学习困难小学生和普通小学生脑执行功能影响的 18 周时程效益，分析比较数学学习困难和普通小学生脑执行功能 18 周时程效益差异。全面揭示运动对数学学习困难小学生脑执行功能的影响效益，为设计促进学习困难儿童脑执行功能发展的运动方案提供实践基础。

二、研究对象与方法

（一）研究对象

经筛查选取四年级数学学习困难小学生 43 名、普通小学生 59 名为研究对象；实验组 51 人（数学学习困难 22 人，普通 29 人），对照组 51 人（数学学习困难 21 人，普通 30 人）。

数学学习困难小学生筛选标准：根据国内外以往研究，本研究对数学学习困难小学生的选取标准为三条，并且需同时满足这三条要求：①选用《瑞文标准推理测验》（张厚粲等修订）测试小学生的智力，从而排除智力缺陷的小学生；②期末考试成绩低于 70 分（数学成绩）；③班主任和任课教师结合学生的平时学习情况，认为该生是数学学习困难小学生。

（二）运动干预方案的研发

根据数学学习困难小学生脑执行功能抑制发育不良的特点，以短时、10 周运动干预研究为基础，进一步研发"合作游戏 + 武术操 + 花样踢毽"运动干预方案。运动干预周期为 16 周，每周 3 次；每次运动时间 40 分钟，其中准备活动 5 分钟、合作游戏 10 分钟、武术操 10 分钟、花样踢毽 10 分钟、放松活动 5 分钟；运动强度控制在能有效促进小学生脑执行功能发展的中等强度（220– 年龄）×（60% ～ 69%）（表 7–9）。

表 7–9　运动干预方案一览表

运动项目	运动强度	运动持续时间	运动频率
合作游戏 + 武术操 + 花样踢毽	（220– 年龄）×（60% ～ 69%）	40 分钟	3 次 / 周

（三）运动干预方案的实施

运动干预方案的实施技术路线见图 7–12。

（四）实验条件的控制

1. 脑执行功能的测量

研究使用的儿童脑执行功能测量工具是由我国学者陈爱国、殷恒婵等开发（效度大于 0.85）。测量任务在计算机上完成，采用 E–Prime1.1 系统操作，采用 Flanker 任务测量抑制功能，采用 1–back 任务测量刷新功能，采用 More–odd shifting 任务测量转换功能。测量地点选在环境安静舒适的机房内，主试者经过培训，在每次测试前首先进行操作方法讲解，然后指导被试练习，直到所有被试熟练掌握操作方法后，正式开始测试。

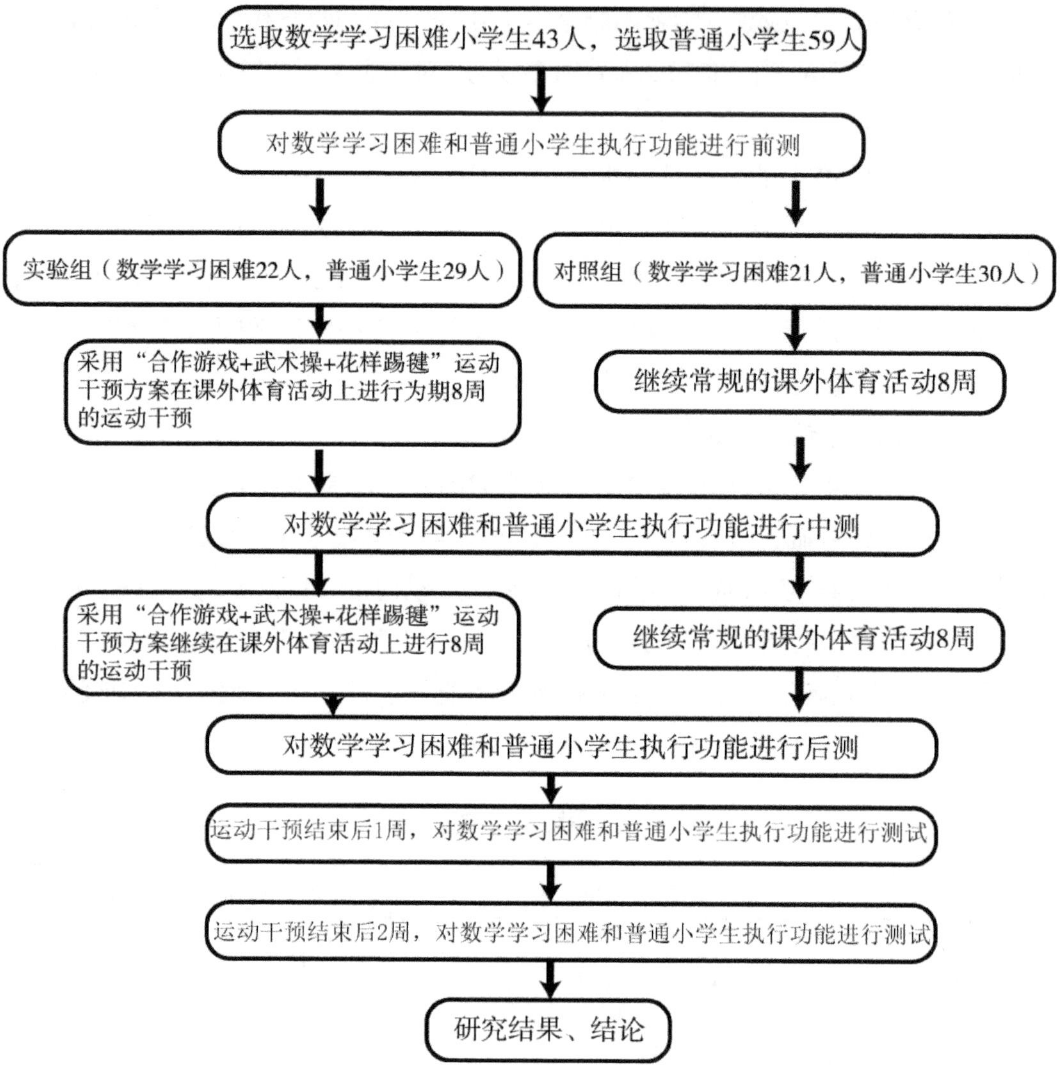

图 7–12　实验技术路线

2. 运动强度的监控

本运动干预实验研究中运动强度的监控方法是监测心率，每次实验都随机选取 6 名被试学生，男女人数均等，佩戴 Polar 心率表至实验结束，每次实验进行 4 次心率测量：安静时、第 10 分钟、第 20 分钟、第 30 分钟，通过 Excel 2000 进行录入和统计（表 7–10）。

表 7-10 心率测试表

（单位：次）

姓名	安静时心率	第 10 分钟心率	第 20 分钟心率	第 30 分钟心率
学生 1				
学生 2				
学生 3				
学生 4				
学生 5				
学生 6				

三、研究结果与分析

（一）运动强度监控的结果与分析

如图 7-13 所示，运动干预过程中，实验组平均心率为 136 次 / 分，即达到了最大心率的 65% 左右；每次干预时 6 名学生的平均心率控制在 133 ~ 138 次 / 分，达到了运动干预方案要求的中等强度（图 7-14）。

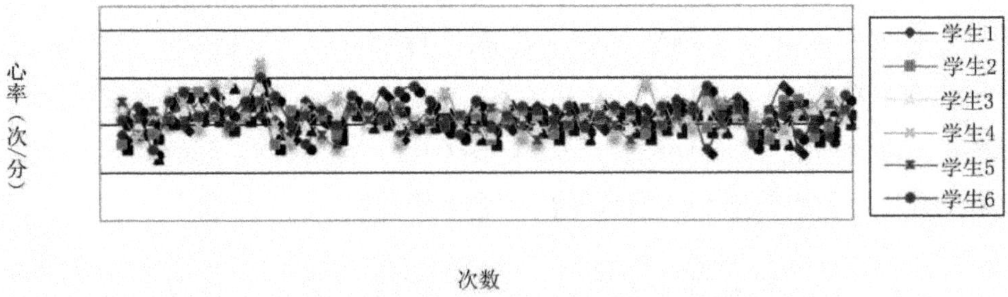

图 7-13 实验组每次活动个人平均心率监测图

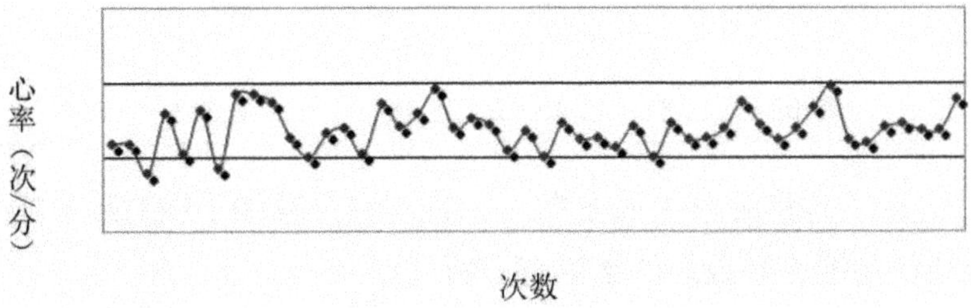

图 7-14 实验组每次活动 6 名被试平均心率监测图

（二）同质性检验的结果与分析

1. 实验组和对照组数学学习困难小学生前测脑执行功能的同质性检验的结果与分析

为考察实验组与对照组数学学习困难小学生脑执行功能前测是否处于相同水平，对实验组和对照组前测抑制、刷新和转换功能进行独立样本 t 检验，结果显示（表 7–11）：抑制功能（t=0.0253，p=0.801 ＞ 0.05）、刷新功能（t=0.246，p=0.807 ＞ 0.05）、转换功能（t=0.722，p=0.474 ＞ 0.05）均不存在显著性差异，说明实验前实验组和对照组数学学习困难小学生脑执行功能水平同质。

表 7–11　实验组和对照组数学学习困难小学生脑执行功能同质性检验结果

脑执行功能	实验组（M ± SD）	对照组（M ± SD）	t	p
抑制	32.52 ± 26.53	30.63 ± 22.17	0.0253	0.801
刷新	1101.23 ± 291.40	1080.44 ± 260.37	0.246	0.807
转换	561.58 ± 160.79	518.50 ± 226.28	0.722	0.474

2. 实验组和对照组普通小学生前测脑执行功能的同质性检验的结果与分析

为考察实验组和对照组普通小学生脑执行功能前测是否处于相同水平，对实验组和对照组前测抑制、刷新和转换功能进行独立样本 t 检验，结果显示（表 7–12）：抑制功能（t=–0.381，p=0.704 ＞ 0.05）、刷新功能（t=–0.571，p=0.570 ＞ 0.05）、转换功能（t=–0.683，p=0.500 ＞ 0.05）均不存在显著性差异，说明实验前实验组和对照组普通小学生脑执行功能水平同质。

表 7–12　实验组和对照组普通小学生脑执行功能同质性检验结果

脑执行功能	实验组（M ± SD）	对照组（M ± SD）	t	p
抑制	17.00 ± 7.49	17.75 ± 7.61	–0.381	0.704
刷新	903.41 ± 156.22	935.64 ± 262.41	–0.571	0.570
转换	328.03 ± 112.31	342.97 ± 36.19	–0.683	0.500

（三）16 周“合作游戏 + 武术操 + 花样踢毽”运动干预对数学学习困难、普通小学生脑执行功能影响效果的结果与分析

1. 运动干预对数学学习困难、普通小学生抑制功能影响效果的结果与分析

采用 2（组别）×2（类型）×5（时间）混合实验设计的三因素重复测量方

差分析，组别因素为实验组和对照组，类型因素为数学学习困难小学生和普通小学生，时间因素为实验前（前测）、8 周（中测）、16 周（后测）、17 周（后期 1）和 18 周（后期 2）五个水平，分析运动干预对数学学习困难、普通小学生抑制功能的影响，由表 7-13 的研究结果发现：组别主效应［$F_{(1, 98)}$=101.836，p=0.000 < 0.01］非常显著，表明实验组与对照组抑制功能差异具有非常显著性；类型主效应［$F_{(1, 98)}$=22.511，p=0.000 < 0.01］非常显著，表明数学学习困难与普通小学生抑制功能差异具有非常显著性；时间主效应［$F_{(4, 392)}$=9.485，p=0.000 < 0.01］非常显著，表明抑制功能干预前后具有非常显著性差异；组别 × 类型的交互作用［$F_{(1, 98)}$=19.028，p=0.000 < 0.01］非常显著，表明实验组与对照组数学学习困难与普通小学生的抑制功能差异非常显著；时间 × 组别的交互作用［$F_{(4, 392)}$=9.624，p=0.000 < 0.01］非常显著，表明实验组与对照组的抑制功能变化差异非常显著；时间 × 类型的交互作用［$F_{(4, 392)}$=2.436，p=0.047 < 0.05］显著，表明数学学习困难与普通小学生抑制功能变化差异具有显著性；时间 × 组别 × 类型的交互作用［$F_{(4, 392)}$=2.521，p=0.041 < 0.05］显著，表明不同组别数学学习困难与普通小学生抑制功能变化或具有非常显著的差异。

以上结果表明，运动干预对数学学习困难、普通小学生抑制功能均具有积极影响，但效果可能存在差异。

表 7-13 运动干预对数学学习困难、普通小学生抑制功能影响的方差分析

交互作用	III 型平方和	df	均方	F	p
组别	27537.474	1	27537.474	101.836	0.000**
类型	6087.200	1	6087.200	22.511	0.000**
时间	7488.098	4	1872.025	9.485	0.000**
组别 × 类型	5145.479	1	5145.479	19.028	0.000**
时间 × 组别	7597.397	4	1899.349	9.624	0.000**
时间 × 类型	1922.916	4	480.729	2.436	0.047*
时间 × 组别 × 类型	1990.387	4	497.597	2.521	0.041*

注：$^*p < 0.05$；$^{**}p < 0.01$

2. 运动干预对数学学习困难、普通小学生刷新功能影响效果的结果与分析

采用 2（组别）× 2（类型）× 5（时间）混合实验设计的三因素重复测量方差分析，

组别因素为实验组和对照组，类型因素为数学学习困难小学生和普通小学生，时间因素为实验前（前测）、8 周（中测）、16 周（后测）、17 周（后期 1）和 18 周（后期 2）五个水平，分析运动干预对数学学习困难、普通小学生刷新功能的影响，由表 7–14 的研究结果发现：组别主效应［$F_{(1, 98)}$=29.225，p=0.000 < 0.01］非常显著，表明实验组与对照组刷新功能差异具有非常显著性；类型主效应［$F_{(1, 98)}$=23.272，p=0.000 < 0.01］非常显著，表明数学学习困难与普通小学生刷新功能差异具有非常显著性；时间主效应［$F_{(4, 392)}$=12.109，p=0.000 < 0.01］非常显著，表明刷新功能差异具有非常显著性；组别 × 类型的交互作用［$F_{(1, 98)}$=0.044，p=0.835 > 0.05］不显著，表明实验组与对照组数学学习困难与普通小学生的刷新功能差异不具有非常显著性；时间 × 组别的交互作用［$F_{(4, 392)}$=8.491，p=0.000 < 0.01］非常显著，表明实验组与对照组的刷新功能变化具有非常显著性差异；时间 × 类型的交互作用［$F_{(4, 392)}$=0.908，p=0.459 > 0.05］不显著，表明数学学习困难与普通小学生刷新功能变化差异不具有显著性；时间 × 组别 × 类型的交互作用［$F_{(4, 392)}$=0.535，p=0.710 > 0.05］不显著，表明不同组别数学学习困难与普通小学生刷新功能变化差异不具有显著性。

以上结果表明，运动干预对数学学习困难、普通小学生刷新功能均具有积极影响，但效果可能不存在差异。

表 7–14　运动干预对数学学习困难、普通小学生刷新功能影响的方差分析

交互作用	III 型平方和	df	均方	F	p
组别	2444607.541	1	2444607.541	29.225	0.000**
类型	1946682.485	1	1946682.485	23.272	0.000**
时间	1260957.860	4	315239.465	12.109	0.000**
组别 × 类型	3660.800	1	3660.800	0.044	0.835
时间 × 组别	884211.984	4	221052.996	8.491	0.000**
时间 × 类型	94562.780	4	23640.695	0.908	0.459
时间 × 组别 × 类型	55666.059	4	13916.515	0.535	0.710

注：*p < 0.05；**p < 0.01

3. 运动干预对数学学习困难、普通小学生转换功能影响效果的结果与分析

采用 2（组别）×2（类型）×5（时间）混合实验设计的三因素重复测量方

差分析，组别因素为实验组和对照组，类型因素为数学学习困难小学生和普通小学生，时间因素为实验前（前测）、8 周（中测）、16 周（后测）、17 周（后期 1）和 18 周（后期 2）五个水平，分析运动干预对数学学习困难、普通小学生转换功能的影响，由表 7-15 的研究结果发现：组别主效应［$F_{(1,\ 98)}$=29.958，p=0.000 < 0.01］非常显著，表明实验组与对照组转换功能差异具有非常显著性；类型主效应非常显著［$F_{(1,\ 98)}$=76.823，p=0.000 < 0.01］，表明数学学习困难与普通小学生转换功能差异具有非常显著性；时间主效应非常显著［$F_{(4,\ 392)}$=5.830，p=0.000 < 0.01］，表明转换功能差异具有非常显著性；组别 × 类型的交互作用［$F_{(1,\ 98)}$=4.479，p=0.037 < 0.05］显著，表明实验组与对照组数学学习困难与普通小学生的转换功能差异具有显著性；时间 × 组别的交互作用［$F_{(4,\ 392)}$=8.792，p=0.000 < 0.01］非常显著，表明实验组与对照组的转换功能变化差异具有非常显著性；时间 × 类型的交互作用［$F_{(4,\ 392)}$=2.619，p=0.035 < 0.05］显著，表明数学学习困难与普通小学生转换功能变化差异具有非常显著性；时间 × 组别 × 类型的交互作用［$F_{(4,\ 392)}$=3.778，p=0.005 < 0.01］非常显著，表明不同组别数学学习困难与普通小学生转换功能变化差异具有非常显著性。

表 7-15　运动干预对数学学习困难、普通小学生转换功能影响的方差分析

交互作用	III 型平方和	df	均方	F	p
组别	1226385.234	1	1226385.234	29.958	0.000**
类型	3144908.949	1	3144908.949	76.823	0.000**
时间	374685.475	4	93671.369	5.830	0.000**
组别 × 类型	183367.019	1	183367.019	4.479	0.037*
时间 × 组别	565086.963	4	141271.741	8.792	0.000**
时间 × 类型	168311.837	4	42077.959	2.619	0.035*
时间 × 组别 × 类型	242781.339	4	60695.335	3.778	0.005**

注：*p < 0.05；**p < 0.01

以上结果表明，运动干预对数学学习困难、普通小学生转换功能均具有积极影响，但效果可能存在差异。

（四）16 周“合作游戏 + 武术操 + 花样踢毽”运动干预改善数学学习困难、普通小学生脑执行功能的时程变化特征的结果与分析

1. 运动干预改善数学学习困难、普通小学生抑制功能的时程变化特征的结果与分析

对抑制功能的时间 × 组别 × 类型的交互作用进一步进行简单简单效应检验，结果发现：

（1）运动干预数学学习困难小学生抑制功能的时程变化特征。

①数学学习困难小学生实验组不同时间点上的抑制功能存在非常显著性差异［$F_{(4,\ 392)}$=2.81，p=0.000 < 0.01］，对照组不存在显著性差异［$F_{(4,\ 392)}$=0.07，p=0.99 > 0.05］；进一步对实验组数学学习困难小学生各时间点抑制功能进行多重比较，发现：16 周、17 周、18 周时间点上的抑制功能均非常显著好于实验前（p < 0.01），8 周、16 周、17 周、18 周各时间点之间无显著性差异（p > 0.05）；抑制功能时程效益表现为：18 周、17 周、16 周、8 周大于实验前，改善效果在干预结束后两周内具有稳定性（图 7–15）。

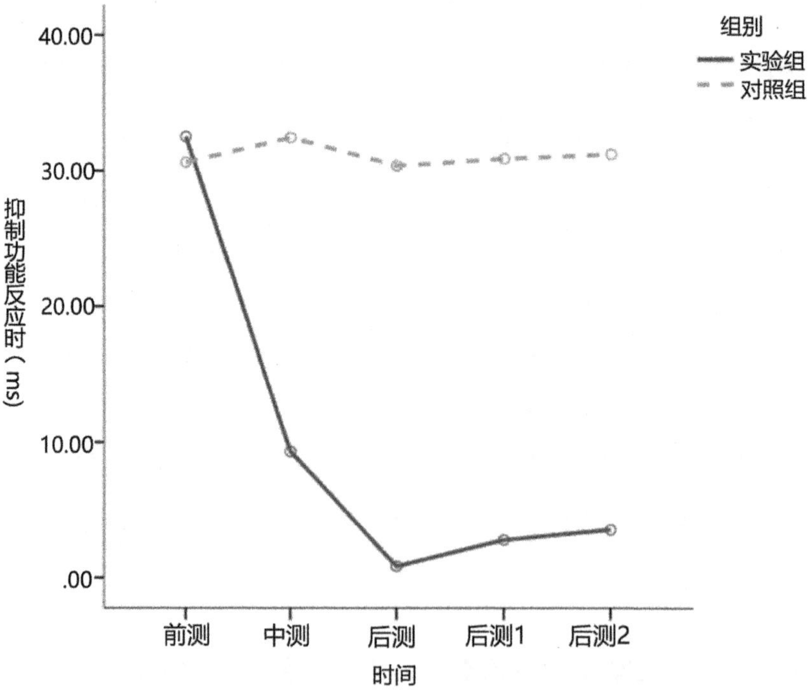

图 7–15　学习困难小学生实验组与对照组抑制功能时程变化

②数学学习困难小学生实验组与对照组实验前抑制功能不存在显著性差异

[$F_{(1, 99)}$=0.17，p=0.683 > 0.05]；数学学习困难小学生实验组与对照组 8 周 [$F_{(1, 99)}$=21.39，p=0.000 < 0.01]、16 周 [$F_{(1, 99)}$=49.23，p=0.0.00 < 0.01]、17 周 [$F_{(1, 99)}$=47.98，p=0.000 < 0.01]、18 周 [$F_{(1, 99)}$=48.22，p=0.000 < 0.01] 抑制功能均存在非常显著性差异（p < 0.01）；即经过运动干预，数学学习困难小学生实验组各时间点的抑制功能均好于对照组（图 7–15）。

（2）普通小学生抑制功能的时程变化特征。

①普通小学生实验组不同时间点上的抑制功能存在显著性差异 [$F_{(4, 392)}$ =2.81，p=0.025 < 0.05]，普通小学生对照组不存在显著性差异 [$F_{(4, 392)}$=0.01，p=1.00 > 0.05]；进一步对实验组普通小学生各时间点抑制功能进行多重比较，发现：8 周、16 周、17 周、18 周时间点上的抑制功能均非常显著好于实验前（p < 0.01），8 周、16 周、17 周、18 周各时间点之间无显著性差异（p > 0.05）；抑制功能时程效益表现为：18 周、17 周、16 周、8 周大于实验前，改善效果在干预结束后两周内具有稳定性（图 7–16）。

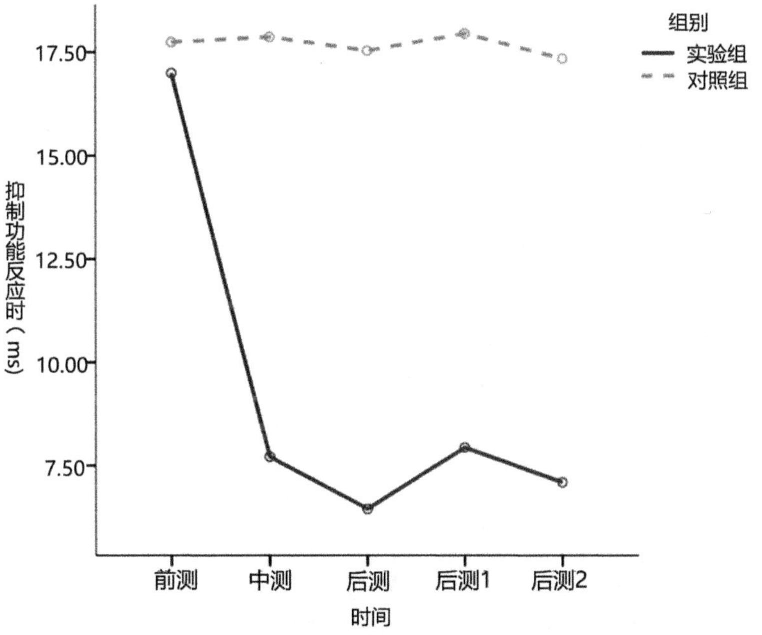

图 7–16　普通小学生实验组与对照组抑制功能时程变化

②普通小学生实验组与对照组实验前抑制功能不存在显著性差异 [$F_{(1, 99)}$ =0.01，p=0.908 > 0.05]，8 周抑制功能存在显著性差异 [$F_{(1, 99)}$=5.64，p=0.020 < 0.05]，16 周抑制功能存在非常显著性差异 [$F_{(1, 99)}$=9.49，p=0.003 < 0.01]，

17 周［$F_{(1,\ 99)}$=8.32，p=0.005 < 0.01］、18 周［$F_{(1,\ 99)}$=9.02，p=0.003 < 0.01］抑制功能存在非常显著性差异；即经过运动干预，普通小学生实验组运动干预 16 周时的抑制功能好于对照组（图 7–16）。

2. 运动干预改善数学学习困难、普通小学生刷新功能的时程变化特征的结果与分析

对刷新功能的时间 × 组别 × 类型的交互作用进一步进行简单简单效应检验，结果发现：

（1）数学学习困难小学生刷新功能的时程变化特征。

①数学学习困难小学生实验组不同时间点上的刷新功能存在显著性差异［$F_{(4,\ 392)}$=14.05，p=0.000 < 0.01］，数学学习困难对照组不存在显著性差异［$F_{(4,\ 392)}$=0.17，p=0.955 > 0.05］；进一步对实验组数学学习困难小学生各时间点刷新功能进行多重比较，发现：16 周、17 周、18 周时间点上的刷新功能均非常显著好于实验前（p < 0.01），16 周、17 周、18 周时间点上的抑制功能均显著好于 8 周（p < 0.05），其他各时间点无显著性差异（p > 0.05）；刷新功能时程效益表现为：18 周、17 周、16 周大于 8 周、实验前，改善效果在干预结束后两周内具有稳定性（图 7–17）。

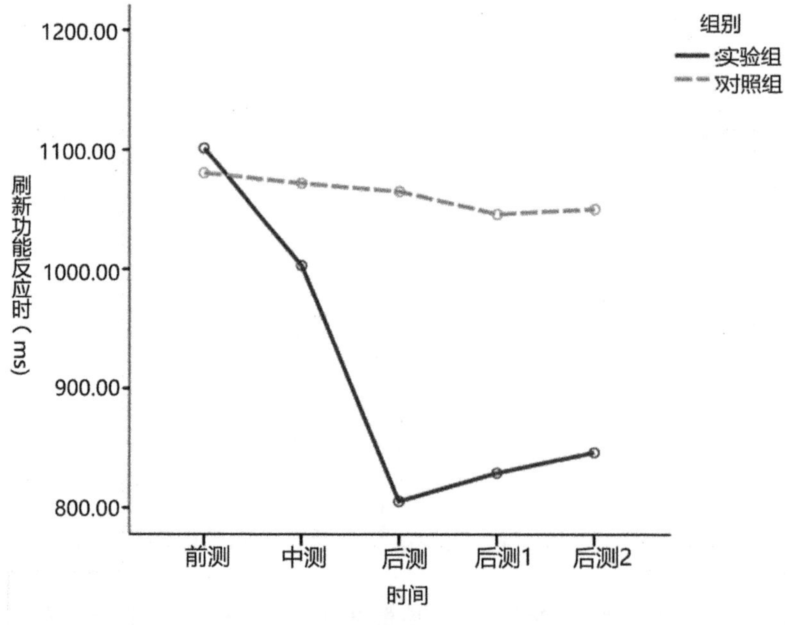

图 7–17　数学学习困难小学生实验组与对照组刷新功能时程变化

②数学学习困难小学生实验组与对照组前测刷新功能不存在显著性差异

［$F_{(1, 99)}$=0.10，p=0.747 > 0.05］，8 周刷新功能不存在显著性差异［$F_{(1, 99)}$=1.21，p=0.274 > 0.05］，16 周［$F_{(1, 99)}$=29.69，p=0.00 < 0.05］、17 周［$F_{(1, 99)}$=13.14，p=0.00 < 0.05］、18 周［$F_{(1, 99)}$=10.45，p=0.002 < 0.05］刷新功能均显著好于对照组；即经过运动干预，数学学习困难小学生实验组各时间点的刷新功能均好于对照组（图 7–17）。

（2）普通小学生刷新功能的时程变化特征。

①普通小学生实验组不同时间点上的刷新功能存在非常显著性差异［$F_{(4, 392)}$=6.81，p=0.000 < 0.01］，对照组不存在显著性差异［$F_{(4, 392)}$=0.16，p=0.959 > 0.05］；进一步对实验组普通小学生各时间点刷新功能进行多重比较，发现：16 周、17 周、18 周各时间点上的刷新功能均非常显著好于实验前（p < 0.01），16 周、17 周时间点上刷新功能显著好于 8 周（p < 0.05），其他各时间点之间无显著性差异（p > 0.05）；刷新功能时程效益表现为：18 周、17 周、16 周大于 8 周、实验前，改善效果在干预结束后两周内具有稳定性（图 7–18）。

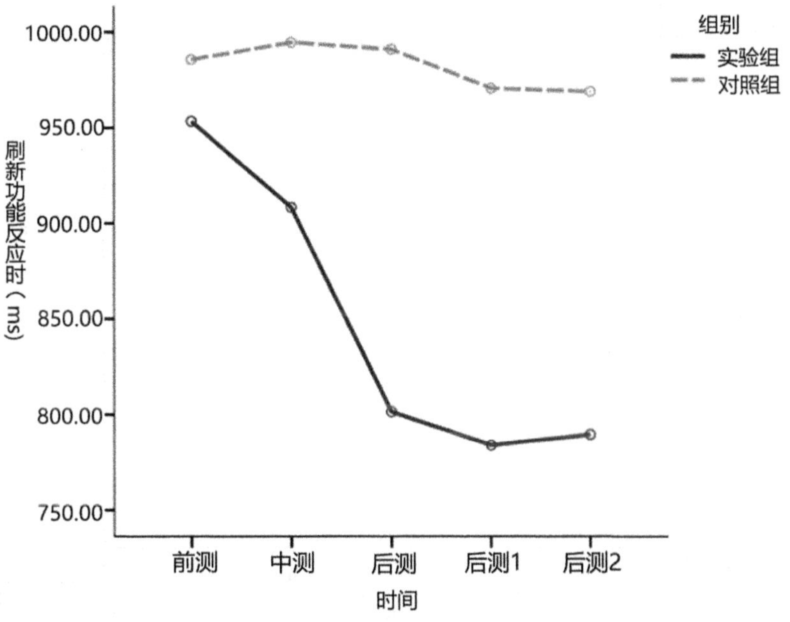

图 7–18　普通小学生实验组与对照组刷新功能时程变化

②普通小学生实验组与对照组实验前刷新功能不存在显著性差异［$F_{(1, 99)}$=0.20，p=0.675 > 0.05］，普通小学生实验组与对照组 8 周刷新功能不存在显著性差异［$F_{(1, 99)}$=2.79，p=0.098 > 0.05］，普通小学生实验组 16 周［$F_{(1, 99)}$=

21.82，p=0.000 < 0.01］、17 周［$F_{(1, 99)}$=13.50，p=0.000 < 0.01］、18 周［$F_{(1, 99)}$=11.24，p=0.001 < 0.01］刷新功能均非常显著好于对照组；即经过运动干预，普通小学生实验组各时间点的刷新功能均好于对照组（图 7-18）。

3. 运动干预改善数学学习困难、普通小学生转换功能的时程变化特征的结果与分析

对转换功能的时间 × 组别 × 类型的交互作用进一步进行简单简单效应检验，结果发现：

（1）数学学习困难小学生转换功能的时程变化特征。

①数学学习困难小学生实验组不同时间点上的转换功能存在非常显著性差异［$F_{(4, 392)}$=17.38，p=0.000 < 0.01］，数学学习困难小学生对照组不存在显著性差异［$F_{(4, 392)}$=0.31，p=0.869 > 0.05］；进一步对实验组数学学习困难小学生各时间点转换功能进行多重比较，发现：16 周、17 周、18 周时间点上的转换功能均非常显著好于实验前（$p < 0.01$），16 周、17 周、18 周时间点上的转换功能均显著好于 8 周（$p < 0.05$），其他各时间点之间无显著性差异（$p > 0.05$）；转换功能时程效益表现为：18 周、17 周、16 周大于 8 周、实验前，改善效果在干预结束后两周内具有稳定性（图 7-19）。

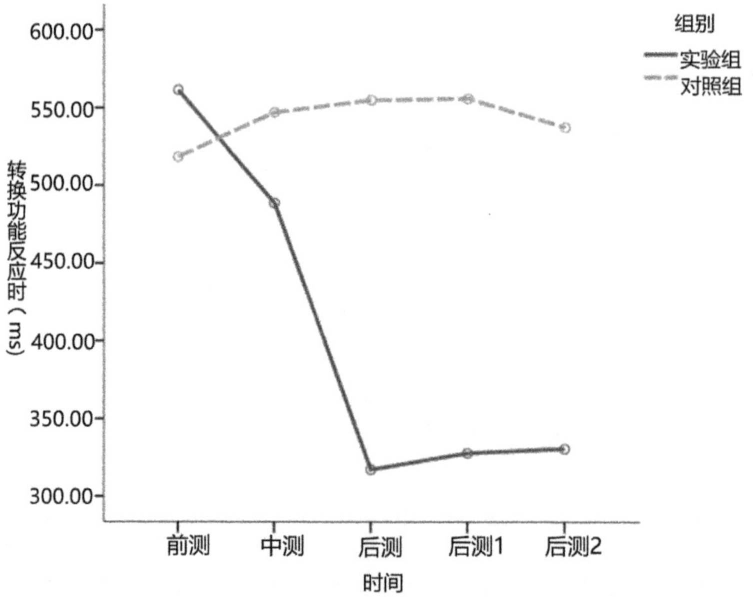

图 7-19　学习困难小学生实验组与对照组转换功能时程变化

②数学学习困难小学生实验组与对照组实验前［$F_{(1, 99)}$=0.84，p=0.362 > 0.05］、

8 周［$F_{(1, 99)}$=0.89，p=0.346 > 0.05］转换功能不存在显著性差异，数学学习困难小学生实验组与对照组 16 周［$F_{(1, 99)}$=4.21，p=0.043 < 0.05］转换功能均显著好于对照组，17 周［$F_{(1, 99)}$=20.75，p=0.000 < 0.01］和 18 周［$F_{(1, 99)}$=16.43，p=0.000 < 0.01］转换功能非常显著性好于对照组；即经过运动干预，数学学习困难小学生实验组各时间点的转换功能均好于对照组（图 7–19）。

（2）普通小学生转换功能的时程变化特征。

①普通小学生实验组不同时间点上的转换功能不存在显著性差异［$F_{(4, 392)}$=1.16，p=0.483 > 0.05］，对照组不存在显著性差异［$F_{(4, 392)}$=0.01，p=1.00 > 0.05］；进一步对实验组普通小学生各时间点转换功能进行多重比较，发现：16 周、17 周、18 周时间点上的转换功能均非常显著好于前测（p < 0.01），8 周、16 周、17 周、18 周各时间点之间无显著性差异（p > 0.05）；转换功能时程效益表现为：18 周、17 周、16 周、8 周>实验前，改善效果在干预结束后两周内具有稳定性（图 7–20）。

②普通小学生实验组与对照组实验前［$F_{(1, 99)}$=0.07，p=0.792 > 0.05］、8 周［$F_{(1, 99)}$=1.30，p=0.257 > 0.05］，17 周［$F_{(1, 99)}$=3.43，p=0.067 < 0.05］、18 周［$F_{(1, 99)}$=2.86，p=0.94 < 0.05］转换功能不存在显著性差异，16 周［$F_{(1, 99)}$=4.21，p=0.043 < 0.05］转换功能显著好于对照组；即经过运动干预，普通小学生实验组各时间点的转换功能均好于对照组（图 7–20）。

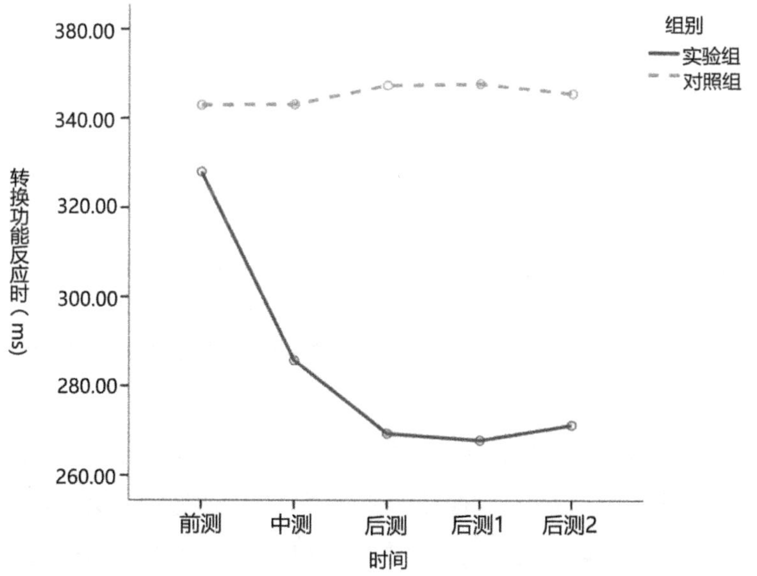

图 7–20 普通小学生实验组与对照组转换功能时程变化

（五）16周“合作游戏＋武术操＋花样踢毽”运动干预改善数学学习困难、普通小学生脑执行功能的时程变化特征比较的结果与分析

1. 运动干预改善数学学习困难、普通小学生抑制功能的时程变化特征比较的结果与分析

对抑制功能的时间 × 组别 × 类型的交互作用进行简单简单效应检验，结果还发现：实验组数学学习困难、普通小学生实验前抑制功能具有非常显著性差异［$F_{(1,\ 99)}=10.70$，$p=0.001 < 0.01$］，8周、16周、17周、18周抑制功能均不具有显著性差异（$p > 0.05$）；即运动干预对数学学习困难小学生抑制功能的改善效果好于普通小学生，实验干预前，数学学习困难小学生的抑制功能显著低于普通小学生，而运动干预8周及以后，数学学习困难小学生的抑制功能与普通小学生水平不存在差异（图7–21）。

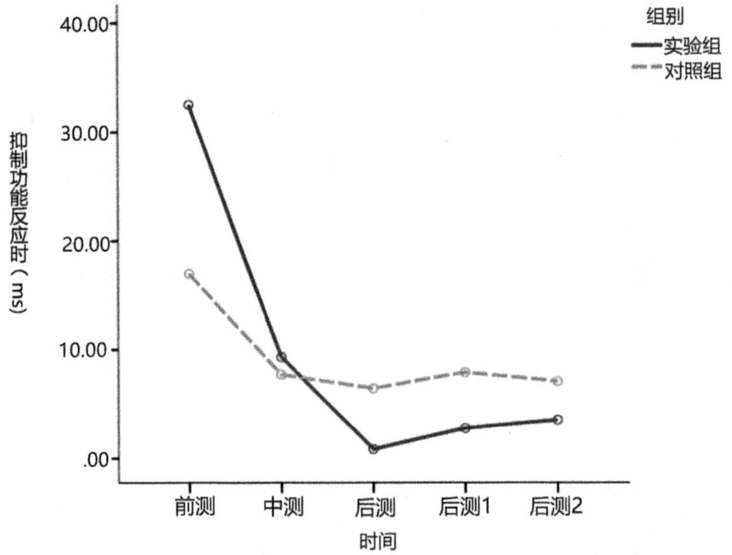

图7–21　实验组数学学习困难、普通小学生抑制功能时程变化

2. 运动干预改善数学学习困难、普通小学生刷新功能的时程变化特征比较的结果与分析

对刷新功能的时间 × 组别 × 类型的交互作用进行简单简单效应检验，结果还发现：实验组数学学习困难、普通小学生实验前刷新功能具有非常显著性差异［$F_{(1,\ 99)}=8.47$，$p=0.004 < 0.01$］，8周、17周、18周刷新功能均具有非常显著性差异（$p < 0.01$）；即实验组普通小学生各时间点刷新功能均好于数学学习困难小学生，运动干预对数学学习困难、普通小学生刷新功能的改善均有效果，但

改善效果在两类学生中无显著差异（图 7–22）。

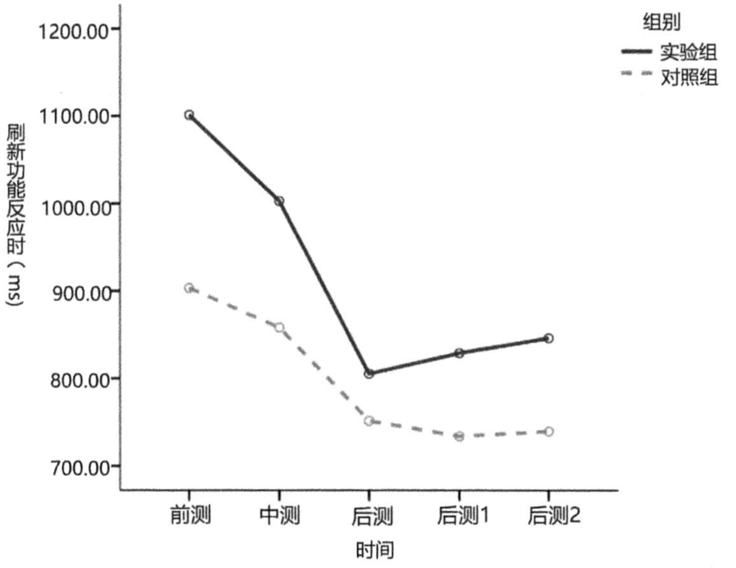

图 7–22　实验组数学学习困难、普通小学生刷新功能时程变化

3. 运动干预改善数学学习困难、普通小学生转换功能的时程变化特征比较的结果与分析

对转换功能的时间 × 组别 × 类型的交互作用进行简单简单效应检验，结果还发现：实验组数学学习困难、普通小学生实验前和 8 周转换功能具有非常显著性差异［$F_{(1,\ 99)}$=34.17，p=0.000 $<$ 0.01］，16 周、17 周、18 周转换功能均不具有显著性差异（$p > 0.05$）；即运动干预对数学学习困难小学生转换功能的改善效果好于普通小学生，实验干预前，数学学习困难小学生的转换功能显著低于普通小学生，而运动干预 16 周时，数学学习困难小学生的转换功能与普通小学生水平不存在显著差异（图 7–23）。

四、讨论

（一）16 周“合作游戏 + 武术操 + 花样踢毽”运动干预对数学学习困难、普通小学生脑执行功能的影响的时程效益特征

本研究结果表明，“合作游戏 + 武术操 + 花样踢毽”运动干预方案对促进和改善数学学习困难小学生和普通小学生的脑执行功能效果显著，但是不同维度的改善情况存在差异。运动干预对抑制功能、刷新功能和转换功能都具有明显的促进效应。

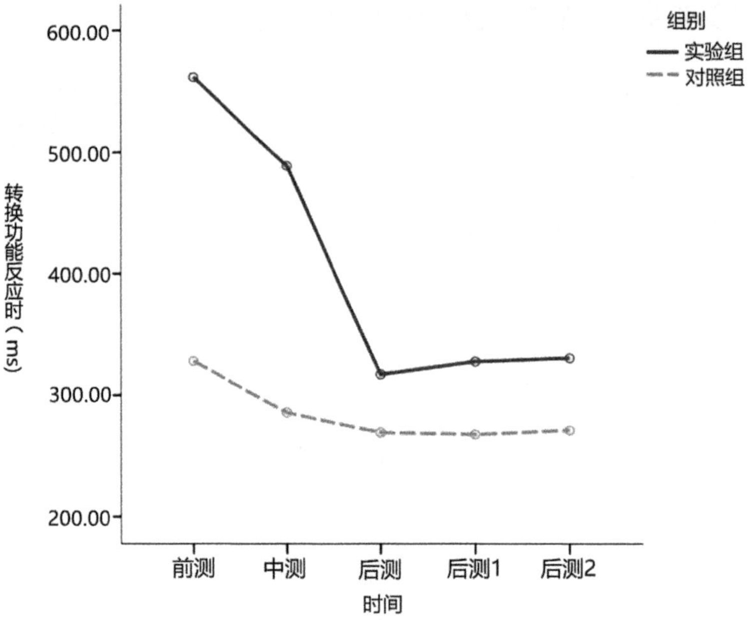

图 7-23　实验组数学学习困难、普通小学生转换功能时程变化

从干预时程上看，数学学习困难小学生的时程效应特点是：抑制功能和刷新功能在干预 8 周时产生显著改善效果，在干预 16 周时效果进一步显著改善，在干预后 2 周改善效果基本保持 16 周水平；转换功能在干预 8 周时有改善趋势，但是没有显著差异，在干预 16 周时，改善效果达到显著性，并且在干预后 2 周改善效果基本保持 16 周水平。刷新功能和转换功能在 16 周、17 周、18 周脑执行功能显著好于对照组，说明干预效果显著。

普通小学生的时程效应特点是：抑制功能在干预 8 周时产生显著改善效果，在干预 16 周时效果进一步显著改善，在干预后 2 周改善效果基本保持 16 周水平；刷新和转换功能在干预 8 周时有改善趋势，但是没有显著差异，在干预 16 周时，改善效果达到显著性，并且在干预后 2 周改善效果基本保持 16 周水平。普通小学生抑制功能在 16 周显著好于对照组，刷新功能和转换功能在 16 周、17 周、18 周显著好于对照组，说明干预效果显著。

这与本章第二节 10 周干预结果基本一致，也与以往的研究结果基本一致，陈爱国等对聋哑儿童脑执行功能研究表明，8 周中等强度的花样跳绳运动干预显著地改善了脑执行功能，但是三个子功能改善效果存在差异，刷新功能和转换功能改善效果显著，抑制功能改善效果不显著。研究结果证明运动改善脑执行功能。在时程上看，8 周到 10 周的运动干预能够初步改善数学学习困难儿童的脑执行功能，运动干预 16 周时干预效果最好，停止干预后两周内学习困难儿童的脑执行功能保持在运动干预后的水平，说明运动干预改善脑执行功能后，效果具有一定的持续性。殷恒婵采用“武术 + 跳绳 +8 字跑”和“花样跑步”对小学生进行干预，结果表明 20 周运动干预后小学生脑执行功能水平好于 10 周运动干预后小学生脑执行功能水平，并且都显著高于运动干预前小学生脑执行功能水平。泽瓦斯等通过对 9 对双胞胎男孩进行六个月的长期有氧跑台运动研究，发现运动组儿童的思维决策能力有显著提高。杰菲舍尔（JPhysiother）和马利（Malley）以 7 ~ 11 岁超重儿童为研究对象，把被试分为低强度运动组（20 分钟运动 +20 分钟游戏）、高强度运动组（40 分钟有氧运动）以及对照组。对运动组被试进行为期 13 周的运动干预，对照组不进行干预。采用 CAS 测量脑执行功能。研究结果表明，13 周有氧运动能提高超重儿童的脑执行功能。陈爱国，蒋任薇等人选取聋哑小学生为研究对象，根据聋哑儿童的脑执行功能特点开发了花样跳绳运动干预方案，采用该方案对聋哑儿童进行为期 8 周中等强度的运动干预，实验前后均采用相同脑执行功能测试软件对聋哑小学生进行测试，研究发现花样跳绳运动干预方案对聋哑儿童刷新功能和转换功能有积极影响，而对抑制功能无影响。

从上述研究可以看出，运动干预的时间长度不同，干预时间最短在 8 周，但是 8 周的干预效果不同，脑执行功能的有些子功能得到改善，有些子功能没有显著变化。通过上述研究可以看出，运动干预 16 周时改善的效果明显较好，超过 16 周的干预效果也都较好，因此可以推断，运动干预改善学习困难小学生脑执行功能要达到较好的效果时间应该在 16 周以上。对于后期效应研究很少，本研究证据显示，运动干预 16 周后，脑执行功能可以比较稳定地保持两周，那么这种后期效应超过 2 周的时程效应需要进一步研究。

（二）16 周“合作游戏 + 武术操 + 花样踢毽”运动干预对数学学习困难、普通小学生脑执行功能影响的差异

本研究结果表明“合作游戏 + 武术操 + 花样踢毽”运动干预方案对促进和改善数学学习困难小学生和普通小学生的脑执行功能效果显著，但是不同维度改善情况存在差异。运动干预对数学学习困难和普通小学生的影响总体趋势是相同的，随着时程的变化干预效果逐渐变好，并且在 8 周初见效果，16 周时效果最佳。但学习困难小学生和普通小学生的变化差异不同。学习困难小学生脑执行功能各子功能改善的幅度更大，并且改善后的脑执行功能水平基本能够达到或稍好于普通小学生干预前的水平。该结果与以往研究结果基本保持一致。已有研究表明运动干预能够改善普通小学生脑执行功能，也能够改善特殊儿童的脑执行功能。已有的研究和本文本章第一节和第二节也指出，学习困难小学生的脑执行功能与普通小学生比较存在显著的缺陷，但是这种发育不良是可以改变的，即能够发展到正常的水平，而普通小学生的运动干预是进一步不断优化小学生的脑执行功能，因此普通小学生和学习困难小学生的脑执行功能变化差异不同。

五、结论

16 周的“合作游戏 + 武术操 + 花样踢毽”方案对数学学习困难和普通小学生抑制功能有积极效益，对脑执行功能的改善效果随时程变化逐渐加强，且效果在干预结束后两周内具有稳定性；运动干预对数学学习困难和普通小学生抑制功能影响的效益随时程变化存在差异。

第四节　脑执行功能在运动影响数学学习困难小学生数学成绩中的中介效应研究

一、研究目的

本研究以数学学习困难小学生为研究对象，依据运动干预改善数学学习困难小学生脑执行功能发育的研究基础，探讨运动干预对数学学习困难小学生成绩的影响，并进一步分析脑执行功能在运动干预改善数学学习困难小学生成绩中的中介作用，揭示运动干预与数学学习困难小学生成绩的关系，为通过脑执行功能促进小学生学业成绩提供理论和实践基础。

二、研究对象与方法

（一）研究对象

经筛查选取四年级数学学习困难小学生 43 名：实验组 22 人，对照组 21 人。

数学学习困难小学生筛选标准：根据国内外以往研究，本研究对数学学习困难小学生的选取标准为三条，并且需同时满足这三条要求：①选用《瑞文标准推理测验》（张厚粲等修订）测试小学生的智力，从而排除智力缺陷的小学生；②期末考试成绩低于 70 分（数学成绩）；③班主任和任课教师结合学生的平时学习情况，认为该生是数学学习困难小学生。

（二）运动干预方案的实施

运动干预方案实施的技术路线见图 7–24。

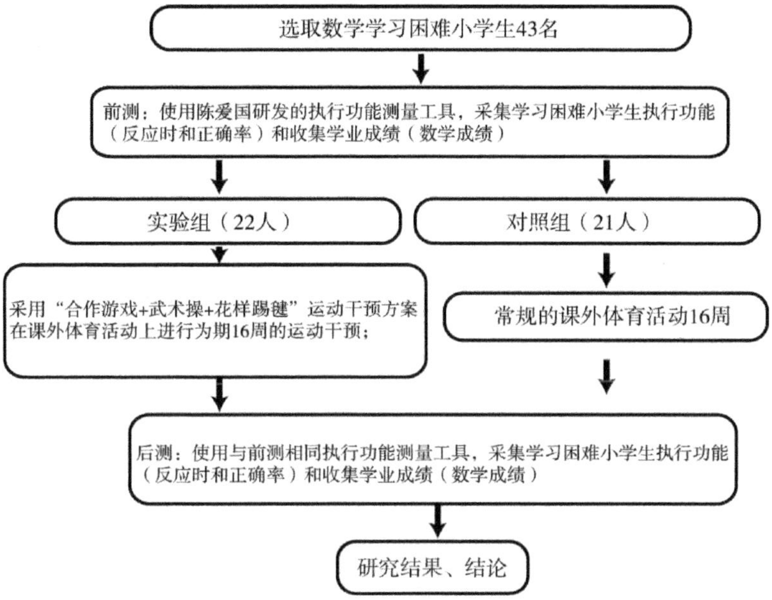

图 7–24　技术路线图

（三）实验条件的控制

1. 脑执行功能的测量

研究使用的儿童脑执行功能测量工具是由我国学者陈爱国、殷恒婵等开发（效度大于 0.85）。测量任务在计算机上完成，采用 E–Prime1.1 系统操作，采用 Flanker 任务测量抑制功能，采用 1–back 任务测量刷新功能，采用 More–odd shifting 任务测量转换功能。测量地点选在环境安静舒适的机房内，主试者经过培训，在每次测试前首先进行操作方法讲解，然后指导被试练习，直到所有被试熟练掌握操作方法后正式开始测试。

2. 学业成绩测量

学业成绩采集采用学生上一学期期末学业成绩和运动干预后本学期期末成绩为学生的学业成绩，并将分数进行标准化（Z 分数）。

3. 运动强度的监控

本运动干预实验研究中运动强度的监控方法是监测心率，每次实验都随机选取 6 名被试学生，男女人数均等，佩戴 Polar 心率表至实验结束，每次实验进行 4 次心率测量：安静时、第 10 分钟、第 20 分钟、第 30 分钟，通过 Excel 2000 进行录入和统计（表 7–16）。

表 7–16　心率测试表

（单位：次）

姓名	安静时心率	第 10 分钟心率	第 20 分钟心率	第 30 分钟心率
学生 1				
学生 2				
学生 3				
学生 4				
学生 5				
学生 6				

三、研究结果与分析

（一）同质性检验的结果与分析

1. 脑执行功能同质性检验的结果与分析

为了考察数学学习困难小学生实验组与对照组前测脑执行功能是否处于相同水平，对实验组和对照组数学学习困难小学生前测脑执行功能进行同质性检验，结果显示（表 7–17）：数学学习困难小学生前测抑制功能（t=0.253，p=0.801 ＞ 0.05）、前测刷新功能（t=0.246，p=0.807 ＞ 0.05）、前测转换功能（t=0.722，p=0.474 ＞ 0.05）均不存在显著性差异，说明实验前实验组和对照组数学学习困难小学生脑执行功能各子功能水平同质。

表 7–17　实验组和对照组数学学习困难小学生脑执行功能 t 检验结果

脑执行功能	实验组（M ± SD）	对照组（M ± SD）	t	p
前测抑制	32.5170 ± 26.53225	30.6250 ± .22.17296	0.253	0.801
前测刷新	1101.2255 ± 291.39905	1080.4400 ± 260.37039	0.246	0.807
前测转换	561.5747 ± 160.78531	518.5030 ± 226.27689	0.722	0.474

2. 学业成绩的同质性检验的结果与分析

考察数学学习困难小学生实验组与对照组前测数学成绩是否处于相同水平，对实验组和对照组数学学习困难小学生前测数学成绩进行同质性检验，结果显示（表 7–18）：数学学习困难小学生前测数学成绩（t=1.671，p=0.104 ＞ 0.05）不存在显著性差异，实验前实验组和对照组数学学习困难小学生数学成绩水平同质。

表 7–18 实验组和对照组数学学习困难小学生数学成绩 *t* 检验结果

学业成绩	实验组（M ± SD）	对照组（M ± SD）	*t*	*p*
数学成绩	0.246 ± 0.772	–0.258 ± 1.156	1.671	0.104

（二）16 周“合作游戏 + 武术操 + 花样踢毽”运动干预对数学学习困难小学生脑执行功能影响的结果与分析

1. 运动干预对数学学习困难小学生抑制功能影响的结果与分析

对 2（组别：对照组、实验组）×2（时间：前测、后测）混合设计的研究采用重复测量方差分析法，分析运动干预对数学学习困难小学生抑制功能的影响，结果发现（表 7–19）：抑制功能组内时间因素效应［$F_{(1,41)}$=13.701，p=0.001 < 0.01］非常显著；组间组别因素效应［$F_{(1, 41)}$=6.870，p=0.012 < 0.05］显著；时间 × 组别交互作用因素［$F_{(1, 45)}$=13.275，p=0.001 < 0.01］非常显著。结果表明，运动干预对数学学习困难小学生抑制功能有显著的积极作用。

表 7–19 运动干预对数学学习困难小学生抑制功能的影响

交互作用	III 型平方和	df	均方	F	*p*
时间	5474.358	1	5474.358	13.701	0.001**
组别	4103.598	1	4103.598	6.870	0.012**
时间 × 组别	5304.211	1	5304.211	13.275	0.001**

注：$^{**}p < 0.01$

2. 运动干预对数学学习困难小学生刷新功能影响的结果与分析

对 2（组别：对照组、实验组）×2（时间：前测、后测）混合设计的研究采用重复测量方差分析法，分析运动干预对数学学习困难小学生刷新功能的影响，结果发现（表 7–20）：刷新功能组内时间因素效应［$F_{(1,41)}$=16.779，p=0.000 < 0.01］非常显著；组间组别因素效应［$F_{(1, 41)}$=3.961，p=0.053 > 0.05］不显著；时间 × 组别交互作用因素［$F_{(1, 41)}$=13.594，p=0.001 < 0.01］非常显著。结果表明，运动干预对数学学习困难小学生刷新功能有显著的积极作用。

表 7–20 运动干预对数学学习困难小学生刷新功能的影响

交互作用	III 型平方和	df	均方	F	p
时间	520808.237	1	520808.237	16.779	0.000**
组别	306067.014	1	306067.014	3.961	0.053
时间 × 组别	421961.138	1	421961.138	13.594	0.001**

3. 运动干预对数学学习困难小学生转换功能影响的结果与分析

对 2（组别：对照组、实验组）×2（时间：前测、后测）混合设计的研究采用重复测量方差分析法，分析运动干预对数学学习困难小学生转换功能的影响，结果发现（表 7–21）：转换功能组内时间因素效应［$F_{(1, 41)}$=6.921，p=0.012 < 0.05］显著；组间组别因素效应［$F_{(1, 41)}$=5.622，p=0.023 < 0.05］显著；时间 × 组别交互作用因素［$F_{(1, 41)}$=12.644，p=0.001 < 0.01］非常显著。结果表明，运动干预对数学学习困难小学生转换功能有显著的积极作用。

表 7–21 运动干预对数学学习困难小学生转换功能的影响

交互作用	III 型平方和	df	均方	F	p
时间	232208.702	1	232208.702	6.921	0.012*
组别	203988.868	1	203988.868	5.622	0.023*
时间 × 组别	424208.227	1	424208.227	12.644	0.001**

（三）运动干预对数学学习困难小学生数学成绩影响的结果与分析

对 2（组别：对照组、实验组）×2（时间：前测、后测）混合设计的研究采用重复测量方差分析法，分析运动干预对数学学习困难小学生数学成绩的影响，结果发现：组内时间因素效应［$F_{(1, 47)}$=0.008，p=0.929 > 0.05］不显著；组间组别因素效应［$F_{(1, 47)}$=13.409，p=0.001 < 0.05］显著；时间 × 组别交互作用因素［$F_{(1, 47)}$=14.830，p=0.000 < 0.01］非常显著。结果表明，运动干预对数学学习困难小学生学业成绩有显著的积极作用（图 7–25）。

（四）数学学习困难小学生脑执行功能变化与数学成绩变化关系的结果与分析

采用皮尔逊相关分析，探讨运动干预前后数学学习困难小学生脑执行功能变化与成绩变化的相关性。结果发现，数学学习困难小学生数学成绩变化与抑制功能反应时变化（r=–0.130，p=0.405 > 0.05）、转换功能反应时变化（r=–0.113，p=0.470 > 0.05）无显著相关；数学成绩变化与刷新功能反应时变化（r=–0.361，p=0.017 < 0.05）具有显著的负相关，即数学成绩变化与刷新功能变化有显著的正相关。

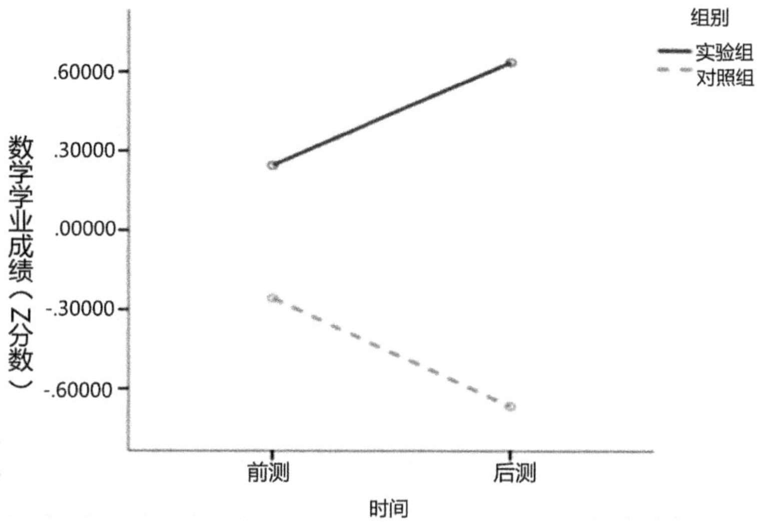

图 7–25　运动干预对数学学习困难小学生数学成绩的影响

（五）脑执行功能变化对数学学习困难小学生数学成绩变化预测作用的结果与分析

以数学成绩变化为因变量，以抑制功能、刷新功能、转换功能变化为自变量，采用多元逐步回归分析，结果显示（表 7–22），脑执行功能三个子功能变化对数学成绩变化具有显著预测力的为刷新功能变化，决定系数为 0.131，回归模型整体性检验的 F 值为 6.154（p=0.01），因此，刷新功能变化可以解释数学成绩变化的 13.1% 的变异量。

表 7–22　脑执行功能对数学学习困难小学生数学成绩的影响结果

输入变量顺序	R^2	△ R^2	F	△ F	B	标准误	Beta
刷新功能变化	0.131	0.131	6.154	6.154	–0.001	0.000	–0.361

（六）脑执行功能在运动干预改善数学学习困难小学生数学成绩中的中介效应检验的结果与分析

运动干预能够改善数学学习困难小学生脑执行功能与数学成绩，而刷新功能变化能够预测数学成绩的变化，因此，本研究假设刷新功能变化为运动改善数学成绩的中介变量，采用温忠麟等人提出的中介效应检验程序在 SPSS 和 Mplus 上进行中介效应的检验。

具体检验程序：①检验回归系数 c，如果显著，继续下面的第二步，否则停止分析。②做巴伦和肯尼提出的部分中介检验，即依次检验系数 a、b，如果都显著，意味着自变量对因变量的影响至少有一部分是通过中介变量实现的，进行第三步；如果至少有一个不显著，进行第四步。③做贾德和肯尼完全中介检验中的第 3 个检验，检验系数 c'，如果不显著，说明为完全中介作用；如果显著，说明为部分中介作用，检验结束。④用 Bootstrap 法直接检验 H0：ab=0，如果显著，则中介效应显著，观察第三步检验中 c' 的显著性，判断中介效应为部分中介效应或完全中介效应，否则中介效应不显著，停止分析。考虑自变量 X 对因变量 Y 的影响，如果 X 通过影响变量 M 来影响 Y，则称 M 为中介变量。目前，对中介效应的检验方法很多，而鉴于检验力更高的是使用偏差校正后的置信区间，即所谓的偏差校正的非参数百分位 Bootstrap 法，我们在此选择用 Mplus 软件来调用 Bootstrap 法计算系数乘积的置信区间，实现系数乘积的 Bootstrap 法检验。

（七）刷新功能在运动干预改善数学学习困难小学生数学成绩中的中介效应检验的结果与分析

以运动干预为自变量，以数学成绩变化为因变量（Y），并假设刷新功能的变化为中介变量（M）的中介效应分析（标准化）。在逐步检验的第三步中，b 的系数不显著（t=–0.895，$p > 0.05$）。根据温忠麟等人提出的检验程序，需要采用 Bootstrap 法检验 H0：ab=0 的显著性（表 7–23）。结果显示，95% 置信区间上限和下限分别为 –143.372 和 58.913，包括 0，说明刷新功能的中介效应不显著。

表 7–23　刷新功能在运动影响改善数学困难小学生数学成绩的中介效应检验

步　骤	标准化回归方程	回归系数检验	
第一步	Y=–0.515X	SE=0.207	t=–3.851**
第二步	M=0.499X	SE=76.013	t=3.687**
第三步	Y=–0.139M+–0.446X	SE=0.000	t=–0.895
		SE=0.240	t=–2.882**

注：$^*P < 0.05$；$^{**}P < 0.01$

四、讨论

（一）16周“合作游戏＋武术操＋花样踢毽”运动干预对数学学习困难小学生脑执行功能的影响

本研究以数学学习困难小学生为研究对象，基于之前的不同运动干预方案的研究结果，确定“合作游戏＋武术操＋花样踢毽”为运动干预方案，是促进数学学习困难小学生脑执行功能的最佳运动干预方案。将三个不同的运动项目混合，除了三个单独的运动项目对脑执行功能的要求以外，还需要学生通过抑制非当下运动项目的动作来迅速完成整体运动组合。由此可见，组合方案“合作游戏＋武术操＋花样踢毽”对数学学习困难小学生脑执行功能的影响最大，可以使脑执行功能抑制、刷新、转换各个维度得到更好的锻炼。

合作游戏项目具有多样的内容与形式、多变的动作与规则，与单独游戏相比，儿童在与同伴一起玩游戏时更能促进儿童脑执行功能的发展。当儿童和有“为我和我们”共同目标的玩伴一起游戏时，要考虑同伴的情况来做出动作，其执行控制变得更为有效率，即同伴参与促进了儿童脑执行功能的提高。

武术操项目是基于我国传统文化，将武术的基本动作通过分解再组合编排成有节奏的体操形式，并随口令或音乐进行有节奏性的运动，这种形式较传统武术动作更简单、更易学。刘婵娟以男女小学生各20名为研究对象，就武术对小学生身心特征的影响进行研究，结果发现，通过武术套路的练习可以很好地发展小学生的平衡性以及提高反应能力，对小学生的抑制和消退抑制能力也有积极影响。在本干预方案的实施过程中，除了武术动作本身的变换要求外，还需要学生根据老师的教学口令进行变换，形成多次的动作、节奏的变换，从而促进其抑制功能的发展。

花样踢毽需要盘腿、磕、绷脚、拐等动作来完成，并且要求练习者做到反应迅速、时机准确、动作协调。踢毽子对保持身体健康有着良好的效果，它可以增加关节的灵活度，增强韧带的弹性，发展身体灵活性和促进平衡状态，提高自身机体免疫力，促进心肺系统发展，调节新陈代谢等。在花样踢毽中我们经常看到当下肢做动作时，上肢也会不由自主地一起运动。在唐彦等的研究中对这一现象进行了说明，花样踢毽的基本动作主要是依靠神经系统对肌肉系统进行支配，从而实现大脑神经与肢体的配合运动，但是多余动作会消耗体能。他指出：通过一些有意识的动作训练可以有效地减少多余动作的产生。踢毽子还可锻炼集中注意力。要完成好踢毽子的动作，需要腿眼协调配合，因此对身体、毽子以及二者相互配合等这些不同的支配任务都有较高的要求。

（二）16 周“合作游戏 + 武术操 + 花样踢毽”运动干预对数学学习困难小学生学业成绩的影响

本研究结果发现 16 周的“合作游戏 + 武术操 + 花样踢毽”运动干预对数学学习困难小学生数学成绩的影响效果显著。

当前，还未有直接关于运动干预促进学习困难小学生学业成绩的实验研究。然而，关于体育运动与学业成绩的相关性研究提示，体育运动可能是促进儿童学业成绩的有效途径之一，如金（Kim）等对 6000 名五、八和十一年级的学生进行研究，研究采用问卷调查的方法，分析了学业成绩、身高和体重、体适能等之间的关系，结果发现体适能与学业成绩之间存在微弱而积极的正相关关系。奈特（Knight）等研究了 122 名四年级学生的平衡技术和阅读与数学成绩之间的关系，发现阅读和数学成绩与平衡技术得分呈现显著的正相关。一项关于小学生的研究提供了一定的证据支持运动与学业成绩之间有关系，研究显示坐位体前屈成绩与标准化的测试成绩之间存在相关关系。一项关于大学女生的研究指出，体质健康指数与学业成绩指数存在显著的相关，学业成绩与运动能力（1.6 公里跑、坐位体前屈、立定跳远）存在显著相关。

（三）脑执行功能在运动干预改善数学学习困难小学生学业成绩中的中介作用

研究结果表明，刷新功能和抑制功能对语文学习困难小学生语文成绩有一定的预测力，达到显著性影响，而转换功能对语文成绩的预测力并不显著。然而，本研究中刷新功能在运动改善学习困难小学生数学成绩中未发现有显著的中介作用，原因可能是：运动对学业成绩的影响可能是通过一个或几个中介变量作用的，并不是直接产生影响的。运动是通过其他变量来提高学业成绩的。基于前人研究的基础，汤姆波罗夫斯基等学者假设了一个理论模型。从这个模型中可以看出，运动对学业成绩影响的因素较多，运动既可以直接影响学业成绩，也可以通过中介变量间接地影响学业成绩。中介变量包含体质因素、健康因素、心理社会因素等，并且不仅中介变量可以影响学业成绩，还有一部分的调节变量也在运动与学业成绩之间扮演着重要的角色，如性别、年龄、家庭社会经济地位、文化等。本研究将脑执行功能作为影响学习困难小学生脑执行功能的中介变量，但是本实验结果显示，实验组学生的抑制、刷新和转换三个子功能对数学成绩均没有表现出显著性，脑执行功能的中介效应不显著，即运动干预并不是通过改善数学学习困难小学生脑执行功能来提高学业成绩。

小学五年级的数学不但包含大量的加减乘除运算，还有占重要地位的推理应用题，完成这些任务需要大量数值的记忆储存和逻辑思维推理能力。研究表明工作记忆能力与数学学习困难小学生的学业成绩密切相关，工作记忆不足是导致数学推理能力差的主要原因，刷新功能与数学成绩有显著相关，数学学习存在困难的小学生有刷新功能缺陷，刷新功能好的小学生其数学成绩也好。李凌云在对小学五年级学生数学学习策略干预对改善其脑执行功能的研究中发现，刷新能力与有效地应用题解答策略能力密切相关。王利平在学习困难小学生脑执行功能研究中发现，注意转换、刷新、工作记忆容量对学习困难小学生的数学成绩有显著的预测作用，其中刷新功能有最大的预测作用，也是相呼应的。本研究的结果也表明刷新功能对数学成绩有预测作用，进一步说明刷新功能的发展可以预测数学成绩的进步。

运动对学业成绩的影响需要时间累积效应，本章第二节中相同方案 10 周的运动干预对学习困难学生的学业成绩影响没有出现显著性，而 16 周的干预对学业成绩产生了积极的效应，说明运动改善学业成绩需要一定的时间累积效应。分析原因这可能与影响学业成绩的复杂因素有关。影响学业成绩的因素非常多，运动可以短时和长时影响脑执行功能，这说明体育运动不但影响了脑执行功能，但是不能短时间内影响学业成绩，可能还影响了其他因素，如自信、个体的积极状态等，从而影响学业成绩。

五、结论

综上所述，16 周“合作游戏 + 武术操 + 花样踢毽”运动干预改善了数学学习困难小学生的抑制、刷新、转换功能，提高了其数学成绩，刷新功能的改善对其数学成绩的提高有预测作用。在本研究中，运动并不是通过改善学生脑执行功能这一途径来提高学业成绩的，运动改善学业成绩的脑执行功能中介机制还需要进一步研究。

第八章　促进双困小学生脑执行功能发展的实证研究

第一节　短时运动干预方案对双困小学生脑执行功能影响的研究

一、研究目的

针对双困小学生脑执行功能的抑制、刷新和转换子功能均发育不良的特征，开发针对性的篮球运动干预方案，并对双困小学生进行一次性30分钟的运动干预，揭示一次性短时篮球运动干预方案对双困小学生脑执行功能的影响效果，为进行长期运动干预方案的开发提供依据。

二、研究对象与方法

（一）研究对象

经筛查选取四、五、六年级双困小学生44名为研究对象：实验组24人，对照组20人。

双困小学生筛选标准：根据国内外以往研究，本研究对双困小学生的选取标准为三条，并且需同时满足这三条要求：①选用《瑞文标准推理测验》（张厚粲等修订）测试小学生的智力，从而排除智力缺陷的小学生；②期末考试成绩低于70分（包括语文成绩、数学成绩）；③班主任和任课教师结合学生的平时学习情况，认为该生是双困小学生。

（二）运动干预方案的研发

针对双困小学生抑制、刷新和转换功能都发育不良的特点，同时考虑到学生的兴趣，方案易操作、易开展的特点，以及考虑到动作特征、运动强度和运动情境三条影响脑执行功能的途径，确定本研究的运动干预方案为篮球。篮球运动方案是一个综合性的运动方案，它既包括简单的单个技术的练习，也包括了复杂的组合技术练习，并且可以安排各种游戏，兼具了趣味游戏、合作游戏等多种游戏特征。运动强度采用中等强度控制。中等强度被证明对促进儿童脑执行功能发展是非常有效的运动强度。中等运动强度计算方法为:（220－年龄）×（60% ~ 69%）。每次运动持续时间为 30 分钟（表 8–1）。

表 8–1 篮球运动干预方案一览表

运动项目	运动强度	运动持续时间（分钟）
实验组篮球	（220– 年龄）×（60% ~ 69%）	30

（三）运动干预方案的实施

运动干预方案实施的技术路线见图 8–1。

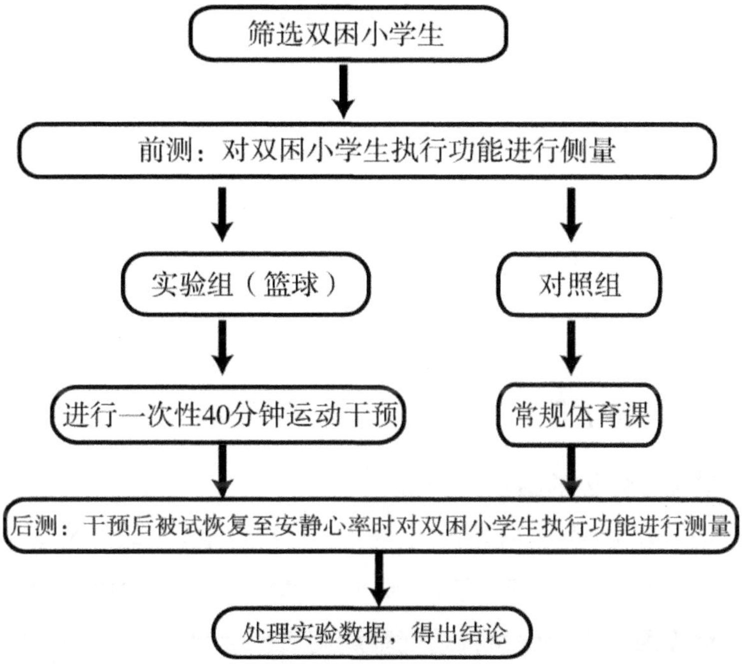

图 8–1　技术路线图

（四）实验条件的控制

1. 脑执行功能的测量

研究使用的儿童脑执行功能测量工具是由我国学者陈爱国、殷恒婵等开发（效度大于 0.85）。测量任务在计算机上完成，采用 E–Prime1.1 系统操作，采用 Flanker 任务测量抑制功能，采用 1-back 任务测量刷新功能，采用 More-odd shifting 任务测量转换功能。测量地点选在环境安静舒适的机房内，主试者经过培训，在每次测试前首先进行操作方法讲解，然后指导被试练习，直到所有被试熟练掌握操作方法后正式开始测试。

2. 运动强度的监控

本运动干预实验研究中运动强度的监控方法是通过心率监测，每次实验都随机选取 6 名被试学生，男女人数均等，佩戴 Polar 心率表至实验结束，每次实验进行 4 次心率测量：安静时、第 10 分钟、第 20 分钟、第 30 分钟，通过 Excel 2000 进行录入和统计（表 8–2）。

表 8–2　心率测试表

（单位：次）

姓名	安静时心率	第 10 分钟心率	第 20 分钟心率	第 30 分钟心率
学生 1				
学生 2				
学生 3				
学生 4				
学生 5				
学生 6				

三、研究结果与分析

（一）运动强度监控的结果与分析

在篮球运动干预方案实施过程中，实验组每次随机选取 6 名学生的平均心率控制在 136 ~ 140 次 / 分，达到了运动干预方案实施要求的中等强度（图 8–2）。

（二）各组双困小学生脑执行功能前测同质性检验的结果与分析

为考察实验组与对照组小学生实验前脑执行功能是否处于相同水平，对实验组和对照组双困小学生的抑制、刷新和转换功能的前测成绩进行独立样本 t 检验，结果显示：抑制功能（t=–0.549，p=0.585 > 0.05）、刷新功能（t=–1.343，p=0.499 > 0.05）、转换功能（t=–1.208，p=0.525 > 0.05）均不具有显著性差异，因此，实验组和对照组双困小学生脑执行功能水平同质。

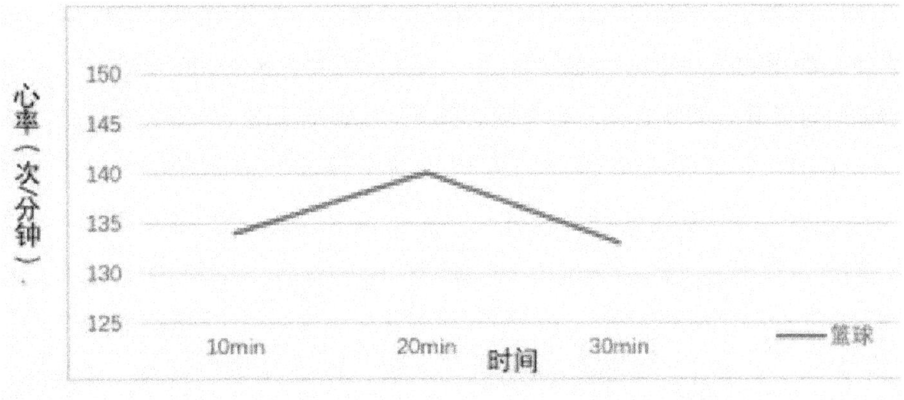

图 8-2 篮球运动干预方案平均心率监控图

（三）篮球运动干预方案对双困小学生脑执行功能影响的结果与分析

采用 2（组别：实验组、对照组）×2（时间：前测、后测）的重复测量方差分析法，分析组别与时间对双困小学生脑执行功能的影响，结果如下（表 8-3）。

表 8-3 篮球运动对双困小学生脑执行功能影响的方差分析

脑执行功能	交互作用	III 型平方和	df	均方	F	p
抑制	组别	7027.979	1	7027.979	24.427	0.000**
	时间	3799.834	1	3799.834	25.243	0.000**
	时间 × 组别	4812.089	1	4812.089	31.967	0.000**
刷新	组别	2151273.897	1	2151273.897	18.752	0.000**
	时间	780793.756	1	780793.756	47.934	0.000**
	时间 × 组别	836588.324	1	836588.324	51.359	0.000**
转换	组别	587317.016	1	587317.016	14.338	0.000**
	时间	279897.264	1	279897.264	20.718	0.000**
	时间 × 组别	182950.858	1	182950.858	13.542	0.001**

注：$^{*}p < 0.05$；$^{**}p < 0.01$

1. 篮球运动干预方案对双困小学生抑制功能影响的结果与分析

篮球运动干预方案对被试的影响在抑制功能上，表现为组别主效应显著

[$F_{(1,\ 44)}$=24.427，p=0.000 < 0.01]，说明实验组与对照组抑制功能具有非常显著性差异；时间主效应非常显著 [$F_{(1,\ 44)}$=25.243，p=0.000 < 0.01]，说明抑制功能随时间变化而变化；时间 × 组别的交互效应非常显著 [$F_{(1,\ 44)}$=31.967，p=0.000 < 0.01]，说明实验组与对照组运动干预前后抑制功能变化具有非常显著性差异。通过进一步地进行简单效应分析，结果发现，实验组与对照组抑制功能前测差异不显著 [$F_{(1,\ 44)}$=0.30，p=0.586 > 0.05]，抑制功能后测具有非常显著性差异 [$F_{(1,\ 44)}$=128.14，p=0.000 < 0.01]，实验组干预后的抑制任务反应时非常显著低于对照组；实验组运动干预前后抑制功能变化具有非常显著性差异 [$F_{(1,\ 44)}$=59.60，p=0.000 < 0.01]，实验组运动干预抑制功能后测反应时非常显著低于前测，对照组抑制功能前后测变化不具有显著性差异 [$F_{(1,\ 44)}$=0.19，p=0.665 > 0.05]。

以上结果表明，一次性 30 分钟的篮球运动干预对双困小学生完成抑制任务时的表现产生了积极的影响（图 8–3）。

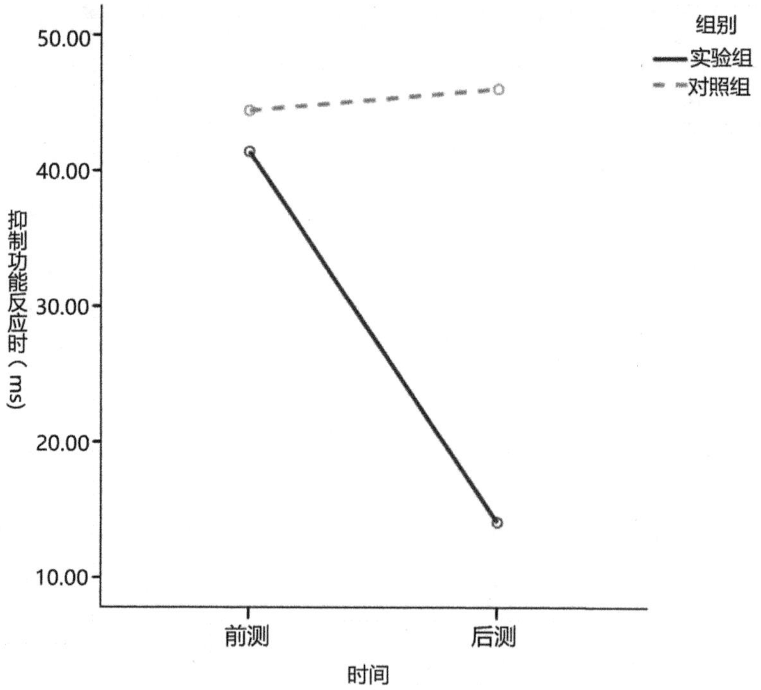

图 8–3　运动干预前后实验组和对照组抑制功能变化图

2. 篮球运动干预方案对双困小学生刷新功能影响的结果与分析

篮球运动干预方案对被试的影响在刷新功能上，表现为组别主效应 [$F_{(1,\ 44)}$

=18.752，p=0.000 < 0.01］非常显著，说明实验组和对照组刷新功能具有非常显著性差异；时间主效应［$F_{(1, 44)}$=47.934，p=0.000 < 0.01］非常显著，说明刷新功能随时间变化而变化；时间 × 组别的交互效应［$F_{(1, 44)}$=51.359，p=0.000 < 0.01］非常显著，说明篮球干预实验组与对照组运动干预前后刷新功能变化具有非常显著性差异。通过进一步地进行简单效应分析，发现实验组与对照组刷新功能前测差异不显著［$F_{(1, 44)}$=1.80，p=0.186 > 0.05］，刷新功能后测具有非常显著性差异［$F_{(1, 44)}$=60.88，p=0.000 < 0.01］，实验组干预后的刷新任务反应时非常显著低于对照组；篮球运动干预实验组刷新功能前后测变化具有非常显著性差异［$F_{(1, 44)}$=103.78，p=0.000 < 0.01］，实验组后测刷新功能反应时非常显著低于前测，对照组运动干预前后刷新功能变化不具有显著性差异［$F_{(1, 44)}$=0.03，p=0.867 > 0.05］。

以上结果表明，一次性 30 分钟的篮球运动干预对双困小学生完成刷新任务时的表现产生了积极的影响（图 8–4）。

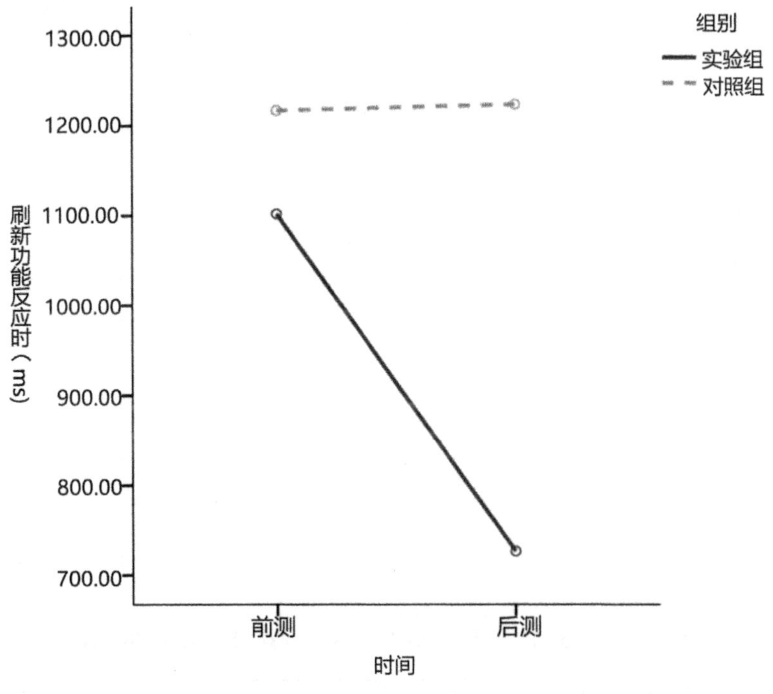

图 8–4　运动干预前后实验组和对照组刷新功能变化图

3. 篮球运动干预方案对双困小学生转换功能影响的结果与分析

篮球运动干预对被试的影响在转换功能上，表现为组别主效应非常显著

[$F_{(1,44)}$=14.338，p=0.000 < 0.01]，说明实验组和对照组转换功能具有非常显著性差异；时间主效应非常显著[$F_{(1,44)}$=20.718，p=0.000 < 0.01]，说明转换功能随时间变化而变化；时间 × 组别的交互效应非常显著[$F_{(1,44)}$=13.542，p=0.001 < 0.01]，表明实验组与对照组运动干预前后转换功能变化具有非常显著性差异。通过进一步地进行简单效应分析，发现实验组与对照组转换功能前测差异不显著[$F_{(1,44)}$=1.46，p=0.233 > 0.05]，转换功能后测具有非常显著性差异[$F_{(1,44)}$=46.93，p=0.000 < 0.01]，实验组干预后转换任务反应时非常显著低于对照组；实验组运动干预前后转换功能变化具有非常显著性差异[$F_{(1,44)}$=35.42，p=0.000 < 0.01]，实验组转换功能后测反应时非常显著低于前测，对照组运动干预前后转换功能变化不具有显著性差异[$F_{(1,44)}$=0.36，p=0.549 > 0.05]。

以上结果表明，一次性 30 分钟的篮球运动干预对双困小学生完成转换任务时的表现产生了积极的影响（图 8–5）。

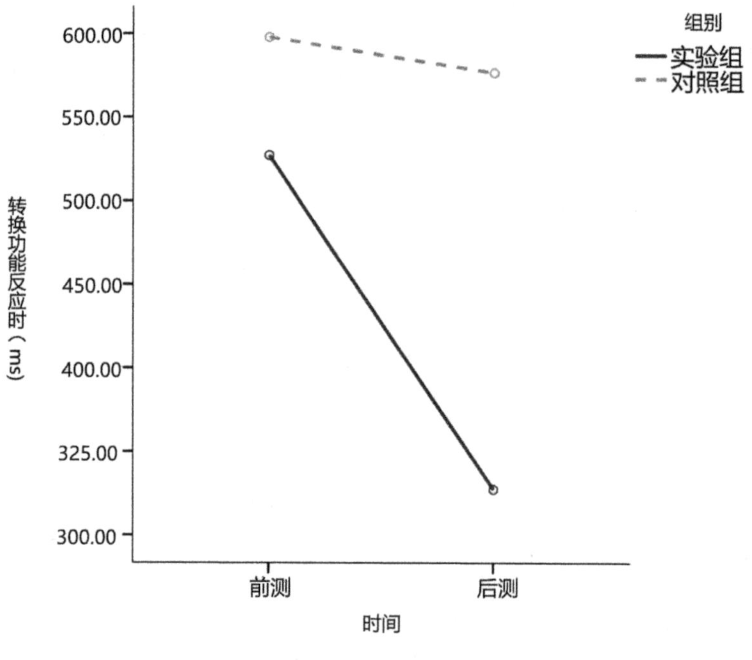

图 8–5 运动干预前后实验组和对照组转换功能变化图

四、讨论

本研究结果表明，一次性 30 分钟的篮球运动干预对双困小学生完成抑制、刷新、转换任务时的表现产生了积极的影响。本研究结果与以往研究结果具有一致性。陈爱国的研究指出，中等强度的篮球运动能够有效地提高儿童的脑执行功能，运动持续时间与改善效果有关，30 分钟中等强度的篮球运动对儿童脑执行功能改善效果最好。研究结果证明了运动对特殊儿童脑执行功能的积极影响，提示运动是促进学习困难小学生脑执行功能发展的有效途径。

从脑机制来说，神经科学认为任何动作是在神经系统调控下进行和完成的，这里的任何动作既包括简单动作也包括复杂动作，这些运动不仅涉及运动皮质、小脑和脑干等脑的局部区域的活动，也与大脑前额叶、顶叶、颞叶、丘脑和边缘系统等多个区域有密切联系，这些位置都与脑执行功能有关。陈爱国对儿童进行了研究，探索一次 30 分钟的短时中等强度的有氧运动对儿童脑激活模式的影响。研究指出，短时中等强度有氧运动能够显著影响儿童脑执行功能脑激活模式，具体表现为儿童完成脑执行功能任务时双侧额上回、双侧额中回激活程度增加。研究指出，诱发儿童脑执行功能脑激活模式的变化是短时中等强度有氧运动能有效改善儿童的脑执行功能的脑机制。

篮球运动是集对抗性、趣味性、健身性为一体的运动项目，是目前最受欢迎的运动项目之一，易集体参与，有推广价值。篮球运动丰富的技术教学内容如运球、传球和投篮技术等的设计和组合能够有效地训练学生的脑执行功能。在练习过程中既要抑制优势动作反应情境和变化，还要控制篮球的速度、力度和方向等，要求小学生不断刷新已获得的感觉，并转换为适宜当前任务的动作。在整个过程中，抑制、刷新和转换功能得到了频繁的锻炼，从而促进了其脑执行功能及各子功能的发展。

五、结论

一次性具有针对性的篮球运动干预方案对双困小学生的抑制、刷新和转换功能均产生了非常显著的影响，可以作为开发长期运动干预方案的依据。

第二节　10 周运动干预促进双困小学生脑执行功能的实验研究

一、研究目的

本研究以双困小学生为研究对象，依据针对双困小学生抑制、刷新和转换功能发育不良的特征特点，在第一节的研究基础上，进一步开发 10 周篮球运动干预方案，探索长期运动干预方案对双困小学生脑执行功能的影响效果，为促进双困小学生脑执行功能的发展提供针对性的有效的运动干预方案。

二、研究对象与方法

（一）研究对象

经筛查选取四、五、六年级双困小学生 45 名为研究对象：实验组 23 人，对照组 22 人。

双困小学生筛选标准：根据国内外以往研究，本研究对双困小学生的选取标准为三条，并且需同时满足这三条要求：①选用《瑞文标准推理测验》（张厚粲等修订）测试小学生的智力，从而排除智力缺陷的小学生；②期末考试成绩低于 70 分（包括语文成绩、数学成绩）；③班主任和任课教师结合学生的平时学习情况，认为该生是双困小学生。

（二）运动干预方案的研发

针对双困小学生脑执行功能三个子功能均发育不良的特点，在"促进双困小学生脑执行功能改善的运动干预方案探索"的研究基础上，按照一次性篮球运动干预方案开发的思路和原则，开发为期 10 周的篮球运动方案。方案还严格控制了体育运动的其他特征：运动频率为每周 3 次；每次运动时间为 40 分钟，其中准备活动 5 分钟，篮球运动 30 分钟，放松活动 5 分钟（表 8–4）。每次课时实施方案具体安排见附录。

表 8–4　运动干预方案一览表

运动项目	运动强度	运动持续时间	运动频率
篮球	（220– 年龄）×（60% ~ 69%）	30 分钟	3 次 / 周

（三）运动干预方案的实施

运动干预方案实施的技术路线见图 8–6。

（四）实验条件的控制

1. 脑执行功能的测量

研究使用的儿童脑执行功能测量工具是由我国学者陈爱国、殷恒婵等开发（效度大于 0.85）。测量任务在计算机上完成，采用 E–Prime1.1 系统操作，采用 Flanker 任务测量抑制功能，采用 1–back 任务测量刷新功能，采用 More–odd shifting 任务测量转换功能。测量地点选在环境安静舒适的机房内，主试者经过培训，在每次测试前首先进行操作方法讲解，然后指导被试练习，直到所有被试熟练掌握操作方法后，正式开始测试。

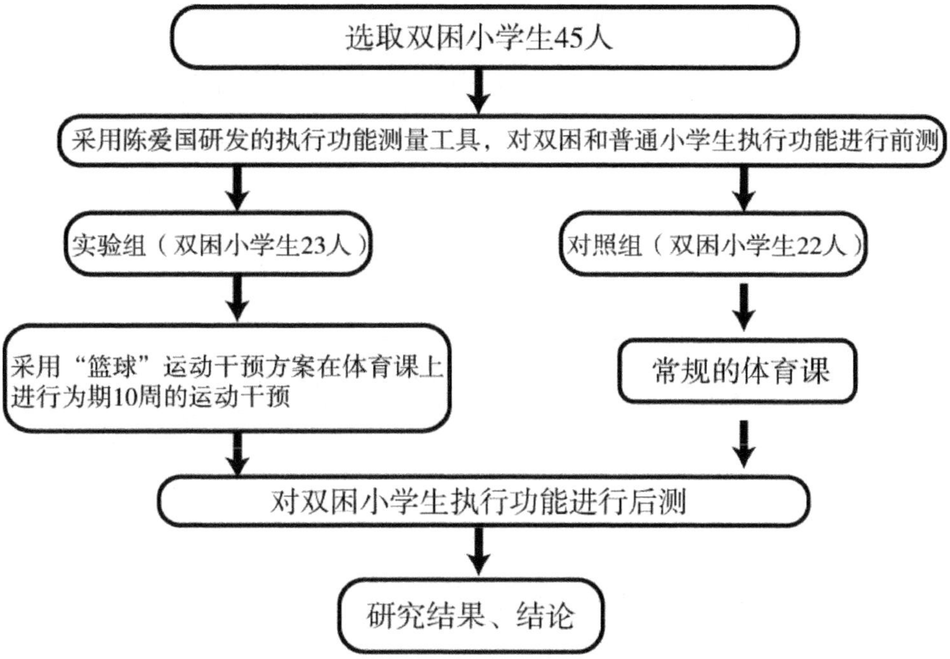

图 8-6　技术路线图

2. 运动强度的监控

本运动干预实验研究中运动强度的监控方法是监测心率，每次实验都随机选取 6 名被试学生，男女人数均等，佩戴 Polar 心率表至实验结束，每次实验进行 4 次心率测量：安静时、第 10 分钟、第 20 分钟、第 30 分钟，通过 Excel 2000 进行录入和统计（表 8-5）。

表 8-5　心率测试表

（单位：次）

姓名	安静时心率	第 10 分钟心率	第 20 分钟心率	第 30 分钟心率
学生 1				
学生 2				
学生 3				
学生 4				
学生 5				
学生 6				

三、研究结果与分析

（一）运动强度监控的结果与分析

如图 8–7 所示，运动干预过程中，对实验组小学生进行 30 次的心率测试，实验组平均心率为 135.8 次 / 分，即达到了最大心率的 65% 左右；每次干预时 6 名小学生的平均心率控制在 125 ~ 140 次 / 分，达到了运动干预方案要求的中等强度（图 8–8）。

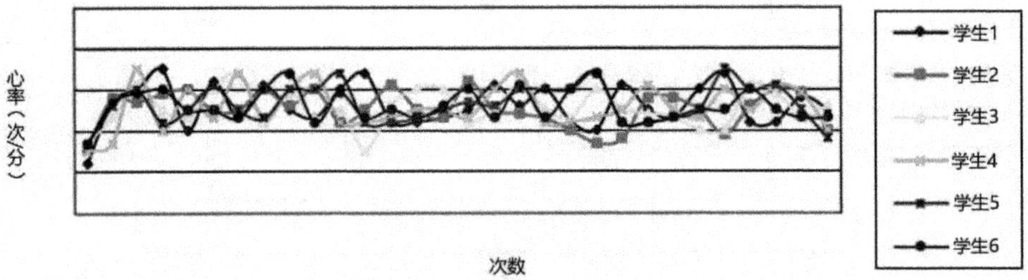

图 8–7　实验组每次活动个人平均心率监测图

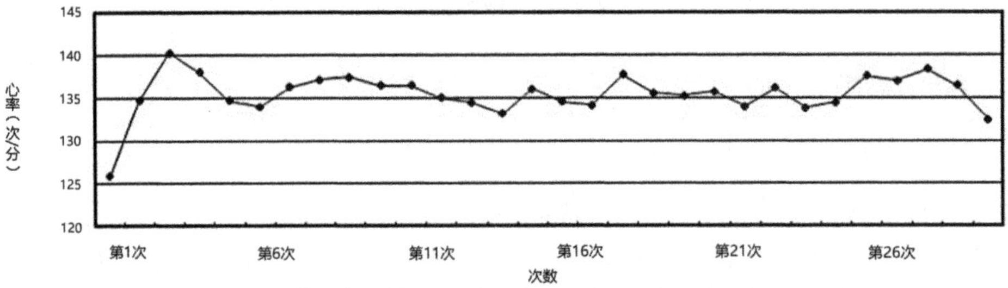

图 8–8　实验组每次活动 6 名被试平均心率监测图

（二）双困小学生脑执行功能前测的同质性检验的结果与分析

为考察各组双困小学生脑执行功能前测是否相同，对实验组和对照组双困小学生的抑制、刷新和转换功能的前测成绩进行独立样本 t 检验，结果显示：抑制功能（t=0.354，p=0.725 > 0.05）、刷新功能（t=0.641，p=0.525 > 0.05）和转换功能（t=–0.182，p=0.856 > 0.05）均不具有显著性差异，因此，实验组和对照组双困小学生脑执行功能水平同质。

（三）10 周篮球运动干预对双困小学生脑执行功能影响的结果与分析

采用 2（组别：实验组、对照组）× 2（时间：前测、后测）的重复测量方差分析法，分析组别与时间对双困小学生脑执行功能的影响，结果如下（表 8–6）：

表 8-6　运动干预对双困小学生脑执行功能影响的方差分析

脑执行功能	交互作用	III 型平方和	df	均方	F	p
抑制	组别	1523.834	1	1523.834	1.738	0.194
	时间	3432.290	1	3432.290	23.736	0.000**
	时间 × 组别	2696.211	1	2696.211	18.646	0.000**
刷新	组别	742338.563	1	742338.563	14.603	0.000**
	时间	1278588.714	1	1278588.714	94.447	0.000**
	时间 × 组别	1091031.082	1	1091031.082	80.592	0.000**
转换	组别	323701.255	1	323701.255	17.574	0.000**
	时间	338642.542	1	338642.542	53.660	0.000**
	时间 × 组别	290325.586	1	290325.586	46.004	0.000**

注：$^*p < 0.05$；$^{**}p < 0.01$

1. 运动干预对双困小学生抑制功能影响的结果与分析

10 周运动干预对双困小学生脑执行功能的影响在抑制功能方面表现为：组别主效应［$F_{(1,\ 43)}=1.738$，$p=0.194 > 0.05$］不显著，表明实验组与对照组抑制功能差异不具有显著性；时间主效应［$F_{(1,\ 43)}=23.736$，$p=0.000 < 0.01$］非常显著，表明抑制功能有随时间变化的趋势；时间 × 组别的交互效应［$F_{(1,\ 43)}=18.646$，$p=0.000 < 0.01$］非常显著，表明实验组与对照组运动干预前后抑制功能变化差异具有非常显著性。进一步进行简单效应分析，结果发现，实验组与对照组前测抑制功能差异不显著［$F_{(1,\ 43)}=0.13$，$p=0.725 > 0.05$］，后测抑制功能具有非常显著性差异［$F_{(1,\ 43)}=11.59$，$p=0.001 < 0.01$］，实验组干预后的抑制任务反应时非常显著低于对照组；实验组运动干预前后抑制功能变化具有非常显著性差异［$F_{(1,\ 43)}=43.19$，$p=0.000 < 0.01$］，实验组后测抑制功能反应时非常显著低于前测，对照组运动干预前后抑制功能变化不具有显著性差异［$F_{(1,43)}=0.15$，$p=0.700 > 0.05$］。

以上结果表明，运动干预对双困小学生完成抑制任务时的表现产生了积极的影响，10 周篮球运动干预方案促进了双困小学生抑制功能的提高（图 8-9）。

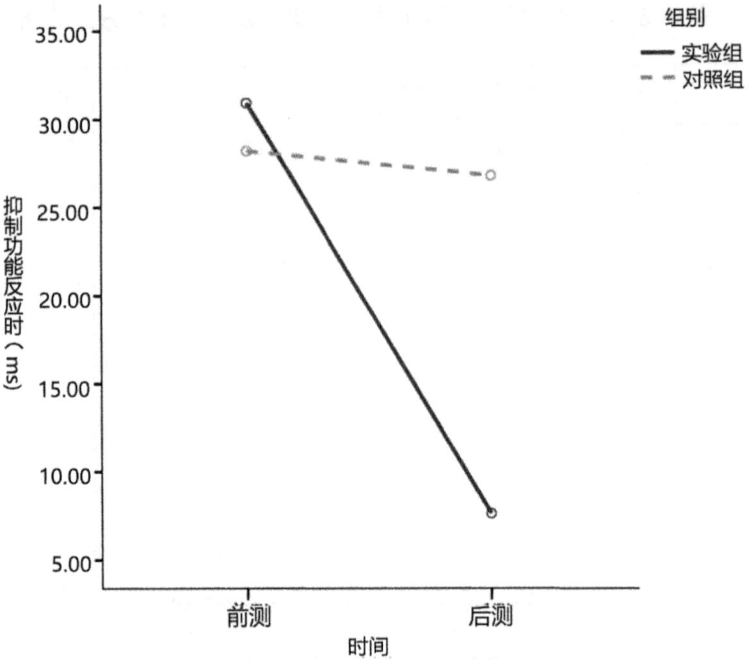

图 8–9　双困实验组与对照组抑制功能变化图

2. 运动干预对双困小学生刷新功能影响的结果与分析

10 周运动干预对双困小学生脑执行功能的影响在刷新功能上表现为：组别主效应［$F_{(1, 43)}$=14.603，p=0.000 < 0.01］非常显著，表明实验组与对照组刷新功能具有非常显著性差异；时间主效应［$F_{(1, 43)}$=94.447，p=0.000 < 0.01］非常显著，表明刷新功能有随时间变化的趋势；时间 × 组别的交互效应［$F_{(1, 43)}$=80.592，p=0.000 < 0.01］非常显著，表明实验组与对照组运动干预前后刷新功能变化具有非常显著性差异。进一步进行简单效应分析，结果发现，实验组与对照组前测刷新功能差异不显著［$F_{(1, 43)}$=0.41，p=0.525 > 0.05］，后测刷新功能具有非常显著性差异［$F_{(1, 43)}$=76.97，p=0.000 < 0.01］，实验组干预后的刷新任务反应时非常显著低于对照组；实验组运动干预前后刷新功能变化具有非常显著性差异［$F_{(1, 43)}$=178.74，p=0.000 < 0.01］，实验组后测刷新功能反应时非常显著低于前测，对照组运动干预前后刷新功能变化不具有显著性差异［$F_{(1, 43)}$=0.27，p=0.607 > 0.05］。

以上结果表明，运动干预对双困小学生完成刷新任务时的表现产生了积极的影响，10 周篮球运动干预方案促进了双困小学生刷新功能的提高（图 8–10）。

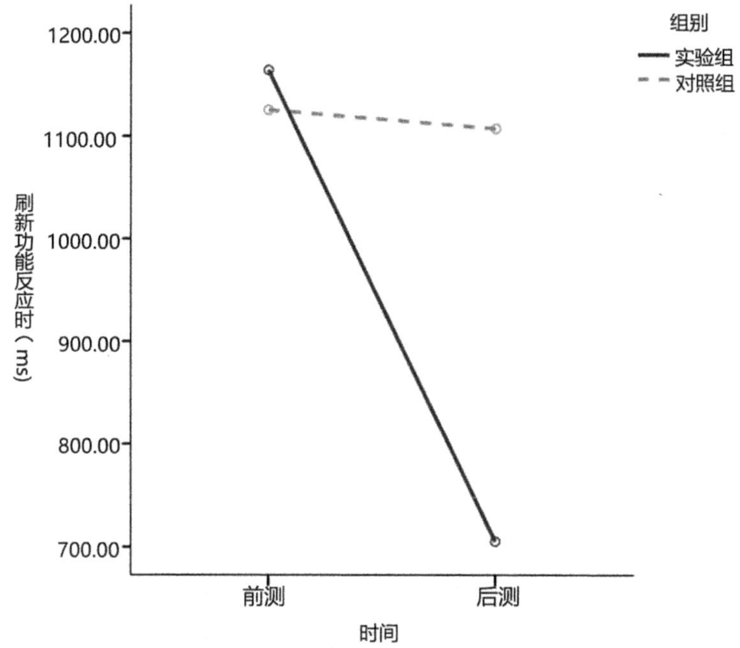

图 8-10 双困小学生实验组与对照组刷新功能变化图

3. 运动干预对双困小学生转换功能影响的结果与分析

10 周运动干预对双困小学生脑执行功能的影响在转换功能方面表现为：组别主效应［$F_{(1,\ 43)}$=17.574，p=0.000 < 0.01］非常显著，表明实验组与对照组转换功能具有非常显著性差异；时间主效应［$F_{(1,\ 43)}$=53.660，p=0.000 < 0.01］非常显著，表明转换功能有随时间变化的趋势；时间 × 组别的交互效应［$F_{(1,\ 43)}$=46.004，p=0.000 < 0.01］非常显著，表明实验组与对照组运动干预前后转换功能变化具有非常显著性差异。进一步进行简单效应分析，结果发现，实验组与对照组前测转换功能差异不显著［$F_{(1,\ 43)}$=0.03，p=0.856 > 0.05］，后测转换功能具有非常显著性差异［$F_{(1,\ 43)}$=55.37，p=0.000 < 0.01］，实验组干预后的转换任务反应时非常显著低于对照组；实验组运动干预前后转换功能变化具有非常显著性差异［$F_{(1,\ 43)}$=101.78，p=0.000 < 0.01］，实验组后测转换功能反应时非常显著低于前测，对照组运动干预前后转换功能变化不具有显著性差异［$F_{(1,\ 43)}$=0.14，p=0.706 > 0.05］。

以上结果表明，运动干预对双困小学生完成转换任务时的表现产生了积极的影响，10 周篮球运动干预方案促进了双困小学生转换功能的提高（图 8-11）。

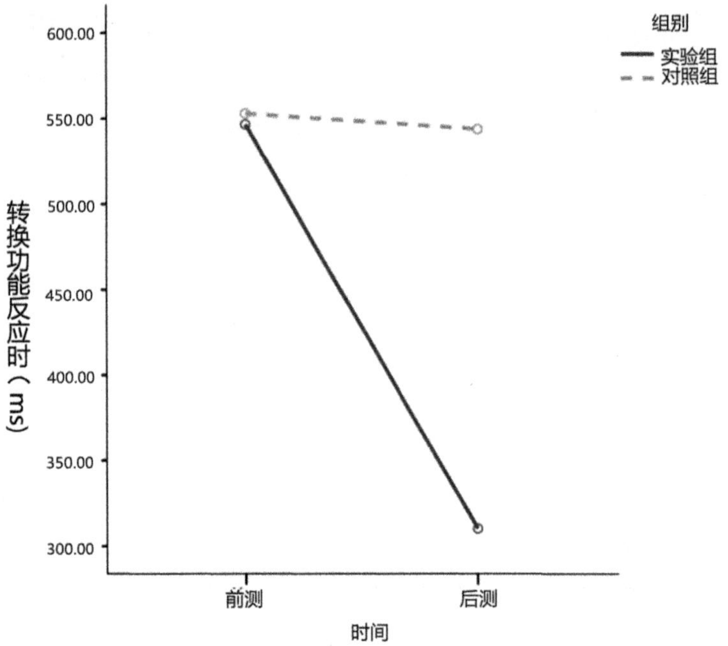

图 8-11　双困小学生实验组与对照组转换功能变化图

（四）10 周篮球运动干预对双困小学生的语文成绩影响的结果与分析

对 2（组别：实验组、对照组）×2（时间：前测、后测）混合设计的研究采用重复测量方差分析法，分析运动干预对双困小学生语文成绩的影响（表 8-7），结果发现，组内时间因素效应［$F_{(1,\ 43)}=0.003$，$p=0.958 > 0.05$］不显著；组间组别因素效应［$F_{(1,\ 43)}=2.454$，$p=0.125 > 0.05$］不显著；时间 × 组别交互作用因素［$F_{(1,\ 43)}=5.557$，$p=0.023 > 0.05$］不显著；结果表明，10 周运动干预对双困小学生语文成绩没有显著的作用。

表 8-7　运动干预对双困小学生语文成绩的影响

交互作用	III 型平方和	df	均方	*F*	*p*
时间	0.003	1	0.003	0.003	0.958
组别	2.160	1	2.160	2.454	0.125
时间 × 组别	5.493	1	5.493	5.557	0.023*

注：$^*p < 0.05$

（五）双困小学生脑执行功能变化与语文成绩的关系

采用皮尔逊相关分析探讨运动干预所致学习困难小学生脑执行功能变化与语文成绩变化的相关性。结果发现，双困小学生语文成绩变化与抑制功能变化的相关系数为 r=–0.226，p=0.136 > 0.05，差异不具有统计学意义，语文成绩变化与刷新功能变化的相关系数为 r=–0.218，p=0.151 > 0.05，差异不具有统计学意义，语文成绩变化与转换功能变化的相关系数为 r=–0.104，p=0.496 > 0.05，差异不具有统计学意义。

（六）双困小学生脑执行功能对双困小学生语文成绩的预测作用

以语文成绩变化为因变量，以抑制功能、刷新功能、转换功能变化为自变量，采用多元逐步回归分析，结果未能输入任何变量进入方程，即 10 周运动干预前后脑执行功能各子功能变化对语文成绩的变化均无显著的预测作用。

（七）10 周篮球运动干预对双困小学生的数学成绩影响的结果与分析

对 2（组别：实验组、对照组）×2（时间：前测、后测）混合设计的研究采用重复测量方差分析法，分析运动干预对双困小学生数学成绩的影响（表 8–8）。结果发现，组内时间因素效应［$F_{(1,\ 43)}$=0.002，p=0.967 > 0.05］不显著；组间组别因素效应［$F_{(1,\ 43)}$=2.226，p=0.143 > 0.05］不显著；时间 × 组别交互作用［$F_{(1,\ 43)}$=3.576，p=0.065 > 0.05］因素不显著。结果表明，10 周篮球运动干预对双困小学生数学成绩没有显著的作用。

表 8–8　运动干预对双困小学生数学成绩的影响

交互作用	III 型平方和	df	均方	F	p
时间	0.002	1	0.002	0.002	0.967
组别	2.352	1	2.352	2.226	0.143
时间 × 组别	3.088	1	3.088	3.576	0.065

（八）双困小学生脑执行功能变化与数学成绩的关系

采用皮尔逊相关分析探讨运动干预所致学习困难小学生脑执行功能变化与数学成绩变化的相关性。结果发现，双困小学生数学成绩变化与抑制功能变化的相关系数为 r=–0.265，p=0.078 > 0.05，差异不具有统计学意义，数学成绩变化与刷新功能变化的相关系数为 r=–0.132，p=0.389 > 0.05，差异不具有统计学意义，数学成绩变化与转换功能变化的相关系数为 r=–0.045，p=0.769 > 0.05，差异不具有统计学意义。

（九）双困小学生脑执行功能变化对数学成绩的预测作用

以数学成绩变化为因变量，以抑制功能、刷新功能、转换功能变化为自变量，采用多元逐步回归分析，结果显示（表 8–9），脑执行功能三个子功能变化对数学成绩变化具有显著预测力的功能为抑制功能变化。预测变量的决定系数为 0.07，回归模型整体性检验的 F 值为 3.259（$p < 0.05$），因此，预测变量可有效解释数学成绩变化的 7%。

表 8–9　脑执行功能对双困小学生数学成绩的影响结果

输入变量顺序	R^2	$\triangle R^2$	F	△F	B	标准误	Beta
抑制功能变化	0.070	0.070	3.259	3.259	–0.018	0.010	–0.265

（十）脑执行功能在 10 周篮球运动干预改善双困小学生数学成绩中的中介效应检验

以运动干预为自变量，以数学成绩变化为因变量（Y），并假设抑制功能的变化为中介变量（M）的中介效应分析（标准化）。在逐步检验的第三步中，b 的系数不显著（t=–0.928，$p > 0.05$），根据温忠麟等人提出的检验程序，需要采用 Bootstrap 法检验 H0：ab=0 的显著性（表 8–10）。结果显示，95% 置信区间上限和下限分别为 –0.754 和 0.189，包括 0，说明抑制功能的中介效应不显著。

表 8–10　抑制功能在运动干预改善双困小学生数学成绩中的中介效应检验

步　骤	标准化回归方程	回归系数检验	
第一步	Y=–0.282X	SE=4.114	t=–1.925
第二步	M=0.550X	SE=5.071	t=4.318**
第三步	Y=–0.163M+–0.192X	SE=0.124	t=–0.928
		SE=4.934	t=–1.095

四、讨论

本研究揭示了研发的篮球运动干预方案对双困小学生（语文和数学都困难）、普通小学生的抑制、刷新和转换功能均具有积极的影响。这与以往的研究结果一致。陈爱国的研究发现，中等强度的篮球运动可以提高儿童的脑执行功能，但效果与运动持续时间有关；30分钟中等强度的篮球运动对儿童脑执行功能改善效果最好。陈爱国研究表明，8周中等强度的花样跳绳运动干预方案对聋哑儿童脑执行功能三个子功能的促进效果上存在差异，对刷新功能和转换功能有明显促进效果，而对抑制功能的影响效果不明显。研究结果再次佐证了运动对特殊儿童脑执行功能的积极影响，提示运动是促进学习困难小学生脑执行功能发展的有效途径。

篮球运动是集对抗性、趣味性、健身性为一体的运动项目，简单易学，易集体参与，有推广价值。为了均衡发展小学生脑执行功能的各子功能，在篮球的运球、传球和投篮三大技术教学中，篮球动作的编排和教学情景的设计都紧紧围绕着抑制、刷新和转换功能展开。在篮球动作编排时，不仅强调动作内容的多样，而且强调路线的多变。在每节课中均有发展脑执行功能各子功能的内容，并根据学生的掌握情况逐渐增加动作学习的难度，从而达到锻炼学生抑制、刷新和转换功能的目的。

发展抑制功能以抑制学生的优势反应动作和破除习惯性动作为指导思想，在篮球的运球、传球和投篮动作的设计中包含了丰富的内容来训练学生的抑制功能。学生要根据教师的口令信号，不断抑制占主导地位的优势反应模式，变换和控制篮球的速度、力度和方向，这样就训练了学生的抑制功能。以运球为例，在两两镜面运球环节，教师以一排为标准，另一排为镜面，标准排做与老师口令相同的动作，镜面排则需要做相反的动作。这一过程主要是锻炼镜面排学生的抑制能力，在运球过程中抑制其做出与标准排相同的动作。练习一段时间后，交换标准排与镜面排，使所有学生都能锻炼到抑制能力。在教学实施过程中，通过教师口令、组织形式、辅助器材创设路线多变的情境，使学生抑制优势动作反应，做出与目标任务一致的动作。经过长时间地反复强化，抑制功能有了明显提高。例如，在篮球比赛教学过程中，学生习惯抓住球就自己运球或自己投篮，不习惯把球传给位置和机会更好的同学。教师在组织比赛时要随时提醒拿球的学生把球分给机会和位置更好的同学，并要求他们发挥团队合作精神。在这个过程中小学生的抑制功能得到了锻炼。

发展刷新功能以学生主动存储和提取动作为指导思想，在设计篮球各个动作时包含了发展刷新功能的任务，学生要根据自己的记忆来记住篮球动作，根据新的要求来提取储存的篮球动作并完成新的篮球动作。以传球为例，在三角传接球中，与两两之间的传球方式不同，这就要求学生不断刷新前一个同学的传球方式记忆。在教学情境中多创设“问题情境”，使学生更多地需要对教师的动作、口令、问题等进行记忆，并刷新出相应的答案和当前任务所需要的动作；创设“多记忆点情境”，使学生主动储存每个点的任务信息，到达不同点时再灵活提取出该任务点所需要的动作。例如：学生围成一个圆圈，老师报数字 3，小学生完成 3 个人抱团动作；老师报数字 5，小学生完成运球跑动作；老师报数字 6，小学生完成齐步走动作。在游戏中，小学生要随时对数字和完成动作的形式进行刷新，这锻炼了小学生脑执行功能的刷新功能。

发展转换功能以每个动作的设计都包含多项任务为指导思想，在篮球的运球、传球和投篮动作的设计中包含了丰富的内容来训练学生的转换功能。为了完成多项任务的动作，学生不仅要在不同动作任务中转换，而且要进行心理操作间的转换，经过反复使用和练习转换功能，锻炼了小学生的转换功能。在篮球运球练习过程中，学生进行高低转换运球。老师开始要求高运球，然后要求学生低运球；练习一段时间后，老师要求学生完成与口令相反的运球动作，如听到“高运球”口令时学生做低运球，听到“低运球”口令时学生做高运球动作；听到左手“高运球”口令时学生做右手低运球动作，听到右手“低运球”口令时学生做左手高运球动作。在教学过程中多创设“多任务情境”，使学生从单一任务变为多任务操作，从而促进学生在多任务间的转换能力。例如：学生完成行进间运球比赛，中间设置了一个点，教师要求学生在前一部分采用行进间高运球，过了设置的点采用行进间低运球。在这个过程中，小学生与球之间形成了一种动态关系，小学生要通过篮球的感知随时做出恰当的判断并对自己的动作进行协调和控制，这锻炼了小学生的转换功能。

总之，在篮球学习的整个过程中要求小学生不但要抑制优势动作反应，还要控制篮球的速度、力度和方向。通过不断的尝试，小学生不断刷新已获得的感觉，并转换为适宜当前任务的动作。整个过程包含了抑制、刷新和转换功能。

从脑机制来说，神经科学认为，任何动作，不管是简单动作还是复杂动作都是在神经系统调控下进行和完成的。对人类的动作来说，神经系统对动作的控制具有协同性、多水平性和全程性特点，其中脑的调控作用最为显著和突出。目前，学术界普遍认为，运动不仅涉及运动皮质、小脑、脑干等脑的局部区域的活动，而且与大脑前额叶、顶叶、颞叶、丘脑、边缘系统等多个区域有密切联系。新的研究结果表明，动作是在脑的多个区域协同作用下，以一定的认知评估和情绪体验为背景，对个体所处特定环境中有意义信息的适应性反应，包括：计划—选择—决策—执行—反馈—调整等一系列环节。实际上，人类的动作特别是复杂动作、新颖动作是在脑的多水平调控下，对环境的“躯体—心理”的反应。篮球运动干预方案针对学习困难小学生脑执行功能的各子功能（抑制、刷新和转换）来开发，动作设计强调复杂动作、新颖动作和针对性动作，运动情境的设计贯穿于篮球的运球、传球和投篮的整个过程中。因此，10 周中等强度的运动干预对学习困难和普通小学生的脑执行功能均具有积极影响。以往学者的实验研究也提供了有利证据，陈爱国选取 9 名 10 岁的儿童为研究对象，采用 Flanker 任务和核磁共振技术检测一次 30 分钟的短时中等强度的有氧运动对儿童脑激活模式的影响。研究表明：短时中等强度有氧运动对儿童脑执行功能脑激活模式的影响显著，具体表现为儿童完成脑执行功能任务时双侧额上回、双侧额中回激活程度增加。研究最后指出：短时中等强度有氧运动能改善儿童的脑执行功能，其脑机制是短时中等强度有氧运动诱发了儿童脑执行功能脑激活模式的变化。

10 周篮球运动干预没有显著影响双困小学生的学业成绩，这与以往的研究结果有所不同。已有的大量研究指出运动对学业成绩存在积极的影响。美国零点体育课项目指出：上文化课之前进行大量的体育锻炼以及大强度（80% ~ 90% 最大心率）心肺训练有助于儿童的阅读理解和数学能力提高。德克斯特等人研究了 17 所学校的 517 名 16 岁高中学生，通过调查运动表现和数学与英语成绩之间的关系，发现数学、英语成绩和运动表现之间存在微弱的正相关。菲尔德等人采用调查问卷的方法研究 89 名高中学生的锻炼习惯和学业表现之间的关系，研究发现经常锻炼组的学生的成绩要显著好于低锻炼组的学生。科埃等人研究了三年级、六年级和九年级的 1701 名学生，采用标准化测试，研究结果发现六年级和九年级学生中，体适能高的学生社会科学和数学成绩更好。本研究中运动干预没有对学习成绩产生有效影响的原因可能主要在于运动干预的时间，上述多数研究得出运动影响学习成绩的结论都是长期的运动（至少一两年以上），而本研究干预的时间仅仅为 10 周，运动干预对学习成绩的影响还没有达到显著的程度，因此提示我们，增加运动干预的时间可能对学习成绩的影响能达到显著性水平。

五、结论

10 周针对双困小学生脑执行功能发育不良的篮球运动干预方案对双困小学生抑制、刷新、转换功能均具有显著的促进作用，可以作为有效改善双困小学生脑执行功能的运动干预方案。10 周运动干预对学习困难小学生的学业成绩没有显著影响。

第三节　16周运动干预促进双困、普通小学生脑执行功能的时程效益比较研究

一、研究目的

根据双困小学生抑制、刷新、转换功能发育不良的特点，研发篮球运动干预方案，采用该方案对实验组双困小学生和普通小学生进行为期16周的运动干预，测量5个时间点（实验前、8周、16周、17周、18周）脑执行功能的变化，探讨16周运动干预对双困小学生和普通小学生脑执行功能影响的18周时程效益，分析比较双困和普通小学生脑执行功能18周时程效益差异，全面揭示运动对双困小学生脑执行功能的影响效益，为设计促进学习困难儿童脑执行功能发展的运动方案提供实践基础。

二、研究对象与方法

（一）研究对象

依据学生智力和学业成绩水平，把选取的两种类型学生各自随机分为实验组和对照组，实验组62人（双困26人，普通36人），对照组44人（双困23人，普通21人）。

双困小学生筛选标准：根据国内外以往研究，本研究对双困小学生的选取标准为三条，并且需同时满足这三条要求：①选用《瑞文标准推理测验》（张厚粲等修订）测试小学生的智力，从而排除智力缺陷的小学生；②期末考试成绩低于70分（包括语文成绩、数学成绩）；③班主任和任课教师结合学生的平时学习情况，认为该生是双困小学生。

（二）运动干预方案的研发

根据双困小学生脑执行功能各子功能（抑制、刷新和转换）均发育不良的特点，以短时、10周运动干预研究为基础，进一步研发16周篮球运动干预方案。篮球运动干预方案包括运动频率（*F*）、每次运动持续时间（*T*）、运动强度（*I*）和运动项目（*T*）。运动干预周期为16周，每周3次；每次运动时间40分钟，其中准备活动5分钟、篮球运动30分钟、放松活动5分钟；运动强度控制在能有效促进小学生脑执行功能的中等强度（220–年龄）×（60%～69%）（表8–11）。

表 8-11　运动干预方案一览表

运动项目	运动强度	运动持续时间	运动频率
篮球	（220- 年龄）×（60% ~ 69%）	40 分钟	3 次 / 周

（三）运动干预方案的实施

运动干预方案实施技术路线见图 8-12。

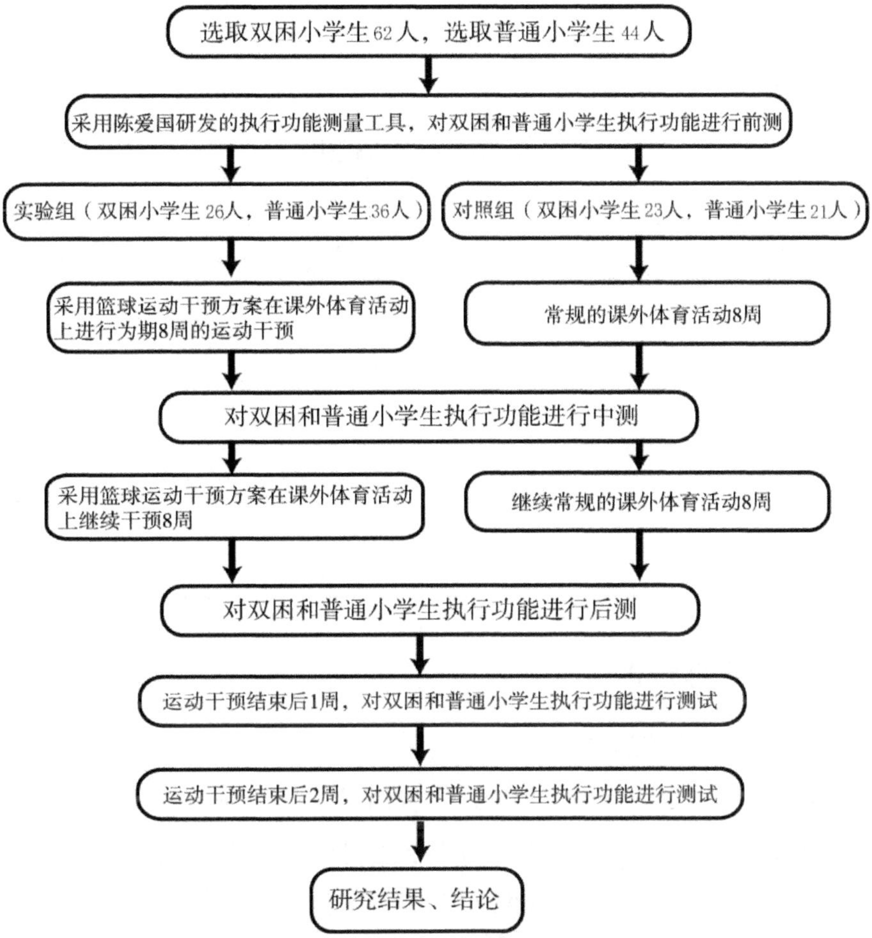

图 8-12　技术路线图

（四）实验条件的控制

1. 脑执行功能的测量

研究使用的儿童脑执行功能测量工具是由我国学者陈爱国、殷恒婵等开发（效度大于 0.85）。测量任务在计算机上完成，采用 E-Prime1.1 系统操作，采用 Flanker 任务测量抑制功能，采用 1-back 任务测量刷新功能，采用 More-odd shifting任务测量转换功能。测量地点选在环境安静舒适的机房内，主试者经过培训，在每次测试前首先进行操作方法讲解，然后指导被试练习，直到所有被试熟练掌握操作方法后正式开始测试。

2. 运动强度的监控

本运动干预实验研究中运动强度的监控方法是监测心率，每次实验都随机选取6名被试学生，男女人数均等，佩戴Polar心率表至实验结束，每次实验进行4次心率测量：安静时、第10分钟、第20分钟、第30分钟，通过Excel 2000进行录入和统计（表8–12）。

表8–12　心率测试表

（单位：次）

姓名	安静时心率	第10分钟心率	第20分钟心率	第30分钟心率
学生1				
学生2				
学生3				
学生4				
学生5				
学生6				

三、研究结果与分析

（一）运动强度监控的结果与分析

如图8–13所示，运动干预过程中，实验组平均心率为136.9次/分，即达到了最大心率的65.5%左右；每次干预时6名小学生的平均心率控制在134 ~ 141次/分，达到了运动干预方案要求的中等强度（图8–14）。

（二）同质性检验的结果与分析

1. 实验组和对照组双困小学生前测脑执行功能的同质性检验的结果与分析

为考察实验组和对照组双困小学生脑执行功能前测是否处于相同水平，对两组小学生的抑制、刷新、转换功能前测进行独立样本t检验，结果显示（表8–13）：抑制功能（t=1.194，p=0.239 > 0.05）、刷新功能（t=1.633，p=0.115 > 0.05）、转换功能（t=1.549，p=0.128 > 0.05）均不存在显著性差异，因此，实验前实验组和对照组双困小学生脑执行功能水平同质。

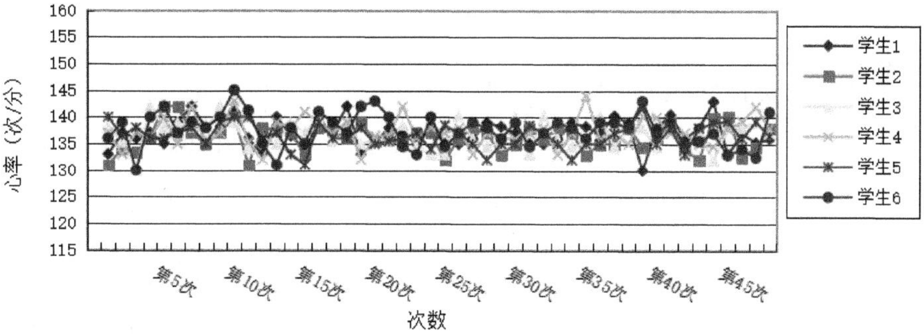

图 8-13　实验组每次活动个人平均心率监测图

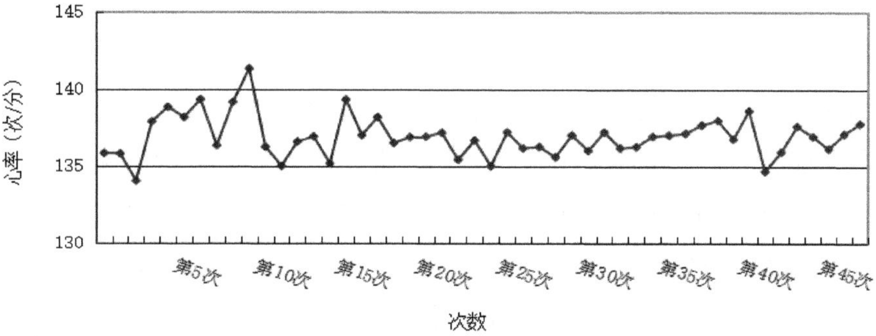

图 8-14　实验组每次活动 6 名被试平均心率监测图

表 8-13　双困小学生实验组和对照组前测脑执行功能同质性检验结果

脑执行功能	实验组（M ± SD）	对照组（M ± SD）	*t*	*p*
抑制	34.00 ± 24.11	25.31 ± 26.87	1.194	0.239
刷新	1336.78 ± 91.78	1226.39 ± 312.49	1.633	0.115
转换	629.77 ± 165.07	546.31 ± 211.58	1.549	0.128

2. 实验组和对照组普通小学生前测脑执行功能的同质性检验的结果与分析

为考察实验组和对照组普通小学生脑执行功能前测是否处于相同水平，对两组小学生前测抑制、刷新、转换功能进行独立样本 *t* 检验，结果显示（表 8-14）：抑制功能（t=0.405，p=0.687 > 0.05）、刷新功能（t=−0.186，p=0.853 > 0.05）、转换功能（t=−0.899，p=0.373 > 0.05）均不存在显著性差异，因此，实验前实验组和对照组普通小学生脑执行功能水平同质。

表 8-14　普通小学生实验组和对照组前测脑执行功能同质性检验

脑执行功能	实验组（M ± SD）	对照组（M ± SD）	t	p
抑制	19.24 ± 16.77	17.58 ± 11.05	0.405	0.687
刷新	1051.90 ± 270.07	1065.09 ± 236.71	–0.186	0.853
转换	479.55 ± 194.92	522.34 ± 127.47	–0.899	0.373

（三）16 周篮球运动干预对双困、普通小学生脑执行功能影响效果的结果与分析

1. 运动干预对双困、普通小学生抑制功能影响的结果与分析

采用 2（组别）× 2（类型）× 5（时间）混合实验设计的三因素重复测量方差分析，组别因素为实验组和对照组，类型因素为语文学习困难小学生和普通小学生，时间因素为实验的前测、中测、后测、后期 1 和后期 2，分析运动干预对双困、普通小学生抑制功能的影响。由表 8-15 的研究结果发现：组别主效应非常显著［$F_{(1,\ 102)}$=26.263，p=0.000 < 0.01］，表明实验组与对照组抑制功能具有非常显著性差异；类型主效应非常显著［$F_{(1,\ 102)}$=12.421，p=0.001 < 0.01］，表明双困与普通小学生抑制功能具有非常显著性差异；时间主效应非常显著［$F_{(4,\ 408)}$=3.870，p=0.004 < 0.01］，表明抑制功能有随时间变化的趋势；组别 × 类型的交互作用非常显著［$F_{(1,\ 102)}$=7.462，p=0.007 < 0.01］，表明不同组别双困与普通小学生的抑制功能具有非常显著性差异；时间 × 组别的交互作用非常显著［$F_{(4,\ 408)}$=8.152，p=0.000 < 0.01］，表明实验组与对照组的抑制功能变化有非常显著性差异；时间 × 类型的交互作用不显著［$F_{(4,\ 408)}$=0.295，p=0.881 > 0.05］，表明双困与普通小学生抑制功能变化无显著性差异；时间 × 组别 × 类型的交互作用边缘性显著［$F_{(4,\ 408)}$=2.388，p=0.051 > 0.05］，表明不同组别双困与普通小学生抑制功能随时间变化具有显著性差异（表 8-15）。

以上结果表明，运动干预对双困、普通小学生抑制功能均具有积极影响，且效果可能存在差异。

表 8-15　运动干预对双困、普通小学生抑制功能影响的方差分析

交互作用	III 型平方和	df	均方	F	p
组别	21448.083	1	21448.083	26.263	0.000**
类型	10143.718	1	10143.718	12.421	0.001**
时间	5954.455	4	1488.614	3.870	0.004**
组别 × 类型	6093.969	1	6093.969	7.462	0.007**
时间 × 组别	12541.713	4	3135.428	8.152	0.000**
时间 × 类型	454.337	4	113.584	0.295	0.881
时间 × 组别 × 类型	3673.054	4	918.263	2.388	0.051

注：$*p < 0.05$；$**p < 0.01$

2. 运动干预对双困、普通小学生刷新功能影响的结果与分析

采用 2（组别）×2（类型）×5（时间）混合实验设计的三因素重复测量方差分析，组别因素为实验组和对照组，类型因素为双困小学生和普通小学生，时间因素为实验的前测、中测、后测、后期 1 和后期 2，分析运动干预对双困、普通小学生刷新功能的影响。由表 8-16 的研究结果发现：组别主效应［$F_{(1,\ 102)}=26.040$，$p=0.000 < 0.01$］非常显著，表明实验组与对照组刷新功能具有非常显著性差异；类型主效应［$F_{(1,\ 102)}=39.009$，$p=0.000 < 0.01$］非常显著，表明双困与普通小学生刷新功能具有非常显著性差异；时间主效应［$F_{(4,\ 102)}=36.411$，$p=0.000 < 0.01$］非常显著，表明刷新功能有随时间变化的趋势；组别 × 类型的交互作用［$F_{(1,\ 102)}=0.193$，$p=0.661 > 0.05$］不显著，表明不同组别双困与普通小学生的刷新功能不具有显著性差异；时间 × 组别的交互作用［$F_{(4,\ 102)}=21.493$，$p=0.000 < 0.01$］非常显著，表明实验组与对照组的刷新功能变化具有非常显著性差异；时间 × 类型的交互作用［$F_{(4,\ 102)}=0.548$，$p=0.701 > 0.05$］不显著，表明双困与普通小学生刷新功能变化无显著性差异；时间 × 组别 × 类型的交互作用［$F_{(4,\ 408)}=2.433$，$p=0.047 < 0.05$］显著，表明不同组别双困与普通小学生刷新功能随时间变化具有显著性差异（表 8-16）。

以上结果表明，运动干预对双困、普通小学生刷新功能均具有积极影响，且效果可能存在差异。

表 8–16　运动干预对双困、普通小学生刷新功能影响的方差分析

交互作用	III 型平方和	df	均方	F	p
组别	4327588.479	1	4327588.479	26.040	0.000**
类型	6482886.423	1	6482886.423	39.009	0.000**
时间	2980835.061	4	745208.765	36.411	0.000**
组别 × 类型	32121.325	1	32121.325	0.193	0.661
时间 × 组别	1759551.264	4	439887.816	21.493	0.000**
时间 × 类型	44850.477	4	11212.619	0.548	0.701
时间 × 组别 × 类型	199198.797	4	49799.699	2.433	0.047*

注：$^*p < 0.05$；$^{**}p < 0.01$

3. 运动干预对双困、普通小学生转换功能影响的结果与分析

采用 2（组别）×2（类型）×5（时间）混合实验设计的三因素重复测量方差分析，组别因素为实验组和对照组，类型因素为双困小学生和普通小学生，时间因素为实验的前测、中测、后测、后期 1 和后期 2，分析运动干预对双困、普通小学生转换功能的影响。由表 8–17 的研究结果发现：组别主效应［$F_{(1,\ 102)}=11.651$，$p=0.001 < 0.01$］非常显著，表明实验组与对照组转换功能具有非常显著性差异；类型主效应［$F_{(1,\ 102)}=7.923$，$p=0.006 < 0.01$］非常显著，表明双困与普通小学生转换功能具有非常显著性差异；时间主效应［$F_{(4,\ 102)}=8.916$，$p=0.000 < 0.01$］非常显著，表明转换功能有随时间变化的趋势；组别 × 类型的交互作用［$F_{(1,\ 102)}=0.035$，$p=0.853 > 0.05$］不显著，表明不同组别双困与普通小学生的转换功能不具有显著性差异；时间 × 组别的交互作用［$F_{(4,\ 102)}=5.245$，$p=0.000 < 0.01$］非常显著，表明实验组与对照组的转换功能变化具有非常显著性差异；时间 × 类型的交互作用［$F_{(4,\ 102)}=0.273$，$p=0.895 > 0.05$］不显著，表明双困与普通小学生转换功能变化无显著性差异；时间 × 组别 × 类型的交互作用［$F_{(4,\ 408)}=2.382$，$p=0.051 > 0.05$］边缘性显著，表明不同组别双困与普通小学生转换功能随时间变化不具有显著性差异（表 8–17）。

以上结果表明，运动干预对双困、普通小学生转换功能均具有积极影响，且效果可能存在差异。

表 8-17　运动干预对双困、普通小学生转换功能影响的方差分析

交互作用	III 型平方和	df	均方	F	p
组别	829661.010	1	829661.010	11.651	0.001**
类型	564213.830	1	564213.830	7.923	0.006**
时间	605574.718	4	151393.680	8.916	0.000**
组别 × 类型	2473.225	1	2473.225	0.035	0.853
时间 × 组别	356246.950	4	89061.737	5.245	0.000**
时间 × 类型	18563.353	4	4640.838	0.273	0.895
时间 × 组别 × 类型	161789.802	4	40447.451	2.382	0.051

注：$^*p < 0.05$；$^{**}p < 0.01$

（四）16 周篮球运动干预改善双困、普通小学生脑执行功能的时程变化特征的结果与分析

1. 运动干预改善双困、普通小学生抑制功能的时程变化特征的结果与分析

对抑制功能的时间 × 组别 × 类型的交互作用进一步进行简单简单效应检验，结果发现：

（1）双困小学生抑制功能的时程变化特征。

①双困小学生实验组不同时间点上的抑制功能存在非常显著性差异［$F_{(4,\ 408)}=10.83$，$p=0.000 < 0.01$］，对照组不存在显著性差异［$F_{(4,\ 408)}=1.42$，$p=0.226 > 0.05$］；进一步对实验组双困小学生各时间点抑制功能进行多重比较，发现：8 周、16 周、17 周、18 周时间点上的抑制功能均非常显著好于前测（$p < 0.01$），8 周、16 周、17 周、18 周各时间点之间无显著性差异（$p > 0.05$）；抑制功能时程效益表现为：8 周、16 周、17 周、18 周>实验前，改善效果在干预结束后两周内具有稳定性（图 8-15）。

②双困小学生实验组与对照组前测抑制功能不存在显著性差异［$F_{(1,\ 103)}=2.43$，$p=0.122 > 0.05$］，8 周、16 周、17 周、18 周抑制功能存在非常显著性差异（$p < 0.01$）；即经过运动干预，双困小学生实验组各时间点的抑制功能均好于对照组（图 8-15）。

（2）普通小学生抑制功能的时程变化特征。

①普通小学生实验组不同时间点上的抑制功能存在显著性差异［$F_{(4,\ 408)}$

=3.03，p=0.018 < 0.05］，对照组不存在显著性差异［$F_{(4,\ 408)}$=0.29，p=0.884 > 0.05］；进一步对实验组普通小学生各时间点抑制功能进行多重比较，发现：8 周、16 周时间点上的抑制功能均非常显著好于实验前（$p < 0.01$），17 周、18 周时间点上抑制功能均显著好于实验前（$p < 0.05$），16 周抑制功能非常显著好于 8 周（$p < 0.01$），其他各时间点之间无显著性差异（$p > 0.05$）；抑制功能时程效益表现为：18 周、17 周、16 周＞ 8 周＞实验前，可以看出运动干预时间越长，抑制功能的变化越明显，并且效果在干预结束后两周内具有稳定性（图 8-16）。

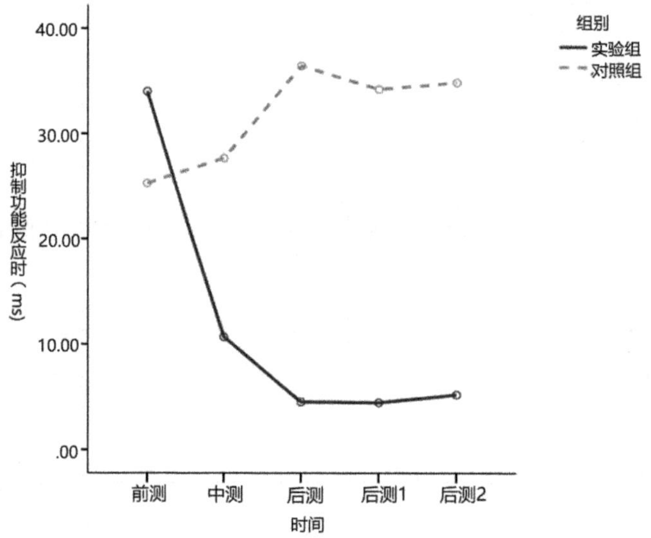

图 8-15　双困小学生实验组与对照组抑制功能时程变化

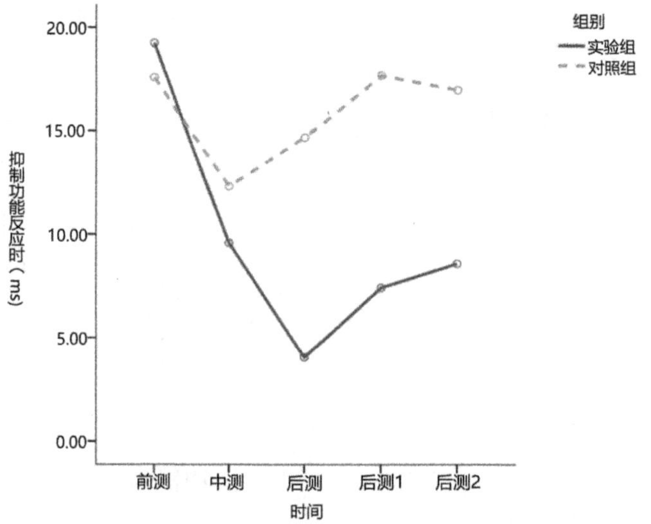

图 8-16　普通小学生实验组与对照组抑制功能时程变化

②普通小学生实验组与对照组前测抑制功能不存在显著性差异［$F_{(1,\ 103)}$=0.04，p=0.837＞0.05］，8 周抑制功能不存在显著性差异［$F_{(1,\ 103)}$=1.49，p=0.225＞0.05］，16 周时抑制功能显著好于对照组［$F_{(1,\ 103)}$=4.22，p=0.043＜0.05］，17 周、18 周抑制功能不存在显著性差异（p＞0.05）；即经过运动干预，普通小学生实验组运动干预效果出现显著变化较晚，16 周时的抑制功能好于对照组（图 8-16），后期稍有反弹，但是干预效果基本保持。

2. 运动干预改善双困、普通小学生刷新功能的时程变化特征的结果与分析

对刷新功能的时间 × 组别 × 类型的交互作用进一步进行简单简单效应检验，得出如下结果。

（1）双困小学生刷新功能的时程变化特征。

①双困小学生实验组不同时间点上的刷新功能存在非常显著性差异［$F_{(4,\ 408)}$=37.43，p=0.000＜0.01］，对照组不存在显著性差异［$F_{(4,\ 408)}$=0.20，p=0.938＞0.05］；进一步对实验组双困小学生各时间点刷新功能进行多重比较，发现：8 周、16 周、17 周、18 周时间点上的刷新功能均非常显著好于实验前（p＜0.01），8 周、16 周、17 周、18 周各时间点之间无显著性差异（p＞0.05）；刷新功能时程效益表现为：18 周、17 周、16 周、8 周＞实验前，改善效果在干预结束后两周内具有稳定性（图 8-17）。

②双困小学生实验组与对照组前测刷新功能不存在显著性差异［$F_{(1,\ 103)}$=2.68，p=0.105＞0.05］，8 周、16 周、17 周、18 周刷新功能均非常显著好于对照组（p＜0.01）；即经过运动干预，双困小学生实验组各时间点的刷新功能均好于对照组（图 8-17）。

（2）普通小学生刷新功能的时程变化特征。

①普通小学生实验组不同时间点上的刷新功能存在非常显著性差异［$F_{(4,\ 408)}$=30.45，p=0.000＜0.01］，对照组不存在显著性差异［$F_{(4,\ 408)}$=2.11，p=0.078＞0.05］；进一步对实验组普通小学生各时间点刷新功能进行多重比较，发现：8 周、16 周、17 周、18 周时间点上的刷新功能均非常显著好于实验前（p＜0.01），16 周、17 周时间点上的刷新功能显著好于 8 周（p＜0.01），其他各时间点之间无显著性差异（p＞0.05）；刷新功能时程效益表现为：16 周、17 周、18 周＞8 周＞实验前，可以看出运动干预时间越长，刷新功能的变化越明显，并且效果在

干预结束后两周内具有稳定性（图 8-18）。

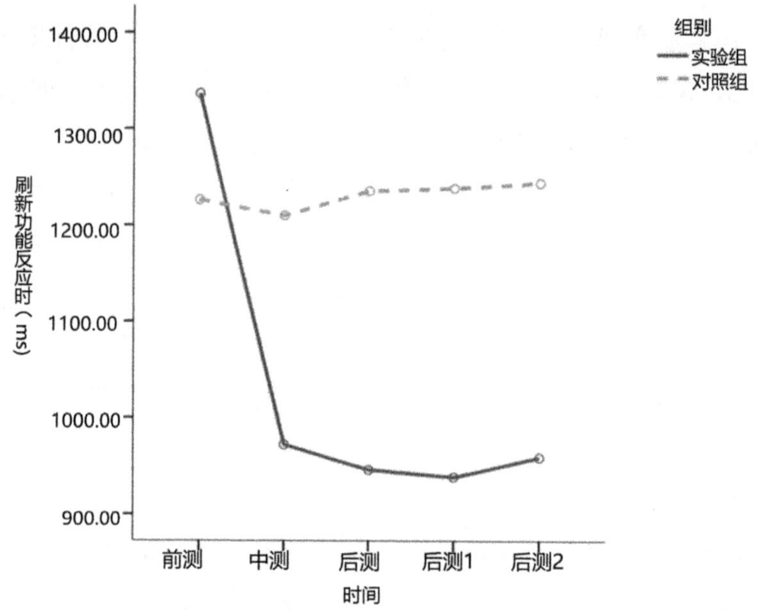

图 8-17　双困小学生实验组与对照组刷新功能时程变化

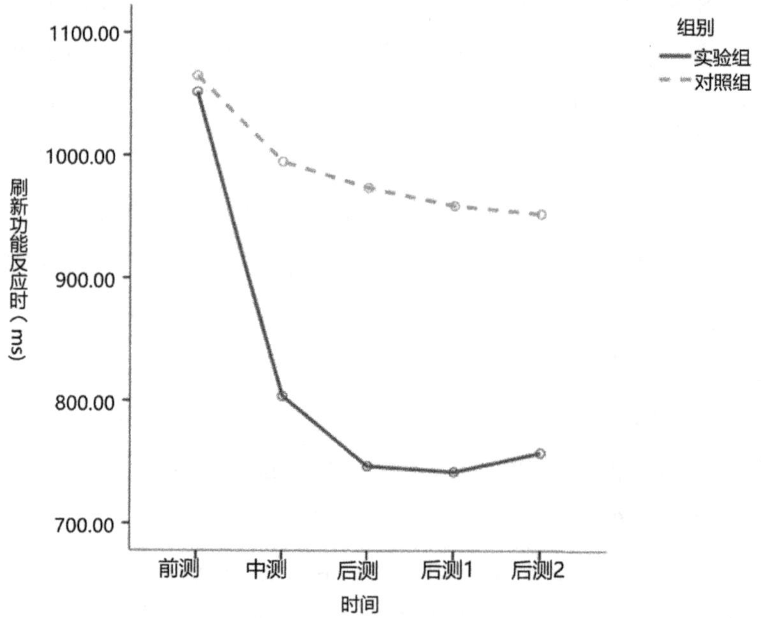

图 8-18　普通小学生实验组与对照组刷新功能时程变化

②普通小学生实验组与对照组前测刷新功能不存在显著性差异［$F_{(1,\ 103)}=0.93$，$p=0.336>0.05$］，8 周、16 周、17 周、18 周刷新功能均非常显著好于对

照组（$p < 0.01$）；即经过运动干预，普通小学生实验组各时间点的刷新功能均好于对照组（图 8–18）。

3. 运动干预改善双困、普通小学生转换功能的时程变化特征的结果与分析

对转换功能的时间 × 组别 × 类型的交互作用进一步进行简单简单效应检验，结果发现：

（1）双困小学生转换功能的时程变化特征。

①双困小学生实验组不同时间点上的转换功能存在非常显著性差异［$F_{(4, 408)}$=13.47，p=0.000 < 0.01］，对照组不存在显著性差异［$F_{(4, 408)}$=0.12，p=0.973 > 0.05］；进一步对实验组双困小学生各时间点转换功能进行多重比较，发现：8 周、16 周、17 周、18 周时间点上的转换功能均非常显著好于实验前（$p < 0.01$），8 周、16 周、17 周、18 周各时间点之间无显著性差异（$p > 0.05$）；转换功能时程效益表现为：18 周、17 周、16 周、8 周>实验前，改善效果在干预结束后两周内具有稳定性（图 8–19）。

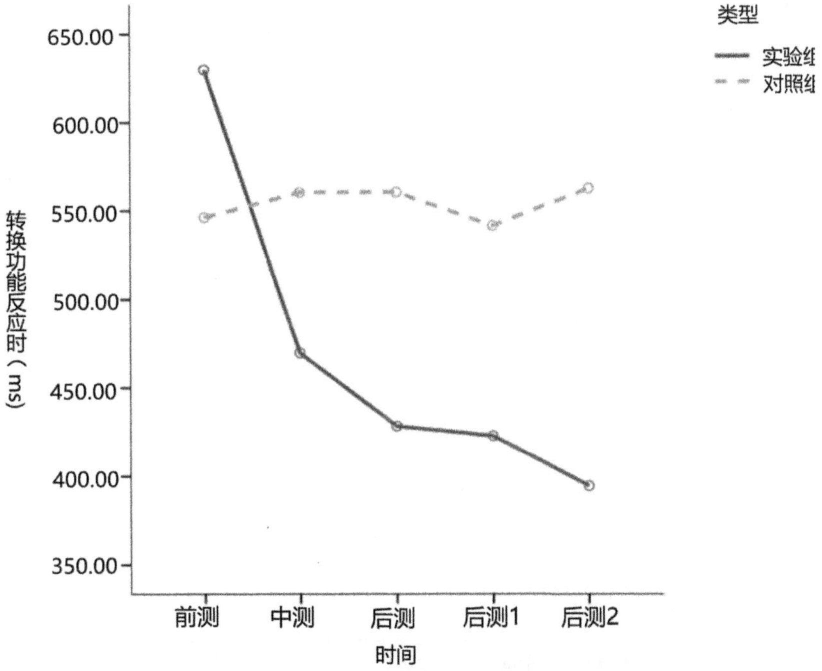

图 8–19 双困小学生实验组与对照组转换功能时程变化

②双困小学生实验组与对照组前测转换功能不存在显著性差异［$F_{(1, 103)}$=2.84，p=0.095 > 0.05］，8 周、16 周、17 周转换功能均显著好于对照组（$p < 0.05$），18 周转换功能非常显著好于对照组［$F_{(1, 103)}$=14.96，p=0.000 < 0.01］；即经过

运动干预，双困小学生实验组各时间点的转换功能均好于对照组（图 8–19）。

（2）普通小学生转换功能的时程变化特征。

①普通小学生实验组不同时间点上的转换功能存在非常显著性差异［$F_{(4,\ 408)}=3.93$，$p=0.004<0.01$］，对照组不存在显著性差异［$F_{(4,\ 408)}=0.60$，$p=0.661>0.05$］；进一步对实验组普通小学生各时间点转换功能进行多重比较，发现：8 周转换功能显著好于实验前（$p=0.014<0.05$），16 周、17 周、18 周时间点上的转换功能均非常显著好于实验前（$p<0.01$），8 周、16 周、17 周、18 周各时间点之间无显著性差异（$p>0.05$）；运动干预对普通小学生的转换功能具有积极影响，转换功能时程效益表现为：18 周、17 周、16 周、8 周>实验前，改善效果在干预结束后两周内具有稳定性（图 8–20）。

②普通小学生实验组与对照组前测转换功能不存在显著性差异［$F_{(1,\ 103)}=1.69$，$p=0.197>0.05$］，8 周、16 周、17 周、18 周转换功能均显著好于对照组（$p<0.05$）；即经过运动干预，普通小学生实验组各时间点的转换功能均好于对照组（图 8–20）。

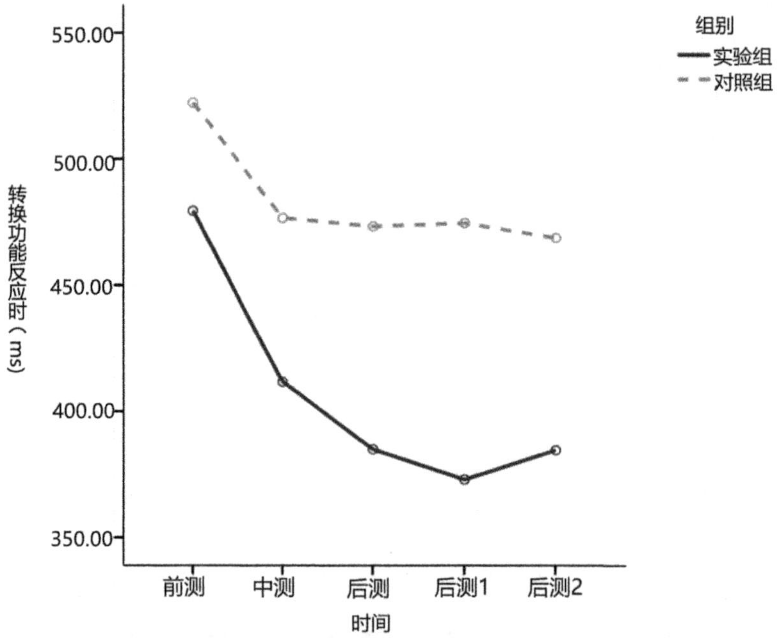

图 8–20　普通小学生实验组与对照组转换功能时程变化

（五）16周篮球运动干预改善双困、普通小学生脑执行功能的时程变化特征比较的结果与分析

1.运动干预改善双困、普通小学生抑制功能的时程变化特征比较的结果与分析

对抑制功能的时间 × 组别 × 类型的交互作用进行简单简单效应检验，结果发现：实验组双困、普通小学生前测抑制功能具有非常显著性差异［$F_{(1, 103)}=7.16$，$p=0.009 < 0.01$］，8周、16周、17周、18周抑制功能均不具有显著性差异（$p > 0.05$）；即运动干预对双困小学生抑制功能的改善效果好于普通小学生，实验干预前，双困小学生的抑制功能显著低于普通小学生，而运动干预8周及以后，双困小学生的抑制功能与普通小学生水平不存在差异（图8–21）。

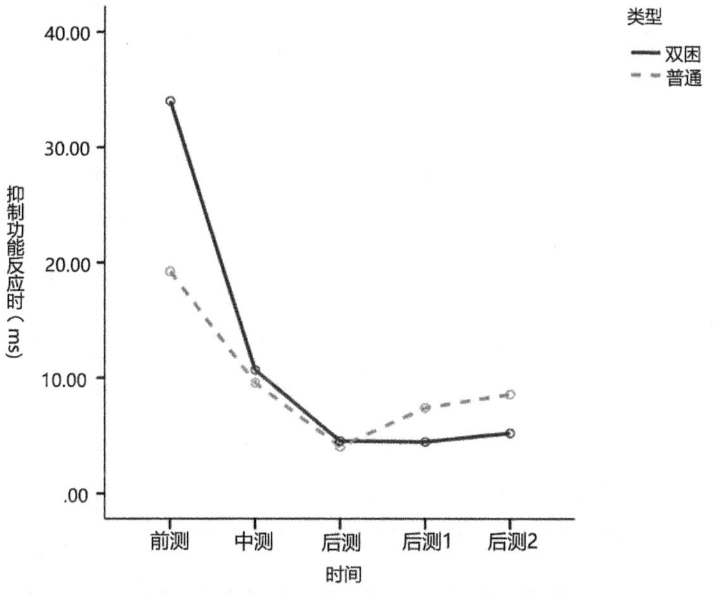

图8–21　实验组双困、普通小学生刷新功能时程变化

2.运动干预改善双困、普通小学生刷新功能的时程变化特征比较的结果与分析

对刷新功能的时间 × 组别 × 类型的交互作用进行简单简单效应检验，结果发现：实验组双困、普通小学生前测刷新功能具有非常显著性差异［$F_{(1, 103)}=19.98$，$p=0.000 < 0.01$］，8周、16周、17周、18周刷新功能均具有非常显著性差异（$p < 0.01$）；即实验组普通小学生各时间点刷新功能均好于双困小学生，

运动干预对双困、普通小学生刷新功能均有改善效果，但改善效果在两类学生中无显著差异（图 8–22）。

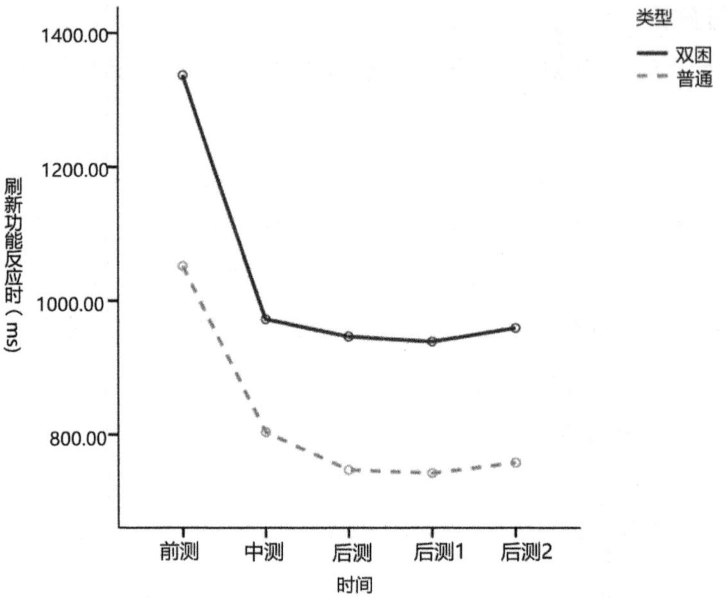

图 8–22　实验组双困、普通小学生刷新功能时程变化

3. 运动干预改善双困、普通小学生转换功能的时程变化特征比较的结果与分析

对转换功能的时间 × 组别 × 类型的交互作用进行简单简单效应检验，结果发现：实验组双困、普通小学生前测转换功能具有非常显著性差异［$F_{(1,\ 103)}=10.26$，$p=0.002<0.01$］，8 周、16 周、17 周、18 周转换功能均不具有显著性差异（$p>0.05$）；运动干预对双困小学生转换功能的改善效果好于普通小学生，实验干预前，双困小学生的转换功能显著低于普通小学生，而运动干预 8 周及以后，双困小学生的转换功能与普通小学生水平不存在差异（图 8–23）。

四、讨论

（一）16 周篮球运动干预方案对双困和普通小学生脑执行功能影响的时程效益特征

本研究发现篮球运动对双困、普通小学生脑执行功能均具有显著改善作用，首次揭示了运动干预对双困和普通小学生脑执行功能影响的时程效益特征。针对双困小学生开发的篮球运动干预方案干预学习困难和普通小学生脑执行功能的时程变化特征：双困小学生的抑制功能、刷新功能和转换功能在干预 8 周时产生改善趋势，在干预 16 周时改善效果显著，在干预后的 17 周和 18 周改善效果基本保持 16 周水平；抑制和刷新功能在 16 周、17 周、18 周显著好于对照组，说明干预效果显著，转换功能在 16 周和 17 周改善效果显著好于对照组，说明改善效果显著。

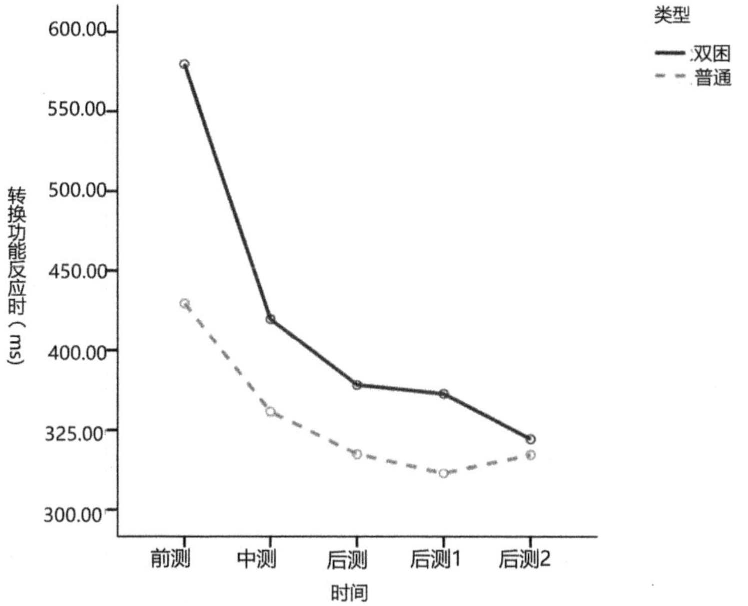

图 8-23 实验组双困、普通小学生转换功能时程变化

普通小学生的时程效应特点是，抑制功能和刷新功能在干预 8 周时产生显著改善效果，在干预 16 周时改善效果进一步显著，在干预后 2 周改善效果基本保持 16 周水平，转换功能在干预 8 周时有改善趋势，但是没有显著差异，在干预 16 周时，改善效果达到显著性，并且在干预后 2 周改善效果基本保持 16 周水平。刷新功能和转换功能在 16 周、17 周、18 周显著好于对照组，说明干预效果显著，抑制功能在 16 周显著好于对照组，说明干预效果显著。该研究结果与以往研究基本保持一致。殷恒婵采用“武术 + 跳绳 +8 字跑”和“花样跑步”对小学生进行干预，结果表明 20 周运动干预后小学生脑执行功能水平显著好于 10 周运动干预后小学生脑执行功能水平，都显著好于运动干预前小学生脑执行功能水平。戴维斯（Davis）等人采用运动干预研究了 7 ~ 11 岁的超重小学生的脑执行功能，运动干预方法采用每周 5 次、每次 40 分钟、持续 15 周的体育运动干预，研究结果表明体育运动能改善超重儿童脑执行功能的计划功能。陈爱国、蒋任薇等人选取聋哑小学生为研究对象，根据聋哑儿童的脑执行功能特点开发了花样跳绳运动干预方案，采用该方案对聋哑儿童进行为期 8 周中等强度的运动干预，实验前后均采用相同脑执行功能测试软件对聋哑小学生进行测试，研究发现，花样跳绳运动干预方案对聋哑儿童刷新功能和转换功能有积极影响，而对抑制功能无影响，表明随着运动时间的增加，脑执行功能都能够得到改善。本研究还发现，在运动干预停止后的 1 周和 2 周，学习困难儿童的脑执行功能改善效果基本保持或略有反弹。这说明长期的运动干预能够改善学习困难小学生的脑执行功能，并且效果具有保持效应。本研究是两周内改善效果基本保持，后期更长的保持效应特点有待继续研究。

（二）16 周篮球运动干预方案对双困和普通小学生脑执行功能影响的时程效益比较

本研究结果发现，16 周篮球运动干预方案对双困和普通小学生时程效益差异表现为：双困小学生抑制和转换功能的改善效果好于普通小学生，运动干预 8 周及以后，双困小学生与普通小学生的抑制功能水平不存在差异；运动干预对双困、普通小学生刷新功能均有改善效果，但改善效果在两类学生中无显著差异。

五、结论

16 周篮球运动干预对双困和普通小学生脑执行功能均有积极效益，对脑执行功能的改善效果随时程变化逐渐加强，运动干预 8 周能基本达到显著改善效果，且效果在干预结束后两周内具有稳定性；运动干预双困和普通小学生脑执行功能的效益随时程变化存在差异。

第四节　脑执行功能在运动影响双困小学生学业成绩中的中介效应研究

一、研究目的

本研究以双困小学生为研究对象，依据运动干预改善双困小学生脑执行功能发育的研究基础，探讨运动干预对双困小学生学业成绩的影响，并进一步分析脑执行功能在运动干预改善双困小学生学业成绩中的中介作用，旨在为揭示运动干预与双困小学生学业成绩的关系以及通过脑执行功能促进小学生学业成绩改善提供理论和实践基础。

二、研究对象与方法

（一）研究对象

经筛查选取四年级双困小学生 49 人，实验组双困 26 人，对照组双困 23 人。

双困小学生筛选标准：根据国内外以往研究，本研究对双困小学生的选取标准为三条，并且需同时满足这三条要求：①选用《瑞文标准推理测验》（张厚粲等修订）测试小学生的智力，从而排除智力缺陷的小学生；②期末考试成绩低于 70 分（包括语文成绩、数学成绩）；③班主任和任课教师结合学生的平时学习情况，认为该生是双困小学生。

（二）运动干预方案的实施

运动干预方案实施的技术路线见图 8–24。

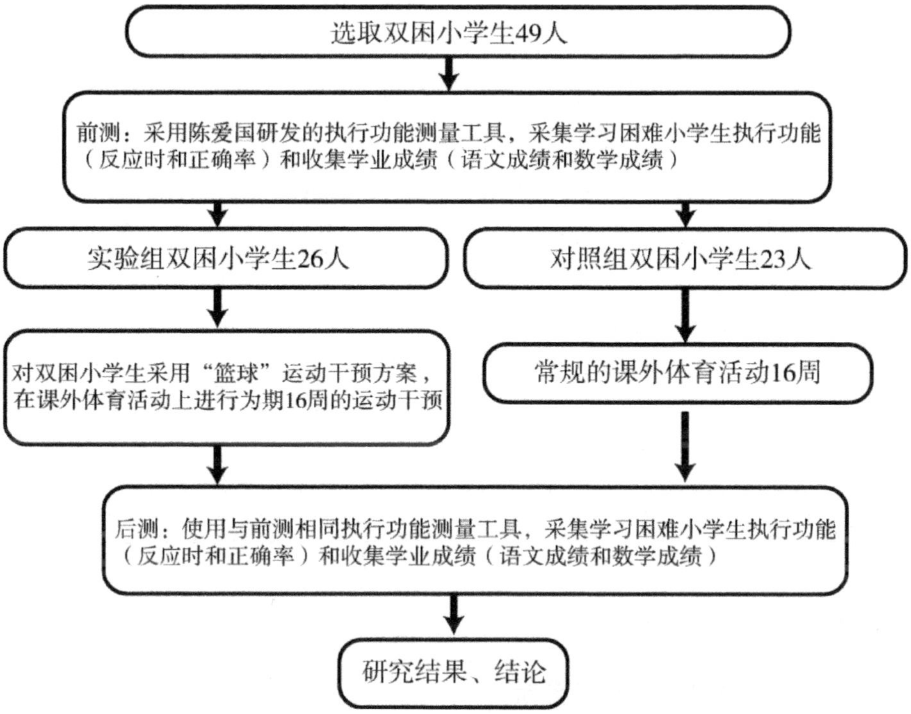

图 8–24　技术路线图

（三）实验条件的控制

1. 脑执行功能的测量

研究使用的儿童脑执行功能测量工具是由我国学者陈爱国、殷恒婵等开发（效度大于 0.85）。测量任务在计算机上完成，采用 E–Prime1.1 系统操作，采用 Flanker 任务测量抑制功能，采用 1-back 任务测量刷新功能，采用 More-odd shifting 任务测量转换功能。测量地点选在环境安静舒适的机房内，主试者经过培训，在每次测试前首先进行操作方法讲解，然后指导被试练习，直到所有被试熟练掌握操作方法后正式开始测试。

2. 学业成绩测量

学业成绩采集采用学生上一学期期末学业成绩和运动干预后本学期期末成绩为学生的学业成绩，并将分数进行标准化（Z 分数）。

3. 运动强度的监控

本运动干预实验研究中运动强度的监控方法是监测心率，每次实验都随机选取 6 名被试学生，男女人数均等，佩戴 Polar 心率表至实验结束，每次实验进行 4 次心率测量：安静时、第 10 分钟、第 20 分钟、第 30 分钟，通过 Excel 2000 进行录入和统计（表 8–18）。

表 8–18　心率测试表

（单位：次）

姓名	安静时心率	第 10 分钟心率	第 20 分钟心率	第 30 分钟心率
学生 1				
学生 2				
学生 3				
学生 4				
学生 5				
学生 6				

三、研究结果与分析

（一）同质性检验的结果与分析

1. 脑执行功能同质性检验的结果与分析

考察双困小学生实验组与对照组前测脑执行功能是否处于相同水平，对实验组和对照组双困小学生前测脑执行功能进行同质性检验，结果显示（表 8–19）：双困小学生前测抑制功能（t=1.194，p=0.239 > 0.05）、前测刷新功能（t=1.633，p=0.115 > 0.05）、前测转换功能（t=1.190，p=0.240 > 0.05）均不存在显著性差异，说明实验前实验组和对照组双困小学生脑执行功能各子功能水平同质。

表 8-19　实验组和对照组双困小学生脑执行功能 t 检验结果

脑执行功能	实验组（M ± SD）	对照组（M ± SD）	t	p
前测抑制	34.0012 ± 24.10740	25.3080 ± 26.86981	1.194	0.239
前测刷新	1336.7754 ± 91.78278	1226.3885 ± 312.48962	1.633	0.115
前测转换	629.7728 ± 165.07004	571.9650 ± 174.92779	1.190	0.240

2. 学业成绩同质性检验的结果与分析

考察双困小学生实验组与对照组前测学业成绩是否处于相同水平，对实验组和对照组双困小学生前测语文和数学成绩进行同质性检验，结果显示（表 8-20）：双困小学生前测语文成绩（t=0.568，p=0.573 > 0.05）、前测数学成绩（t=–0.281，p=0.780 > 0.05）均不存在显著性差异，说明实验前实验组和对照组双困小学生学业成绩水平同质。

表 8-20　实验组和对照组双困学习困难小学生学业成绩 t 检验结果

学业成绩	实验组（M ± SD）	对照组（M ± SD）	t	p
语文成绩	0.077 ± 0.981	–0.087 ± 1.036	0.568	0.573
数学成绩	–0.038 ± 1.026	0.043 ± 0.991	–0.281	0.780

（二）16 周篮球运动干预对双困小学生脑执行功能影响的结果与分析

1. 运动干预对双困小学生抑制功能影响的结果与分析

对 2（组别：对照组、实验组）× 2（时间：前测、后测）混合设计的研究采用重复测量方差分析法，分析运动干预对双困小学生抑制功能的影响，结果发现（表 8-21）：抑制功能组内时间因素效应［$F_{(1,\ 47)}$=2.997，p=0.090 > 0.05］不显著；组间组别因素效应［$F_{(1,\ 47)}$=3.252，p=0.078 > 0.05］不显著；时间 × 组别交互作用因素［$F_{(1,\ 47)}$=14.636，p=0.000 < 0.01］非常显著。结果表明，运动干预对双困小学生抑制功能有显著的积极作用。

表 8-21　运动干预对双困小学生抑制功能的影响

交互作用	III 型平方和	df	均方	F	p
时间	2055.826	1	2055.826	2.997	0.090
组别	3278.340	1	3278.340	3.252	0.078
时间 × 组别	10040.997	1	10040.997	14.636	0.000**

注：**p < 0.01

2. 运动干预对双困小学生刷新功能影响的结果与分析

对 2（组别：对照组、实验组）×2（时间：前测、后测）混合设计的研究采用重复测量方差分析法，分析运动干预对双困小学生刷新功能的影响，结果发现（表 8-22）：抑制功能组内时间因素效应［$F_{(1,\ 47)}=48.397$，$p=0.000 < 0.01$］非常显著；组间组别因素效应［$F_{(1,\ 47)}=1.825$，$p=0.183 > 0.05$］不显著；时间 × 组别交互作用因素［$F_{(1,\ 47)}=53.193$，$p=0.000 < 0.01$］非常显著。结果表明，运动干预对双困小学生刷新功能有显著的积极作用。

表 8-22　运动干预对双困小学生刷新功能的影响

交互作用	III 型平方和	df	均方	*F*	*p*
时间	887326.169	1	887326.169	48.397	0.000**
组别	195526.897	1	195526.897	1.825	0.183
时间 × 组别	975247.645	1	975247.645	53.193	0.000**

注：$^{*}p < 0.05$；$^{**}p < 0.01$

3. 运动干预对双困小学生转换功能影响的结果与分析

对 2（组别：对照组、实验组）×2（时间：前测、后测）混合设计的研究采用重复测量方差分析法，分析运动干预对双困小学生转换功能的影响，结果发现（表 8-23）：转换功能组内时间因素效应［$F_{(1,\ 47)}=13.474$，$p=0.001 < 0.01$］非常显著；组间组别因素效应［$F_{(1,\ 47)}=0.815$，$p=0.371 > 0.05$］不显著；时间和组别交互作用因素［$F_{(1,\ 47)}=10.722$，$p=0.002 < 0.01$］非常显著。结果表明，运动干预对双困小学生转换功能有显著的积极作用。

表 8-23　运动干预对双困小学生转换功能的影响

交互作用	III 型平方和	df	均方	*F*	*p*
时间	276596.536	1	276596.536	13.474	0.001**
组别	33691.874	1	33691.874	0.815	0.371
时间 × 组别	220102.720	1	220102.720	10.722	0.002**

注：$^{*}p < 0.05$；$^{**}p < 0.01$

（三）16 周篮球运动干预对学习困难小学生学业成绩影响的结果与分析

1. 运动干预对双困小学生语文成绩影响的结果与分析

对 2（组别：对照组、实验组）×2（时间：前测、后测）混合设计的研究采用重复测量方差分析法，分析运动干预对双困小学生语文成绩的影响，结果发现，组内时间因素效应［$F_{(1, 47)}$=0.107，p=0.745 > 0.05］不显著；组间组别因素效应［$F_{(1, 47)}$=4.903，p=0.032 < 0.05］显著；时间和组别交互作用因素［$F_{(1, 47)}$=28.545，p=0.000 < 0.01］非常显著。再结合两组前后测的学业成绩变化，结果表明，运动干预对双困小学生学业成绩有显著的积极作用（图 8–25）。

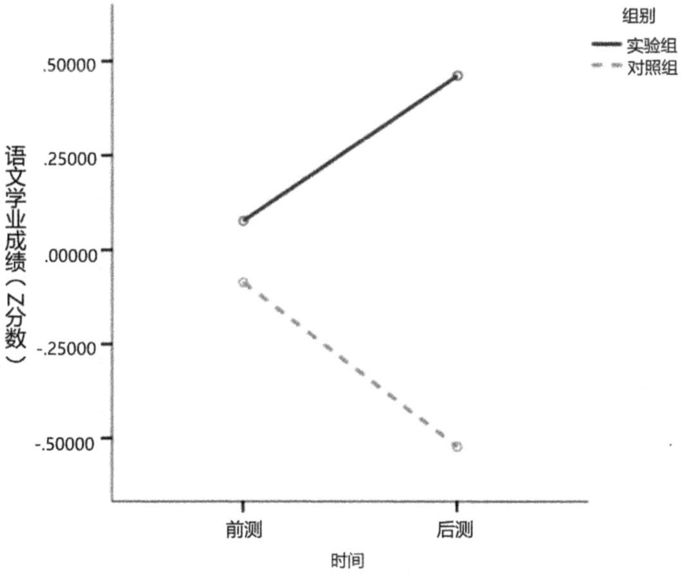

图 8–25　运动干预对双困小学生语文成绩的影响

2. 运动干预对双困小学生数学成绩影响的结果与分析

对 2（组别：对照组、实验组）×2（时间：前测、后测）混合设计的研究采用重复测量方差分析法，分析运动干预对双困小学生数学成绩的影响，结果发现：组内时间因素效应［$F_{(1, 47)}$=0.149，p=0.701 > 0.05］不显著；组间组别因素效应［$F_{(1, 47)}$=2.958，p=0.092 > 0.05］不显著；时间和组别交互作用因素［$F_{(1, 47)}$=39.692，p=0.000 < 0.01］非常显著。再结合两组前后测的学业成绩变化，结果表明，运动干预对双困小学生学业成绩有显著的积极作用（图 8–26）。

（四）双困小学生脑执行功能变化与学业成绩关系的结果与分析

采用皮尔逊相关分析，探讨运动干预前后双困小学生脑执行功能变化与学业成绩变化的相关性。结果发现：双困小学生数学成绩变化与抑制功能反应时变化（r=–0.330，p=0.020 < 0.05）、刷新功能反应时变化（r=–0.479，p < 0.001）、转换功能反应时变化（r=–0.535，p < 0.001）具有显著的负相关，即数学成绩变化与抑制功能、刷新功能和转换功能变化具有显著的正相关；双困小学生语文成绩变化与抑制功能反应时变化（r=–0.409，p=0.004 < 0.05）、刷新功能反应时变化（r=–0.378，p=0.007 < 0.05）、转换功能反应时变化（r=–0.346，p=0.015 < 0.05）具有显著的负相关，即语文成绩变化与抑制功能、刷新功能、转换功能变化具有显著的正相关。

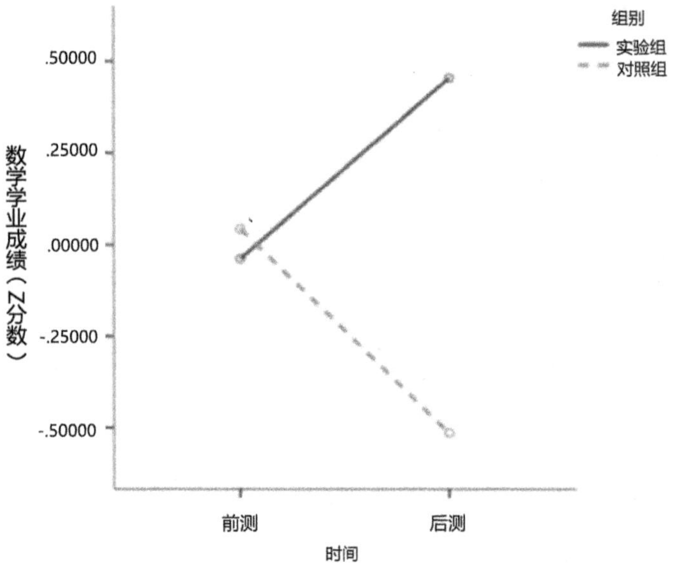

图 8–26 运动干预对双困小学生数学成绩的影响

（五）脑执行功能变化对双困小学生学业成绩预测作用的结果与分析

1. 脑执行功能变化对双困小学生语文成绩预测作用的结果与分析

以语文成绩变化为因变量，以抑制功能、刷新功能和转换功能变化为自变量，采用多元逐步回归分析，结果显示（表 8–24），脑执行功能三个子功能变化对语文成绩变化具有显著预测力的功能为两个，依次为抑制功能和转换功能。两个预测变量的决定系数为 0.261，回归模型整体性检验的 F 值为 8.144（p=0.001），因此，两个预测变量共可有效解释语文成绩变化的 26.1%。从每个预测变量来看，对语文成绩变化最具预测力的为抑制功能，其解释变异量为 16.7%；转换功能的预测力为 9.5%。

表 8-24 脑执行功能对双困小学生语文成绩的影响结果

输入变量顺序	R^2	ΔR^2	F	Δ F	B	标准误	Beta
抑制功能变化	0.167	0.167	9.419	9.419	–0.007	0.002	–0.409
转换功能变化	0.261	0.095	8.144	5.889	–0.001	0.000	–0.309

2. 脑执行功能变化对双困小学生数学成绩预测作用的结果与分析

以数学成绩变化为因变量，以抑制功能、刷新功能和转换功能变化为自变量，采用多元逐步回归分析，结果显示（表 8–25），脑执行功能三个子功能变化对数学成绩变化具有显著预测力的功能为两个，依次为转换功能和刷新功能。两个预测变量的决定系数为 0.365，回归模型整体性检验的 F 值为 13.241（$p < 0.05$），因此，两个预测变量共可有效解释数学成绩变化的 36.5%。从每个预测变量来看，对数学成绩变化最具预测力的为转换功能，其解释变异量 28.7%；刷新功能的预测力为 7.9%。

表 8-25 脑执行功能对双困小学生数学成绩的影响结果

输入变量顺序	R^2	ΔR^2	F	Δ F	B	标准误	Beta
转换功能变化	0.287	0.287	18.873	18.873	–0.002	0.000	–0.535
刷新功能变化	0.365	0.079	13.241	5.715	–0.001	0.000	–0.309

（六）脑执行功能在运动干预改善双困小学生学业成绩中的中介效应检验的结果与分析

运动干预能够改善双困小学生脑执行功能与学业成绩，而抑制、转换功能变化能够预测语文成绩的变化，刷新、转换功能变化能够预测数学成绩的变化，因此，本研究假设抑制和转换功能变化为运动改善语文成绩的中介变量，刷新和转换功能变化为运动改善数学成绩的中介变量。采用温忠麟等提出的中介效应检验程序在 SPSS 和 Mplus 上进行中介效应的检验。

具体检验程序：①检验回归系数 c，如果显著，继续下面的第二步，否则停止分析。②做巴伦和肯尼提出的部分中介检验，即依次检验系数 a、b，如果都显著，意味着自变量对因变量的影响至少有一部分是通过中介变量实现的，进行第三步；如果至少有一个不显著，进行第四步。③做贾德和肯尼完全中介检验中的第 3 个检验，检验系数 c'，如果不显著，说明为完全中介作用；如果显著，说明为部分中介作用，检验结束。④用 Bootstrap 法直接检验 H0：ab=0，如果显著，则中介效应显著，观察第三步检验中 c' 的显著性，判断中介效应为部分中介效应或完全中介效应，否则中介效应不显著，停止分析。考虑自变量 X 对因变量 Y 的影响，如果 X 通过影响变量 M 来影响 Y，则称 M 为中介变量。目前，对中介效应的检验方法很多，而鉴于检验力更高的是使用偏差校正后的置信区间，即所谓的偏差校正的非参数百分位 Bootstrap 法，我们在此选择用 Mplus 软件来调用 Bootstrap 法计算系数乘积的置信区间，实现系数乘积的 Bootstrap 法检验。

1. 抑制功能在运动干预改善双困小学生语文成绩中的中介效应检验的结果与分析

以运动干预为自变量，以语文成绩变化为因变量（Y），并假设抑制功能的变化为中介变量（M_1）的中介效应分析（标准化）。由表 8–26 可知，逐步检验的第三步中，b 的系数不显著（t=–1.088，$p > 0.05$）。根据温忠麟等人提出的检验程序，需要采用 Bootstrap 法检验 H0：ab=0 的显著性。结果显示，95% 置信区间上限和下限分别为 –25.845 和 7.471，包括 0，说明抑制功能的中介效应不显著。

表 8–26　抑制功能在运动改善双困小学生语文成绩的中介效应检验

步　骤	标准化回归方程	回归系数检验	
第一步	Y=–0.615X	SE=0.154	t=–5.343**
第二步	M=0.487X	SE=10.603	t=3.826**
第三步	Y=–0.143M+–0.545X	SE=0.002	t=–1.088
		SE=0.176	t=–4.145**

注：*$p < 0.05$；**$p < 0.01$

2. 转换功能在运动干预改善双困小学生语文成绩中的中介效应检验的结果与分析

以运动干预为自变量，以语文成绩变化为因变量（Y），并假设转换功能的变化为中介变量（M_2）的中介效应分析（标准化）。由表 8–27 可知，逐步检验的第三步中，b 的系数不显著（t=–0.782，$p > 0.05$）。根据温忠麟等人提出的检验程序，需要采用 Bootstrap 法检验 H0：ab=0 的显著性。结果显示，95% 置信区间上限和下限分别为 –131.913 和 49.270，包括 0，说明转换功能的中介效应不显著。

表 8-27　转换功能在运动改善双困小学生语文成绩的中介效应检验

步　骤	标准化回归方程	回归系数检验	
第一步	Y=-0.615X	SE=0.154	t=-5.343**
第二步	M=0.431X	SE=58.002	t=3.274**
第三步	Y=0.000M+0.171X	SE=0.000	t=-0.782
		SE=0.171	t=-4.464**

注：$^*p < 0.05$；$^{**}p < 0.01$

3. 刷新功能在运动干预改善双困小学生数学成绩中的中介效应检验的结果与分析

以运动干预为自变量，以数学成绩变化为因变量（Y），并假设刷新功能的变化为中介变量（M_1）的中介效应分析（标准化）。由表 8-28 可知，逐步检验的第三步中，b 的系数不显著（t=0.184，$p > 0.05$）。根据温忠麟等人提出的检验程序，需要采用 Bootstrap 法检验 H0：ab=0 的显著性。结果显示，95% 置信区间上限和下限分别为 -84.875 和 87.575，包括 0，说明刷新功能的中介效应不显著。

表 8-28　刷新功能在运动改善双困小学生数学成绩的中介效应检验

步　骤	标准化回归方程	回归系数检验	
第一步	Y=-0.677X	SE=0.167	t=-6.300**
第二步	M=0.729X	SE=54.814	t=7.293**
第三步	Y=0.029M+-0.698X	SE=0.000	t=0.184
		SE=0.246	t=-4.405**

注：$^*p < 0.05$；$^{**}p < 0.01$

4. 转换功能在运动干预改善双困小学生数学成绩中的中介效应检验的结果与分析

以运动干预为自变量，以数学成绩变化为因变量（Y），并假设转换功能的变化为中介变量（M_2）的中介效应分析（标准化）。由表 8-29 可知，逐步检验都是显著的，即转换功能变化的中介效应显著。由于 c' 显著（t=-4.405，$p < 0.05$），则转换功能变化为部分中介变量，中介效应占总效应的比例为 0.431×（-0.299）

/ (–0.548) =23.516%。结果表明，运动干预对双困小学生数学成绩的改善，一部分是通过改善双困小学生的转换功能，间接改善了数学成绩，即转换功能在运动改善双困小学生数学成绩中起到了部分中介作用。

表 8–29　转换功能在运动改善双困小学生数学成绩的中介效应检验

步　骤	标准化回归方程	回归系数检验	
第一步	Y=–0.677X	SE=0.167	t=–6.300**
第二步	M=0.431X	SE=54.002	t=3.274**
第三步	Y=–0.299M+–0.548X	SE=0.000	t=–2.673**
		SE=0.174	t=–4.893**

注：*$p < 0.05$；**$p < 0.01$

四、讨论

（一）16 周篮球运动干预对双困小学生脑执行功能的影响

本研究结果表明，16 周篮球运动干预对双困小学生完成抑制、刷新和转换任务时的表现产生了积极的影响。这与以往的研究结果一致，陈爱国的研究发现，中等强度的篮球运动可以提高儿童的脑执行功能，但效果与运动持续时间有关，30 分钟中等强度的篮球运动对儿童脑执行功能改善效果最好。研究结果再次佐证了运动对特殊儿童脑执行功能的积极影响，提示运动是促进学习困难小学生脑执行功能发展的有效途径。

篮球运动是集对抗性、趣味性、健身性为一体的运动项目，简单易学，易集体参与，有推广价值。在篮球的运球、传球和投篮动作的设计中包含了丰富的内容来训练学生的脑执行功能。在篮球学习的整个过程中要求小学生不但要抑制优势动作反应，还要控制篮球的速度、力度和方向。通过每次的尝试，小学生不断刷新已获得的感觉，并转换为适宜当前任务的动作。在整个过程中抑制、刷新和转换功能得到了频繁的锻炼，从而促进了其脑执行功能各子功能的发展。

从脑机制来说，神经科学认为，任何动作，不管是简单动作还是复杂动作都是在神经系统调控下进行和完成的，运动不仅涉及运动皮质、小脑、脑干等脑的局部区域的活动，而且与大脑前额叶、顶叶、颞叶、丘脑、边缘系统等多个区域有密切联系。陈爱国选取 9 名 10 岁儿童为研究对象，采用 Flanker 任务和磁共振技术检测一次30分钟的短时中等强度的有氧运动对儿童脑激活模式的影响。研究表明：短时中等强度有氧运动对儿童脑执行功能脑激活模式的影响显著，具体表现为儿童完成脑执行功能任务时双侧额上回、双侧额中回激活程度增加。研究最后指出：短时中等强度有氧运动能改善儿童的脑执行功能，其脑机制是短时中等强度有氧运动诱发了儿童脑执行功能脑激活模式的变化。

（二）16周篮球运动干预对双困小学生学业成绩的影响

研究结果发现，16周篮球运动干预促进了双困小学生语文和数学成绩的提升。当前，还未有直接研究运动干预促进学习困难小学生学业成绩的实验研究。然而，体适能、身体锻炼、体力活动分别与数学成绩的相关性研究给出了很好的提示，如德克斯特等研究了17所学校的517名16岁的高中学生，通过调查运动表现和数学与英语成绩之间的关系，发现数学、英语成绩和运动表现之间存在微弱的正相关。

（三）脑执行功能在运动干预改善双困小学生学业成绩中的中介作用

研究结果表明：转换功能和抑制功能对双困小学生语文成绩有一定的预测力，达到显著性影响，而刷新功能对语文成绩的预测力并不显著；转换功能和刷新功能对双困小学生数学成绩有一定的预测力，达到显著性影响，而抑制功能对数学成绩的预测力并不显著。进一步地分析发现转换功能在运动改善双困小学生数学成绩中有显著的中介作用，这与已有研究结果一致。李凌云在对小学五年级儿童数学学习策略干预对改善其脑执行功能的研究中发现，刷新能力与有效地应用题解答策略能力密切相关。王利平对学习困难学生的脑执行功能研究发现，注意转换、刷新、工作记忆容量对学习困难学生的数学成绩有显著的预测作用，其中刷新功能对数学有最大的预测作用，也是相呼应的。本研究的结果也表明，刷新功能对数学成绩有预测作用，进一步说明刷新功能的发展可以预测数学成绩的进步。傅健的研究就体育锻炼对学业成绩的影响进行了有益的探讨和研究，研究通过中等强度运动干预5个班的250名初中学生，指出累计25分钟以上中等强度体育锻炼能够促进中学生的学业成绩，进一步指出体育锻炼主要是通过脑执行功能的转换功能对学业成绩产生影响的。本研究将脑执行功能作为影响双困小学生脑执行功能的中介变量，结果显示双困小学生的转换功能对数学成绩表现出显著的预测作用，且在运动改善学业成绩中的中介效应显著，即运动干预可通过改善双困小学生的转换功能来提高学业成绩。

运动对学业成绩的影响需要时间累积效应，本章第二节中相同方案10周的运动干预对学习困难学生的学业成绩影响没有出现显著性，而 16 周的运动干预对学业成绩产生了积极的效应，说明运动改善学业成绩需要一定时间的累积效应。分析其原因，这可能与影响学业成绩的复杂因素有关。影响学业成绩的因素非常多，运动可以短时和长时影响脑执行功能，但是不能短时间内影响学业成绩，这说明体育运动不但影响了脑执行功能，可能还影响了其他因素，如自信和个体的积极状态等，从而影响学业成绩。

五、结论

综上所述，16 周 “篮球” 运动干预改善了双困小学生的抑制、刷新、转换功能，提高了其语文、数学成绩，抑制、转换功能的改善对其语文成绩的提高具有预测作用，刷新、转换功能的改善对其数学成绩的提高具有预测作用，转换功能在运动干预改善其数学成绩中具有中介效应。

参考文献

［1］薄媛媛．跑台运动对抑郁大鼠学习记忆及海马 CA1 区 BDNF 表达的影响［J］．南京体育学院学报，2014（1）：23–28.

［2］曹宝龙，刘慧娟，林崇德．认知负荷对小学生工作记忆资源分配策略的影响［J］．心理发展与教育，2015（1）：36–42.

［3］曾飚，周晓林，孟祥芝．发展性阅读障碍的注意缺陷研究现状［J］．心理发展与教育，2003（2）：91–96.

［4］陈爱国，冯磊等．不同持续时间的中等强度篮球运动对儿童脑执行功能的影响［J］．首都体育学院学报，2015，27（3）：223–227.

［5］陈爱国，颜军，等．8 周中等强度的花样跳绳运动对聋哑儿童脑执行功能的影响［J］．体育与科学，2015，36（4）：105–109.

［6］陈爱国，殷恒婵，王君，等．短时中等强度有氧运动改善儿童脑执行功能的磁共振成像研究［J］．体育科学，2011，31（10）：35–40.

［7］陈爱国，殷恒婵，颜军，杨钰．不同强度短时有氧运动对脑执行功能的影响［J］．心理学报，2011，43（9）：1055–1062.

［8］陈爱国，赵莉等．不同强度短时篮球运球训练对小学生脑执行功能的影响［J］．天津体育学院学报，2014，29（4）：352–355.

［9］陈爱国，赵忠燕．不同组织形式短时跳绳运动对儿童脑执行功能的影响［J］．北京：中国运动医学，2015，34（9）：886–890.

［10］陈爱国．运动、儿童脑执行功能与脑的可塑性［M］．北京：北京体育大学出版社，2011.

［11］陈天勇，李德明．脑执行功能可分离性及与年龄关系的潜变量分析［J］，心理学报，2005，37（2）：210–217.

[12] 陈英和，王明怡．工作记忆广度对儿童算数认知策略的影响[J].心理发展与教育，2006，22（2）：29-35.

[13] 崔金奇，4—6岁幼儿脑执行功能性别差异性研究［J］. 中国健康心理学，2008，6（10）：1160-1162.

[14] 董奇．动作学习与心理发展［M］. 北京：北京师范大学出版社，2002.

[15] 费多益．寓身认知理论对的循环研究［J］. 科学技术哲学研究，2010，27（1）：95-98.

[16] 费多益．寓身认知心理学［M］. 上海：上海教育出版社，2010.

[17] 冯杉杉．高攻击倾向低年级小学生"冷""热"脑执行功能研究［D］. 桂林：广西师范大学，2012.

[18] 傅丽萍．认知能量模型：一种更为综合的ADHD认知理论［J］. 心理科学，2005，29（3）：639-644.

[19] 郝勃舒．有氧运动对血管性痴呆大鼠学习记忆影响及NGF在海马区的作用［D］. 太原：中北大学，2014.

[20] 何成．神经营养因子［J］. 生命科学，1996，8（5）：33-37.

[21] 胡喆．中小强度的运动对不同认知负荷下工作记忆广度的影响［D］. 呼和浩特：内蒙古师范大学，2014.

[22] 吉晓海．不同运动项目训练小学生脑执行功能的差异性研究［D］. 扬州：扬州大学，2014.

[23] 纪林芹．攻击性儿童的事件相关电位研究：儿童攻击行为的某些认知神经基础[D]. 山东师范大学，2003.

[24] 江大雷．8周中等强度足球运动游戏对学龄前儿童脑执行功能发展的影响［J］. 中国体育科技，2015，51（2）：43-50.

[25] 江文庆，杜亚松．破坏性行为障碍儿童青少年脑执行功能的研究进展［J］. 中国儿童保健杂志，2012，20（1）：45-48.

[26] 金其贯．低氧和运动训练对大鼠学习记忆能力的影响及其与海马突触可塑性的关系［J］. 体育科学，2015，35（1）：54-60.

[27] 金志成，隋洁．学习困难学生认知加工机制的研究[J].心理学报，1999，31(1)：

47-54.

［28］康丹．对5—6岁数学学习困难儿童的教育干预研究［D］．上海：华东师范大学，2014.

［29］李红，等．脑执行功能和心理理论关系的发展研究［J］．西南师范大学学报，2005，2（31）：21-25.

［30］李琳，季浏．短时中等强度有氧运动对女大学生转换功能的FMRI研究［J］．北京体育大学学报，37（12）：56-60.

［31］李娜．两岁儿童延迟满足的特点及相关因素研究［D］．上海：上海师范大学，2005.

［32］李小平，张庆林．四卡问题的脑执行功能新解释［J］．宁波大学学报（教育科学版）．2006，28（2）：34-38.

［33］李宇彤，窦志杰，李宝芬，吕丽霞．学习困难儿童工作记忆特点分析［J］．中国学校卫生，2011，32（3）：282-283.

［34］梁丽娟．急性缺氧暴露情况下运动对中动脉脑血流速度的影响［J］．体育科学，2005，25（11）：40-43.

［35］林艳丽．脑源性神经营养因子研究进展［J］．生物技术通讯，2003，14（3）：241-246.

［36］刘昌．数学学习困难儿童的认知加工机制研究［J］．南京师大学报：社会科学版，2004（3），81-88.

［37］刘凡，吉尔里（Geary），鲍－托马斯（Bow-Thomas），等．数字记忆广度对策略应用模式的影响：中美儿童计算机能力差异的比较研究［J］．心理科学，1994，17（1）：21-27.

［38］刘洪广．人类运动技能学习的脑机制［J］．西安体育学院学报，2006，23（1）：123-127.

［39］刘莉湘君．6-11岁儿童脑执行功能的发展研究［D］．桂林：广西师范大学，2007.

［40］刘新学．张福娟．脑执行功能与攻击行为关系的研究［J］．心理科学，2007，30（5）：1123-1126.

[41] 罗琳琳，周晓林．脑执行功能与数量加工：回顾与展望［J］．心理科学进展，2004，12（5），714–722.

[42] 吕雪．学前儿童数学学习困难的诊断［D］．上海：华东师范大学，2013.

[43] 潘茂明．6—7 岁儿童数字估计能力发展的追踪研究［D］．北京：首都师范大学，2011.

[44] 沈强．神经营养因子［J］．生物学通报，1999，34（10）：15–18.

[45] 宋耀武，王利平．学习困难学生中央脑执行功能研究综述［J］．河北大学成人教育学院学报，2007，9（1）：64–66.

[46] 王恩国，刘昌．初中二年级学习困难学生的中央脑执行功能［J］．中国心理卫生杂志，2007，21（10）：661–665.

[47] 王恩国，赵国祥，刘昌，等．不同类型学习困难青少年存在不同类型的工作记忆缺陷［J］．科学通报，2008，53（14）：1673–1679.

[48] 王恩国．数学学习困难儿童的加工速度与工作记忆［J］．心理科学，2008，31（4）：856–860.

[49] 王恩国．语文学习困难儿童的工作记忆与加工速度［J］．心理发育教育，2008，21（1）：94–106.

[50] 王恩国．语文学习困难儿童汉字记忆编码的神经机制研究［J］．心理发育教育，2011，31（3）：37–42.

[51] 王利平．学习困难学生脑执行功能研究［D］．保定：河北大学，2007.

[52] 王敏锐．手简单与精细运动的脑激活区功能磁共振成像研究［J］．安徽医科大学学报，2013，48（9）：1103–1107.

[53] 王雁，张承芬，刘永芳．学习困难儿童在工作记忆任务中抑制机制的研究［J］．心理科学，2006，29（3）：674–676.

[54] 王雁．对学习困难儿童在工作记忆任务中抑制机制的研究［D］．济南：山东师范大学，2000.

[55] 王争艳，王莉，陈会昌，王京生．杰罗姆凯根的气质理论及研究进展［J］．心理学动态，2000，8（2）：33–38.

[56] 魏勇刚．从幼儿脑执行功能的发展看幼儿英语教育［J］．内蒙古师范大学学报，

2005，8（18）：40–42.

［57］文萍，李红.6—11岁儿童脑执行功能发展研究［J］.心理学探新，2007，27(3)：38–43.

［58］文萍.儿童的脑执行功能发展与教育［M］.桂林：广西师范大学出版社.2008.

［59］吴南，郑砚.4—6岁儿童脑执行功能与心理理论关系的研究［J］.心智与计算，2008，2（2）：148–154.

［60］邢燕雷.脑执行功能、父母教养方式与儿童主动性及反应性攻击行为的关系［D］.济南：山东师范大学，2009.

［61］徐丰彦，张镜如.人体生理学［M］.北京：人民卫生出版社，1989.

［62］颜军.不同持续时间健美操锻炼对大学女生脑执行功能影响的实验研究［J］.体育与科学，2012，33（6）：88–95.

［63］杨俊茹，卢敏，殷恒婵.重点高中运动与非运动群体学生压力程度与特点的研究［J］.武汉体育学院学报.2006，40（2）：54–72.

［64］杨丽珠，刘文.幼儿气质与其自我延迟满足能力的关系［J］.心理科学，2008，31（4）：784–788.

［65］姚宝元.运动与脑血流量研究进展［J］.湛江师范学院学报，2006，27（3）：108–116.

［66］叶文玲.中文阅读过程中注视点左右两侧注意资源分配的眼动研究［D］.天津：天津师范大学.2007.

［67］殷恒婵.两种运动干预方案对小学生脑执行功能影响的追踪研究［J］.体育科学，2014，34（3）：24–30.

［68］袁琼嘉，张金梅，邓文骞.衰老过程中的运动干预对大鼠学习记忆能力及海马神经黏附分子表达的影响［J］.体育科学，2014，34（8）：85–91.

［69］张承芳.汉语阅读困难儿童认知特征研究［J］.心理学报，1998，30（1）：51–59.

［70］张劲松，季星，颜崇淮，等.乒乓球与游泳训练儿童的脑执行功能比较研究［J］.中国交通大学学报（医学版），2009，29（7）：782–783.

［71］张清芳，朱滢.工作记忆和推理［J］.心理学动态，2000，8（1）：12–17.

[72] 张文静，徐芬.3—5岁幼儿脑执行功能的发展[J].应用心理学，2005，11(1)：73-78.

[73] 张妍.不同亚型数学学习障碍儿童的脑执行功能对数学基本能力的影响[J].中国临床心理学，2013，21(6)：595-599.

[74] 张妍.不同亚型学习障碍儿童的脑执行功能特点[J].中国临床心理学杂志，2011，19(6)：769-774.

[75] 张英波.动作学习与控制[M].北京：北京体育大学出版社，2003.

[76] 张玉民.新课程教师组织合作学习和创设教学情境能力培养与训练[M].北京：人民教育出版社，2004.

[77] 赵俊峰.解密学业负担学习过程中的认知负荷研究[M].北京：科学出版社，2011.

[78] 赵微，方俊明.阅读困难儿童认知加工过程研究的理论分歧[J].陕西师范大学学报，2004(4)：123-128.

[79] 赵薇.阅读与阅读困难认知过程实证研究与理论分析[J].心理科学，2010，33(4)：1003-1005.

[80] 郑惠.不同亚型学习障碍儿童的认知行为特征[J].中国儿童保健杂志，2009，17(6)：664-667.

[81] 钟启泉.差生心理与教育[M].上海：上海教育出版社，2003.

[82] 周世杰，杨娟，张拉艳.工作记忆、脑执行功能、加工速度与数学障碍儿童推理和心算能力的关系[J].中国临床心理学杂志，2006，14(6)：574-577.

[83] 周晓林.执行控制：一个具有广阔理论前程和应用前景的研究领域[J].心理科学进展，2004，12(5)：641-642.

[84] 朱娜.不同运动负荷对大鼠学习记忆能力及海马神经NGF和n-NOS表达的影响[D].长春：吉林大学，2009.

[85] 朱盛，唐光政，施剑飞.发育性协调运动障碍儿童脑执行功能的横断面研究[J].上海精神医学，2012，24(2)：217-220.

[86] 刘婵娟.小学生学习武术套路对心理特征的影响[J].新课程(中旬),2011(10):129-130.

［87］Alvarez J, Emory E. Executive function and the frontal lobes: a meta–analytic review［J］. Neuropsychology Review, 2006, 16 (1) : 17–42.

［88］Anderson PJ. Assessment and development of executive functioning (EF) in childhood［J］. Child of Neuropsychology, 2002, 8 : 71–82.

［89］Anderson V, Jacobs R, Anderson PJ. Executive functions and the frontal lobes: A Lifespan perspective［M］. New York: Taylor& Francis, 2008 : 3–21.

［90］Baddeley A. Exploring the central executive［J］. Quarterly journal of experimental psychology, 1996, 49 (1) : 5–28.

［91］Baving L, Rellun T, Laucht M et al. Attentional enhancement to No go stimuli in anxious children［J］. Journal Neural Transmission, 2004, 111 (7) : 985–999.

［92］Berridge Cw.Methylphenidate preferentially increases catecholamine neuroses transmission with in the prefrontal cortex at low doses that enchance cognitive function［J］. Biloogical.Psychiatry, 2006, 60 (10) : 11–20.

［93］Best JR, Miller PH, Jones LL. Executive functions after age 5: Changes and correlates［J］. Developmental Review, 2009, 29 : 180–200.

［94］Best JR. Effects of physical activity on childrens executive function: Contributions of experimental research On aerobic exercise［J］. Developmental Review, 2010, 30 (4) : 331–351.

［95］Black JE. Learning causes synaptogenesiss, whereas motor activity causes angiogensis , in cerebellar cortex of adult rats［J］. Proceedings of the Natioral Acodeny of Sciences of the United of America, 1990, 87 (14) : 5568–5572.

［96］Bull R , Johnston RS, Roy JA. Exploring the roles of the visual–spatial sketch pacl and central executive in children's arithmetical skills: views from cognition and developmental Neuropsychology［J］. Developmental Neuropsychology, 1999, 15 : 421–442.

［97］Bull R, Scerif G. Executive functioning as a predictor of childrens mathematics ability: Inhibition, switching, and working memory［J］.Developmental Neuropsychology, 2001, 19 (3) : 273–293.

［98］Chamberlain SR.Noradrenergic modulation of working memory and emotional memory in humans［J］. Psychopharmacology, 2006, 188 (4) : 397–407.

[99] Colcombe S. J. Aerobic Fitness Reduces Brain Tissue Loss in Aging Humans [J] . Journals of Gerontology, 2002, 12 (2) : 876–899.

[100] Colcombe S.J. Aerobic exercise training increases brain volume in aging humans [J] . Journals of Gerontology: series A, Biological Science and Medical Sciences, 2006, 61 (11) : 1166–1170.

[101] Colombe S.J. Cardiovascular fitness, cortical plasticity, and aging [J] .PNAS, 2004, 101 (9) : 316–321.

[102] Cutting LE, Materek A, Cole AS et al. Effects of fluency, oral language, and executive function on reading comprehension performance [J] . Annals of Dyslexia, 2009, 59 (1) : 34–54.

[103] Davis CL , Tomporowski PD, MCDOWELL JE , et al.Exercise improves executive function and achievement and alters brain activation in overweight children : a randomized , controned trial [J] . Health Psychology, 2011, 30 (1) : 91–98.

[104] De Luca CR, Wood SJ, Anderson V et al. Normative data from the CANTAB.I: development of executive function over the lifespan [J] . Journal of Clinical and Experimental Neuropsychology, 2003, 25 (2) : 242–254.

[105] Dowsett, S.M, Livesey DJ. The development of inhibitory control in preschool children: Effects of "executive skills" training [J] . Developmental Psychobiology, 2000, 36 (2) : 161–174.

[106] Dubey SN .Impact of Yogic Practices on some Psychological Variables among adolescents [J] . Indian Journal of Community Psychology, 2011, 7 (1) : 1–7.

[107] Ellemberg D, St.Louis–Desch ones, M. The effect of acute physical activity on cognitive function during development [J] .Psychology of Sport and Exercise, 2010, 11 : 122–126.

[108] Espy KA. Using developmental, cognitive, and neuroscience approaches to understand executive function in preschool children [J] . Development Neuropsychology, 2004, 26 : 379–384.

[109] Ferris LT.The ereffect of acute exercise on serumbrain–derived neurotrophic factor levels and cognitive function [J] . Medicine & Science in Sports & Exercise. 2007, 39 (4) : 728–734.

[110] Fisk J E, Sharp CA. Age–related impairment in executive functioning: Updating, Inhibition, Shifting, and Access [J] . Journal of clinical and experimental neuropsychology. 2004, 26 (7) : 874–890.

［111］For NA, Henderson HA, Rubin KH. Continuity and Discontinuity of Behavioral Inhibition and Exuberance: Psycho physiological and Behavioral Influences across the First Four Years of Life［J］. Child Development , 2001, 72 (1) : 1–21.

［112］Funahashis S. Neuronal mechanisms of executive control by the prefrontal cortex［J］. Neuroscience Research, 2001, 39 (2) : 147–165.

［113］Gazzaniga MS, Ivry RB, Mangun G R .Cognitive Neuroscience: The Biology of the Mind［M］. New York: W.W.Norton&Company, 2002.

［114］Gerstadt CL, Hong YJ, Diamond A.The relationship between cognition and action: performance of children 3, 5, 7 years old on a stroop–like day–night test［J］.Cognition, 1994, 53 (2) : 129–153.

［115］Hillman CH, Pontifex MB, Raine LB, Castelli DM, Hall EE, Kramer AF. The effect of acute treadmill walking on cognitive control and academic achievement in preadolescent children［J］. Neuroscience, 2009, 159 (3) : 1044–1054.

［116］Huizinga M, Dolan CV, Molen MW. Age–related change in executive function: Developmental trends and a latent variable analysis［J］. Neuropsychologia, 2006, 44 (11) : 2017–2036.

［117］Jacini WF.Can exercise shape your brain?Cortical differences associated withjudo practice［J］. Journal of Science and Medicine in Sport, 2009, 12 (6) : 688–690.

［118］Johnson RA, Rhodes JS.Hippocampal brain–derived neurotrophic factor butnotneurophin–3 increase more in mice selected for increased voluntary wheel running［J］. Neuroscience. 2003, 121 (1) : 1–7.

［119］Joseph A. The cognitive–energetic model : an empirical approach to Attention–Deficit Hyperactivity Disorder［J］. neurosscience. 2000, 5 : 7–12.

［120］Joseph A.Modeling Attention–Deficit/Hyperactivity Disorder : A Critical Appraisal of the Cognitive–Energetic Model［J］. Biological Psychiatry, 2005, 11 (5) : 1248–1255.

［121］Joseph A.The top and the bottom of ADHD: a neuropsychological perspective［J］. Neuroscience, 2003, 27 (11) : 582–589.

［122］Jurado M B, Rosselli M. The elusive nature of executive functions: a review of our current understanding［J］. Neuropsychology Review, 2007, 17 (3) : 213–233.

[123] Just MA, Carpenter PA. A capacity theory of comprehension individual differences in working memory [J] . Psycho Rev, 1992, 99 : 12–149.

[124] Kamijo K, Nishihira MY, Hatta A, et al. Differential influences of exercise intensity on information processing in the central nervous system [J] . European Journal of Applied Physiology, 2004, 92 : 305–311.

[125] Kamijo K, Pontifex MB, OLeary KC, et al.The effects of an afterschool physical activity program on working memory in preadolescent children [J] . Developmental Science. 2011, 14 (5) : 1046–1058.

[126] Kwok TC, Lam KC, Wong PS, et al. Effectiveness of coordination exercise in improving cognitive function in older adults: a prospective study [J] . Clinical Interventions in Aging. 2011,6:261–267.

[127] Lehto J .Are executive function tests dependent on working memory capacity [J] . The Quarterly Journal of Experimental Psychology, 1996, 49A (1) : 29–50.

[128] Lu B.Modulation of hippocampal synaptic transmission and plasticity by neurotrophins[J]. proress in Brain Research. 2000, 128 : 231–241.

[129] Luciaana M. Opposing roles for dopamine and serotonin in the modulation Of human spatial working memory functions [J] . Cerebral Cortex, 1998, 8 : 218–226.

[130] Luna B, Garver KE, Urban TA, Lazar NA, Sweeney JA. Maturation of cognitive processes from late children to adulthood [J] . Child Development, 2004, 75 : 1357–1372.

[131] Luria A R.The Working Brain: An Introduction to Neuropsychology [M] . New York: Basic Books, 1973.

[132] McLean JF, Hitch GJ. Working Memory ImPairments in Children With Specific Arithrnetic Learning Difficulties [J] . Journal of EXPerimental Child Psyehology, 1999, 74 : 240–260.

[133] McMorrisa T.A test of the catecholamines hypothesis for an exercise–cognition interaction [J] . pharmacology.Biochemistry and Behavior. 2008, 89 (1) : 106–115.

[134] Miyake A, Friedman NP, Emerson MJ, Witzki AH, Howerter A, Wager TD. The unity and diversity of executive functions and their contributions to complex frontal lobetasks: A latent variable analysis [J] . Cognitive Psychology, 2000, 4: (1) : 49–100.

[135] Movahedi A, Bahrami F , marandi SM, etal. Improvement in social dysfunction of children with autism spectrum disorder following long term Kata techniques training [J] .Research inAutism Spectrum Disorders, 2013, 7 (9) : 1054–1061.

[136] N.A. Krasnegor G.R .Lyon, &P.S.Goldman– Rakic (Eds.) , Development of the prefrontal cortex: evolution, neurobiology, and behavior [M] . Baltimore: Paul H.rooks Publishing, 1997 : 265–281.

[137] Palladino.Working memory and updating processes in reading comprehension [J] . Memory&Cognition.2001, 29 (2) : 344–354.

[138] Passolunghi M C. Short–Term Memory, Working Memory, and Inhibitory Control in Children with Difficulties in Arithmetic Problem Solving [J] . Journal of Experimental Child Psychology, 2001, 80 : 44–57.

[139] Pellis SM. Rough–and–tumble play and the development of the social brain [J] . Current Directions in Psychological Scinece, 2007, 16 (2) : 95–98.

[140] PontifexMB, SalibaBJ, RaineLBetal. Exercise improves behavioral, neurocognitive, and scholastic performance in children with attention–deficit hyperactivity disorder [J] . The Journal of Pediatrics, 2013, 162, (3) : 543–551.

[141] Reese, E. Mother–child conversation about the past : Relationships of style and memory over time [J] . Cognitive Development, 1993, 8 : 403–430.

[142] Rothbart MK, Stephan A, Karen LH et al. Investigations of temperament at three to seven years: the children' s behavior questionnaire [J] . Child Development, 2001, 72 (5) : 1394–1408.

[143] Sguin Jean R , Pihl Robert O , Harden, et al. Cognitive and Neuropsychological Characteristics of Physically Aggressive Boys [J] . American Psychological Association, 1995, 104 (4) : 614–624.

[144] Sluis Vander .Inhibition and shifting in children with learning deficits in arithmetic and reading [J] . Journal of experimental child psychology. 2004, 87 : 239–266.

[145] Smith EE, Jonides J. Storage and executive process in the frontal lobes [J] . Science, 1999, 283 (5408) : 1657–1661.

[146] Sophie van der Sluis, Peter F, Aryan van der Leij. Executive functioning in children, and its relations with reasoning, reading, and arithmetic [J] . Intelligence, 2007 (35) : 427–449.

[147] Swanson H. L, Sachse-LeeC. Learning disabled readers working memory [J] . What does or does not develop? Unpublished manuscript. University of Galiforia, 2001, 30 : 345–365.

[148] Tomporowski PD, Davis CL, lambourne K, et al. Task Switching in Overweight Children: Effects of Acute Exercise and Age [J] . Journal of Sport Exercise Psychology. 2008, 30 (5) : 497–511.

[149] Van Praag H.Running increase cellproliferation and neurogenesis in the adult mouse dentate gyrus [J] . Nature Neuroscience. 2009, 2 (3) : 266–270.

[150] Vander Sluis S, De Jong PF, Vander LA. Executive functioning in children, and its relations with reasoning, reading, and arithmetic [J] . Intelligence, 2007, 35 : 27–449.

[151] Vander Sluis S, De Jong PF, Vander LA. Inhibition and shifting in children with learning deficits in arithmetic and reading [J] . Journal of Experimental Child Psychology, 2004, 87 : 239–26.

[152] Vaynman S. Hippocampal BDNF mediates the efficacy of exercise on synaptic plasticity and cognition [J] . Eur Neurosci. 2004, 20 (10) : 2258–2590.

[153] Verburgh L, Konigs M, Scherder EJA, et al. Physical exercise and executive functions in preadolescent children, adolescents and young adults: a meta–analysis [J] .British Journal of Sports Medicine, 2014.48 (12) : 973–979.

[154] Voss. The influence of aerobic fitness on cerebral white matter integrity and cognitive function in older adults: Results of a one–year exercise intervention [J] . Human Brain Mapping, 2013, 34 (11) : 2972–2985.

[155] Welsh MC, Pennnigton BF, Gorisser DB. A normative–developmental study of executive function: A window on prefrontal function in children [J] . Developmental Neuropsychology, 1991, 7 : 131–149.

[156] Yaak V Stern. Cognitive Reserve [J] . Neurospychologia, 2009, 47 (10) : 2015–2021.

[157] Yaak V Stern. What is cognitive reserve ? Theory and research application of the reserve concept [J] . Journal of the International Neuropsychlolgical Society, 2002, 8 : 448–460.

[158] Yaakov Stern. The Concept of Cognitive Reserve: A Catalyst forResearch [J] . Journal of Clinical and Experimental Neuropsychology, 2010.21 (1) : 589–568.

[159] Zervas Y, Danis A, Klissouras V. Influence of physical exertion on mental performance with reference to training [J] .Perceptual and Motor Skills, 1991, 72 : 1215–1221.

附录一 促进语文学习困难小学生脑执行功能发展的“趣味游戏 + 花样跳绳 + 花样跑步”运动干预方案的开发与实施

课时实施方案

说明：10 周运动干预对语文学习困难小学生脑执行功能影响的研究采用的是 1 ~ 30 次课时实施方案；

16 周运动干预对语文学习困难、普通小学生脑执行功能影响的时程效益比较研究采用的是 1 ~ 48 次课时实施方案。

课时实施方案 1

<table>
<tr><td>内容</td><td colspan="7">1. 趣味游戏（螃蟹追逃）
2. 花样跳绳（单人并脚跳、并脚左右跳、并脚前后跳）
3. 花样跑步（脚底灵活性练习接快速跑）</td></tr>
<tr><td>教学目标</td><td colspan="7">1. 通过趣味游戏培养学生学习兴趣和团队精神，促进学生身体全面发展
2. 使学生掌握一定的花样跳绳的基本动作技能，并锻炼身体素质
3. 发展学生灵活性及奔跑速度
4. 通过学习和练习，发展学生的脑执行功能，尤其是刷新功能</td></tr>
<tr><td rowspan="2">过程</td><td rowspan="2">课的内容</td><td rowspan="2">教师活动</td><td rowspan="2">学生活动</td><td colspan="3">运动负荷</td></tr>
<tr><td>次数</td><td>时间</td><td>强度</td></tr>
<tr><td rowspan="2">准备部分6分钟</td><td>一、课堂常规
1. 集合整队
2. 师生问好
3. 宣布内容
4. 安排见习</td><td>1. 集合整队
2. 师生问好
3. 宣布内容
4. 提出要求
5. 安排见习</td><td>1. 体育委员整队，向教师报告出勤人数
2. 学生四列横队，体操队形如下：
× × × × ×
× × × × ×
× × × × ×
× × × × ×
▲</td><td>1</td><td>2</td><td>小</td></tr>
<tr><td>二、准备活动
慢跑热身
250 米 ×2 圈
体育常规练习</td><td>带领学生做好慢跑热身的准备活动</td><td>要求：
1. 快、静、齐
2. 认真听讲，精神饱满
3. 明确上课内容和要求</td><td>1</td><td>4</td><td>小</td></tr>
</table>

	1. 趣味游戏 螃蟹追逃游戏规则：在规定的区域内，每两人结成一对，背向站立，手拉手组成螃蟹，把所有螃蟹分为两队，教师决定两队螃蟹谁为追者，谁为逃者。教师发出指令后，逃者先跑两步，追者再开始追逐逃者，追者要在区域内追到逃者，若逃者跑到区域外则安全；一队完成后角色互换，比谁追击到的逃者多	1. 宣布游戏内容 2. 讲解游戏规则 3. 安排组织学生参与游戏	1. 学生认真听教师讲解 2. 两两结对练习 3. 听教师口令进行游戏	1	10	中
基本部分30分钟	2. 花样跳绳 （1）并脚跳短绳 持绳要求：拇指与其他四指分开，自然握住，手自然下垂，肘关节贴近身体。以肩为轴，手腕放松摇绳，由后向前摇绳，膝盖与踝关节要有缓冲，用前脚掌着地，不能用脚后跟着地 身体姿势：收腹、立腰、挺胸、抬头，膝关节缓冲，当绳即将落地前的一瞬间双脚并步原地跳起，注意手脚协调配合	1. 教师讲解持绳要领，及身体姿势要求。先完整示范动作，后分解示范，边示范边重复要求，使学生建立一个完整的动作概念 2. 巡回指导 3. 鼓励后进生 4. 将学生以列为单位分成 4 个小组，组内进行练习 5. 对小组展示进行评价	1. 四列横队成体操队形散开，队形如下： × ▲ 2. 认真观看教师的动作示范示范 3. 先徒手练习，体会动作要领，后单手持绳进行完整的动作模仿练习 4. 双手摇绳进行整个动作的练习 5. 组内进行练习，应互相帮助和纠正，并进行展示	1	2	中
	（2）并脚左右跳 当绳即将落地前的一瞬间双脚并步向左跳一次，当绳第二次即将经过时，双脚并步跳回原地，当绳第三次即将经过双脚并步向右跳一次，当绳第四次即将经过双脚并步跳回原地，为前四拍，后四拍动作与前四拍相反，整个动作为一个八拍			3	4	中

	（3）并脚前后跳 当绳即将落地前的一瞬间双脚并步向前跳一次，当绳第二次即将经过时，双脚并步跳回原地，当绳第三次即将经过时，双脚并步向后跳一次，当绳第四次即将经过时，双脚并步跳回原地，为前四拍，后四拍动作与前四拍相反，整个动作为一个八拍			3	4	中
基本部分30分钟	3. 花样跑步 脚底灵活性练习接快速跑技术要领： 灵活性练习时上体正直稍前倾，上下肢协调配合，先左脚原地点地，右脚前后点地，两脚依次进行，然后互换 跑时上体正直稍前倾，肩放松，两臂屈肘（约成直角）前后自然摆动，用前脚掌先着地，跑成直线	1. 教师先完整示范动作，后分解示范，边示范边讲要求，使学生建立一个完整的动作概念 2. 指导学生原地进行练习 3. 指导学生行进间练习	1. 四列横队成体操队形散开 ↑ ↑ ↑ ↑ ↑ ———————— × × × × × × × × × × ▲　× × × × × × × × × × 2. 原地进行灵活性练习 3. 听到教师指令后，第一排开始进行灵活性练习，当教师再次发出信号时，学生迅速成站立式起跑姿势，教师再次发出指令，学生迅速加速起跑，到中等速度即可，跑到标志物处减速停下，并慢跑返回至队尾；在第一排学生即将停止时，第二排学生按教师指令进行，第三排、第四排学生依次听教师指令进行。双脚动作互换进行下一轮	6	10	中
设计意图	一、教学内容 螃蟹追逃：由单人的自由移动变为双人横向移动，不仅要抑制自身正面活动的习惯，还要抑制自身的步伐习惯与同伴配合，刷新横向移动的转向和调头的动作，并通过转换来完成 花样跳绳：以并脚左右跳为例。双手握绳，两脚并拢，身体垂直站立成准备姿势，当绳子在身后准备经过脚下时，左右脚需要同时原地跳起。而现在编排的动作为当绳子第一次经过脚下时向左跳出，第二次跳回原地，第三次再向右跳出，完成这个动作需要抑制、转换、刷新功能协调配合，即抑制原地跳的习惯，刷新向左、向右跳的动作，并通过转换功能完成向左、原地、向右的转换；第5拍开始与前四拍相反，需要刷新出如何先向右跳出再依次跳回，并通过转换来完成					

设计意图	花样跑步：脚底灵活性练习一脚原地点地，另一脚前后点地，需要抑制、转换、刷新功能协调配合，一脚要抑制原地点地的优势反应，还要刷新出应该向前还是向后点地的动作，并通过转换来完成；听到教师指令后又需要刷新出接下来要做的动作，即站立式起跑姿势，转换到静止动作 二、教学组织形式 环境也是影响脑执行功能的重要因素之一，由于有三个不同的项目，因此在环境上要求学生必须打起精神，能够快速转换到下一个教学内容中去 创设群体活动情境，运动情境中的社会交往，可以促使学生了解其他参与者的意图，根据对他们即将做出的动作的预测，来提取自己的行为反应，使学生能够主动探索，积极练习，发展个体脑执行功能，培养团队合作意识 三、运动强度 通过准备活动到基本部分活动，学生达到中等至中上等活动量					
结束部分4分钟	1. 放松活动 2. 课堂小结 3. 归还器材，宣布下课	1. 带领学生放松活动 2. 点评课堂表现	1. 按教师指导放松 2. 认真听讲，反思学习表现 3. 师生道别	1 1	2 2	小 小

课时实施方案 2

内容	1. 趣味游戏（螃蟹追逃） 2. 花样跳绳（组合跳一） 3. 花样跑步（脚底灵活性练习接快速跑）					
教学目标	1. 通过趣味游戏培养学生学习兴趣和团队精神，促进学生身体全面发展 2. 使学生掌握一定的花样跳绳的基本动作技能，并锻炼身体素质 3. 发展学生灵活性及奔跑速度 4. 通过学习和练习，发展学生的脑执行功能，尤其是刷新功能					
过程	课的内容	教师活动	学生活动	运动负荷		
				次数	时间	强度
准备部分6分钟	一、课堂常规 1. 集合整队 2. 师生问好 3. 宣布内容 4. 安排见习	1. 集合整队 2. 师生问好 3. 宣布内容 4. 提出要求 5. 安排见习	1. 体育委员整队，向教师报告出勤人数 2. 学生四列横队，体操队形如下： ××××× ××××× ××××× ××××× ▲	1	2	小
	二、准备活动 慢跑热身 250 米 ×2 圈 体育常规练习	带领学生做好慢跑热身	要求： 1. 快、静、齐 2. 认真听讲，精神饱满 3. 明确上课内容和要求	1	4	小

基本部分30分钟	1. 趣味游戏 螃蟹追逃游戏规则：在规定的区域内，每两人结成一对，背向站立手拉手，组成螃蟹，把所有螃蟹分为两队，分别站在场地中央两侧，选一队为追者，另一队为逃者，教师发出任意数字的指令（如：比3大的单数为？ 4减2等于？）后，学生按答案数字原地跳然后开始追逃，追者要在区域内追到逃者，若逃者跑到区域外则安全；一队完成后角色互换，比谁追击到的逃者多	1. 宣布游戏内容 2. 讲解游戏规则 3. 安排组织学生参与游戏 4. 教师灵活提问，并随机指定追逃组	1. 学生认真听教师讲解 2. 两两结对练习 3. 听教师口令进行游戏	1	10	中
	2. 花样跳绳 （1）复习上节课内容：并脚左右跳、并脚前后跳	1. 教师检查并提问上节课内容，组织大家集体跳一次 2. 点评练习情况 3.带领学生进行复习，巩固上节课所学的跳绳技术	1. 四列横队成体操队形散开，队形如下： × ▲	2	4	中
	（2）组合跳 双脚并拢先原地跳两次，然后向左跳一次，跳回原地，再原地跳两次，向右跳一次，再跳回到原地，这是第一个八拍；第二个八拍为双脚并拢先原地跳两次，然后向前跳一次，跳回原地，再原地跳两次，向后跳一次，再跳回到原地；第三个八拍同第一个，第四个八拍同第二个	1. 教师完整示范新组合动作，提问与上节课的动作不同之处 2. 分解示范，边示范边提示要点（如向前），使学生建立一个完整的动作概念 3. 带领学生进行徒手步伐练习 4. 巡回指导 5. 鼓励后进生	2. 认真观看教师的动作讲解示范 3. 主动思考动作差别 4. 先徒手练习，体会动作要领 5. 双手摇绳进行整个动作的练习	3	6	中

基本部分30分钟	3. 花样跑步 脚底灵活性练习接快速跑 （1）练习（内容及方式同上节课） （2）分组接力竞赛	1. 教师先完整示范动作，后分解示范，边示范边讲要求，使学生建立一个完整的动作概念 2. 指导学生原地进行练习 3. 指导学生行进间练习	1. 四列横队成体操队形散开 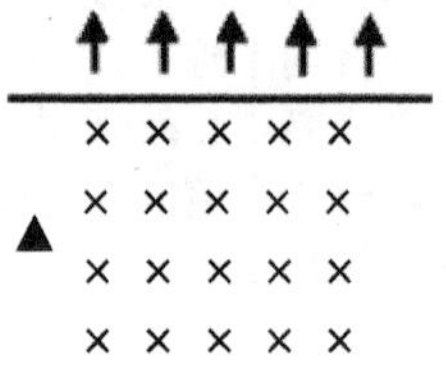 2. 按老师要求，遵守秩序进行接力赛	4 2	6 4	中 大
设计意图	一、教学内容 螃蟹追逃：由单人的自由移动变为双人横向移动，不仅要抑制自身正面活动的习惯，还要抑制自身的步伐习惯与同伴配合，刷新横向移动的转向和调头的动作，并通过转换来完成 花样跳绳：在巩固上节课内容的基础上，组合跳内容技术动作与上节课相同，但节拍不同，原地跳次数由一次变为两次，使学生主动提取原有动作，并将新节拍更新到工作记忆中，在跳的过程中需要更多地抑制原有的动作冲动，刷新出正确的动作组合，促进其脑执行功能尤其是刷新功能的发展 花样跑步：脚底灵活性练习一脚原地点地，另一脚前后点地，需要抑制、转换、刷新功能协调配合，一脚要抑制原地点地的优势反应，还要刷新出应该向前还是向后点地的动作，并通过转换来完成；听到教师指令后又需要刷新出接下来要做的动作，即站立式起跑姿势转换到静止动作 二、教学组织形式 环境也是影响脑执行功能的重要因素之一，由于有三个不同的项目，因此在环境上要求学生必须打起精神，能够快速转换到下一个教学内容中去 创设问题情境，当教师发出指令，学生要刷新正确的数字答案并对原地跳次数进行刷新 三、运动强度 通过准备活动到基本部分活动，学生达到中等至中上等活动量					
结束部分4分钟	1. 放松活动 2. 课堂小结 3. 布置课后练习 3. 归还器材，宣布下课	1. 带领学生放松活动 2. 点评课堂表现 3. 布置课后练习，提出下节课要求	1. 按教师指导放松 2. 认真听讲，反思学习表现 3. 师生道别	1 1	2 2	小 小

课时实施方案 3

内容	1. 趣味游戏（喊数抱团） 2. 花样跳绳（组合跳一） 3. 花样跑步（小步跑接快速跑）
教学目标	1. 通过趣味游戏培养学生学习兴趣和团队精神，促进学生身体全面发展 2. 使学生掌握一定的花样跳绳的基本动作技能，并锻炼身体素质 3. 发展学生灵活性及奔跑速度 4. 通过学习和练习，发展学生的脑执行功能，尤其是刷新功能

过程	课的内容	教师活动	学生活动	运动负荷		
				次数	时间	强度
准备部分6分钟	一、课堂常规 1. 集合整队 2. 师生问好 3. 宣布内容 4. 安排见习	1. 集合整队 2. 师生问好 3. 宣布内容 4. 提出要求 5. 安排见习	1. 体育委员整队，向教师报告出勤人数 2. 学生四列横队，体操队形如下： ××××× ××××× ××××× ××××× ▲	1	2	小
	二、准备活动 慢跑热身 250 米 ×2 圈 体育常规练习	带领学生做好慢跑热身	要求： 1. 快、静、齐 2. 认真听讲，精神饱满 3. 明确上课内容和要求	1	4	小
基本部分30分钟	1. 趣味游戏 喊数抱团游戏规则：在规定的区域内，学生逆时针慢跑围成圆圈，教师做出行进间动作，学生模仿直到出现新动作；教师发出数字指令后，学生按数字人数左右抱在一起，人数错误的学生，原地兔子跳 5 次	1. 宣布游戏内容 2. 讲解游戏规则 3. 安排组织学生参与游戏	1. 学生认真听教师讲解 2. 有序慢跑围成圆圈 3. 时刻观察教师动作，并准确模仿 4. 注意力集中听教师口令进行游戏	1	10	中
	2. 花样跳绳 （1）复习上节课内容：组合跳一 （2）小组展示 （2）练习组合跳一	1. 教师带领学生徒手复习 2. 教师指导学生带绳复习 3. 组织学生进行小组展示（上节课课后作业） 4. 对小组展示进行评价 5. 组织继续练习组合跳一 6. 巡回指导	1. 四列横队成体操队形散开，队形如下： ××××× ××××× ××××× ××××× ▲ 2. 跟随教师指导进行复习、练习，动作轻松 3. 组内协作进行展示 4. 思考进步与不足	4 1 4	4 2 4	中 中 中

基本部分30分钟	3. 花样跑步 小步跑接快速跑技术要领 小步跑练习时上体正直,稍向前倾,肩放松,两臂屈肘(约成直角)上肢自然前后摆动,用前脚掌着地,两脚依次高频摩擦地面,步幅尽量缩短,上下肢协调配合 (1)原地小步跑练习 (2)行进间小步跑接快速跑	1. 教师先完整示范动作,后分解示范,边示范边讲要求,使学生建立一个完整的动作概念 2. 指导学生原地进行练习 3. 指导学生行进间练习	1. 四列横队成体操队形散开 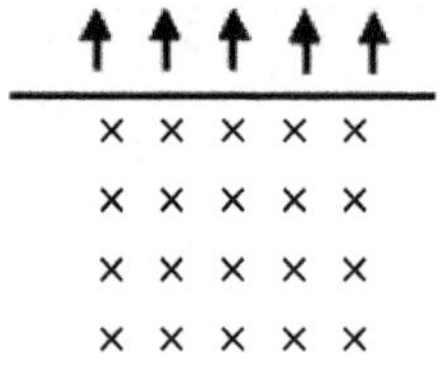 2. 原地进行小步跑练习 3. 听到教师指令后,第一排开始进行小步跑练习,当教师再次发出信号时,学生迅速成站立式起跑姿势,教师再次发出指令,学生迅速加速起跑,到中等速度即可,跑到标志物处减速停下,并慢跑返回至队尾;在第一排学生即将停止时,第二排学生按教师指令进行,第三排、第四排学生依次听教师指令进行	3 4	4 6	中 中
设计意图	一、教学内容 喊数抱团:学生在行进间要主动学习教师的动作,储存动作信息,并时刻注意教师口令,从逆时针有序慢跑迅速转变为抱团,需要抑制、刷新、转换功能的共同协调作用,促进脑执行功能的发展 花样跳绳:学生在跳的过程中,需要更多地抑制原有的动作冲动,刷新出正确的动作组合,促进其脑执行功能尤其是刷新功能的发展 花样跑步:学生要主动抑制原有的步幅、步频,存储正确的小步跑技术动作;思考小步跑与正常跑步的异同;听到教师指令后又需要刷新出接下来要做的动作,即站立式起跑姿势转换到静止动作 二、教学组织形式 环境也是影响脑执行功能的重要因素之一,由于有三个不同的项目,因此在环境上要求学生必须打起精神,能够快速转换到下一个教学内容中去 创设问题情境,学生需要将注意力集中于问题,变被动接受为主动探索,使刷新功能得到持续的锻炼 创设群体活动情境,活动情境中的社会交往可以促使学生了解其他参与者的意图,根据对他们即将做出的动作的预测来提取自己的行为反应,使学生能够主动探索,积极练习,发展个体脑执行功能,培养团队合作意识 三、运动强度 通过准备活动到基本部分活动,学生达到中等至中上等活动量					

结束部分4分钟	1. 放松活动 2. 课堂小结 3. 归还器材，宣布下课	1. 带领学生放松活动 2. 点评课堂表现	1. 按教师指导放松 2. 认真听讲，反思学习表现 3. 师生道别	1 1	2 2	小 小

课时实施方案 4

内容	1. 趣味游戏（升级版喊数抱团） 2. 花样跳绳（前后、左右开合跳） 3. 花样跑步：小步跑接快速跑					
教学目标	1. 通过趣味游戏培养学生学习兴趣和团队精神，促进学生身体全面发展 2. 使学生掌握一定的花样跳绳的基本动作技能，并锻炼身体素质 3. 发展学生灵活性及奔跑速度 4. 通过学习和练习，发展学生的脑执行功能，尤其是刷新功能					
过程	课的内容	教师活动	学生活动	运动负荷		
				次数	时间	强度
准备部分6分钟	一、课堂常规 1. 集合整队 2. 师生问好 3. 宣布内容 4. 安排见习	1. 集合整队 2. 师生问好 3. 宣布内容 4. 提出要求 5. 安排见习	1. 体育委员整队，向教师报告出勤人数 2. 学生四列横队，体操队形如下： × ▲	1	2	小
	二、准备活动 慢跑热身 250 米 ×2 圈 体育常规练习	带领学生做好慢跑热身活动	要求： 1. 快、静、齐 2. 认真听讲, 精神饱满 3. 明确上课内容和要求	1	4	小
基本部分30分钟	1. 趣味游戏 升级版喊数抱团游戏 规则：在规定的区域内，学生逆时针慢跑围成圆圈，教师做出行进间动作，学生模仿直到出现新动作；教师发出字母指令后，学生头脑中反应出字母所在字母表中的位置（数字）	1. 宣布游戏内容 2. 讲解游戏规则 3. 安排组织学生参与游戏	1. 学生认真听教师讲解 2. 有序慢跑围成圆圈 3.时刻观察教师动作，并准确模仿 4. 注意力集中听教师口令进行游戏	1	10	中

基本部分30分钟	然后按数字人数左右抱在一起，人数错误的学生，原地兔子跳5次					
	2. 花样跳绳 （1）左右开合跳 双脚由并拢跳起变为左右分开开立，然后跳回原地，再从原地跳到呈左右脚开立，随后再跳回原地，整个动作循环两次为一个八拍 （2）前后开合跳 双脚由并拢跳起变为前后分开开立（左脚在前），然后跳回原地，再从原地跳到呈前后脚开立（右脚在前），随后再跳回原地，整个动作循环两次为一个八拍	1. 教师先完整示范动作，后分解示范，边示范边讲要求，使学生建立一个完整的动作概念 2. 教师带领学生徒手步伐练习 3. 教师指导学生讲解完整的带绳动作练习 4. 巡回指导 5. 鼓励后进生	1. 四列横队成体操队形散开，队形如下： × ▲ 2. 认真观看教师的动作讲解示范 3. 跟随教师指导进行练习，动作轻松 4. 先徒手练习，体会动作要领 5. 双手摇绳进行整个动作的练习	5 5	5 5	中 中
	3. 花样跑步 小步跑接快速跑 （1）练习（内容及方式同上节课） （2）分组接力竞赛	1. 教师先完整示范动作，后分解示范，边示范边讲要求，使学生建立一个完整的动作概念 2. 指导学生原地进行练习 3. 指导学生行进间练习	1. 四列横队成体操队形散开 ↑ ↑ ↑ ↑ ↑ ——————— × × × × × ▲ × × × × × × × × × × × × × × × 2. 按教师要求，遵守秩序进行接力赛	4 3	6 4	中 大
设计意图	一、教学内容 升级版喊数抱团：学生在行进间要主动学习教师的动作，储存动作信息，并时刻注意教师口令，从逆时针有序慢跑迅速转变为抱团，需要抑制、刷新、转换功能的共同协调作用，促进脑执行功能的发展 花样跳绳：学生在跳的过程中，需要更多地抑制原有的动作冲动，刷新出正确的动作组合，促进其脑执行功能，尤其是刷新功能的发展 花样跑步：学生要主动抑制原有的步幅、步频，存储正确的小步跑技术动作；思考小步跑与正常跑步的异同；听到教师指令后又需要刷新出接下来要做的动作，即站立式起跑姿势转换到静止动作					

设计意图	二、教学组织形式 环境也是影响脑执行功能的重要因素之一，由于有三个不同的项目，因此在环境上要求学生必须打起精神，能够快速转换到下一个教学内容中去 创设问题情境，从原来的听数字变为听字母想数字，学生需要将注意力集中于问题，变被动接受为主动探索，使刷新功能得到持续的锻炼 三、运动强度 通过准备活动到基本部分活动，学生达到中等至中上等活动量					
结束部分4分钟	1. 放松活动 2. 课堂小结 3. 归还器材，宣布下课	1. 带领学生放松活动 2. 点评课堂表现	1. 按教师指导放松 2. 认真听讲，反思学习表现 3. 师生道别	1 1	2 2	小 小

课时实施方案 5

内容	1. 趣味游戏（奇数偶数） 2. 花样跳绳（组合跳二） 3. 花样跑步（高抬腿跑接快速跑）					
教学目标	1. 通过趣味游戏培养学生学习兴趣和团队精神，促进学生身体全面发展 2. 使学生掌握一定的花样跳绳的基本动作技能，并锻炼身体素质 3. 发展学生灵活性及奔跑速度 4. 通过学习和练习，发展学生的脑执行功能，尤其是刷新功能					
过程	课的内容	教师活动	学生活动	运动负荷		
				次数	时间	强度
准备部分6分钟	一、课堂常规 1. 集合整队 2. 师生问好 3. 宣布内容 4. 安排见习	1. 集合整队 2. 师生问好 3. 宣布内容 4. 提出要求 5. 安排见习	1. 体育委员整队，向教师报告出勤人数 2. 学生四列横队，体操队形如下： ××××× ××××× ××××× ××××× ▲	1	2	小
	二、准备活动 慢跑热身 250 米 ×2 圈 体育常规练习	带领学生做好慢跑热身活动	要求： 1. 快、静、齐 2. 认真听讲，精神饱满 3. 明确上课内容和要求	1	4	小

基本部分30分钟	1. 趣味游戏 奇数偶数游戏规则：在规定的区域内，将学生分为两组，一组为奇数队，一组为偶数队，面对面站立，两组学生相距3米，均成站立式起跑姿势，教师发出数字指令后，该数字为奇数则奇数队逃，偶数队追，为偶数则相反，追者要在区域内追到逃者，若逃者跑到区域外则安全；玩过几轮之后视情况加大难度，即教师的数字口令变为运算	1. 宣布游戏内容 2. 讲解游戏规则 3. 安排组织学生参与游戏	1. 学生认真听教师讲解 2. 注意力集中听教师口令进行游戏	1	10	中
	2. 花样跳绳 （1）复习上节课内容：左右、前后开合跳	1. 教师检查并提问上节课内容，组织大家集体跳一次 2. 点评练习情况 3. 带领学生进行复习，巩固上节课所学的跳绳技术	1. 四列横队成体操队形散开，队形如下： × ▲	2	4	中
	（2）组合跳二 由双脚变为左右开合跳一次，再变为并拢跳一次，然后左右开合跳一次，再两脚并拢原地跳一次，由双脚并拢变为右脚在前前后开合跳一次，再并拢原地跳一次，然后左脚在前，前后开合跳一次，再并拢原地跳一次为一个八拍	1. 教师完整示范新组合动作，提问与上节课的动作不同 2. 分解示范，边示范边提示要点（如向前），使学生建立一个完整的动作概念 3. 教师带领学生徒手步伐练习 4. 教师指导学生进行完整的带绳动作练习 5. 巡回指导 6. 鼓励后进生	2. 认真观看教师的动作讲解示范 3. 跟随教师指导进行练习，动作轻松 4. 先徒手练习，体会动作要领 5. 双手摇绳进行整个动作的练习	3	6	中
	3. 花样跑步 高抬腿跑技术要领：练习时上体正直，肩	1. 教师先完整示范动作，后分解示范，边示范边讲要求，使学生建立一	1. 四列横队成体操队形散开 ↑ ↑ ↑ ↑ ↑			

基本部分30分钟	放松，两臂屈肘（约成直角）上肢自然前后摆动，用前脚掌先着地，上下肢协调配合，两腿依次交替抬起，大腿与地面平行，膝关节成90度，两脚依次落地 （1）原地高抬腿跑 （2）行进间高抬腿跑接快速跑	个完整的动作概念 2. 指导学生原地进行练习 3. 指导学生行进间练习	× × × × × ▲ × × × × × × × × × × × × × × × 2. 原地进行高抬腿练习 3. 听到教师指令后，第一排开始进行高抬腿跑练习，当教师再次发出信号时，学生迅速成站立式起跑姿势，教师再次发出指令，学生迅速加速起跑，到中等速度即可，跑到标志物处减速停下，并慢跑返回至队尾；在第一排学生即将停止时，第二排学生按教师指令进行，第三排、第四排学生依次听教师指令进行	3 4	6 4	大 大
设计意图	一、教学内容 奇数偶数：静止—向前 / 转身—奔跑，这一过程中，学生要抑制自身的向前或者转身冲动，根据刷新出的答案做出正确的反应，需要抑制、刷新、转换功能的共同协调作用，促进脑执行功能的发展 花样跳绳：学生在跳的过程中，需要更多地抑制原有的动作冲动，刷新出正确的动作组合，促进其脑执行功能，尤其是刷新功能的发展 花样跑步：学生要主动抑制原有的步幅、步频，存储正确的高抬腿跑技术动作；听到教师指令后又需要刷新出接下来要做的动作，即站立式起跑姿势转换到静止动作 二、教学组织形式 环境也是影响脑执行功能的重要因素之一，由于有三个不同的项目，因此在环境上要求学生必须打起精神，能够快速转换到下一个教学内容中去 创设问题情境，当教师发出指令，学生要刷新正确的数字答案，因此会集中注意于教师的问题，变被动接受为主动探索，使刷新功能得到持续的锻炼 三、运动强度 通过准备活动到基本部分活动，学生达到中等至中上等活动量					
结束部分4分钟	1. 放松活动 2. 课堂小结 3. 布置课后练习 4. 归还器材，宣布下课	1. 带领学生放松活动 2. 点评课堂表现 3. 布置课后练习，提出下节课要求	1. 按教师指导放松 2. 认真听讲，反思学习表现 3. 师生道别	1 1	2 2	小 小

课时实施方案 6

过程	课的内容	教师活动	学生活动	运动负荷		
				次数	时间	强度
内容	1. 趣味游戏（奇数偶数） 2. 花样跳绳（组合跳二） 3. 花样跑步（高抬腿跑接快速跑）					
教学目标	1. 通过趣味游戏培养学生学习兴趣和团队精神，促进学生身体全面发展 2. 使学生掌握一定的花样跳绳的基本动作技能，并锻炼身体素质 3. 发展学生灵活性及奔跑速度 4. 通过学习和练习，发展学生的脑执行功能，尤其是刷新功能					
准备部分6分钟	一、课堂常规 1. 集合整队 2. 师生问好 3. 宣布内容 4. 安排见习	1. 集合整队 2. 师生问好 3. 宣布内容 4. 提出要求 5. 安排见习	1. 体育委员整队，向教师报告出勤人数 2. 学生四列横队，体操队形如下： × ▲ 要求： 1. 快、静、齐 2. 认真听讲，精神饱满 3. 明确上课内容和要求	1	2	小
	二、准备活动 慢跑热身 250 米 ×2 圈 体育常规练习	带领学生做好慢跑热身活动		1	4	小
基本部分30分钟	1. 趣味游戏 奇数偶数游戏规则：在规定的区域内，将学生分为两组，一组为奇数队，一组为偶数队，面对面站立，两组学生相距 3 米，均成站立式起跑姿势，教师吹哨后进行原地小步跑，然后教师发出运算指令，学生做出符合答案的“追逃”反应	1. 宣布游戏内容 2. 讲解游戏规则 3. 安排组织学生参与游戏	1. 学生认真听教师讲解 2. 注意力集中听教师口令进行游戏	1	10	中
	2. 花样跳绳 （1）复习上节课内容：组合跳二 （2）小组展示 （3）练习组合跳	1. 教师带领学生徒手复习 2. 教师指导学生进行完整的带绳动作复习 3. 组织学生进行小组展示（上节课课后作业）	1. 四列横队成体操队形散开，队形如下： × ▲	4 1	4 2	中 中

基本部分30分钟		4. 对小组展示进行评价 5. 组织继续练习组合跳二 6. 巡回指导	2. 跟随教师指导进行复习、练习，动作轻松 3. 组内协作进行展示 4. 思考进步与不足	4	4	中
	3. 花样跑步 高抬腿跑接快速跑 （1）练习（内容及方式同上节课） （2）分组接力竞赛	1. 教师先完整示范动作，后分解示范，边示范边讲要求，使学生建立一个完整的动作概念 2. 指导学生原地进行练习 3. 指导学生行进间练习	1. 四列横队成体操队形散开 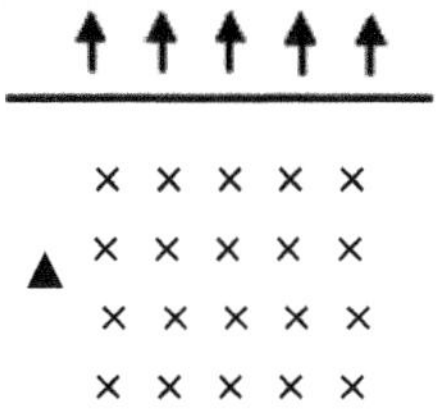 2. 按老师要求，遵守秩序进行接力赛	4 3	6 4	中 大
设计意图	一、教学内容 奇数偶数：静止—小步跑—向前 / 转身—奔跑，这一过程中，学生要抑制自身的向前或者转身冲动，根据刷新出的答案做出正确的反应，需要抑制、刷新、转换功能的共同协调作用，促进脑执行功能的发展 花样跳绳：在跳的过程中需要更多地抑制原有的动作冲动，刷新出正确的动作组合，促进其脑执行功能，尤其是刷新功能的发展 花样跑步：学生要主动抑制原有的步幅、步频，存储正确的高抬腿跑技术动作；完成相应数量后又需要刷新出接下来要做的动作并通过转换来完成 二、教学组织形式 环境也是影响脑执行功能的重要因素之一，由于有三个不同的项目，因此在环境上要求学生必须打起精神，能够快速转换到下一个教学内容中去 创设问题情境，当教师发出指令，学生要刷新正确的数字答案，因此会集中注意教师的问题，变被动接受为主动探索，使刷新功能得到持续的锻炼 创设群体活动情境，运动情境中的社会交往，可以促使学生了解其他参与者的意图，根据对他们即将做出的动作的预测，来提取自己的行为反应，使学生能够主动探索，积极练习，发展个体脑执行功能，培养团队合作意识 三、运动强度 通过准备活动到基本部分活动，学生达到中等至中上等活动量					
结束部分4分钟	1. 放松活动 2. 课堂小结 3. 归还器材，宣布下课	1. 带领学生放松活动 2. 点评课堂表现	1. 按教师指导放松 2. 认真听讲，反思学习表现 3. 师生道别	1 1	2 2	小 小

课时实施方案 7

内容	1. 趣味游戏（字母追击） 2. 花样跳绳（组合跳三） 3. 花样跑步（后踢腿跑接快速跑）					
教学目标	1. 通过趣味游戏培养学生学习兴趣和团队精神，促进学生身体全面发展 2. 使学生掌握一定的花样跳绳的基本动作技能，并锻炼身体素质 3. 发展学生灵活性及奔跑速度 4. 通过学习和练习，发展学生的脑执行功能，尤其是刷新功能					
过程	课的内容	教师活动	学生活动	运动负荷		
				次数	时间	强度
准备部分6分钟	一、课堂常规 1. 集合整队 2. 师生问好 3. 宣布内容 4. 安排见习 二、准备活动 慢跑热身 250 米 ×2 圈 体育常规练习	1. 集合整队 2. 师生问好 3. 宣布内容 4. 提出要求 5. 安排见习 带领学生做好慢跑热身活动	1. 体育委员整队，向教师报告出勤人数 2. 学生四列横队，体操队形如下： × ▲ 要求： 1. 快、静、齐 2. 认真听讲，精神饱满 3. 明确上课内容和要求	1 1	2 4	小 小
基本部分30分钟	1. 趣味游戏 字母追击 在规定的区域内，学生手拉手围成一个大圆圈，分别按 ABCD 报数，教师站在圈内做动作，学生模仿，直到教师喊出新口令，当喊出一个字母时，同字母的人按逆时针在圈内追击前一个人，直到追到或者前一个人跑回原来的位置，被追到的学生原地做 5 个兔子跳	1. 宣布游戏内容 2. 讲解游戏规则 3. 安排组织学生参与游戏	1. 学生认真听教师讲解 2. 注意力集中听教师口令进行游戏	1	10	中
	2. 花样跳绳 （1）复习上节课内容：组合跳二	1. 教师带领学生徒手复习 2. 教师指导学生进行完整的带绳动作复习	1. 四列横队成体操队形散开，队形如下：	2 4	2 8	中 中

基本部分30分钟	（2）组合跳三 由双脚变为左右开合跳一次，再变为并拢跳一次，然后左右开合跳一次，再两脚并拢原地跳一次，由双脚并拢变为右脚在前前后开合跳一次，再并拢原地跳一次，然后左脚在前前后开合跳一次，再并拢原地跳为一个八拍；第二个八拍相同；第三个八拍为双脚并拢先原地跳两次，然后向左跳一次，跳回原地，再原地跳两次，向右跳一次，再跳回到原地；第四个八拍为双脚并拢先原地跳两次，然后向前跳一次，跳回原地，再从原地跳两次，向后跳一次，再跳回到原地	3. 教师完整示范新组合动作，提问与上节课的动作不同 4. 分解示范，边示范边提示要点(如向前)，使学生建立一个完整的动作概念 5. 带领学生进行徒手步伐练习 6. 巡回指导 7. 鼓励后进生	× ▲ 2. 认真观看教师的动作讲解示范 3. 主动思考动作差别 4. 先徒手练习，体会动作要领 5. 双手摇绳进行整个动作的练习			
	3. 花样跑步 后踢腿跑接快速跑： 上体正直,稍向前倾，肩放松，两臂屈肘（约成直角），上肢自然前后摆动，用前脚掌先着地，上下肢协调配合，两腿依次交替向后屈膝，尽量用脚后跟靠近自己的臀部，注意膝关节的折叠，然后两脚依次落地，交替进行 （1）原地后踢腿跑 （2）行进间后踢腿接快速跑	1. 教师先完整示范动作，后分解示范，边示范边讲要求，使学生建立一个完整的动作概念 2. 指导学生原地进行练习 3. 指导学生行进间练习	1. 四列横队成体操队形散开 ↑ ↑ ↑ ↑ ↑ ——————— × × × × × ▲ × × × × × × × × × × × × × × × 2. 原地进行后踢腿练习 3. 听到教师指令后，第一排开始进行后踢腿跑练习，当教师再次发出信号时，学生迅速成站立式起跑姿势，教师再次发出指令，学生迅速加速起	3 4	4 6	中 大

基本部分30分钟			跑，到中等速度即可，跑到标志物处减速停下，并慢跑返回至队尾；在第一排学生即将停止时，第二排学生按教师指令进行，第三排、第四排学生依次听教师指令进行			
设计意图	一、教学内容 字母追击：静止—做动作—停止 / 转身—追击，这一过程中，学生要抑制自身的向前或者转身冲动，刷新出当前任务需要的正确反应，需要抑制、刷新、转换功能的共同协调作用，促进脑执行功能的发展。					
设计意图	花样跳绳：学生在跳的过程中，需要更多地抑制原有的动作冲动，刷新出正确的动作组合，促进其脑执行功能尤其是刷新功能的发展 花样跑步：学生要主动抑制原有的步幅、步频，存储正确的后踢腿跑技术动作；听到教师指令后又需要刷新出接下来要做的动作，即站立式起跑姿势转换到静止动作 二、教学组织形式 环境也是影响脑执行功能的重要因素之一，由于有三个不同的项目，因此在环境上要求学生必须打起精神，能够快速转换到下一个教学内容中去 创设问题情境，当教师发出指令，学生要刷新正确的数字答案，因此会注意力集中于教师的问题，变被动接受为主动探索，使刷新功能得到持续的锻炼 三、运动强度 通过准备活动到基本部分活动，学生达到中等至中上等活动量					
结束部分4分钟	1. 放松活动 2. 课堂小结 3. 布置课后练习 4. 归还器材，宣布下课	1. 带领学生放松活动 2. 点评课堂表现 3. 布置课后练习，提出下节课要求	1. 按教师指导放松 2. 认真听讲，反思学习表现 3. 师生道别	1 1	2 2	小 小

课时实施方案 8

内容	1. 趣味游戏（字母追击） 2. 花样跳绳（组合跳三） 3. 花样跑步（后踢腿跑接快速跑）					
教学目标	1. 通过趣味游戏培养学生学习兴趣和团队精神，促进学生身体全面发展 2. 使学生掌握一定的花样跳绳的基本动作技能，并锻炼身体素质 3. 发展学生灵活性及奔跑速度 4. 通过学习和练习，发展学生的脑执行功能，尤其是刷新功能					
过程	课的内容	教师活动	学生活动	运动负荷		
				次数	时间	强度

准备部分6分钟	一、课堂常规 1. 集合整队 2. 师生问好 3. 宣布内容 4. 安排见习 二、准备活动 慢跑热身 250 米 ×2 圈 体育常规练习	1. 集合整队 2. 师生问好 3. 宣布内容 4. 提出要求 5. 安排见习 带领学生做好慢跑热身活动	1. 体育委员整队，向教师报告出勤人数 2. 学生四列横队，体操队形如下： × ▲ 要求： 1. 快、静、齐 2. 认真听讲，精神饱满 3. 明确上课内容和要求	1 1	2 4	小 小
基本部分30分钟	1. 趣味游戏 字母追击：在规定的区域内，学生手拉手围成一个大圆圈，分别按 ABCD 报数，教师站在圈内做动作，学生模仿，直到教师喊出新口令，当喊出一个字母时，后一个字母的人按逆时针在圈内追击前一个人，直到追到或者前一个人跑回原来的位置，被追到的学生原地做 5 个兔子跳 2. 花样跳绳 （1）复习上节课内容：组合跳三 （2）小组展示 （3）练习组合跳	1. 宣布游戏内容 2. 讲解游戏规则 3. 安排组织学生参与游戏	1. 学生认真听教师讲解 2. 注意力集中听教师口令进行游戏	1	10	中

基本部分30分钟	2. 花样跳绳 （1）复习上节课内容：组合跳三 （2）小组展示 （3）练习组合跳	1. 教师带领学生徒手复习 2. 教师指导学生进行完整的带绳动作复习 3. 组织学生进行小组展示（上节课课后作业） 4. 对小组展示进行评价 5. 组织继续练习组合跳三 6. 巡回指导	1. 四列横队成体操队形散开，队形如下： × ▲ 2. 跟随教师指导进行复习、练习，动作轻松 3. 组内协作进行展示 4. 思考进步与不足	4 1 4 4	4 2 4 6	中 中 中 中
	3. 花样跑步 后踢腿跑接快速跑 （1）练习（内容及方式同上节课） （2）分组接力竞赛	1.教师先完整示范动作，后分解示范，边示范边讲要求，使学生建立一个完整的动作概念 2. 指导学生原地进行练习 3. 指导学生行进间练习	1. 四列横队成体操队形散开 ↑ ↑ ↑ ↑ ↑ ———————— × 2. 按教师要求，遵守秩序进行接力赛	3	4	大
设计意图	一、教学内容 字母追击：静止—做动作—停止 / 转身—追击，这一过程中，学生要抑制自身的向前或者转身冲动，刷新出当前任务需要的正确反应，需要抑制、刷新、转换功能的共同协调作用，促进脑执行功能的发展 花样跳绳：学生在跳的过程中，需要更多地抑制原有的动作冲动，刷新出正确的动作组合，促进其脑执行功能，尤其是刷新功能的发展					
设计意图	花样跑步：学生要主动抑制原有的步幅、步频，存储正确的后踢腿跑技术动作；完成相应数量后，又需要刷新出接下来要做的动作，并通过转换来完成 二、教学组织形式 环境也是影响脑执行功能的重要因素之一，由于有三个不同的项目，因此在环境上要求学生必须打起精神，能够快速转换到下一个教学内容中去 创设问题情境，当教师发出指令，学生要刷新正确的数字答案，因此会集中注意于教师的问题，变被动接受为主动探索，使刷新功能得到持续的锻炼 创设群体活动情境，运动情境中的社会交往，可以促使学生了解其他参与者的意图，根据对他们即将做出的动作的预测，来提取自己的行为反应，使学生能够主动探索，积极练习，发展个体脑执行功能，培养团队合作意识 三、运动强度 通过准备活动到基本部分活动，学生达到中等至中上等活动量					

结束部分4分钟	1. 放松活动 2. 课堂小结 3. 归还器材，宣布下课	1. 带领学生放松活动 2. 点评课堂表现	1. 按教师指导放松 2. 认真听讲，反思学习表现 3. 师生道别	1 1	2 2	小 小

课时实施方案 9

内容	1. 趣味游戏（大同小异接力） 2. 花样跳绳（组合跳四） 3. 花样跑步（8 字跑）					
教学目标	1. 通过趣味游戏培养学生学习兴趣和团队精神，促进学生身体全面发展 2. 使学生掌握一定的花样跳绳的基本动作技能，并锻炼身体素质 3. 发展学生灵活性及奔跑速度 4. 通过学习和练习，发展学生的脑执行功能，尤其是刷新功能					
过程	课的内容	教师活动	学生活动	运动负荷		
				次数	时间	强度
准备部分6分钟	一、课堂常规 1. 集合整队 2. 师生问好 3. 宣布内容 4. 安排见习 二、准备活动 慢跑热身 250 米 ×2 圈 体育常规练习	1. 集合整队 2. 师生问好 3. 宣布内容 4. 提出要求 5. 安排见习 带领学生做好慢跑热身活动	1. 体育委员整队，向教师报告出勤人数 2. 学生四列横队，体操队形如下： × ▲ 要求： 1. 快、静、齐 2. 认真听讲，精神饱满 3. 明确上课内容和要求	1 1	2 4	小 小
基本部分30分钟	1. 趣味游戏 大同小异接力 学生呈四路纵队站立在起跑线，在距离起跑线 10、15 米处各画一条终点线，教师站在最远处，哨声响起第一个同学向最远处跑，踩线后折回，此时教师做动作：张开双手为大，环抱双臂为小；下一名同学击掌后，根据教师动作	1. 宣布游戏内容 2. 讲解游戏规则 3. 安排组织学生参与游戏	1. 学生认真听教师讲解 2. 注意力集中听教师口令进行游戏	1	10	中

	判断该跑的距离，跑错后必须再跑到正确的终点线；哨声再次响起时，结束，哪组跑的同学多则为胜					
基本部分30分钟	2. 花样跳绳 组合跳四 双脚并拢先向前跳一次，然后跳回原地，再向后跳一次，跳回到原地，这是前四拍；双脚并拢向左跳一次，跳回原地，再向右跳一次，跳回原地，这是第一个八拍；第二个八拍：脚由并拢跳起变为左右分开开立，然后跳回原地，再从原地跳到成左右脚开立，随后再跳回原地；然后右脚在前，前后开合跳一次，并脚跳一次，再变为左脚在前，前后开合跳一次，并脚跳一次，这是第二个八拍；后两个八拍重复前两个八拍动作	1. 教师完整示范新组合动作，提问与上节课的动作不同 2. 分解示范，边示范边提示要点(如向前)，使学生建立一个完整的动作概念 3. 带领学生进行徒手步伐练习 4. 带领学生进行完整的带绳动作练习 5. 分组练习 6. 巡回指导 7. 鼓励后进生	1. 四列横队成体操队形散开，队形如下： × ▲ 2. 认真观看教师的动作讲解示范 3. 主动思考动作差别 4. 先徒手练习，体会动作要领 5. 双手摇绳进行整个动作的练习	1 2 4 3	1 1 8 4	小 中 中 中
	3. 花样跑步 8字跑 横排为一组，共四组，大排头在前，小排头开始依次从后向前绕人8字跑，跑到最前面后停住 （1）单人8字跑（一个人跑，其余不动） （2）连续8字跑（每次有人从前面跑过时，就开始跑）	1. 教师先完整示范动作，后分解示范，边示范边讲要求，使学生建立一个完整的动作概念 2. 指导学生练习	1. 四路纵队排列 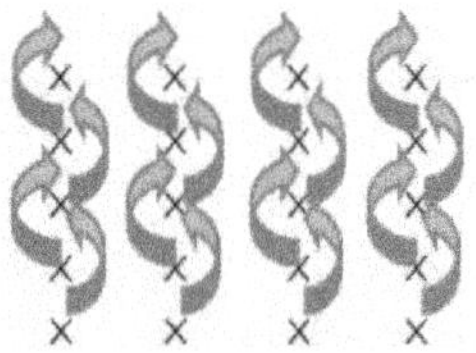 2. 听到教师指令后，最后一位开始进行绕人8字跑 3. 同学间保持一定的距离，防止相撞 4. 先进行单人8字跑 5. 再进行连续8字跑	4	6	大

设计意图	一、教学内容 大同小异接力：学生需要根据教师动作，在与前一名同学拍手的同时，刷新出应该跑的距离 花样跳绳：在跳的过程中需要更多地抑制原有的动作冲动，刷新出正确的动作组合，促进其脑执行功能，尤其是刷新功能的发展 花样跑步：学生要主动抑制原有的步幅、步频来适应队形以及前一名同学的跑速，根据前一名同学的位置来刷新跑动路线 二、教学组织形式 环境也是影响脑执行功能的重要因素之一，由于有三个不同的项目，因此在环境上要求学生必须打起精神，能够快速转换到下一个教学内容中去 创设群体活动情境，运动情境中的社会交往，可以促使学生了解其他参与者的意图，根据对他们即将做出的动作的预测，来提取自己的行为反应，使学生能够主动探索，积极练习，发展个体脑执行功能，培养团队合作意识 三、运动强度 通过准备活动到基本部分活动，学生达到中等至中上等活动量					
结束部分4分钟	1. 放松活动 2. 课堂小结 3. 布置课后练习 4. 归还器材，宣布下课	1. 带领学生放松活动 2. 点评课堂表现 3. 布置课后练习，提出下节课要求	1. 按教师指导放松 2. 认真听讲，反思学习表现 3. 师生道别	1 1	2 2	小 小

课时实施方案 10

内容	1. 趣味游戏（大同小异接力） 2. 花样跳绳（单脚跳） 3. 花样跑步（8 字跑）					
教学目标	1. 通过趣味游戏培养学生学习兴趣和团队精神，促进学生身体全面发展 2. 使学生掌握一定的花样跳绳的基本动作技能，并锻炼身体素质 3. 发展学生灵活性及奔跑速度 4. 通过学习和练习，发展学生的脑执行功能，尤其是刷新功能					
过程	课的内容	教师活动	学生活动	运动负荷		
				次数	时间	强度

准备部分6分钟	一、课堂常规 1. 集合整队 2. 师生问好 3. 宣布内容 4. 安排见习 二、准备活动 慢跑热身 250 米 ×2 圈 体育常规练习	1. 集合整队 2. 师生问好 3. 宣布内容 4. 提出要求 5. 安排见习 带领学生做好慢跑热身活动	1. 体育委员整队，向教师报告出勤人数 2. 学生四列横队，体操队形如下： × ▲ 要求： 1. 快、静、齐 2. 认真听讲，精神饱满 3. 明确上课内容和要求	1 1	2 4	小 小
基本部分30分钟	1. 趣味游戏 大同小异接力 规则同上节课 2. 花样跳绳 （1）复习组合跳四 （2）小组展示 （3）练习组合跳四 3. 花样跑步 8 字跑 行进间 8 字跑，列纵队在起跑线前站好，哨声响起，最末位同学向前开始 8 字跑，直到绕到最前面；每次有人从前面跑过时，就开始继续绕 8 字；直到到达终点；看哪队完成得又快又齐	1. 宣布游戏内容 2. 讲解游戏规则 3. 安排组织学生参与游戏 1. 教师带领学生徒手复习 2. 教师指导学生进行完整的带绳动作复习 3. 组织学生进行小组展示（上节课课后作业） 4. 对小组展示进行评价 5. 组织继续练习组合跳四 6. 巡回指导 1. 教师先完整示范动作，后分解示范，边示范边讲要求，使学生建立一个完整的动作概念 2. 指导学生练习 3. 指导学生比赛	1. 学生认真听教师讲解 2. 注意力集中听教师口令、看教师动作进行游戏 1. 四列横队成体操队形散开，队形如下： × ▲ 2. 跟随教师指导进行复习、练习，动作轻松 3. 组内协作进行展示 4. 思考进步与不足 1. 四路纵队排列 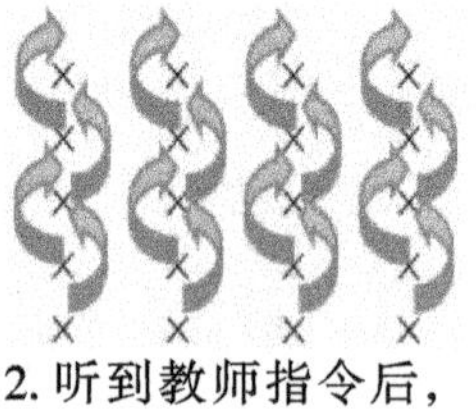 2. 听到教师指令后，最后一位开始进行绕人 8 字跑 3. 同学间保持一定的距离，防止相撞 4. 行进间快静齐	1 4 1 4 4 2	10 4 2 4 6 4	中 中 中 中 中 中

设计意图	一、教学内容 大同小异接力：学生需要根据教师动作，在与前一名同学拍手的同时，刷新出应该跑的距离 花样跳绳：学生在跳的过程中，需要更多地抑制原有的动作冲动，刷新出正确的动作组合，促进其脑执行功能，尤其是刷新功能的发展 花样跑步：学生要主动抑制原有的步幅、步频来适应队形以及前一名同学的跑速，根据前一名同学的位置来刷新跑动路线 二、教学组织形式 环境也是影响脑执行功能的重要因素之一，由于有三个不同的项目，因此在环境上要求学生必须打起精神，能够快速转换到下一个教学内容中去 创设群体活动情境，运动情境中的社会交往，可以促使学生了解其他参与者的意图，根据对他们即将做出的动作的预测，来提取自己的行为反应，使学生能够主动探索，积极练习，发展个体脑执行功能，培养团队合作意识 三、运动强度 通过准备活动到基本部分活动，学生达到中等至中上等活动量					
结束部分4分钟	1. 放松活动 2. 课堂小结 3. 归还器材，宣布下课	1. 带领学生放松活动 2. 点评课堂表现	1. 按教师指导放松 2. 认真听讲，反思学习表现 3. 师生道别	1 1	2 2	小 小

课时实施方案 11

内容	1. 趣味游戏（反口令动作） 2. 花样跳绳（两脚依次跳） 3. 花样跑步（智勇大冲关）					
教学目标	1. 通过趣味游戏培养学生学习兴趣和团队精神，促进学生身体全面发展 2. 使学生掌握一定的花样跳绳的基本动作技能，并锻炼身体素质 3. 发展学生灵活性及奔跑速度 4. 通过学习和练习，发展学生的脑执行功能，尤其是刷新功能					
过程	课的内容	教师活动	学生活动	运动负荷		
				次数	时间	强度
准备部分6分钟	一、课堂常规 1. 集合整队 2. 师生问好 3. 宣布内容 4. 安排见习 二、准备活动 慢跑热身 250 米 ×2 圈 体育常规练习	1. 集合整队 2. 师生问好 3. 宣布内容 4. 提出要求 5. 安排见习 带领学生做好慢跑热身	1. 体育委员整队，向教师报告出勤人数 2. 学生四列横队，体操队形如下： × ▲ 要求： 1. 快、静、齐 2. 认真听讲，精神饱满 3. 明确上课内容和要求	1 1	2 4	小 小

基本部分30分钟	1. 趣味游戏 反口令动作 （1）顺口令 教师喊出动作口令(高抬腿、后踢腿、小步跑、立定、大西瓜、小西瓜），学生按教师口令完成动作，直到教师喊出下一个口令；当教师喊出大西瓜时,学生双臂张开，当教师喊出小西瓜时，学生双手合十	1. 宣布游戏内容 2. 讲解游戏规则 3. 安排组织学生参与游戏	1. 学生四列横队，体操队形如下： × ▲ 2. 注意力集中听教师口令进行游戏	1	10	中

	（2）反口令 高抬腿—后踢腿 小步跑—立定 大西瓜—小西瓜 若学生做错则原地做5个兔子跳					
基本部分30分钟	2. 花样跳绳 两脚依次跳 开始是双脚并拢开始跳起，然后当绳子越过脚下时先抬起右脚，绳子再次经过脚下时，抬起左脚，就这样依次抬起	1. 教师完整示范新动作，再分解示范，边示范边提示要点，使学生建立一个完整的动作概念 2. 带领学生进行徒手练习 3. 带领学生进行完整带绳动作练习 4. 分组练习 5. 巡回指导 6. 鼓励后进生	1. 四列横队成体操队形散开，队形如下： × ▲ 2. 认真观看教师的动作讲解示范 3. 先徒手练习，体会动作要领 4. 双手摇绳进行整个动作的练习	1 2 4	1 1 8	小 中 中
	3. 花样跑步 智勇大冲关 四路纵队站在起跑线，后从起跑线向前画4条线，每条线间相隔5米，教师第一次哨响，学生在起点做小步跑，直到教师第二声哨响向前跑出到第一个点做10个高抬腿后继续向前，到第二个点做10个后踢腿，第三个点跳绳10次，第四个点摸线后停止，在终点处列队；等到所有同学跑完，听教师指令从终点处反向跑回起点处：跳绳—后踢腿—高抬腿—摸线	1. 教师先完整示范动作，后分解示范，边示范边讲要求，使学生建立一个完整的动作概念 2. 指导学生练习 3. 当前一名学生进行到第二个点的时候，吹哨示意下一组开始小步跑，当前一名到达第三个点时，吹哨示意开始	1. 四路纵队排列 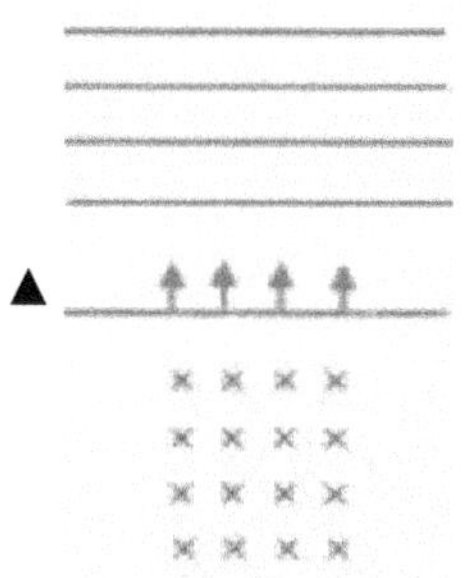 2. 认真听教师指令进行练习	5	10	中

设计意图	一、教学内容 反口令动作：抑制原有动作冲动，刷新出口令对应的真正动作，发展脑执行功能 花样跳绳：学生在跳的过程中，需要更多地抑制原有的并脚跳动作冲动，刷新出正确的左右脚依次跳动作，促进其脑执行功能，尤其是刷新功能的发展 花样跑步：学生要主动抑制原有的步幅、步频及各点的距离，并到每个点都要提取出相应的动作及次数 二、教学组织形式 环境也是影响脑执行功能的重要因素之一，由于有三个不同的项目，因此在环境上要求学生必须打起精神，能够快速转换到下一个教学内容中去 创设群体活动情境，运动情境中的社会交往，可以促使学生了解其他参与者的意图，根据对他们即将做出的动作的预测，来提取自己的行为反应，使学生能够主动探索，积极练习，发展个体脑执行功能，培养团队合作意识 创设多记忆点情境，使学生主动储存每个点的任务信息，到达不同点时再灵活提取出该任务点所需要的动作 三、运动强度 通过准备活动到基本部分活动，学生达到中等至中上等活动量					
结束部分4分钟	1. 放松活动 2. 课堂小结 3. 归还器材，宣布下课	1. 带领学生放松活动 2. 点评课堂表现	1. 按教师指导放松 2. 认真听讲，反思学习表现 3. 师生道别	1 1	2 2	小 小

课时实施方案 12

内容	1. 趣味游戏（反口令动作） 2. 花样跳绳（两脚依次跳） 3. 花样跑步（智勇大冲关）
教学目标	1. 通过趣味游戏培养学生学习兴趣和团队精神，促进学生身体全面发展 2. 使学生掌握一定的花样跳绳的基本动作技能，并锻炼身体素质 3. 发展学生灵活性及奔跑速度 4. 通过学习和练习，发展学生的脑执行功能，尤其是刷新功能

过程	课的内容	教师活动	学生活动	运动负荷		
				次数	时间	强度
准备部分6分钟	一、课堂常规 1. 集合整队 2. 师生问好 3. 宣布内容 4. 安排见习	1. 集合整队 2. 师生问好 3. 宣布内容 4. 提出要求 5. 安排见习	1. 体育委员整队，向教师报告出勤人数 2. 学生四列横队，体操队形如下： × ▲	1	2	小
	二、准备活动 慢跑热身 250 米 ×2 圈 体育常规练习	带领学生做好慢跑热身活动	要求： 1. 快、静、齐 2. 认真听讲，精神饱满 3. 明确上课内容和要求	1	4	小
基本部分30分钟	1. 趣味游戏 反口令动作 高抬腿—后踢腿 小步跑—立定 大西瓜—小西瓜 若学生做错，则原地做 5 个兔子跳	1. 宣布游戏内容 2. 讲解游戏规则 3. 安排组织学生参与游戏	1. 学生四列横队，体操队形如下： × ▲ 2. 注意力集中听教师口令进行游戏	1	10	中
	2. 花样跳绳 （1）复习两脚依次跳	1. 带领学生集体练习两脚依次跳	1. 四列横队成体操队形散开，队形如下： × ▲	2	1	中
	（2）小组练习	2. 分小组练习，提出连贯、快速、整齐的要求	2. 跟随教师指导进行复习、练习，动作轻松	1	4	中
	（3）小组展示，集体练习	3. 组织学生进行小组展示 4. 对各小组展示进行评价	3. 组内协作进行展示	1	2	中
		5. 巡回指导	4. 思考进步与不足	4	3	中
	3. 花样跑步 （1）练习智勇大冲关 练习形式同上节课	1. 教师先完整示范动作，后分解示范，边示范边讲要求，使学生建立一个完整的动作概念 2. 指导学生练习	1. 四路纵队排列 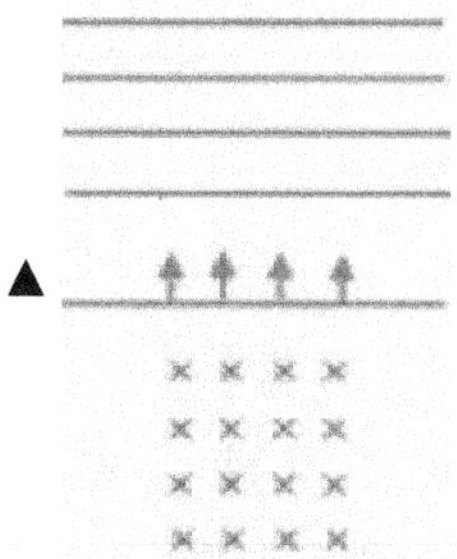	2	4	中
	（2）接力赛 第一名学生跑到第四个点摸线后折回，与下一名学生击掌后返回队尾，第二名学生先进行 20 次小步跑之后再向前跑出，依次进行	3. 组织学生接力赛	2. 认真听教师指令进行练习、比赛	1	6	大

设计意图	一、教学内容 反口令动作：抑制原有动作冲动，刷新出口令对应的真正动作，发展脑执行功能 花样跳绳：学生在跳的过程中，需要更多地抑制原有的并脚跳动作冲动，刷新出正确的左右脚依次跳动作，促进其脑执行功能，尤其是刷新功能的发展 花样跑步：学生要主动抑制原有的步幅、步频到各点的距离，并到每个点都要提取出相应的动作及次数 二、教学组织形式 环境也是影响脑执行功能的重要因素之一，由于有三个不同的项目，因此在环境上要求学生必须打起精神，能够快速转换到下一个教学内容中去 创设群体活动情境，运动情境中的社会交往，可以促使学生了解其他参与者的意图，根据对他们即将做出的动作的预测，来提取自己的行为反应，使学生能够主动探索，积极练习，发展个体脑执行功能，培养团队合作意识 创设多记忆点情境，使学生主动储存每个点的任务信息，到达不同点时再灵活提取出该任务点所需要的动作 三、运动强度 通过准备活动到基本部分活动，学生达到中等至中上等活动量					
结束部分4分钟	1. 放松活动 2. 课堂小结 3. 归还器材，宣布下课	1. 带领学生放松活动 2. 点评课堂表现	1. 按教师指导放松 2. 认真听讲，反思学习表现 3. 师生道别	1 1	2 2	小 小

课时实施方案 13

内容	1. 趣味游戏（反口令喊数抱团） 2. 花样跳绳（左脚提膝点地跳） 3. 花样跑步（变速跑）					
教学目标	1. 通过趣味游戏培养学生学习兴趣和团队精神，促进学生身体全面发展 2. 使学生掌握一定的花样跳绳的基本动作技能，并锻炼身体素质 3. 发展学生灵活性及奔跑速度 4. 通过学习和练习，发展学生的脑执行功能，尤其是刷新功能					
过程	课的内容	教师活动	学生活动	运动负荷		
				次数	时间	强度
准备部分6分钟	一、课堂常规 1. 集合整队 2. 师生问好 3. 宣布内容 4. 安排见习 二、准备活动 慢跑热身 250 米 ×2 圈 体育常规练习	1. 集合整队 2. 师生问好 3. 宣布内容 4. 提出要求 5. 安排见习 带领学生做好慢跑热身活动	1. 体育委员整队，向教师报告出勤人数 2. 学生四列横队，体操队形如下： ××××× ××××× ××××× ××××× ▲	1 1	2 4	小 小

			要求： 1. 快、静、齐 2. 认真听讲，精神饱满 3. 明确上课内容和要求			
基本部分30分钟	1. 趣味游戏 反口令喊数抱团 学生逆时针慢跑围成圆圈，教师喊出行进间动作，学生做相反动作： 高抬腿—后踢腿 小步跑—跨步走 直到教师发出新口令动作；教师发出字母指令后，学生头脑中反应出字母所在字母表中的位置（数字），然后按数字人数左右抱在一起，人数错误的学生，原地做兔子跳5次	1. 宣布游戏内容 2. 讲解游戏规则 3. 安排组织学生参与游戏	1. 学生四列横队，体操队形如下： × ▲ 2. 注意力集中听教师口令进行游戏	1	10	中
	2. 花样跳绳 左脚提膝点地跳 开始是双脚并拢开始跳起，然后当绳子第一次越过脚下时，左膝提起与大腿平齐，此时左脚抬起，绳子第二次经过脚下时，左膝向左前方下压，左脚脚后跟点地，绳子第三次经过脚下时，左膝提起，第四次经过时，左脚脚后跟左前方点地，依次提膝、点地	1. 教师完整示范新动作，再分解示范，边示范边提示要点，使学生建立一个完整的动作概念 2. 带领学生进行徒手练习 3. 带领学生进行完整的带绳动作练习 4. 分组练习 5. 巡回指导 6. 鼓励后进生	1. 四列横队成体操队形散开，队形如下： × ▲ 2. 认真观看教师的动作讲解示范 3. 先徒手练习，体会动作要领 4. 双手摇绳进行整个动作的练习	1 2 4	1 1 8	小 中 中

基本部分30分钟	3. 花样跑步 变速跑 四路纵队站在起跑线，后从起跑线向前画5条线，每条线间隔10米，教师第一次哨响，第一排学生在起点做原地高抬腿，直到教师第二声哨响向前快速跑出，到第一条线变换成后踢腿跑，至第二条线变换成小步跑，跑向第三条线，快速跑向第四条线后减速，慢跑至第五条线，在终点处列队；等到所有同学跑完，听教师指令从终点处反向跑回起点处	1. 教师先完整示范动作，后分解示范，边示范边讲要求，使学生建立一个完整的动作概念 2. 指导学生练习 3. 当前一名学生进行到第二个点的时候，吹哨示意下一组开始高抬腿跑，当前一名学生到第三个点时，吹哨示意开始	1. 四路纵队排列 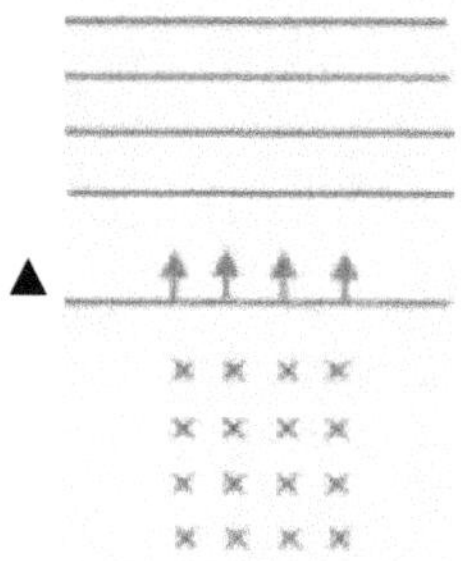 2. 认真听教师指令进行练习	5	10	中
设计意图	一、教学内容 反口令喊数抱团：不仅要抑制原来按照规定线路的习惯固定动作进行的内容，还要抑制自身的步伐习惯与同伴配合，并按照听到的口令刷新成正确的动作以及新的行进路线和方向，并通过转换来完成；当教师发出指令，学生要刷新正确的数字答案，并对原来按固定路线行走的模式进行刷新 花样跳绳：在跳的过程中需要更多地抑制原有的并脚跳、右脚抬起的动作冲动，刷新出正确的左提膝点地跳动作，促进其脑执行功能，尤其是刷新功能的发展 花样跑步：学生要主动抑制原有的步幅、步频到各点的距离，并且到每个点都要提取出相应的动作 二、教学组织形式 环境也是影响脑执行功能的重要因素之一，由于有三个不同的项目，因此在环境上要求学生必须打起精神，能够快速转换到下一个教学内容中去 创设问题情境，学生需要将注意力集中于教师的问题，变被动接受为主动探索，使刷新功能得到持续的锻炼 创设群体活动情境，运动情境中的社会交往，可以促使学生了解其他参与者的意图，根据对他们即将做出的动作的预测，来提取自己的行为反应，使学生能够主动探索，积极练习，发展个体脑执行功能，培养团队合作意识 创设多记忆点情境，使学生主动储存每个点的任务信息，到达不同点时再灵活提取出该任务点所需要的动作 三、运动强度 通过准备活动到基本部分活动，学生达到中等至中上等活动量					
结束部分4分钟	1. 放松活动 2. 课堂小结 3. 归还器材，宣布下课	1. 带领学生放松活动 2. 点评课堂表现	1. 按教师指导放松 2. 认真听讲，反思学习表现 3. 师生道别	1 1	2 2	小 小

课时实施方案 14

内容	1. 趣味游戏（反口令喊数抱团） 2. 花样跳绳（左脚提膝点地跳、右脚提膝点地跳） 3. 花样跑步（变速跑）					
教学目标	1. 通过趣味游戏培养学生学习兴趣和团队精神，促进学生身体全面发展 2. 使学生掌握一定的花样跳绳的基本动作技能，并锻炼身体素质 3. 发展学生灵活性及奔跑速度 4. 通过学习和练习，发展学生的脑执行功能，尤其是刷新功能					
过程	课的内容	教师活动	学生活动	运动负荷		
				次数	时间	强度
准备部分6分钟	一、课堂常规 1. 集合整队 2. 师生问好 3. 宣布内容 4. 安排见习	1. 集合整队 2. 师生问好 3. 宣布内容 4. 提出要求 5. 安排见习	1. 体育委员整队，向教师报告出勤人数 2. 学生四列横队，体操队形如下： × ▲ 要求： 1. 快、静、齐 2. 认真听讲，精神饱满 3. 明确上课内容和要求	1	2	小
	二、准备活动 慢跑热身 250 米 ×2 圈 体育常规练习	带领学生做好慢跑热身活动		1	4	小
基本部分30分钟	1. 趣味游戏 反口令喊数抱团 学生逆时针慢跑围成圆圈，教师喊出行进间动作，学生做相反动作： 高抬腿—后踢腿 小步跑—跨步走 直到教师发出新口令动作；教师发出字母指令后，学生头脑中反应出字母所在字母表中的位置（数字），然后按数字人数左右抱在一起，人数错误的学生，原地做兔子跳 5 次	1. 宣布游戏内容 2. 讲解游戏规则 3. 安排组织学生参与游戏	1. 学生四列横队，体操队形如下： × ▲ 2. 注意力集中听教师口令进行游戏	1	10	中
	2. 花样跳绳 （1）复习左脚提膝点地跳	1. 教师带领学生复习左脚提膝点地跳动作	1. 四列横队成体操队形散开，队形如图：	5	5	中

基本部分30分钟	（2）右脚提膝点地跳 开始是双脚并拢开始跳起，然后当绳子第一次越过脚下时右膝提起与大腿平齐，此时右脚抬起，绳子第二次经过脚下时，右膝向右前方下压，右脚脚后跟点地，绳子第三次经过脚下时，右膝提起，第四次经过脚下时，右脚脚后跟右前方点地，依次提膝、点地	1. 教师提问换成右脚提膝点地该如何做 2. 教师完整示范新动作，再分解示范，边示范边提示要点，使学生建立一个完整的动作概念 3. 带领学生进行徒手练习 4. 带领学生进行完整的带绳动作练习 5. 巡回指导 6. 鼓励后进生	× ▲ 2. 认真观看教师的动作讲解示范 3. 先徒手练习，体会动作要领 4. 双手摇绳进行整个动作的练习	5	5	中
	3. 花样跑步 变速跑练习 高抬腿跑—快速跑—小步跑—后踢腿跑—快速折回—击掌	1. 教师先完整示范动作，后分解示范，边示范边讲要求，使学生建立一个完整的动作概念 2. 指导学生练习 3. 组织学生分组竞赛	1. 四路纵队排列 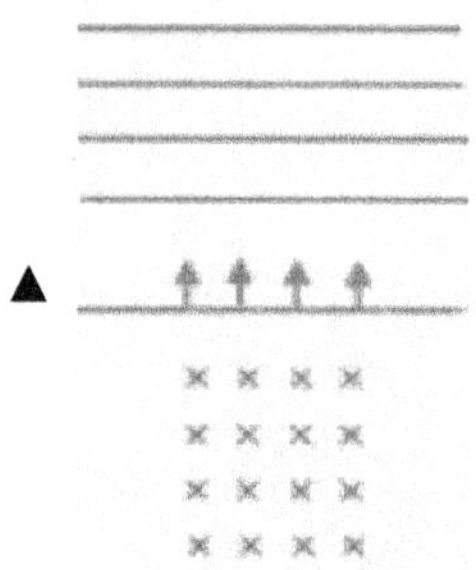 2. 按老师要求，遵守秩序进行接力赛	3 2	6 4	中 大
设计意图	一、教学内容 反口令喊数抱团：不仅要抑制原来按照规定线路的习惯固定动作进行的内容，还要抑制自身的步伐习惯与同伴配合，并按照听到的口令刷新成正确的动作以及新的行进路线和方向的动作，并通过转换来完成；当教师发出指令，学生要刷新正确的数字答案，并对原来按固定路线行走的模式进行刷新 花样跳绳：学生在跳的过程中，需要更多地抑制原有的并脚跳、右脚抬起的动作冲动，刷新出正确的左提膝点地跳动作，促进其脑执行功能，尤其是刷新功能的发展 花样跑步：学生要主动抑制原有的步幅步频、到各点的距离，并且到每个点都要提取出相应的动作 二、教学组织形式 环境也是影响脑执行功能的重要因素之一，由于有三个不同的项目，因此在环境上要求学生必须打起精神，能够快速转换到下一个教学内容中去 创设问题情境，学生需要将注意力集中于教师的问题，变被动接受为主动探索，使刷新功能得到持续的锻炼 创设群体活动情境，运动情境中的社会交往，可以促使学生了解其他参与者的意图，根据对他们即将做出的动作的预测，来提取自己的行为反应，使学生能够主动探索，积极练习，发展个体脑执行功能，培养团队合作意识 创设多记忆点情境，使学生主动储存每个点的任务信息，到达不同点时再灵活提取出该任务点所需要的动作 三、运动强度 通过准备活动到基本部分活动，学生达到中等至中上等活动量					

结束部分4分钟	1. 放松活动 2. 课堂小结 3. 归还器材，宣布下课	1. 带领学生放松活动 2. 点评课堂表现	1. 按教师指导放松 2. 认真听讲，反思学习表现 3. 师生道别	1 1	2 2	小 小

课时实施方案 15

内容	1. 趣味游戏（贴人） 2. 花样跳绳（右脚提膝点地跳） 3. 花样跑步（8 字跑）					
教学目标	1. 通过趣味游戏培养学生学习兴趣和团队精神，促进学生身体全面发展 2. 使学生掌握一定的花样跳绳的基本动作技能，并锻炼身体素质 3. 发展学生灵活性及奔跑速度 4. 通过学习和练习，发展学生的脑执行功能，尤其是刷新功能					
过程	课的内容	教师活动	学生活动	运动负荷		
				次数	时间	强度
准备部分6分钟	一、课堂常规 1. 集合整队 2. 师生问好 3. 宣布内容 4. 安排见习 二、准备活动 慢跑热身 250 米 ×2 圈 体育常规练习	1. 集合整队 2. 师生问好 3. 宣布内容 4. 提出要求 5. 安排见习 带领学生做好慢跑热身动作	1. 体育委员整队，向教师报告出勤人数 2. 学生四列横队，体操队形如下： × ▲ 要求： 1. 快、静、齐 2. 认真听讲，精神饱满 3. 明确上课内容和要求	1 1	2 4	小 小
基本部分30分钟	1. 趣味游戏 贴人 学生手拉手围成圆圈，然后两两结成一对，选两组学生互为追逃，逃的人可随时贴在任意队的前面换自己，此时，被贴的一队后面的同学逃，追逃的学生必须在圈内，出圈则为犯规	1. 宣布游戏内容 2. 讲解游戏规则 3. 安排组织学生参与游戏	1. 学生手拉手围成圆圈 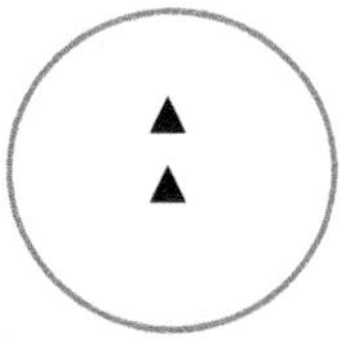 2. 注意力集中听教师口令进行游戏	1	10	中

基本部分30分钟	2. 花样跳绳 右脚提膝点地跳 开始是双脚并拢开始跳起，然后当绳子第一次越过脚下时，右膝提起与大腿平齐，此时右脚抬起，绳子第二次经过脚下时，右膝向右前方下压，右脚脚后跟点地，绳子第三次经过脚下时，右膝提起，第四次经过脚下时，右脚脚后跟右前方点地，依次提膝、点地	1. 教师带领学生复习右脚提膝点地跳 3. 分组练习 4. 小组展示 5. 对小组展示进行评价	1. 四列横队成体操队形散开，队形如下： × ▲ 2. 跟随教师指导进行复习、练习，动作轻松 3. 组内协作进行展示 4. 思考进步与不足	4 4 1	4 4 2	中 中 中
	3. 花样跑步 行进间8字跑，列纵队在起跑线前站好，哨声响起，最末位学生向前开始8字跑，直到绕到最前面；每次有人从前面跑过时，就开始继续绕8字；直到到达终点；看哪队完成得又快又齐	1. 教师先完整示范动作，后分解示范，边示范边讲要求，使学生建立一个完整的动作概念 2. 指导学生练习 3. 指导学生比赛	1. 四路纵队排列 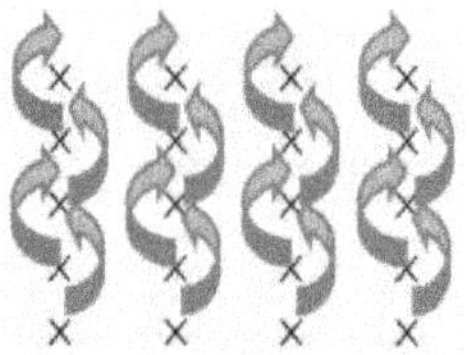 2. 听到教师指令后，最后一位开始进行绕人8字跑 3. 同学间保持一定的距离，防止相撞 4. 行进间快、静、齐	4 2	6 4	中 中
设计意图	一、教学内容 贴人：学生在追与被追的过程中需抑制自身身体惯性，积极主动观察追 / 逃者的位置，刷新有利的跑动路线 花样跳绳：在跳的过程中需要更多地抑制原有的并脚跳、左脚抬起的动作冲动，刷新出正确的右提膝点地跳动作，促进其脑执行功能，尤其是刷新功能的发展 花样跑步：学生要主动抑制原有的步幅、步频来适应队形以及前一名同学的跑速，根据前一名同学的位置来刷新跑动路线 二、教学组织形式 环境也是影响脑执行功能的重要因素之一，由于有三个不同的项目，因此在环境上要求学生必须打起精神，能够快速转换到下一个教学内容中去 创设问题情境，学生需要将注意力集中于教师的问题，变被动接受为主动探索，使刷新功能得到持续的锻炼 创设群体活动情境，运动情境中的社会交往，可以促使学生了解其他参与者的意图，根据对他们即将做出的动作的预测，来提取自己的行为反应，使学生能够主动探索，积极练习，发展个体脑执行功能，培养团队合作意识 创设多记忆点情境，使学生主动储存每个点的任务信息，到达不同点时再灵活提取出该任务点所需要的动作 三、运动强度 通过准备活动到基本部分活动，学生达到中等至中上等活动量					

结束部分4分钟	1. 放松活动 2. 课堂小结 3. 归还器材，宣布下课	1. 带领学生放松活动 2. 点评课堂表现	1. 按教师指导放松 2. 认真听讲，反思学习表现 3. 师生道别	1 1	2 2	小 小

课时实施方案 16

内容	1. 趣味游戏（贴人） 2. 花样跳绳（两脚依次提膝点地跳） 3. 花样跑步（8 字跑）					
教学目标	1. 通过趣味游戏培养学生学习兴趣和团队精神，促进学生身体全面发展 2. 使学生掌握一定的花样跳绳的基本动作技能，并锻炼身体素质 3. 发展学生灵活性及奔跑速度 4. 通过学习和练习，发展学生的脑执行功能，尤其是刷新功能					
过程	课的内容	教师活动	学生活动	运动负荷		
				次数	时间	强度
准备部分6分钟	一、课堂常规 1. 集合整队 2. 师生问好 3. 宣布内容 4. 安排见习 二、准备活动 慢跑热身 250 米 ×2 圈 体育常规练习	1. 集合整队 2. 师生问好 3. 宣布内容 4. 提出要求 5. 安排见习 带领学生做好慢跑热身活动	1. 体育委员整队，向教师报告出勤人数 2. 学生四列横队，体操队形如下： × ▲ 要求： 1. 快、静、齐 2. 认真听讲，精神饱满 3. 明确上课内容和要求	1 1	2 4	小 小
基本部分30分钟	1. 趣味游戏 贴人 学生手拉手围成圆圈，然后两两结成一对，选两组学生互为追逃，逃的人可随时贴在任意队的前面换自己，此时，被贴的一队后面的学生逃，追逃的学生必须在圈内，出圈则为犯规	1. 宣布游戏内容 2. 讲解游戏规则 3. 安排组织学生参与游戏	1. 学生手拉手围成圆圈 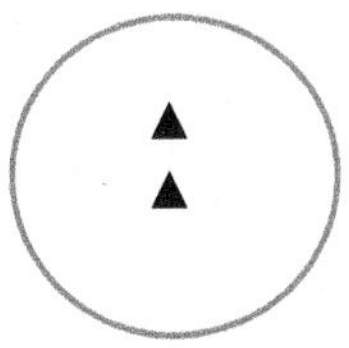 2. 注意力集中听教师口令进行游戏	1	10	中

基本部分30分钟	2. 花样跳绳 两脚依次提膝点地跳 开始是双脚并拢跳起，然后当绳子第一次越过脚下时，左膝提起与大腿平齐，此时左脚抬起，绳子第二次经过脚下时，左膝向右前方下压，左脚脚后跟点地，绳子第三次经过脚下时，右膝提起，第四次经过脚下时，右脚脚后跟右前方点地，两脚依次提膝、点地	1. 教师提问两脚依次提膝点地该如何做 2. 教师完整示范新动作，再分解示范，边示范边提示要点，使学生建立一个完整的动作概念 3. 带领学生进行徒手练习 4. 带领学生进行完整的带绳动作练习 5. 分组练习 6. 巡回指导 7. 鼓励后进生	1. 四列横队成体操队形散开，队形如下： × ▲ 2. 认真观看教师的动作讲解示范 3. 先徒手练习，体会动作要领 4. 双手摇绳进行整个动作的练习	2 6 1 4	1 5 4 6	中 中 中 中
	3. 花样跑步 行进间8字跑，列纵队在起跑线前站好，哨声响起，最末位同学向前开始8字跑，直到绕到最前面；每次有人从前面跑过时，就开始继续绕8字；直到到达终点；看哪队完成得又快又齐	1. 教师先完整示范动作，后分解示范，边示范边讲要求，使学生建立一个完整的动作概念 2. 指导学生练习 3. 指导学生比赛	1. 四路纵队排列 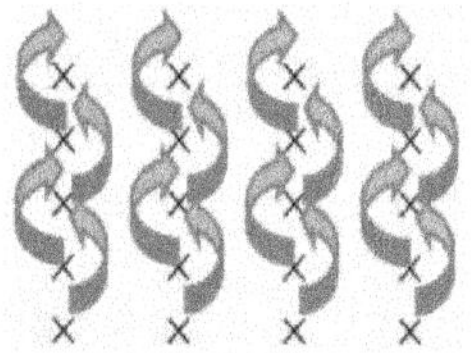 2. 听到教师指令后，最后一位开始进行绕人8字跑 3. 同学间保持一定的距离，防止相撞 4. 行进间快静齐	2	4	中
设计意图	一、教学内容 贴人：学生在追与被追的过程中需抑制自身身体惯性，积极主动观察追 / 逃者的位置，刷新有利的跑动路线 花样跳绳：学生在跳的过程中，需要更多地抑制原有的并脚跳的动作冲动，刷新出正确的左、右脚提膝点地跳动作，促进其脑执行功能，尤其是刷新功能的发展 花样跑步：学生要主动抑制原有的步幅、步频来适应队形以及前一名同学的跑速，根据前一名同学的位置来刷新跑动路线 二、教学组织形式 环境也是影响脑执行功能的重要因素之一，由于有三个不同的项目，因此在环境上要求学生必须打起精神，能够快速转换到下一个教学内容中去 创设问题情境，学生需要将注意力集中教师的问题，变被动接受为主动探索，使刷新功能得到持续的锻炼 创设群体活动情境，运动情境中的社会交往，可以促使学生了解其他参与者的意图，根据对他们即将做出的动作的预测，来提取自己的行为反应，使学生能够主动探索，积极练习，发展个体脑执行功能，培养团队合作意识 创设多记忆点情境，使学生主动储存每个点的任务信息，到达不同点时再灵活提取出该任务点所需要的动作 三、运动强度 通过准备活动到基本部分活动，学生达到中等至中上等活动量					

结束部分4分钟	1. 放松活动 2. 课堂小结 3. 布置课后练习 4. 归还器材，宣布下课	1. 带领学生放松活动 2. 点评课堂表现 3. 布置课后练习，提出下节课要求	1. 按教师指导放松 2. 认真听讲，反思学习表现 3. 师生道别	1 1	2 2	小 小

课时实施方案 17

内容	1. 趣味游戏（猜拳追逃） 2. 花样跳绳（两脚依次跳） 3. 花样跑步（敏捷梯一）					
教学目标	1. 通过趣味游戏培养学生学习兴趣和团队精神，促进学生身体全面发展 2. 使学生掌握一定的花样跳绳的基本动作技能，并锻炼身体素质 3. 发展学生灵活性及奔跑速度 4. 通过学习和练习，发展学生的脑执行功能，尤其是刷新功能					
过程	课的内容	教师活动	学生活动	运动负荷		
				次数	时间	强度
准备部分6分钟	一、课堂常规 1. 集合整队 2. 师生问好 3. 宣布内容 4. 安排见习 二、准备活动 慢跑热身 250 米 ×2 圈 体育常规练习	1. 集合整队 2. 师生问好 3. 宣布内容 4. 提出要求 5. 安排见习 带领学生做好慢跑热身活动	1. 体育委员整队，向教师报告出勤人数 2. 学生四列横队，体操队形如下： × ▲ 要求： 1. 快、静、齐 2. 认真听讲，精神饱满 3. 明确上课内容和要求	1 1	2 4	小 小
基本部分30分钟	1. 趣味游戏 猜拳追逃 在规定的区域中间，画两条间隔 2 米的线为“分水岭”，将学生分为八组，每四组站在一侧，每两组面对面站立，每名同学与对面队伍的同学进行猜拳，输者逃，赢者追，在规定区域内追到逃者，则本队记 1 分，最后比较总分	1. 宣布游戏内容 2. 讲解游戏规则 3. 安排组织学生参与游戏	1. 队形如下： × × × × × × × × × × × × ▲ × × × × × × × × × × × × 1. 学生认真听教师讲解 2. 注意力集中听教师口令进行游戏	1	10	中

<table>
<tr>
<td rowspan="2">基本部分30分钟</td>
<td>2. 花样跳绳
（1)复习上节课内容:两脚依次提膝点地跳
（2）小组展示
（2）两脚依次提膝点地跳</td>
<td>1. 教师带领学生徒手复习
2. 教师指导学生进行完整的带绳动作复习
3. 组织学生进行小组展示（上节课课后作业）
4. 对小组展示进行评价
5. 组织继续练习两脚依次提膝点地跳
6. 巡回指导</td>
<td>1. 四列横队成体操队形散开，队形如下：
× × × × ×
× × × × ×
× × × × ×
× × × × ×
2. 跟随教师指导进行复习、练习，动作轻松
3. 组内协作进行展示
4. 思考进步与不足</td>
<td>4
1
4</td>
<td>4
2
4</td>
<td>中
中
中</td>
</tr>
<tr>
<td>3. 花样跑步
敏捷梯一
12格的敏捷梯，调整每格的大小，使大小不一，学生四路纵队为一组，从敏捷梯上依次快跑通过，然后折回到队尾；当前一名同学跑到中间格子时，下一名同学开始</td>
<td>1. 教师先完整示范动作，后分解示范，边示范边讲要求，使学生建立一个完整的动作概念
2. 指导学生练习</td>
<td>1. 四列横队成体操队形散开
× × × ×
× × × ×
× × × ×
× × × ×
2. 按教师要求，遵守秩序进行敏捷梯训练</td>
<td>1</td>
<td>10</td>
<td>中</td>
</tr>
<tr>
<td>设计意图</td>
<td colspan="6">一、教学内容
猜拳追逃：静止—猜拳—判断追逃—向前 / 转身—奔跑，这一过程中，学生要抑制自身的向前或者转身冲动，根据刷新出的答案做出正确的反应，需要抑制、刷新、转换功能的共同协调作用，促进脑执行功能的发展
花样跳绳：学生在跳的过程中，需要更多地抑制原有的动作冲动，刷新出正确的动作组合，促进其脑执行功能，尤其是刷新功能的发展
花样跑步：学生要主动抑制原有的步幅、步频，在每格敏捷梯时都要刷新出格子大小需要的步幅
二、教学组织形式
环境也是影响脑执行功能的重要因素之一，由于有三个不同的项目，因此在环境上要求学生必须打起精神，能够快速转换到下一个教学内容中去
创设问题情境，当教师发出指令，学生要刷新正确的数字答案，注意力集中于教师的问题，变被动接受为主动探索，使刷新功能得到持续的锻炼
创设群体活动情境，运动情境中的社会交往，可以促使学生了解其他参与者的意图，根据对他们即将做出的动作的预测，来提取自己的行为反应，使学生能够主动探索，积极练习，发展个体脑执行功能，培养团队合作意识
三、运动强度
通过准备活动到基本部分活动，学生达到中等至中上等活动量</td>
</tr>
<tr>
<td>结束部分4分钟</td>
<td>1. 放松活动
2. 课堂小结
3. 归还器材，宣布下课</td>
<td>1. 带领学生放松活动
2. 点评课堂表现</td>
<td>1. 按教师指导放松
2. 认真听讲，反思学习表现
3. 师生道别</td>
<td>1
1</td>
<td>2
2</td>
<td>小
小</td>
</tr>
</table>

课时实施方案 18

<table>
<tr><td>内容</td><td colspan="6">1. 趣味游戏（猜拳追逃）
2. 花样跳绳（组合跳五）
3. 花样跑步（敏捷梯一）</td></tr>
<tr><td>教学目标</td><td colspan="6">1. 通过趣味游戏培养学生学习兴趣和团队精神，促进学生身体全面发展
2. 使学生掌握一定的花样跳绳的基本动作技能，并锻炼身体素质
3. 发展学生灵活性及奔跑速度
4. 通过学习和练习，发展学生的脑执行功能，尤其是刷新功能</td></tr>
<tr><td rowspan="2">过程</td><td rowspan="2">课的内容</td><td rowspan="2">教师活动</td><td rowspan="2">学生活动</td><td colspan="3">运动负荷</td></tr>
<tr><td>次数</td><td>时间</td><td>强度</td></tr>
<tr><td rowspan="2">准备部分6分钟</td><td>一、课堂常规
1. 集合整队
2. 师生问好
3. 宣布内容
4. 安排见习</td><td>1. 集合整队
2. 师生问好
3. 宣布内容
4. 提出要求
5. 安排见习</td><td rowspan="2">1. 体育委员整队，向教师报告出勤人数
2. 学生四列横队，体操队形如下：
× × × × ×
× × × × ×
× × × × ×
× × × × ×
▲
要求：
1. 快、静、齐
2. 认真听讲，精神饱满
3. 明确上课内容和要求</td><td>1</td><td>2</td><td>小</td></tr>
<tr><td>二、准备活动
慢跑热身
250 米 ×2 圈
体育常规练习</td><td>带领学生做好慢跑热身活动</td><td>1</td><td>4</td><td>小</td></tr>
<tr><td rowspan="2">基本部分30分钟</td><td>1. 趣味游戏
猜拳追逃
在规定的区域中间，画两条间隔 2 米的线为“分水岭”，将学生分为八组，每四组站在一侧，每两组面对面站立，每名同学与对面队伍的同学进行猜拳，输者逃，赢者追，在规定区域内追到逃者，则本队记一分，最后比较总分</td><td>1. 宣布游戏内容
2. 讲解游戏规则
3. 安排组织学生参与游戏</td><td>1. 队形如下：
× × × ×
× × × ×
× × × ×

× × × ×
× × × ×
× × × ×
1. 学生认真听教师讲解
2. 注意力集中听教师口令进行游戏</td><td>1</td><td>10</td><td>中</td></tr>
<tr><td>2. 花样跳绳
组合跳五
第一个八拍为两脚依次提膝点地跳（左脚先），第二个八拍为左脚提膝点地跳两次，右脚提膝点地跳两次，</td><td>1. 教师完整示范新动作，再分解示范，边示范边提示要点，使学生建立一个完整的动作概念
2. 带领学生进行徒手练习</td><td>1. 四列横队成体操队形散开，队形如下：
× × × × ×
× × × × ×
× × × × ×
× × × × ×
▲</td><td>2</td><td>1</td><td>中</td></tr>
</table>

基本部分30分钟	第三个八拍为右脚提膝点地跳两次，左脚提膝点地跳两次，第四个八拍与第一个八拍相同 3. 花样跑步 敏捷梯一 （1）练习敏捷梯一 （2）敏捷梯接力赛 学生四路纵队为一组，从敏捷梯上依次快跑通过后继续向前跑到指定位置摸线后折回与下一名同学击掌，下一名同学开始	3. 带领学生进行完整的带绳动作练习 4. 分组练习 5. 巡回指导 6. 鼓励后进生 1. 教师先完整示范动作，后分解示范，边示范边讲要求，使学生建立一个完整的动作概念 2. 指导学生练习 3. 组织学生接力赛	2. 认真观看教师的动作讲解示范 3. 先徒手练习，体会动作要领 4. 双手摇绳进行整个动作的练习 1. 四列横队成体操队形散开 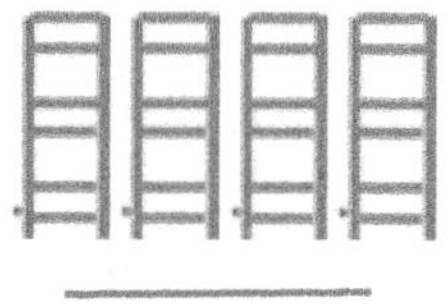 ▲ × × × × × × × × × × × × × × × × 2. 按教师要求，遵守秩序进行敏捷梯训练、比赛	4 4 4 4	4 5 5 5	中 中 中 大
设计意图	一、教学内容 猜拳追逃：静止—猜拳—判断追逃—向前 / 转身—奔跑，这一过程中，学生要抑制自身的向前或者转身冲动，根据刷新出的答案做出正确的反应，需要抑制、刷新、转换功能的共同协调作用，促进脑执行功能的发展 花样跳绳：学生在跳的过程中，需要更多地抑制原有的动作冲动，刷新出正确的动作组合，促进其脑执行功能尤其是刷新功能的发展 花样跑步：学生要主动抑制原有的步幅、步频，在每格敏捷梯时都要刷新出格子大小需要的步幅 二、教学组织形式 环境也是影响脑执行功能的重要因素之一，由于有三个不同的项目，因此在环境上要求学生必须打起精神，能够快速转换到下一个教学内容中去 创设问题情境，当教师发出指令，学生要刷新正确的数字答案，注意力集中于教师的问题，变被动接受为主动探索，使刷新功能得到持续的锻炼 创设群体活动情境，运动情境中的社会交往，可以促使学生了解其他参与者的意图，根据对他们即将做出的动作的预测，来提取自己的行为反应，使学生能够主动探索，积极练习，发展个体脑执行功能，培养团队合作意识 三、运动强度 通过准备活动到基本部分活动，学生达到中等至中上等活动量					
结束部分4分钟	1. 放松活动 2. 课堂小结 3. 归还器材，宣布下课	1. 带领学生放松活动 2. 点评课堂表现	1. 按教师指导放松 2. 认真听讲，反思学习表现 3. 师生道别	1 1	2 2	小 小

课时实施方案 19

内容	1. 趣味游戏（模仿贴人） 2. 花样跳绳（向内弹踢腿跳） 3. 花样跑步（敏捷梯二）					
教学目标	1. 通过趣味游戏培养学生学习兴趣和团队精神，促进学生身体全面发展 2. 使学生掌握一定的花样跳绳的基本动作技能，并锻炼身体素质 3. 发展学生灵活性及奔跑速度 4. 通过学习和练习，发展学生的脑执行功能，尤其是刷新功能					
过程	课的内容	教师活动	学生活动	运动负荷		
				次数	时间	强度
准备部分6分钟	一、课堂常规 1. 集合整队 2. 师生问好 3. 宣布内容 4. 安排见习	1. 集合整队 2. 师生问好 3. 宣布内容 4. 提出要求 5. 安排见习	1. 体育委员整队，向教师报告出勤人数 2. 学生四列横队，体操队形如下： × ▲ 要求： 1. 快、静、齐 2. 认真听讲，精神饱满 3. 明确上课内容和要求	1	2	小
	二、准备活动 慢跑热身 250 米 ×2 圈 体育常规练习	带领学生做好慢跑热身活动		1	4	小
基本部分30分钟	1. 趣味游戏 模仿贴人 学生手拉手围成圆圈，然后两两结成一对，选两组学生互为追逃，逃的学生可做出一系列动作（高抬腿、后踢腿、跨步走、小步跑），追的学生必须模仿，直到追上或者逃者做出下一个动作	1. 宣布游戏内容 2. 讲解游戏规则 3. 安排组织学生参与游戏	1. 学生手拉手围成圆圈 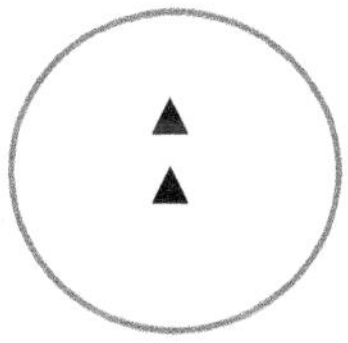 2. 注意力集中听教师口令进行游戏	1	10	中
	2. 花样跳绳 向内弹踢腿跳 开始是双脚并拢开始跳起，当绳子第一次越过脚下时，左脚向后抬起，右脚单脚跳；当绳子第二次经过脚下时，抬起的左脚向	1. 教师完整示范新动作，再分解示范，边示范边提示要点，使学生建立一个完整的动作概念 2. 带领学生进行徒手练习 3. 带领学生进行完整的带绳动作练习	1. 四列横队成体操队形散开，队形如下： × ▲ 2. 认真观看教师的动作讲解示范	2	1	中

基本部分30分钟	右前方踢出，右脚单脚跳；当绳子第三次经过脚下时，左脚落下，右脚向后抬起；当绳子第四次经过脚下时，右脚向左前方踢出，左脚单脚跳；两脚依次进行 3. 花样跑步 敏捷梯二 12 格敏捷梯，调整每格大小均匀 学生四路纵队站在敏捷梯前，第一下左右开合跳到第一格敏捷梯外侧，第二下并脚跳进敏捷梯格内，第三次开合，第四次并脚，依次进行	4. 分组练习 5. 巡回指导 6. 鼓励后进生 1. 教师先完整示范动作，后分解示范，边示范边讲要求，使学生建立一个完整的动作概念 2. 指导学生进行练习	3. 先徒手练习，体会动作要领 4. 双手摇绳进行整个动作的练习 1. 四列横队成体操队形散开 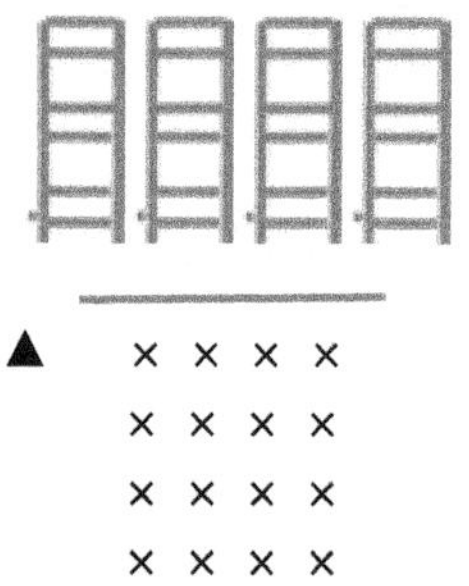 2. 按教师要求，遵守秩序进行敏捷梯训练 3. 前一名同学进行到中间，下一名同学开始	4 2 1	5 4 10	中 中 中
设计意图	一、教学内容 模仿贴人：学生在追与被追的过程中，需抑制自身身体惯性，积极主动观察追 / 逃者的位置，刷新有利的跑动路线，逃者要根据追者以及自己想要贴的队伍的距离，刷新出有利于自己逃跑的动作，追者要时刻注意逃者的动作抑制自身动作冲动进行模仿，并刷新出利于追上的路线、步幅 花样跳绳：学生在跳的过程中，需要更多地抑制原有的并脚跳、单脚跳动作冲动，刷新出正确的向内弹踢腿跳动作，促进其脑执行功能，尤其是刷新功能的发展 花样跑步：学生要主动抑制原有的步幅、步频来适应敏捷梯，并在每格刷新出正确的动作 二、教学组织形式 环境也是影响脑执行功能的重要因素之一，由于有三个不同的项目，因此在环境上要求学生必须打起精神，能够快速转换到下一个教学内容中去 创设问题情境，学生需要将注意力集中于教师的问题，变被动接受为主动探索，使刷新功能得到持续的锻炼 创设群体活动情境，运动情境中的社会交往，可以促使学生了解其他参与者的意图，根据对他们即将做出的动作的预测，来提取自己的行为反应，使学生能够主动探索，积极练习，发展个体脑执行功能，培养团队合作意识 创设多记忆点情境，使学生主动储存每个点的任务信息，到达不同点时再灵活提取出该任务点所需要的动作 三、运动强度 通过准备活动到基本部分活动，学生达到中等至中上等活动量					
结束部分4分钟	1. 放松活动 2. 课堂小结 3. 归还器材，宣布下课	1. 带领学生放松活动 2. 点评课堂表现	1. 按教师指导放松 2. 认真听讲，反思学习表现 3. 师生道别	1 1	2 2	小 小

课时实施方案 20

<table>
<tr><td>内容</td><td colspan="6">1. 趣味游戏（模仿贴人）
2. 花样跳绳（向内、向外弹踢腿跳）
3. 花样跑步（敏捷梯二）</td></tr>
<tr><td>教学目标</td><td colspan="6">1. 通过趣味游戏培养学生学习兴趣和团队精神，促进学生身体全面发展
2. 使学生掌握一定的花样跳绳的基本动作技能，并锻炼身体素质
3. 发展学生灵活性及奔跑速度
4. 通过学习和练习，发展学生的脑执行功能，尤其是刷新功能</td></tr>
<tr><td rowspan="2">过程</td><td rowspan="2">课的内容</td><td rowspan="2">教师活动</td><td rowspan="2">学生活动</td><td colspan="3">运动负荷</td></tr>
<tr><td>次数</td><td>时间</td><td>强度</td></tr>
<tr><td rowspan="2">准备部分6分钟</td><td>一、课堂常规
1. 集合整队
2. 师生问好
3. 宣布内容
4. 安排见习</td><td>1. 集合整队
2. 师生问好
3. 宣布内容
4. 提出要求
5. 安排见习</td><td rowspan="2">1. 体育委员整队，向教师报告出勤人数
2. 学生四列横队，体操队形如下：
× × × × ×
× × × × ×
× × × × ×
× × × × ×
▲
要求：
1. 快、静、齐
2. 认真听讲，精神饱满
3. 明确上课内容和要求</td><td>1</td><td>2</td><td>小</td></tr>
<tr><td>二、准备活动
慢跑热身
250 米 ×2 圈
体育常规练习</td><td>带领学生做好慢跑热身活动</td><td>1</td><td>4</td><td>小</td></tr>
<tr><td rowspan="3">基本部分30分钟</td><td>1. 趣味游戏
模仿贴人
学生手拉手围成圆圈，然后两两结成一对，选两组学生互为追逃，逃的学生可做出一系列动作（高抬腿、后踢腿、跨步走、小步跑），追的学生必须模仿，直到追上或者逃者做出下一个动作</td><td>1. 宣布游戏内容
2. 讲解游戏规则
3. 安排组织学生参与游戏</td><td>1. 学生手拉手围成圆圈：
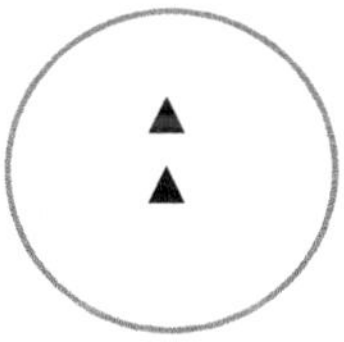
2. 注意力集中听教师口令进行游戏</td><td>1</td><td>10</td><td>中</td></tr>
<tr><td>2. 花样跳绳
（1）复习向内弹踢腿跳</td><td>教师带领学生进行复习</td><td>1. 四列横队成体操队形散开，队形如下：
× × × × ×
× × × × ×
× × × × ×
× × × × ×
▲</td><td>5</td><td>5</td><td>中</td></tr>
<tr><td>（2）向外弹踢腿跳
与向内弹踢腿跳大致相同，左脚向左前方弹踢，右脚向右前方弹踢</td><td>1. 教师完整示范新动作，再分解示范，边示范边提示要点，使学生建立一个完整的动作概念</td><td>2. 认真观看教师的动作讲解示范</td><td>5</td><td>5</td><td>中</td></tr>
</table>

		3. 带领学生进行完整的带绳动作练习 4. 巡回指导 5. 鼓励后进生	3. 先徒手练习，体会动作要领 4. 双手摇绳进行整个动作的练习			
基本部分30分钟	3. 花样跑步 （1）练习敏捷梯二 （2）敏捷梯二接力赛 学生四路纵队为一组，从敏捷梯上通过后，继续向前跑到指定位置摸线后折回与下一名同学击掌，下一名同学开始	1. 教师先完整示范动作，后分解示范，边示范边讲要求，使学生建立一个完整的动作概念 2. 指导学生练习 3. 组织学生接力赛	1. 四列横队成体操队形散开 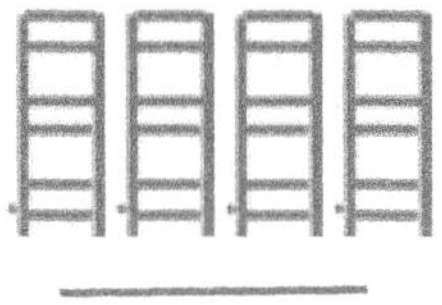 ▲　× × × × 　　× × × × 　　× × × × 　　× × × × 2. 按教师要求，遵守秩序进行敏捷梯训练、比赛	4 4	5 5	中 大
设计意图	一、教学内容 模仿贴人：学生在追与被追的过程中需抑制自身身体惯性，积极主动观察追 / 逃者的位置，刷新有利的跑动路线，逃者要根据追者以及自己想要贴的队伍的距离刷新出有利于自己逃跑的动作，追者要时刻注意逃者的动作抑制自身动作冲动进行模仿，并刷新出利于追上的路线、步幅 花样跳绳：学生在跳的过程中，需要更多地抑制原有的并脚跳、单脚跳动作冲动，刷新出正确的向内弹踢腿跳动作，促进其脑执行功能，尤其是刷新功能的发展 花样跑步：学生要主动抑制原有的步幅、步频来适应敏捷梯，并在每格刷新出正确的动作 二、教学组织形式 环境也是影响脑执行功能的重要因素之一，由于有三个不同的项目，因此在环境上要求学生必须打起精神，能够快速转换到下一个教学内容中去 创设问题情境，学生需要将注意力集中于教师的问题，变被动接受为主动探索，使刷新功能得到持续的锻炼 创设群体活动情境，运动情境中的社会交往，可以促使学生了解其他参与者的意图，根据对他们即将做出的动作的预测，来提取自己的行为反应，使学生能够主动探索，积极练习，发展个体脑执行功能，培养团队合作意识 创设多记忆点情境，使学生主动储存每个点的任务信息，到达不同点时再灵活提取出该任务点所需要的动作 三、运动强度 通过准备活动到基本部分活动，学生达到中等至中上等活动量					
结束部分4分钟	1. 放松活动 2. 课堂小结 3. 归还器材，宣布下课	1. 带领学生放松活动 2. 点评课堂表现	1. 按教师指导放松 2. 认真听讲，反思学习表现 3. 师生道别	1 1	2 2	小 小

课时实施方案 21

<table>
<tr><td>内容</td><td colspan="6">1. 趣味游戏（螃蟹追逃）
2. 花样跳绳（向外弹踢腿跳）
3. 花样跑步（敏捷梯三）</td></tr>
<tr><td>教学目标</td><td colspan="6">1. 通过趣味游戏培养学生学习兴趣和团队精神，促进学生身体全面发展
2. 使学生掌握一定的花样跳绳的基本动作技能，并锻炼身体素质
3. 发展学生灵活性及奔跑速度
4. 通过学习和练习，发展学生的脑执行功能，尤其是刷新功能</td></tr>
<tr><td rowspan="2">过程</td><td rowspan="2">课的内容</td><td rowspan="2">教师活动</td><td rowspan="2">学生活动</td><td colspan="3">运动负荷</td></tr>
<tr><td>次数</td><td>时间</td><td>强度</td></tr>
<tr><td rowspan="2">准备部分6分钟</td><td>一、课堂常规
1. 集合整队
2. 师生问好
3. 宣布内容
4. 安排见习</td><td>1. 集合整队
2. 师生问好
3. 宣布内容
4. 提出要求
5. 安排见习</td><td rowspan="2">1. 体育委员整队，向教师报告出勤人数
2. 学生四列横队，体操队形如下：
× × × × ×
× × × × ×
× × × × ×
× × × × ×
▲
要求：
1. 快、静、齐
2. 认真听讲，精神饱满
3. 明确上课内容和要求</td><td>1</td><td>2</td><td>小</td></tr>
<tr><td>二、准备活动
慢跑热身
250 米 ×2 圈
体育常规练习</td><td>带领学生做好慢跑热身活动</td><td>1</td><td>4</td><td>小</td></tr>
<tr><td rowspan="2">基本部分30分钟</td><td>1. 趣味游戏
螃蟹追逃
规则同方案 2
教师发出任意数字的指令（如：比 3 大的单数为？ 4 减 2 等于？）后，学生按答案数字原地跳然后开始追逃，追者要在区域内追到逃者，若逃者跑到区域外则安全</td><td>1. 宣布游戏内容
2. 提问并讲解游戏规则
3. 安排组织学生参与游戏
4. 教师灵活提问，并随机指定追逃组</td><td>1. 学生认真听教师讲解
2. 两两结对练习
3. 听教师口令进行游戏</td><td>1</td><td>10</td><td>中</td></tr>
<tr><td>2. 花样跳绳
向外弹踢腿跳
与向内弹踢腿跳大致相同，左脚向左前方弹踢，右脚向右前方弹踢</td><td>1. 教师带领学生复习向外弹踢腿跳
2. 分组练习
3. 小组展示
4. 对小组展示进行评价</td><td>1. 四列横队成体操队形散开，队形如下：
× × × × ×
× × × × ×
× × × × ×
× × × × ×
▲
2. 认真观看教师的动作讲解示范</td><td>2

4</td><td>1

5</td><td>中

中</td></tr>
</table>

			3. 先徒手练习，体会动作要领 4. 双手摇绳进行整个动作的练习	2	4	中
基本部分30分钟	3. 花样跑步 敏捷梯三 12 格敏捷梯，调整每格大小均匀 学生四路纵队站在敏捷梯前，第一下并脚跳起，左右开合（与肩同宽）落在第一格左侧，左脚在格外，右脚在格内；第二下开合跳起，落在第二格右侧,右脚在格外，左脚在格内；依次进行	1. 教师先完整示范动作，后分解示范，边示范边讲要求，使学生建立一个完整的动作概念 2. 指导学生练习	1. 四列横队成体操队形散开 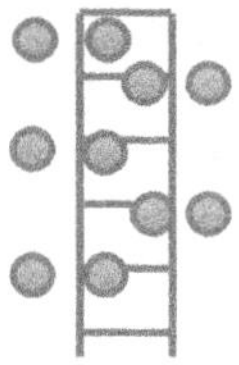 2. 按教师要求，遵守秩序进行敏捷梯训练 3. 前一名同学进行到中间，下一名同学开始	1	10	中
设计意图	一、教学内容 螃蟹追逃：由单人的自由移动变为双人横向移动，不仅要抑制自身正面活动的习惯，还要抑制自身的步伐习惯与同伴配合，并刷新横向移动的转向和调头的动作并通过转换来完成 花样跳绳：学生在跳的过程中，需要更多地抑制原有的并脚跳、单脚跳动作冲动，刷新出正确的向外弹踢腿跳跳动作，促进其脑执行功能，尤其是刷新功能的发展 花样跑步：学生要主动抑制原有的步幅、步频来适应敏捷梯，并在每格刷新出正确的动作 二、教学组织形式 环境也是影响脑执行功能的重要因素之一，由于有三个不同的项目，因此在环境上要求学生必须打起精神，能够快速转换到下一个教学内容中去 创设问题情境，学生需要将注意力集中于教师的问题，变被动接受为主动探索，使刷新功能得到持续的锻炼 创设群体活动情境，运动情境中的社会交往，可以促使学生了解其他参与者的意图，根据对他们即将做出的动作的预测，来提取自己的行为反应，使学生能够主动探索，积极练习，发展个体脑执行功能，培养团队合作意识 创设多记忆点情境，使学生主动储存每个点的任务信息，到达不同点时再灵活提取出该任务点所需要的动作 三、运动强度 通过准备活动到基本部分活动，学生达到中等至中上等活动量					
结束部分4分钟	1. 放松活动 2. 课堂小结 3. 归还器材，宣布下课	1. 带领学生放松活动 2. 点评课堂表现	1. 按教师指导放松 2. 认真听讲，反思学习表现 3. 师生道别	1 1	2 2	小 小

课时实施方案 22

内容	1. 趣味游戏（升级版喊数抱团） 2. 花样跳绳（组合跳六） 3. 花样跑步（敏捷梯三）					
教学目标	1. 通过趣味游戏培养学生学习兴趣和团队精神，促进学生身体全面发展 2. 使学生掌握一定的花样跳绳的基本动作技能，并锻炼身体素质 3. 发展学生灵活性及奔跑速度 4. 通过学习和练习，发展学生的脑执行功能尤其是刷新功能					
过程	课的内容	教师活动	学生活动	运动负荷		
				次数	时间	强度
准备部分6分钟	一、课堂常规 1. 集合整队 2. 师生问好 3. 宣布内容 4. 安排见习	1. 集合整队 2. 师生问好 3. 宣布内容 4. 提出要求 5. 安排见习	1. 体育委员整队，向教师报告出勤人数 2. 学生四列横队，体操队形如下： × ▲ 要求： 1. 快、静、齐 2. 认真听讲，精神饱满 3. 明确上课内容和要求	1	2	小
	二、准备活动 慢跑热身 250 米 ×2 圈 体育常规练习	带领学生做好慢跑热身活动		1	4	小
基本部分30分钟	1. 趣味游戏 升级版喊数抱团 规则同方案 4 教师发出字母指令后，学生头脑中反应出字母所在字母表中的位置（数字），然后按数字人数左右抱在一起	1. 宣布游戏内容 2. 提问并讲解游戏规则 3. 安排组织学生参与游戏	1. 学生认真听教师讲解 2. 有序慢跑围成圆圈 3. 时刻观察教师动作，并准确模仿 4. 注意力集中听教师口令进行游戏	1	10	中
	2. 花样跳绳 组合跳六 第一个八拍为向内弹踢腿跳，第二个八拍为向外弹踢腿跳，第三个八拍前四拍为向内弹踢腿跳，后四拍为向外弹踢腿跳，第四个八拍与第三个八拍相同	1. 教师完整示范新组合动作，提问与上节课的动作不同 2. 分解示范，边示范边提示要点，使学生建立一个完整的动作概念	1. 四列横队成体操队形散开，队形如下： × ▲	2	1	中
		3. 带领学生进行徒手步伐练习 4. 带领学生进行完整的带绳动作练习	2. 认真观看教师的动作讲解示范 3. 先徒手练习，体会动作要领	4	5	中

基本部分30分钟		5. 分组练习 6. 巡回指导 7. 鼓励后进生	4. 双手摇绳进行整个动作的练习	2	4	中
	3. 花样跑步 （1）练习敏捷梯三 （2）敏捷梯三接力 学生四路纵队为一组，从敏捷梯上通过后，继续向前跑到指定位置摸线后折回与下一名同学击掌，下一名同学开始	1. 教师先完整示范动作，后分解示范，边示范边讲要求，使学生建立一个完整的动作概念 2. 指导学生练习 3. 组织学生接力赛	1. 四列横队成体操队形散开 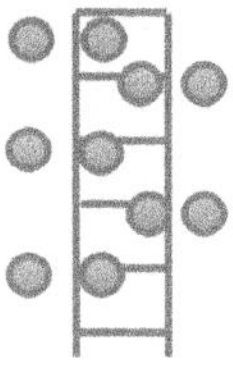 2. 按教师要求，遵守秩序进行敏捷梯训练、比赛	4 4	5 5	中 大
设计意图	一、教学内容 升级版喊数抱团：学生在行进间要主动学习教师的动作，储存动作信息，并时刻注意教师口令，从逆时针有序慢跑迅速转变为抱团，需要抑制、刷新、转换功能的共同协调作用，促进脑执行功能的发展 花样跳绳：学生在跳的过程中，需要更多地抑制原有的动作冲动，刷新出正确的节拍对应的弹踢腿跳动作，促进其脑执行功能，尤其是刷新功能的发展 花样跑步：学生要主动抑制原有的步幅、步频来适应敏捷梯，并在每格刷新出正确的动作 二、教学组织形式 环境也是影响脑执行功能的重要因素之一，由于有三个不同的项目，因此在环境上要求学生必须打起精神，能够快速转换到下一个教学内容中去 创设问题情境，学生需要将注意力集中于教师的问题，变被动接受为主动探索，使刷新功能得到持续的锻炼 创设群体活动情境，运动情境中的社会交往，可以促使学生了解其他参与者的意图，根据对他们即将做出的动作的预测，来提取自己的行为反应，使学生能够主动探索，积极练习，发展个体脑执行功能，培养团队合作意识 创设多记忆点情境，使学生主动储存每个点的任务信息，到达不同点时再灵活提取出该任务点所需要的动作 三、运动强度 通过准备活动到基本部分活动，学生达到中等至中上等活动量					
结束部分4分钟	1. 放松活动 2. 课堂小结 3. 布置课后练习 4. 归还器材，宣布下课	1. 带领学生放松活动 2. 点评课堂表现 3. 布置课后练习，提出下节课要求	1. 按教师指导放松 2. 认真听讲，反思学习表现 3. 师生道别	1 1	2 2	小 小

课时实施方案 23

<table>
<tr><td>内容</td><td colspan="7">1. 趣味游戏（奇数偶数）
2. 花样跳绳（组合跳六）
3. 花样跑步（敏捷梯四）</td></tr>
<tr><td>教学目标</td><td colspan="7">1. 通过趣味游戏培养学生学习兴趣和团队精神，促进学生身体全面发展
2. 使学生掌握一定的花样跳绳的基本动作技能，并锻炼身体素质
3. 发展学生灵活性及奔跑速度
4. 通过学习和练习，发展学生的脑执行功能，尤其是刷新功能</td></tr>
<tr><td rowspan="2">过程</td><td rowspan="2">课的内容</td><td rowspan="2">教师活动</td><td rowspan="2">学生活动</td><td colspan="3">运动负荷</td></tr>
<tr><td>次数</td><td>时间</td><td>强度</td></tr>
<tr><td>准备部分6分钟</td><td>一、课堂常规
1. 集合整队
2. 师生问好
3. 宣布内容
4. 安排见习

二、准备活动
慢跑热身
250 米 ×2 圈
体育常规练习</td><td>1. 集合整队
2. 师生问好
3. 宣布内容
4. 提出要求
5. 安排见习

带领学生做好慢跑热身活动</td><td>1. 体育委员整队，向教师报告出勤人数
2. 学生四列横队，体操队形如下：
× × × × ×
× × × × ×
× × × × ×
× × × × ×
▲
要求：
1. 快、静、齐
2. 认真听讲，精神饱满
3. 明确上课内容和要求</td><td>1

1</td><td>2

4</td><td>小

小</td></tr>
<tr><td>基本部分30分钟</td><td>1. 趣味游戏
规则同方案 6
一组为奇数队，一组为偶数队，面对面站立，两组学生相距 3 米，均成站立式起跑姿势，教师吹哨后进行原地小步跑，然后教师发出运算指令，学生做出符合答案的“追逃”反应

2. 花样跳绳
（1）复习组合跳六
（2）小组展示
（3）练习组合跳六
第一个八拍为向内弹踢腿跳，第二个八拍</td><td>1. 宣布游戏内容
2. 提问并讲解游戏规则
3. 安排组织学生参与游戏

1. 教师带领学生徒手复习
2. 教师指导学生进行完整的带绳动作复习
3. 组织学生进行小组展示（上节课课后作业）</td><td>1. 学生认真听教师讲解
2. 注意力集中听教师口令进行游戏

1. 四列横队成体操队形散开，队形如下：
× × × × ×
× × × × ×
× × × × ×
× × × × ×
▲</td><td>1

2

4</td><td>10

1

5</td><td>中

中

中</td></tr>
</table>

基本部分30分钟	为向外弹踢腿跳，第三个八拍前四拍为向内弹踢腿跳，后四拍为向外弹踢腿跳，第四个八拍与第三个八拍相同	4. 对小组展示进行评价 5. 组织继续练习组合跳六 6. 巡回指导	2. 跟随教师指导进行复习、练习，动作轻松 3. 组内协作进行展示 4. 思考进步与不足	2	4	中
	3. 花样跑步 敏捷梯四 学生四路纵队为一组，面对敏捷梯站立，并脚起跳，向左转身，面向左方开合跳落在一二格之间，左脚在一格，右脚在二格；第二次起跳向右后方转身，面向右开合跳落在二三格之间，依次进行	1. 教师先完整示范动作，后分解示范，边示范边讲要求，使学生建立一个完整的动作概念 2. 指导学生原地进行练习 3. 指导学生行进间练习练习	1. 四列横队成体操队形散开 × ▲ 2. 按教师要求，遵守秩序进行敏捷梯训练、比赛	4 6	2 8	中 中
设计意图	一、教学内容 奇数偶数：静止—小步跑—向前 / 转身—奔跑，这一过程中，学生要抑制自身的向前或者转身冲动，根据刷新出的答案做出正确的反应，需要抑制、刷新、转换功能的共同协调作用，促进脑执行功能的发展 花样跳绳：学生在跳的过程中，需要更多地抑制原有的动作冲动，刷新出正确的动作组合，促进其脑执行功能尤其是刷新功能的发展 花样跑步：学生要主动抑制原有的步幅、步频来适应敏捷梯，并在每格刷新出正确的动作 二、教学组织形式 环境也是影响脑执行功能的重要因素之一，由于有三个不同的项目，因此在环境上要求学生必须打起精神，能够快速转换到下一个教学内容中去 创设问题情境，学生需要将注意力集中于教师的问题，变被动接受为主动探索，使刷新功能得到持续的锻炼 创设群体活动情境，运动情境中的社会交往，可以促使学生了解其他参与者的意图，根据对他们即将做出的动作的预测，来提取自己的行为反应，使学生能够主动探索，积极练习，发展个体脑执行功能，培养团队合作意识 创设多记忆点情境，使学生主动储存每个点的任务信息，到达不同点时再灵活提取出该任务点所需要的动作 三、运动强度 通过准备活动到基本部分活动，学生达到中等至中上等活动量					
结束部分4分钟	1. 放松活动 2. 课堂小结 3. 归还器材，宣布下课	1. 带领学生放松活动 2. 点评课堂表现	1. 按教师指导放松 2. 认真听讲，反思学习表现 3. 师生道别	1 1	2 2	小 小

课时实施方案 24

内容	1. 趣味游戏（字母追击） 2. 花样跳绳（小组花样跳绳） 3. 花样跑步（敏捷梯四）					
教学目标	1. 通过趣味游戏培养学生学习兴趣和团队精神，促进学生身体全面发展 2. 使学生掌握一定的花样跳绳的基本动作技能，并锻炼身体素质 3. 发展学生灵活性及奔跑速度 4. 通过学习和练习，发展学生的脑执行功能，尤其是刷新功能					
过程	课的内容	教师活动	学生活动	运动负荷		
				次数	时间	强度
准备部分6分钟	一、课堂常规 1. 集合整队 2. 师生问好 3. 宣布内容 4. 安排见习	1. 集合整队 2. 师生问好 3. 宣布内容 4. 提出要求 5. 安排见习	1. 体育委员整队，向教师报告出勤人数 2. 学生四列横队，体操队形如下： × ▲ 要求： 1. 快、静、齐 2. 认真听讲，精神饱满 3. 明确上课内容和要求	1	2	小
	二、准备活动 慢跑热身 250 米 ×2 圈 体育常规练习	带领学生做好慢跑热身活动		1	4	小
基本部分30分钟	1. 趣味游戏 字母追击 规则同方案 8 教师站在圈内做动作，学生模仿，直到教师喊出新口令，当喊出一个字母时，后一个字母的人逆时针圈内追击前一个人，直到追到或者前一个人跑回原来的位置，被追到的学生，原地做 5 个兔子跳	1. 宣布游戏内容 2. 提问并讲解游戏规则 3. 安排组织学生参与游戏	1. 学生认真听教师讲解 2. 注意力集中听教师口令进行游戏	1	10	中
	2. 花样跳绳 小组花样跳 以小组为单位将之前学过的花样跳小组讨论、组合成自己的小组花样进行练习	1. 分组练习 2. 巡回指导	1. 积极讨论小组花样跳方案 2. 组内协作进行练习	1	10	中

基本部分30分钟	3. 花样跑步 （1）练习敏捷梯四 （2）敏捷梯四接力 学生四路纵队为一组，从敏捷梯上通过后，继续向前跑到指定位置摸线后折回与下一名同学击掌，下一名同学开始	1. 教师先完整示范动作，后分解示范，边示范边讲要求，使学生建立一个完整的动作概念 2. 指导学生练习 3. 组织学生接力赛	1. 四列横队成体操队形散开 ×××××× ×××××× ×××××× ×××××× ▲ 2. 按教师要求，遵守秩序进行敏捷梯训练、比赛	4 4	5 5	中 大
设计意图	一、教学内容 字母追击：静止——做动作——停止 / 转身——追击，这一过程中，学生要抑制自身的向前或者转身冲动，刷新出当前任务需要的正确反应，需要抑制、刷新、转换功能的共同协调作用，促进脑执行功能的发展 花样跳绳：学生要主动提取之前学过的动作及组合，在原有动作的基础上主动探索出新的组合动作，变被动为主动，促进其工作记忆的刷新能力 花样跑步：学生要主动抑制原有的步幅、步频来适应敏捷梯，并在每格刷新出正确的动作 二、教学组织形式 环境也是影响脑执行功能的重要因素之一，由于有三个不同的项目，因此在环境上要求学生必须打起精神，能够快速转换到下一个教学内容中去 创设问题情境，学生需要将注意力集中于教师的问题，变被动接受为主动探索，使刷新功能得到持续的锻炼 创设群体活动情境，运动情境中的社会交往，可以促使学生了解其他参与者的意图，根据对他们即将做出的动作的预测，来提取自己的行为反应，使学生能够主动探索，积极练习，发展个体脑执行功能，培养团队合作意识 创设多记忆点情境，使学生主动储存每个点的任务信息，到达不同点时再灵活提取出该任务点所需要的动作 三、运动强度 通过准备活动到基本部分活动，学生达到中等至中上等活动量					
结束部分4分钟	1. 放松活动 2. 课堂小结 3. 布置课后练习 4. 归还器材，宣布下课	1. 带领学生放松活动 2. 点评课堂表现 3. 布置课后练习提出下节课要求	1. 按教师指导放松 2. 认真听讲，反思学习表现 3. 师生道别	1 1	2 2	小 小

课时实施方案 25

<table>
<tr><td>内容</td><td colspan="6">1. 趣味游戏（大同小异接力）
2. 花样跳绳（小组花样跳绳）
3. 花样跑步（组合跑一）</td></tr>
<tr><td>教学目标</td><td colspan="6">1. 通过趣味游戏培养学生学习兴趣和团队精神，促进学生身体全面发展
2. 使学生掌握一定的花样跳绳的基本动作技能，并锻炼身体素质
3. 发展学生灵活性及奔跑速度
4. 通过学习和练习，发展学生的脑执行功能，尤其是刷新功能</td></tr>
<tr><td rowspan="2">过程</td><td rowspan="2">课的内容</td><td rowspan="2">教师活动</td><td rowspan="2">学生活动</td><td colspan="3">运动负荷</td></tr>
<tr><td>次数</td><td>时间</td><td>强度</td></tr>
<tr><td>准备部分6分钟</td><td>一、课堂常规
1. 集合整队
2. 师生问好
3. 宣布内容
4. 安排见习

二、准备活动
慢跑热身
250 米 ×2 圈
体育常规练习</td><td>1. 集合整队
2. 师生问好
3. 宣布内容
4. 提出要求
5. 安排见习

带领学生做好慢跑热身活动</td><td>1. 体育委员整队，向教师报告出勤人数
2. 学生四列横队，体操队形如下：
× × × × ×
× × × × ×
× × × × ×
× × × × ×
▲
要求：
1. 快、静、齐
2. 认真听讲，精神饱满
3. 明确上课内容和要求</td><td>1

1</td><td>2

4</td><td>小

小</td></tr>
<tr><td>基本部分30分钟</td><td>1. 趣味游戏
大同小异接力
规则同方案 9

2. 花样跳绳
（1）小组花样跳练习
继续分组练习上节课每组讨论出的花样跳
（2）小组花样跳展示
（3）练习小组花样跳

3. 花样跑步
组合跑一高抬腿—敏捷梯一—后踢腿—敏捷梯二—高抬腿
在圆形区域内，两边放上两把敏捷梯，学生呈一路纵队慢跑至圆形旁边，进入圆周内</td><td>1. 宣布游戏内容
2. 提问并讲解游戏规则
3. 安排组织学生参与游戏

1. 分组练习
2. 巡回指导
3. 组织各组进行展示
4. 对小组展示进行评价

1. 教师先完整示范动作，后分解示范，边示范边讲要求，使学生建立一个完整的动作概念
2. 指导学生练习</td><td>1. 学生认真听教师讲解
2. 注意力集中听教师口令进行游戏

1. 组内练习小组花样跳
2. 组内协作进行展示
3. 积极思考进步与不足

1. 一路纵队</td><td>1

1
1
1

1</td><td>10

2
3
5

10</td><td>中

中
中
中

中</td></tr>
</table>

基本部分30分钟	的学生开始高抬腿跑，直到敏捷梯处，开始敏捷梯一的动作，然后接后踢腿跑至另一敏捷梯处，开始敏捷梯二的动作，做完后进行高抬腿，循环继续，所有学生跑动成圆形		2. 按教师要求，遵守秩序进行组合跑			
设计意图	一、教学内容 大同小异接力：学生需要根据教师动作，在与前一名同学拍手的同时，刷新出应该跑的距离 花样跳绳：学生要主动提取之前学过的动作及组合，在原有动作的基础上，主动探索出新的组合动作，变被动为主动，促进其工作记忆的刷新能力 花样跑步：学生要主动抑制原有的步幅、步频来适应敏捷梯以及队形，并在每个区域刷新出正确的动作 二、教学组织形式 环境也是影响脑执行功能的重要因素之一，由于有三个不同的项目，因此在环境上要求学生必须打起精神，能够快速转换到下一个教学内容中去 创设问题情境，学生需要将注意力集中于教师的问题，变被动接受为主动探索，使刷新功能得到持续的锻炼 创设群体活动情境，运动情境中的社会交往，可以促使学生了解其他参与者的意图，根据对他们即将做出的动作的预测，来提取自己的行为反应，使学生能够主动探索，积极练习，发展个体脑执行功能，培养团队合作意识 创设多记忆点情境，使学生主动储存每个点的任务信息，到达不同点时再灵活提取出该任务点所需要的动作 三、运动强度 通过准备活动到基本部分活动，学生达到中等至中上等活动量					
结束部分4分钟	1. 放松活动 2. 课堂小结 3. 归还器材，宣布下课	1. 带领学生放松活动 2. 点评课堂表现	1. 按教师指导放松 2. 认真听讲，反思学习表现 3. 师生道别	1 1	2 2	小 小

课时实施方案 26

内容	1. 趣味游戏（反口令动作） 2. 花样跳绳（行进间跳长绳） 3. 花样跑步（组合跑一）
教学目标	1. 通过趣味游戏培养学生学习兴趣和团队精神，促进学生身体全面发展 2. 使学生掌握一定的花样跳绳的基本动作技能，并锻炼身体素质 3. 发展学生灵活性及奔跑速度 4. 通过学习和练习，发展学生的脑执行功能，尤其是刷新功能

过程	课的内容	教师活动	学生活动	运动负荷		
				次数	时间	强度
准备部分6分钟	一、课堂常规 1. 集合整队 2. 师生问好 3. 宣布内容 4. 安排见习	1. 集合整队 2. 师生问好 3. 宣布内容 4. 提出要求 5. 安排见习	1. 体育委员整队，向教师报告出勤人数 2. 学生四列横队，体操队形如下： × ▲ 要求： 1. 快、静、齐 2. 认真听讲，精神饱满 3. 明确上课内容和要求	1	2	小
	二、准备活动 慢跑热身 250 米 ×2 圈 体育常规练习	带领学生做好慢跑热身活动		1	4	小
基本部分30分钟	1. 趣味游戏 反口令动作 同方案 12	1. 宣布游戏内容 2. 提问并讲解游戏规则 3. 安排组织学生参与游戏	1. 学生认真听教师讲解 2. 注意力集中听教师口令进行游戏	1	10	中
	2. 花样跳绳 行进间跳长绳 每路纵队为一组，见习同学摇绳，其他同学依次跳过长绳，跳过后返回队尾继续	1.教师完整示范动作，讲解规则 2. 分组练习 3. 巡回指导	1. 每组学生排成一队 2. 连续摇绳 3. 一出一进，在绳子中央跳起	1 1	1 9	中 中
	3. 花样跑步 组合跑—高抬腿—敏捷梯一—后踢腿—敏捷梯二—高抬腿 在圆形区域内，两边放上两把敏捷梯，学生一路纵队慢跑至圆形旁边，进入圆周内的学生开始高抬腿跑，直到敏捷梯处，开始敏捷梯一的动作，然后接后踢腿跑至另一敏捷梯处，开始敏捷梯二的动作，做完后进行高抬腿，循环继续，所有学生跑动成圆形	1. 教师先完整示范动作，后分解示范，边示范边讲要求，使学生建立一个完整的动作概念 2. 指导学生练习	1. 一路纵队 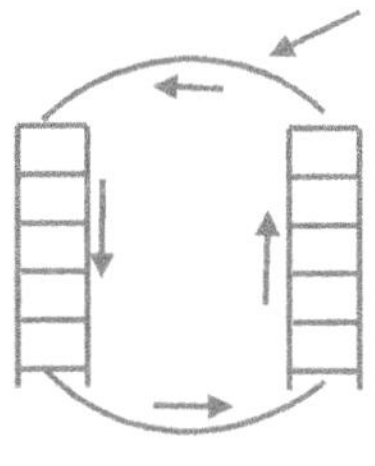 2. 按教师要求，遵守秩序进行组合跑	1	10	中

设计意图	一、教学内容 反口令动作：抑制原有动作冲动，刷新出口令对应的真正动作，发展学生的脑执行功能 花样跳绳：抑制自身跳绳节奏，配合摇绳节奏及前一名学生的跳跃节奏，根据摇绳幅度判断进入的方向及路线 花样跑步：学生要主动抑制原有的步幅、步频来适应敏捷梯以及队形，并在每个区域刷新出正确的动作 二、教学组织形式 环境也是影响脑执行功能的重要因素之一，由于有三个不同的项目，因此在环境上要求学生必须打起精神，能够快速转换到下一个教学内容中去 创设问题情境，学生需要将注意力集中于教师的问题，变被动接受为主动探索，使刷新功能得到持续的锻炼 创设群体活动情境，运动情境中的社会交往，可以促使学生了解其他参与者的意图，根据对他们即将做出的动作的预测，来提取自己的行为反应，使学生能够主动探索，积极练习，发展个体脑执行功能，培养团队合作意识 创设多记忆点情境，使学生主动储存每个点的任务信息，到达不同点时再灵活提取出该任务点所需要的动作 三、运动强度 通过准备活动到基本部分活动，学生达到中等至中上等活动量					
结束部分4分钟	1. 放松活动 2. 课堂小结 3. 归还器材，宣布下课	1. 带领学生放松活动 2. 点评课堂表现	1. 按教师指导放松 2. 认真听讲，反思学习表现 3. 师生道别	1 1	2 2	小 小

课时实施方案 27

内容	1. 趣味游戏（反口令动作） 2. 花样跳绳（行进间跳长绳） 3. 花样跑步（组合跑一）					
教学目标	1. 通过趣味游戏培养学生学习兴趣和团队精神，促进学生身体全面发展 2. 使学生掌握一定的花样跳绳的基本动作技能，并锻炼身体素质 3. 发展学生灵活性及奔跑速度 4. 通过学习和练习，发展学生的脑执行功能，尤其是刷新功能					
过程	课的内容	教师活动	学生活动	运动负荷		
				次数	时间	强度
准备部分6分钟	一、课堂常规 1. 集合整队 2. 师生问好 3. 宣布内容 4. 安排见习	1. 集合整队 2. 师生问好 3. 宣布内容 4. 提出要求 5. 安排见习	1. 体育委员整队，向教师报告出勤人数 2. 学生四列横队，体操队形如下： × ▲	1	2	小

准备部分6分钟	二、准备活动 慢跑热身 250 米 ×2 圈 体育常规练习	带领学生做好慢跑热身活动	要求： 1. 快、静、齐 2. 认真听讲，精神饱满 3. 明确上课内容和要求	1	4	小
基本部分30分钟	1. 趣味游戏 反口令喊数抱团 同方案 14	1. 宣布游戏内容 2. 提问并讲解游戏规则 3. 安排组织学生参与游戏	1. 学生认真听教师讲解 2. 注意力集中听教师口令进行游戏	1	10	中
	2. 花样跳绳 （1）复习行进间跳长绳 每路纵队为一组，见习同学摇绳，其他同学依次跳过长绳，跳过后返回队尾继续 （2）各小组一起展示，且 4 分钟内跳跃次数多的组胜	1. 教师完整示范动作，讲解规则 2. 分组练习 3. 巡回指导 4. 组织各组学生展示 5. 对小组展示进行评价	1. 每组学生排成一队 2. 连续摇绳 3. 一出一进，在绳子中央跳起 4. 组内协作进行展示	1 1	5 5	中 中
	3. 花样跑步 组合跑二 小步跑—敏捷梯三—放松跑—敏捷梯四—小步跑	1. 教师先完整示范动作，后分解示范，边示范边讲要求，使学生建立一个完整的动作概念 2. 指导学生练习	1. 一路纵队 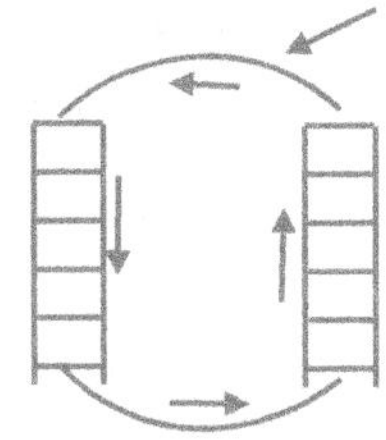 2. 按教师要求，遵守秩序进行组合跑	1	10	中
设计意图	一、教学内容 反口令喊数抱团：不仅要抑制原来按照规定线路的习惯固定动作进行的内容，还要抑制自身的步伐习惯与同伴配合，并按照听到的口令刷新成正确的动作，以及新的行进路线和方向的动作并通过转换来完成；当教师发出指令，学生要刷新正确的数字答案并对原来按固定路线行走的模式进行刷新 花样跳绳：抑制自身跳绳节奏，配合摇绳节奏及前一名学生的跳跃节奏，根据摇绳幅度判断进入的方向及路线 花样跑步：学生要主动抑制原有的步幅、步频来适应敏捷梯以及队形，并在每个区域刷新出正确的动作 二、教学组织形式 环境也是影响脑执行功能的重要因素之一，由于有三个不同的项目，因此在环境上要求学生必须打起精神，能够快速转换到下一个教学内容中去					

设计意图	创设问题情境，学生需要将注意力集中于教师的问题，变被动接受为主动探索，使刷新功能得到持续的锻炼 创设群体活动情境，运动情境中的社会交往，可以促使学生了解其他参与者的意图，根据对他们即将做出的动作的预测，来提取自己的行为反应，使学生能够主动探索，积极练习，发展个体脑执行功能，培养团队合作意识 创设多记忆点情境，使学生主动储存每个点的任务信息，到达不同点时再灵活提取出该任务点所需要的动作 三、运动强度 通过准备活动到基本部分活动，学生达到中等至中上等活动量					
结束部分4分钟	1. 放松活动 2. 课堂小结 3. 归还器材，宣布下课	1. 带领学生放松活动 2. 点评课堂表现	1. 按教师指导放松 2. 认真听讲，反思学习表现 3. 师生道别	1 1	2 2	小 小

课时实施方案 28

内容	1. 趣味游戏（贴人） 2. 花样跳绳（行进间对侧跳长绳） 3. 花样跑步（组合跑二）					
教学目标	1. 通过趣味游戏培养学生学习兴趣和团队精神，促进学生身体全面发展 2. 使学生掌握一定的花样跳绳的基本动作技能，并锻炼身体素质 3. 发展学生灵活性及奔跑速度 4. 通过学习和练习，发展学生的脑执行功能，尤其是刷新功能					
过程	课的内容	教师活动	学生活动	运动负荷		
				次数	时间	强度
准备部分6分钟	一、课堂常规 1. 集合整队 2. 师生问好 3. 宣布内容 4. 安排见习 二、准备活动 慢跑热身 250 米 ×2 圈 体育常规练习	1. 集合整队 2. 师生问好 3. 宣布内容 4. 提出要求 5. 安排见习 带领学生做好慢跑热身活动	1. 体育委员整队，向教师报告出勤人数 2. 学生四列横队，体操队形如下： × ▲ 要求： 1. 快、静、齐 2. 认真听讲，精神饱满 3. 明确上课内容和要求	1 1	2 4	小 小

基本部分30分钟	1. 趣味游戏 贴人同方案 16	1. 宣布游戏内容 2. 提问并讲解游戏规则 3. 安排组织学生参与游戏	1. 学生手拉手围成圆圈： 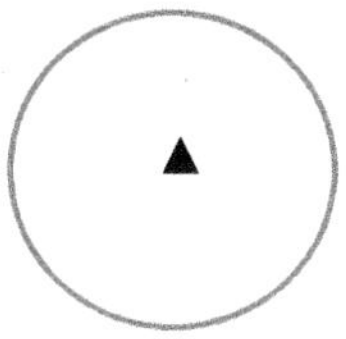	1	10	中
			2. 注意力集中听教师口令进行游戏	1	5	中
	2. 花样跳绳 行进间对侧跳长绳 每路纵队为一组，分成两小队分别站在绳子两侧，见习同学摇绳，右侧跳过一名后，左侧同学跳过，两组依次跳长绳，跳过后直接排在队尾	1.教师完整示范动作，讲解规则 2. 分组练习 3. 巡回指导 4. 组织各组学生展示 5. 对小组展示进行评价	1. 每组学生排成一队 2. 连续摇绳 3. 一出一进，在绳子中央跳起 4. 组内协作进行展示	1	5	中
	3. 花样跑步 组合跑二 小步跑—敏捷梯三—放松跑—敏捷梯四—小步跑	1. 教师先完整示范动作，后分解示范，边示范边讲要求，使学生建立一个完整的动作概念 2. 指导学生练习	1. 一路纵队 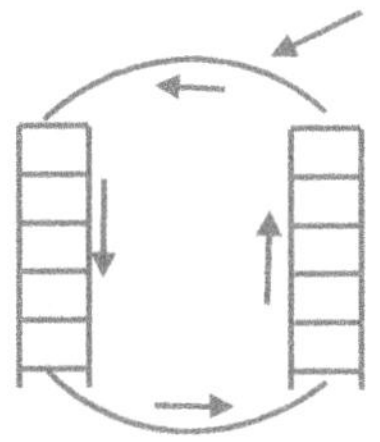 2. 按教师要求，遵守秩序进行组合跑	1	10	中
设计意图	一、教学内容 贴人：学生在追与被追的过程中需抑制自身身体惯性，积极主动观察追 / 逃者的位置，刷新有利的跑动路线 花样跳绳：抑制自身跳绳节奏，配合摇绳节奏及对侧同学的跳跃节奏，根据摇绳幅度判断进入的方向及路线 花样跑步：学生要主动抑制原有的步幅、步频来适应敏捷梯以及队形，并在每个区域刷新出正确的动作 二、教学组织形式 环境也是影响脑执行功能的重要因素之一，由于有三个不同的项目，因此在环境上要求学生必须打起精神，能够快速转换到下一个教学内容中去 创设问题情境，学生需要将注意力集中于教师的问题，变被动接受为主动探索，使刷新功能得到持续的锻炼 创设群体活动情境，运动情境中的社会交往，可以促使学生了解其他参与者的意图，根据对他们即将做出的动作的预测，来提取自己的行为反应，使学生能够主动探索，积极练习，发展个体脑执行功能，培养团队合作意识					

设计意图	创设多记忆点情境，使学生主动储存每个点的任务信息，到达不同点时再灵活提取出该任务点所需要的动作 三、运动强度 通过准备活动到基本部分活动，学生达到中等至中上等活动量					
结束部分4分钟	1. 放松活动 2. 课堂小结 3. 归还器材，宣布下课	1. 带领学生放松活动 2. 点评课堂表现	1. 按教师指导放松 2. 认真听讲，反思学习表现 3. 师生道别	1 1	2 2	小 小

课时实施方案 29

过程	课的内容	教师活动	学生活动	运动负荷		
				次数	时间	强度
内容	1. 趣味游戏（猜拳追逃） 2. 花样跳绳（行进间 8 字跳长绳） 3. 花样跑步（智勇大冲关）					
教学目标	1. 通过趣味游戏培养学生学习兴趣和团队精神，促进学生身体全面发展 2. 使学生掌握一定的花样跳绳的基本动作技能，并锻炼身体素质 3. 发展学生灵活性及奔跑速度 4. 通过学习和练习，发展学生的脑执行功能，尤其是刷新功能					
准备部分6分钟	一、课堂常规 1. 集合整队 2. 师生问好 3. 宣布内容 4. 安排见习 二、准备活动 慢跑热身 250 米 ×2 圈 体育常规练习	1. 集合整队 2. 师生问好 3. 宣布内容 4. 提出要求 5. 安排见习 带领学生做好慢跑热身活动	1. 体育委员整队，向教师报告出勤人数 2. 学生四列横队，体操队形如下： × ▲ 要求： 1. 快、静、齐 2. 认真听讲，精神饱满 3. 明确上课内容和要求	1 1	2 4	小 小
基本部分30分钟	1. 趣味游戏 猜拳追逃 规则同方案 18	1. 宣布游戏内容 2. 提问并讲解游戏规则 3. 安排组织学生参与游戏	1. 队形如下 × × × × × × × × × × × ×  × × × × × × × × × × × ×	1	10	中

基本部分30分钟	2. 花样跳绳 行进间 8 字跳长绳 （1）练习 8 字跳长绳跑动路线 将长绳拉长放在地面，学生按 8 字跳长绳路线依次跳过 （2）带绳练习 8 字跳长绳 每路纵队为一组，在摇绳的任意一方依次进绳，跳 1 次后马上出绳，绕过另一摇绳的同学后待最后一位同学出绳后再进绳。形成一个“8”字	1.教师完整示范动作，讲解规则 2. 分组练习 3. 巡回指导 4. 鼓励后进生	1. 学生认真听教师讲解 2. 注意力集中听教师口令进行游戏 每路纵队为一组 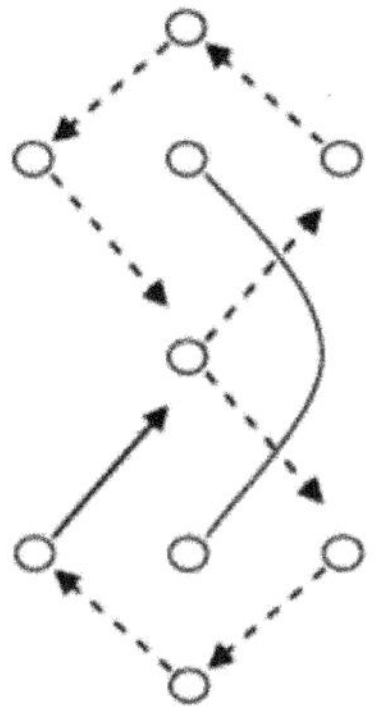	1 1	5 5	中 中
	3. 花样跑步 智勇大冲关 每路纵队为一组，站在起跑线前，教师吹哨后开始小步跑至敏捷梯处，学生自己选择敏捷梯二 / 三 / 四中的方式过第一个敏捷梯，通过敏捷梯后原地高抬腿 10 次，然后用敏捷梯一的方式通过第二个敏捷梯，拿起跳绳原地跳 10 次，自己选择跳绳方式，然后放松跑至终点处	1. 教师先完整示范动作，后分解示范，边示范边讲要求，使学生建立一个完整的动作概念 2. 指导学生练习	1. 四路纵队 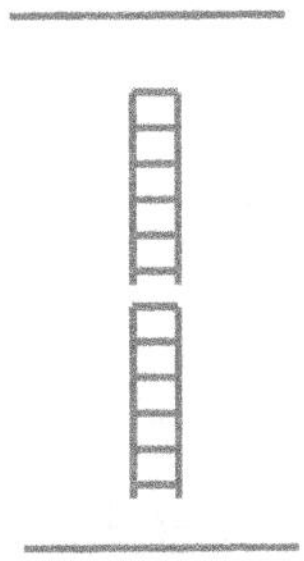 2. 按教师要求，遵守秩序进行冲关 小步跑—敏捷梯二 / 三 / 四—高抬腿跑 10 次—敏捷梯一—原地跳绳 10 次—放松跑 3. 前一名同学跑至第二个敏捷梯，下一名同学开始	6	10	中
设计意图	一、教学内容 猜拳追逃：静止—猜拳—判断追逃—向前 / 转身—奔跑，这一过程中，学生要抑制自身的向前或者转身冲动，根据刷新出的答案做出正确的反应，需要抑制、刷新、转换功能的共同协调作用，促进脑执行功能的发展 花样跳绳：抑制自身跳绳节奏，配合摇绳节奏及对侧同学的跳跃节奏，根据摇绳幅度判断进入的方向及路线					

设计意图	花样跑步：学生要主动抑制原有的步幅、步频来适应敏捷梯以及队形，并在每个区域刷新出正确的动作 二、教学组织形式 环境也是影响脑执行功能的重要因素之一，由于有三个不同的项目，因此在环境上要求学生必须打起精神，能够快速转换到下一个教学内容中去 创设问题情境，学生需要将注意力集中于教师的问题，变被动接受为主动探索，使刷新功能得到持续的锻炼 创设群体活动情境，运动情境中的社会交往，可以促使学生了解其他参与者的意图，根据对他们即将做出的动作的预测，来提取自己的行为反应，使学生能够主动探索，积极练习，发展个体脑执行功能，培养团队合作意识 创设多记忆点情境，使学生主动储存每个点的任务信息，到达不同点时再灵活提取出该任务点所需要的动作 三、运动强度 通过准备活动到基本部分活动，学生达到中等至中上等活动量					
结束部分4分钟	1. 放松活动 2. 课堂小结 3. 布置课后练习 4. 归还器材，宣布下课	1. 带领学生放松活动 2. 点评课堂表现 3. 布置课后练习，提出下节课要求	1. 按教师指导放松 2. 认真听讲，反思学习表现 3. 师生道别	1 1	2 2	小 小

课时实施方案 30

过程	课的内容	教师活动	学生活动	运动负荷		
内容	1. 趣味游戏（模仿贴人） 2. 花样跳绳（行进间 8 字跳长绳） 3. 花样跑步（智勇大冲关）					
教学目标	1. 通过趣味游戏培养学生学习兴趣和团队精神，促进学生身体全面发展 2. 使学生掌握一定的花样跳绳的基本动作技能，并锻炼身体素质 3. 发展学生灵活性及奔跑速度 4. 通过学习和练习，发展学生的脑执行功能，尤其是刷新功能					
过程	课的内容	教师活动	学生活动	次数	时间	强度
准备部分6分钟	一、课堂常规 1. 集合整队 2. 师生问好 3. 宣布内容 4. 安排见习 二、准备活动 慢跑热身 250 米 ×2 圈 体育常规练习	1. 集合整队 2. 师生问好 3. 宣布内容 4. 提出要求 5. 安排见习 带领学生做好慢跑热身活动	1. 体育委员整队，向教师报告出勤人数 2. 学生四列横队，体操队形如下： × ▲ 要求： 1. 快、静、齐 2. 认真听讲，精神饱满 3. 明确上课内容和要求	1 1	2 4	小 小

基本部分30分钟	1. 趣味游戏 模仿贴人 规则同方案 20	1. 宣布游戏内容 2. 提问并讲解游戏规则 3. 安排组织学生参与游戏	1. 学生手拉手围成圆圈： 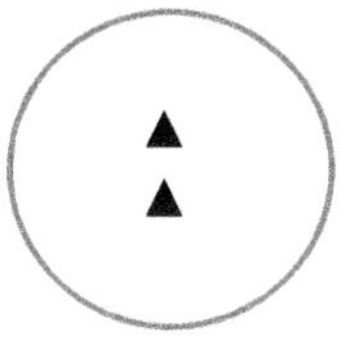 2. 注意力集中听教师口令进行游戏	1	10	中
	2. 花样跳绳 行进间 8 字跳长绳 （1）分组练习 8 字跳长绳 （2）小组展示 4 分钟内形成 8 字后连续跳跃次数最多的组获胜 （3）继续练习	1. 分组练习 2. 巡回指导 3. 组织各组学生展示 4. 对小组展示进行评价 5. 指导各组学生继续练习	1. 每路纵队为一组 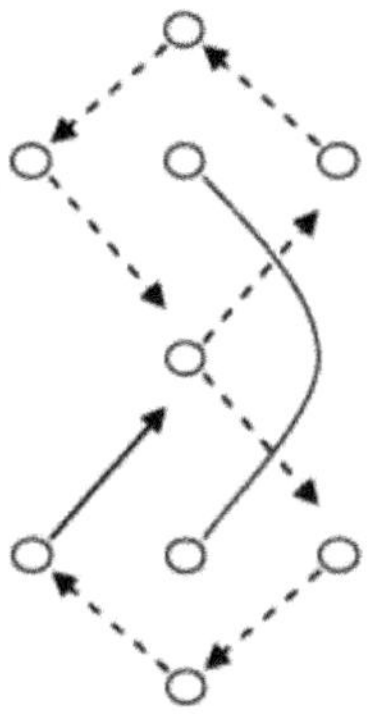 2.组内协作进行展示、练习 3. 思考进步与不足	1 1 1	2 4 4	中 中 中
	3. 花样跑步 （1）练习智勇大冲关 （2）智勇大冲关接力赛 小步跑—敏捷梯二 / 三 / 四—高抬腿跑 10 次—敏捷梯一—原地跳绳 10 次—折回（快速跑）—击掌	1. 教师先完整示范动作，后分解示范，边示范边讲要求，使学生建立一个完整的动作概念 2. 指导学生练习	1. 四路纵队 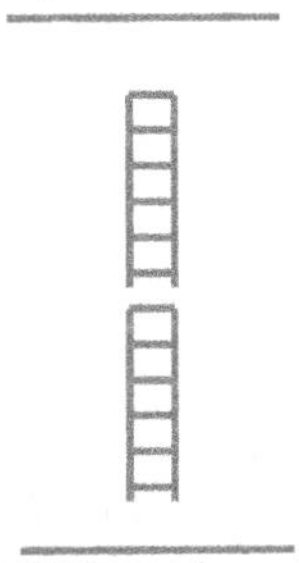 2. 按教师要求，遵守秩序进行冲关 小步跑—敏捷梯二 / 三 / 四—高抬腿跑 10 次—敏捷梯一—原地跳绳 10 次—折回（快速跑）—击掌 3. 前一名同学跑至第二个敏捷梯，下一名同学开始	4 2	6 4	中 大

<table>
<tr><td>设计意图</td><td colspan="6">一、教学内容
模仿贴人：学生在追与被追的过程中需抑制自身身体惯性，积极主动观察追/逃者的位置，刷新有利的跑动路线，逃者要根据追者以及自己想要贴的队伍的距离刷新出有利于自己逃跑的动作，追者要时刻注意逃者的动作抑制自身动作冲动进行模仿，并刷新出利于追上的路线、步幅
花样跳绳：抑制自身跳绳节奏，配合摇绳节奏及对侧同学的跳跃节奏，根据摇绳幅度判断进入的方向及路线
花样跑步：学生要主动抑制原有的步幅、步频来适应敏捷梯以及队形，并在每个区域刷新出正确的动作
二、教学组织形式
环境也是影响脑执行功能的重要因素之一，由于有三个不同的项目，因此在环境上要求学生必须打起精神，能够快速转换到下一个教学内容中去
创设问题情境，学生需要将注意力集中于教师的问题，变被动接受为主动探索，使刷新功能得到持续的锻炼
创设群体活动情境，运动情境中的社会交往，可以促使学生了解其他参与者的意图，根据对他们即将做出的动作的预测，来提取自己的行为反应，使学生能够主动探索，积极练习，发展个体脑执行功能，培养团队合作意识
创设多记忆点情境，使学生主动储存每个点的任务信息，到达不同点时再灵活提取出该任务点所需要的动作
三、运动强度
通过准备活动到基本部分活动，学生达到中等至中上等活动量</td></tr>
<tr><td>结束部分4分钟</td><td>1. 放松活动
2. 课堂小结
3. 归还器材，宣布下课</td><td>1. 带领学生放松活动
2. 点评课堂表现</td><td>1. 按教师指导放松
2. 认真听讲，反思学习表现
3. 师生道别</td><td>1

1</td><td>2

2</td><td>小

小</td></tr>
</table>

课时实施方案 31

<table>
<tr><td>内容</td><td colspan="6">1. 趣味游戏（奇数偶数）
2. 花样跳绳（组合跳六）
3. 花样跑步（敏捷梯四）</td></tr>
<tr><td>教学目标</td><td colspan="6">1. 通过趣味游戏培养学生学习兴趣和团队精神，促进学生身体全面发展
2. 使学生掌握一定的花样跳绳的基本动作技能，并锻炼身体素质
3. 发展学生灵活性及奔跑速度
4. 通过学习和练习，发展学生的脑执行功能，尤其是刷新功能</td></tr>
<tr><td rowspan="2">过程</td><td rowspan="2">课的内容</td><td rowspan="2">教师活动</td><td rowspan="2">学生活动</td><td colspan="3">运动负荷</td></tr>
<tr><td>次数</td><td>时间</td><td>强度</td></tr>
<tr><td>准备部分6分钟</td><td>一、课堂常规
1. 集合整队
2. 师生问好
3. 宣布内容
4. 安排见习</td><td>1. 集合整队
2. 师生问好
3. 宣布内容
4. 提出要求
5. 安排见习</td><td>1. 体育委员整队，向教师报告出勤人数
2. 学生四列横队，体操队形如下：</td><td>1</td><td>2</td><td>小</td></tr>
</table>

准备部分6分钟	二、准备活动 慢跑热身 250米 ×2圈 体育常规练习	带领学生做好慢跑热身活动	××××× ××××× ××××× ××××× ▲ 要求: 1. 快、静、齐 2. 认真听讲,精神饱满 3. 明确上课内容和要求	1	4	小
基本部分30分钟	1. 趣味游戏 规则同方案6 一组为奇数队,一组为偶数队,面对面站立,两组学生相距3米,均成站立式起跑姿势,教师吹哨后进行原地小步跑,然后教师发出运算指令,学生做出符合答案的"追逃"反应	1. 宣布游戏内容 2. 提问并讲解游戏规则 3. 安排组织学生参与游戏	1. 学生认真听教师讲解 2. 注意力集中听教师口令进行游戏	1	10	中
	2. 花样跳绳 (1)复习组合跳六 (2)小组展示 (3)练习组合跳六 第一个八拍为向内弹踢腿跳,第二个八拍为向外弹踢腿跳,第三个八拍前四拍为向内弹踢腿跳,后四拍为向外弹踢腿跳,第四个八拍与第三个八拍相同	1. 教师带领学生徒手复习 2. 教师指导学生进行完整的带绳动作复习 3. 组织学生进行小组展示(上节课课后作业) 4. 对小组展示进行评价 5. 组织继续练习组合跳六 6. 巡回指导	1. 四列横队成体操队形散开,队形如下: × ▲ 2. 跟随教师指导进行复习、练习,动作轻松 3. 组内协作进行展示 4. 思考进步与不足	2 4 2	1 5 4	中 中 中
	3. 花样跑步 敏捷梯四 学生四路纵队为一组,面对敏捷梯站立,并脚起跳,向左转身,面向左方开合跳落在一二格之间,左脚在一格,右脚在二格;第二次起跳向右后方转身,面向右开合跳落在二三格之间,依次进行	1. 教师先完整示范动作,后分解示范,边示范边讲要求,使学生建立一个完整的动作概念 2. 指导学生原地进行练习 3. 指导学生行进间练习	1. 四列横队成体操队形散开 × ▲ 2. 按教师要求,遵守秩序进行敏捷梯训练、比赛	4 6	2 8	中 中

设计意图	一、教学内容 奇数偶数：静止——小步跑——向前 / 转身——奔跑，这一过程中，学生要抑制自身的向前或者转身冲动，根据刷新出的答案做出正确的反应，需要抑制、刷新、转换功能的共同协调作用，促进脑执行功能的发展 花样跳绳：学生在跳的过程中，需要更多地抑制原有的动作冲动，刷新出正确的动作组合，促进其脑执行功能尤其是刷新功能的发展 花样跑步：学生要主动抑制原有的步幅、步频来适应敏捷梯，并在每格刷新出正确的动作 二、教学组织形式 环境也是影响脑执行功能的重要因素之一，由于有三个不同的项目，因此在环境上要求学生必须打起精神，能够快速转换到下一个教学内容中去 创设问题情境，学生需要将注意力集中于教师的问题，变被动接受为主动探索，使刷新功能得到持续的锻炼 创设群体活动情境，运动情境中的社会交往，可以促使学生了解其他参与者的意图，根据对他们即将做出的动作的预测，来提取自己的行为反应，使学生能够主动探索，积极练习，发展个体脑执行功能，培养团队合作意识 创设多记忆点情境，使学生主动储存每个点的任务信息，到达不同点时再灵活提取出该任务点所需要的动作 三、运动强度 通过准备活动到基本部分活动，学生达到中等至中上等活动量					
结束部分4分钟	1. 放松活动 2. 课堂小结 3. 归还器材，宣布下课	1. 带领学生放松活动 2. 点评课堂表现	1. 按教师指导放松 2. 认真听讲，反思学习表现 3. 师生道别	1 1	2 2	小 小

课时实施方案 32

内容	1. 趣味游戏（字母追击） 2. 花样跳绳（小组花样跳绳） 3. 花样跑步（敏捷梯四）					
教学目标	1. 通过趣味游戏培养学生学习兴趣和团队精神，促进学生身体全面发展 2. 使学生掌握一定的花样跳绳的基本动作技能，并锻炼身体素质 3. 发展学生灵活性及奔跑速度 4. 通过学习和练习，发展学生的脑执行功能，尤其是刷新功能					
过程	课的内容	教师活动	学生活动	运动负荷		
				次数	时间	强度
准备部分6分钟	一、课堂常规 1. 集合整队 2. 师生问好 3. 宣布内容 4. 安排见习	1. 集合整队 2. 师生问好 3. 宣布内容 4. 提出要求 5. 安排见习	1. 体育委员整队，向教师报告出勤人数 2. 学生四列横队，体操队形如下：	1	2	小

准备部分6分钟	二、准备活动 慢跑热身 250 米 ×2 圈 体育常规练习	带领学生做好慢跑热身活动	× ▲ 要求： 1. 快、静、齐 2. 认真听讲，精神饱满 3. 明确上课内容和要求	1	4	小
基本部分30分钟	1. 趣味游戏 字母追击 规则同方案 8 教师站在圈内做动作，学生模仿，直到教师喊出新口令，当喊出一个字母时，后一个字母的人逆时针圈内追击前一个人，直到追到或者前一个人跑回原来的位置，被追到的学生原地做 5 个兔子跳	1. 宣布游戏内容 2. 提问并讲解游戏规则 3. 安排组织学生参与游戏	1. 学生认真听教师讲解 2. 注意力集中听教师口令进行游戏	1	10	中
	2. 花样跳绳 小组花样跳 以小组为单位将之前学过的花样跳小组讨论、组合成自己的小组花样进行练习	1. 分组练习 2. 巡回指导	1. 积极讨论小组花样跳方案 2. 组内协作进行练习	1	10	中
	3. 花样跑步 （1）练习敏捷梯四 （2）敏捷梯四接力 学生四路纵队为一组，从敏捷梯上通过后继续向前跑到指定位置摸线后折回与下一名同学击掌，下一名同学开始	1. 教师先完整示范动作，后分解示范，边示范边讲要求，使学生建立一个完整的动作概念 2. 指导学生练习 3. 组织学生接力赛	1. 四列横队成体操队形散开 × ▲ 2. 按教师要求，遵守秩序进行敏捷梯训练、比赛	4 4	5 5	中 大
设计意图	一、教学内容 字母追击：静止—做动作—停止 / 转身—追击，这一过程中，学生要抑制自身的向前或者转身冲动，刷新出当前任务需要的正确反应，需要抑制、刷新、转换功能的共同协调作用，促进脑执行功能的发展					

设计意图	花样跳绳：学生要主动提取之前学过的动作及组合，在原有动作的基础上主动探索出新的组合动作，变被动为主动，促进其工作记忆的刷新能力 花样跑步：学生要主动抑制原有的步幅、步频来适应敏捷梯，并在每格刷新出正确的动作 二、教学组织形式 环境也是影响脑执行功能的重要因素之一，由于有三个不同的项目，因此在环境上要求学生必须打起精神，能够快速转换到下一个教学内容中去 创设问题情境，学生需要将注意力集中于教师的问题，变被动接受为主动探索，使刷新功能得到持续的锻炼 创设群体活动情境，运动情境中的社会交往，可以促使学生了解其他参与者的意图，根据对他们即将做出的动作的预测，来提取自己的行为反应，使学生能够主动探索，积极练习，发展个体脑执行功能，培养团队合作意识 创设多记忆点情境，使学生主动储存每个点的任务信息，到达不同点时再灵活提取出该任务点所需要的动作 三、运动强度 通过准备活动到基本部分活动，学生达到中等至中上等活动量					
结束部分4分钟	1. 放松活动 2. 课堂小结 3. 布置课后练习 4. 归还器材，宣布下课	1. 带领学生放松活动 2. 点评课堂表现 3. 布置课后练习提出下节课要求	1. 按教师指导放松 2. 认真听讲，反思学习表现 3. 师生道别	1 1	2 2	小 小

课时实施方案 33

内容	1. 趣味游戏（大同小异接力） 2. 花样跳绳（小组花样跳绳） 3. 花样跑步（组合跑一）					
教学目标	1. 通过趣味游戏培养学生学习兴趣和团队精神，促进学生身体全面发展 2. 使学生掌握一定的花样跳绳的基本动作技能，并锻炼身体素质 3. 发展学生灵活性及奔跑速度 4. 通过学习和练习，发展学生的脑执行功能，尤其是刷新功能					
过程	课的内容	教师活动	学生活动	运动负荷		
				次数	时间	强度
准备部分6分钟	一、课堂常规 1. 集合整队 2. 师生问好 3. 宣布内容 4. 安排见习 二、准备活动 慢跑热身 250 米 ×2 圈 体育常规练习	1. 集合整队 2. 师生问好 3. 宣布内容 4. 提出要求 5. 安排见习 带领学生做好慢跑热身活动	1. 体育委员整队，向教师报告出勤人数 2. 学生四列横队，体操队形如下： × ▲ 要求： 1. 快、静、齐 2. 认真听讲，精神饱满 3. 明确上课内容和要求	1 1	2 4	小 小

<table>
<tr>
<td rowspan="3">基本部分30分钟</td>
<td>1. 趣味游戏
大同小异接力
规则同方案9</td>
<td>1. 宣布游戏内容
2. 提问并讲解游戏规则
3. 安排组织学生参与游戏</td>
<td>1. 学生认真听教师讲解
2. 注意力集中听教师口令进行游戏</td>
<td>1</td>
<td>10</td>
<td>中</td>
</tr>
<tr>
<td>2. 花样跳绳
（1）小组花样跳练习
继续分组练习上节课每组讨论出的花样跳
（2）小组花样跳展示
（3）练习小组花样跳</td>
<td>1. 分组练习
2. 巡回指导
3. 组织各组进行展示
4. 对小组展示进行评价</td>
<td>1. 组内练习小组花样跳
2. 组内协作进行展示
3. 积极思考进步与不足</td>
<td>1
1</td>
<td>2
3</td>
<td>中
中</td>
</tr>
<tr>
<td>3. 花样跑步
组合跑一
高抬腿—敏捷梯一—后踢腿—敏捷梯二—高抬腿
在圆形区域内，两边放上两把敏捷梯，学生一路纵队慢跑至圆形旁边，进入圆周内的学生开始高抬腿跑，直到敏捷梯处，开始敏捷梯一跑，然后接后踢腿跑至另一敏捷梯处，开始敏捷梯二的动作，做完后进行高抬腿，循环继续，所有学生跑动成圆形</td>
<td>1. 教师先完整示范动作，后分解示范，边示范边讲要求，使学生建立一个完整的动作概念
2. 指导学生练习</td>
<td>1. 一路纵队
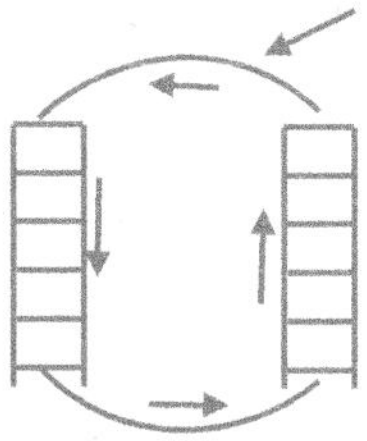
2. 按教师要求，遵守秩序进行组合跑</td>
<td>1
1</td>
<td>5
10</td>
<td>中
中</td>
</tr>
<tr>
<td>设计意图</td>
<td colspan="6">一、教学内容
大同小异接力：学生需要根据教师动作，在与前一名同学拍手的同时，刷新出应该跑的距离
花样跳绳：学生要主动提取之前学过的动作及组合，在原有动作的基础上主动探索出新的组合动作，变被动为主动，促进其工作记忆的刷新能力
花样跑步：学生要主动抑制原有的步幅、步频来适应敏捷梯以及队形，并在每个区域刷新出正确的动作
二、教学组织形式
环境也是影响脑执行功能的重要因素之一，由于有三个不同的项目，因此在环境上要求学生必须打起精神，能够快速转换到下一个教学内容中去
创设问题情境，学生需要将注意力集中于教师的问题，变被动接受为主动探索，使刷新功能得到持续的锻炼
创设群体活动情境，运动情境中的社会交往，可以促使学生了解其他参与者的意图，根据对他们即将做出的动作的预测，来提取自己的行为反应，使学生能够主动探索，积极练习，发展个体脑执行功能，培养团队合作意识
创设多记忆点情境，使学生主动储存每个点的任务信息，到达不同点时再灵活提取出该任务点所需要的动作</td>
</tr>
</table>

设计意图	三、运动强度 通过准备活动到基本部分活动，学生达到中等至中上等活动量					
结束部分4分钟	1. 放松活动 2. 课堂小结 3. 归还器材，宣布下课	1. 带领学生放松活动 2. 点评课堂表现	1. 按教师指导放松 2. 认真听讲，反思学习表现 3. 师生道别	1 1	2 2	小 小

课时实施方案 34

内容	1. 趣味游戏（猜拳追逃） 2. 花样跳绳（考核组合跳六） 3. 花样跑步（敏捷梯）					
教学目标	1. 通过趣味游戏培养学生学习兴趣和团队精神，促进学生身体全面发展 2. 使学生掌握一定的花样跳绳的基本动作技能，并锻炼身体素质 3. 发展学生灵活性及奔跑速度 4. 通过学习和练习，发展学生的脑执行功能，尤其是刷新功能					
过程	课的内容	教师活动	学生活动	运动负荷		
				次数	时间	强度
准备部分6分钟	一、课堂常规 1. 集合整队 2. 师生问好 3. 宣布内容 4. 安排见习 二、准备活动 慢跑热身 250 米 ×2 圈 体育常规练习	1. 集合整队 2. 师生问好 3. 宣布内容 4. 提出要求 5. 安排见习 带领学生做好慢跑热身活动	1. 体育委员整队，向教师报告出勤人数 2. 学生四列横队，体操队形如下： × ▲ 要求： 1. 快、静、齐 2. 认真听讲，精神饱满 3. 明确上课内容和要求	1 1	2 4	小 小
	1. 趣味游戏 猜拳追逃 在规定的区域中间，画两条间隔 2 米的线为“分水岭”，将学生分为八组，每四组站在一侧，每两组面对面站立，每名同学与对面队伍的同学进	1. 宣布游戏内容 2. 讲解游戏规则 3. 安排组织学生参与游戏	1. 队形如下 × × × × × × × × × × × × ↕ ↕ ↕ ↕ ▲ × × × × × × × × × × × ×	1	10	中

基本部分30分钟	行猜拳，输者逃，赢者追，在规定区域内追到逃者，则本队记一分，最后比较总分		1. 学生认真听教师讲解 2. 注意力集中听教师口令进行游戏			
	2. 花样跳绳 （1)复习上节课内容：向外提膝点地跳 （2）考核	1. 教师带领学生集体复习 2. 逐一考试	1. 四列横队成体操队形散开，队形如下： × ▲ 2. 跟随教师指导进行复习、练习，动作轻松 3. 教师逐一给学生打分 4. 思考进步与不足	1 1	3 7	中 中
	3. 花样跑步 敏捷梯一 （1）练习敏捷梯一 （2）敏捷梯接力赛 学生四路纵队为一组，从敏捷梯上依次快跑通过后继续向前跑到指定位置摸线后折回与下一名同学击掌，下一名同学开始	1. 教师先完整示范动作，后分解示范，边示范边讲要求，使学生建立一个完整的动作概念 2. 指导学生练习	1. 四列横队成体操队形散开 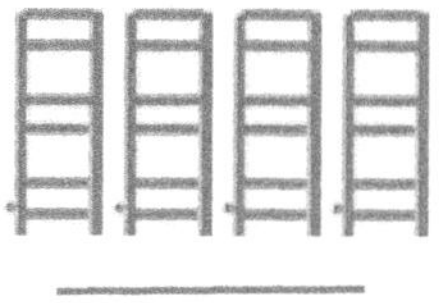 × × × × × × × × × × × × × × × × 2. 按教师要求，遵守秩序进行敏捷梯训练、比赛	1	10	中
设计意图	一、教学内容 猜拳追逃：静止—猜拳—判断追逃—向前 / 转身—奔跑，这一过程中，学生要抑制自身的向前或者转身冲动，根据刷新出的答案做出正确的反应，需要抑制、刷新、转换功能的共同协调作用，促进脑执行功能的发展 花样跳绳：学生在跳的过程中，需要更多地抑制原有的动作冲动，刷新出正确的动作组合，促进其脑执行功能，尤其是刷新功能的发展 花样跑步：学生要主动抑制原有的步幅、步频在每格敏捷梯时，都要刷新出格子大小需要的步幅 二、教学组织形式 环境也是影响脑执行功能的重要因素之一，由于有三个不同的项目，因此在环境上要求学生必须打起精神，能够快速转换到下一个教学内容中去					

设计意图	创设问题情境，当教师发出指令，学生要刷新正确的数字答案，注意力集中于教师的问题，变被动接受为主动探索，使刷新功能得到持续的锻炼 创设群体活动情境，运动情境中的社会交往，可以促使学生了解其他参与者的意图，根据对他们即将做出的动作的预测，来提取自己的行为反应，使学生能够主动探索，积极练习，发展个体脑执行功能，培养团队合作意识 三、运动强度 通过准备活动到基本部分活动，学生达到中等至中上等活动量					
结束部分4分钟	1. 放松活动 2. 课堂小结 3. 归还器材，宣布下课	1. 带领学生放松活动 2. 点评课堂表现	1. 按教师指导放松 2. 认真听讲，反思学习表现 3. 师生道别	1 1	2 2	小 小

课时实施方案 35

内容	1. 趣味游戏（奇数偶数） 2. 花样跳绳（考核组合跳六） 3. 花样跑步（敏捷梯二）					
教学目标	1. 通过趣味游戏培养学生学习兴趣和团队精神，促进学生身体全面发展 2. 使学生掌握一定的花样跳绳的基本动作技能，并锻炼身体素质 3. 发展学生灵活性及奔跑速度 4. 通过学习和练习，发展学生的脑执行功能，尤其是刷新功能					
过程	课的内容	教师活动	学生活动	运动负荷		
				次数	时间	强度
准备部分6分钟	一、课堂常规 1. 集合整队 2. 师生问好 3. 宣布内容 4. 安排见习 二、准备活动 慢跑热身 250 米 ×2 圈 体育常规练习	1. 集合整队 2. 师生问好 3. 宣布内容 4. 提出要求 5. 安排见习 带领学生做好慢跑热身活动	1. 体育委员整队，向教师报告出勤人数 2. 学生四列横队，体操队形如下： × ▲ 要求： 1. 快、静、齐 2. 认真听讲，精神饱满 3. 明确上课内容和要求	1 1	2 4	小 小
基本部分30分钟	1. 趣味游戏 奇数偶数跑 一组为奇数队，一组为偶数队，面对面站立，两组学生相距 3	1. 宣布游戏内容 2. 讲解游戏规则 3. 安排组织学生参与游戏	1. 学生认真听教师讲解 2. 注意力集中听教师口令进行游戏	1	10	中

基本部分30分钟	米，均成站立式起跑姿势，教师吹哨后进行原地小步跑，然后教师发出运算指令，学生做出符合答案的“追逃”反应					
	2. 花样跳绳 （1)复习上节课内容：向外提膝点地跳 （2）考核	1. 教师带领学生集体复习 2. 逐一考试	1. 四列横队成体操队形散开，队形如下： × ▲ 2. 跟随教师指导进行复习、练习，动作轻松 3. 教师逐一给学生打分 4. 思考进步与不足	1 1	3 7	中 中
	3. 花样跑步 （1）练习敏捷梯四 （2）敏捷梯四接力 学生四路纵队为一组，从敏捷梯上通过后继续向前跑到指定位置摸线后折回与下一名同学击掌，下一名同学开始	1. 教师先完整示范动作，后分解示范，边示范边讲要求，使学生建立一个完整的动作概念 2. 指导学生练习	1. 四列横队成体操队形散开 × ▲ 2. 按教师要求，遵守秩序进行敏捷梯训练、比赛	1	10	中
设计意图	一、教学内容 奇数偶数：静止—小步跑—向前 / 转身—奔跑，这一过程中，学生要抑制自身的向前或者转身冲动，根据刷新出的答案做出正确的反应，需要抑制、刷新、转换功能的共同协调作用，促进脑执行功能的发展 花样跳绳：学生在跳的过程中，需要更多地抑制原有的动作冲动，刷新出正确的动作组合，促进其脑执行功能，尤其是刷新功能的发展 花样跑步：学生要主动抑制原有的步幅、步频在每格敏捷梯时，都要刷新出格子大小需要的步幅 二、教学组织形式 环境也是影响脑执行功能的重要因素之一，由于有三个不同的项目，因此在环境上要求学生必须打起精神，能够快速转换到下一个教学内容中去 创设问题情境，当教师发出指令，学生要刷新正确的数字答案，注意力集中于教师的问题，变被动接受为主动探索，使刷新功能得到持续的锻炼 创设群体活动情境，运动情境中的社会交往，可以促使学生了解其他参与者的意图，根据对他们即将做出的动作的预测，来提取自己的行为反应，使学生能够主动探索，积极练习，发展个体脑执行功能，培养团队合作意识					

设计意图	三、运动强度 通过准备活动到基本部分活动，学生达到中等至中上等活动量					
结束部分4分钟	1. 放松活动 2. 课堂小结 3. 归还器材，宣布下课	1. 带领学生放松活动 2. 点评课堂表现	1. 按教师指导放松 2. 认真听讲，反思学习表现 3. 师生道别	1 1	2 2	小 小

课时实施方案 36

内容	1. 趣味游戏（反口令动作） 2. 花样跳绳（行进间跳长绳） 3. 花样跑步（组合跑一）					
教学目标	1. 通过趣味游戏培养学生学习兴趣和团队精神，促进学生身体全面发展 2. 使学生掌握一定的花样跳绳的基本动作技能，并锻炼身体素质 3. 发展学生灵活性及奔跑速度 4. 通过学习和练习，发展学生的脑执行功能，尤其是刷新功能					
过程	课的内容	教师活动	学生活动	运动负荷		
				次数	时间	强度
准备部分6分钟	一、课堂常规 1. 集合整队 2. 师生问好 3. 宣布内容 4. 安排见习 二、准备活动 慢跑热身 250 米 ×2 圈 体育常规练习	1. 集合整队 2. 师生问好 3. 宣布内容 4. 提出要求 5. 安排见习 带领学生做好慢跑热身活动	1. 体育委员整队，向教师报告出勤人数 2. 学生四列横队，体操队形如下： ××××× ××××× ××××× ××××× ▲ 要求： 1. 快、静、齐 2. 认真听讲，精神饱满 3. 明确上课内容和要求	1 1	2 4	小 小
基本部分30分钟	1. 趣味游戏 反口令动作 同方案 12	1. 宣布游戏内容 2. 提问并讲解游戏规则 3. 安排组织学生参与游戏	1. 学生认真听教师讲解 2. 注意力集中听教师口令进行游戏	1	10	中

基本部分30分钟	2. 花样跳绳 行进间跳长绳 每路纵队为一组，见习同学摇绳，其他同学依次跳过长绳，跳过后返回队尾继续	1.教师完整示范动作，讲解规则 2. 分组练习 3. 巡回指导	1. 每组学生排成一队 2. 连续摇绳 3. 一出一进，在绳子中央跳起	1 1	1 9	中 中
	3. 花样跑步 组合跑一 高抬腿—敏捷梯一—后踢腿—敏捷梯二—高抬腿 在圆形区域内，两边放上两把敏捷梯，学生一路纵队慢跑至圆形旁边，进入圆周内的学生开始高抬腿跑，直到敏捷梯处，开始敏捷梯一跑，然后接后踢腿跑至另一敏捷梯处，开始敏捷梯二的动作，做完后进行高抬腿，循环继续，所有学生跑动成圆形	1. 教师先完整示范动作，后分解示范，边示范边讲要求，使学生建立一个完整的动作概念 2. 指导学生练习	1. 一路纵队 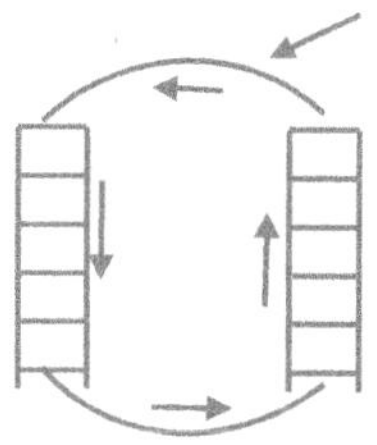 2. 按教师要求，遵守秩序进行组合跑	1	10	中
设计意图	一、教学内容 反口令动作：抑制原有动作冲动，刷新出口令对应的真正动作，发展脑执行功能 花样跳绳：抑制自身跳绳节奏，配合摇绳节奏及前一名学生的跳跃节奏，根据摇绳幅度判断进入的方向及路线 花样跑步：学生要主动抑制原有的步幅、步频来适应敏捷梯以及队形，并在每个区域刷新出正确的动作 二、教学组织形式 环境也是影响脑执行功能的重要因素之一，由于有三个不同的项目，因此在环境上要求学生必须打起精神，能够快速转换到下一个教学内容中去 创设问题情境，学生需要将注意力集中于教师的问题，变被动接受为主动探索，使刷新功能得到持续的锻炼 创设群体活动情境，运动情境中的社会交往，可以促使学生了解其他参与者的意图，根据对他们即将做出的动作的预测，来提取自己的行为反应，使学生能够主动探索，积极练习，发展个体脑执行功能，培养团队合作意识 创设多记忆点情境，使学生主动储存每个点的任务信息，到达不同点时再灵活提取出该任务点所需要的动作 三、运动强度 通过准备活动到基本部分活动，学生达到中等至中上等活动量					
结束部分4分钟	1. 放松活动 2. 课堂小结 3. 归还器材，宣布下课	1. 带领学生放松活动 2. 点评课堂表现	1. 按教师指导放松 2. 认真听讲，反思学习表现 3. 师生道别	1 1	2 2	小 小

课时实施方案 37

内容	1. 趣味游戏（反口令动作） 2. 花样跳绳（行进间跳长绳） 3. 花样跑步（组合跑一）
教学目标	1. 通过趣味游戏培养学生学习兴趣和团队精神，促进学生身体全面发展 2. 使学生掌握一定的花样跳绳的基本动作技能，并锻炼身体素质 3. 发展学生灵活性及奔跑速度 4. 通过学习和练习，发展学生的脑执行功能，尤其是刷新功能

过程	课的内容	教师活动	学生活动	运动负荷		
				次数	时间	强度
准备部分6分钟	一、课堂常规 1. 集合整队 2. 师生问好 3. 宣布内容 4. 安排见习	1. 集合整队 2. 师生问好 3. 宣布内容 4. 提出要求 5. 安排见习	1. 体育委员整队，向教师报告出勤人数 2. 学生四列横队，体操队形如下： × ▲ 要求： 1. 快、静、齐 2. 认真听讲，精神饱满 3. 明确上课内容和要求	1	2	小
	二、准备活动 慢跑热身 250 米 ×2 圈 体育常规练习	带领学生做好慢跑热身活动		1	4	小
基本部分30分钟	1. 趣味游戏 反口令喊数抱团 同方案 14	1. 宣布游戏内容 2. 提问并讲解游戏规则 3. 安排组织学生参与游戏	1. 学生认真听教师讲解 2. 注意力集中听教师口令进行游戏	1	10	中
	2. 花样跳绳 （1）复习行进间跳长绳 每路纵队为一组，见习同学摇绳，其他同学依次跳过长绳，跳过后返回队尾继续 （2）各小组一起展示，4 分钟内跳跃次数多的组胜	1.教师完整示范动作，讲解规则 2. 分组练习 3. 巡回指导 4. 组织各组学生展示 5. 对小组展示进行评价	1. 每组学生排成一队 2. 连续摇绳 3. 一出一进，在绳子中央跳起 4. 组内协作进行展示	1 1	5 5	中 中

基本部分30分钟	3. 花样跑步 组合跑二 小步跑—敏捷梯三—放松跑—敏捷梯四—小步跑	1. 教师先完整示范动作，后分解示范，边示范边讲要求，使学生建立一个完整的动作概念 2. 指导学生练习	1. 一路纵队 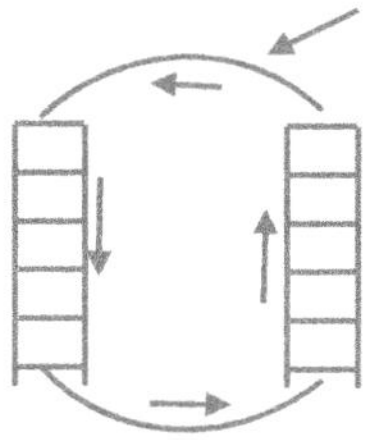 2. 按教师要求，遵守秩序进行组合跑	1	10	中
设计意图	一、教学内容 反口令喊数抱团：不仅要抑制原来按照规定线路的习惯固定动作进行的内容，还要抑制自身的步伐习惯与同伴配合，并按照听到的口令刷新成正确的动作，新的行进路线以及方向的动作，并通过转换来完成；当教师发出指令，学生要刷新正确的数字答案并对原来按固定路线行走的模式进行刷新 花样跳绳：抑制自身跳绳节奏，配合摇绳节奏及前一名学生的跳跃节奏，根据摇绳幅度判断进入的方向及路线 花样跑步：学生要主动抑制原有的步幅、步频来适应敏捷梯以及队形，并在每个区域刷新出正确的动作 二、教学组织形式 环境也是影响脑执行功能的重要因素之一，由于有三个不同的项目，因此在环境上要求学生必须打起精神，能够快速转换到下一个教学内容中去 创设问题情境，学生需要将注意力集中于教师的问题，变被动接受为主动探索，使刷新功能得到持续的锻炼 创设群体活动情境，运动情境中的社会交往，可以促使学生了解其他参与者的意图，根据对他们即将做出的动作的预测，来提取自己的行为反应，使学生能够主动探索，积极练习，发展个体脑执行功能，培养团队合作意识 创设多记忆点情境，使学生主动储存每个点的任务信息，到达不同点时再灵活提取出该任务点所需要的动作 三、运动强度 通过准备活动到基本部分活动，学生达到中等至中上等活动量					
结束部分4分钟	1. 放松活动 2. 课堂小结 3. 归还器材，宣布下课	1. 带领学生放松活动 2. 点评课堂表现	1. 按教师指导放松 2. 认真听讲，反思学习表现 3. 师生道别	1 1	2 2	小 小

课时实施方案 38

<table>
<tr><td>内容</td><td colspan="6">1. 趣味游戏（贴人）
2. 花样跳绳（行进间对侧跳长绳）
3. 花样跑步（组合跑二）</td></tr>
<tr><td>教学目标</td><td colspan="6">1. 通过趣味游戏培养学生学习兴趣和团队精神，促进学生身体全面发展
2. 使学生掌握一定的花样跳绳的基本动作技能，并锻炼身体素质
3. 发展学生灵活性及奔跑速度
4. 通过学习和练习，发展学生的脑执行功能，尤其是刷新功能</td></tr>
<tr><td rowspan="2">过程</td><td rowspan="2">课的内容</td><td rowspan="2">教师活动</td><td rowspan="2">学生活动</td><td colspan="3">运动负荷</td></tr>
<tr><td>次数</td><td>时间</td><td>强度</td></tr>
<tr><td>准备部分6分钟</td><td>一、课堂常规
1. 集合整队
2. 师生问好
3. 宣布内容
4. 安排见习

二、准备活动
慢跑热身
250 米 ×2 圈
体育常规练习</td><td>1. 集合整队
2. 师生问好
3. 宣布内容
4. 提出要求
5. 安排见习

带领学生做好慢跑热身活动</td><td>1. 体育委员整队，向教师报告出勤人数
2. 学生四列横队，体操队形如下：
× × × × ×
× × × × ×
× × × × ×
× × × × ×
▲
要求：
1. 快、静、齐
2. 认真听讲，精神饱满
3. 明确上课内容和要求</td><td>1

1</td><td>2

4</td><td>小

小</td></tr>
<tr><td>基本部分30分钟</td><td>1. 趣味游戏
贴人同方案 16

2. 花样跳绳
行进间对侧跳长绳
每路纵队为一组，分成两小队分别站在绳子两侧，见习同学摇绳，右侧跳过一名同学后，左侧同学跳过，两组依次跳长绳，跳过后直接排在队尾</td><td>1. 宣布游戏内容
2. 提问并讲解游戏规则
3. 安排组织学生参与游戏

1.教师完整示范动作，讲解规则
2. 分组练习
3. 巡回指导
4. 组织各组学生展示
5. 对小组展示进行评价</td><td>1. 学生手拉手围成圆圈：
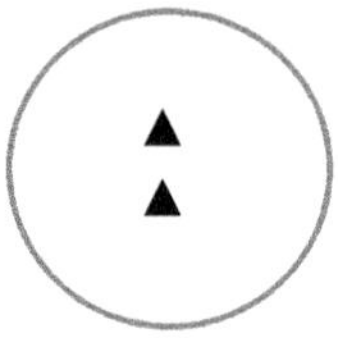
2. 注意力集中听教师口令进行游戏

1. 每组学生排成一队
2. 连续摇绳
3. 一出一进，在绳子中央跳起
4. 组内协作进行展示</td><td>1
1

1</td><td>10
5

5</td><td>中
中

中</td></tr>
</table>

基本部分30分钟	3. 花样跑步 组合跑二 小步跑—敏捷梯三—放松跑—敏捷梯四—小步跑	1. 教师先完整示范动作，后分解示范，边示范边讲要求，使学生建立一个完整的动作概念 2. 指导学生练习	1. 一路纵队 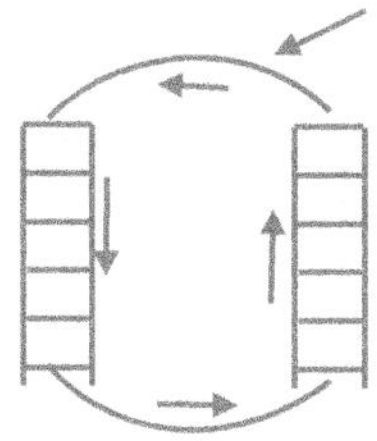 2. 按教师要求，遵守秩序进行组合跑	1	10	中
设计意图	一、教学内容 贴人：学生在追与被追的过程中需抑制自身身体惯性，积极主动观察追 / 逃者的位置，刷新有利的跑动路线 花样跳绳：抑制自身跳绳节奏，配合摇绳节奏及对侧同学的跳跃节奏，根据摇绳幅度判断进入的方向及路线 花样跑步：学生要主动抑制原有的步幅、步频来适应敏捷梯以及队形，并在每个区域刷新出正确的动作 二、教学组织形式 环境也是影响脑执行功能的重要因素之一，由于有三个不同的项目，因此在环境上要求学生必须打起精神，能够快速转换到下一个教学内容中去 创设问题情境，学生需要将注意力集中于教师的问题，变被动接受为主动探索，使刷新功能得到持续的锻炼 创设群体活动情境，运动情境中的社会交往，可以促使学生了解其他参与者的意图，根据对他们即将做出的动作的预测，来提取自己的行为反应，使学生能够主动探索，积极练习，发展个体脑执行功能，培养团队合作意识 创设多记忆点情境，使学生主动储存每个点的任务信息，到达不同点时再灵活提取出该任务点所需要的动作 三、运动强度 通过准备活动到基本部分活动，学生达到中等至中上等活动量					
结束部分4分钟	1. 放松活动 2. 课堂小结 3. 归还器材，宣布下课	1. 带领学生放松活动 2. 点评课堂表现	1. 按教师指导放松 2. 认真听讲，反思学习表现 3. 师生道别	1 1	2 2	小 小

课时实施方案 39

内容	1. 趣味游戏（猜拳追逃） 2. 花样跳绳（行进间 8 字跳长绳） 3. 花样跑步（智勇大冲关）					
教学目标	1. 通过趣味游戏培养学生学习兴趣和团队精神，促进学生身体全面发展 2. 使学生掌握一定的花样跳绳的基本动作技能，并锻炼身体素质 3. 发展学生灵活性及奔跑速度 4. 通过学习和练习，发展学生的脑执行功能，尤其是刷新功能					
过程	课的内容	教师活动	学生活动	运动负荷		
				次数	时间	强度
准备部分6分钟	一、课堂常规 1. 集合整队 2. 师生问好 3. 宣布内容 4. 安排见习	1. 集合整队 2. 师生问好 3. 宣布内容 4. 提出要求 5. 安排见习	1. 体育委员整队，向教师报告出勤人数 2. 学生四列横队，体操队形如下： × ▲ 要求： 1. 快、静、齐 2. 认真听讲，精神饱满 3. 明确上课内容和要求	1	2	小
	二、准备活动 慢跑热身 250 米 ×2 圈 体育常规练习	带领学生做好慢跑热身活动		1	4	小
基本部分30分钟	1. 趣味游戏 猜拳追逃 规则同方案 18	1. 宣布游戏内容 2. 提问并讲解游戏规则 3. 安排组织学生参与游戏	队形如下： × × × × × × × × × × × × ▲ × × × × × × × × × × × × 1. 学生认真听教师讲解 2. 注意力集中听教师口令进行游戏	1	10	中

基本部分30分钟	2. 花样跳绳 行进间 8 字跳长绳 （1）练习 8 字跳长绳跑动路线 将长绳拉长放在地面，学生按 8 字跳长绳路线依次跳过 （2）带绳练习 8 字跳长绳 每路纵队为一组，在摇绳的任意一方依次进绳，跳 1 次后马上出绳，绕过另一摇绳的同学后待最后一位同学出绳后再进绳。形成一个"8"字	1. 教师完整示范动作，讲解规则 2. 分组练习 3. 巡回指导 4. 鼓励后进生	每路纵队为一组 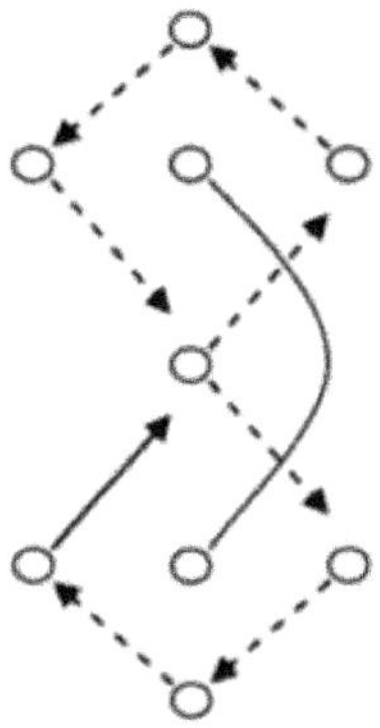	1 1	5 5	中 中
	3 花样跑步 智勇大冲关 每路纵队为一组，站在起跑线前，教师吹哨后开始小步跑至敏捷梯处，学生自己选择敏捷梯二 / 三 / 四中的方式过第一个敏捷梯，通过敏捷梯后原地高抬腿 10 次，然后用敏捷梯一的方式通过第二个敏捷梯，拿起跳绳原地跳 10 次，自己选择跳绳方式，然后放松跑至终点处	1. 教师先完整示范动作，后分解示范，边示范边讲要求，使学生建立一个完整的动作概念 2. 指导学生练习	1. 四路纵队 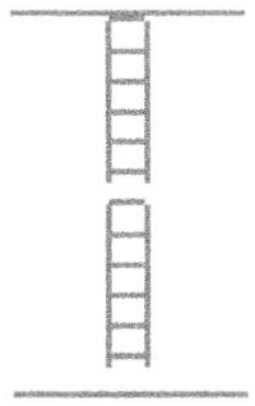 2. 按教师要求，遵守秩序进行冲关 小步跑—敏捷梯二 / 三 / 四—高抬腿跑 10 次—敏捷梯一—原地跳绳 10 次—放松跑 3. 前一名同学跑至第二个敏捷梯，下一名同学开始	6	10	中
设计意图	一、教学内容 猜拳追逃：静止—猜拳—判断追逃—向前 / 转身—奔跑，这一过程中，学生要抑制自身的向前或者转身冲动，根据刷新出的答案做出正确的反应，需要抑制、刷新、转换功能的共同协调作用，促进脑执行功能的发展 花样跳绳：抑制自身跳绳节奏，配合摇绳节奏及对侧同学的跳跃节奏，根据摇绳幅度判断进入的方向及路线 花样跑步：学生要主动抑制原有的步幅、步频来适应敏捷梯以及队形，并在每个区域刷新出正确的动作 二、教学组织形式 环境也是影响脑执行功能的重要因素之一，由于有三个不同的项目，因此在环境上要求学生必须打起精神，能够快速转换到下一个教学内容中去					

设计意图	创设问题情境，学生需要将注意力集中于教师的问题，变被动接受为主动探索，使刷新功能得到持续的锻炼 创设群体活动情境，运动情境中的社会交往，可以促使学生了解其他参与者的意图，根据对他们即将做出的动作的预测，来提取自己的行为反应，使学生能够主动探索，积极练习，发展个体脑执行功能，培养团队合作意识 创设多记忆点情境，使学生主动储存每个点的任务信息，到达不同点时再灵活提取出该任务点所需要的动作 三、运动强度 通过准备活动到基本部分活动，学生达到中等至中上等活动量					
结束部分4分钟	1. 放松活动 2. 课堂小结 3. 布置课后练习 4. 归还器材，宣布下课	1. 带领学生放松活动 2. 点评课堂表现 3. 布置课后练习，提出下节课要求	1. 按教师指导放松 2. 认真听讲，反思学习表现 3. 师生道别	1 1	2 2	小 小

课时实施方案 40

内容	1. 趣味游戏（模仿贴人） 2. 花样跳绳（行进间 8 字跳长绳） 3. 花样跑步（智勇大冲关）					
教学目标	1. 通过趣味游戏培养学生学习兴趣和团队精神，促进学生身体全面发展 2. 使学生掌握一定的花样跳绳的基本动作技能，并锻炼身体素质 3. 发展学生灵活性及奔跑速度 4. 通过学习和练习，发展学生的脑执行功能，尤其是刷新功能					
过程	课的内容	教师活动	学生活动	运动负荷		
				次数	时间	强度
准备部分6分钟	一、课堂常规 1. 集合整队 2. 师生问好 3. 宣布内容 4. 安排见习 二、准备活动 慢跑热身 250 米 ×2 圈 体育常规练习	1. 集合整队 2. 师生问好 3. 宣布内容 4. 提出要求 5. 安排见习 带领学生做好慢跑热身活动	1. 体育委员整队，向教师报告出勤人数 2. 学生呈四列横队，体操队形如下： × ▲ 要求： 1. 快、静、齐 2. 认真听讲，精神饱满 3. 明确上课内容和要求	1 1	2 4	小 小

基本部分30分钟	1. 趣味游戏 模仿贴人 规则同方案 20	1. 宣布游戏内容 2. 提问并讲解游戏规则 3. 安排组织学生参与游戏	1. 学生手拉手围成圆圈： 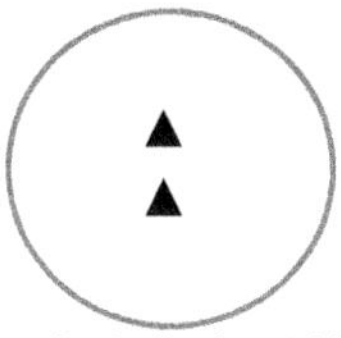 2. 注意力集中听教师口令进行游戏	1	10	中
	2. 花样跳绳 行进间 8 字跳长绳 （1）分组练习 8 字跳长绳 （2）小组展示 四分钟内形成 8 字后连续跳跃次数最多的组获胜 （3）继续练习	1. 分组练习 2. 巡回指导 3. 组织各组学生展示 4. 对小组展示进行评价 5. 指导各组学生继续练习	1. 每路纵队为一组 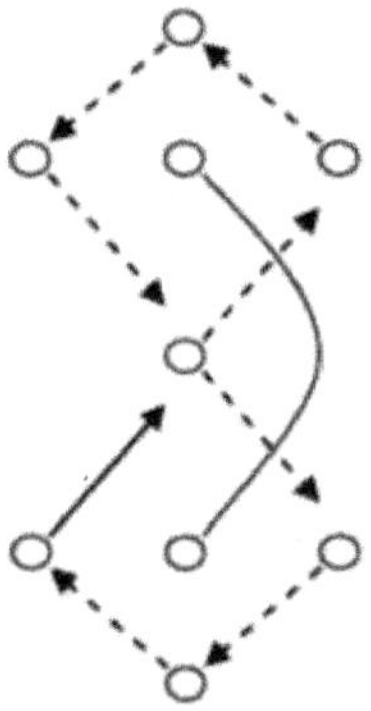 2.组内协作进行展示、练习 3. 思考进步与不足	1 1 1 4	2 4 4 6	中 中 中 中
	3. 花样跑步 （1）练习智勇大冲关 （2）智勇大冲关接力赛 小步跑—敏捷梯二/三/四—高抬腿跑 10 次—敏捷梯一—原地跳绳 10 次—折回（快速跑）—击掌	1. 教师先完整示范动作，后分解示范，边示范边讲要求，使学生建立一个完整的动作概念 2. 指导学生练习	1. 四路纵队 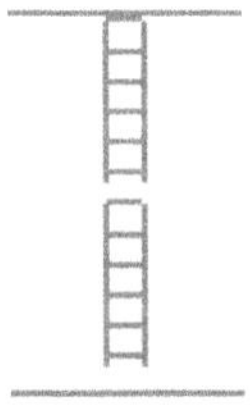 2. 按教师要求，遵守秩序进行冲关 小步跑—敏捷梯二/三/四—高抬腿跑 10 次—敏捷梯一—原地跳绳 10 次—折回（快速跑）—击掌 3. 前一名同学跑至第二个敏捷梯，下一名同学开始	2	4	大

设计意图	一、教学内容 模仿贴人：学生在追与被追的过程中需抑制自身身体惯性，积极主动观察追 / 逃者的位置，刷新有利的跑动路线，逃者要根据追者以及自己想要贴的队伍的距离刷新出有利于自己逃跑的动作，追者要时刻注意逃者的动作抑制自身动作冲动进行模仿，并刷新出利于追上的路线、步幅 花样跳绳：抑制自身跳绳节奏，配合摇绳节奏及对侧同学的跳跃节奏，根据摇绳幅度判断进入的方向及路线 花样跑步：学生要主动抑制原有的步幅、步频来适应敏捷梯以及队形，并在每个区域刷新出正确的动作 二、教学组织形式 环境也是影响脑执行功能的重要因素之一，由于有三个不同的项目，因此在环境上要求学生必须打起精神，能够快速转换到下一个教学内容中去 创设问题情境，学生需要将注意力集中于教师的问题，变被动接受为主动探索，使刷新功能得到持续的锻炼 创设群体活动情境，运动情境中的社会交往，可以促使学生了解其他参与者的意图，根据对他们即将做出的动作的预测，来提取自己的行为反应，使学生能够主动探索，积极练习，发展个体脑执行功能，培养团队合作意识 创设多记忆点情境，使学生主动储存每个点的任务信息，到达不同点时再灵活提取出该任务点所需要的动作 三、运动强度 通过准备活动到基本部分活动，学生达到中等至中上等活动量					
结束部分4分钟	1. 放松活动 2. 课堂小结 3. 归还器材，宣布下课	1. 带领学生放松活动 2. 点评课堂表现	1. 按教师指导放松 2. 认真听讲，反思学习表现 3. 师生道别	1 1	2 2	小 小

课时实施方案 41

内容	1. 趣味游戏（模仿贴人） 2. 花样跳绳（考核行进间对侧跳长绳） 3. 花样跑步（敏捷梯二）					
教学目标	1. 通过趣味游戏培养学生学习兴趣和团队精神，促进学生身体全面发展 2. 使学生掌握一定的花样跳绳的基本动作技能，并锻炼身体素质 3. 发展学生灵活性及奔跑速度 4. 通过学习和练习，发展学生的脑执行功能，尤其是刷新功能					
过程	课的内容	教师活动	学生活动	运动负荷		
				次数	时间	强度
准备部分6分钟	一、课堂常规 1. 集合整队 2. 师生问好 3. 宣布内容 4. 安排见习	1. 集合整队 2. 师生问好 3. 宣布内容 4. 提出要求 5. 安排见习	1. 体育委员整队，向教师报告出勤人数 2. 学生呈四列横队，体操队形如下： × × × × ×	1	2	小

准备部分6分钟	二、准备活动 慢跑热身 250米 ×2圈 体育常规练习	带领学生做好慢跑热身活动	××××× ××××× ××××× ▲ 要求： 1. 快、静、齐 2. 认真听讲，精神饱满 3. 明确上课内容和要求	1	4	小
基本部分30分钟	1. 趣味游戏 模仿贴人 学生手拉手围成圆圈，然后两两结成一对，选两组学生互为追逃，逃的学生可做出一系列动作（高抬腿、后踢腿、跨步走、小步跑），追的学生必须模仿，直到追上或者逃者做出下一个动作	1. 宣布游戏内容 2. 讲解游戏规则 3. 安排组织学生参与游戏	1. 学生手拉手围成圆圈： 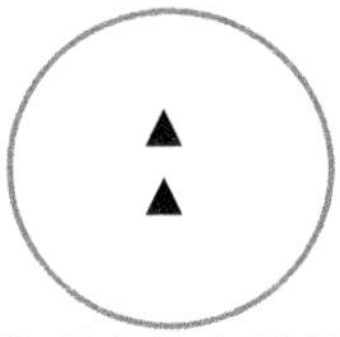 2. 注意力集中听教师口令进行游戏	1	10	中
	2. 花样跳绳 （1）复习上节课内容：行进间8字跳长绳 （2）竞赛	1. 教师带领学生集体复习 2. 分组竞赛	1. 四列横队成体操队形散开，队形如下： ××××× ××××× ××××× ××××× ▲ 2. 跟随教师指导进行复习、练习，动作轻松 3. 教师逐一给学生打分 4. 思考进步与不足	1 1	3 7	中 中
	3. 花样跑步 （1）练习敏捷梯二 （2）敏捷梯二接力赛 学生四路纵队为一组，从敏捷梯上通过后继续向前跑到指定位置，摸线后折回与下一名同学击掌，下一名同学开始	1. 教师先完整示范动作，后分解示范，边示范边讲要求，使学生建立一个完整的动作概念 2. 指导学生练习	1. 四列横队成体操队形散开 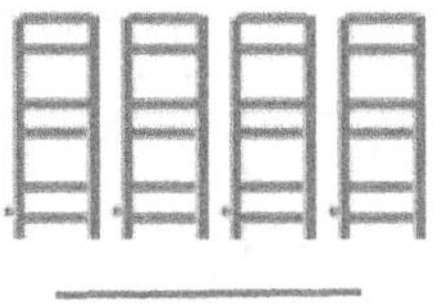 ×××× ×××× ×××× ×××× 2. 按教师要求，遵守秩序进行敏捷梯训练、比赛	1	10	中

设计意图	一、教学内容 模仿贴人：学生在追与被追的过程中需抑制自身身体惯性，积极主动观察追 / 逃者的位置，刷新有利的跑动路线，逃者要根据追者以及自己想要贴的队伍的距离刷新出有利于自己逃跑的动作，追者要时刻注意逃者的动作抑制自身动作冲动进行模仿，并刷新出利于追上的路线、步幅 花样跳绳：学生在跳的过程中，需要更多地抑制原有的动作冲动，刷新出正确的动作组合，促进其脑执行功能，尤其是刷新功能的发展 花样跑步：学生要主动抑制原有的步幅、步频在每格敏捷梯时，都要刷新出格子大小需要的步幅 二、教学组织形式 环境也是影响脑执行功能的重要因素之一，由于有三个不同的项目，因此在环境上要求学生必须打起精神，能够快速转换到下一个教学内容中去 创设问题情境，当教师发出指令，学生要刷新正确的数字答案，注意力集中于教师的问题，变被动接受为主动探索，使刷新功能得到持续的锻炼 创设群体活动情境，运动情境中的社会交往，可以促使学生了解其他参与者的意图，根据对他们即将做出的动作的预测，来提取自己的行为反应，使学生能够主动探索，积极练习，发展个体脑执行功能，培养团队合作意识 三、运动强度 通过准备活动到基本部分活动，学生达到中等至中上等活动量					
结束部分4分钟	1. 放松活动 2. 课堂小结 3. 归还器材，宣布下课	1. 带领学生放松活动 2. 点评课堂表现	1. 按教师指导放松 2. 认真听讲，反思学习表现 3. 师生道别	1 1	2 2	小 小

课时实施方案 42

内容	1. 趣味游戏（大同小异） 2. 花样跳绳（考核行进间 8 字跳长绳） 3. 花样跑步（组合跑）					
教学目标	1. 通过趣味游戏培养学生学习兴趣和团队精神，促进学生身体全面发展 2. 使学生掌握一定的花样跳绳的基本动作技能，并锻炼身体素质 3. 发展学生灵活性及奔跑速度 4. 通过学习和练习，发展学生的脑执行功能，尤其是刷新功能					
过程	课的内容	教师活动	学生活动	运动负荷		
				次数	时间	强度
准备部分6分钟	一、课堂常规 1. 集合整队 2. 师生问好 3. 宣布内容 4. 安排见习	1. 集合整队 2. 师生问好 3. 宣布内容 4. 提出要求 5. 安排见习	1. 体育委员整队，向教师报告出勤人数 2. 学生四列横队，体操队形如下： × × × × × × × × × × × × × × ×	1	2	小

准备部分6分钟	二、准备活动 慢跑热身 250米 ×2圈 体育常规练习	带领学生做好慢跑热身活动	××××× ▲ 要求： 1.快、静、齐 2.认真听讲,精神饱满 3.明确上课内容和要求	1	4	小
基本部分30分钟	1.趣味游戏 大同小异接力 规则同方案9	1.宣布游戏内容 2.讲解游戏规则 3.安排组织学生参与游戏	1.学生认真听教师讲解 2.注意力集中听教师口令进行游戏	1	10	中
	2.花样跳绳 （1）复习上节课内容:行进间8字跳长绳 （2）竞赛	1.教师带领学生集体复习 2.分组竞赛	1.四列横队成体操队形散开，队形如下： × ▲	1	3	中
			2.跟随教师指导进行复习、练习，动作轻松 3.教师逐一给学生打分 4.思考进步与不足	1	7	中
	3.花样跑步 组合跑一 高抬腿—敏捷梯一—后踢腿—敏捷梯二—高抬腿 在圆形区域内，两边放上两把敏捷梯，学生一路纵队慢跑至圆形旁边，进入圆周内的学生开始高抬腿跑，直到敏捷梯处，开始敏捷梯一跑，然后接后踢腿跑至另一敏捷梯处，开始敏捷梯二的动作，做完后进行高抬腿，循环继续，所有学生跑动成圆形	1.教师先完整示范动作，后分解示范，边示范边讲要求，使学生建立一个完整的动作概念 2.指导学生练习	1.一路纵队 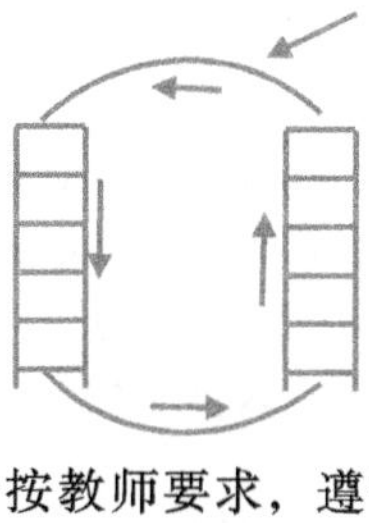 2.按教师要求，遵守秩序进行组合跑	1	10	中

设计意图	一、教学内容 大同小异接力：学生需要根据教师动作，在与前一名同学拍手的同时，刷新出应该跑的距离 花样跳绳：学生在跳的过程中，需要更多地抑制原有的动作冲动，刷新出正确的动作组合，促进其脑执行功能，尤其是刷新功能的发展 花样跑步：学生要主动抑制原有的步幅、步频在每格敏捷梯时，都要刷新出格子大小需要的步幅 二、教学组织形式 环境也是影响脑执行功能的重要因素之一，由于有三个不同的项目，因此在环境上要求学生必须打起精神，能够快速转换到下一个教学内容中去 创设问题情境，当教师发出指令，学生要刷新正确的数字答案，注意力集中于教师的问题，变被动接受为主动探索，使刷新功能得到持续的锻炼 创设群体活动情境，运动情境中的社会交往，可以促使学生了解其他参与者的意图，根据对他们即将做出的动作的预测，来提取自己的行为反应，使学生能够主动探索，积极练习，发展个体脑执行功能，培养团队合作意识 三、运动强度 通过准备活动到基本部分活动，学生达到中等至中上等活动量					
结束部分4分钟	1. 放松活动 2. 课堂小结 3. 归还器材，宣布下课	1. 带领学生放松活动 2. 点评课堂表现	1. 按教师指导放松 2. 认真听讲，反思学习表现 3. 师生道别	1 1	2 2	小 小

课时实施方案 43

内容	1. 趣味游戏（喊数抱团） 2. 花样跳绳（弓步跳） 3. 花样跑步：小步跑接快速跑					
教学目标	1. 通过趣味游戏培养学生学习兴趣和团队精神，促进学生身体全面发展 2. 使学生掌握一定的花样跳绳的基本动作技能，并锻炼身体素质 3. 发展学生灵活性及奔跑速度 4. 通过学习和练习，发展学生的脑执行功能，尤其是刷新功能					
过程	课的内容	教师活动	学生活动	运动负荷		
				次数	时间	强度
准备部分6分钟	一、课堂常规 1. 集合整队 2. 师生问好 3. 宣布内容 4. 安排见习	1. 集合整队 2. 师生问好 3. 宣布内容 4. 提出要求 5. 安排见习	1. 体育委员整队，向教师报告出勤人数 2. 学生四列横队，体操队形如下： × × × × × × × × × × × × × × ×	1	2	小

准备部分6分钟	二、准备活动 慢跑热身 250 米 ×2 圈 体育常规练习	带领学生做好慢跑热身活动	××××× ▲ 要求： 1. 快、静、齐 2. 认真听讲，精神饱满 3. 明确上课内容和要求	1	4	小
基本部分30分钟	1. 趣味游戏 喊数抱团 在规定的区域内，学生逆时针慢跑围成圆圈，教师做出行进间动作，学生模仿直到出现新动作；教师发出数字指令后，学生按数字人数左右抱在一起，人数错误的学生，原地兔子跳 5 次	1. 宣布游戏内容 2. 讲解游戏规则 3. 安排组织学生参与游戏	1. 学生认真听教师讲解 2. 有序慢跑围成圆圈 3.时刻观察教师动作，并准确模仿 4. 注意力集中听教师口令进行游戏	1	10	中
	2. 花样跳绳 弓步跳 两手持绳向前摇，当绳子过脚置于空中时，两脚分开成前后弓步动作，当绳子打地快过脚时，双脚并拢跳过绳。一拍一动，左右边各四次	1. 教师先完整示范动作，后分解示范，边示范边讲要求，使学生建立一个完整的动作概念 2. 教师带领学生徒手步伐练习 3. 教师指导学生进行完整的带绳动作练习 4. 巡回指导 5. 鼓励后进生	1. 四列横队成体操队形散开，队形如下： × ▲ 2. 跟随教师指导进行练习，动作轻松 3. 组内协作进行展示 4. 思考进步与不足	4 1 4 3	4 2 4 4	中 中 中 中
	3. 花样跑步 小步跑接快速跑 技术要领： 小步跑练习时上体正直，稍向前倾，肩放松，两臂屈肘（约成直角）上肢自然前后摆动，用前脚掌着地，两脚依次高频摩擦地面，步幅尽量缩短，上下肢协调配合	1. 教师先完整示范动作，后分解示范，边示范边讲要求，使学生建立一个完整的动作概念 2. 指导学生原地进行练习 3. 指导学生行进间练习	1. 四列横队成体操队形散开 ↑ ↑ ↑ ↑ ↑ —————— × 2. 原地进行小步跑练习 3. 听到教师指令后，第一排开始进行小步	4	6	中

基本部分30分钟	（1）原地小步跑练习 （2）行进间小步跑接快速跑		跑练习，当教师再次发出信号时，学生迅速成站立式起跑姿势，教师再次发出指令，学生迅速加速起跑，到中等速度即可，跑到标志物处减速停下，并慢跑返回至队尾；在第一排学生即将停止时，第二排学生按教师指令进行，第三排、第四排依次听教师指令进行			
设计意图	一、教学内容 喊数抱团：学生在行进间要主动学习教师的动作，储存动作信息，并时刻注意教师口令，从逆时针有序慢跑迅速转变为抱团，需要抑制、刷新、转换功能的共同协调作用，促进脑执行功能的发展 花样跳绳：学生在跳的过程中，需要更多地抑制原有的动作冲动，刷新出正确的动作组合，促进其脑执行功能尤其是刷新功能的发展 花样跑步：学生要主动抑制原有的步幅、步频，存储正确的小步跑动作技术动作；思考小步跑与正常跑步的异同；听到教师指令后又需要刷新出接下来要做的动作，即站立式起跑姿势，转换到静止动作 二、教学组织形式 环境也是影响脑执行功能的重要因素之一，由于有三个不同的项目，因此在环境上要求学生必须打起精神，能够快速转换到下一个教学内容中去 创设问题情境，学生需要注意力集中于教师的问题，变被动接受为主动探索，使刷新功能得到持续的锻炼 创设群体活动情境，运动情境中的社会交往，可以促使学生了解其他参与者的意图，根据对他们即将做出的动作的预测，来提取自己的行为反应，使学生能够主动探索，积极练习，发展个体脑执行功能，培养团队合作意识 三、运动强度 通过准备活动到基本部分活动，学生达到中等至中上等活动量					
结束部分4分钟	1. 放松活动 2. 课堂小结 3. 归还器材，宣布下课	1. 带领学生放松活动 2. 点评课堂表现	1. 按教师指导放松 2. 认真听讲，反思学习表现 3. 师生道别	1 1	2 2	小 小

课时实施方案 44

<table>
<tr><td>内容</td><td colspan="6">1. 趣味游戏（奇数偶数）
2. 花样跳绳（前摇交叉跳）
3. 花样跑步：高抬腿跑接快速跑</td></tr>
<tr><td>教学目标</td><td colspan="6">1. 通过趣味游戏培养学生学习兴趣和团队精神，促进学生身体全面发展
2. 使学生掌握一定的花样跳绳的基本动作技能，并锻炼身体素质
3. 发展学生灵活性及奔跑速度
4. 通过学习和练习，发展学生的脑执行功能，尤其是刷新功能</td></tr>
<tr><td rowspan="2">过程</td><td rowspan="2">课的内容</td><td rowspan="2">教师活动</td><td rowspan="2">学生活动</td><td colspan="3">运动负荷</td></tr>
<tr><td>次数</td><td>时间</td><td>强度</td></tr>
<tr><td rowspan="2">准备部分6分钟</td><td>一、课堂常规
1. 集合整队
2. 师生问好
3. 宣布内容
4. 安排见习</td><td>1. 集合整队
2. 师生问好
3. 宣布内容
4. 提出要求
5. 安排见习</td><td rowspan="2">1. 体育委员整队，向教师报告出勤人数
2. 学生四列横队，体操队形如下：
× × × × ×
× × × × ×
× × × × ×
× × × × ×
▲
要求：
1. 快、静、齐
2. 认真听讲，精神饱满
3. 明确上课内容和要求</td><td>1</td><td>2</td><td>小</td></tr>
<tr><td>二、准备活动
慢跑热身
250 米 ×2 圈
体育常规练习</td><td>带领学生做好慢跑热身活动</td><td>1</td><td>4</td><td>小</td></tr>
<tr><td rowspan="2">基本部分30分钟</td><td>1. 趣味游戏
奇数偶数
在规定的区域内，将学生分为两组，一组为奇数队，一组为偶数队，面对面站立，两组学生相距 3 米，均成站立式起跑姿势，教师吹哨后进行原地小步跑，然后教师发出运算指令，学生做出符合答案的“追逃”反应</td><td>1. 宣布游戏内容
2. 讲解游戏规则
3. 安排组织学生参与游戏</td><td>1. 学生认真听教师讲解
2. 注意力集中听教师口令进行游戏</td><td>1</td><td>10</td><td>中</td></tr>
<tr><td>2. 花样跳绳
（1）复习弓步跳
（2）前摇交叉跳：两手持绳摇，此动作分成两拍完成，第一拍两手为直摇绳，第二拍两手为交叉摇绳，</td><td>1. 教师先完整示范动作，后分解示范，边示范边讲要求，使学生建立一个完整的动作概念
2. 教师带领学生徒手步伐练习</td><td>1. 四列横队成体操队形散开，队形如下：
× × × × ×
× × × × ×
× × × × ×
× × × × ×
▲</td><td>4</td><td>4</td><td>中</td></tr>
</table>

基本部分30分钟	一拍一动，开与合各四次，完成基本交叉跳	3. 教师指导学生带绳练习 4. 巡回指导 5. 鼓励后进生	2. 跟随教师指导进行复习、练习，动作轻松 3. 组内协作进行展示 4. 思考进步与不足	1 4	4 2	中 中
	3. 花样跑步 高抬腿跑接快速跑 （1）练习（内容及方式同上节课） （2）分组接力竞赛	1. 教师先完整示范动作，后分解示范，边示范边讲要求，使学生建立一个完整的动作概念 2. 指导学生原地进行练习 3. 指导学生行进间练习	1. 四列横队成体操队形散开 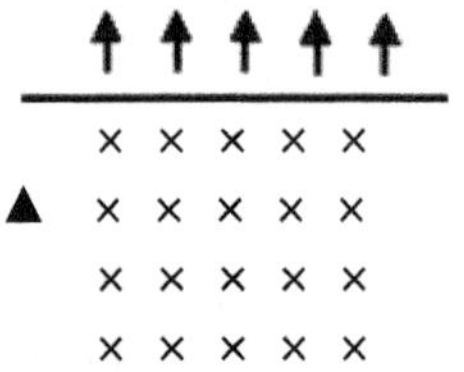 2. 按教师要求，遵守秩序进行接力赛	4 3	6 4	中 大
设计意图	一、教学内容 奇数偶数：静止—小步跑—向前 / 转身—奔跑，这一过程中，学生要抑制自身的向前或者转身冲动，根据刷新出的答案做出正确的反应，需要抑制、刷新、转换功能的共同协调作用，促进脑执行功能的发展 花样跳绳：学生在跳的过程中，需要更多地抑制原有的动作冲动，刷新出正确的动作组合，促进其脑执行功能尤其是刷新功能的发展 花样跑步：学生要主动抑制原有的步幅、步频，存储正确的高抬腿跑动作技术动作；完成相应数量后又需要刷新出接下来要做的动作并通过转换来完成 二、教学组织形式 环境也是影响脑执行功能的重要因素之一，由于有三个不同的项目，因此在环境上要求学生必须打起精神，能够快速转换到下一个教学内容中去 创设问题情境，当教师发出指令，学生要刷新正确的数字答案，注意力集中于教师的问题，变被动接受为主动探索，使刷新功能得到持续的锻炼 创设群体活动情境，运动情境中的社会交往，可以促使学生了解其他参与者的意图，根据对他们即将做出的动作的预测，来提取自己的行为反应，使学生能够主动探索，积极练习，发展个体脑执行功能，培养团队合作意识 三、运动强度 通过准备活动到基本部分活动，学生达到中等至中上等活动量					
结束部分4分钟	1. 放松活动 2. 课堂小结 3. 归还器材，宣布下课	1. 带领学生放松活动 2. 点评课堂表现	1. 按教师指导放松 2. 认真听讲，反思学习表现 3. 师生道别	1 1	2 2	小 小

课时实施方案 45

<table>
<tr><td>内容</td><td colspan="6">1. 趣味游戏（反口令动作）
2. 花样跳绳（勾脚点地跳）
3. 花样跑步（智勇大冲关）</td></tr>
<tr><td>教学目标</td><td colspan="6">1. 通过趣味游戏培养学生学习兴趣和团队精神，促进学生身体全面发展
2. 使学生掌握一定的花样跳绳的基本动作技能，并锻炼身体素质
3. 发展学生灵活性及奔跑速度
4. 通过学习和练习，发展学生的脑执行功能，尤其是刷新功能</td></tr>
<tr><td rowspan="2">过程</td><td rowspan="2">课的内容</td><td rowspan="2">教师活动</td><td rowspan="2">学生活动</td><td colspan="3">运动负荷</td></tr>
<tr><td>次数</td><td>时间</td><td>强度</td></tr>
<tr><td>准备部分6分钟</td><td>一、课堂常规
1. 集合整队
2. 师生问好
3. 宣布内容
4. 安排见习

二、准备活动
慢跑热身
250 米 ×2 圈
体育常规练习</td><td>1. 集合整队
2. 师生问好
3. 宣布内容
4. 提出要求
5. 安排见习

带领学生做好慢跑热身活动</td><td>1. 体育委员整队，向教师报告出勤人数
2. 学生四列横队，体操队形如下：
× × × × ×
× × × × ×
× × × × ×
× × × × ×
▲
要求：
1. 快、静、齐
2. 认真听讲，精神饱满
3. 明确上课内容和要求</td><td>1

1</td><td>2

4</td><td>小

小</td></tr>
<tr><td>基本部分30分钟</td><td>1. 趣味游戏
反口令动作
高抬腿—后踢腿
小步跑—立定
大西瓜—小西瓜
若学生做错，则原地做 5 个兔子跳

2. 花样跳绳
勾脚点地跳
（1）两手臂向前摇绳，其中一只脚勾脚同时向前点地，另外一只脚直立跳跃过绳，接着交换另外一只脚做同样动作，一拍一动，左右各四次，完成勾脚点地跳</td><td>1. 宣布游戏内容
2. 讲解游戏规则
3. 安排组织学生参与游戏

1. 带领学生集体练习勾脚点地跳
2. 巡回指导</td><td>1. 学生四列横队，体操队形如下：
× × × × ×
× × × × ×
× × × × ×
× × × × ×
▲
2. 注意力集中听教师口令进行游戏

1. 四列横队成体操队形散开，队形如下：
× × × × ×
× × × × ×
× × × × ×
× × × × ×
▲
2. 跟随教师指导进行复习、练习，动作轻松</td><td>1

2

1</td><td>10

1

4</td><td>中

中

中</td></tr>
</table>

基本部分30分钟	3. 花样跑步 （1）练习智勇大冲关练习形式同上节课 （2）接力赛 第一名同学跑到第四个点摸线后折回，与下一名同学击掌后返回队尾，第二名同学先进行20次小步跑之后再向前跑出，依次进行	1. 教师先完整示范动作，后分解示范，边示范边讲要求，使学生建立一个完整的动作概念 2. 指导学生练习 3. 组织学生接力赛	3. 组内协作进行展示 4. 思考进步与不足 1. 四路纵队排列 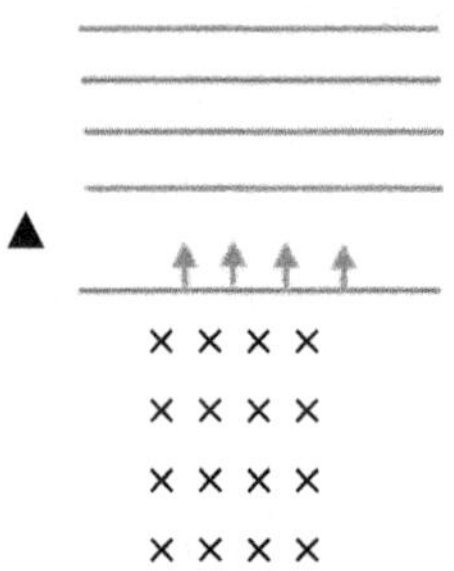 2. 认真听教师指令进行练习、比赛	1 4 2 1	2 3 4 6	中 中 中 大
设计意图	一、教学内容 反口令动作：抑制原有动作冲动，刷新出口令对应的真正动作，发展脑执行功能 花样跳绳：学生在跳的过程中，需要更多地抑制原有的并脚跳动作冲动，刷新出正确的左右脚依次跳动作，促进其脑执行功能，尤其是刷新功能的发展 花样跑步：学生要主动抑制原有的步幅、步频到各点的距离，并到每个点都要提取出相应的动作及次数 二、教学组织形式 环境也是影响脑执行功能的重要因素之一，由于有三个不同的项目，因此在环境上要求学生必须打起精神，能够快速转换到下一个教学内容中去 创设群体活动情境，运动情境中的社会交往，可以促使学生了解其他参与者的意图，根据对他们即将做出的动作的预测，来提取自己的行为反应，使学生能够主动探索，积极练习，发展个体脑执行功能，培养团队合作意识 创设多记忆点情境，使学生主动储存每个点的任务信息，到达不同点时再灵活提取出该任务点所需要的动作 三、运动强度 通过准备活动到基本部分活动，学生达到中等至中上等活动量					
结束部分4分钟	1. 放松活动 2. 课堂小结 3. 归还器材，宣布下课	1. 带领学生放松活动 2. 点评课堂表现	1. 按教师指导放松 2. 认真听讲，反思学习表现 3. 师生道别	1 1		

课时实施方案 46

内容	1. 趣味游戏（字母追击） 2. 花样跳绳（左右钟摆跳） 3. 花样跑步（敏捷梯五）
教学目标	1. 通过趣味游戏培养学生学习兴趣和团队精神，促进学生身体全面发展 2. 使学生掌握一定的花样跳绳的基本动作技能，并锻炼身体素质 3. 发展学生灵活性及奔跑速度 4. 通过学习和练习，发展学生的脑执行功能，尤其是刷新功能

过程	课的内容	教师活动	学生活动	运动负荷		
				次数	时间	强度
准备部分6分钟	一、课堂常规 1. 集合整队 2. 师生问好 3. 宣布内容 4. 安排见习	1. 集合整队 2. 师生问好 3. 宣布内容 4. 提出要求 5. 安排见习	1. 体育委员整队，向教师报告出勤人数 2. 学生四列横队，体操队形如下： × ▲ 要求： 1. 快、静、齐 2. 认真听讲，精神饱满 3. 明确上课内容和要求	1	2	小
	二、准备活动 慢跑热身 250 米 ×2 圈 体育常规练习	带领学生做好慢跑热身活动		1	4	小
基本部分30分钟	1. 趣味游戏 字母追击 规则同方案 8 教师站在圈内做动作，学生模仿，直到教师喊出新口令，当喊出一个字母时，后一个字母的人逆时针圈内追击前一个人，直到追到或者前一个人跑回原来的位置，被追到的学生原地做 5 个兔子跳	1. 宣布游戏内容 2. 提问并讲解游戏规则 3. 安排组织学生参与游戏	1. 学生认真听教师讲解 2. 注意力集中听教师口令进行游戏	1	10	中
	2. 花样跳绳 左右钟摆跳 两手持绳向前摇，当绳子过脚置于空中时，一脚向同一侧摆动，另外一脚直立跳跃过绳，反之为另外一脚	1. 教师先完整示范动作，后分解示范，边示范边讲要求，使学生建立一个完整的动作概念 2. 教师带领学生徒手步伐练习	1. 积极讨论小组花样跳方案 2. 组内协作进行练习	1	10	中

基本部分30分钟	动作，一拍一动，左右边各四次，完成左右钟摆跳 3. 花样跑步 （1）练习敏捷梯五 （2）敏捷梯四接力 学生四路纵队为一组，从敏捷梯上通过后继续向前跑到指定位置摸线后折回与下一名同学击掌，下一名同学开始	3. 教师指导学生带绳练习 4. 巡回指导 5. 鼓励后进生 1. 教师先完整示范动作，后分解示范，边示范边讲要求，使学生建立一个完整的动作概念 2. 指导学生练习 3. 组织学生接力赛	1. 四列横队成体操队形散开 × ▲ 2. 按教师要求，遵守秩序进行敏捷梯训练、比赛	4 4	5 5	中 大
设计意图	一、教学内容 字母追击：静止—做动作—停止 / 转身—追击，这一过程中，学生要抑制自身的向前或者转身冲动，刷新出当前任务需要的正确反应，需要抑制、刷新、转换功能的共同协调作用，促进脑执行功能的发展 花样跳绳：学生要主动提取之前学过的动作及组合，在原有动作的基础上主动探索出新的组合动作，变被动为主动，促进其工作记忆的刷新能力 花样跑步：学生要主动抑制原有的步幅、步频来适应敏捷梯，并在每格刷新出正确的动作 二、教学组织形式 环境也是影响脑执行功能的重要因素之一，由于有三个不同的项目，因此在环境上要求学生必须打起精神，能够快速转换到下一个教学内容中去 创设问题情境，学生需要将注意力集中于教师的问题，变被动接受为主动探索，使刷新功能得到持续的锻炼 创设群体活动情境，运动情境中的社会交往，可以促使学生了解其他参与者的意图，根据对他们即将做出的动作的预测，来提取自己的行为反应，使学生能够主动探索，积极练习，发展个体脑执行功能，培养团队合作意识 创设多记忆点情境，使学生主动储存每个点的任务信息，到达不同点时再灵活提取出该任务点所需要的动作 三、运动强度 通过准备活动到基本部分活动，学生达到中等至中上等活动量					
结束部分4分钟	1. 放松活动 2. 课堂小结 3. 布置课后练习 4. 归还器材，宣布下课	1. 带领学生放松活动 2. 点评课堂表现 3. 布置课后练习提出下节课要求	1. 按教师指导放松 2. 认真听讲，反思学习表现 3. 师生道别	1 1	2 2	小 小

课时实施方案 47

<table>
<tr><td>内容</td><td colspan="6">1. 趣味游戏（升级版喊数抱团）
2. 花样跳绳（组合跳七）
3. 花样跑步：小步跑接快速跑</td></tr>
<tr><td>教学目标</td><td colspan="6">1. 通过趣味游戏培养学生学习兴趣和团队精神，促进学生身体全面发展
2. 使学生掌握一定的花样跳绳的基本动作技能，并锻炼身体素质
3. 发展学生灵活性及奔跑速度
4. 通过学习和练习，发展学生的脑执行功能尤其是刷新功能</td></tr>
<tr><td rowspan="2">过程</td><td rowspan="2">课的内容</td><td rowspan="2">教师活动</td><td rowspan="2">学生活动</td><td colspan="3">运动负荷</td></tr>
<tr><td>次数</td><td>时间</td><td>强度</td></tr>
<tr><td>准备部分6分钟</td><td>一、课堂常规
1. 集合整队
2. 师生问好
3. 宣布内容
4. 安排见习

二、准备活动
慢跑热身
250 米 ×2 圈
体育常规练习</td><td>1. 集合整队
2. 师生问好
3. 宣布内容
4. 提出要求
5. 安排见习

带领学生做好慢跑热身活动</td><td>1. 体育委员整队，向教师报告出勤人数
2. 学生四列横队，体操队形如下：
× × × × ×
× × × × ×
× × × × ×
× × × × ×
▲
要求：
1. 快、静、齐
2. 认真听讲，精神饱满
3. 明确上课内容和要求</td><td>1

1</td><td>2

4</td><td>小

小</td></tr>
<tr><td>基本部分30分钟</td><td>1. 趣味游戏
升级版喊数抱团
在规定的区域内，学生逆时针慢跑围成圆圈，教师做出行进间动作，学生模仿直到出现新动作；教师发出字母指令后，学生头脑中反应出字母所在字母表中的位置（数字），然后按数字人数左右抱在一起，人数错误的学生，原地兔子跳 5 次

2. 花样跳绳
组合跳七</td><td>1. 宣布游戏内容
2. 讲解游戏规则
3. 安排组织学生参与游戏

1. 教师指导学生进行完整的带绳动作练习
2. 巡回指导
3. 鼓励后进生</td><td>1. 学生认真听教师讲解
2. 有序慢跑围成圆圈
3. 时刻观察教师动作，并准确模仿
4. 注意力集中听教师口令进行游戏

1. 四列横队成体操队形散开，队形如下：
× × × × ×
× × × × ×
× × × × ×
× × × × ×
▲</td><td>1

5</td><td>10

5</td><td>中

中</td></tr>
</table>

基本部分30分钟			2. 认真观看教师的动作讲解示范 3. 跟随教师指导进行练习，动作轻松 4. 先徒手练习，体会动作要领 5. 双手摇绳进行整个动作的练习	5	5	中
	3. 花样跑步 小步跑接快速跑 （1）练习（内容及方式同上节课） （2）分组接力竞赛	1. 教师先完整示范动作，后分解示范，边示范边讲要求，使学生建立一个完整的动作概念 2. 指导学生原地进行练习 3. 指导学生行进间练习	1. 四列横队成体操队形散开 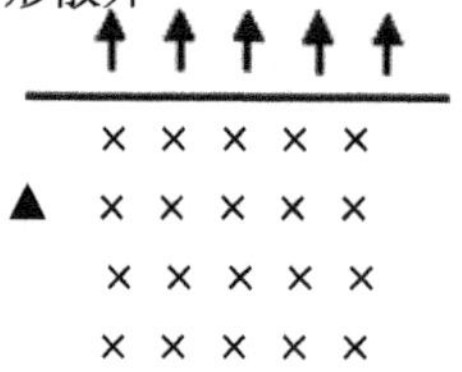 2. 按教师要求，遵守秩序进行接力赛	4 3	6 4	中 大
设计意图	一、教学内容 升级版喊数抱团：学生在行进间要主动学习教师的动作，储存动作信息，并时刻注意教师口令，从逆时针有序慢跑迅速转变为抱团，需要抑制、刷新、转换功能的共同协调作用，促进脑执行功能的发展 花样跳绳：学生在跳的过程中，需要更多地抑制原有的动作冲动，刷新出正确的动作组合，促进其脑执行功能，尤其是刷新功能的发展 花样跑步：学生要主动抑制原有的步幅、步频，存储正确的小步跑技术动作；思考小步跑与正常跑步的异同；听到教师指令后又需要刷新出接下来要做的动作，即站立式起跑姿势，转换到静止动作 二、教学组织形式 环境也是影响脑执行功能的重要因素之一，由于有三个不同的项目，因此在环境上要求学生必须打起精神，能够快速转换到下一个教学内容中去 创设问题情境，从原来的听数字变为听字母想数字，学生需要集中注意于教师的问题，变被动接受为主动探索，使刷新功能得到持续的锻炼 三、运动强度 通过准备活动到基本部分活动，学生达到中等至中上等活动量					
结束部分4分钟	1. 放松活动 2. 课堂小结 3. 归还器材，宣布下课	1. 带领学生放松活动 2. 点评课堂表现	1. 按教师指导放松 2. 认真听讲，反思学习表现 3. 师生道别	1 1	2 2	小 小

课时实施方案 48

内容	1. 趣味游戏（贴人） 2. 花样跳绳（考核组合跳七） 3. 花样跑步（8 字跑）					
教学目标	1. 通过趣味游戏培养学生学习兴趣和团队精神，促进学生身体全面发展 2. 使学生掌握一定的花样跳绳的基本动作技能，并锻炼身体素质 3. 发展学生灵活性及奔跑速度 4. 通过学习和练习，发展学生的脑执行功能，尤其是刷新功能					
过程	课的内容	教师活动	学生活动	运动负荷		
				次数	时间	强度
准备部分 6 分钟	一、课堂常规 1. 集合整队 2. 师生问好 3. 宣布内容 4. 安排见习 二、准备活动 慢跑热身 250 米 ×2 圈 体育常规练习	1. 集合整队 2. 师生问好 3. 宣布内容 4. 提出要求 5. 安排见习 带领学生做好慢跑热身活动	1. 体育委员整队，向教师报告出勤人数 2. 学生四列横队，体操队形如下： × ▲ 要求： 1. 快、静、齐 2. 认真听讲，精神饱满 3. 明确上课内容和要求	1 1	2 4	小 小
基本部分 30 分钟	1. 趣味游戏 贴人 学生手拉手围成圆圈，然后两两结成一对，选两组学生互为追逃，逃的人可随时贴在任意队的前面换自己，此时，被贴的一队后面的同学逃，追逃的学生必须在圈内，出圈则为犯规	1. 宣布游戏内容 2. 讲解游戏规则 3. 安排组织学生参与游戏	1. 学生手拉手围成圆圈： 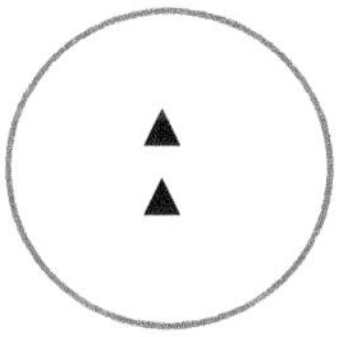 2. 注意力集中听教师口令进行游戏	1	10	中
	2. 花样跳绳 考核组合七	1. 教师带领学生集体复习 2. 分组竞赛	1. 四列横队成体操队形散开，队形如下： × ▲ 2. 认真观看教师的动作讲解示范	2	1	中

基本部分30分钟			3. 先徒手练习，体会动作要领 4. 双手摇绳进行整个动作的练习	6 1	5 4	中 中
	3. 花样跑步 行进间8字跑，列纵队在起跑线前站好，哨声响起，最末位同学向前开始8字跑，直到绕到最前面；每次有人从前面跑过时，就开始继续绕8字；直到到达终点；看哪队完成得又快又齐	1. 教师先完整示范动作，后分解示范，边示范边讲要求，使学生建立一个完整的动作概念 2. 指导学生练习 3. 指导学生比赛	1. 四路纵队排列 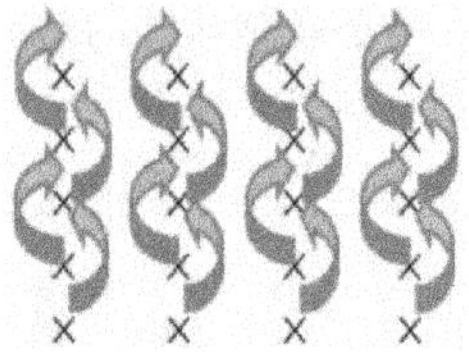 2. 听到教师指令后，最后一位开始进行绕人8字跑 3. 同学间保持一定的距离，防止相撞 4. 行进间快静齐	4 2	6 4	中 中
设计意图	一、教学内容 贴人：学生在追与被追的过程中需抑制自身身体惯性，积极主动观察追/逃者的位置，刷新有利的跑动路线 花样跳绳：学生在跳的过程中，需要更多地抑制原有的并脚跳的动作冲动，刷新出正确的左、右脚提膝点地跳动作，促进其脑执行功能，尤其是刷新功能的发展 花样跑步：学生要主动抑制原有的步幅、步频来适应队形以及前一名同学的跑速，根据前一名同学的位置来刷新跑动路线 二、教学组织形式 环境也是影响脑执行功能的重要因素之一，由于有三个不同的项目，因此在环境上要求学生必须打起精神，能够快速转换到下一个教学内容中去 创设问题情境，学生需要将注意力集中于教师的问题，变被动接受为主动探索，使刷新功能得到持续的锻炼 创设群体活动情境，运动情境中的社会交往，可以促使学生了解其他参与者的意图，根据对他们即将做出的动作的预测，来提取自己的行为反应，使学生能够主动探索，积极练习，发展个体脑执行功能，培养团队合作意识 创设多记忆点情境，使学生主动储存每个点的任务信息，到达不同点时再灵活提取出该任务点所需要的动作 三、运动强度 通过准备活动到基本部分活动，学生达到中等至中上等活动量					
结束部分4分钟	1. 放松活动 2. 课堂小结 3. 布置课后练习 4. 归还器材，宣布下课	1. 带领学生放松活动 2. 点评课堂表现 3. 布置课后练习，提出下节课要求	1. 按教师指导放松 2. 认真听讲，反思学习表现 3. 师生道别	1 1	2 2	小 小

附录二　促进数学学习困难小学生脑执行功能发展的“合作游戏 + 武术操 + 花样踢毽”运动干预方案的开发与实施

课时实施方案

说明：10 周运动干预对数学学习困难小学生脑执行功能影响的研究采用的是 1 ~ 30 次课时实施方案；

运动干预对数学学习困难、普通小学生脑执行功能的影响时程效益比较研究采用的是 1 ~ 48 次课时实施方案。

课时实施方案 1

<table>
<tr><td>内容</td><td colspan="6">1. 合作游戏（春种秋收）
2. 武术操（第一节动作）
3. 花样踢毽（脚内侧踢毽动作）</td></tr>
<tr><td>教学目标</td><td colspan="6">1. 认知目标：主要发展学生的抑制功能
2. 技能目标：武术操学习和掌握第一节内容，花样踢毽学习脚内侧踢毽动作
3. 情感目标：学习合作精神，了解武术操和花样踢毽，培养学生的集体主义精神</td></tr>
<tr><td rowspan="2">过程</td><td rowspan="2">课的内容</td><td rowspan="2">教师活动</td><td rowspan="2">学生活动</td><td colspan="3">运动负荷</td></tr>
<tr><td>次数</td><td>时间</td><td>强度</td></tr>
<tr><td>准备部分 6 分钟</td><td>一、课堂常规
1. 集合整队
2. 师生问好
3. 宣布内容
4. 安排见习

二、准备活动
慢跑热身
250 米 ×2 圈
体育常规练习</td><td>1. 集合整队
2. 师生问好
3. 宣布内容
4. 提出要求
5. 安排见习

带领学生做好慢跑热身活动</td><td>1. 体育委员整队，向教师报告出勤人数
2. 学生四列横队，体操队形如下：
× × × × ×
× × × × ×
× × × × ×
× × × × ×
▲
要求：
1. 快、静、齐
2. 认真听讲，精神饱满
3. 明确上课内容和要求</td><td>1

1</td><td>2

4</td><td>小

小</td></tr>
</table>

<table>
<tr><td rowspan="3">基本部分30分钟</td><td>1. 合作游戏
春种秋收
游戏规则：参赛队员分为两组，赛道长50米，成纵队站在起点线。听到预备信号时，同组第一个队员跑到放毽子的地方把毽子拿起并跑回来，把毽子给本队的下一个队员，第二个队员再把毽子放回到原来的位置，然后跑回来，下一个队员再去把毽子拿回来，依次轮流，最先跑完的队为胜利队伍</td><td>1. 宣布游戏内容
2. 讲解游戏规则
3. 安排组织学生参与游戏</td><td>1. 学生认真听教师讲解
2. 两两结对练习
3. 听教师口令进行游戏</td><td>1</td><td>10</td><td>中</td></tr>
<tr><td>2. 武术操
第一节掌、拳、勾（4×8拍）
一八拍：（从右开始）
1–2并步冲拳（前看），双脚并拢，两拳从腰间同时向前冲，高与肩平，两臂与肩同宽，掌心朝下
3–4并步（上看）举掌
5–6并步勾手（向左看）
7–8并步还原，还原成预备姿势
二八拍同一八拍</td><td>1. 教师讲解动作技术与要领
2. 教师做分解和完整动作示范
3. 教师对小组进行打分，并对错误动作进行及时纠正</td><td>1. 把学生分成几个小组，组内进行练习，互相帮助和纠正
2. 小组之间进行评比，看看哪组做得最规范、最整齐
3. 学生积极展示</td><td>1</td><td>10</td><td>中</td></tr>
<tr><td>3. 花样踢毽
脚内侧踢毽
（右脚）</td><td>1. 教师先完整示范动作，后分解示范，边示范边讲要求，使学生建立一个完整的动作概念
2. 指导学生原地进行练习
3. 指导学生行进间练习</td><td>1. 学生原地进行练习
2. 把学生分成几个小组，组内进行练习，互相帮助和纠正
3. 学生积极展示</td><td>2</td><td>10</td><td>中</td></tr>
<tr><td>设计意图</td><td colspan="6">一、教学内容
合作游戏：由单人的自由移动变为多人的横向移动，不仅要抑制自身正面活动的习惯，还要抑制自己的步伐习惯与同伴配合
武术操：手型变换以及各种头部的运动，体现了抑制的运用；第三、四个八拍同第一个八拍相反，体现了抑制功能</td></tr>
</table>

设计意图	花样踢毽：学生运用踢毽动作抑制自己原有的动作 二、教学组织形式 环境也是影响脑执行功能的重要因素之一，由于有三个不同的项目，则在环境上要求学生必须打起精神，抑制被激活的动作模式，尽快进入下一个项目 创设合作情境、问题情境，使学生能够主动探索，积极练习，促进学生脑执行功能的发展 三、运动强度 通过准备活动到基本部分活动，学生达到中等至中上等活动量					
结束部分4分钟	1. 放松活动 2. 课堂小结 3. 归还器材，宣布下课	1. 带领学生做放松活动 2. 点评课堂表现	1. 按教师指导进行放松 2. 认真听讲，反思学习表现 3. 师生道别	1 1	2 2	小 小

课时实施方案 2

内容	1. 合作游戏（二人三足接力跑） 2. 武术操（第二节动作） 3. 花样踢毽（脚内侧踢毽动作）					
教学目标	1. 认知目标：主要发展学生的抑制功能 2. 技能目标：武术操第二节动作，花样踢毽学习脚内侧踢毽动作 3. 情感目标：学习合作精神，了解武术操和花样踢毽，培养学生的集体主义精神					
过程	课的内容	教师活动	学生活动	运动负荷		
				次数	时间	强度
准备部分6分钟	一、课堂常规 1. 集合整队 2. 师生问好 3. 宣布内容 4. 安排见习 二、准备活动 慢跑热身 250 米 ×2 圈 体育常规练习	1. 集合整队 2. 师生问好 3. 宣布内容 4. 提出要求 5. 安排见习 带领学生做好慢跑热身活动	1. 体育委员整队，向教师报告出勤人数 2. 学生四列横队，体操队形如下： × ▲ 要求： 1. 快、静、齐 2. 认真听讲，精神饱满 3. 明确上课内容和要求	1 1	2 4	小 小
基本部分30分钟	1. 合作游戏 二人三足接力跑 游戏方法：将学生分成人数相等的两队，成两路纵队站在起跑线后。每队第一组两人用布	1. 宣布游戏内容 2. 讲解游戏规则 3. 安排组织学生参与游戏	1. 学生认真听教师讲解 2. 两两结对练习 3. 听教师口令进行游戏	1	10	中

基本部分30分钟	带将内侧脚踝关节处绑在一起，双臂互相搭肩，准备起跑。游戏开始后，每队第一组向前跑进，到达终点绕过标志杆跑回起跑线，解开布带交给下一组，游戏照上述方法进行，每组都跑一次，先跑完的队为胜 游戏规则：①不得抢跑和越线，布带绑在脚踝处；②途中带子松开，原地绑好后再跑					
	2. 武术操 第二节掌、拳、勾（4×8拍） 一八拍：（从右开始） 1–2并步冲拳（前看），双脚并拢，两拳从腰间同时向前冲，高与肩平，两臂与肩同宽，掌心朝下 3–4并步（上看）举掌 5–6并步勾手（向左看） 7–8并步还原，还原成预备姿势 二八拍同一八拍	1. 教师讲解动作技术与要领 2. 教师做分解和完整动作示范 3. 教师对小组进行打分，并对错误动作进行及时纠正	1. 把学生分成几个小组，组内进行练习，互相帮助和纠正 2.小组之间进行评比，看看哪组做得最规范、最整齐 3. 学生积极展示	1	10	中
	3. 花样踢毽 脚内侧踢毽 （右脚）	1. 教师先完整示范动作，后分解示范，边示范边讲要求，使学生建立一个完整的动作概念 2. 指导学生原地进行练习 3. 指导学生行进间练习	1. 学生原地进行练习 2. 把学生分成几个小组，组内进行练习，互相帮助和纠正 3. 学生积极展示	2	10	中
设计意图	一、教学内容 合作游戏：为了跑得更快，学生要抑制自身原有的步伐，配合对方的步伐，发展抑制功能 武术操：手型变换以及各种头部的运动，体现了抑制的运用；第三、四个八拍同第一个八拍相反，体现了抑制功能 花样踢毽：学生运用踢毽动作，抑制自己原有的动作					

设计意图	二、教学组织形式 环境也是影响脑执行功能的重要因素之一，由于有三个不同的项目，则在环境上要求学生必须打起精神，抑制被激活的动作模式，尽快进入下一个项目 创设合作情境、问题情境，使学生能够主动探索，积极练习，促进学生脑执行功能的发展 三、运动强度 通过准备活动到基本部分活动，学生达到中等至中上等活动量					
结束部分4分钟	1. 放松活动 2. 课堂小结 3. 归还器材，宣布下课	1. 带领学生做放松活动 2. 点评课堂表现	1. 按教师指导进行放松 2. 认真听讲，反思学习表现 3. 师生道别	1 1	2 2	小 小

课时实施方案3

内容	1. 合作游戏（网鱼） 2. 武术操（第二节动作） 3. 花样踢毽（脚内侧踢毽动作）					
教学目标	1. 认知目标：主要发展学生的抑制功能 2. 技能目标：武术操第二节动作，花样踢毽学习脚内侧踢毽动作 3. 情感目标：学习合作精神，了解武术操和花样踢毽，培养学生的集体主义精神					
过程	课的内容	教师活动	学生活动	运动负荷		
				次数	时间	强度
准备部分6分钟	一、课堂常规 1. 集合整队 2. 师生问好 3. 宣布内容 4. 安排见习 二、准备活动 慢跑热身 250米 ×2圈 体育常规练习	1. 集合整队 2. 师生问好 3. 宣布内容 4. 提出要求 5. 安排见习 带领学生做好慢跑热身活动	1. 体育委员整队，向教师报告出勤人数 2. 学生四列横队，体操队形如下： × ▲ 要求： 1. 快、静、齐 2. 认真听讲，精神饱满 3. 明确上课内容和要求	1 1	2 4	小 小
基本部分30分钟	1. 合作游戏 网鱼 游戏方法：将篮球场或排球场作为“鱼塘”，学生分散在场地内做“鱼”，另选3人做	1. 宣布游戏内容 2. 讲解游戏规则 3. 安排组织学生参与游戏	1. 学生认真听教师讲解 2. 两两结对练习 3. 听教师口令进行游戏	1	10	中

基 本 部 分 30 分 钟	"渔夫"。游戏开始后，渔夫手拉手做成"网"在鱼塘内捕鱼，被网围住了就算被捉，被捉的学生立即又与渔夫手拉手去捕捉其他的鱼，直至将所有的鱼捉完为止 游戏规则：①鱼不许跑出鱼塘之外，否则算被捉住；②鱼不能冲破渔网逃跑，但做渔夫的学生手放开了，鱼则可以从间隙中逃跑					
	2. 武术操 第一节 起势（4×8拍） 一八拍： 1–4 并步抱拳（左看） 5–8 并步按掌（前看） 二八拍： 1–4 并步抱拳（右看） 5–8 并步叉拳（前看） 三八拍： 1–4 并步抱拳（左看） 5–8 并步按掌（前看） 四八拍： 1–4 并步抱拳（右看） 5–8 并步叉拳（前看）	1. 教师讲解动作技术与要领 2. 教师做分解和完整动作示范 3. 教师对小组进行打分，并对错误动作进行及时纠正	1. 把学生分成几个小组，组内进行练习，互相帮助和纠正 2.小组之间进行评比，看看哪组做得最规范、最整齐 3. 学生积极展示	1	10	中
	3. 花样踢毽 脚内侧踢毽 （右脚）	1. 教师先完整示范动作，后分解示范，边示范边讲要求，使学生建立一个完整的动作概念 2. 指导学生原地进行练习 3. 指导学生行进间练习	1. 学生原地进行练习 2. 把学生分成几个小组，组内进行练习，互相帮助和纠正 3. 学生积极展示	2	10	中
设计意图	一、教学内容 合作游戏：为了跑得更快，学生要抑制自身原有的步伐，配合对方的步伐，发展抑制功能 武术操：手型变换以及各种头部的运动，体现了抑制的运用；第三、四个八拍同第一个八拍相反，体现了抑制功能 花样踢毽：学生运用踢毽动作，抑制自己原有的动作					

设计意图	二、教学组织形式 环境也是影响脑执行功能的重要因素之一，由于有三个不同的项目，则在环境上要求学生必须打起精神，抑制被激活的动作模式，尽快进入下一个项目 创设合作情境、问题情境，使学生能够主动探索，积极练习，促进学生脑执行功能的发展 三、运动强度 通过准备活动到基本部分活动，学生达到中等至中上等活动量					
结束部分4分钟	1. 放松活动 2. 课堂小结 3. 归还器材，宣布下课	1. 带领学生做放松活动 2. 点评课堂表现	1. 按教师指导进行放松 2. 认真听讲，反思学习表现 3. 师生道别	1 1	2 2	小 小

课时实施方案 4

内容	1. 合作游戏（螃蟹追逃） 2. 武术操（第一节起势） 3. 花样踢毽（脚内侧踢毽动作）					
教学目标	1. 认知目标：主要发展学生的抑制功能 2. 技能目标：武术操学习第一节起势，花样踢毽学习脚内侧踢毽动作 3. 情感目标：学习合作精神，了解武术操和花样踢毽，培养学生的集体主义精神					
过程	课的内容	教师活动	学生活动	运动负荷		
				次数	时间	强度
准备部分6分钟	一、课堂常规 1. 集合整队 2. 师生问好 3. 宣布内容 4. 安排见习 二、准备活动 慢跑热身 250 米 ×2 圈 体育常规练习	1. 集合整队 2. 师生问好 3. 宣布内容 4. 提出要求 5. 安排见习 带领学生做好慢跑热身活动	1. 体育委员整队，向教师报告出勤人数 2. 学生呈四列横队，体操队形如下： × ▲ 要求： 1. 快、静、齐 2. 认真听讲，精神饱满 3. 明确上课内容和要求	1 1	2 4	小 小
基本部分30分钟	1. 合作游戏 螃蟹追逃 游戏规则：在规定的区域内，每两人结成一对，背向站立，手拉手组成螃蟹，把所	1. 宣布游戏内容 2. 讲解游戏规则 3. 安排组织学生参与游戏	1. 学生认真听教师讲解 2. 两两结对练习 3. 听教师口令进行游戏	1	10	中

基本部分30分钟	有螃蟹分为2队，教师决定两组螃蟹谁为追者，谁为逃者，教师发出指令后，逃者先跑两步追者再开始追逃，追者要在区域内追到逃者，若逃者跑到区域外则安全；一组完成后角色互换，比谁追击到的逃者多					
	2. 武术操 第一节 起势（4×8拍） 一八拍： 1–4 并步抱拳（左看） 5–8 并步按掌（前看） 二八拍： 1–4 并步抱拳（右看） 5–8 并步叉拳（前看） 三八拍： 1–4 并步抱拳（左看） 5–8 并步按掌（前看） 四八拍： 1–4 并步抱拳（右看） 5–8 并步叉拳（前看）	1. 教师讲解动作技术与要领 2. 教师做分解和完整动作示范 3. 教师对小组进行打分，并对错误动作进行及时纠正	1. 把学生分成几个小组，组内进行练习，互相帮助和纠正 2.小组之间进行评比，看看哪组做得最规范、最整齐 3. 学生积极展示	1	10	中
	3. 花样踢毽 脚内侧踢毽 （左脚）	1. 教师先完整示范动作，后分解示范，边示范边讲要求，使学生建立一个完整的动作概念 2. 指导学生原地进行练习 3. 指导学生行进间练习	1. 学生原地进行练习 2. 把学生分成几个小组，组内进行练习，互相帮助和纠正 3. 学生积极展示	2	10	中
设计意图	一、教学内容 合作游戏：两人为了跑得更快，学生要抑制自身原有的步伐，配合对方的步伐，发展抑制功能 武术操：手型变换以及各种头部的运动，体现了抑制的运用；第三、四个八拍同第一个八拍相反，体现了抑制功能 花样踢毽：学生运用踢毽动作，抑制自己原有的动作 二、教学组织形式 环境也是影响脑执行功能的重要因素之一，由于有三个不同的项目，则在环境上要求学生必须打起精神，抑制被激活的动作模式，尽快进入下一个项目					

设计意图	创设合作情境、问题情境，使学生能够主动探索，积极练习，促进学生脑执行功能的发展 三、运动强度 通过准备活动到基本部分活动，学生达到中等至中上等活动量					
结束部分4分钟	1. 放松活动 2. 课堂小结 3. 归还器材，宣布下课	1. 带领学生做放松活动 2. 点评课堂表现	1. 按教师指导进行放松 2. 认真听讲，反思学习表现 3. 师生道别	1 1	2 2	小 小

课时实施方案 5

内容	1. 合作游戏（网鱼） 2. 武术操（第一节起势） 3. 花样踢毽（脚内侧踢毽动作）					
教学目标	1. 认知目标：主要发展学生的抑制功能 2. 技能目标：武术操学习第一节起势，花样踢毽学习脚内侧踢毽动作 3. 情感目标：学习合作精神，了解武术操和花样踢毽，培养学生的集体主义精神					
过程	课的内容	教师活动	学生活动	运动负荷		
				次数	时间	强度
准备部分6分钟	一、课堂常规 1. 集合整队 2. 师生问好 3. 宣布内容 4. 安排见习 二、准备活动 慢跑热身 250 米 ×2 圈 体育常规练习	1. 集合整队 2. 师生问好 3. 宣布内容 4. 提出要求 5. 安排见习 带领学生做好慢跑热身活动	1. 体育委员整队，向教师报告出勤人数 2. 学生呈四列横队，体操队形如下： × ▲ 要求： 1. 快、静、齐 2. 认真听讲，精神饱满 3. 明确上课内容和要求	1 1	2 4	小 小
基本部分30分钟	1. 合作游戏 网鱼 游戏方法：将篮球场或排球场作为“鱼塘”，学生分散在场地内做“鱼”，另选 3 人做“渔夫”。游戏开始后，渔夫手拉手做成“网”在鱼塘内捕鱼，被网	1. 宣布游戏内容 2. 讲解游戏规则 3. 安排组织学生参与游戏	1. 学生认真听教师讲解 2. 两两结对练习 3. 听教师口令进行游戏	1	10	中

基本部分30分钟	围住了就算被捉，被捉的学生立即又与渔夫手拉手去捕捉其他的鱼，直至将所有的鱼捉完为止 游戏规则：①鱼不许跑出鱼塘之外，否则算被捉住；②鱼不能冲破渔网逃跑，但做渔夫的学生手放开了，鱼则可以从间隙中逃跑					
	2. 武术操 第一节 起势（4×8拍） 一八拍： 1–4 并步抱拳（左看） 5–8 并步按掌（前看） 二八拍： 1–4 并步抱拳（右看） 5–8 并步叉拳（前看） 三八拍： 1–4 并步抱拳（左看） 5–8 并步按掌（前看） 四八拍： 1–4 并步抱拳（右看） 5–8 并步叉拳（前看）	1. 教师讲解动作技术与要领 2. 教师做分解和完整动作示范 3. 教师对小组进行打分，并对错误动作进行及时纠正	1. 把学生分成几个小组，组内进行练习，互相帮助和纠正 2.小组之间进行评比，看看哪组做得最规范、最整齐 3. 学生积极展示	1	10	中
	3. 花样踢毽 脚内侧踢毽 （左脚）	1. 教师先完整示范动作，后分解示范，边示范边讲要求，使学生建立一个完整的动作概念 2. 指导学生原地进行练习 3. 指导学生行进间练习	1. 学生原地进行练习 2. 把学生分成几个小组，组内进行练习，互相帮助和纠正 3. 学生积极展示	2	10	中
设计意图	一、教学内容 合作游戏：为了跑得更快，学生要抑制自身原有的步伐，配合对方的步伐，发展抑制功能 武术操：手型变换以及各种头部的运动，体现了抑制的运用；第三、四个八拍同第一个八拍相反，体现了抑制功能 花样踢毽：学生运用踢毽动作，抑制自己原有的动作 二、教学组织形式 环境也是影响脑执行功能的重要因素之一，由于有三个不同的项目，则在环境上要求学生必须打起精神，抑制被激活的动作模式，尽快进入下一个项目					

设计意图	创设合作情境、问题情境，使学生能够主动探索，积极练习，促进学生脑执行功能的发展 三、运动强度 通过准备活动到基本部分活动，学生达到中等至中上等活动量					
结束部分4分钟	1. 放松活动 2. 课堂小结 3. 归还器材，宣布下课	1. 带领学生做放松活动 2. 点评课堂表现	1. 按教师指导进行放松 2. 认真听讲，反思学习表现 3. 师生道别	1 1	2 2	小 小

课时实施方案 6

过程	课的内容	教师活动	学生活动	运动负荷		
内容	1. 合作游戏（网鱼） 2. 武术操（第二节拉伸运动） 3. 花样踢毽（脚内侧踢毽动作）					
教学目标	1. 认知目标：主要发展学生的抑制功能 2. 技能目标：武术操学习第二节拉伸运动，花样踢毽学习脚内侧踢毽动作 3. 情感目标：学习合作精神，了解武术操和花样踢毽，培养学生的集体主义精神					
				次数	时间	强度
准备部分6分钟	一、课堂常规 1. 集合整队 2. 师生问好 3. 宣布内容 4. 安排见习 二、准备活动 慢跑热身 250 米 ×2 圈 体育常规练习	1. 集合整队 2. 师生问好 3. 宣布内容 4. 提出要求 5. 安排见习 带领学生做好慢跑热身活动	1. 体育委员整队，向教师报告出勤人数 2. 学生四列横队，体操队形如下： × ▲ 要求： 1. 快、静、齐 2. 认真听讲，精神饱满 3. 明确上课内容和要求	1 1	2 4	小 小
基本部分30分钟	1. 合作游戏 网鱼 游戏方法：将篮球场或排球场作为"鱼塘"，学生分散在场地内做"鱼"，另选3人做"渔夫"。游戏开始后，渔夫手拉手做成"网"在鱼塘内捕鱼，被网	1. 宣布游戏内容 2. 讲解游戏规则 3. 安排组织学生参与游戏	1. 学生认真听教师讲解 2. 两两结对练习 3. 听教师口令进行游戏	1	10	中

基 本 部 分 30 分 钟	围住了就算被捉，被捉的学生立即又与渔夫手拉手去捕捉其他的鱼，直至将所有的鱼捉完为止 游戏规则：①鱼不许跑出鱼塘之外，否则算被捉住；②鱼不能冲破渔网逃跑，但做渔夫的学生手放开了，鱼则可以从间隙中逃跑					
	2. 武术操 第二节 拉伸运动（4×8拍） 一八拍： 1–2 左开步拳平衡（拳） 3–4 前砍（砍掌） 5–6 勾手（向左看） 7–8 并步还原 二八拍： 1–2 左开步举掌（掌） 3–4 横拳（拳） 5–6 左脚往前迈一步，左手在下是勾手，右手在上是掌（左看） 7–8 并步还原	1. 教师讲解动作技术与要领 2. 教师做分解和完整动作示范 3. 教师对小组进行打分，并对错误动作进行及时纠正	1. 把学生分成几个小组，组内进行练习，互相帮助和纠正 2.小组之间进行评比，看看哪组做得最规范、最整齐 3. 学生积极展示	1	10	中
	3. 花样踢毽 脚内侧踢毽 （左脚）	1. 教师先完整示范动作，后分解示范，边示范边讲要求，使学生建立一个完整的动作概念 2. 指导学生原地进行练习 3. 指导学生行进间练习	1. 学生原地进行练习 2. 把学生分成几个小组，组内进行练习，互相帮助和纠正 3. 学生积极展示	2	10	中
设计意图	一、教学内容 合作游戏：为了跑得更快，学生要抑制自身原有的步伐，配合对方的步伐，发展抑制功能 武术操：手型变换以及各种头部的运动，体现了抑制的运用；第三、四个八拍同第一个八拍相反，体现了抑制功能 花样踢毽：学生运用踢毽动作，抑制自己原有的动作					

设计意图	二、教学组织形式 环境也是影响脑执行功能的重要因素之一，由于有三个不同的项目，则在环境上要求学生必须打起精神，抑制被激活的动作模式，尽快进入下一个项目 创设合作情境、问题情境，使学生能够主动探索，积极练习，促进学生脑执行功能的发展 三、运动强度 通过准备活动到基本部分活动，学生达到中等至中上等活动量					
结束部分4分钟	1. 放松活动 2. 课堂小结 3. 归还器材，宣布下课	1. 带领学生做放松活动 2. 点评课堂表现	1. 按教师指导进行放松 2. 认真听讲，反思学习表现 3. 师生道别	1 1	2 2	小 小

课时实施方案 7

内容	1. 合作游戏（春种秋收） 2. 武术操（第二节拉伸运动） 3. 花样踢毽（脚内侧踢毽动作）					
教学目标	1. 认知目标：主要发展学生的抑制功能 2. 技能目标：武术操学习第二节拉伸运动，花样踢毽学习脚内侧踢毽动作 3. 情感目标：学习合作精神，了解武术操和花样踢毽，培养学生的集体主义精神					
过程	课的内容	教师活动	学生活动	运动负荷		
				次数	时间	强度
准备部分6分钟	一、课堂常规 1. 集合整队 2. 师生问好 3. 宣布内容 4. 安排见习 二、准备活动 慢跑热身 250米 ×2圈 体育常规练习	1. 集合整队 2. 师生问好 3. 宣布内容 4. 提出要求 5. 安排见习 带领学生做好慢跑热身活动	1. 体育委员整队，向教师报告出勤人数 2. 学生四列横队，体操队形如下： × ▲ 要求： 1. 快、静、齐 2. 认真听讲，精神饱满 3. 明确上课内容和要求	1 1	2 4	小 小
基本部分30分钟	1. 合作游戏 春种秋收 游戏规则：参赛队员分为两组，赛道长50米，成纵队站在起点线。听到预备信号时，	1. 宣布游戏内容 2. 讲解游戏规则 3. 安排组织学生参与游戏	1. 学生认真听教师讲解 2. 两两结对练习 3. 听教师口令进行游戏	1	10	中

基本部分30分钟	同组第一个队员跑到放毽子的地方把毽子拿起并跑回来，把毽子给本队的下一个队员，第二个队员再把毽子放回到原来的位置，然后跑回来，下一个队员再去把毽子拿回来，依次轮流，最先跑完的为胜利队伍					
	2. 武术操 第二节 拉伸运动（4×8拍） 一八拍： 1–2 左开步拳平衡（拳） 3–4 前砍（砍掌） 5–6 勾手（向左看） 7–8 并步还原 二八拍： 1–2 左开步举掌（掌） 3–4 横拳（拳） 5–6左脚往前迈一步，左手在下是勾手，右手在上是掌（左看） 7–8 并步还原	1. 教师讲解动作技术与要领 2. 教师做分解和完整动作示范 3. 教师对小组进行打分，并对错误动作进行及时纠正	1. 把学生分成几个小组，组内进行练习，互相帮助和纠正 2.小组之间进行评比，看看哪组做得最规范、最整齐 3. 学生积极展示	1	10	中
	3. 花样踢毽 脚内侧踢毽 （左脚）	1. 教师先完整示范动作，后分解示范，边示范边讲要求，使学生建立一个完整的动作概念 2. 指导学生原地进行练习 3. 指导学生行进间练习	1. 学生原地进行练习 2.把学生分成几个小组，组内进行练习，互相帮助和纠正 3. 学生积极展示	2	10	中
设计意图	一、教学内容 合作游戏：由于两人为了跑得更快，学生要抑制自身原有的步伐，配合对方的步伐，发展抑制功能 武术操：手型变换以及各种头部的运动，体现了抑制的运用；第三、四个八拍同第一个八拍相反，体现了抑制功能 花样踢毽：学生运用左右脚轮换踢毽，抑制自己单脚踢毽的优势反应 二、教学组织形式 环境也是影响脑执行功能的重要因素之一，由于有三个不同的项目，则在环境上要求学生必须打起精神，抑制被激活的动作模式，尽快进入下一个项目					

设计意图	创设合作情境、问题情境，使学生能够主动探索，积极练习，促进学生脑执行功能的发展 三、运动强度 通过准备活动到基本部分活动，学生达到中等至中上等活动量					
结束部分4分钟	1. 放松活动 2. 课堂小结 3. 归还器材，宣布下课	1. 带领学生做放松活动 2. 点评课堂表现	1. 按教师指导进行放松 2. 认真听讲，反思学习表现 3. 师生道别	1 1	2 2	小 小

课时实施方案 8

过程	课的内容	教师活动	学生活动	运动负荷		
内容	1. 合作游戏（春种秋收） 2. 武术操（第三节开合运动） 3. 花样踢毽（原地双脚轮换踢毽）					
教学目标	1. 认知目标：主要发展学生的抑制功能 2. 技能目标：武术操学习第三节开合运动，花样踢毽学习原地双脚轮换踢毽 3. 情感目标：学习合作精神，了解武术操和花样踢毽，培养学生的集体主义精神					
过程	课的内容	教师活动	学生活动	次数	时间	强度
准备部分6分钟	一、课堂常规 1. 集合整队 2. 师生问好 3. 宣布内容 4. 安排见习 二、准备活动 慢跑热身 250 米 ×2 圈 体育常规练习	1. 集合整队 2. 师生问好 3. 宣布内容 4. 提出要求 5. 安排见习 带领学生做好慢跑热身活动	1. 体育委员整队，向教师报告出勤人数 2. 学生四列横队，体操队形如下： × ▲ 要求： 1. 快、静、齐 2. 认真听讲，精神饱满 3. 明确上课内容和要求	1 1	2 4	小 小
基本部分30分钟	1. 合作游戏 春种秋收 游戏规则：参赛队员分为两组，赛道长 50 米，成纵队站在起点线。听到预备信号时，同组第一个队员跑到放毽子的地方把毽子拿起并跑回来，把毽	1. 宣布游戏内容 2. 讲解游戏规则 3. 安排组织学生参与游戏	1. 学生认真听教师讲解 2. 两两结对练习 3. 听教师口令进行游戏	1	10	中

基本部分30分钟	子给本队的下一个队员，第二个队员再把毽子放回到原来的位置，然后跑回来，下一个队员再去把毽子拿回来，依次轮流，最先跑完的为胜利队伍					
	2. 武术操 第三节 开合运动 一八拍： 1–2 两臂横拳（拳） 3–4 侧身冲右拳（拳） 5–6 收右拳冲左拳（拳） 7–8 并步还原 二八拍： 1–2 冲左拳（拳） 3–4 左右交替冲拳（拳） 5–6 合并步亮掌，右看（掌） 7–8 并步还原	1. 教师讲解动作技术与要领 2. 教师做分解和完整动作示范 3. 教师对小组进行打分，并对错误动作进行及时纠正	1. 把学生分成几个小组，组内进行练习，互相帮助和纠正 2.小组之间进行评比，看看哪组做得最规范、最整齐 3. 学生积极展示	1	10	中
	3. 花样踢毽 原地双脚轮换踢毽	1. 教师先完整示范动作，后分解示范，边示范边讲要求，使学生建立一个完整的动作概念 2. 指导学生原地进行练习 3. 指导学生行进间练习	1. 学生原地进行练习 2. 把学生分成几个小组，组内进行练习，互相帮助和纠正 3. 学生积极展示	2	10	中
设计意图	一、教学内容 合作游戏：为了跑得更快，学生要抑制自身原有的步伐，配合对方的步伐，发展抑制功能 武术操：手型变换以及各种头部的运动，体现了抑制的运用；第三、四个八拍同第一个八拍相反，体现了抑制功能 花样踢毽：学生运用左右脚轮换踢毽，抑制自己单脚踢毽的优势反应 二、教学组织形式 环境也是影响脑执行功能的重要因素之一，由于有三个不同的项目，则在环境上要求学生必须打起精神，抑制被激活的动作模式，尽快进入下一个项目 创设合作情境、问题情境，使学生能够主动探索，积极练习，促进学生脑执行功能的发展 三、运动强度 通过准备活动到基本部分活动，学生达到中等至中上等活动量					

结束部分4分钟	1. 放松活动 2. 课堂小结 3. 归还器材，宣布下课	1. 带领学生做放松活动 2. 点评课堂表现	1. 按教师指导进行放松 2. 认真听讲，反思学习表现 3. 师生道别	1 1	2 2	小 小

课时实施方案 9

内容	1. 合作游戏（螃蟹赛跑） 2. 武术操（第三节开合运动） 3. 花样踢毽（原地双脚轮换踢毽）					
教学目标	1. 认知目标：主要发展学生的抑制功能 2. 技能目标：武术操学习第三节开合运动，花样踢毽学习原地双脚轮换踢毽 3. 情感目标：学习合作精神，了解武术操和花样踢毽，培养学生的集体主义精神					
过程	课的内容	教师活动	学生活动	运动负荷		
				次数	时间	强度
准备部分6分钟	一、课堂常规 1. 集合整队 2. 师生问好 3. 宣布内容 4. 安排见习 二、准备活动 慢跑热身 250 米 ×2 圈 体育常规练习	1. 集合整队 2. 师生问好 3. 宣布内容 4. 提出要求 5. 安排见习 带领学生做好慢跑热身活动	1. 体育委员整队，向教师报告出勤人数 2. 学生四列横队，体操队形如下： × ▲ 要求： 1. 快、静、齐 2. 认真听讲，精神饱满 3. 明确上课内容和要求	1 1	2 4	小 小
基本部分30分钟	1. 合作游戏 螃蟹赛跑 游戏规则：参赛队员双人小组参赛，赛道长 50 米，成纵队站在起点线。听到预备信号时，同组两人背对背用躯干夹抵住一篮球。听到开始信号后，两人像螃蟹状横着向终点线跑去，先完成的队获胜。中途球落地，必须从落地处夹	1. 宣布游戏内容 2. 讲解游戏规则 3. 安排组织学生参与游戏	1. 学生认真听教师讲解 2. 两两结对练习 3. 听教师口令进行游戏	1	10	中

基本部分30分钟	起才能继续进行。抱球跑者取消比赛资格					
	2. 武术操 第三节 开合运动 一八拍： 1–2 两臂横拳（拳） 3–4 侧身冲右拳（拳） 5–6 收右拳冲左拳（拳） 7–8 并步还原 二八拍： 1–2 冲左拳（拳） 3–4 左右交替冲拳（拳） 5–6 合并步亮掌，右看（掌） 7–8 并步还原	1. 教师讲解动作技术与要领 2. 教师做分解和完整动作示范 3. 教师对小组进行打分，并对错误动作进行及时纠正	1. 把学生分成几个小组，组内进行练习，互相帮助和纠正 2. 小组之间进行评比，看看哪组做得最规范、最整齐 3. 学生积极展示	1	10	中
	3. 花样踢毽 原地双脚轮换踢毽	1. 教师先完整示范动作，后分解示范，边示范边讲要求，使学生建立一个完整的动作概念 2. 指导学生原地进行练习 3. 指导学生行进间练习	1. 学生原地进行练习 2. 把学生分成几个小组，组内进行练习，互相帮助和纠正 3. 学生积极展示	2	10	中
设计意图	一、教学内容 合作游戏：为了跑得更快，学生要抑制自身原有的步伐，配合对方的步伐，发展抑制功能 武术操：手型变换以及各种头部的运动，体现了抑制的运用；第三、四个八拍同第一个八拍相反，体现了抑制功能 花样踢毽：学生运用左右脚轮换踢毽，抑制自己单脚踢毽的优势反应 二、教学组织形式 环境也是影响脑执行功能的重要因素之一，由于有三个不同的项目，则在环境上要求学生必须打起精神，抑制被激活的动作模式，尽快进入下一个项目 创设合作情境、问题情境，使学生能够主动探索，积极练习，促进学生脑执行功能的发展 三、运动强度 通过准备活动到基本部分活动，学生达到中等至中上等活动量					
结束部分4分钟	1. 放松活动 2. 课堂小结 3. 归还器材，宣布下课	1. 带领学生做放松活动 2. 点评课堂表现	1. 按教师指导进行放松 2. 认真听讲，反思学习表现 3. 师生道别	1 1	2 2	小 小

课时实施方案 10

<table>
<tr><td>内容</td><td colspan="6">1. 合作游戏（二人三足接力跑）
2. 武术操（第三节开合运动）
3. 花样踢毽（原地双脚轮换踢毽）</td></tr>
<tr><td>教学目标</td><td colspan="6">1. 认知目标：主要发展学生的抑制功能
2. 技能目标：武术操学习第三节开合运动，花样踢毽学习内原地双脚轮换踢毽
3. 情感目标：学习合作精神，了解武术操和花样踢毽，培养学生的集体主义精神</td></tr>
<tr><td rowspan="2">过程</td><td rowspan="2">课的内容</td><td rowspan="2">教师活动</td><td rowspan="2">学生活动</td><td colspan="3">运动负荷</td></tr>
<tr><td>次数</td><td>时间</td><td>强度</td></tr>
<tr><td rowspan="2">准备部分6分钟</td><td>一、课堂常规
1. 集合整队
2. 师生问好
3. 宣布内容
4. 安排见习</td><td>1. 集合整队
2. 师生问好
3. 宣布内容
4. 提出要求
5. 安排见习</td><td rowspan="2">1. 体育委员整队，向教师报告出勤人数
2. 学生四列横队，体操队形如下：
× × × × ×
× × × × ×
× × × × ×
× × × × ×
▲
要求：
1. 快、静、齐
2. 认真听讲，精神饱满
3. 明确上课内容和要求</td><td>1</td><td>2</td><td>小</td></tr>
<tr><td>二、准备活动
慢跑热身
250 米 ×2 圈
体育常规练习</td><td>带领学生做好慢跑热身活动</td><td>1</td><td>4</td><td>小</td></tr>
<tr><td rowspan="2">基本部分30分钟</td><td>1. 合作游戏
二人三足接力跑游戏规则：把所有学生分为两队进行比赛，把两个人的一条腿绑在一起，在规定距离间进行二人三足接力跑比赛，哪队先结束为赢家</td><td>1. 宣布游戏内容
2. 讲解游戏规则
3. 安排组织学生参与游戏</td><td>1. 学生认真听教师讲解
2. 两两结对练习
3. 听教师口令进行游戏</td><td>1</td><td>10</td><td>中</td></tr>
<tr><td>2. 武术操
第三节开合运动
一八拍：
1–2 两臂横拳（拳）
3–4 侧身冲右拳（拳）
5–6 收右拳冲左拳（拳）
7–8 并步还原</td><td>1. 教师讲解动作技术与要领
2. 教师做分解和完整动作示范
3. 教师对小组进行打分，并对错误动作进行及时纠正</td><td>1. 把学生分成几个小组，组内进行练习，互相帮助和纠正
2. 小组之间进行评比，看看哪组做得最规范、最整齐
3. 学生积极展示</td><td>1</td><td>10</td><td>中</td></tr>
</table>

基本部分30分钟	二八拍： 1–2 冲左拳（拳） 3–4 左右交替冲拳（拳） 5–6 合并步亮掌，右看（掌） 7–8 并步还原 3. 花样踢毽 原地双脚轮换踢毽	 1. 教师先完整示范动作，后分解示范，边示范边讲要求，使学生建立一个完整的动作概念 2. 指导学生原地进行练习 3. 指导学生行进间练习	 1. 学生原地进行练习 2. 把学生分成几个小组，组内进行练习，互相帮助和纠正 3. 学生积极展示	 2	 10	 中
设计意图	一、教学内容 合作游戏：为了跑得更快，学生要抑制自身原有的步伐，配合对方的步伐，发展抑制功能 武术操：手型变换以及各种头部的运动，体现了抑制的运用；第三、四个八拍同第一个八拍相反，体现了抑制功能 花样踢毽：学生运用左右脚轮换踢毽，抑制自己单脚踢毽的优势反应 二、教学组织形式 环境也是影响脑执行功能的重要因素之一，由于有三个不同的项目，则在环境上要求学生必须打起精神，抑制被激活的动作模式，尽快进入下一个项目 创设合作情境、问题情境，使学生能够主动探索，积极练习，促进学生脑执行功能的发展 三、运动强度 通过准备活动到基本部分活动，学生达到中等至中上等活动量					
结束部分4分钟	1. 放松活动 2. 课堂小结 3. 归还器材，宣布下课	1. 带领学生做放松活动 2. 点评课堂表现	1. 按教师指导进行放松 2. 认真听讲，反思学习表现 3. 师生道别	1 1	2 2	小 小

课时实施方案 11

内容	1. 合作游戏（接力开火车） 2. 武术操（第四节踢腿运动） 3. 花样踢毽（行进间双脚轮换踢毽）					
教学目标	1. 认知目标：主要发展学生的抑制功能 2. 技能目标：武术操学习和第三节开合运动，花样踢毽学习行进间双脚轮换踢毽 3. 情感目标：学习合作精神，了解武术操和花样踢毽，培养学生的集体主义精神					
过程	课的内容	教师活动	学生活动	运动负荷		
				次数	时间	强度
准备部分6分钟	一、课堂常规 1. 集合整队 2. 师生问好 3. 宣布内容 4. 安排见习	1. 集合整队 2. 师生问好 3. 宣布内容 4. 提出要求 5. 安排见习	1. 体育委员整队，向教师报告出勤人数 2. 学生四列横队，体操队形如下： ××××× ××××× ××××× ××××× ▲ 要求： 1. 快、静、齐 2. 认真听讲，精神饱满 3. 明确上课内容和要求	1	2	小
	二、准备活动 慢跑热身 250 米 ×2 圈 体育常规练习	带领学生做好慢跑热身活动		1	4	小
基本部分30分钟	1. 合作游戏 接力开火车 游戏方法：将学生分成人数相等的两队，每队 5 个人组成一个小火车，两队一起跑，到终点火车尾变火车头开回来，后面的小火车依次接力跑，先跑完的队为胜	1. 宣布游戏内容 2. 讲解游戏规则 3. 安排组织学生参与游戏	1. 学生认真听教师讲解 2. 两两结对练习 3. 听教师口令进行游戏	1	10	中
	2. 武术操 第四节 踢腿运动 一八拍： 1–2（拳） 3–4（拳） 5–6（拳） 7–8 并步还原	1. 教师讲解动作技术与要领 2. 教师做分解和完整动作示范 3. 教师对小组进行打分，并对错误动作进行及时纠正	1. 把学生分成几个小组，组内进行练习，互相帮助和纠正 2. 小组之间进行评比，看看哪组做得最规范、最整齐 3. 学生积极展示	1	10	中

基本部分30分钟	二八拍： 1–2 左脚向前，右手冲掌（掌） 3–4 右腿弹踢，收右手（拳） 5–6 再次左脚向前，右手冲掌（掌） （掌） 7–8 并步还原					
	3. 花样踢毽 行进间双脚轮换踢毽	1. 教师先完整示范动作，后分解示范，边示范边讲要求，使学生建立一个完整的动作概念 2. 指导学生原地进行练习 3. 指导学生行进间练习	1. 学生原地进行练习 2. 把学生分成几个小组，组内进行练习，互相帮助和纠正 3. 学生积极展示	2	10	中
设计意图	一、教学内容 合作游戏：为了跑得更快，学生要抑制自身原有的步伐，配合对方的步伐，发展抑制功能 武术操：手型变换以及各种头部的运动，体现了抑制的运用；第三、四个八拍同第一个八拍相反，体现了抑制功能 花样踢毽：学生运用左右脚轮换踢毽，抑制自己单脚踢毽的优势反应 二、教学组织形式 环境也是影响脑执行功能的重要因素之一，由于有三个不同的项目，则在环境上要求学生必须打起精神，抑制被激活的动作模式，尽快进入下一个项目 创设合作情境、问题情境，使学生能够主动探索，积极练习，促进学生脑执行功能的发展 三、运动强度 通过准备活动到基本部分活动，学生达到中等至中上等活动量					
结束部分4分钟	1. 放松活动 2. 课堂小结 3. 归还器材，宣布下课	1. 带领学生做放松活动 2. 点评课堂表现	1. 按教师指导进行放松 2. 认真听讲，反思学习表现 3. 师生道别	1 1	2 2	小 小

课时实施方案 12

内容	1. 合作游戏（网鱼） 2. 武术操（第四节踢腿运动） 3. 花样踢毽（行进间双脚轮换踢毽）					
教学目标	1. 认知目标：主要发展学生的抑制功能 2. 技能目标：武术操学习第四节踢腿运动，花样踢毽学习行进间双脚轮换踢毽 3. 情感目标：学习合作精神，了解武术操和花样踢毽，培养学生的集体主义精神					
过程	课的内容	教师活动	学生活动	运动负荷		
				次数	时间	强度
准备部分6分钟	一、课堂常规 1. 集合整队 2. 师生问好 3. 宣布内容 4. 安排见习 二、准备活动 慢跑热身 250 米 ×2 圈 体育常规练习	1. 集合整队 2. 师生问好 3. 宣布内容 4. 提出要求 5. 安排见习 带领学生做好慢跑热身活动	1. 体育委员整队，向教师报告出勤人数 2. 学生四列横队，体操队形如下： × ▲ 要求： 1. 快、静、齐 2. 认真听讲，精神饱满 3. 明确上课内容和要求	1 1	2 4	小 小
基本部分30分钟	1. 合作游戏 游戏方法：将篮球场或排球场作为“鱼塘”，学生分散在场地内做“鱼”，另选 3 人做“渔夫”。游戏开始后，渔夫手拉手做成“网”在鱼塘内捕鱼，被网围住了就算被捉，被捉的学生立即又与渔夫手拉手去捕捉其他的鱼，直至将所有的鱼捉完为止 游戏规则：①鱼不许跑出鱼塘之外，否则算被捉住；②鱼不能冲破渔网逃跑，但做渔夫的学生手放开了，鱼则可以从间隙中逃跑	1. 宣布游戏内容 2. 讲解游戏规则 3. 安排组织学生参与游戏	1. 学生认真听教师讲解 2. 两两结对练习 3. 听教师口令进行游戏	1	10	中

基本部分30分钟	2. 武术操 第四节踢腿运动 一八拍： 1–2（拳） 3–4（拳） 5–6（拳） 7–8 并步还原 二八拍： 1–2 左脚向前，右手冲掌（掌） 3–4 右腿弹踢，收右手（拳） 5–6 再次左脚向前，右手冲掌（掌） （掌） 7–8 并步还原	1. 教师讲解动作技术与要领 2. 教师做分解和完整动作示范 3. 教师对小组进行打分，并对错误动作进行及时纠正	1. 把学生分成几个小组，组内进行练习，互相帮助和纠正 2.小组之间进行评比，看看哪组做得最规范、最整齐 3. 学生积极展示	1	10	中
	3. 花样踢毽 行进间双脚轮换踢毽	1. 教师先完整示范动作，后分解示范，边示范边讲要求，使学生建立一个完整的动作概念 2. 指导学生原地进行练习 3. 指导学生行进间练习	1. 学生原地进行练习 2. 把学生分成几个小组，组内进行练习，互相帮助和纠正 3. 学生积极展示	2	10	中
设计意图	一、教学内容 合作游戏：为了跑得更快，学生要抑制自身原有的步伐，配合对方的步伐，发展抑制功能 武术操：手型变换以及各种头部的运动，体现了抑制的运用；第三、四个八拍同第一个八拍相反，体现了抑制功能 花样踢毽：学生运用左右脚轮换踢毽，抑制自己单脚踢毽的优势反应 二、教学组织形式 环境也是影响脑执行功能的重要因素之一，由于有三个不同的项目，则在环境上要求学生必须打起精神，抑制被激活的动作模式，尽快进入下一个项目 创设合作情境、问题情境，使学生能够主动探索，积极练习，促进学生脑执行功能的发展 三、运动强度 通过准备活动到基本部分活动，学生达到中等至中上等活动量					
结束部分4分钟	1. 放松活动 2. 课堂小结 3. 归还器材，宣布下课	1. 带领学生做放松活动 2. 点评课堂表现	1. 按教师指导进行放松 2. 认真听讲，反思学习表现 3. 师生道别	1 1	2 2	小 小

课时实施方案 13

内容	1. 合作游戏（网鱼） 2. 武术操（第四节踢腿运动） 3. 花样踢毽（行进间双脚轮换踢毽）					
教学目标	1. 认知目标：主要发展学生的抑制功能 2. 技能目标：武术操学习第四节踢腿运动，花样踢毽学习行进间双脚轮换踢毽动作 3. 情感目标：学习合作精神，了解武术操和花样踢毽，培养学生的集体主义精神					
过程	课的内容	教师活动	学生活动	运动负荷		
				次数	时间	强度
准备部分6分钟	一、课堂常规 1. 集合整队 2. 师生问好 3. 宣布内容 4. 安排见习 二、准备活动 慢跑热身 250 米 ×2 圈 体育常规练习	1. 集合整队 2. 师生问好 3. 宣布内容 4. 提出要求 5. 安排见习 带领学生做好慢跑热身活动	1. 体育委员整队，向教师报告出勤人数 2. 学生四列横队，体操队形如下： × ▲ 要求： 1. 快、静、齐 2. 认真听讲，精神饱满 3. 明确上课内容和要求	1 1	2 4	小 小
基本部分30分钟	1. 合作游戏 游戏方法：将篮球场或排球场作为“鱼塘”，学生分散在场地内做“鱼”，另选 3 人做“渔夫”。游戏开始后，渔夫手拉手做成“网”在鱼塘内捕鱼，被网围住了就算被捉，被捉的学生立即又与渔夫手拉手去捕捉其他的鱼，直至将所有的鱼捉完为止 游戏规则：①鱼不许跑出鱼塘之外，否则算被捉住；②鱼不能冲破渔网逃跑，但做渔夫的学生手放开了，鱼则可以从间隙中逃跑	1. 宣布游戏内容 2. 讲解游戏规则 3. 安排组织学生参与游戏	1. 学生认真听教师讲解 2. 两两结对练习 3. 听教师口令进行游戏	1	10	中

基本部分30分钟	2. 武术操 第四节踢腿运动 一八拍： 1–2（拳） 3–4（拳） 5–6（拳） 7–8 并步还原 二八拍： 1–2 左脚向前，右手冲掌（掌） 3–4 右腿弹踢，收右手（拳） 5–6 再次左脚向前，右手冲掌（掌） （掌） 7–8 并步还原	1. 教师讲解动作技术与要领 2. 教师做分解和完整动作示范 3. 教师对小组进行打分，并对错误动作进行及时纠正	1. 把学生分成几个小组，组内进行练习，互相帮助和纠正 2.小组之间进行评比，看看哪组做得最规范、最整齐 3. 学生积极展示	1	10	中
	3. 花样踢毽 行进间双脚轮换踢毽	1. 教师先完整示范动作，后分解示范，边示范边讲要求，使学生建立一个完整的动作概念 2. 指导学生原地进行练习 3. 指导学生行进间练习	1. 学生原地进行练习 2. 把学生分成几个小组，组内进行练习，互相帮助和纠正 3. 学生积极展示	2	10	中
设计意图	一、教学内容 合作游戏：为了跑得更快，学生要抑制自身原有的步伐，配合对方的步伐，发展抑制功能 武术操：手型变换以及各种头部的运动，体现了抑制的运用；第三、四个八拍同第一个八拍相反，体现了抑制功能 花样踢毽：学生运用左右脚轮换踢毽，抑制自己单脚踢毽的优势反应 二、教学组织形式 环境也是影响脑执行功能的重要因素之一，由于有三个不同的项目，则在环境上要求学生必须打起精神，抑制被激活的动作模式，尽快进入下一个项目 创设合作情境、问题情境，使学生能够主动探索，积极练习，促进学生脑执行功能的发展 三、运动强度 通过准备活动到基本部分活动，学生达到中等至中上等活动量					
结束部分4分钟	1. 放松活动 2. 课堂小结 3. 归还器材，宣布下课	1. 带领学生做放松活动 2. 点评课堂表现	1. 按教师指导进行放松 2. 认真听讲，反思学习表现 3. 师生道别	1 1	2 2	小 小

课时实施方案 14

内容	1. 合作游戏（螃蟹赛跑） 2. 武术操（第五节侧展运动） 3. 花样踢毽（原地右脚脚背踢毽）					
教学目标	1. 认知目标：主要发展学生的抑制功能 2. 技能目标：武术操学习第五节侧展运动，花样踢毽学习原地右脚脚背踢毽 3. 情感目标：学习合作精神，了解武术操和花样踢毽，培养学生的集体主义精神					
过程	课的内容	教师活动	学生活动	运动负荷		
				次数	时间	强度
准备部分6分钟	一、课堂常规 1. 集合整队 2. 师生问好 3. 宣布内容 4. 安排见习	1. 集合整队 2. 师生问好 3. 宣布内容 4. 提出要求 5. 安排见习	1. 体育委员整队，向教师报告出勤人数 2. 学生四列横队，体操队形如下： × ▲	1	2	小
	二、准备活动 慢跑热身 250 米 ×2 圈 体育常规练习	带领学生做好慢跑热身活动	要求： 1. 快、静、齐 2. 认真听讲，精神饱满 3. 明确上课内容和要求	1	4	小
基本部分30分钟	1. 合作游戏 游戏规则：参赛队员双人小组参赛，赛道长 50 米，成纵队站在起点线。听到预备信号时，同组两人背对背用躯干夹抵住一篮球。听到开始信号后，两人像螃蟹状横着向终点线跑去，先完成的队获胜。中途球落地，必须从落地处夹起才能继续进行。抱球跑者取消比赛资格	1. 宣布游戏内容 2. 讲解游戏规则 3. 安排组织学生参与游戏	1. 学生认真听教师讲解 2. 两两结对练习 3. 听教师口令进行游戏	1	10	中
	2. 武术操 第五节侧展运动 一八拍： 1–2 左手向上，右手平直（掌）	1. 教师讲解动作技术与要领 2. 教师做分解和完整动作示范 3. 教师对小组进行打分，并对错误动作进	1. 把学生分成几个小组，组内进行练习，互相帮助和纠正 2. 小组之间进行评比，看看哪组做得最规范、	1	10	中

基本部分30分钟	3-4 抡臂砸拳（拳） 5-6 左侧伸展 7-8 并步还原 二八拍： 1-2 右手向上，左手平直（掌） 3-4 抡臂砸拳（拳） 5-6 右侧伸展（掌）（掌） 7-8 并步还原	行及时纠正	最整齐 3. 学生积极展示			
	3. 花样踢毽 原地右脚脚背踢毽	1. 教师先完整示范动作，后分解示范，边示范边讲要求，使学生建立一个完整的动作概念 2. 指导学生原地进行练习 3. 指导学生行进间练习	1. 学生原地进行练习 2. 把学生分成几个小组，组内进行练习，互相帮助和纠正 3. 学生积极展示	2	10	中
设计意图	一、教学内容 合作游戏：为了跑得更快，学生要抑制自身原有的步伐，配合对方的步伐，发展抑制功能 武术操：手型变换以及各种头部的运动，体现了抑制的运用；第三、四个八拍同第一个八拍相反，体现了抑制功能 花样踢毽：学生运用左右脚轮换踢毽，抑制自己单脚踢毽的优势反应 二、教学组织形式 环境也是影响脑执行功能的重要因素之一，由于有三个不同的项目，则在环境上要求学生必须打起精神，抑制被激活的动作模式，尽快进入下一个项目 创设合作情境、问题情境，使学生能够主动探索，积极练习，促进学生脑执行功能的发展 三、运动强度 通过准备活动到基本部分活动，学生达到中等至中上等活动量					
结束部分4分钟	1. 放松活动 2. 课堂小结 3. 归还器材，宣布下课	1. 带领学生做放松活动 2. 点评课堂表现	1. 按教师指导进行放松 2. 认真听讲，反思学习表现 3. 师生道别	1 1	2 2	小 小

课时实施方案 15

内容	1. 合作游戏（接力开火车） 2. 武术操（第六节拧转运动） 3. 花样踢毽（原地右脚脚背踢毽）
教学目标	1. 认知目标：主要发展学生的抑制功能 2. 技能目标：武术操学习第六节拧转运动，花样踢毽学习原地右脚脚背踢毽 3. 情感目标：学习合作精神，了解武术操和花样踢毽，培养学生的集体主义精神

过程	课的内容	教师活动	学生活动	运动负荷		
				次数	时间	强度
准备部分6分钟	一、课堂常规 1. 集合整队 2. 师生问好 3. 宣布内容 4. 安排见习	1. 集合整队 2. 师生问好 3. 宣布内容 4. 提出要求 5. 安排见习	1. 体育委员整队，向教师报告出勤人数 2. 学生四列横队，体操队形如下： × ▲ 要求： 1. 快、静、齐 2. 认真听讲，精神饱满 3. 明确上课内容和要求	1	2	小
	二、准备活动 慢跑热身 250 米 ×2 圈 体育常规练习	带领学生做好慢跑热身活动		1	4	小
基本部分30分钟	1. 合作游戏 接力开火车 游戏方法：将学生分成人数相等的两队，每队 5 个人组成一个小火车，两队一起跑，到终点火车尾变火车头开回来，后面的小火车依次接力跑，先跑完的队为胜	1. 宣布游戏内容 2. 讲解游戏规则 3. 安排组织学生参与游戏	1. 学生认真听教师讲解 2. 两两结对练习 3. 听教师口令进行游戏	1	10	中
	2. 武术操 第六节拧转运动 一八拍： 1–2 右手向胸前（掌） 3–4 左手向胸前（拳） 5–6 左手高举，右手冲拳（拳） 7–8 并步还原 二八拍： 1–2 两臂外展（拳） 3–4 两臂内收（拳） 5–6 左手平直，右手冲拳（掌） 7–8 并步还原	1. 教师讲解动作技术与要领 2. 教师做分解和完整动作示范 3. 教师对小组进行打分，并对错误动作进行及时纠正	1. 把学生分成几个小组，组内进行练习，互相帮助和纠正 2. 小组之间进行评比，看看哪组做得最规范、最整齐 3. 学生积极展示	1	10	中
	3. 花样踢毽 原地右脚脚背踢毽	1. 教师先完整示范动作，后分解示范，边示范边讲要求，使学	1. 学生原地进行练习 2. 把学生分成几个小组，组内进行练习，	2	10	中

基本部分30分钟		生建立一个完整的动作概念 2. 指导学生原地进行练习 3. 指导学生行进间练习	互相帮助和纠正 3. 学生积极展示			
设计意图	一、教学内容 合作游戏：为了跑得更快，学生要抑制自身原有的步伐，配合对方的步伐，发展抑制功能 武术操：手型变换以及各种头部的运动，体现了抑制的运用；第三、四个八拍同第一个八拍相反，体现了抑制功能 花样踢毽：学生运用左右脚轮换踢毽，抑制自己单脚踢毽的优势反应 二、教学组织形式 环境也是影响脑执行功能的重要因素之一，由于有三个不同的项目，则在环境上要求学生必须打起精神，抑制被激活的动作模式，尽快进入下一个项目 创设合作情境、问题情境，使学生能够主动探索，积极练习，促进学生脑执行功能的发展 三、运动强度 通过准备活动到基本部分活动，学生达到中等至中上等活动量					
结束部分4分钟	1. 放松活动 2. 课堂小结 3. 归还器材，宣布下课	1. 带领学生做放松活动 2. 点评课堂表现	1. 按教师指导进行放松 2. 认真听讲，反思学习表现 3. 师生道别	1 1	2 2	小 小

课时实施方案 16

内容	1. 合作游戏（春种秋收合作接力） 2. 武术操（第七节俯仰运动） 3. 花样踢毽（原地右脚脚背踢毽）					
教学目标	1. 认知目标：主要发展学生的抑制功能 2. 技能目标：武术操学习第七节俯仰运动，花样踢毽学习原地右脚脚背踢毽 3. 情感目标：学习合作精神，了解武术操和花样踢毽，培养学生的集体主义精神					
过程	课的内容	教师活动	学生活动	运动负荷		
				次数	时间	强度
准备部分6分钟	一、课堂常规 1. 集合整队 2. 师生问好 3. 宣布内容 4. 安排见习 二、准备活动 慢跑热身	1. 集合整队 2. 师生问好 3. 宣布内容 4. 提出要求 5. 安排见习 带领学生做好慢跑热身活动	1. 体育委员整队，向教师报告出勤人数 2. 学生四列横队，体操队形如下： × ▲	1 1	2 4	小 小

准备部分6分钟	250米 ×2圈 体育常规练习		要求： 1. 快、静、齐 2. 认真听讲，精神饱满 3. 明确上课内容和要求			
基本部分30分钟	1. 合作游戏 春种秋收合作接力游戏规则：参赛队员分为两组，赛道长50米，成纵队站在起点线。听到预备信号时，同组第一个队员跑到放毽子的地方把毽子拿起并跑回来，把毽子给本队的下一个队员，第二个队员再把毽子放回到原来的位置，然后跑回来，下一个队员再去把毽子拿回来，依次轮流，最先跑完的为胜利队伍	1. 宣布游戏内容 2. 讲解游戏规则 3. 安排组织学生参与游戏	1. 学生认真听教师讲解 2. 两两结对练习 3. 听教师口令进行游戏	1	10	中
	2. 武术操 第七节俯仰运动 一八拍： 1–2 左手在下（掌），右手在上（勾手） 3–4 右手在下（掌），左手在上（勾手） 5–6 并步抱拳 7–8 并步还原 二八拍： 1–2 两臂平直横直平掌（拳） 3–4右手左侧摸左脚，右手后仰（拳） 5–6 左手平直，右手竖起（掌） 7–8 并步还原	1. 教师讲解动作技术与要领 2. 教师做分解和完整动作示范 3. 教师对小组进行打分，并对错误动作进行及时纠正	1. 把学生分成几个小组，组内进行练习，互相帮助和纠正 2.小组之间进行评比，看看哪组做得最规范、最整齐 3. 学生积极展示	1	10	中
	3. 花样踢毽 原地右脚脚背踢毽	1. 教师先完整示范动作，后分解示范，边示范边讲要求，使学生建立一个完整的动作概念	1. 学生原地进行练习 2. 把学生分成几个小组，组内进行练习，互相帮助和纠正	2	10	中

基本部分30分钟		2. 指导学生原地进行练习 3. 指导学生行进间练习	3. 学生积极展示			
设计意图	一、教学内容 合作游戏：为了跑得更快，学生要抑制自身原有的步伐，配合对方的步伐，发展抑制功能 武术操：手型变换以及各种头部的运动，体现了抑制的运用；第三、四个八拍同第一个八拍相反，体现了抑制功能 花样踢毽：学生运用左右脚轮换踢毽，抑制自己单脚踢毽的优势反应 二、教学组织形式 环境也是影响脑执行功能的重要因素之一，由于有三个不同的项目，则在环境上要求学生必须打起精神，抑制被激活的动作模式，尽快进入下一个项目 创设合作情境、问题情境，使学生能够主动探索，积极练习，促进学生脑执行功能的发展 三、运动强度 通过准备活动到基本部分活动，学生达到中等至中上等活动量					
结束部分4分钟	1. 放松活动 2. 课堂小结 3. 归还器材，宣布下课	1. 带领学生做放松活动 2. 点评课堂表现	1. 按教师指导进行放松 2. 认真听讲，反思学习表现 3. 师生道别	1 1	2 2	小 小

课时实施方案 17

内容	1. 合作游戏（春种秋收合作接力） 2. 武术操（第七节俯仰运动） 3. 花样踢毽（原地左脚脚背踢毽）					
教学目标	1. 认知目标：主要发展学生的抑制功能 2. 技能目标：武术操学习和掌握第一节内容，花样踢毽学习原地左脚脚背踢毽动作 3. 情感目标：学习合作精神，了解武术操和花样踢毽，培养学生的集体主义精神					
过程	课的内容	教师活动	学生活动	运动负荷		
				次数	时间	强度
准备部分6分钟	一、课堂常规 1. 集合整队 2. 师生问好 3. 宣布内容 4. 安排见习 二、准备活动 慢跑热身	1. 集合整队 2. 师生问好 3. 宣布内容 4. 提出要求 5. 安排见习 带领学生做好慢跑热身活动	1. 体育委员整队，向教师报告出勤人数 2. 学生四列横队，体操队形如下： × ▲	1 1	2 4	小 小

准备部分6分钟	250 米 ×2 圈 体育常规练习		要求： 1. 快、静、齐 2. 认真听讲，精神饱满 3. 明确上课内容和要求			
基本部分30分钟	1. 合作游戏 春种秋收合作接力游戏规则：参赛队员分为两组，赛道长 50 米，成纵队站在起点线。听到预备信号时，同组第一个队员跑到放毽子的地方把毽子拿起并跑回来，把毽子给本队的下一个队员，第二个队员再把毽子放回到原来的位置，然后跑回来，下一个队员再去把毽子拿回来，依次轮流，最先跑完的为胜利队伍	1. 宣布游戏内容 2. 讲解游戏规则 3. 安排组织学生参与游戏	1. 学生认真听教师讲解 2. 两两结对练习 3. 听教师口令进行游戏	1	10	中
	2. 武术操 第七节拧转运动 一八拍： 1–2 左手在下（掌），右手在上（勾手） 3–4 右手在下（掌），左手在上（勾手） 5–6 并步抱拳 7–8 并步还原 二八拍： 1–2 两臂平直横直平掌（拳） 3–4 右手左侧摸左脚，右手后仰（拳） 5–6 左手平直，右手竖起（掌） 7–8 并步还原	1. 教师讲解动作技术与要领 2. 教师做分解和完整动作示范 3. 教师对小组进行打分，并对错误动作进行及时纠正	1. 把学生分成几个小组，组内进行练习，互相帮助和纠正 2. 小组之间进行评比，看看哪组做得最规范、最整齐 3. 学生积极展示	1	10	中
	3. 花样踢毽 原地左脚脚背踢毽	1. 教师先完整示范动作，后分解示范，边示范边讲要求，使学生建立一个完整的动作概念	1. 学生原地进行练习 2. 把学生分成几个小组，组内进行练习，互相帮助和纠正	2	10	中

基本部分30分钟		2. 指导学生原地进行练习 3. 指导学生行进间练习	3. 学生积极展示			
设计意图	一、教学内容 合作游戏：为了跑得更快，学生要抑制自身原有的步伐，配合对方的步伐，发展抑制功能 武术操：手型变换以及各种头部的运动，体现了抑制的运用；第三、四个八拍同第一个八拍相反，体现了抑制功能 花样踢毽：学生运用左右脚轮换踢毽，抑制自己单脚踢毽的优势反应 二、教学组织形式 环境也是影响脑执行功能的重要因素之一，由于有三个不同的项目，则在环境上要求学生必须打起精神，抑制被激活的动作模式，尽快进入下一个项目 创设合作情境、问题情境，使学生能够主动探索，积极练习，促进学生脑执行功能的发展 三、运动强度 通过准备活动到基本部分活动，学生达到中等至中上等活动量					
结束部分4分钟	1. 放松活动 2. 课堂小结 3. 归还器材，宣布下课	1. 带领学生做放松活动 2. 点评课堂表现	1. 按教师指导进行放松 2. 认真听讲，反思学习表现 3. 师生道别	1 1	2 2	小 小

课时实施方案 18

过程	课的内容	教师活动	学生活动	运动负荷		
内容	1. 合作游戏（春种秋收合作接力） 2. 武术操（第八节跳跃运动） 3. 花样踢毽（原地左脚脚背踢毽）					
教学目标	1. 认知目标：主要发展学生的抑制功能 2. 技能目标：武术操学习和掌握第一节内容，花样踢毽学习原地左脚脚背踢毽动作 3. 情感目标：学习合作精神，了解武术操和花样踢毽，培养学生的集体主义精神					
				次数	时间	强度
准备部分6分钟	一、课堂常规 1. 集合整队 2. 师生问好 3. 宣布内容 4. 安排见习 二、准备活动 慢跑热身 250 米 ×2 圈	1. 集合整队 2. 师生问好 3. 宣布内容 4. 提出要求 5. 安排见习 带领学生做好慢跑热身活动	1. 体育委员整队，向教师报告出勤人数 2. 学生四列横队，体操队形如下： × ▲	1 1	2 4	小 小

准备部分6分钟	体育常规练习		要求： 1. 快、静、齐 2. 认真听讲，精神饱满 3. 明确上课内容和要求			
基本部分30分钟	1. 合作游戏 春种秋收合作接力游戏规则：参赛队员分为两组，赛道长50米，成纵队站在起点线。听到预备信号时，同组第一个队员跑到放毽子的地方把毽子拿起并跑回来，把毽子给本队的下一个队员，第二个队员再把毽子放回到原来的位置，然后跑回来，下一个队员再去把毽子拿回来，依次轮流，最先跑完的为胜利队伍	1. 宣布游戏内容 2. 讲解游戏规则 3. 安排组织学生参与游戏	1. 学生认真听教师讲解 2. 两两结对练习 3. 听教师口令进行游戏	1	10	中
	2. 武术操 第八节跳跃运动 一八拍： 1–2 两脚开立，两臂横自（拳） 3–4 两脚并立，两拳放到腰间（拳） 5–6 两脚跳起 7–8 并步还原 二八拍： 1–2 两脚开立，两臂横自（掌） 3–4 两脚并立，两拳放到腰间（拳）（拳） 5–6 两脚跳起 7–8 并步还原	1. 教师讲解动作技术与要领 2. 教师做分解和完整动作示范 3. 教师对小组进行打分，并对错误动作进行及时纠正	1. 把学生分成几个小组，组内进行练习，互相帮助和纠正 2.小组之间进行评比，看看哪组做得最规范、最整齐 3. 学生积极展示	1	10	中
	3. 花样踢毽 原地左脚脚背踢毽	1. 教师先完整示范动作，后分解示范，边示范边讲要求，使学生建立一个完整的动作概念 2. 指导学生原地进行练习 3. 指导学生行进间练习	1. 学生原地进行练习 2. 把学生分成几个小组，组内进行练习，互相帮助和纠正 3. 学生积极展示	2	10	中

设计意图	一、教学内容 合作游戏：为了跑得更快，学生要抑制自身原有的步伐，配合对方的步伐，发展抑制功能 武术操：手型变换以及各种头部的运动，体现了抑制的运用；第三、四个八拍同第一个八拍相反，体现了抑制功能 花样踢毽：学生运用左右脚轮换踢毽，抑制自己单脚踢毽的优势反应 二、教学组织形式 环境也是影响脑执行功能的重要因素之一，由于有三个不同的项目，则在环境上要求学生必须打起精神，抑制被激活的动作模式，尽快进入下一个项目 创设合作情境、问题情境，使学生能够主动探索，积极练习，促进学生脑执行功能的发展 三、运动强度 通过准备活动到基本部分活动，学生达到中等至中上等活动量					
结束部分4分钟	1. 放松活动 2. 课堂小结 3. 归还器材，宣布下课	1. 带领学生做放松活动 2. 点评课堂表现	1. 按教师指导进行放松 2. 认真听讲，反思学习表现 3. 师生道别	1 1	2 2	小 小

课时实施方案 19

内容	1. 合作游戏（二人三足接力跑） 2. 武术操（第九节收势） 3. 花样踢毽（原地左右脚背轮换踢毽）					
教学目标	1. 认知目标：主要发展学生的抑制功能 2. 技能目标：武术操学习和掌握第一节内容，花样踢毽学习原地左右脚背轮换踢毽动作 3. 情感目标：学习合作精神，了解武术操和花样踢毽，培养学生的集体主义精神					
过程	课的内容	教师活动	学生活动	运动负荷		
				次数	时间	强度
准备部分6分钟	一、课堂常规 1. 集合整队 2. 师生问好 3. 宣布内容 4. 安排见习 二、准备活动 慢跑热身 250 米 ×2 圈 体育常规练习	1. 集合整队 2. 师生问好 3. 宣布内容 4. 提出要求 5. 安排见习 带领学生做好慢跑热身活动	1. 体育委员整队，向教师报告出勤人数 2. 学生四列横队，体操队形如下： × ▲ 要求： 1. 快、静、齐 2. 认真听讲，精神饱满 3. 明确上课内容和要求	1 1	2 4	小 小

基本部分30分钟	1. 合作游戏 二人三足接力跑游戏 方法：将学生分成人数相等的两队，成两路纵队站在起跑线后。每队第一组两人用布带将内侧脚踝关节处绑在一起，双臂互相搭肩，准备起跑。游戏开始后，每队第一组向前跑进，到达终点绕过标志杆跑回起跑线，解开布带交给下一组，游戏照上述方法进行，每组都跑一次，先跑完的队为胜	1. 宣布游戏内容 2. 讲解游戏规则 3. 安排组织学生参与游戏	1. 学生认真听教师讲解 2. 两两结对练习 3. 听教师口令进行游戏	1	10	中
	2. 武术操 第九节 收势 一八拍： 1–2 两脚开立，两手高举下沉（拳） 3–4 两臂内收，回带（拳） 5–6 左脚抬起，两手横立并下摆 7–8 并步还原 二八拍： 1–2 两脚开立，两手高举下沉（拳） 3–4 两臂内收，回带（拳） 5–6 左脚抬起，两手横立并下摆 7–8 并步还原	1. 教师讲解动作技术与要领 2. 教师做分解和完整动作示范 3. 教师对小组进行打分，并对错误动作进行及时纠正	1. 把学生分成几个小组，组内进行练习，互相帮助和纠正 2.小组之间进行评比，看看哪组做得最规范、最整齐 3. 学生积极展示	1	10	中
	3. 花样踢毽 原地左右脚背轮换踢毽	1. 教师先完整示范动作，后分解示范，边示范边讲要求，使学生建立一个完整的动作概念 2. 指导学生原地进行练习 3. 指导学生行进间练习	1. 学生原地进行练习 2. 把学生分成几个小组，组内进行练习，互相帮助和纠正 3. 学生积极展示	2	10	中

设计意图	一、教学内容 合作游戏：为了跑得更快，学生要抑制自身原有的步伐，配合对方的步伐，发展抑制功能 武术操：手型变换以及各种头部的运动，体现了抑制的运用；第三、四个八拍同第一个八拍相反，体现了抑制功能 花样踢毽：学生运用左右脚轮换踢毽，抑制自己单脚踢毽的优势反应 二、教学组织形式 环境也是影响脑执行功能的重要因素之一，由于有三个不同的项目，则在环境上要求学生必须打起精神，抑制被激活的动作模式，尽快进入下一个项目 创设合作情境、问题情境，使学生能够主动探索，积极练习，促进学生脑执行功能的发展 三、运动强度 通过准备活动到基本部分活动，学生达到中等至中上等活动量					
结束部分4分钟	1. 放松活动 2. 课堂小结 3. 归还器材，宣布下课	1. 带领学生做放松活动 2. 点评课堂表现	1. 按教师指导进行放松 2. 认真听讲，反思学习表现 3. 师生道别	1 1	2 2	小 小

课时实施方案 20

内容	1. 合作游戏（二人三足接力跑） 2. 武术操（第九节收势） 3. 花样踢毽（原地左右脚背轮换踢毽）					
教学目标	1. 认知目标：主要发展学生的抑制功能 2. 技能目标：武术操学习和掌握第一节内容，花样踢毽学习原地左右脚背轮换踢毽动作 3. 情感目标：学习合作精神，了解武术操和花样踢毽，培养学生的集体主义精神					
过程	课的内容	教师活动	学生活动	运动负荷		
				次数	时间	强度
准备部分6分钟	一、课堂常规 1. 集合整队 2. 师生问好 3. 宣布内容 4. 安排见习 二、准备活动 慢跑热身 250米 ×2圈 体育常规练习	1. 集合整队 2. 师生问好 3. 宣布内容 4. 提出要求 5. 安排见习 带领学生做好慢跑热身活动	1. 体育委员整队，向教师报告出勤人数 2. 学生四列横队，体操队形如下： × ▲ 要求： 1. 快、静、齐 2. 认真听讲，精神饱满 3. 明确上课内容和要求	1 1	2 4	小 小

基本部分30分钟	1. 合作游戏 二人三足接力跑游戏 方法：将学生分成人数相等的两队，成两路纵队站在起跑线后。每队第一组两人用布带将内侧脚踝关节处绑在一起，双臂互相搭肩，准备起跑。游戏开始后，每队第一组向前跑进，到达终点绕过标志杆跑回起跑线，解开布带交给下一组，游戏照上述方法进行，每组都跑一次，先跑完的队为胜	1. 宣布游戏内容 2. 讲解游戏规则 3. 安排组织学生参与游戏	1. 学生认真听教师讲解 2. 两两结对练习 3. 听教师口令进行游戏	1	10	中
	2. 武术操 第九节 收势 一八拍： 1–2 两脚开立，两手高举下沉（拳） 3–4 两臂内收，回带（拳） 5–6 左脚抬起，两手横立并下摆 7–8 并步还原 二八拍： 1–2 两脚开立，两手高举下沉（拳） 3–4 两臂内收，回带（拳） 5–6 左脚抬起，两手横立并下摆 7–8 并步还原	1. 教师讲解动作技术与要领 2. 教师做分解和完整动作示范 3. 教师对小组进行打分，并对错误动作进行及时纠正	1. 把学生分成几个小组，组内进行练习，互相帮助和纠正 2.小组之间进行评比，看看哪组做得最规范、最整齐 3. 学生积极展示	1	10	中
	3. 花样踢毽 原地左右脚背轮换踢毽	1. 教师先完整示范动作，后分解示范，边示范边讲要求，使学生建立一个完整的动作概念 2. 指导学生原地进行练习 3. 指导学生行进间练习	1. 学生原地进行练习 2. 把学生分成几个小组，组内进行练习，互相帮助和纠正 3. 学生积极展示	2	10	中

设计意图	一、教学内容 合作游戏：为了跑得更快，学生要抑制自身原有的步伐，配合对方的步伐，发展抑制功能 武术操：手型变换以及各种头部的运动，体现了抑制的运用；第三、四个八拍同第一个八拍相反，体现了抑制功能 花样踢毽：学生运用左右脚轮换踢毽，抑制自己单脚踢毽的优势反应 二、教学组织形式 环境也是影响脑执行功能的重要因素之一，由于有三个不同的项目，则在环境上要求学生必须打起精神，抑制被激活的动作模式，尽快进入下一个项目 创设合作情境、问题情境，使学生能够主动探索，积极练习，促进学生脑执行功能的发展 三、运动强度 通过准备活动到基本部分活动，学生达到中等至中上等活动量					
结束部分4分钟	1. 放松活动 2. 课堂小结 3. 归还器材，宣布下课	1. 带领学生做放松活动 2. 点评课堂表现	1. 按教师指导进行放松 2. 认真听讲，反思学习表现 3. 师生道别	1 1	2 2	小 小

课时实施方案 21

内容	1. 合作游戏（螃蟹赛跑） 2. 武术操（复习武术操第一节到第九节的内容） 3. 花样踢毽（原地左右脚背轮换踢毽）					
教学目标	1. 认知目标：主要发展学生的抑制功能 2. 技能目标：武术操学习和掌握第一节内容，花样踢毽学习原地左右脚背轮换踢毽动作 3. 情感目标：学习合作精神，了解武术操和花样踢毽，培养学生的集体主义精神					
过程	课的内容	教师活动	学生活动	运动负荷		
				次数	时间	强度
准备部分6分钟	一、课堂常规 1. 集合整队 2. 师生问好 3. 宣布内容 4. 安排见习 二、准备活动 慢跑热身 250 米 ×2 圈 体育常规练习	1. 集合整队 2. 师生问好 3. 宣布内容 4. 提出要求 5. 安排见习 带领学生做好慢跑热身活动	1. 体育委员整队，向教师报告出勤人数 2. 学生四列横队，体操队形如下： × ▲ 要求： 1. 快、静、齐 2. 认真听讲，精神饱满 3. 明确上课内容和要求	1 1	2 4	小 小

基本部分30分钟	1. 合作游戏 螃蟹赛跑 游戏规则：参赛队员双人小组参赛，赛道长50米，成纵队站在起点线。听到预备信号时，同组两人背对背用躯干夹抵住一篮球。听到开始信号后，两人像螃蟹状横着向终点线跑去，先完成的队获胜。中途球落地，必须从落地处夹起才能继续进行。抱球跑者取消比赛资格	1. 宣布游戏内容 2. 讲解游戏规则 3. 安排组织学生参与游戏	1. 学生认真听教师讲解 2. 两两结对练习 3. 听教师口令进行游戏	1	10	中
	2. 武术操 第九节 收势 一八拍： 1–2 两脚开立，两手高举下沉（拳） 3–4 两臂内收，回带（拳） 5–6 左脚抬起，两手横立并下摆 7–8 并步还原 二八拍： 1–2 两脚开立，两手高举下沉（拳） 3–4 两臂内收，回带（拳） 5–6 左脚抬起，两手横立并下摆 7–8 并步还原	1. 教师讲解动作技术与要领 2. 教师做分解和完整动作示范 3. 教师对小组进行打分，并对错误动作进行及时纠正	1. 把学生分成几个小组，组内进行练习，互相帮助和纠正 2.小组之间进行评比，看看哪组做得最规范、最整齐 3. 学生积极展示	1	10	中
	3. 花样踢毽 原地左右脚背轮换踢毽	1. 教师先完整示范动作，后分解示范，边示范边讲要求，使学生建立一个完整的动作概念 2. 指导学生原地进行练习 3. 指导学生行进间练习	1. 学生原地进行练习 2. 把学生分成几个小组，组内进行练习，互相帮助和纠正 3. 学生积极展示	2	10	中

设计意图	一、教学内容 合作游戏：为了跑得更快，学生要抑制自身原有的步伐，配合对方的步伐，发展抑制功能 武术操：手型变换以及各种头部的运动，体现了抑制的运用；第三、四个八拍同第一个八拍相反，体现了抑制功能 花样踢毽：学生运用左右脚轮换踢毽，抑制自己单脚踢毽的优势反应 二、教学组织形式 环境也是影响脑执行功能的重要因素之一，由于有三个不同的项目，则在环境上要求学生必须打起精神，抑制被激活的动作模式，尽快进入下一个项目 创设合作情境、问题情境，使学生能够主动探索，积极练习，促进学生脑执行功能的发展 三、运动强度 通过准备活动到基本部分活动，学生达到中等至中上等活动量					
结束部分4分钟	1. 放松活动 2. 课堂小结 3. 归还器材，宣布下课	1. 带领学生做放松活动 2. 点评课堂表现	1. 按教师指导进行放松 2. 认真听讲，反思学习表现 3. 师生道别	1 1	2 2	小 小

课时实施方案 22

过程	课的内容	教师活动	学生活动	运动负荷		
内容	1. 合作游戏（螃蟹赛跑） 2. 武术操（复习武术操第一节到第九节的内容） 3. 花样踢毽（原地左右脚背轮换踢毽）					
教学目标	1. 认知目标：主要发展学生的抑制功能 2. 技能目标：武术操学习和掌握第一节内容，花样踢毽学习原地左右脚背轮换踢毽动作 3. 情感目标：学习合作精神，了解武术操和花样踢毽，培养学生的集体主义精神					
				次数	时间	强度
准备部分6分钟	一、课堂常规 1. 集合整队 2. 师生问好 3. 宣布内容 4. 安排见习 二、准备活动 慢跑热身 250米 ×2圈 体育常规练习	1. 集合整队 2. 师生问好 3. 宣布内容 4. 提出要求 5. 安排见习 带领学生做好慢跑热身活动	1. 体育委员整队，向教师报告出勤人数 2. 学生四列横队，体操队形如下： × ▲ 要求： 1. 快、静、齐 2. 认真听讲，精神饱满 3. 明确上课内容和要求	1 1	2 4	小 小

基本部分30分钟	1. 合作游戏 螃蟹赛跑 游戏规则：参赛队员双人小组参赛，赛道长50米，成纵队站在起点线。听到预备信号时，同组两人背对背用躯干夹抵住一篮球。听到开始信号后，两人像螃蟹状横着向终点线跑去，先完成的队获胜。中途球落地，必须从落地处夹起才能继续进行。抱球跑者取消比赛资格	1. 宣布游戏内容 2. 讲解游戏规则 3. 安排组织学生参与游戏	1. 学生认真听教师讲解 2. 两两结对练习 3. 听教师口令进行游戏	1	10	中
	2. 武术操 第九节 收势 一八拍： 1–2 两脚开立，两手高举下沉（拳） 3–4 两臂内收，回带（拳） 5–6 左脚抬起，两手横立并下摆 7–8 并步还原 二八拍： 1–2 两脚开立，两手高举下沉（拳） 3–4 两臂内收，回带（拳） 5–6 左脚抬起，两手横立并下摆 7–8 并步还原	1. 教师讲解动作技术与要领 2. 教师做分解和完整动作示范 3. 教师对小组进行打分，并对错误动作进行及时纠正	1. 把学生分成几个小组，组内进行练习，互相帮助和纠正 2. 小组之间进行评比，看看哪组做得最规范、最整齐 3. 学生积极展示	1	10	中
	3. 花样踢毽 原地左右脚背轮换踢毽	1. 教师先完整示范动作，后分解示范，边示范边讲要求，使学生建立一个完整的动作概念 2. 指导学生原地进行练习 3. 指导学生行进间练习	1. 学生原地进行练习 2. 把学生分成几个小组，组内进行练习，互相帮助和纠正 3. 学生积极展示	2	10	中

设计意图	一、教学内容 合作游戏：为了跑得更快，学生要抑制自身原有的步伐，配合对方的步伐，发展抑制功能 武术操：手型变换以及各种头部的运动，体现了抑制的运用；第三、四个八拍同第一个八拍相反，体现了抑制功能 花样踢毽：学生运用左右脚轮换踢毽，抑制自己单脚踢毽的优势反应 二、教学组织形式 环境也是影响脑执行功能的重要因素之一，由于有三个不同的项目，则在环境上要求学生必须打起精神，抑制被激活的动作模式，尽快进入下一个项目 创设合作情境、问题情境，使学生能够主动探索，积极练习，促进学生脑执行功能的发展 三、运动强度 通过准备活动到基本部分活动，学生达到中等至中上等活动量					
结束部分4分钟	1. 放松活动 2. 课堂小结 3. 归还器材，宣布下课	1. 带领学生做放松活动 2. 点评课堂表现	1. 按教师指导进行放松 2. 认真听讲，反思学习表现 3. 师生道别	1 1	2 2	小 小

课时实施方案 23

内容	1. 合作游戏（接力开火车） 2. 武术操（复习武术操第一节到第九节的内容） 3. 花样踢毽（原地左右脚背轮换踢毽）					
教学目标	1. 认知目标：主要发展学生的抑制功能 2. 技能目标：武术操学习和掌握第一节内容，花样踢毽学习原地左右脚背轮换踢毽动作 3. 情感目标：学习合作精神，了解武术操和花样踢毽，培养学生的集体主义精神					
过程	课的内容	教师活动	学生活动	运动负荷		
				次数	时间	强度
准备部分6分钟	一、课堂常规 1. 集合整队 2. 师生问好 3. 宣布内容 4. 安排见习 二、准备活动 慢跑热身 250 米 ×2 圈 体育常规练习	1. 集合整队 2. 师生问好 3. 宣布内容 4. 提出要求 5. 安排见习 带领学生做好慢跑热身活动	1. 体育委员整队，向教师报告出勤人数 2. 学生四列横队，体操队形如下： × ▲ 要求： 1. 快、静、齐 2. 认真听讲，精神饱满 3. 明确上课内容和要求	1 1	2 4	小 小

基本部分30分钟	1. 合作游戏 接力开小火车 游戏方法：将学生分成人数相等的两队，每队5个人组成一个小火车，两队一起跑，到终点火车尾变火车头开回来，后面的小火车依次接力跑，先跑完的队为胜	1. 宣布游戏内容 2. 讲解游戏规则 3. 安排组织学生参与游戏	1. 学生认真听教师讲解 2. 两两结对练习 3. 听教师口令进行游戏	1	10	中
	2. 武术操 第九节 收势 一八拍： 1–2 两脚开立，两手高举下沉（拳） 3–4 两臂内收，回带（拳） 5–6 左脚抬起，两手横立并下摆 7–8 并步还原 二八拍： 1–2 两脚开立，两手高举下沉（拳） 3–4 两臂内收，回带（拳） 5–6 左脚抬起，两手横立并下摆 7–8 并步还原	1. 教师讲解动作技术与要领 2. 教师做分解和完整动作示范 3. 教师对小组进行打分，并对错误动作进行及时纠正	1. 把学生分成几个小组，组内进行练习，互相帮助和纠正 2.小组之间进行评比，看看哪组做得最规范、最整齐 3. 学生积极展示	1	10	中
	3. 花样踢毽 原地左右脚背轮换踢毽	1. 教师先完整示范动作，后分解示范，边示范边讲要求，使学生建立一个完整的动作概念 2. 指导学生原地进行练习 3. 指导学生行进间练习	1. 学生原地进行练习 2. 把学生分成几个小组，组内进行练习，互相帮助和纠正 3. 学生积极展示	2	10	中
设计意图	一、教学内容 合作游戏：为了跑得更快，学生要抑制自身原有的步伐，配合对方的步伐，发展抑制功能 武术操：手型变换以及各种头部的运动，体现了抑制的运用；第三、四个八拍同第一个八拍相反，体现了抑制功能 花样踢毽：学生运用左右脚轮换踢毽，抑制自己单脚踢毽的优势反应 二、教学组织形式 环境也是影响脑执行功能的重要因素之一，由于有三个不同的项目，则在环境上要求学生必					

设计意图	须打起精神，抑制被激活的动作模式，尽快进入下一个项目 创设合作情境、问题情境，使学生能够主动探索，积极练习，促进学生脑执行功能的发展 三、运动强度 通过准备活动到基本部分活动，学生达到中等至中上等活动量					
结束部分4分钟	1. 放松活动 2. 课堂小结 3. 归还器材，宣布下课	1. 带领学生做放松活动 2. 点评课堂表现	1. 按教师指导进行放松 2. 认真听讲，反思学习表现 3. 师生道别	1 1	2 2	小 小

课时实施方案 24

内容	1. 合作游戏（接力开火车） 2. 武术操（复习武术操第一节到第九节的内容） 3. 花样踢毽（原地左右脚背轮换踢毽）					
教学目标	1. 认知目标：主要发展学生的抑制功能 2. 技能目标：复习武术操第一到九节的内容，原地左右脚背轮换踢毽 3. 情感目标：学习合作精神，了解武术操和花样踢毽，培养学生的集体主义精神					
过程	课的内容	教师活动	学生活动	运动负荷		
				次数	时间	强度
准备部分6分钟	一、课堂常规 1. 集合整队 2. 师生问好 3. 宣布内容 4. 安排见习 二、准备活动 慢跑热身 250米 ×2圈 体育常规练习	1. 集合整队 2. 师生问好 3. 宣布内容 4. 提出要求 5. 安排见习 带领学生做好慢跑热身活动	1. 体育委员整队，向教师报告出勤人数 2. 学生四列横队，体操队形如下： × ▲ 要求： 1. 快、静、齐 2. 认真听讲，精神饱满 3. 明确上课内容和要求	1 1	2 4	小 小
基本部分30分钟	1. 合作游戏 接力开小火车 游戏方法：将学生分成人数相等的两队，每队5个人组成一个小火车，两队一起跑，到终点火车尾变火车头开回来，后面的小火车	1. 宣布游戏内容 2. 讲解游戏规则 3. 安排组织学生参与游戏	1. 学生认真听教师讲解 2. 两两结对练习 3. 听教师口令进行游戏	1	10	中

基本部分30分钟	依次接力跑，先跑完的队为胜					
	2. 武术操 第九节 收势 一八拍： 1–2 两脚开立，两手高举下沉（拳） 3–4 两臂内收，回带（拳） 5–6 左脚抬起，两手横立并下摆 7–8 并步还原 二八拍： 1–2 两脚开立，两手高举下沉（拳） 3–4 两臂内收，回带（拳） 5–6 左脚抬起，两手横立并下摆 7–8 并步还原	1. 教师讲解动作技术与要领 2. 教师做分解和完整动作示范 3. 教师对小组进行打分，并对错误动作进行及时纠正	1. 把学生分成几个小组，组内进行练习，互相帮助和纠正 2.小组之间进行评比，看看哪组做得最规范、最整齐 3. 学生积极展示	1	10	中
	3. 花样踢毽 原地左右脚背轮换踢毽	1. 教师先完整示范动作，后分解示范，边示范边讲要求，使学生建立一个完整的动作概念 2. 指导学生原地进行练习 3. 指导学生行进间练习	1. 学生原地进行练习 2. 把学生分成几个小组，组内进行练习，互相帮助和纠正 3. 学生积极展示	2	10	中
设计意图	一、教学内容 合作游戏：为了跑得更快，学生要抑制自身原有的步伐，配合对方的步伐，发展抑制功能 武术操：手型变换以及各种头部的运动，体现了抑制的运用；第三、四个八拍同第一个八拍相反，体现了抑制功能 花样踢毽：学生运用左右脚轮换踢毽，抑制自己单脚踢毽的优势反应 二、教学组织形式 环境也是影响脑执行功能的重要因素之一，由于有三个不同的项目，则在环境上要求学生必须打起精神，抑制被激活的动作模式，尽快进入下一个项目 创设合作情境、问题情境，使学生能够主动探索，积极练习，促进学生脑执行功能的发展 三、运动强度 通过准备活动到基本部分活动，学生达到中等至中上等活动量					
结束部分4分钟	1. 放松活动 2. 课堂小结 3. 归还器材，宣布下课	1. 带领学生做放松活动 2. 点评课堂表现	1. 按教师指导进行放松 2. 认真听讲，反思学习表现 3. 师生道别	1 1	2 2	小 小

课时实施方案 25

过程	课的内容	教师活动	学生活动	运动负荷		
内容	1. 合作游戏（接力开火车） 2. 武术操（复习第九节到第一节的内容） 3. 花样踢毽（行进间左右脚背轮换踢毽）					
教学目标	1. 认知目标：主要发展学生的抑制功能 2. 技能目标：复习第九节到第一节的内容，行进间左右脚背轮换踢毽 3. 情感目标：学习合作精神，了解武术操和花样踢毽，培养学生的集体主义精神					
过程	课的内容	教师活动	学生活动	次数	时间	强度
准备部分6分钟	一、课堂常规 1. 集合整队 2. 师生问好 3. 宣布内容 4. 安排见习	1. 集合整队 2. 师生问好 3. 宣布内容 4. 提出要求 5. 安排见习	1. 体育委员整队，向教师报告出勤人数 2. 学生四列横队，体操队形如下： × ▲ 要求： 1. 快、静、齐 2. 认真听讲，精神饱满 3. 明确上课内容和要求	1	2	小
	二、准备活动 慢跑热身 250 米 ×2 圈 体育常规练习	带领学生做好慢跑热身活动		1	4	小
基本部分30分钟	1. 合作游戏 接力开小火车 游戏方法：将学生分成人数相等的两队，每队 5 个人组成一个小火车，两队一起跑，到终点火车尾变火车头开回来，后面的小火车依次接力跑，先跑完的队为胜	1. 宣布游戏内容 2. 讲解游戏规则 3. 安排组织学生参与游戏	1. 学生认真听教师讲解 2. 两两结对练习 3. 听教师口令进行游戏	1	10	中
	2. 武术操 第九节 收势 一八拍： 1–2 两脚开立，两手高举下沉（拳） 3–4 两臂内收，回带（拳）	1. 教师讲解动作技术与要领 2. 教师做分解和完整动作示范 3. 教师对小组进行打分，并对错误动作进行及时纠正	1. 把学生分成几个小组，组内进行练习，互相帮助和纠正 2. 小组之间进行评比，看看哪组做得最规范、最整齐 3. 学生积极展示	1	10	中

基本部分30分钟	5–6 左脚抬起，两手横立并下摆 7–8 并步还原 二八拍： 1–2 两脚开立，两手高举下沉（拳） 3–4 两臂内收，回带（拳） 5–6 左脚抬起，两手横立并下摆 7–8 并步还原					
	3. 花样踢毽 行进间左右脚背轮换踢毽	1. 教师先完整示范动作，后分解示范，边示范边讲要求，使学生建立一个完整的动作概念 2. 指导学生原地进行练习 3. 指导学生行进间练习	1. 学生原地进行练习 2. 把学生分成几个小组，组内进行练习，互相帮助和纠正 3. 学生积极展示	2	10	中
设计意图	一、教学内容 合作游戏：为了跑得更快，学生要抑制自身原有的步伐，配合对方的步伐，发展抑制功能 武术操：手型变换以及各种头部的运动，体现了抑制的运用；第三、四个八拍同第一个八拍相反，体现了抑制功能 花样踢毽：学生运用左右脚轮换踢毽，抑制自己单脚踢毽的优势反应 二、教学组织形式 环境也是影响脑执行功能的重要因素之一，由于有三个不同的项目，则在环境上要求学生必须打起精神，抑制被激活的动作模式，尽快进入下一个项目 创设合作情境、问题情境，使学生能够主动探索，积极练习，促进学生脑执行功能的发展 三、运动强度 通过准备活动到基本部分活动，学生达到中等至中上等活动量					
结束部分4分钟	1. 放松活动 2. 课堂小结 3. 归还器材，宣布下课	1. 带领学生做放松活动 2. 点评课堂表现	1. 按教师指导进行放松 2. 认真听讲，反思学习表现 3. 师生道别	1 1	2 2	小 小

课时实施方案 26

<table>
<tr><td>内容</td><td colspan="6">1. 合作游戏（螃蟹赛跑）
2. 武术操（复习第九节到第一节的内容）
3. 花样踢毽（行进间左右脚背轮换踢毽）</td></tr>
<tr><td>教学目标</td><td colspan="6">1. 认知目标：主要发展学生的抑制功能
2. 技能目标：复习第九节到第一节的内容，行进间左右脚背轮换踢毽
3. 情感目标：学习合作精神，了解武术操和花样踢毽，培养学生的集体主义精神</td></tr>
<tr><td rowspan="2">过程</td><td rowspan="2">课的内容</td><td rowspan="2">教师活动</td><td rowspan="2">学生活动</td><td colspan="3">运动负荷</td></tr>
<tr><td>次数</td><td>时间</td><td>强度</td></tr>
<tr><td rowspan="2">准备部分6分钟</td><td>一、课堂常规
1. 集合整队
2. 师生问好
3. 宣布内容
4. 安排见习</td><td>1. 集合整队
2. 师生问好
3. 宣布内容
4. 提出要求
5. 安排见习</td><td rowspan="2">1. 体育委员整队，向教师报告出勤人数
2. 学生四列横队，体操队形如下：
× × × × ×
× × × × ×
× × × × ×
× × × × ×
▲
要求：
1. 快、静、齐
2. 认真听讲，精神饱满
3. 明确上课内容和要求</td><td>1</td><td>2</td><td>小</td></tr>
<tr><td>二、准备活动
慢跑热身
250 米 ×2 圈
体育常规练习</td><td>带领学生做好慢跑热身活动</td><td>1</td><td>4</td><td>小</td></tr>
<tr><td rowspan="2">基本部分30分钟</td><td>1. 合作游戏
螃蟹赛跑
游戏规则：参赛队员双人小组参赛，赛道长50米，成纵队站在起点线。听到预备信号时，同组两人背对背用躯干夹抵住一篮球。听到开始信号后，两人像螃蟹状横着向终点线跑去，先完成的队获胜。中途球落地，必须从落地处夹起才能继续进行。抱球跑者取消比赛资格</td><td>1. 宣布游戏内容
2. 讲解游戏规则
3. 安排组织学生参与游戏</td><td>1. 学生认真听教师讲解
2. 两两结对练习
3. 听教师口令进行游戏</td><td>1</td><td>10</td><td>中</td></tr>
<tr><td>2. 武术操
第九节 收势
一八拍：
1–2 两脚开立，两手高举下沉（拳）
3–4 两臂内收，回带（拳）</td><td>1. 教师讲解动作技术与要领
2. 教师做分解和完整动作示范
3. 教师对小组进行打分，并对错误动作进行及时纠正</td><td>1. 把学生分成几个小组，组内进行练习，互相帮助和纠正
2. 小组之间进行评比，看看哪组做得最规范、最整齐
3. 学生积极展示</td><td>1</td><td>10</td><td>中</td></tr>
</table>

基本部分30分钟	5–6 左脚抬起，两手横立并下摆 7–8 并步还原 二八拍： 1–2 两脚开立，两手高举下沉（拳） 3–4 两臂内收，回带（拳） 5–6 左脚抬起，两手横立并下摆 7–8 并步还原 3. 花样踢毽 行进间左右脚背轮换踢毽	1. 教师先完整示范动作，后分解示范，边示范边讲要求，使学生建立一个完整的动作概念 2. 指导学生原地进行练习 3. 指导学生行进间练习	1. 学生原地进行练习 2. 把学生分成几个小组，组内进行练习，互相帮助和纠正 3. 学生积极展示	2	10	中
设计意图	一、教学内容 合作游戏：为了跑得更快，学生要抑制自身原有的步伐，配合对方的步伐，发展抑制功能 武术操：手型变换以及各种头部的运动，体现了抑制的运用；第三、四个八拍同第一个八拍相反，体现了抑制功能 花样踢毽：学生运用左右脚轮换踢毽，抑制自己单脚踢毽的优势反应 二、教学组织形式 环境也是影响脑执行功能的重要因素之一，由于有三个不同的项目，则在环境上要求学生必须打起精神，抑制被激活的动作模式，尽快进入下一个项目 创设合作情境、问题情境，使学生能够主动探索，积极练习，促进学生脑执行功能的发展 三、运动强度 通过准备活动到基本部分活动，学生达到中等至中上等活动量					
结束部分4分钟	1. 放松活动 2. 课堂小结 3. 归还器材，宣布下课	1. 带领学生做放松活动 2. 点评课堂表现	1. 按教师指导进行放松 2. 认真听讲，反思学习表现 3. 师生道别	1 1	2 2	小 小

课时实施方案 27

内容	1. 合作游戏（螃蟹赛跑） 2. 武术操（乱序复习第一节到第九节的内容） 3. 花样踢毽（行进间左右脚背轮换踢毽）
教学目标	1. 认知目标：主要发展学生的抑制功能 2. 技能目标：乱序复习第一节到第九节的内容，行进间左右脚背轮换踢毽 3. 情感目标：学习合作精神，了解武术操和花样踢毽，培养学生的集体主义精神

过程	课的内容	教师活动	学生活动	运动负荷		
				次数	时间	强度
准备部分6分钟	一、课堂常规 1. 集合整队 2. 师生问好 3. 宣布内容 4. 安排见习	1. 集合整队 2. 师生问好 3. 宣布内容 4. 提出要求 5. 安排见习	1. 体育委员整队，向教师报告出勤人数 2. 学生四列横队，体操队形如下： × ▲ 要求： 1. 快、静、齐 2. 认真听讲，精神饱满 3. 明确上课内容和要求	1	2	小
	二、准备活动 慢跑热身 250 米 ×2 圈 体育常规练习	带领学生做好慢跑热身活动		1	4	小
基本部分30分钟	1. 合作游戏 螃蟹赛跑 游戏规则：参赛队员双人小组参赛，赛道长 50 米，成纵队站在起点线。听到预备信号时，同组两人背对背用躯干夹抵住一篮球。听到开始信号后，两人像螃蟹状横着向终点线跑去，先完成的队获胜。中途球落地，必须从落地处夹起才能继续进行。抱球跑者取消比赛资格	1. 宣布游戏内容 2. 讲解游戏规则 3. 安排组织学生参与游戏	1. 学生认真听教师讲解 2. 两两结对练习 3. 听教师口令进行游戏	1	10	中
	2. 武术操 乱序复习第一节到第九节内容	1. 教师讲解动作技术与要领 2. 教师做分解和完整动作示范 3. 教师对小组进行打分，并对错误动作进行及时纠正	1. 把学生分成几个小组，组内进行练习，互相帮助和纠正 2.小组之间进行评比，看看哪组做得最规范、最整齐 3. 学生积极展示	1	10	中
	3. 花样踢毽 行进间左右脚背轮换踢毽	1. 教师先完整示范动作，后分解示范，边示范边讲要求，使学生建立一个完整的动作概念 2. 指导学生原地进行练习 3. 指导学生行进间练习	1. 学生原地进行练习 2. 把学生分成几个小组，组内进行练习，互相帮助和纠正 3. 学生积极展示	2	10	中

设计意图	一、教学内容 合作游戏：为了跑得更快，学生要抑制自身原有的步伐，配合对方的步伐，发展抑制功能 武术操：手型变换以及各种头部的运动，体现了抑制的运用；第三、四个八拍同第一个八拍相反，体现了抑制功能 花样踢毽：学生运用左右脚轮换踢毽，抑制自己单脚踢毽的优势反应 二、教学组织形式 环境也是影响脑执行功能的重要因素之一，由于有三个不同的项目，则在环境上要求学生必须打起精神，抑制被激活的动作模式，尽快进入下一个项目 创设合作情境、问题情境，使学生能够主动探索，积极练习，促进学生脑执行功能的发展 三、运动强度 通过准备活动到基本部分活动，学生达到中等至中上等活动量					
结束部分4分钟	1. 放松活动 2. 课堂小结 3. 归还器材，宣布下课	1. 带领学生做放松活动 2. 点评课堂表现	1. 按教师指导进行放松 2. 认真听讲，反思学习表现 3. 师生道别	1 1	2 2	小 小

课时实施方案 28

内容	1. 合作游戏（螃蟹赛跑） 2. 武术操（乱序复习第一节到第九节的内容） 3. 花样踢毽（行进间左右脚背轮换踢毽）					
教学目标	1. 认知目标：主要发展学生的抑制功能 2. 技能目标：乱序复习第一节到第九节的内容，行进间左右脚背轮换踢毽 3. 情感目标：学习合作精神，了解武术操和花样踢毽，培养学生的集体主义精神					
过程	课的内容	教师活动	学生活动	运动负荷		
				次数	时间	强度
准备部分6分钟	一、课堂常规 1. 集合整队 2. 师生问好 3. 宣布内容 4. 安排见习 二、准备活动 慢跑热身 250米 ×2圈 体育常规练习	1. 集合整队 2. 师生问好 3. 宣布内容 4. 提出要求 5. 安排见习 带领学生做好慢跑热身活动	1. 体育委员整队，向教师报告出勤人数 2. 学生四列横队，体操队形如下： × ▲ 要求： 1. 快、静、齐 2. 认真听讲，精神饱满 3. 明确上课内容和要求	1 1	2 4	小 小

基本部分30分钟	1. 合作游戏 螃蟹赛跑 游戏规则：参赛队员双人小组参赛，赛道长50米，成纵队站在起点线。听到预备信号时，同组两人背对背用躯干夹抵住一篮球。听到开始信号后，两人像螃蟹状横着向终点线跑去，先完成的队获胜。中途球落地，必须从落地处夹起才能继续进行。抱球跑者取消比赛资格	1. 宣布游戏内容 2. 讲解游戏规则 3. 安排组织学生参与游戏	1. 学生认真听教师讲解 2. 两两结对练习 3. 听教师口令进行游戏	1	10	中
	2. 武术操 乱序复习第一节到第九节内容	1. 教师讲解动作技术与要领 2. 教师做分解和完整动作示范 3. 教师对小组进行打分，并对错误动作进行及时纠正	1. 把学生分成几个小组，组内进行练习，互相帮助和纠正 2.小组之间进行评比，看看哪组做得最规范、最整齐 3. 学生积极展示	1	10	中
	3. 花样踢毽 行进间左右脚背轮换踢毽	1. 教师先完整示范动作，后分解示范，边示范边讲要求，使学生建立一个完整的动作概念 2. 指导学生原地进行练习 3. 指导学生行进间练习	1. 学生原地进行练习 2. 把学生分成几个小组，组内进行练习，互相帮助和纠正 3. 学生积极展示	2	10	中
设计意图	一、教学内容 合作游戏：为了跑得更快，学生要抑制自身原有的步伐，配合对方的步伐，发展抑制功能 武术操：手型变换以及各种头部的运动，体现了抑制的运用；第三、四个八拍同第一个八拍相反，体现了抑制功能 花样踢毽：学生运用左右脚轮换踢毽，抑制自己单脚踢毽的优势反应 二、教学组织形式 环境也是影响脑执行功能的重要因素之一，由于有三个不同的项目，则在环境上要求学生必须打起精神，抑制被激活的动作模式，尽快进入下一个项目 创设合作情境、问题情境，使学生能够主动探索，积极练习，促进学生脑执行功能的发展 三、运动强度 通过准备活动到基本部分活动，学生达到中等至中上等活动量					

结束部分4分钟	1. 放松活动 2. 课堂小结 3. 归还器材，宣布下课	1. 带领学生做放松活动 2. 点评课堂表现	1. 按教师指导进行放松 2. 认真听讲，反思学习表现 3. 师生道别	1 1	2 2	小 小

课时实施方案 29

内容	1. 合作游戏（网鱼） 2. 武术操（乱序复习第一节到第九节的内容） 3. 花样踢毽（行进间左右脚背轮换踢毽）					
教学目标	1. 认知目标：主要发展学生的抑制功能 2. 技能目标：乱序复习第一节到第九节的内容，行进间左右脚背轮换踢毽 3. 情感目标：学习合作精神，了解武术操和花样踢毽，培养学生的集体主义精神					
过程	课的内容	教师活动	学生活动	运动负荷		
				次数	时间	强度
准备部分6分钟	一、课堂常规 1. 集合整队 2. 师生问好 3. 宣布内容 4. 安排见习 二、准备活动 慢跑热身 250 米 ×2 圈 体育常规练习	1. 集合整队 2. 师生问好 3. 宣布内容 4. 提出要求 5. 安排见习 带领学生做好慢跑热身活动	1. 体育委员整队，向教师报告出勤人数 2. 学生四列横队，体操队形如下： × ▲ 要求： 1. 快、静、齐 2. 认真听讲，精神饱满 3. 明确上课内容和要求	1 1	2 4	小 小
基本部分30分钟	1. 合作游戏 游戏方法：将篮球场或排球场作为"鱼塘"，学生分散在场地内做"鱼"，另选 3 人做"渔夫"。游戏开始后，渔夫手拉手做成"网"在鱼塘内捕鱼，被网围住了就算被捉，被捉的学生立即又与渔夫手拉手去捕捉其他的鱼，直至将所有	1. 宣布游戏内容 2. 讲解游戏规则 3. 安排组织学生参与游戏	1. 学生认真听教师讲解 2. 两两结对练习 3. 听教师口令进行游戏	1	10	中

基本部分30分钟	的鱼捉完为止 2. 武术操 乱序复习第一节到第九节内容	1. 教师讲解动作技术与要领 2. 教师做分解和完整动作示范 3. 教师对小组进行打分，并对错误动作进行及时纠正	1. 把学生分成几个小组，组内进行练习，互相帮助和纠正 2. 小组之间进行评比，看看哪组做得最规范、最整齐 3. 学生积极展示	1	10	中
	3. 花样踢毽 行进间左右脚背轮换踢毽	1. 教师先完整示范动作，后分解示范，边示范边讲要求，使学生建立一个完整的动作概念 2. 指导学生原地进行练习 3. 指导学生行进间练习	1. 学生原地进行练习 2. 把学生分成几个小组，组内进行练习，互相帮助和纠正 3. 学生积极展示	2	10	中
设计意图	一、教学内容 合作游戏：为了跑得更快，学生要抑制自身原有的步伐，配合对方的步伐，发展抑制功能 武术操：手型变换以及各种头部的运动，体现了抑制的运用；第三、四个八拍同第一个八拍相反，体现了抑制功能 花样踢毽：学生运用左右脚轮换踢毽，抑制自己单脚踢毽的优势反应 二、教学组织形式 环境也是影响脑执行功能的重要因素之一，由于有三个不同的项目，则在环境上要求学生必须打起精神，抑制被激活的动作模式，尽快进入下一个项目 创设合作情境、问题情境，使学生能够主动探索，积极练习，促进学生脑执行功能的发展 三、运动强度 通过准备活动到基本部分活动，学生达到中等至中上等活动量					
结束部分4分钟	1. 放松活动 2. 课堂小结 3. 归还器材，宣布下课	1. 带领学生做放松活动 2. 点评课堂表现	1. 按教师指导进行放松 2. 认真听讲，反思学习表现 3. 师生道别	1 1	2 2	小 小

课时实施方案 30

内容	1. 合作游戏（螃蟹赛跑） 2. 武术操（乱序复习第一节到第九节的内容） 3. 花样踢毽（行进间左右脚背轮换踢毽）
教学目标	1. 认知目标：主要发展学生的抑制功能 2. 技能目标：乱序复习第一节到第九节的内容，行进间左右脚背轮换踢毽 3. 情感目标：学习合作精神，了解武术操和花样踢毽，培养学生的集体主义精神

过程	课的内容	教师活动	学生活动	运动负荷		
				次数	时间	强度
准备部分6分钟	一、课堂常规 1. 集合整队 2. 师生问好 3. 宣布内容 4. 安排见习	1. 集合整队 2. 师生问好 3. 宣布内容 4. 提出要求 5. 安排见习	1. 体育委员整队，向教师报告出勤人数 2. 学生四列横队，体操队形如下： × ▲ 要求： 1. 快、静、齐 2. 认真听讲，精神饱满 3. 明确上课内容和要求	1	2	小
	二、准备活动 慢跑热身 250 米 ×2 圈 体育常规练习	带领学生做好慢跑热身活动		1	4	小
基本部分30分钟	1. 合作游戏 螃蟹赛跑 游戏规则：参赛队员双人小组参赛，赛道长 50 米，成纵队站在起点线。听到预备信号时，同组两人背对背用躯干夹抵住一篮球。听到开始信号后，两人像螃蟹状横着向终点线跑去，先完成的队获胜。中途球落地，必须从落地处夹起才能继续进行。抱球跑者取消比赛资格	1. 宣布游戏内容 2. 讲解游戏规则 3. 安排组织学生参与游戏	1. 学生认真听教师讲解 2. 两两结对练习 3. 听教师口令进行游戏	1	10	中
	2. 武术操 乱序复习第一节到第九节内容	1. 教师讲解动作技术与要领 2. 教师做分解和完整动作示范 3. 教师对小组进行打分，并对错误动作进行及时纠正	1. 把学生分成几个小组，组内进行练习，互相帮助和纠正 2. 小组之间进行评比，看看哪组做得最规范、最整齐 3. 学生积极展示	1	10	中
	3. 花样踢毽 行进间左右脚背轮换踢毽	1. 教师先完整示范动作，后分解示范，边示范边讲要求，使学生建立一个完整的动作概念 2. 指导学生原地进行练习 3. 指导学生行进间练习	1. 学生原地进行练习 2. 把学生分成几个小组，组内进行练习，互相帮助和纠正 3. 学生积极展示	2	10	中

设计意图	一、教学内容 合作游戏：为了跑得更快，学生要抑制自身原有的步伐，配合对方的步伐，发展抑制功能 武术操：手型变换以及各种头部的运动，体现了抑制的运用；第三、四个八拍同第一个八拍相反，体现了抑制功能 花样踢毽：学生运用左右脚轮换踢毽，抑制自己单脚踢毽的优势反应 二、教学组织形式 环境也是影响脑执行功能的重要因素之一，由于有三个不同的项目，则在环境上要求学生必须打起精神，抑制被激活的动作模式，尽快进入下一个项目 创设合作情境、问题情境，使学生能够主动探索，积极练习，促进学生脑执行功能的发展 三、运动强度 通过准备活动到基本部分活动，学生达到中等至中上等活动量					
结束部分4分钟	1. 放松活动 2. 课堂小结 3. 归还器材，宣布下课	1. 带领学生做放松活动 2. 点评课堂表现	1. 按教师指导进行放松 2. 认真听讲，反思学习表现 3. 师生道别	1 1	2 2	小 小

课时实施方案 31

内容	1. 合作游戏（春种秋收） 2. 武术操（乱序复习第一节到第九节的内容） 3. 花样踢毽（行进间左右脚背轮换踢毽）					
教学目标	1. 认知目标：主要发展学生的抑制功能 2. 技能目标：乱序复习第一节到第九节的内容，行进间左右脚背轮换踢毽 3. 情感目标：学习合作精神，了解武术操和花样踢毽，培养学生的集体主义精神					
过程	课的内容	教师活动	学生活动	运动负荷		
				次数	时间	强度
准备部分6分钟	一、课堂常规 1. 集合整队 2. 师生问好 3. 宣布内容 4. 安排见习 二、准备活动 慢跑热身 250 米 ×2 圈 体育常规练习	1. 集合整队 2. 师生问好 3. 宣布内容 4. 提出要求 5. 安排见习 带领学生做好慢跑热身活动	1. 体育委员整队，向教师报告出勤人数 2. 学生四列横队，体操队形如下： × ▲ 要求： 1. 快、静、齐 2. 认真听讲，精神饱满 3. 明确上课内容和要求	1 1	2 4	小 小

基本部分30分钟	1. 合作游戏 春种秋收 游戏规则：参赛队员分为两组，赛道长50米，成纵队站在起点线。听到预备信号时，同组第一个队员跑到放毽子的地方把毽子拿起并跑回来，把毽子给本队的下一个队员，第二个队员再把毽子放回到原来的位置，然后跑回来，下一个队员再去把毽子拿回来，依次轮流，最先跑完的为胜利队伍	1. 宣布游戏内容 2. 讲解游戏规则 3. 安排组织学生参与游戏	1. 学生认真听教师讲解 2. 两两结对练习 3. 听教师口令进行游戏	1	10	中
	2. 武术操 乱序复习第一节到第九节内容	1. 教师讲解动作技术与要领 2. 教师做分解和完整动作示范 3. 教师对小组进行打分，并对错误动作进行及时纠正	1. 把学生分成几个小组，组内进行练习，互相帮助和纠正 2.小组之间进行评比，看看哪组做得最规范、最整齐 3. 学生积极展示	1	10	中
	3. 花样踢毽 行进间左右脚背轮换踢毽	1. 教师先完整示范动作，后分解示范，边示范边讲要求，使学生建立一个完整的动作概念 2. 指导学生原地进行练习 3. 指导学生行进间练习	1. 学生原地进行练习 2. 把学生分成几个小组，组内进行练习，互相帮助和纠正 3. 学生积极展示	2	10	中
设计意图	一、教学内容 合作游戏：为了跑得更快，学生要抑制自身原有的步伐，配合对方的步伐，发展抑制功能 武术操：手型变换以及各种头部的运动，体现了抑制的运用；第三、四个八拍同第一个八拍相反，体现了抑制功能 花样踢毽：学生运用左右脚轮换踢毽，抑制自已单脚踢毽的优势反应 二、教学组织形式 环境也是影响脑执行功能的重要因素之一，由于有三个不同的项目，则在环境上要求学生必须打起精神，抑制被激活的动作模式，尽快进入下一个项目 创设合作情境、问题情境，使学生能够主动探索，积极练习，促进学生脑执行功能的发展 三、运动强度 通过准备活动到基本部分活动，学生达到中等至中上等活动量					

结束部分4分钟	1. 放松活动 2. 课堂小结 3. 归还器材，宣布下课	1. 带领学生做放松活动 2. 点评课堂表现	1. 按教师指导进行放松 2. 认真听讲，反思学习表现 3. 师生道别	1 1	2 2	小 小

课时实施方案 32

内容	1. 合作游戏（二人三足接力跑） 2. 武术操（乱序复习第一节到第九节的内容） 3. 花样踢毽（行进间左右脚背轮换踢毽）					
教学目标	1. 认知目标：主要发展学生的抑制功能 2. 技能目标：乱序复习第一节到第九节的内容，行进间左右脚背轮换踢毽 3. 情感目标：学习合作精神，了解武术操和花样踢毽，培养学生的集体主义精神					
过程	课的内容	教师活动	学生活动	运动负荷		
				次数	时间	强度
准备部分6分钟	一、课堂常规 1. 集合整队 2. 师生问好 3. 宣布内容 4. 安排见习 二、准备活动 慢跑热身 250 米 ×2 圈 体育常规练习	1. 集合整队 2. 师生问好 3. 宣布内容 4. 提出要求 5. 安排见习 带领学生做好慢跑热身活动	1. 体育委员整队，向教师报告出勤人数 2. 学生四列横队，体操队形如下： × ▲ 要求： 1. 快、静、齐 2. 认真听讲，精神饱满 3. 明确上课内容和要求	1 1	2 4	小 小
基本部分30分钟	1. 合作游戏 二人三足接力跑游戏方法：将学生分成人数相等的两队，成两路纵队站在起跑线后。每队第一组两人用布带将内侧脚踝关节处绑在一起，双臂互相搭肩，准备起跑。游戏开始后，每队第一组向前跑进，到达终点绕过标志杆跑回起跑线，解开布带交给下一组，游戏照上述方法进行，每组都跑一次，	1. 宣布游戏内容 2. 讲解游戏规则 3. 安排组织学生参与游戏	1. 学生认真听教师讲解 2. 两两结对练习 3. 听教师口令进行游戏	1	10	中

基本部分30分钟	先跑完的队为胜 游戏规则：1. 不得抢跑和越线，布带绑在脚踝处 2. 途中带子松开，原地绑好后再跑					
	2. 武术操 乱序复习第一节到第九节内容	1. 教师讲解动作技术与要领 2. 教师做分解和完整动作示范 3. 教师对小组进行打分，并对错误动作进行及时纠正	1. 把学生分成几个小组，组内进行练习，互相帮助和纠正 2. 小组之间进行评比，看看哪组做得最规范、最整齐 3. 学生积极展示	1	10	中
	3. 花样踢毽 行进间左右脚背轮换踢毽	1. 教师先完整示范动作，后分解示范，边示范边讲要求，使学生建立一个完整的动作概念 2. 指导学生原地进行练习 3. 指导学生行进间练习	1. 学生原地进行练习 2. 把学生分成几个小组，组内进行练习，互相帮助和纠正 3. 学生积极展示	2	10	中
设计意图	一、教学内容 合作游戏：为了跑得更快，学生要抑制自身原有的步伐，配合对方的步伐，发展抑制功能 武术操：手型变换以及各种头部的运动，体现了抑制的运用；第三、四个八拍同第一个八拍相反，体现了抑制功能 花样踢毽：学生运用左右脚轮换踢毽，抑制自已单脚踢毽的优势反应 二、教学组织形式 环境也是影响脑执行功能的重要因素之一，由于有三个不同的项目，则在环境上要求学生必须打起精神，抑制被激活的动作模式，尽快进入下一个项目 创设合作情境、问题情境，使学生能够主动探索，积极练习，促进学生脑执行功能的发展 三、运动强度 通过准备活动到基本部分活动，学生达到中等至中上等活动量					
结束部分4分钟	1. 放松活动 2. 课堂小结 3. 归还器材，宣布下课	1. 带领学生做放松活动 2. 点评课堂表现	1. 按教师指导进行放松 2. 认真听讲，反思学习表现 3. 师生道别	1 1	2 2	小 小

课时实施方案 33

内容	1. 合作游戏（网鱼） 2. 武术操（乱序复习第一节到第九节的内容） 3. 花样踢毽（行进间左右脚背轮换踢毽）					
教学目标	1. 认知目标：主要发展学生的抑制功能 2. 技能目标：乱序复习第一节到第九节的内容，行进间左右脚背轮换踢毽 3. 情感目标：学习合作精神，了解武术操和花样踢毽，培养学生的集体主义精神					
过程	课的内容	教师活动	学生活动	运动负荷		
				次数	时间	强度
准备部分6分钟	一、课堂常规 1. 集合整队 2. 师生问好 3. 宣布内容 4. 安排见习 二、准备活动 慢跑热身 250 米 ×2 圈 体育常规练习	1. 集合整队 2. 师生问好 3. 宣布内容 4. 提出要求 5. 安排见习 带领学生做好慢跑热身活动	1. 体育委员整队，向教师报告出勤人数 2. 学生四列横队，体操队形如下： × ▲ 要求： 1. 快、静、齐 2. 认真听讲，精神饱满 3. 明确上课内容和要求	1 1	2 4	小 小
基本部分30分钟	1. 合作游戏 网鱼 游戏方法：将篮球场或排球场作为“鱼塘”，学生分散在场地内做“鱼”，另选 3 人做“渔夫”。游戏开始后，渔夫手拉手做成“网”在鱼塘内捕鱼，被网围住了就算被捉，被捉的学生立即又与渔夫手拉手去捕捉其他的鱼，直至将所有的鱼捉完为止 游戏规则：①鱼不许跑出鱼塘之外，否则算被捉住；②鱼不能	1. 宣布游戏内容 2. 讲解游戏规则 3. 安排组织学生参与游戏	1. 学生认真听教师讲解 2. 两两结对练习 3. 听教师口令进行游戏	1	10	中

基本部分30分钟	冲破渔网逃跑，但做渔夫的学生手放开了，鱼则可以从间隙中逃跑					
	2. 武术操 乱序复习第一节到第九节内容	1. 教师讲解动作技术与要领 2. 教师做分解和完整动作示范 3. 教师对小组进行打分，并对错误动作进行及时纠正	1. 把学生分成几个小组，组内进行练习，互相帮助和纠正 2. 小组之间进行评比，看看哪组做得最规范、最整齐 3. 学生积极展示	1	10	中
	3. 花样踢毽 行进间左右脚背轮换踢毽	1. 教师先完整示范动作，后分解示范，边示范边讲要求，使学生建立一个完整的动作概念 2. 指导学生原地进行练习 3. 指导学生行进间练习	1. 学生原地进行练习 2. 把学生分成几个小组，组内进行练习，互相帮助和纠正 3. 学生积极展示	2	10	中
设计意图	一、教学内容 合作游戏：为了跑得更快，学生要抑制自身原有的步伐，配合对方的步伐，发展抑制功能 武术操：手型变换以及各种头部的运动，体现了抑制的运用；第三、四个八拍同第一个八拍相反，体现了抑制功能 花样踢毽：学生运用左右脚轮换踢毽，抑制自己单脚踢毽的优势反应 二、教学组织形式 环境也是影响脑执行功能的重要因素之一，由于有三个不同的项目，则在环境上要求学生必须打起精神，抑制被激活的动作模式，尽快进入下一个项目 创设合作情境、问题情境，使学生能够主动探索，积极练习，促进学生脑执行功能的发展 三、运动强度 通过准备活动到基本部分活动，学生达到中等至中上等活动量					
结束部分4分钟	1. 放松活动 2. 课堂小结 3. 归还器材，宣布下课	1. 带领学生做放松活动 2. 点评课堂表现	1. 按教师指导进行放松 2. 认真听讲，反思学习表现 3. 师生道别	1 1	2 2	小 小

课时实施方案 34

过程	课的内容	教师活动	学生活动	运动负荷 次数	运动负荷 时间	运动负荷 强度
内容	1. 合作游戏（网鱼） 2. 武术操（乱序复习第一节到第九节的内容） 3. 花样踢毽（行进间左右脚背轮换踢毽）					
教学目标	1. 认知目标：主要发展学生的抑制功能 2. 技能目标：乱序复习第一节到第九节的内容，行进间左右脚背轮换踢毽 3. 情感目标：学习合作精神，了解武术操和花样踢毽，培养学生的集体主义精神					
准备部分6分钟	一、课堂常规 1. 集合整队 2. 师生问好 3. 宣布内容 4. 安排见习 二、准备活动 慢跑热身 250 米 ×2 圈 体育常规练习	1. 集合整队 2. 师生问好 3. 宣布内容 4. 提出要求 5. 安排见习 带领学生做好慢跑热身活动	1. 体育委员整队，向教师报告出勤人数 2. 学生四列横队，体操队形如下： × ▲ 要求： 1. 快、静、齐 2. 认真听讲，精神饱满 3. 明确上课内容和要求	1 1	2 4	小 小
基本部分30分钟	1. 合作游戏 网鱼 游戏方法：将篮球场或排球场作为“鱼塘”，学生分散在场地内做“鱼”，另选 3 人做“渔夫”。游戏开始后，渔夫手拉手做成“网”在鱼塘内捕鱼，被网围住了就算被捉，被捉的学生立即又与渔夫手拉手去捕捉其他的鱼，直至将所有的鱼捉完为止 游戏规则：①鱼不许跑出鱼塘之外，否则算被捉住；②鱼不能	1. 宣布游戏内容 2. 讲解游戏规则 3. 安排组织学生参与游戏	1. 学生认真听教师讲解 2. 两两结对练习 3. 听教师口令进行游戏	1	10	中

基本部分30分钟	冲破渔网逃跑，但做渔夫的学生手放开了，鱼则可以从间隙中逃跑					
	2. 武术操 乱序复习第一节到第九节内容	1. 教师讲解动作技术与要领 2. 教师做分解和完整动作示范 3. 教师对小组进行打分，并对错误动作进行及时纠正	1. 把学生分成几个小组，组内进行练习，互相帮助和纠正 2. 小组之间进行评比，看看哪组做得最规范、最整齐 3. 学生积极展示	1	10	中
	3. 花样踢毽 行进间左右脚背轮换踢毽	1. 教师先完整示范动作，后分解示范，边示范边讲要求，使学生建立一个完整的动作概念 2. 指导学生原地进行练习 3. 指导学生行进间练习	1. 学生原地进行练习 2. 把学生分成几个小组，组内进行练习，互相帮助和纠正 3. 学生积极展示	2	10	中
设计意图	一、教学内容 合作游戏：为了跑得更快，学生要抑制自身原有的步伐，配合对方的步伐，发展抑制功能 武术操：手型变换以及各种头部的运动，体现了抑制的运用；第三、四个八拍同第一个八拍相反，体现了抑制功能 花样踢毽：学生运用左右脚轮换踢毽，抑制自己单脚踢毽的优势反应 二、教学组织形式 环境也是影响脑执行功能的重要因素之一，由于有三个不同的项目，则在环境上要求学生必须打起精神，抑制被激活的动作模式，尽快进入下一个项目 创设合作情境、问题情境，使学生能够主动探索，积极练习，促进学生脑执行功能的发展 三、运动强度 通过准备活动到基本部分活动，学生达到中等至中上等活动量					
结束部分4分钟	1. 放松活动 2. 课堂小结 3. 归还器材，宣布下课	1. 带领学生做放松活动 2. 点评课堂表现	1. 按教师指导进行放松 2. 认真听讲，反思学习表现 3. 师生道别	1 1	2 2	小 小

课时实施方案 35

内容	1. 合作游戏（网鱼） 2. 武术操（乱序复习第一节到第九节的内容） 3. 花样踢毽（行进间左右脚背轮换踢毽）
教学目标	1. 认知目标：主要发展学生的抑制功能 2. 技能目标：乱序复习第一节到第九节的内容，行进间左右脚背轮换踢毽 3. 情感目标：学习合作精神，了解武术操和花样踢毽，培养学生的集体主义精神

过程	课的内容	教师活动	学生活动	运动负荷		
				次数	时间	强度
准备部分6分钟	一、课堂常规 1. 集合整队 2. 师生问好 3. 宣布内容 4. 安排见习 二、准备活动 慢跑热身 250 米 ×2 圈 体育常规练习	1. 集合整队 2. 师生问好 3. 宣布内容 4. 提出要求 5. 安排见习 带领学生做好慢跑热身活动	1. 体育委员整队，向教师报告出勤人数 2. 学生四列横队，体操队形如下： × ▲ 要求： 1. 快、静、齐 2. 认真听讲，精神饱满 3. 明确上课内容和要求	1 1	2 4	小 小
基本部分30分钟	1. 合作游戏 网鱼 游戏方法：将篮球场或排球场作为“鱼塘”，学生分散在场地内做“鱼”，另选 3 人做“渔夫”。游戏开始后，渔夫手拉手做成“网”在鱼塘内捕鱼，被网围住了就算被捉，被捉的学生立即又与渔夫手拉手去捕捉其他的鱼，直至将所有的鱼捉完为止 游戏规则：①鱼不许跑出鱼塘之外，否则算被捉住；②鱼不能	1. 宣布游戏内容 2. 讲解游戏规则 3. 安排组织学生参与游戏	1. 学生认真听教师讲解 2. 两两结对练习 3. 听教师口令进行游戏	1	10	中

基本部分30分钟	冲破渔网逃跑，但做渔夫的学生手放开了，鱼则可以从间隙中逃跑 2. 武术操 乱序复习第一节到第九节内容	1. 教师讲解动作技术与要领 2. 教师做分解和完整动作示范 3. 教师对小组进行打分，并对错误动作进行及时纠正	1. 把学生分成几个小组，组内进行练习，互相帮助和纠正 2. 小组之间进行评比，看看哪组做得最规范、最整齐 3. 学生积极展示	1	10	中
	3. 花样踢毽 行进间左右脚背轮换踢毽	1. 教师先完整示范动作，后分解示范，边示范边讲要求，使学生建立一个完整的动作概念 2. 指导学生原地进行练习 3. 指导学生行进间练习	1. 学生原地进行练习 2. 把学生分成几个小组，组内进行练习，互相帮助和纠正 3. 学生积极展示	2	10	中
设计意图	一、教学内容 合作游戏：为了跑得更快，学生要抑制自身原有的步伐，配合对方的步伐，发展抑制功能 武术操：手型变换以及各种头部的运动，体现了抑制的运用；第三、四个八拍同第一个八拍相反，体现了抑制功能 花样踢毽：学生运用左右脚轮换踢毽，抑制自己单脚踢毽的优势反应 二、教学组织形式 环境也是影响脑执行功能的重要因素之一，由于有三个不同的项目，则在环境上要求学生必须打起精神，抑制被激活的动作模式，尽快进入下一个项目 创设合作情境、问题情境，使学生能够主动探索，积极练习，促进学生脑执行功能的发展 三、运动强度 通过准备活动到基本部分活动，学生达到中等至中上等活动量					
结束部分4分钟	1. 放松活动 2. 课堂小结 3. 归还器材，宣布下课	1. 带领学生做放松活动 2. 点评课堂表现	1. 按教师指导进行放松 2. 认真听讲，反思学习表现 3. 师生道别	1 1	2 2	小 小

课时实施方案 36

内容	1. 合作游戏（网鱼） 2. 武术操（乱序复习第一节到第九节的内容） 3. 花样踢毽（行进间左右脚背轮换踢毽）					
教学目标	1. 认知目标：主要发展学生的抑制功能 2. 技能目标：乱序复习第一节到第九节的内容，行进间左右脚背轮换踢毽 3. 情感目标：学习合作精神，了解武术操和花样踢毽，培养学生的集体主义精神					
过程	课的内容	教师活动	学生活动	运动负荷		
				次数	时间	强度
准备部分6分钟	一、课堂常规 1. 集合整队 2. 师生问好 3. 宣布内容 4. 安排见习 二、准备活动 慢跑热身 250 米 ×2 圈 体育常规练习	1. 集合整队 2. 师生问好 3. 宣布内容 4. 提出要求 5. 安排见习 带领学生做好慢跑热身活动	1. 体育委员整队，向教师报告出勤人数 2. 学生四列横队，体操队形如下： × ▲ 要求： 1. 快、静、齐 2. 认真听讲，精神饱满 3. 明确上课内容和要求	1 1	2 4	小 小
基本部分30分钟	1. 合作游戏 网鱼 游戏方法：将篮球场或排球场作为“鱼塘”，学生分散在场地内做“鱼”，另选 3 人做“渔夫”。游戏开始后，渔夫手拉手做成“网”在鱼塘内捕鱼，被网围住了就算被捉，被捉的学生立即又与渔夫手拉手去捕捉其他的鱼，直至将所有的鱼捉完为止 游戏规则：①鱼不许跑出鱼塘之外，否则算被捉住；②鱼不能	1. 宣布游戏内容 2. 讲解游戏规则 3. 安排组织学生参与游戏	1. 学生认真听教师讲解 2. 两两结对练习 3. 听教师口令进行游戏	1	10	中

基本部分30分钟	冲破渔网逃跑，但做渔夫的学生手放开了，鱼则可以从间隙中逃跑					
	2. 武术操 乱序复习第一节到第九节内容	1. 教师讲解动作技术与要领 2. 教师做分解和完整动作示范 3. 教师对小组进行打分，并对错误动作进行及时纠正	1. 把学生分成几个小组，组内进行练习，互相帮助和纠正 2.小组之间进行评比，看看哪组做得最规范、最整齐 3. 学生积极展示	1	10	中
	3. 花样踢毽 行进间左右脚背轮换踢毽	1. 教师先完整示范动作，后分解示范，边示范边讲要求，使学生建立一个完整的动作概念 2. 指导学生原地进行练习 3. 指导学生行进间练习	1. 学生原地进行练习 2. 把学生分成几个小组，组内进行练习，互相帮助和纠正 3. 学生积极展示	2	10	中
设计意图	一、教学内容 合作游戏：为了跑得更快，学生要抑制自身原有的步伐，配合对方的步伐，发展抑制功能 武术操：手型变换以及各种头部的运动，体现了抑制的运用；第三、四个八拍同第一个八拍相反，体现了抑制功能 花样踢毽：学生运用左右脚轮换踢毽，抑制自己单脚踢毽的优势反应 二、教学组织形式 环境也是影响脑执行功能的重要因素之一，由于有三个不同的项目，则在环境上要求学生必须打起精神，抑制被激活的动作模式，尽快进入下一个项目 创设合作情境、问题情境，使学生能够主动探索，积极练习，促进学生脑执行功能的发展 三、运动强度 通过准备活动到基本部分活动，学生达到中等至中上等活动量					
结束部分4分钟	1. 放松活动 2. 课堂小结 3. 归还器材，宣布下课	1. 带领学生做放松活动 2. 点评课堂表现	1. 按教师指导进行放松 2. 认真听讲，反思学习表现 3. 师生道别	1 1	2 2	小 小

课时实施方案 37

<table>
<tr><td>内容</td><td colspan="6">1. 合作游戏（春种秋收）
2. 武术操（乱序复习第一节到第九节的内容）
3. 花样踢毽（行进间左右脚背轮换踢毽）</td></tr>
<tr><td>教学目标</td><td colspan="6">1. 认知目标：主要发展学生的抑制功能
2. 技能目标：乱序复习第一节到第九节的内容，行进间左右脚背轮换踢毽
3. 情感目标：学习合作精神，了解武术操和花样踢毽，培养学生的集体主义精神</td></tr>
<tr><td rowspan="2">过程</td><td rowspan="2">课的内容</td><td rowspan="2">教师活动</td><td rowspan="2">学生活动</td><td colspan="3">运动负荷</td></tr>
<tr><td>次数</td><td>时间</td><td>强度</td></tr>
<tr><td>准备部分6分钟</td><td>一、课堂常规
1. 集合整队
2. 师生问好
3. 宣布内容
4. 安排见习

二、准备活动
慢跑热身
250 米 ×2 圈
体育常规练习</td><td>1. 集合整队
2. 师生问好
3. 宣布内容
4. 提出要求
5. 安排见习

带领学生做好慢跑热身活动</td><td>1. 体育委员整队，向教师报告出勤人数
2. 学生四列横队，体操队形如下：
× × × × ×
× × × × ×
× × × × ×
× × × × ×
▲
要求：
1. 快、静、齐
2. 认真听讲，精神饱满
3. 明确上课内容和要求</td><td>1

1</td><td>2

4</td><td>小

小</td></tr>
<tr><td>基本部分30分钟</td><td>1. 合作游戏
春种秋收
游戏规则：参赛队员分为两组，赛道长 50 米，成纵队站在起点线。听到预备信号时，同组第一个队员跑到放毽子的地方把毽子拿起并跑回来，把毽子给本队的下一个队员，第二个队员再把毽子放回到原来的位置，然后跑回来，下一个队员再去把毽子拿回来，依次轮流，最先跑完的队为胜利队伍</td><td>1. 宣布游戏内容
2. 讲解游戏规则
3. 安排组织学生参与游戏</td><td>1. 学生认真听教师讲解
2. 两两结对练习
3. 听教师口令进行游戏</td><td>1</td><td>10</td><td>中</td></tr>
</table>

基本部分30分钟	2. 武术操 乱序复习第一节到第九节内容	1. 教师讲解动作技术与要领 2. 教师做分解和完整动作示范 3. 教师对小组进行打分，并对错误动作进行及时纠正	1. 把学生分成几个小组，组内进行练习，互相帮助和纠正 2.小组之间进行评比，看看哪组做得最规范、最整齐 3. 学生积极展示	1	10	中
	3. 花样踢毽 行进间左右脚背轮换踢毽	1. 教师先完整示范动作，后分解示范，边示范边讲要求，使学生建立一个完整的动作概念 2. 指导学生原地进行练习 3. 指导学生行进间练习	1. 学生原地进行练习 2. 把学生分成几个小组，组内进行练习，互相帮助和纠正 3. 学生积极展示	2	10	中
设计意图	一、教学内容 合作游戏：为了跑得更快，学生要抑制自身原有的步伐，配合对方的步伐，发展抑制功能 武术操：手型变换以及各种头部的运动，体现了抑制的运用；第三、四个八拍同第一个八拍相反，体现了抑制功能 花样踢毽：学生运用左右脚轮换踢毽，抑制自己单脚踢毽的优势反应 二、教学组织形式 环境也是影响脑执行功能的重要因素之一，由于有三个不同的项目，则在环境上要求学生必须打起精神，抑制被激活的动作模式，尽快进入下一个项目 创设合作情境、问题情境，使学生能够主动探索，积极练习，促进学生脑执行功能的发展 三、运动强度 通过准备活动到基本部分活动，学生达到中等至中上等活动量					
结束部分4分钟	1. 放松活动 2. 课堂小结 3. 归还器材，宣布下课	1. 带领学生做放松活动 2. 点评课堂表现	1. 按教师指导进行放松 2. 认真听讲，反思学习表现 3. 师生道别	1 1	2 2	小 小

课时实施方案 38

内容	1. 合作游戏（春种秋收） 2. 武术操（乱序复习第一节到第九节的内容） 3. 花样踢毽（行进间左右脚背轮换踢毽）
教学目标	1. 认知目标：主要发展学生的抑制功能 2. 技能目标：乱序复习第一节到第九节的内容，行进间左右脚背轮换踢毽 3. 情感目标：学习合作精神，了解武术操和花样踢毽，培养学生的集体主义精神

过程	课的内容	教师活动	学生活动	运动负荷		
				次数	时间	强度
准备部分6分钟	一、课堂常规 1. 集合整队 2. 师生问好 3. 宣布内容 4. 安排见习	1. 集合整队 2. 师生问好 3. 宣布内容 4. 提出要求 5. 安排见习	1. 体育委员整队，向教师报告出勤人数 2. 学生四列横队，体操队形如下： × ▲ 要求： 1. 快、静、齐 2. 认真听讲，精神饱满 3. 明确上课内容和要求	1	2	小
	二、准备活动 慢跑热身 250 米 ×2 圈 体育常规练习	带领学生做好慢跑热身活动		1	4	小
基本部分30分钟	1. 合作游戏 春种秋收 游戏规则：参赛队员分为两组，赛道长 50 米，成纵队站在起点线。听到预备信号时，同组第一个队员跑到放毽子的地方把毽子拿起并跑回来，把毽子给本队的下一个队员，第二个队员再把毽子放回到原来的位置，然后跑回来，下一个队员再去把毽子拿回来，依次轮流，最先跑完的队为胜利队伍	1. 宣布游戏内容 2. 讲解游戏规则 3. 安排组织学生参与游戏	1. 学生认真听教师讲解 2. 两两结对练习 3. 听教师口令进行游戏	1	10	中
	2. 武术操 乱序复习第一节到第九节内容	1. 教师讲解动作技术与要领 2. 教师做分解和完整动作示范 3. 教师对小组进行打分，并对错误动作进行及时纠正	1. 把学生分成几个小组，组内进行练习，互相帮助和纠正 2.小组之间进行评比，看看哪组做得最规范、最整齐 3. 学生积极展示	1	10	中

基本部分30分钟	3. 花样踢毽 行进间左右脚背轮换踢毽	1. 教师先完整示范动作，后分解示范，边示范边讲要求，使学生建立一个完整的动作概念 2. 指导学生原地进行练习 3. 指导学生行进间练习	1. 学生原地进行练习 2. 把学生分成几个小组，组内进行练习，互相帮助和纠正 3. 学生积极展示	2	10	中
设计意图	一、教学内容 合作游戏：为了跑得更快，学生要抑制自身原有的步伐，配合对方的步伐，发展抑制功能 武术操：手型变换以及各种头部的运动，体现了抑制的运用；第三、四个八拍同第一个八拍相反，体现了抑制功能 花样踢毽：学生运用左右脚轮换踢毽，抑制自己单脚踢毽的优势反应 二、教学组织形式 环境也是影响脑执行功能的重要因素之一，由于有三个不同的项目，则在环境上要求学生必须打起精神，抑制被激活的动作模式，尽快进入下一个项目 创设合作情境、问题情境，使学生能够主动探索，积极练习，促进学生脑执行功能的发展 三、运动强度 通过准备活动到基本部分活动，学生达到中等至中上等活动量					
结束部分4分钟	1. 放松活动 2. 课堂小结 3. 归还器材，宣布下课	1. 带领学生做放松活动 2. 点评课堂表现	1. 按教师指导进行放松 2. 认真听讲，反思学习表现 3. 师生道别	1 1	2 2	小 小

课时实施方案 39

内容	1. 合作游戏（春种秋收） 2. 武术操（乱序复习第一节到第九节的内容） 3. 花样踢毽（行进间左右脚背轮换踢毽）					
教学目标	1. 认知目标：主要发展学生的抑制功能 2. 技能目标：乱序复习第一节到第九节的内容，行进间左右脚背轮换踢毽 3. 情感目标：学习合作精神，了解武术操和花样踢毽，培养学生的集体主义精神					
过程	课的内容	教师活动	学生活动	运动负荷		
				次数	时间	强度
准备部分6分钟	一、课堂常规 1. 集合整队 2. 师生问好 3. 宣布内容 4. 安排见习	1. 集合整队 2. 师生问好 3. 宣布内容 4. 提出要求 5. 安排见习	1. 体育委员整队，向教师报告出勤人数 2. 学生四列横队，体操队形如下：	1	2	小

准备部分6分钟	二、准备活动 慢跑热身 250米 ×2圈 体育常规练习	带领学生做好慢跑热身活动	× ▲ 要求： 1. 快、静、齐 2. 认真听讲，精神饱满 3. 明确上课内容和要求	1	4	小
基本部分30分钟	1. 合作游戏 春种秋收 游戏规则：参赛队员分为两组，赛道长50米，成纵队站在起点线。听到预备信号时，同组第一个队员跑到放毽子的地方把毽子拿起并跑回来，把毽子给本队的下一个队员，第二个队员再把毽子放回到原来的位置，然后跑回来，下一个队员再去把毽子拿回来，依次轮流，最先跑完的队为胜利队伍	1. 宣布游戏内容 2. 讲解游戏规则 3. 安排组织学生参与游戏	1. 学生认真听教师讲解 2. 两两结对练习 3. 听教师口令进行游戏	1	10	中
	2. 武术操 乱序复习第一节到第九节内容	1. 教师讲解动作技术与要领 2. 教师做分解和完整动作示范 3. 教师对小组进行打分，并对错误动作进行及时纠正	1. 把学生分成几个小组，组内进行练习，互相帮助和纠正 2.小组之间进行评比，看看哪组做得最规范、最整齐 3. 学生积极展示	1	10	中
	3. 花样踢毽 行进间左右脚背轮换踢毽	1. 教师先完整示范动作，后分解示范，边示范边讲要求，使学生建立一个完整的动作概念 2. 指导学生原地进行练习 3. 指导学生行进间练习	1. 学生原地进行练习 2. 把学生分成几个小组，组内进行练习，互相帮助和纠正 3. 学生积极展示	2	10	中

<table>
<tr><td>设计意图</td><td colspan="6">一、教学内容
合作游戏：为了跑得更快，学生要抑制自身原有的步伐，配合对方的步伐，发展抑制功能
武术操：手型变换以及各种头部的运动，体现了抑制的运用；第三、四个八拍同第一个八拍相反，体现了抑制功能
花样踢毽：学生运用左右脚轮换踢毽，抑制自己单脚踢毽的优势反应
二、教学组织形式
环境也是影响脑执行功能的重要因素之一，由于有三个不同的项目，则在环境上要求学生必须打起精神，抑制被激活的动作模式，尽快进入下一个项目
创设合作情境、问题情境，使学生能够主动探索，积极练习，促进学生脑执行功能的发展
三、运动强度
通过准备活动到基本部分活动，学生达到中等至中上等活动量</td></tr>
<tr><td>结束部分4分钟</td><td>1. 放松活动
2. 课堂小结
3. 归还器材，宣布下课</td><td>1. 带领学生做放松活动
2. 点评课堂表现</td><td>1. 按教师指导进行放松
2. 认真听讲，反思学习表现
3. 师生道别</td><td>1
1</td><td>2
2</td><td>小
小</td></tr>
</table>

课时实施方案 40

<table>
<tr><td>内容</td><td colspan="6">1. 合作游戏（春种秋收）
2. 武术操（乱序复习第一节到第九节的内容）
3. 花样踢毽（行进间左右脚背轮换踢毽）</td></tr>
<tr><td>教学目标</td><td colspan="6">1. 认知目标：主要发展学生的抑制功能
2. 技能目标：乱序复习第一节到第九节的内容，行进间左右脚背轮换踢毽
3. 情感目标：学习合作精神，了解武术操和花样踢毽，培养学生的集体主义精神</td></tr>
<tr><td rowspan="2">过程</td><td rowspan="2">课的内容</td><td rowspan="2">教师活动</td><td rowspan="2">学生活动</td><td colspan="3">运动负荷</td></tr>
<tr><td>次数</td><td>时间</td><td>强度</td></tr>
<tr><td>准备部分6分钟</td><td>一、课堂常规
1. 集合整队
2. 师生问好
3. 宣布内容
4. 安排见习

二、准备活动
慢跑热身
250 米 ×2 圈
体育常规练习</td><td>1. 集合整队
2. 师生问好
3. 宣布内容
4. 提出要求
5. 安排见习

带领学生做好慢跑热身活动</td><td>1. 体育委员整队，向教师报告出勤人数
2. 学生四列横队，体操队形如下：
× × × × ×
× × × × ×
× × × × ×
× × × × ×
▲
要求：
1. 快、静、齐
2. 认真听讲，精神饱满
3. 明确上课内容和要求</td><td>1

1</td><td>2

4</td><td>小

小</td></tr>
</table>

基本部分30分钟	1. 合作游戏 春种秋收 游戏规则：参赛队员分为两组，赛道长50米，成纵队站在起点线。听到预备信号时，同组第一个队员跑到放毽子的地方把毽子拿起并跑回来，把毽子给本队的下一个队员，第二个队员再把毽子放回到原来的位置，然后跑回来，下一个队员再去把毽子拿回来，依次轮流，最先跑完的队为胜利队伍	1. 宣布游戏内容 2. 讲解游戏规则 3. 安排组织学生参与游戏	1. 学生认真听教师讲解 2. 两两结对练习 3. 听教师口令进行游戏	1	10	中
	2. 武术操 乱序复习第一节到第九节内容	1. 教师讲解动作技术与要领 2. 教师做分解和完整动作示范 3. 教师对小组进行打分，并对错误动作进行及时纠正	1. 把学生分成几个小组，组内进行练习，互相帮助和纠正 2. 小组之间进行评比，看看哪组做得最规范、最整齐 3. 学生积极展示	1	10	中
	3. 花样踢毽 行进间左右脚背轮换踢毽	1. 教师先完整示范动作，后分解示范，边示范边讲要求，使学生建立一个完整的动作概念 2. 指导学生原地进行练习 3. 指导学生行进间练习	1. 学生原地进行练习 2. 把学生分成几个小组，组内进行练习，互相帮助和纠正 3. 学生积极展示	2	10	中
设计意图	一、教学内容 合作游戏：为了跑得更快，学生要抑制自身原有的步伐，配合对方的步伐，发展抑制功能 武术操：手型变换以及各种头部的运动，体现了抑制的运用；第三、四个八拍同第一个八拍相反，体现了抑制功能 花样踢毽：学生运用左右脚轮换踢毽，抑制自己单脚踢毽的优势反应 二、教学组织形式 环境也是影响脑执行功能的重要因素之一，由于有三个不同的项目，则在环境上要求学生必须打起精神，抑制被激活的动作模式，尽快进入下一个项目 创设合作情境、问题情境，使学生能够主动探索，积极练习，促进学生脑执行功能的发展 三、运动强度 通过准备活动到基本部分活动，学生达到中等至中上等活动量					

结束部分4分钟	1. 放松活动 2. 课堂小结 3. 归还器材，宣布下课	1. 带领学生做放松活动 2. 点评课堂表现	1. 按教师指导进行放松 2. 认真听讲，反思学习表现 3. 师生道别	1 1	2 2	小 小

课时实施方案 41

内容	1. 合作游戏（螃蟹赛跑） 2. 武术操（乱序复习第一节到第九节的内容） 3. 花样踢毽（行进间左右脚背轮换踢毽）					
教学目标	1. 认知目标：主要发展学生的抑制功能 2. 技能目标：乱序复习第一节到第九节的内容，行进间左右脚背轮换踢毽 3. 情感目标：学习合作精神，了解武术操和花样踢毽，培养学生的集体主义精神					
过程	课的内容	教师活动	学生活动	运动负荷		
				次数	时间	强度
准备部分6分钟	一、课堂常规 1. 集合整队 2. 师生问好 3. 宣布内容 4. 安排见习 二、准备活动 慢跑热身 250 米 ×2 圈 体育常规练习	1. 集合整队 2. 师生问好 3. 宣布内容 4. 提出要求 5. 安排见习 带领学生做好慢跑热身活动	1. 体育委员整队，向教师报告出勤人数 2. 学生四列横队，体操队形如下： × ▲ 要求： 1. 快、静、齐 2. 认真听讲, 精神饱满 3. 明确上课内容和要求	1 1	2 4	小 小
基本部分30分钟	1. 合作游戏 螃蟹赛跑 游戏规则：参赛队员双人小组参赛，赛道长 50 米，成纵队站在起点线。听到预备信号时，同组两人背对背用躯干夹抵住一篮球。听到开始信号后，两人像螃蟹状横着向终点线跑去，先完成的队获胜。中途球若落地，必须从落地处夹起才能继续进行。抱球跑者取消比赛资格	1. 宣布游戏内容 2. 讲解游戏规则 3. 安排组织学生参与游戏	1. 学生认真听教师讲解 2. 两两结对练习 3. 听教师口令进行游戏	1	10	中

<table>
<tr><td rowspan="2">基本部分30分钟</td><td>2. 武术操
乱序复习第一节到第九节的内容</td><td>1. 教师讲解动作技术与要领
2. 教师做分解和完整动作示范
3. 教师对小组进行打分，并对错误动作进行及时纠正</td><td>1. 把学生分成几个小组，组内进行练习，互相帮助和纠正
2.小组之间进行评比，看看哪组做得最规范、最整齐
3. 学生积极展示</td><td>1</td><td>10</td><td>中</td></tr>
<tr><td>3. 花样踢毽
行进间左右脚背轮换踢毽</td><td>1. 教师先完整示范动作，后分解示范，边示范边讲要求，使学生建立一个完整的动作概念
2. 指导学生原地进行练习
3. 指导学生行进间练习</td><td>1. 学生原地进行练习
2. 把学生分成几个小组，组内进行练习，互相帮助和纠正
3. 学生积极展示</td><td>2</td><td>10</td><td>中</td></tr>
<tr><td>设计意图</td><td colspan="6">一、教学内容
合作游戏：为了跑得更快，学生要抑制自身原有的步伐，配合对方的步伐，发展抑制功能
武术操：手型变换以及各种头部的运动，体现了抑制的运用；第三、四个八拍同第一个八拍相反，体现了抑制功能
花样踢毽：学生运用左右脚轮换踢毽，抑制自己单脚踢毽的优势反应
二、教学组织形式
环境也是影响脑执行功能的重要因素之一，由于有三个不同的项目，则在环境上要求学生必须打起精神，抑制被激活的动作模式，尽快进入下一个项目
创设合作情境、问题情境，使学生能够主动探索，积极练习，促进学生脑执行功能的发展
三、运动强度
通过准备活动到基本部分活动，学生达到中等至中上等活动量</td></tr>
<tr><td>结束部分4分钟</td><td>1. 放松活动
2. 课堂小结
3. 归还器材，宣布下课</td><td>1. 带领学生做放松活动
2. 点评课堂表现</td><td>1. 按教师指导进行放松
2. 认真听讲，反思学习表现
3. 师生道别</td><td>1
1</td><td>2
2</td><td>小
小</td></tr>
</table>

课时实施方案 42

内容	1. 合作游戏（螃蟹赛跑） 2. 武术操（乱序复习第一节到第九节的内容） 3. 花样踢毽（行进间左右脚背轮换踢毽）
教学目标	1. 认知目标：主要发展学生的抑制功能 2. 技能目标：乱序复习第一节到第九节的内容，行进间左右脚背轮换踢毽 3. 情感目标：学习合作精神，了解武术操和花样踢毽，培养学生的集体主义精神

过程	课的内容	教师活动	学生活动	运动负荷		
				次数	时间	强度
准备部分6分钟	一、课堂常规 1. 集合整队 2. 师生问好 3. 宣布内容 4. 安排见习	1. 集合整队 2. 师生问好 3. 宣布内容 4. 提出要求 5. 安排见习	1. 体育委员整队，向教师报告出勤人数 2. 学生四列横队，体操队形如下： × ▲ 要求： 1. 快、静、齐 2. 认真听讲，精神饱满 3. 明确上课内容和要求	1	2	小
	二、准备活动 慢跑热身 250 米 ×2 圈 体育常规练习	带领学生做好慢跑热身活动		1	4	小
基本部分30分钟	1. 合作游戏 螃蟹赛跑 游戏规则：参赛队员双人小组参赛，赛道长 50 米，成纵队站在起点线。听到预备信号时，同组两人背对背用躯干夹抵住一篮球。听到开始信号后，两人像螃蟹状横着向终点线跑去，先完成的队获胜。中途球若落地，必须从落地处夹起才能继续进行。抱球跑者取消比赛资格	1. 宣布游戏内容 2. 讲解游戏规则 3. 安排组织学生参与游戏	1. 学生认真听教师讲解 2. 两两结对练习 3. 听教师口令进行游戏	1	10	中
	2. 武术操 乱序复习第一节到第九节的内容	1. 教师讲解动作技术与要领 2. 教师做分解和完整动作示范 3. 教师对小组进行打分，并对错误动作进行及时纠正	1. 把学生分成几个小组，组内进行练习，互相帮助和纠正 2.小组之间进行评比，看看哪组做得最规范、最整齐 3. 学生积极展示	1	10	中
	3. 花样踢毽 行进间左右脚背轮换踢毽	1. 教师先完整示范动作，后分解示范，边示范边讲要求，使学生建立一个完整的动作概念	1. 学生原地进行练习 2.把学生分成几个小组，组内进行练习，互相帮助和纠正 3. 学生积极展示	2	10	中

基本部分30分钟		2. 指导学生原地进行练习 3. 指导学生行进间练习				
设计意图	一、教学内容 合作游戏：为了跑得更快，学生要抑制自身原有的步伐，配合对方的步伐，发展抑制功能 武术操：手型变换以及各种头部的运动，体现了抑制的运用；第三、四个八拍同第一个八拍相反，体现了抑制功能 花样踢毽：学生运用左右脚轮换踢毽，抑制自己单脚踢毽的优势反应 二、教学组织形式 环境也是影响脑执行功能的重要因素之一，由于有三个不同的项目，则在环境上要求学生必须打起精神，抑制被激活的动作模式，尽快进入下一个项目 创设合作情境、问题情境，使学生能够主动探索，积极练习，促进学生脑执行功能的发展 三、运动强度 通过准备活动到基本部分活动，学生达到中等至中上等活动量					
结束部分4分钟	1. 放松活动 2. 课堂小结 3. 归还器材，宣布下课	1. 带领学生做放松活动 2. 点评课堂表现	1. 按教师指导进行放松 2. 认真听讲，反思学习表现 3. 师生道别	1 1	2 2	小 小

课时实施方案43

内容	1. 合作游戏（螃蟹赛跑） 2. 武术操（乱序复习第一节到第九节的内容） 3. 花样踢毽（行进间左右脚背轮换踢毽）					
教学目标	1. 认知目标：主要发展学生的抑制功能 2. 技能目标：乱序复习第一节到第九节的内容，行进间左右脚背轮换踢毽 3. 情感目标：学习合作精神，了解武术操和花样踢毽，培养学生的集体主义精神					
过程	课的内容	教师活动	学生活动	运动负荷		
				次数	时间	强度
准备部分6分钟	一、课堂常规 1. 集合整队 2. 师生问好 3. 宣布内容 4. 安排见习 二、准备活动 慢跑热身 250米 ×2圈 体育常规练习	1. 集合整队 2. 师生问好 3. 宣布内容 4. 提出要求 5. 安排见习 带领学生做好慢跑热身活动	1. 体育委员整队，向教师报告出勤人数 2. 学生四列横队，体操队形如下： × ▲ 要求： 1. 快、静、齐 2. 认真听讲，精神饱满 3. 明确上课内容和要求	1 1	2 4	小 小

基本部分30分钟	1. 合作游戏 螃蟹赛跑 游戏规则：参赛队员双人小组参赛，赛道长 50 米，成纵队站在起点线。听到预备信号时，同组两人背对背用躯干夹抵住一篮球。听到开始信号后，两人像螃蟹状横着向终点线跑去，先完成的队获胜。中途球若落地，必须从落地处夹起才能继续进行。抱球跑者取消比赛资格	1. 宣布游戏内容 2. 讲解游戏规则 3. 安排组织学生参与游戏	1. 学生认真听教师讲解 2. 两两结对练习 3. 听教师口令进行游戏	1	10	中
	2. 武术操 乱序复习第一节到第九节的内容	1. 教师讲解动作技术与要领 2. 教师做分解和完整动作示范 3. 教师对小组进行打分，并对错误动作进行及时纠正	1. 把学生分成几个小组，组内进行练习，互相帮助和纠正 2.小组之间进行评比，看看哪组做得最规范、最整齐 3. 学生积极展示	1	10	中
	3. 花样踢毽 行进间左右脚背轮换踢毽	1. 教师先完整示范动作，后分解示范，边示范边讲要求，使学生建立一个完整的动作概念 2. 指导学生原地进行练习 3. 指导学生行进间练习	1. 学生原地进行练习 2. 把学生分成几个小组，组内进行练习，互相帮助和纠正 3. 学生积极展示	2	10	中
设计意图	一、教学内容 合作游戏：为了跑得更快，学生要抑制自身原有的步伐，配合对方的步伐，发展抑制功能 武术操：手型变换以及各种头部的运动，体现了抑制的运用；第三、四个八拍同第一个八拍相反，体现了抑制功能 花样踢毽：学生运用左右脚轮换踢毽，抑制自己单脚踢毽的优势反应 二、教学组织形式 环境也是影响脑执行功能的重要因素之一，由于有三个不同的项目，则在环境上要求学生必须打起精神，抑制被激活的动作模式，尽快进入下一个项目 创设合作情境、问题情境，使学生能够主动探索，积极练习，促进学生脑执行功能的发展 三、运动强度 通过准备活动到基本部分活动，学生达到中等至中上等活动量					
结束部分4分钟	1. 放松活动 2. 课堂小结 3. 归还器材，宣布下课	1. 带领学生做放松活动 2. 点评课堂表现	1. 按教师指导进行放松 2. 认真听讲，反思学习表现 3. 师生道别	1 1	2 2	小 小

课时实施方案 44

内容	1. 合作游戏（二人三足接力跑） 2. 武术操（乱序复习第一节到第九节的内容） 3. 花样踢毽（行进间左右脚背轮换踢毽）
教学目标	1. 认知目标：主要发展学生的抑制功能 2. 技能目标：乱序复习第一节到第九节的内容，行进间左右脚背轮换踢毽 3. 情感目标：学习合作精神，了解武术操和花样踢毽，培养学生的集体主义精神

过程	课的内容	教师活动	学生活动	运动负荷		
				次数	时间	强度
准备部分6分钟	一、课堂常规 1. 集合整队 2. 师生问好 3. 宣布内容 4. 安排见习	1. 集合整队 2. 师生问好 3. 宣布内容 4. 提出要求 5. 安排见习	1. 体育委员整队，向教师报告出勤人数 2. 学生四列横队，体操队形如下： ××××× ××××× ××××× ××××× ▲ 要求： 1. 快、静、齐 2. 认真听讲，精神饱满 3. 明确上课内容和要求	1	2	小
	二、准备活动 慢跑热身 250 米 ×2 圈 体育常规练习	带领学生做好慢跑热身活动		1	4	小
基本部分30分钟	1. 合作游戏 二人三足接力跑游戏规则：把所有学生分为两队进行比赛，把两个人的一条腿绑在一起，在规定距离间进行二人三足接力跑比赛，哪队先结束为赢家	1. 宣布游戏内容 2. 讲解游戏规则 3. 安排组织学生参与游戏	1. 学生认真听教师讲解 2. 两两结对练习 3. 听教师口令进行游戏	1	10	中
	2. 武术操 乱序复习第一节到第九节的内容	1. 教师讲解动作技术与要领 2. 教师做分解和完整动作示范 3. 教师对小组进行打分，并对错误动作进行及时纠正	1. 把学生分成几个小组，组内进行练习，互相帮助和纠正 2.小组之间进行评比，看看哪组做得最规范、最整齐 3. 学生积极展示	1	10	中
	3. 花样踢毽 行进间左右脚背轮换踢毽	1. 教师先完整示范动作，后分解示范，边示范边讲要求，使学生建立一个完整的动作概念 2. 指导学生原地进行练习 3. 指导学生行进间练习	1. 学生原地进行练习 2. 把学生分成几个小组，组内进行练习，互相帮助和纠正 3. 学生积极展示	2	10	中

设计意图	一、教学内容 合作游戏：为了跑得更快，学生要抑制自身原有的步伐，配合对方的步伐，发展抑制功能 武术操：手型变换以及各种头部的运动，体现了抑制的运用；第三、四个八拍同第一个八拍相反，体现了抑制功能 花样踢毽：学生运用左右脚轮换踢毽，抑制自己单脚踢毽的优势反应 二、教学组织形式 环境也是影响脑执行功能的重要因素之一，由于有三个不同的项目，则在环境上要求学生必须打起精神，抑制被激活的动作模式，尽快进入下一个项目 创设合作情境、问题情境，使学生能够主动探索，积极练习，促进学生脑执行功能的发展 三、运动强度 通过准备活动到基本部分活动，学生达到中等至中上等活动量					
结束部分4分钟	1. 放松活动 2. 课堂小结 3. 归还器材，宣布下课	1. 带领学生做放松活动 2. 点评课堂表现	1. 按教师指导进行放松 2. 认真听讲，反思学习表现 3. 师生道别	1 1	2 2	小 小

课时实施方案 45

内容	1. 合作游戏（二人三足接力跑） 2. 武术操（乱序复习第一节到第九节的内容） 3. 花样踢毽（行进间左右脚背轮换踢毽）
教学目标	1. 认知目标：主要发展学生的抑制功能 2. 技能目标：乱序复习第一节到第九节的内容，行进间左右脚背轮换踢毽 3. 情感目标：学习合作精神，了解武术操和花样踢毽，培养学生的集体主义精神

过程	课的内容	教师活动	学生活动	运动负荷		
				次数	时间	强度
准备部分6分钟	一、课堂常规 1. 集合整队 2. 师生问好 3. 宣布内容 4. 安排见习 二、准备活动 慢跑热身 250 米 ×2 圈 体育常规练习	1. 集合整队 2. 师生问好 3. 宣布内容 4. 提出要求 5. 安排见习 带领学生做好慢跑热身活动	1. 体育委员整队，向教师报告出勤人数 2. 学生四列横队，体操队形如下： × ▲ 要求： 1. 快、静、齐 2. 认真听讲，精神饱满 3. 明确上课内容和要求	1 1	2 4	小 小

基本部分30分钟	1. 合作游戏 二人三足接力跑游戏规则：把所有学生分为两队进行比赛，把两个人的一条腿绑在一起，在规定距离间进行二人三足接力跑比赛，哪队先结束为赢家	1. 宣布游戏内容 2. 讲解游戏规则 3. 安排组织学生参与游戏	1. 学生认真听教师讲解 2. 两两结对练习 3. 听教师口令进行游戏	1	10	中
	2. 武术操 乱序复习第一节到第九节的内容	1. 教师讲解动作技术与要领 2. 教师做分解和完整动作示范 3. 教师对小组进行打分，并对错误动作进行及时纠正	1. 把学生分成几个小组，组内进行练习，互相帮助和纠正 2. 小组之间进行评比，看看哪组做得最规范、最整齐 3. 学生积极展示	1	10	中
	3. 花样踢毽 行进间左右脚背轮换踢毽	1. 教师先完整示范动作，后分解示范，边示范边讲要求，使学生建立一个完整的动作概念 2. 指导学生原地进行练习 3. 指导学生行进间练习	1. 学生原地进行练习 2. 把学生分成几个小组，组内进行练习，互相帮助和纠正 3. 学生积极展示	2	10	中
设计意图	一、教学内容 合作游戏：为了跑得更快，学生要抑制自身原有的步伐，配合对方的步伐，发展抑制功能 武术操：手型变换以及各种头部的运动，体现了抑制的运用；第三、四个八拍同第一个八拍相反，体现了抑制功能 花样踢毽：学生运用左右脚轮换踢毽，抑制自己单脚踢毽的优势反应 二、教学组织形式 环境也是影响脑执行功能的重要因素之一，由于有三个不同的项目，则在环境上要求学生必须打起精神，抑制被激活的动作模式，尽快进入下一个项目 创设合作情境、问题情境，使学生能够主动探索，积极练习，促进学生脑执行功能的发展 三、运动强度 通过准备活动到基本部分活动，学生达到中等至中上等活动量					
结束部分4分钟	1. 放松活动 2. 课堂小结 3. 归还器材，宣布下课	1. 带领学生做放松活动 2. 点评课堂表现	1. 按教师指导进行放松 2. 认真听讲，反思学习表现 3. 师生道别	1 1	2 2	小 小

课时实施方案46

内容	1. 合作游戏（二人三足接力跑） 2. 武术操（乱序复习第一节到第九节的内容） 3. 花样踢毽（行进间左右脚背轮换踢毽）

教学目标	1. 认知目标：主要发展学生的抑制功能 2. 技能目标：乱序复习第一节到第九节的内容，行进间左右脚背轮换踢毽 3. 情感目标：学习合作精神，了解武术操和花样踢毽，培养学生的集体主义精神					
过程	课的内容	教师活动	学生活动	运动负荷		
				次数	时间	强度
准备部分6分钟	一、课堂常规 1. 集合整队 2. 师生问好 3. 宣布内容 4. 安排见习	1. 集合整队 2. 师生问好 3. 宣布内容 4. 提出要求 5. 安排见习	1. 体育委员整队，向教师报告出勤人数 2. 学生四列横队，体操队形如下： × ▲ 要求： 1. 快、静、齐 2. 认真听讲，精神饱满 3. 明确上课内容和要求	1	2	小
	二、准备活动 慢跑热身 250 米 ×2 圈 体育常规练习	带领学生做好慢跑热身活动		1	4	小
基本部分30分钟	1. 合作游戏 二人三足接力跑游戏 规则：把所有学生分为两队进行比赛，把两个人的一条腿绑在一起，在规定距离间进行二人三足接力跑比赛，哪队先结束为赢家	1. 宣布游戏内容 2. 讲解游戏规则 3. 安排组织学生参与游戏	1. 学生认真听教师讲解 2. 两两结对练习 3. 听教师口令进行游戏	1	10	中
	2. 武术操 乱序复习第一节到第九节的内容	1. 教师讲解动作技术与要领 2. 教师做分解和完整动作示范 3. 教师对小组进行打分，并对错误动作进行及时纠正	1. 把学生分成几个小组，组内进行练习，互相帮助和纠正 2. 小组之间进行评比，看看哪组做得最规范、最整齐 3. 学生积极展示	1	10	中
	3. 花样踢毽 行进间左右脚背轮换踢毽	1. 教师先完整示范动作，后分解示范，边示范边讲要求，使学生建立一个完整的动作概念 2. 指导学生原地进行练习 3. 指导学生行进间练习	1. 学生原地进行练习 2. 把学生分成几个小组，组内进行练习，互相帮助和纠正 3. 学生积极展示	2	10	中

设计意图	一、教学内容 合作游戏：为了跑得更快，学生要抑制自身原有的步伐，配合对方的步伐，发展抑制功能 武术操：手型变换以及各种头部的运动，体现了抑制的运用；第三、四个八拍同第一个八拍相反，体现了抑制功能 花样踢毽：学生运用左右脚轮换踢毽，抑制自己单脚踢毽的优势反应 二、教学组织形式 环境也是影响脑执行功能的重要因素之一，由于有三个不同的项目，则在环境上要求学生必须打起精神，抑制被激活的动作模式，尽快进入下一个项目 创设合作情境、问题情境，使学生能够主动探索，积极练习，促进学生脑执行功能的发展 三、运动强度 通过准备活动到基本部分活动，学生达到中等至中上等活动量					
结束部分4分钟	1. 放松活动 2. 课堂小结 3. 归还器材，宣布下课	1. 带领学生做放松活动 2. 点评课堂表现	1. 按教师指导进行放松 2. 认真听讲，反思学习表现 3. 师生道别	1 1	2 2	小 小

课时实施方案 47

内容	1. 合作游戏（接力开火车） 2. 武术操（乱序复习第一节到第九节的内容） 3. 花样踢毽（行进间左右脚背轮换踢毽）					
教学目标	1. 认知目标：主要发展学生的抑制功能 2. 技能目标：乱序复习第一节到第九节的内容，行进间左右脚背轮换踢毽 3. 情感目标：学习合作精神，了解武术操和花样踢毽，培养学生的集体主义精神					
过程	课的内容	教师活动	学生活动	运动负荷		
				次数	时间	强度
准备部分6分钟	一、课堂常规 1. 集合整队 2. 师生问好 3. 宣布内容 4. 安排见习 二、准备活动 慢跑热身 250 米 ×2 圈 体育常规练习	1. 集合整队 2. 师生问好 3. 宣布内容 4. 提出要求 5. 安排见习 带领学生做好慢跑热身活动	1. 体育委员整队，向教师报告出勤人数 2. 学生四列横队，体操队形如下： × ▲ 要求： 1. 快、静、齐 2. 认真听讲，精神饱满 3. 明确上课内容和要求	1 1	2 4	小 小

基本部分30分钟	1. 合作游戏 接力开火车 游戏方法：将学生分成人数相等的两队，每队5个人组成一个小火车，两队一起跑，到终点后火车尾变火车头开回来，后面的小火车依次接力跑，先跑完的队为胜	1. 宣布游戏内容 2. 讲解游戏规则 3. 安排组织学生参与游戏	1. 学生认真听教师讲解 2. 两两结对练习 3. 听教师口令进行游戏	1	10	中
	2. 武术操 乱序复习第一节到第九节的内容	1. 教师讲解动作技术与要领 2. 教师做分解和完整动作示范 3. 教师对小组进行打分，并对错误动作进行及时纠正	1. 把学生分成几个小组，组内进行练习，互相帮助和纠正 2.小组之间进行评比，看看哪组做得最规范、最整齐 3. 学生积极展示	1	10	中
基本部分30分钟	3. 花样踢毽 行进间左右脚背轮换踢毽	1. 教师先完整示范动作，后分解示范，边示范边讲要求，使学生建立一个完整的动作概念 2. 指导学生原地进行练习 3. 指导学生行进间练习	1. 学生原地进行练习 2. 把学生分成几个小组，组内进行练习，互相帮助和纠正 3. 学生积极展示	2	10	中
设计意图	一、教学内容 合作游戏：为了跑得更快，学生要抑制自身原有的步伐，配合对方的步伐，发展抑制功能 武术操：手型变换以及各种头部的运动，体现了抑制的运用；第三、四个八拍同第一个八拍相反，体现了抑制功能 花样踢毽：学生运用左右脚轮换踢毽，抑制自己单脚踢毽的优势反应 二、教学组织形式 环境也是影响脑执行功能的重要因素之一，由于有三个不同的项目，则在环境上要求学生必须打起精神，抑制被激活的动作模式，尽快进入下一个项目 创设合作情境、问题情境，使学生能够主动探索，积极练习，促进学生脑执行功能的发展 三、运动强度 通过准备活动到基本部分活动，学生达到中等至中上等活动量					
结束部分4分钟	1. 放松活动 2. 课堂小结 3. 归还器材，宣布下课	1. 带领学生做放松活动 2. 点评课堂表现	1. 按教师指导进行放松 2. 认真听讲，反思学习表现 3. 师生道别	1 1	2 2	小 小

课时实施方案 48

内容	1. 合作游戏（二人三足接力跑） 2. 武术操（乱序复习第一节到第九节的内容） 3. 花样踢毽（行进间左右脚背轮换踢毽）
教学目标	1. 认知目标：主要发展学生的抑制功能 2. 技能目标：乱序复习第一节到第九节的内容，行进间左右脚背轮换踢毽 3. 情感目标：学习合作精神，了解武术操和花样踢毽，培养学生的集体主义精神

过程	课的内容	教师活动	学生活动	运动负荷		
				次数	时间	强度
准备部分6分钟	一、课堂常规 1. 集合整队 2. 师生问好 3. 宣布内容 4. 安排见习	1. 集合整队 2. 师生问好 3. 宣布内容 4. 提出要求 5. 安排见习	1. 体育委员整队，向教师报告出勤人数 2. 学生四列横队，体操队形如下： × ▲	1	2	小
	二、准备活动 慢跑热身 250 米 ×2 圈 体育常规练习	带领学生做好慢跑热身活动	要求： 1. 快、静、齐 2. 认真听讲, 精神饱满 3. 明确上课内容和要求	1	4	小
基本部分30分钟	1. 合作游戏 二人三足接力跑游戏 方法：将学生分成人数相等的两队，成两路纵队站在起跑线后。每队第一组的两人用布带将内侧脚踝关节处绑在一起，双臂互相搭肩，准备起跑。游戏开始后，每队第一组向前跑进，到达终点后绕过标志杆跑回起跑线，解开布带交给下一组，游戏按照上述方法进行，每组都跑一次，先跑完的队为胜	1. 宣布游戏内容 2. 讲解游戏规则 3. 安排组织学生参与游戏	1. 学生认真听教师讲解 2. 两两结对练习 3. 听教师口令进行游戏	1	10	中
	2. 武术操 乱序复习第一节到第九节的内容	1. 教师讲解动作技术与要领 2. 教师做分解和完整	1. 把学生分成几个小组，组内进行练习，互相帮助和纠正	1	10	中

基本部分30分钟	3. 花样踢毽 行进间左右脚背轮换踢毽	动作示范 3. 教师对小组进行打分，并对错误动作进行及时纠正 1. 教师先完整示范动作，后分解示范，边示范边讲要求，使学生建立一个完整的动作概念 2. 指导学生原地进行练习 3. 指导学生行进间练习	2.小组之间进行评比，看看哪组做得最规范、最整齐 3. 学生积极展示 1. 学生原地进行练习 2. 把学生分成几个小组，组内进行练习，互相帮助和纠正 3. 学生积极展示	1	10	中
设计意图	一、教学内容 合作游戏：为了跑得更快，学生要抑制自身原有的步伐，配合对方的步伐，发展抑制功能 武术操：手型变换以及各种头部的运动，体现了抑制的运用；第三、四个八拍同第一个八拍相反，体现了抑制功能 花样踢毽：学生运用左右脚轮换踢毽，抑制自己单脚踢毽的优势反应 二、教学组织形式 环境也是影响脑执行功能的重要因素之一，由于有三个不同的项目，则在环境上要求学生必须打起精神，抑制被激活的动作模式，尽快进入下一个项目 创设合作情境、问题情境，使学生能够主动探索，积极练习，促进学生脑执行功能的发展 三、运动强度 通过准备活动到基本部分活动，学生达到中等至中上等活动量					
结束部分4分钟	1. 放松活动 2. 课堂小结 3. 归还器材，宣布下课	1. 带领学生做放松活动 2. 点评课堂表现	1. 按教师指导进行放松 2. 认真听讲，反思学习表现 3. 师生道别	1 1	2 2	小 小

附录三　促进双困小学生脑执行功能发展的“篮球”运动干预方案的开发与实施

课时实施方案

说明：10 周运动干预对语文学习困难小学生脑执行功能影响的研究采用的是 1 ~ 30 次课时实施方案；

16 周运动干预对语文学习困难、普通小学生脑执行功能的影响时程效益比较研究采用的是 1 ~ 48 次课时实施方案。

课时实施方案 1

<table>
<tr><td>内容</td><td colspan="7">1. 小学篮球原地运球技能
2. 游戏</td></tr>
<tr><td>教学目标</td><td colspan="7">1. 通过学习和练习，使学生掌握一定的篮球原地运球动作技能，并锻炼身体素质
2. 通过学习和练习，发展学生的抑制功能</td></tr>
<tr><td rowspan="2">过程</td><td rowspan="2">课的内容</td><td rowspan="2">教师活动</td><td rowspan="2">学生活动</td><td colspan="3">运动负荷</td></tr>
<tr><td>次数</td><td>时间</td><td>强度</td></tr>
<tr><td rowspan="2">准备部分6分钟</td><td>一、课堂常规
1. 集合整队
2. 师生问好
3. 宣布内容
4. 安排见习</td><td>1. 集合整队
2. 师生问好
3. 宣布内容
4. 提出要求
5. 安排见习</td><td rowspan="2">1. 体育委员整队，向教师报告出勤人数
2. 学生四列横队，体操队形如下：
× × × × ×
× × × × ×
× × × × ×
× × × × ×
▲
要求：
1. 快、静、齐
2. 认真听讲，精神饱满
3. 明确上课内容和要求</td><td>1</td><td>2</td><td>小</td></tr>
<tr><td>二、准备活动
慢跑热身
250 米 ×2 圈
体育常规练习</td><td>带领学生做好慢跑热身活动</td><td>1</td><td>4</td><td>小</td></tr>
</table>

基本部分30分钟	1. 伴随音乐，带领学生做熟悉球性的练习 ①原地双手体前拨动球 ②体前抛球，体后击掌接球 ③双手抛球，根据老师口令多次击掌后接球 ④持球绕颈、腰、膝	1. 教师先讲解动作要领及身体姿势要求，然后完整示范动作，再分解示范，边示范边重复要求，使学生建立一个完整的动作概念 2. 巡回指导 3. 鼓励后进生 4. 将学生以列为单位分成4个小组，组内进行练习 5. 对小组展示进行评价	1. 学生认真听教师讲解 2. 两两结对练习 3.学生模仿老师动作，跟着音乐节拍认真完成	1	10	中
	2. 各种方式的原地运球 ①讲解原地运球动作要领，并徒手进行练习 ②单手原地运球 左手、右手侧面运球 左右手交互运球 ③两两镜面运球	1. 教师先讲解动作要领及身体姿势要求，然后完整示范动作，再分解示范，边示范边重复要求，使学生建立一个完整的动作概念 2. 巡回指导 3. 鼓励后进生 4. 将学生以列为单位分成4个小组，组内进行练习 5. 对小组展示进行评价	1. 学生先看教师的动作 2. 学生跟着教师的动作模仿练习 3. 学生自我练习 4. 学生集体练习 5. 学生分组进行练习	1	10	中
	3. 游戏 大西瓜与小西瓜 方法：游戏者围成圈。游戏开始，教师在圈中给出口令：大西瓜或小西瓜。当给出大西瓜的口令时，学生要做出小西瓜的手势。当给出小西瓜的口令时，学生要做出大西瓜的手势。口令速度可根据游戏进行的情况逐渐加快，当有学生做错时，则要在原地做5个深蹲跳以做惩罚	1. 宣布游戏内容 2. 讲解游戏规则 3. 安排组织学生参与游戏		1	10	中

设计意图	一、教学内容 （1）在熟悉球性的练习过程中，所设计的几项练习中都蕴含了脑执行功能的内容。例如，体前抛球、体后击掌接球就是让学生抑制抛球后又在体前接球这一习惯，改为体后击掌接球；而持球体前环绕环节，学生按顺序从上到下后，会习惯性地停止站立，而此处则要求学生紧接着从下往上绕回来，锻炼了学生的抑制与转换能力 （2）原地运球环节主要锻炼的是学生的抑制能力。例如：两两镜面运球环节，教师以一排为标准，另一排为镜面，标准排做与老师口令相同的动作，镜面排则需要做相反的动作，这一过程主要是锻炼镜面排学生的抑制能力，运球过程中抑制其做出与标准排相同的动作。练习一段时间后，交换标准排与镜面排，使得所有学生都能锻炼到抑制能力 二、教学组织形式 环境也是影响脑执行功能的重要因素之一，由于有三个不同的项目，因此在环境上要求学生必须打起精神，能够快速转换到下一个教学内容中去 创设群体活动情境，运动情境中的社会交往，可以促使学生了解其他参与者的意图，根据对他们即将做出的动作的预测，来提取自己的行为反应，使学生能够主动探索，积极练习，发展个体的脑执行功能，培养团队合作意识 三、运动强度 通过准备活动到基本部分活动，学生达到中等至中上等活动量					
结束部分4分钟	1. 放松活动 2. 课堂小结 3. 归还器材，宣布下课	1. 带领学生做放松活动 2. 点评课堂表现	1. 按教师指导进行放松 2. 认真听讲，反思学习表现 3. 师生道别	1 1	2 2	小 小

课时实施方案2

内容	1. 小学篮球原地运球技能 2. 游戏					
教学目标	1. 通过学习和练习，使学生掌握一定的篮球原地运球动作技能，并锻炼身体素质 2. 通过学习和练习，发展学生的抑制功能					
过程	课的内容	教师活动	学生活动	运动负荷		
				次数	时间	强度
准备部分6分钟	一、课堂常规 1. 集合整队 2. 师生问好 3. 宣布内容 4. 安排见习 二、准备活动 慢跑热身 250米 ×2圈 体育常规练习	1. 集合整队 2. 师生问好 3. 宣布内容 4. 提出要求 5. 安排见习 带领学生做好慢跑热身活动	1. 体育委员整队，向教师报告出勤人数 2. 学生四列横队，体操队形如下： ××××× ××××× ××××× ××××× ▲ 要求： 1. 快、静、齐 2. 认真听讲，精神饱满 3. 明确上课内容和要求	1 1	2 4	小 小

基本部分30分钟	1. 伴随音乐，带领学生做熟悉球性的练习 ①原地双手体前拨动球 ②体前抛球，体后击掌接球 ③双手抛球，根据老师口令多次击掌后接球 ④持球绕颈、腰、膝	1. 教师先讲解动作要领及身体姿势要求，然后完整示范动作，再分解示范，边示范边重复要求，使学生建立一个完整的动作概念 2. 巡回指导 3. 鼓励后进生 4. 将学生以列为单位分成4个小组，组内进行练习 5. 对小组展示进行评价	1. 学生认真听教师讲解 2. 两两结对练习 3.学生模仿老师动作，跟着音乐节拍认真完成	1	10	中
	2. 各种方式的原地运球 ①讲解原地运球动作要领，并徒手进行练习 ②单手原地运球 左手、右手侧面运球 左右手交互运球 ③两两镜面运球	1. 教师先讲解动作要领及身体姿势要求，然后完整示范动作，再分解示范，边示范边重复要求，使学生建立一个完整的动作概念 2. 巡回指导 3. 鼓励后进生 4. 将学生以列为单位分成4个小组，组内进行练习 5. 对小组展示进行评价	1. 学生先看教师的动作 2. 学生跟着教师的动作模仿练习 3. 学生自我练习 4. 学生集体练习 5. 学生分组进行练习	1	10	中
	3. 游戏 大西瓜与小西瓜 方法: 游戏者围成圈。游戏开始，教师在圈中给出口令：大西瓜或小西瓜。当给出大西瓜的口令时，学生要做出小西瓜的手势。当给出小西瓜的口令时，学生要做出大西瓜的手势。口令速度可根据游戏进行的情况逐渐加快，当有学生做错时，则要在原地做5个深蹲跳以做惩罚	1. 宣布游戏内容 2. 讲解游戏规则 3. 安排组织学生参与游戏		1	10	中

设计意图	一、教学内容 （1）在熟悉球性的练习过程中，所设计的几项练习中都蕴含了脑执行功能的内容。例如，体前抛球、体后击掌接球就是让学生抑制抛球后又在体前接球这一习惯，改为体后击掌接球；而持球体前环绕环节，学生按顺序从上到下后，会习惯性地停止站立，而此处则要求学生紧接着从下往上绕回来，锻炼了学生的抑制与转换能力 （2）原地运球环节主要锻炼的是学生的抑制能力。例如：两两镜面运球环节，教师以一排为标准，另一排为镜面，标准排做与老师口令相同的动作，镜面排则需要做相反的动作，这一过程主要是锻炼镜面排学生的抑制能力，运球过程中抑制其做出与标准排相同的动作。练习一段时间后，交换标准排与镜面排，使得所有学生都能锻炼到抑制能力 二、教学组织形式 环境也是影响脑执行功能的重要因素之一，由于有三个不同的项目，因此在环境上要求学生必须打起精神，能够快速转换到下一个教学内容中去 创设群体活动情境，运动情境中的社会交往，可以促使学生了解其他参与者的意图，根据对他们即将做出的动作的预测，来提取自己的行为反应，使学生能够主动探索，积极练习，发展个体的脑执行功能，培养团队合作意识 三、运动强度 通过准备活动到基本部分活动，学生达到中等至中上等活动量					
结束部分4分钟	1. 放松活动 2. 课堂小结 3. 归还器材，宣布下课	1. 带领学生做放松活动 2. 点评课堂表现	1. 按教师指导进行放松 2. 认真听讲，反思学习表现 3. 师生道别	1 1	2 2	小 小

课时实施方案 3

内容	1. 小学篮球原地运球技能 2. 游戏					
教学目标	1. 通过学习和练习，使学生掌握一定的篮球原地运球动作技能，并锻炼身体素质 2. 通过学习和练习，发展学生的抑制功能					
过程	课的内容	教师活动	学生活动	运动负荷		
				次数	时间	强度
准备部分6分钟	一、课堂常规 1. 集合整队 2. 师生问好 3. 宣布内容 4. 安排见习 二、准备活动 慢跑热身 250 米 ×2 圈 体育常规练习	1. 集合整队 2. 师生问好 3. 宣布内容 4. 提出要求 5. 安排见习 带领学生做好慢跑热身活动	1. 体育委员整队，向教师报告出勤人数 2. 学生四列横队，体操队形如下： × ▲ 要求： 1. 快、静、齐 2. 认真听讲，精神饱满 3. 明确上课内容和要求	1 1	2 4	小 小

基本部分30分钟	1. 伴随音乐，带领学生做熟悉球性的练习 ①原地双手体前拨动球 ②体前抛球，体后击掌接球 ③双手抛球，根据老师口令多次击掌后接球 ④持球绕颈、腰、膝	1. 教师先讲解动作要领及身体姿势要求，然后完整示范动作，再分解示范，边示范边重复要求，使学生建立一个完整的动作概念 2. 巡回指导 3. 鼓励后进生 4. 将学生以列为单位分成4个小组，组内进行练习 5. 对小组展示进行评价	1. 学生认真听教师讲解 2. 两两结对练习 3.学生模仿老师动作，跟着音乐节拍认真完成	1	10	中
	2. 各种方式的原地运球 ①高低交互运球 ②反口令双手交互运球	1. 教师先讲解动作要领及身体姿势要求，然后完整示范动作，再分解示范，边示范边重复要求，使学生建立一个完整的动作概念 2. 巡回指导 3. 鼓励后进生 4. 将学生以列为单位分成4个小组，组内进行练习 5. 对小组展示进行评价	1. 学生先看教师的动作 2. 学生跟着教师的动作模仿练习 3. 学生自我练习 4. 学生集体练习 5. 学生分组进行练习	1	10	中
	3. 游戏 大西瓜与小西瓜 方法：游戏者围成圈。游戏开始，教师在圈中给出口令：大西瓜或小西瓜。当给出大西瓜的口令时，学生要做出小西瓜的手势。当给出小西瓜的口令时，学生要做出大西瓜的手势。口令速度可根据游戏进行情况逐渐加快，当有学生做错时，则要在原地做5个深蹲跳以做惩罚	1. 宣布游戏内容 2. 讲解游戏规则 3. 安排组织学生参与游戏	1. 学生认真听教师讲解 2. 两两结对练习 3. 听教师口令进行游戏	1	10	中

设计意图	一、教学内容 （1）在熟悉球性的练习过程中，所设计的几项练习中都蕴含了脑执行功能的内容。例如，体前抛球、体后击掌接球就是让学生抑制抛球后又在体前接球这一习惯，改为体后击掌接球；而持球体前环绕环节，学生按顺序从上到下后，会习惯性地停止站立，而此处则要求学生紧接着从下往上绕回来，锻炼了学生的抑制与转换能力 （2）原地运球环节主要锻炼的是学生的抑制能力。例如：反口令双手交互运球中，教师口令为“左”时学生用右手运球，反之亦然，这就要求学生不断抑制做出与口令相同的动作；而高低交互运球环节也是如此，学生可根据老师的口令在高运球和低运球之间相互转换。这些过程都可以很好地锻炼学生的抑制能力 二、教学组织形式 环境也是影响脑执行功能的重要因素之一，因此本篮球教学的组织形式采用了开放型教学模式，积极地创设了大量的合作和竞争等学习情境，并且组织过程充分考虑了学生的学习兴趣，也提高了他们的学习兴趣，进一步促进了学生脑执行功能的发展 三、运动强度 通过准备活动到基本部分活动，学生达到中等至中上等活动量					
结束部分4分钟	1. 放松活动 2. 课堂小结 3. 归还器材，宣布下课	1. 带领学生做放松活动 2. 点评课堂表现	1. 按教师指导进行放松 2. 认真听讲，反思学习表现 3. 师生道别	1 1	2 2	小 小

课时实施方案4

内容	1. 小学篮球行进间直线运球技能 2. 游戏					
教学目标	1. 通过学习和练习，使学生掌握一定的篮球行进间直线运球动作技能，并锻炼身体素质 2. 通过学习和练习，发展学生的刷新功能					
过程	课的内容	教师活动	学生活动	运动负荷		
				次数	时间	强度
准备部分6分钟	一、课堂常规 1. 集合整队 2. 师生问好 3. 宣布内容 4. 安排见习 二、准备活动 慢跑热身 250米 ×2圈 体育常规练习	1. 集合整队 2. 师生问好 3. 宣布内容 4. 提出要求 5. 安排见习 带领学生做好慢跑热身活动	1. 体育委员整队，向教师报告出勤人数 2. 学生四列横队，体操队形如下： × ▲ 要求： 1. 快、静、齐 2. 认真听讲，精神饱满 3. 明确上课内容和要求	1 1	2 4	小 小

基本部分30分钟	1. 伴随音乐，带领学生做熟悉球性的练习 ①原地双手体前拨动球 ②体前抛球，体后击掌接球 ③双手抛球，根据老师口令多次击掌后接球 ④持球绕颈、腰、膝	1. 教师先讲解动作要领及身体姿势要求，然后完整示范动作，再分解示范，边示范边重复要求，使学生建立一个完整的动作概念 2. 巡回指导 3. 鼓励后进生 4. 将学生以列为单位分成4个小组，组内进行练习 5. 对小组展示进行评价	1. 学生认真听教师讲解 2. 两两结对练习 3.学生模仿教师动作，跟着音乐节拍认真完成	1	10	中
	2. 行进间直线运球 ①讲解动作要领 ②左手直线行进低运球 ③直线运球不同距离后返回击掌不同次数运球	1. 教师先完整示范动作，后分解示范，边示范边讲要求，使学生建立一个完整的动作概念。先徒手练习，体会动作，后持球练习 2. 每次进行不同的组织形式之前都要求几位同学辅助做演示，以便学生看得更直观 3. 为了调动学生的学习积极性，运球的每种组织形式都可以设置为小组之间的比赛 4. 请运球优秀的学生给大家进行示范，并分享自己的运球心得	1. 学生先看教师的动作 2. 学生跟着教师的动作模仿练习 3. 学生自我练习 4. 学生集体练习 5. 学生分组进行练习	1	10	中
	3. 游戏 大西瓜与小西瓜 方法: 游戏者围成圈。游戏开始，教师在圈中给出口令：大西瓜或小西瓜。当给出大西瓜的口令时，学生要做出小西瓜的手势。当给出小西瓜的口令时，学生要做出大西	1. 宣布游戏内容 2. 讲解游戏规则 3. 安排组织学生参与游戏	1. 学生认真听教师讲解 2. 两两结对练习 3. 听教师的口令进行游戏	1	10	中

基本部分30分钟	瓜的手势。口令速度可根据游戏进行的情况逐渐加快，当有学生做错时，则要在原地做5个深蹲跳以做惩罚					
设计意图	一、教学内容 （1）在熟悉球性的练习过程中，所设计的几项练习中都蕴含了脑执行功能的内容。例如，体前抛球、体后击掌接球就是让学生抑制抛球后又在体前接球这一习惯，改为体后击掌接球；而持球体前环绕环节，学生按顺序从上到下后，会习惯性地停止站立，而此处则要求学生紧接着从下往上绕回来，锻炼了学生的抑制与转换能力 （2）原地运球环节主要锻炼的是学生的抑制能力。例如：反口令双手交互运球中，教师口令为“左”时学生用右手运球，反之亦然，这就要求学生不断抑制做出与口令相同的动作；而高低交互运球环节也是如此，学生可根据老师的口令在高运球和低运球之间相互转换。这些过程都可以很好地锻炼学生的抑制能力 二、教学组织形式 环境也是影响脑执行功能的重要因素之一，因此本篮球教学的组织形式采用了开放型教学模式，积极地创设了大量的合作和竞争等学习情境，并且组织过程充分考虑了学生的学习兴趣，也提高了他们的学习兴趣，进一步促进了学生脑执行功能的发展 三、运动强度 通过准备活动到基本部分活动，学生达到中等至中上等活动量					
结束部分4分钟	1. 放松活动 2. 课堂小结 3. 归还器材，宣布下课	1. 带领学生做放松活动 2. 点评课堂表现	1. 按教师指导进行放松 2. 认真听讲，反思学习表现 3. 师生道别	1 1	2 2	小 小

课时实施方案5

内容	1. 小学篮球行进间直线运球技能 2. 游戏					
教学目标	1. 通过学习和练习，使学生掌握一定的篮球行进间直线运球动作技能，并锻炼身体素质 2. 通过学习和练习，发展学生的刷新功能					
过程	课的内容	教师活动	学生活动	运动负荷		
				次数	时间	强度
准备部分6分钟	一、课堂常规 1. 集合整队 2. 师生问好 3. 宣布内容 4. 安排见习	1. 集合整队 2. 师生问好 3. 宣布内容 4. 提出要求 5. 安排见习	1. 体育委员整队，向教师报告出勤人数 2. 学生四列横队，体操队形如下：	1	2	小

准备部分6分钟	二、准备活动 慢跑热身 250米 ×2圈 体育常规练习	带领学生做好慢跑热身活动	× ▲ 要求： 1. 快、静、齐 2. 认真听讲，精神饱满 3. 明确上课内容和要求	1	4	小
基本部分30分钟	1. 伴随音乐，带领学生做熟悉球性的练习 ①原地双手体前拨动球 ②体前抛球，体后击掌接球 ③双手抛球，根据老师口令多次击掌后接球 ④持球绕颈、腰、膝	1. 教师先讲解动作要领及身体姿势要求，然后完整示范动作，再分解示范，边示范边重复要求，使学生建立一个完整的动作概念 2. 巡回指导 3. 鼓励后进生 4. 将学生以列为单位分成4个小组，组内进行练习 5. 对小组展示进行评价	1. 学生认真听教师讲解 2. 两两结对练习 3.学生模仿教师动作，跟着音乐节拍认真完成	1	10	中
	2. 行进间直线运球 ①讲解动作要领 ②左手直线行进低运球 ③直线运球不同距离后返回击掌不同次数运球	1. 教师先完整示范动作，后分解示范，边示范边讲要求，使学生建立一个完整的动作概念。先徒手练习，体会动作，后持球练习 2. 每次进行不同的组织形式之前都要求几位同学辅助做演示，以便学生看得更直观 3. 为了调动学生的学习积极性，运球的每种组织形式都可以设置为小组之间的比赛 4. 请运球优秀的学生给大家进行示范，并分享自己的运球心得	1. 学生先看教师的动作 2. 学生跟着教师的动作模仿练习 3. 学生自我练习 4. 学生集体练习 5. 学生分组进行练习	1	10	中

基本部分30分钟	3. 游戏 大西瓜与小西瓜 方法：游戏者围成圈。游戏开始，教师在圈中给出口令：大西瓜或小西瓜。当给出大西瓜的口令时，学生要做出小西瓜的手势。当给出小西瓜的口令时，学生要做出大西瓜的手势。口令速度可根据游戏进行的情况逐渐加快，当有学生做错时，则要在原地做5个深蹲跳以做惩罚	1. 宣布游戏内容 2. 讲解游戏规则 3. 安排组织学生参与游戏	1. 学生认真听教师讲解 2. 两两结对练习 3. 听教师的口令进行游戏	1	10	中
设计意图	一、教学内容 （1）在熟悉球性的练习过程中，所设计的几项练习中都蕴含了脑执行功能的内容。例如，体前抛球、体后击掌接球就是让学生抑制抛球后又在体前接球这一习惯，改为体后击掌接球；而持球体前环绕环节，学生按顺序从上到下后，会习惯性地停止站立，而此处则要求学生紧接着从下往上绕回来，锻炼了学生的抑制与转换能力 （2）原地运球环节主要锻炼的是学生的抑制能力。例如：反口令双手交互运球中，教师口令为“左”时学生用右手运球，反之亦然，这就要求学生不断抑制做出与口令相同的动作；而高低交互运球环节也是如此，学生可根据老师的口令在高运球和低运球之间相互转换。这些过程都可以很好地锻炼学生的抑制能力 二、教学组织形式 环境也是影响脑执行功能的重要因素之一，因此本篮球教学的组织形式采用了开放型教学模式，积极地创设了大量的合作和竞争等学习情境，并且组织过程充分考虑了学生的学习兴趣，也提高了他们的学习兴趣，进一步促进了学生脑执行功能的发展 三、运动强度 通过准备活动到基本部分活动，学生达到中等至中上等活动量					
结束部分4分钟	1. 放松活动 2. 课堂小结 3. 归还器材，宣布下课	1. 带领学生做放松活动 2. 点评课堂表现	1. 按教师指导进行放松 2. 认真听讲，反思学习表现 3. 师生道别	1 1	2 2	小 小

课时实施方案 6

内容	1. 小学篮球行进间直线运球技能 2. 游戏					
教学目标	1. 通过学习和练习，使学生掌握一定的篮球行进间直线运球动作技能，并锻炼身体素质 2. 通过学习和练习，发展学生的刷新功能					
过程	课的内容	教师活动	学生活动	运动负荷		
				次数	时间	强度
准备部分6分钟	一、课堂常规 1. 集合整队 2. 师生问好 3. 宣布内容 4. 安排见习	1. 集合整队 2. 师生问好 3. 宣布内容 4. 提出要求 5. 安排见习	1. 体育委员整队，向教师报告出勤人数 2. 学生四列横队，体操队形如下： ××××× ××××× ××××× ××××× ▲ 要求： 1. 快、静、齐 2. 认真听讲，精神饱满 3. 明确上课内容和要求	1	2	小
	二、准备活动 慢跑热身 250 米 ×2 圈 体育常规练习	带领学生做好慢跑热身活动		1	4	小
基本部分30分钟	1. 伴随音乐，带领学生做熟悉球性的练习 ①原地双手体前拨动球 ②体前抛球，体后击掌接球 ③双手抛球，根据老师口令多次击掌后接球 ④持球绕颈、腰、膝	1. 教师先讲解动作要领及身体姿势要求，然后完整示范动作，再分解示范，边示范边重复要求，使学生建立一个完整的动作概念 2. 巡回指导 3. 鼓励后进生 4. 将学生以列为单位分成 4 个小组，组内进行练习 5. 对小组展示进行评价	1. 学生认真听教师讲解 2. 两两结对练习 3. 学生模仿教师的动作，跟着音乐节拍认真完成	1	10	中
	2. 行进间直线运球 ①左手直线行进高运球 ②直线记标志物数量最多运球	1. 教师先完整示范动作，后分解示范，边示范边讲要求，使学生建立一个完整的动作概念。先徒手练习，体会动作，后持球练习	1. 学生先看教师的动作 2. 学生跟着教师的动作模仿练习 3. 学生自我练习 4. 学生集体练习 5. 学生分组进行练习	1	10	中

基本部分30分钟		2. 每次进行不同的组织形式之前都要求几位同学辅助做演示，以便学生看得更直观 3. 为了调动学生的学习积极性，运球的每种组织形式都可以设置为小组之间的比赛 4. 请运球优秀的学生给大家进行示范，并分享自己的运球心得				
	3. 游戏 报数游戏 该游戏有4个口令，即数字1、2、3以及4。让所有学生站成一个大大的圆。当老师喊开始时，游戏即正式开始。当老师喊“1”时，学生就按顺时针方向慢跑。当老师喊“2”时，所有学生都要立刻停下。当老师喊“3”时，所有学生就要全部蹲下。当老师喊“4”时，所有学生开始抱成团。在游戏进行的过程中，凡是做错动作的学生即被淘汰，输了的学生进行才艺表演，表演人数视现场情况而定，比比谁能坚持到最后	1. 宣布游戏内容 2. 讲解游戏规则 3. 安排组织学生参与游戏	1. 学生认真听教师讲解 2. 两两结对练习 3. 听教师的口令进行游戏	1	10	中
设计意图	一、教学内容 （1）在熟悉球性的练习过程中，所设计的几项练习中都蕴含了脑执行功能的内容。例如，体前抛球，体后击掌接球就是让学生抑制抛球后又在体前接球这一习惯，改为体后击掌接球；而根据教师的口令，选择单手抛球或是双手抛球，以及之后是击掌一次或是几次这一练习过程中，学生需要通过口令来判断抛球方式、击掌次数，最后再接球，在做完抛球动作后，学生需要立刻转换思维来做击掌动作，并且对击掌次数进行刷新 （2）行进间直线运球项目中，直线记标记物数量练习，学生不仅需要控制好自己的球，还要记住运球过程中标志物的数量在哪个位置最多，这一过程中涉及了刷新功能					

设计意图	二、教学组织形式 环境也是影响脑执行功能的重要因素之一，因此本篮球教学的组织形式采用了开放型教学模式，积极地创设了大量的合作和竞争等学习情境，并且组织过程充分考虑了学生的学习兴趣，也提高了他们的学习兴趣，进一步促进了学生脑执行功能的发展 三、运动强度 通过准备活动到基本部分活动，学生达到中等至中上等活动量					
结束部分4分钟	1. 放松活动 2. 课堂小结 3. 归还器材，宣布下课	1. 带领学生做放松活动 2. 点评课堂表现	1. 按教师指导进行放松 2. 认真听讲，反思学习表现 3. 师生道别	1 1	2 2	小 小

课时实施方案 7

内容	1. 小学篮球行进间曲线运球技能 2. 游戏					
教学目标	1. 通过学习和练习，使学生掌握一定的篮球行进间曲线运球动作技能，并锻炼身体素质 2. 通过学习和练习，发展学生的转换功能					
过程	课的内容	教师活动	学生活动	运动负荷		
				次数	时间	强度
准备部分6分钟	一、课堂常规 1. 集合整队 2. 师生问好 3. 宣布内容 4. 安排见习 二、准备活动 慢跑热身 250 米 ×2 圈 体育常规练习	1. 集合整队 2. 师生问好 3. 宣布内容 4. 提出要求 5. 安排见习 带领学生做好慢跑热身活动	1. 体育委员整队，向教师报告出勤人数 2. 学生四列横队，体操队形如下： × ▲ 要求： 1. 快、静、齐 2. 认真听讲，精神饱满 3. 明确上课内容和要求	1 1	2 4	小 小
基本部分30分钟	1. 伴随音乐，带领学生做熟悉球性的练习 ①原地、行进间双手体前拨动球 ②体前抛球，体后击掌接球	1. 教师先讲解动作要领及身体姿势要求，然后完整示范动作，再分解示范，边示范边重复要求，使学生建立一个完整的动作概念	1. 学生认真听教师讲解 2. 两两结对练习 3. 学生模仿教师的动作，跟着音乐节拍认真完成	1	10	中

基本部分30分钟	③单、双手抛球，根据教师口令多次击掌后接球 ④单手抛球换手接球	2. 巡回指导 3. 鼓励后进生 4. 将学生以列为单位分成 4 个小组，组内进行练习 5. 对小组展示进行评价				
	2. 行进间直线运球 ①左手直线行进高运球 ②直线记标志物数量最多运球	1. 教师先完整示范动作，后分解示范，边示范边讲要求，使学生建立一个完整的动作概念。先徒手练习体会动作，后持球练习 2. 每次进行不同的组织形式之前都要求几位同学辅助做演示，以便学生看得更直观 3. 为了调动学生的学习积极性，运球的每种组织形式都可以设置为小组之间的比赛 4. 请运球优秀的学生给大家进行示范，并分享自己的运球心得	1. 学生先看教师的动作 2. 学生跟着教师的动作模仿练习 3. 学生自我练习 4. 学生集体练习 5. 学生分组进行练习	1	10	中
	3. 游戏 报数游戏 该游戏有 4 个口令，即数字 1、2、3 以及 4。让所有学生站成一个大大的圆。当老师喊开始时，游戏即正式开始。当老师喊“1”时，学生就按顺时针方向慢跑。当老师喊“2”时，所有学生都要立刻停下。当老师喊“3”时，所有学生就要全部蹲下。当老师喊“4”时，所有学生开始抱成团。在游戏进行的过程中，凡是做错动作	1. 宣布游戏内容 2. 讲解游戏规则 3. 安排组织学生参与游戏	1. 学生认真听教师讲解 2. 两两结对练习 3. 听教师的口令进行游戏	1	10	中

基本部分30分钟	的学生即为淘汰，输了的学生进行才艺表演，表演人数视现场情况而定，比比谁能坚持到最后					
设计意图	一、教学内容 （1）在熟悉球性的练习过程中，所设计的几项练习中都蕴含了脑执行功能的内容。例如，体前抛球、体后击掌接球就是让学生抑制抛球后又在体前接球这一习惯，改为体后击掌接球；而根据老师口令，选择单手抛球或是双手抛球，以及之后是击掌一次或是几次这一练习过程中，学生需要通过口令来判断抛球方式、击掌次数，最后再接球，在做完抛球动作后，学生需要立刻转换思维来做击掌动作，并且对击掌次数进行刷新 （2）行进间曲线运球过程中，曲线本身就能对学生的抑制与转换能力有所提高，而先直线运球，绕标志物后又曲线运球的方式，更能对脑执行功能进行一定的改善 二、教学组织形式 环境也是影响脑执行功能的重要因素之一，因此本篮球教学的组织形式采用了开放型教学模式，积极地创设了大量的合作和竞争等学习情境，并且组织过程充分考虑了学生的学习兴趣，也提高了他们的学习兴趣，进一步促进了学生脑执行功能的发展 三、运动强度 通过准备活动到基本部分活动，学生达到中等至中上等活动量					
结束部分4分钟	1. 放松活动 2. 课堂小结 3. 归还器材，宣布下课	1. 带领学生做放松活动 2. 点评课堂表现	1. 按教师指导进行放松 2. 认真听讲，反思学习表现 3. 师生道别	1 1	2 2	小 小

课时实施方案 8

内容	1. 小学篮球行进间曲线运球技能 2. 游戏					
教学目标	1. 通过学习和练习，使学生掌握一定的篮球行进间曲线运球动作技能，并锻炼身体素质 2. 通过学习和练习，发展学生的转换功能					
过程	课的内容	教师活动	学生活动	运动负荷		
				次数	时间	强度
准备部分6分钟	一、课堂常规 1. 集合整队 2. 师生问好 3. 宣布内容 4. 安排见习	1. 集合整队 2. 师生问好 3. 宣布内容 4. 提出要求 5. 安排见习	1. 体育委员整队，向教师报告出勤人数 2. 学生四列横队，体操队形如下： ××××× ××××× ××××× ××××× ▲	1	2	小

准备部分6分钟	二、准备活动 慢跑热身 250米 ×2圈 体育常规练习	带领学生做好慢跑热身活动	要求： 1. 快、静、齐 2. 认真听讲，精神饱满 3. 明确上课内容和要求	1	4	
基本部分30分钟	1. 伴随音乐，带领学生做熟悉球性的练习 ①原地、行进间双手体前拨动球 ②体前抛球，体后击掌接球 ③单、双手抛球，根据教师口令多次击掌后接球 ④单手抛球换手接球	1. 教师先讲解动作要领及身体姿势要求，然后完整示范动作，再分解示范，边示范边重复要求，使学生建立一个完整的动作概念 2. 巡回指导 3. 鼓励后进生 4. 将学生以列为单位分成4个小组，组内进行练习 5. 对小组展示进行评价	1. 学生认真听教师讲解 2. 两两结对练习 3. 学生模仿教师的动作，跟着音乐节拍认真完成	1	10	中
	2. 行进间直线运球 ①左手直线行进高运球 ②直线记标志物数量最多运球	1. 教师先完整示范动作，后分解示范，边示范边讲要求，使学生建立一个完整的动作概念。先徒手练习体会动作，后持球练习 2. 每次进行不同的组织形式之前都要求几位同学辅助做演示，以便学生看得更直观 3. 为了调动学生的学习积极性，运球的每种组织形式都可以设置为小组之间的比赛 4. 请运球优秀的学生给大家进行示范，并分享自己的运球心得	1. 学生先看教师的动作 2. 学生跟着教师的动作模仿练习 3. 学生自我练习 4. 学生集体练习 5. 学生分组进行练习	1	10	中
	3. 游戏 报数游戏 该游戏有4个口令，即数字1、2、3以及4。让所有学生站成一个大大的圆。当老师喊开始时，游戏即正式	1. 宣布游戏内容 2. 讲解游戏规则 3. 安排组织学生参与游戏	1. 学生认真听教师讲解 2. 两两结对练习 3. 听教师的口令进行游戏	1	10	中

基本部分30分钟	开始。当老师喊“1”时，学生就按顺时针方向慢跑。当老师喊“2”时，所有学生都要立刻停下。当老师喊“3”时，所有学生就要全部蹲下。当老师喊“4”时，所有学生开始抱成团。在游戏进行的过程中，凡是做错动作的学生即为淘汰，输了的学生进行才艺表演，表演人数视现场情况而定，比比谁能坚持到最后					
设计意图	一、教学内容 （1）在熟悉球性的练习过程中，所设计的几项练习中都蕴含了脑执行功能的内容。例如，体前抛球、体后击掌接球就是让学生抑制抛球后又在体前接球这一习惯，改为体后击掌接球；而根据老师口令，选择单手抛球或是双手抛球，以及之后是击掌一次或是几次这一练习过程中，学生需要通过口令来判断抛球方式、击掌次数，最后再接球，在做完抛球动作后，学生需要立刻转换思维来做击掌动作，并且对击掌次数进行刷新 （2）行进间曲线运球过程中，曲线本身就能对学生的抑制与转换能力有所提高，而先直线运球，绕标志物后又曲线运球的方式，更能对脑执行功能进行一定的改善 二、教学组织形式 环境也是影响脑执行功能的重要因素之一，因此本篮球教学的组织形式采用了开放型教学模式，积极地创设了大量的合作和竞争等学习情境，并且组织过程充分考虑了学生的学习兴趣，也提高了他们的学习兴趣，进一步促进了学生脑执行功能的发展 三、运动强度 通过准备活动到基本部分活动，学生达到中等至中上等活动量					
结束部分4分钟	1. 放松活动 2. 课堂小结 3. 归还器材，宣布下课	1. 带领学生做放松活动 2. 点评课堂表现	1. 按教师指导进行放松 2. 认真听讲，反思学习表现 3. 师生道别	1 1	2 2	小 小

课时实施方案 9

内容	1. 小学篮球行进间曲线运球技能 2. 游戏
教学目标	1. 通过学习和练习，使学生掌握一定的篮球行进间曲线运球动作技能，并锻炼身体素质 2. 通过学习和练习，发展学生的转换功能

过程	课的内容	教师活动	学生活动	运动负荷		
				次数	时间	强度
准备部分6分钟	一、课堂常规 1. 集合整队 2. 师生问好 3. 宣布内容 4. 安排见习	1. 集合整队 2. 师生问好 3. 宣布内容 4. 提出要求 5. 安排见习	1. 体育委员整队，向教师报告出勤人数 2. 学生四列横队，体操队形如下： ××××× ××××× ××××× ××××× ▲ 要求： 1. 快、静、齐 2. 认真听讲，精神饱满 3. 明确上课内容和要求	1	2	小
	二、准备活动 慢跑热身 250 米 ×2 圈 体育常规练习	带领学生做好慢跑热身活动		1	4	小
基本部分30分钟	1. 伴随音乐，带领学生做熟悉球性的练习 ①原地、行进间双手体前拨动球 ②体前抛球，体后击掌接球 ③单、双手抛球，根据老师口令多次击掌后接球 ④单手抛球换手接球	1. 教师先讲解动作要领及身体姿势要求，然后完整示范动作，再分解示范，边示范边重复要求，使学生建立一个完整的动作概念 2. 巡回指导 3. 鼓励后进生 4. 将学生以列为单位分成 4 个小组，组内进行练习 5. 对小组展示进行评价	1. 学生认真听教师讲解 2. 两两结对练习 3. 学生模仿教师动作，跟着音乐节拍认真完成	1	10	中
	2. 行进间曲线运球 ①之形运球 ②设置多个不同障碍，学生根据情况选择运球方式到终点	1. 教师先完整示范动作，后分解示范，边示范边讲要求，使学生建立一个完整的动作概念。先徒手练习，体会动作，后持球练习 2. 每次进行不同的组织形式之前都要求几	1. 学生先看教师的动作 2. 学生跟着教师的动作模仿练习 3. 学生自我练习 4. 学生集体练习 5. 学生分组进行练习	1	10	中

基本部分30分钟		位同学辅助做演示，以便学生看得更直观 3. 为了调动学生的学习积极性，运球的每种组织形式都可以设置为小组之间的比赛 4. 请运球优秀的学生给大家进行示范，并分享自己的运球心得				
	3. 游戏 游戏：新兔子舞 学生排成一排，模仿兔子舞方式，手搭在前一个学生的肩上。老师则站在队伍旁边喊口令，并且观察哪些同学做错了。当老师在旁边喊前后左右方位时，学生要往与老师说的方位的反方向跳跃。当有学生做错时，则必须从队伍中淘汰出来，剩下的人继续进行游戏。随着人数的减少，老师喊口令的节奏也可以逐渐加快。给游戏设定一个时间，当时间到了时，剩下的还在队伍中的学生则为优胜者，之前淘汰的学生则要受到一定的惩罚	1. 宣布游戏内容 2. 讲解游戏规则 3. 安排组织学生参与游戏	1. 学生认真听教师讲解 2. 两两结对练习 3. 听教师的口令进行游戏	1	10	中
设计意图	一、教学内容 （1）在熟悉球性的练习过程中，所设计的几项练习中都蕴含了脑执行功能的内容。例如，体前抛球、体后击掌接球就是让学生抑制抛球后又在体前接球这一习惯，改为体后击掌接球；而根据教师口令，选择单手抛球或是双手抛球，以及之后是击掌一次或是几次这一练习过程中，学生需要通过口令来判断抛球方式、击掌次数，最后再接球，在做完抛球动作后，学生需要立刻转换思维来做击掌动作，并且对击掌次数进行刷新 （2）行进间曲线运球过程中，学生根据不同障碍选择不同方式运球到达终点，这一过程很好地体现了转换功能 二、教学组织形式 环境也是影响脑执行功能的重要因素之一，因此本篮球教学的组织形式采用了开放型教学					

设计意图	模式，积极地创设了大量的合作和竞争等学习情境，并且组织过程充分考虑了学生的学习兴趣，也提高了他们的学习兴趣，进一步促进了学生脑执行功能的发展 三、运动强度 通过准备活动到基本部分活动，学生达到中等至中上等活动量					
结束部分4分钟	1. 放松活动 2. 课堂小结 3. 归还器材，宣布下课	1. 带领学生做放松活动 2. 点评课堂表现	1. 按教师指导进行放松 2. 认真听讲，反思学习表现 3. 师生道别	1 1	2 2	小 小

课时实施方案 10

内容	1. 小学篮球起动、急停技能 2. 游戏					
教学目标	1. 通过学习和练习，使学生掌握一定的篮球起动、急停动作技能，并锻炼身体素质 2. 通过学习和练习，发展学生的抑制功能					
过程	课的内容	教师活动	学生活动	运动负荷		
				次数	时间	强度
准备部分6分钟	一、课堂常规 1. 集合整队 2. 师生问好 3. 宣布内容 4. 安排见习 二、准备活动 慢跑热身 250 米 ×2 圈 体育常规练习	1. 集合整队 2. 师生问好 3. 宣布内容 4. 提出要求 5. 安排见习 带领学生做好慢跑热身活动	1. 体育委员整队，向教师报告出勤人数 2. 学生四列横队，体操队形如下： × ▲ 要求： 1. 快、静、齐 2. 认真听讲，精神饱满 3. 明确上课内容和要求	1 1	2 4	小 小
基本部分30分钟	1. 伴随音乐，带领学生做熟悉球性的练习 ①原地、行进间双手体前拨动球 ②体前抛球，体后击掌接球 ③单、双手抛球，根据教师口令多次击掌	1. 教师先讲解动作要领及身体姿势要求，然后完整示范动作，再分解示范，边示范边重复要求，使学生建立一个完整的动作概念 2. 巡回指导	1. 学生认真听教师讲解 2. 两两结对练习 3.学生模仿教师动作，跟着音乐节拍认真完成	1	10	中

基本部分30分钟	后接球 ④单手抛球换手接球	3. 鼓励后进生 4. 将学生以列为单位分成 4 个小组，组内进行练习 5. 对小组展示进行评价				
	2. 起动、急停 ①讲解“跨停”“跳停”“前起”“侧起”等动作要点 ②行进间运球 10 米跨步急停，运球 20 米跳步急停	1. 教师先完整示范动作，后分解示范，边示范边讲要求，使学生建立一个完整的动作概念。先徒手练习，体会动作，后持球练习 2. 每次进行不同的组织形式之前都要求几位同学辅助做演示，以便学生看得更直观 3. 为了调动学生的学习积极性，移动的每种组织形式都可以设置为小组之间的比赛 4. 请表现优秀的学生给大家进行示范，并分享自己的学习心得	1. 学生先看教师的动作 2. 学生跟着教师的动作模仿练习 3. 学生自我练习 4. 学生集体练习 5. 学生分组进行练习	1	10	中
	3. 游戏 篮球与乒乓球 游戏者围成圈。游戏开始，教师指定任何一人从逆时针或顺时针方向开始游戏，第一人说：“篮球！”同时两手做成乒乓球的样子。第二人应接着说：“乒乓球！”同时两手做成篮球的样子。如此交替进行。如果某人发生错误，必须为大家表演一个节目。然后从出现错误的人开始，继续游戏	1. 宣布游戏内容 2. 讲解游戏规则 3. 安排组织学生参与游戏	1. 学生认真听教师讲解 2. 两两结对练习 3. 听教师的口令进行游戏	1	10	中

设计意图	一、教学内容 （1）在熟悉球性的练习过程中，所设计的几项练习中都蕴含了脑执行功能的内容。例如，体前抛球、体后击掌接球就是让学生抑制抛球后又在体前接球这一习惯，改为体后击掌接球；而根据教师口令，选择单手抛球或是双手抛球，以及之后是击掌一次或是几次这一练习过程中，学生需要通过口令来判断抛球方式、击掌次数，最后再接球，在做完抛球动作后，学生需要立刻转换思维来做击掌动作，并且对击掌次数进行刷新 （2）起动、急停这一环节，学生在直线或曲线运球一段时间后需要抑制继续运球的反应，而根据老师要求进行急停技术的练习，这本身就是对学生抑制能力的一个很好的锻炼 二、教学组织形式 环境也是影响脑执行功能的重要因素之一，由于有三个不同的项目，因此在环境上要求学生必须打起精神，能够快速转换到下一个教学内容中去 创设群体活动情境，运动情境中的社会交往，可以促使学生了解其他参与者的意图，根据对他们即将做出的动作的预测来，提取自己的行为反应，使学生能够主动探索，积极练习，发展个体脑执行功能，培养团队合作意识 三、运动强度 通过准备活动到基本部分活动，学生达到中等至中上等活动量					
结束部分4分钟	1. 放松活动 2. 课堂小结 3. 归还器材，宣布下课	1. 带领学生做放松活动 2. 点评课堂表现	1. 按教师指导进行放松 2. 认真听讲，反思学习表现 3. 师生道别	1 1	2 2	小 小

课时实施方案 11

内容	1. 小学篮球起动、急停技能 2. 游戏					
教学目标	1. 通过学习和练习，使学生掌握一定的篮球起动、急停动作技能，并锻炼身体素质 2. 通过学习和练习，发展学生的抑制功能					
过程	课的内容	教师活动	学生活动	运动负荷		
				次数	时间	强度
准备部分6分钟	一、课堂常规 1. 集合整队 2. 师生问好 3. 宣布内容 4. 安排见习 二、准备活动 慢跑热身 250米 ×2圈 体育常规练习	1. 集合整队 2. 师生问好 3. 宣布内容 4. 提出要求 5. 安排见习 带领学生做好慢跑热身活动	1. 体育委员整队，向教师报告出勤人数 2. 学生四列横队，体操队形如下： × ▲ 要求： 1. 快、静、齐 2. 认真听讲，精神饱满 3. 明确上课内容和要求	1 1	2 4	小 小

基本部分30分钟	1. 伴随音乐，带领学生做熟悉球性的练习 ①原地、行进间双手体前拨动球 ②体前抛球，体后击掌接球 ③单、双手抛球，根据教师口令多次击掌后接球 ④单手抛球换手接球	1. 教师先讲解动作要领及身体姿势要求，然后完整示范动作，再分解示范，边示范边重复要求，使学生建立一个完整的动作概念 2. 巡回指导 3. 鼓励后进生 4. 将学生以列为单位分成 4 个小组，组内进行练习 5. 对小组展示进行评价	1. 学生认真听教师讲解 2. 两两结对练习 3.学生模仿教师动作，跟着音乐节拍认真完成	1	10	中
	2. 起动、急停 ①讲解“跨停”“跳停”“前起”“侧起”等动作要点 ②行进间运球 10 米跨步急停，运球 20 米跳步急停	1. 教师先完整示范动作，后分解示范，边示范边讲要求，使学生建立一个完整的动作概念。先徒手练习，体会动作，后持球练习 2. 每次进行不同的组织形式之前都要求几位同学辅助做演示，以便学生看得更直观 3. 为了调动学生的学习积极性，移动的每种组织形式都可以设置为小组之间的比赛 4. 请表现优秀的学生给大家进行示范，并分享自己的学习心得	1. 学生先看教师的动作 2. 学生跟着教师的动作模仿练习 3. 学生自我练习 4. 学生集体练习 5. 学生分组进行练习	1	10	中
	3. 游戏 篮球与乒乓球 游戏者围成圈。游戏开始，教师指定任何一人从逆时针或顺时针方向开始游戏，第一人说：“篮球！”同时两手做成乒乓球的样子。第二人应接着说：“乒乓球！”同时两手做成	1. 宣布游戏内容 2. 讲解游戏规则 3. 安排组织学生参与游戏	1. 学生认真听教师讲解 2. 两两结对练习 3. 听教师的口令进行游戏	1	10	中

基本部分30分钟	篮球的样子。如此交替进行。如果某人发生错误，必须为大家表演一个节目。然后从出现错误的人开始，继续游戏					
设计意图	一、教学内容 （1）在熟悉球性的练习过程中，所设计的几项练习中都蕴含了脑执行功能的内容。例如，体前抛球、体后击掌接球就是让学生抑制抛球后又在体前接球这一习惯，改为体后击掌接球；而根据教师口令，选择单手抛球或是双手抛球，以及之后是击掌一次或是几次这一练习过程中，学生需要通过口令来判断抛球方式、击掌次数，最后再接球，在做完抛球动作后，学生需要立刻转换思维来做击掌动作，并且对击掌次数进行刷新 （2）起动、急停这一环节，学生在直线或曲线运球一段时间后需要抑制继续运球的反应，而根据老师要求进行急停技术的练习，这本身就是对学生抑制能力的一个很好的锻炼 二、教学组织形式 环境也是影响脑执行功能的重要因素之一，由于有三个不同的项目，因此在环境上要求学生必须打起精神，能够快速转换到下一个教学内容中去 创设群体活动情境，运动情境中的社会交往，可以促使学生了解其他参与者的意图，根据对他们即将做出的动作的预测，来提取自己的行为反应，使学生能够主动探索，积极练习，发展个体脑执行功能，培养团队合作意识 三、运动强度 通过准备活动到基本部分活动，学生达到中等至中上等活动量					
结束部分4分钟	1. 放松活动 2. 课堂小结 3. 归还器材，宣布下课	1. 带领学生做放松活动 2. 点评课堂表现	1. 按教师指导进行放松 2. 认真听讲，反思学习表现 3. 师生道别	1 1	2 2	小 小

课时实施方案 12

内容	1. 小学篮球起动、急停技能 2. 游戏					
教学目标	1. 通过学习和练习，使学生掌握一定的篮球起动、急停动作技能，并锻炼身体素质 2. 通过学习和练习，发展学生的抑制功能					
过程	课的内容	教师活动	学生活动	运动负荷		
				次数	时间	强度
准备部分6分钟	一、课堂常规 1. 集合整队 2. 师生问好 3. 宣布内容 4. 安排见习	1. 集合整队 2. 师生问好 3. 宣布内容 4. 提出要求 5. 安排见习	1. 体育委员整队，向教师报告出勤人数 2. 学生四列横队，体操队形如下：	1	2	小

准备部分6分钟	二、准备活动 慢跑热身 250 米 ×2 圈 体育常规练习	带领学生做好慢跑热身活动	× ▲ 要求： 1. 快、静、齐 2. 认真听讲，精神饱满 3. 明确上课内容和要求	1	4	小
基本部分30分钟	1. 伴随音乐，带领学生做熟悉球性的练习 ①原地、行进间双手体前拨动球 ②体前抛球，体后击掌接球 ③单、双手抛球，根据教师口令多次击掌后接球 ④单手抛球换手接球	1. 教师先讲解动作要领及身体姿势要求，然后完整示范动作，再分解示范，边示范边重复要求，使学生建立一个完整的动作概念 2. 巡回指导 3. 鼓励后进生 4. 将学生以列为单位分成 4 个小组，组内进行练习 5. 对小组展示进行评价	1. 学生认真听教师讲解 2. 两两结对练习 3.学生模仿教师动作，跟着音乐节拍认真完成	1	10	中
	2. 起动、急停 ①讲解“跨停”“跳停”“前起”“侧起”等动作要点 ②行进间运球 10 米跨步急停，运球 20 米跳步急停	1. 教师先完整示范动作，后分解示范，边示范边讲要求，使学生建立一个完整的动作概念。先徒手练习，体会动作，后持球练习 2. 每次进行不同的组织形式之前都要求几位同学辅助做演示，以便学生看得更直观 3. 为了调动学生的学习积极性，移动的每种组织形式都可以设置为小组之间的比赛 4. 请表现优秀的学生给大家进行示范，并分享自己的学习心得	1. 学生先看教师的动作 2. 学生跟着教师的动作模仿练习 3. 学生自我练习 4. 学生集体练习 5. 学生分组进行练习	1	10	中

基本部分30分钟	3. 游戏 篮球与乒乓球 游戏者围成圈。游戏开始，教师指定任何一人从逆时针或顺时针方向开始游戏，第一人说：“篮球！”同时两手做成乒乓球的样子。第二人应接着说：“乒乓球！” 同时两手做成篮球的样子。如此交替进行。如果某人发生错误，必须为大家表演一个节目。然后从出现错误的人开始，继续游戏	1. 宣布游戏内容 2. 讲解游戏规则 3. 安排组织学生参与游戏	1. 学生认真听教师讲解 2. 两两结对练习 3. 听教师的口令进行游戏	1	10	中
设计意图	一、教学内容 （1）在熟悉球性的练习过程中，所设计的几项练习中都蕴含了脑执行功能的内容。例如，体前抛球、体后击掌接球就是让学生抑制抛球后又在体前接球这一习惯，改为体后击掌接球；而根据教师口令，选择单手抛球或是双手抛球，以及之后是击掌一次或是几次这一练习过程中，学生需要通过口令来判断抛球方式、击掌次数，最后再接球，在做完抛球动作后，学生需要立刻转换思维来做击掌动作，并且对击掌次数进行刷新 （2）起动、急停这一环节，学生在直线或曲线运球一段时间后需要抑制继续运球的反应，而根据老师要求进行急停技术的练习，这本身就是对学生抑制能力的一个很好的锻炼 二、教学组织形式 环境也是影响脑执行功能的重要因素之一，由于有三个不同的项目，因此在环境上要求学生必须打起精神，能够快速转换到下一个教学内容中去 创设群体活动情境，运动情境中的社会交往，可以促使学生了解其他参与者的意图，根据对他们即将做出的动作的预测，来提取自己的行为反应，使学生能够主动探索，积极练习，发展个体脑执行功能，培养团队合作意识 三、运动强度 通过准备活动到基本部分活动，学生达到中等至中上等活动量					
结束部分4分钟	1. 放松活动 2. 课堂小结 3. 归还器材，宣布下课	1. 带领学生做放松活动 2. 点评课堂表现	1. 按教师指导进行放松 2. 认真听讲，反思学习表现 3. 师生道别	1 1	2 2	小 小

课时实施方案 13

内容	1. 小学篮球起动、急停技能 2. 游戏
教学目标	1. 通过学习和练习，使学生掌握一定的篮球起动、急停动作技能，并锻炼身体素质 2. 通过学习和练习，发展学生的抑制功能

过程	课的内容	教师活动	学生活动	运动负荷		
				次数	时间	强度
准备部分6分钟	一、课堂常规 1. 集合整队 2. 师生问好 3. 宣布内容 4. 安排见习	1. 集合整队 2. 师生问好 3. 宣布内容 4. 提出要求 5. 安排见习	1. 体育委员整队，向教师报告出勤人数 2. 学生四列横队，体操队形如下： × ▲ 要求： 1. 快、静、齐 2. 认真听讲, 精神饱满 3. 明确上课内容和要求	1	2	小
	二、准备活动 慢跑热身 250 米 ×2 圈 体育常规练习	带领学生做好慢跑热身活动		1	4	小
基本部分30分钟	1. 伴随音乐，带领学生做熟悉球性的练习 ①原地、行进间双手体前拨动球 ②体前抛球，体后击掌接球 ③单、双手抛球，根据教师口令多次击掌后接球 ④单手抛球换手接球	1. 教师先讲解动作要领及身体姿势要求，然后完整示范动作，再分解示范，边示范边重复要求，使学生建立一个完整的动作概念 2. 巡回指导 3. 鼓励后进生 4. 将学生以列为单位分成 4 个小组，组内进行练习 5. 对小组展示进行评价	1. 学生认真听教师讲解 2. 两两结对练习 3.学生模仿教师动作，跟着音乐节拍认真完成	1	10	中
	2. 起动、急停 ①讲解“跨停”“跳停”“前起”“侧起”等动作要点 ②行进间运球 10 米跨步急停，运球 20 米跳步急停	1. 教师先完整示范动作, 后分解示范, 边示范边讲要求, 使学生建立一个完整的动作概念。先徒手练习, 体会动作, 后持球练习 2. 每次进行不同的组织形式之前都要求几位同学辅助做演示，以便学生看得更直观 3. 为了调动学生的学习积极性，移动的每种组织形式都可以设置为小组之间的比赛 4. 请表现优秀的学生给大家进行示范，并分享自己的学习心得	1. 学生先看教师的动作 2. 学生跟着教师的动作模仿练习 3. 学生自我练习 4. 学生集体练习 5. 学生分组进行练习	1	10	中

基本部分30分钟	3. 游戏 游戏：新兔子舞 学生排成一排，模仿兔子舞方式，手搭在前一个学生的肩上。老师则站在队伍旁边喊口令，并且观察哪些同学做错了。当教师在旁边喊前后左右方位时，学生要往与教师说的方位的反方向跳跃。当有学生做错时，则必须从队伍中淘汰出来，剩下的人继续进行游戏。随着人数的减少，教师喊口令的节奏也可以逐渐加快。给游戏设定一个时间，当时间到了时，剩下的还在队伍中的学生则为优胜者，之前淘汰的学生则要进行一定的惩罚	1. 宣布游戏内容 2. 讲解游戏规则 3. 安排组织学生参与游戏	1. 学生认真听教师讲解 2. 两两结对练习 3. 听教师的口令进行游戏	1	10	中
设计意图	一、教学内容 （1）在熟悉球性的练习过程中，所设计的几项练习中都蕴含了脑执行功能的内容。例如，体前抛球、体后击掌接球就是让学生抑制抛球后又在体前接球这一习惯，改为体后击掌接球；而根据教师口令，选择单手抛球或是双手抛球，以及之后是击掌一次或是几次这一练习过程中，学生需要通过口令来判断抛球方式、击掌次数，最后再接球，在做完抛球动作后，学生需要立刻转换思维来做击掌动作，并且对击掌次数进行刷新 （2）起动、急停这一环节，学生在直线或曲线运球一段时间后需要抑制继续运球的反应，而根据老师要求进行急停技术的练习，这本身就是对学生抑制能力的一个很好的锻炼 二、教学组织形式 环境也是影响脑执行功能的重要因素之一，由于有三个不同的项目，因此在环境上要求学生必须打起精神，能够快速转换到下一个教学内容中去 创设群体活动情境，运动情境中的社会交往，可以促使学生了解其他参与者的意图，根据对他们即将做出的动作的预测，来提取自己的行为反应，使学生能够主动探索，积极练习，发展个体脑执行功能，培养团队合作意识 三、运动强度 通过准备活动到基本部分活动，学生达到中等至中上等活动量					
结束部分4分钟	1. 放松活动 2. 课堂小结 3. 归还器材，宣布下课	1. 带领学生做放松活动 2. 点评课堂表现	1. 按教师指导进行放松 2. 认真听讲，反思学习表现 3. 师生道别	1 1	2 2	小 小

课时实施方案 14

内容	1. 小学篮球侧身跑、变速跑技能 2. 游戏					
教学目标	1. 通过学习和练习，使学生掌握一定的篮球侧身跑、变速跑动作技能，并锻炼身体素质 2. 通过学习和练习，发展学生的刷新功能					
过程	课的内容	教师活动	学生活动	运动负荷		
				次数	时间	强度
准备部分6分钟	一、课堂常规 1. 集合整队 2. 师生问好 3. 宣布内容 4. 安排见习	1. 集合整队 2. 师生问好 3. 宣布内容 4. 提出要求 5. 安排见习	1. 体育委员整队，向教师报告出勤人数 2. 学生四列横队，体操队形如下： ××××× ××××× ××××× ××××× ▲ 要求： 1. 快、静、齐 2. 认真听讲, 精神饱满 3. 明确上课内容和要求	1	2	小
	二、准备活动 慢跑热身 250 米 ×2 圈 体育常规练习	带领学生做好慢跑热身活动		1	4	小
基本部分30分钟	1. 伴随音乐，带领学生做熟悉球性的练习 ①原地运球 ②体前抛球，体后击掌接球 ③原地单手左右推滚球 ④单手抛球换手接球	1. 教师先讲解动作要领及身体姿势要求，然后完整示范动作，再分解示范，边示范边重复要求，使学生建立一个完整的动作概念 2. 巡回指导 3. 鼓励后进生 4. 将学生以列为单位分成 4 个小组，组内进行练习 5. 对小组展示进行评价	1. 学生认真听教师讲解 2. 两两结对练习 3. 学生模仿教师动作，跟着音乐节拍认真完成	1	10	中
	2. 侧身跑、变速跑 ①讲解侧身跑动作要求 ②侧身跑。在端线后成二路纵队，二人一组沿两条边线练习侧身跑。先直线后根据老师口令做侧身跑练习	1. 教师先完整示范动作，后分解示范，边示范边讲要求，使学生建立一个完整的动作概念。先徒手练习，体会动作，后持球练习	1. 学生先看教师的动作 2. 学生跟着教师的动作模仿练习 3. 学生自我练习 4. 学生集体练习 5. 学生分组进行练习	1	10	中

基本部分30分钟		2. 每次进行不同的组织形式之前都要求几位同学辅助做演示，以便学生看得更直观 3. 为了调动学生的学习积极性，移动的每种组织形式都可以设置为小组之间的比赛 4. 请表现优秀的学生给大家进行示范，并分享自己的学习心得				
	3. 游戏 叠罗汉 三个小游戏叠加，逐渐加大难度。学生按顺序排列队形，老师在旁边喊指令。学生根据老师指令要求做出相应的动作反应，做错的则被淘汰，剩下的学生则继续。每个游戏进行10次，最后留下的学生则为优胜者。被淘汰的学生则根据游戏难度的淘汰顺序进行相应难度的惩罚。①第一个游戏规则是，老师喊1的时候学生举一只手，喊2的时候学生举两只手。②第二个游戏是老师喊1的时候学生出一只脚，喊2的时候学生出两只脚。③第三个游戏就是两者相结合，老师喊1的时候学生举左手出右脚，喊2的时候举右手出左脚	1. 宣布游戏内容 2. 讲解游戏规则 3. 安排组织学生参与游戏	1. 学生认真听教师讲解 2. 两两结对练习 3. 听教师的口令进行游戏	1	10	中
设计意图	一、教学内容 （1）在熟悉球性的练习过程中，所设计的几项练习中都蕴含了脑执行功能的内容。例如，体前抛球、体后击掌接球就是让学生抑制抛球后又在体前接球这一习惯，改为体后击掌接球；而根据教师口令，选择单手抛球或是双手抛球，以及之后是击掌一次或是几次这一练习过					

设计意图	程中，学生需要通过口令来判断抛球方式、击掌次数，最后再接球，在做完抛球动作后，学生需要立刻转换思维来做击掌动作，并且对击掌次数进行刷新 （2）侧身跑、变速跑这一过程中，学生需要根据教师的口令来做变速、侧身等动作，对口令的刷新以及对动作本身的抑制有一定要求，可以很好地锻炼学生的刷新能力 二、教学组织形式 环境也是影响脑执行功能的重要因素之一，由于有三个不同的项目，因此在环境上要求学生必须打起精神，能够快速转换到下一个教学内容中去 创设群体活动情境，运动情境中的社会交往，可以促使学生了解其他参与者的意图，根据对他们即将做出的动作的预测，来提取自己的行为反应，使学生能够主动探索，积极练习，发展个体的脑执行功能，培养团队合作意识 三、运动强度 通过准备活动到基本部分活动，学生达到中等至中上等活动量					
结束部分4分钟	1. 放松活动 2. 课堂小结 3. 归还器材，宣布下课	1. 带领学生做放松活动 2. 点评课堂表现	1. 按教师指导进行放松 2. 认真听讲，反思学习表现 3. 师生道别	1 1	2 2	小 小

课时实施方案 15

过程	课的内容	教师活动	学生活动	运动负荷		
内容	1. 小学篮球侧身跑、变速跑技能 2. 游戏					
教学目标	1. 通过学习和练习，使学生掌握一定的篮球侧身跑、变速跑动作技能，并锻炼身体素质 2. 通过学习和练习，发展学生的刷新功能					
过程	课的内容	教师活动	学生活动	次数	时间	强度
准备部分6分钟	一、课堂常规 1. 集合整队 2. 师生问好 3. 宣布内容 4. 安排见习 二、准备活动 慢跑热身 250 米 ×2 圈 体育常规练习	1. 集合整队 2. 师生问好 3. 宣布内容 4. 提出要求 5. 安排见习 带领学生做好慢跑热身活动	1. 体育委员整队，向教师报告出勤人数 2. 学生四列横队，体操队形如下： × ▲ 要求： 1. 快、静、齐 2. 认真听讲，精神饱满 3. 明确上课内容和要求	1 1	2 4	小 小

基本部分30分钟	1. 伴随音乐，带领学生做熟悉球性的练习 ①原地运球 ②体前抛球，体后击掌接球 ③原地单手左右推滚球 ④单手抛球换手接球	1. 教师先讲解动作要领及身体姿势要求，然后完整示范动作，再分解示范，边示范边重复要求，使学生建立一个完整的动作概念 2. 巡回指导 3. 鼓励后进生 4. 将学生以列为单位分成4个小组，组内进行练习 5. 对小组展示进行评价	1. 学生认真听教师讲解 2. 两两结对练习 3.学生模仿教师动作，跟着音乐节拍认真完成	1	10	中
	2. 侧身跑、变速跑 ①讲解侧身跑动作要求 ②侧身跑。在端线后成二路纵队，二人一组沿两条边线练习侧身跑。先直线后根据老师口令做侧身跑练习	1. 教师先完整示范动作，后分解示范，边示范边讲要求，使学生建立一个完整的动作概念。先徒手练习，体会动作，后持球练习 2. 每次进行不同的组织形式之前都要求几位同学辅助做演示，以便学生看得更直观 3. 为了调动学生的学习积极性，移动的每种组织形式都可以设置为小组之间的比赛 4. 请表现优秀的学生给大家进行示范，并分享自己的学习心得	1. 学生先看教师的动作 2. 学生跟着教师的动作模仿练习 3. 学生自我练习 4. 学生集体练习 5.学生分组进行练习	1	10	中
	3. 游戏 叠罗汉 三个小游戏叠加，逐渐加大难度。学生按顺序排列队形，老师在旁边喊指令。学生根据老师指令要求做出相应的动作反应，做错的则被淘汰，剩下的学生则继续。每	1. 宣布游戏内容 2. 讲解游戏规则 3. 安排组织学生参与游戏	1. 学生认真听教师讲解 2. 两两结对练习 3. 听教师的口令进行游戏	1	10	中

基本部分30分钟	个游戏进行10次，最后留下的学生则为优胜者。被淘汰的学生则根据游戏难度的淘汰顺序进行相应难度的惩罚。①第一个游戏规则是，老师喊1的时候学生举一只手，喊2的时候学生举两只手。②第二个游戏是老师喊1的时候学生出一只脚，喊2的时候学生出两只脚。③第三个游戏就是两者相结合，老师喊1的时候学生举左手出右脚，喊2的时候举右手出左脚					
设计意图	一、教学内容 （1）在熟悉球性的练习过程中，所设计的几项练习中都蕴含了脑执行功能的内容。例如，体前抛球、体后击掌接球就是让学生抑制抛球后又在体前接球这一习惯，改为体后击掌接球；而根据教师口令，选择单手抛球或是双手抛球，以及之后是击掌一次或是几次这一练习过程中，学生需要通过口令来判断抛球方式、击掌次数，最后再接球，在做完抛球动作后，学生需要立刻转换思维来做击掌动作，并且对击掌次数进行刷新 （2）侧身跑、变速跑这一过程中，学生需要根据老师口令来做变速、侧身等动作，对口令的刷新以及对动作本身的抑制有一定要求，可以很好地锻炼学生的刷新能力 二、教学组织形式 环境也是影响脑执行功能的重要因素之一，由于有三个不同的项目，因此在环境上要求学生必须打起精神，能够快速转换到下一个教学内容中去 创设群体活动情境，运动情境中的社会交往，可以促使学生了解其他参与者的意图，根据对他们即将做出的动作的预测，来提取自己的行为反应，使学生能够主动探索，积极练习，发展个体脑执行功能，培养团队合作意识 三、运动强度 通过准备活动到基本部分活动，学生达到中等至中上等活动量					
结束部分4分钟	1. 放松活动 2. 课堂小结 3. 归还器材，宣布下课	1. 带领学生做放松活动 2. 点评课堂表现	1. 按教师指导进行放松 2. 认真听讲，反思学习表现 3. 师生道别	1 1	2 2	小 小

课时实施方案 16

内容	1. 小学篮球侧身跑、变速跑技能 2. 游戏					
教学目标	1. 通过学习和练习，使学生掌握一定的篮球侧身跑、变速跑动作技能，并锻炼身体素质 2. 通过学习和练习，发展学生的刷新功能					
过程	课的内容	教师活动	学生活动	运动负荷		
				次数	时间	强度
准备部分6分钟	一、课堂常规 1. 集合整队 2. 师生问好 3. 宣布内容 4. 安排见习	1. 集合整队 2. 师生问好 3. 宣布内容 4. 提出要求 5. 安排见习	1. 体育委员整队，向教师报告出勤人数 2. 学生四列横队，体操队形如下： × ▲ 要求： 1. 快、静、齐 2. 认真听讲, 精神饱满 3. 明确上课内容和要求	1	2	小
	二、准备活动 慢跑热身 250 米 ×2 圈 体育常规练习	带领学生做好慢跑热身活动		1	4	小
基本部分30分钟	1. 伴随音乐，带领学生做熟悉球性的练习 ①原地运球 ②体前抛球，体后击掌接球 ③原地单手左右推滚球 ④单手抛球换手接球	1. 教师先讲解动作要领及身体姿势要求，然后完整示范动作，再分解示范，边示范边重复要求，使学生建立一个完整的动作概念 2. 巡回指导 3. 鼓励后进生 4. 将学生以列为单位分成 4 个小组，组内进行练习 5. 对小组展示进行评价	1. 学生认真听教师讲解 2. 两两结对练习 3.学生模仿教师动作，跟着音乐节拍认真完成	1	10	中
	2. 侧身跑、变速跑 ①讲解侧身跑动作要求 ②侧身跑。在端线后成二路纵队，二人一组沿两条边线练习侧身跑。先直线后根据老师口令做侧身跑练习	1. 教师先完整示范动作，后分解示范，边示范边讲要求，使学生建立一个完整的动作概念。先徒手练习，体会动作，后持球练习	1. 学生先看教师的动作 2. 学生跟着教师的动作模仿练习 3. 学生自我练习 4. 学生集体练习 5. 学生分组进行练习	1	10	中

		2. 每次进行不同的组织形式之前都要求几位同学辅助做演示，以便学生看得更直观 3. 为了调动学生的学习积极性，移动的每种组织形式都可以设置为小组之间的比赛 4. 请表现优秀的学生给大家进行示范，并分享自己的学习心得				
基本部分30分钟	3. 游戏 叠罗汉 三个小游戏叠加，逐渐加大难度。学生按顺序排列队形，老师在旁边喊指令。学生根据老师指令要求做出相应的动作反应，做错的则被淘汰，剩下的学生则继续。每个游戏进行10次，最后留下的学生则为优胜者。被淘汰的学生则根据游戏难度的淘汰顺序进行相应难度的惩罚。①第一个游戏规则是，老师喊1的时候学生举一只手，喊2的时候学生举两只手。②第二个游戏是老师喊1的时候学生出一只脚，喊2的时候学生出两只脚。③第三个游戏就是两者相结合，老师喊1的时候学生举左手出右脚，喊2的时候举右手出左脚	1. 宣布游戏内容 2. 讲解游戏规则 3. 安排组织学生参与游戏	1. 学生认真听教师讲解 2. 两两结对练习 3. 听教师的口令进行游戏	1	10	中
设计意图	一、教学内容 （1）在熟悉球性的练习过程中，所设计的几项练习中都蕴含了脑执行功能的内容。例如，体前抛球、体后击掌接球就是让学生抑制抛球后又在体前接球这一习惯，改为体后击掌接球；而根据教师口令，选择单手抛球或是双手抛球，以及之后是击掌一次或是几次这一练习过					

设计意图	程中，学生需要通过口令来判断抛球方式、击掌次数，最后再接球，在做完抛球动作后，学生需要立刻转换思维来做击掌动作，并且对击掌次数进行刷新 （2）侧身跑、变速跑这一过程中，学生需要根据教师的口令来做变速、侧身等动作，对口令的刷新以及对动作本身的抑制有一定要求，可以很好地锻炼学生的刷新能力 二、教学组织形式 环境也是影响脑执行功能的重要因素之一，由于有三个不同的项目，因此在环境上要求学生必须打起精神，能够快速转换到下一个教学内容中去 创设群体活动情境，运动情境中的社会交往，可以促使学生了解其他参与者的意图，根据对他们即将做出的动作的预测，来提取自己的行为反应，使学生能够主动探索，积极练习，发展个体的脑执行功能，培养团队合作意识 三、运动强度 通过准备活动到基本部分活动，学生达到中等至中上等活动量					
结束部分4分钟	1. 放松活动 2. 课堂小结 3. 归还器材，宣布下课	1. 带领学生做放松活动 2. 点评课堂表现	1. 按教师指导进行放松 2. 认真听讲，反思学习表现 3. 师生道别	1 1	2 2	小 小

课时实施方案 17

内容	1. 小学篮球变向跑技能 2. 游戏					
教学目标	1. 通过学习和练习，使学生掌握一定的篮球变向跑动作技能，并锻炼身体素质 2. 通过学习和练习，发展学生的脑执行功能					
过程	课的内容	教师活动	学生活动	运动负荷		
				次数	时间	强度
准备部分6分钟	一、课堂常规 1. 集合整队 2. 师生问好 3. 宣布内容 4. 安排见习 二、准备活动 慢跑热身 250 米 ×2 圈 体育常规练习	1. 集合整队 2. 师生问好 3. 宣布内容 4. 提出要求 5. 安排见习 带领学生做好慢跑热身活动	1. 体育委员整队，向教师报告出勤人数 2. 学生四列横队，体操队形如下： × ▲ 要求： 1. 快、静、齐 2. 认真听讲，精神饱满 3. 明确上课内容和要求	1 1	2 4	小 小

基本部分30分钟	1. 伴随音乐，带领学生做熟悉球性的练习 ①原地运球 ②体前抛球，体后击掌接球 ③原地单手左右推滚球	1. 教师先讲解动作要领及身体姿势要求，然后完整示范动作，再分解示范，边示范边重复要求，使学生建立一个完整的动作概念	1. 学生认真听教师讲解 2. 两两结对练习 3. 学生模仿教师的动作，跟着音乐节拍认真完成	1	10	中
基本部分30分钟	④单手抛球换手接球	2. 巡回指导 3. 鼓励后进生 4. 将学生以列为单位分成4个小组，组内进行练习 5. 对小组展示进行评价				
	2. 变向跑 ①讲解动作要求 ②在端线后成二列横队站好，分两组做全场“Z”字形变向跑练习,先右手运球开始，每遇到变向处即换另一只手运球	1. 教师先完整示范动作，后分解示范，边示范边讲要求，使学生建立一个完整的动作概念。先徒手练习，体会动作，后持球练习 2. 每次进行不同的组织形式之前都要求几位同学辅助做演示，以便学生看得更直观 3. 为了调动学生的学习积极性，移动的每种组织形式都可以设置为小组之间的比赛 4. 请表现优秀的学生给大家进行示范，并分享自己的学习心得	1. 学生先看教师的动作 2. 学生跟着教师的动作模仿练习 3. 学生自我练习 4. 学生集体练习 5. 学生分组进行练习	1	10	中
	3. 游戏 放松操 学生排成两列，根据老师的节拍做放松操，规则为第一个8拍：拍手踏跳，每两拍拍手一次；第二个8拍：拍腿踏跳（即右手拍右腿踝关节外侧，左手拍左腿踝关节外侧），每两拍拍一次。右脚踏跳时拍左腿，左脚踏跳时拍右腿；第三个8拍：踏跳屈伸腿，左右各两次；	1. 宣布游戏内容 2. 讲解游戏规则 3. 安排组织学生参与游戏	1. 学生认真听教师讲解 2. 两两结对练习 3. 听教师的口令进行游戏	1	10	中

	第四个8拍：原地踏跳转一圈，跳完32拍后停止					
设计意图	一、教学内容 （1）在熟悉球性的练习过程中，所设计的几项练习中都蕴含了脑执行功能的内容。例如，体前抛球、体后击掌接球就是让学生抑制抛球后又在体前接球这一习惯，改为体后击掌接球；而根据教师口令，选择单手抛球或是双手抛球，以及之后是击掌一次或是几次这一练习过程中，学生需要通过口令来判断抛球方式、击掌次数，最后再接球，在做完抛球动作后，学生需要立刻转换思维来做击掌动作，并且对击掌次数进行刷新 （2）变向跑运球这一环节中，学生在变向处不仅要转换方向，还要转换运球手，这对于学生的转换能力是一个非常好的锻炼 二、教学组织形式 环境也是影响脑执行功能的重要因素之一，由于有三个不同的项目，因此在环境上要求学生必须打起精神，能够快速转换到下一个教学内容中去 创设群体活动情境，运动情境中的社会交往，可以促使学生了解其他参与者的意图，根据对他们即将做出的动作的预测，来提取自己的行为反应，使学生能够主动探索，积极练习，发展个体的脑执行功能，培养团队合作意识 三、运动强度 通过准备活动到基本部分活动，学生达到中等至中上等活动量					
结束部分4分钟	1. 放松活动 2. 课堂小结 3. 归还器材，宣布下课	1. 带领学生做放松活动 2. 点评课堂表现	1. 按教师指导进行放松 2. 认真听讲，反思学习表现 3. 师生道别	1 1	2 2	小 小

课时实施方案 18

内容	1. 小学篮球变向跑技能 2. 游戏					
教学目标	1. 通过学习和练习，使学生掌握一定的篮球变向跑动作技能，并锻炼身体素质 2. 通过学习和练习，发展学生的脑执行功能					
过程	课的内容	教师活动	学生活动	运动负荷		
				次数	时间	强度
准备部分6分钟	一、课堂常规 1. 集合整队 2. 师生问好 3. 宣布内容 4. 安排见习 二、准备活动 慢跑热身 250米 ×2圈 体育常规练习	1. 集合整队 2. 师生问好 3. 宣布内容 4. 提出要求 5. 安排见习 带领学生做好慢跑热身活动	1. 体育委员整队，向教师报告出勤人数 2. 学生四列横队，体操队形如下： × ▲ 要求： 1. 快、静、齐 2. 认真听讲，精神饱满 3. 明确上课内容和要求	1 1	2 4	小 小

基本部分30分钟	1. 伴随音乐，带领学生做熟悉球性的练习 ①原地运球 ②体前抛球，体后击掌接球 ③原地单手左右推滚球 ④单手抛球换手接球	1. 教师先讲解动作要领及身体姿势要求，然后完整示范动作，再分解示范，边示范边重复要求，使学生建立一个完整的动作概念 2. 巡回指导 3. 鼓励后进生 4. 将学生以列为单位分成4个小组，组内进行练习 5. 对小组展示进行评价	1. 学生认真听教师讲解 2. 两两结对练习 3. 学生模仿教师的动作，跟着音乐节拍认真完成	1	10	中
	2. 变向跑 ①讲解动作要求 ②在端线后成二列横队站好，分两组做全场“Z”字形变向跑练习，先右手运球开始，每遇到变向处即换另一只手运球	1. 教师先完整示范动作，后分解示范，边示范边讲要求，使学生建立一个完整的动作概念。先徒手练习，体会动作，后持球练习 2. 每次进行不同的组织形式之前都要求几位同学辅助做演示，以便学生看得更直观 3. 为了调动学生的学习积极性，移动的每种组织形式都可以设置为小组之间的比赛 4. 请表现优秀的学生给大家进行示范，并分享自己的学习心得	1. 学生先看教师的动作 2. 学生跟着教师的动作模仿练习 3. 学生自我练习 4. 学生集体练习 5. 学生分组进行练习	1	10	中
	3. 游戏 放松操 学生排成两列，根据老师的节拍做放松操，规则为第一个8拍：拍手踏跳，每两拍拍手一次；第二个8拍：拍腿踏跳（即右手拍右腿踝关节外侧，左手拍左腿踝关节外侧），每两拍拍一次。右脚踏跳时拍左腿，左脚踏跳时拍右腿；	1. 宣布游戏内容 2. 讲解游戏规则 3. 安排组织学生参与游戏	1. 学生认真听教师讲解 2. 两两结对练习 3. 听教师的口令进行游戏	1	10	中

基本部分30分钟	第三个8拍：踏跳屈伸腿，左右各两次； 第四个8拍：原地踏跳转一圈，跳完32拍后停止					
设计意图	一、教学内容 （1）在熟悉球性的练习过程中，所设计的几项练习中都蕴含了脑执行功能的内容。例如，体前抛球、体后击掌接球就是让学生抑制抛球后又在体前接球这一习惯，改为体后击掌接球；而根据教师口令，选择单手抛球或是双手抛球，以及之后是击掌一次或是几次这一练习过程中，学生需要通过口令来判断抛球方式、击掌次数，最后再接球，在做完抛球动作后，学生需要立刻转换思维来做击掌动作，并且对击掌次数进行刷新 （2）变向跑运球这一环节中，学生在变向处不仅要转换方向，还要转换运球手，这对于学生的转换能力是一个非常好的锻炼 二、教学组织形式 环境也是影响脑执行功能的重要因素之一，由于有三个不同的项目，因此在环境上要求学生必须打起精神，能够快速转换到下一个教学内容中去 创设群体活动情境，运动情境中的社会交往，可以促使学生了解其他参与者的意图，根据对他们即将做出的动作的预测，来提取自己的行为反应，使学生能够主动探索，积极练习，发展个体的脑执行功能，培养团队合作意识 三、运动强度 通过准备活动到基本部分活动，学生达到中等至中上等活动量					
结束部分4分钟	1. 放松活动 2. 课堂小结 3. 归还器材，宣布下课	1. 带领学生做放松活动 2. 点评课堂表现	1. 按教师指导进行放松 2. 认真听讲，反思学习表现 3. 师生道别	1 1	2 2	小 小

课时实施方案19

内容	1. 小学篮球变向跑技能 2. 游戏					
教学目标	1. 通过学习和练习，使学生掌握一定的篮球变向跑动作技能，并锻炼身体素质 2. 通过学习和练习，发展学生的脑执行功能					
过程	课的内容	教师活动	学生活动	运动负荷		
				次数	时间	强度
准备部分6分钟	一、课堂常规 1. 集合整队 2. 师生问好 3. 宣布内容 4. 安排见习	1. 集合整队 2. 师生问好 3. 宣布内容 4. 提出要求 5. 安排见习	1. 体育委员整队，向教师报告出勤人数 2. 学生四列横队，体操队形如下：	1	2	小

准备部分6分钟	二、准备活动 慢跑热身 250 米 ×2 圈 体育常规练习	带领学生做好慢跑热身活动	× ▲ 要求： 1. 快、静、齐 2. 认真听讲，精神饱满 3. 明确上课内容和要求	1	4	小
基本部分30分钟	1. 伴随音乐，带领学生做熟悉球性的练习 ①原地运球 ②体前抛球，体后击掌接球 ③原地单手左右推滚球 ④单手抛球换手接球	1. 教师先讲解动作要领及身体姿势要求，然后完整示范动作，再分解示范，边示范边重复要求，使学生建立一个完整的动作概念 2. 巡回指导 3. 鼓励后进生 4. 将学生以列为单位分成 4 个小组，组内进行练习 5. 对小组展示进行评价	1. 学生认真听教师讲解 2. 两两结对练习 3. 学生模仿教师的动作，跟着音乐节拍认真完成	1	10	中
	2. 变向跑 ①徒手变向跑动练习 ②变向跑与急停起动相结合	1. 教师先完整示范动作，后分解示范，边示范边讲要求，使学生建立一个完整的动作概念。先徒手练习，体会动作，后持球练习 2. 每次进行不同的组织形式之前都要求几位同学辅助做演示，以便学生看得更直观 3. 为了调动学生的学习积极性，移动的每种组织形式都可以设置为小组之间的比赛 4. 请表现优秀的学生给大家进行示范，并分享自己的学习心得	1. 学生先看教师的动作 2. 学生跟着教师的动作模仿练习 3. 学生自我练习 4. 学生集体练习 5. 学生分组进行练习	1	10	中

基本部分30分钟	3. 游戏 放松操 学生排成两列，根据老师节拍做放松操，规则为第一个8拍：拍手踏跳，每两拍拍手一次；第二个8拍：拍腿踏跳（即右手拍右腿踝关节外侧，左手拍左腿踝关节外侧）每两拍拍一次。右脚踏跳时拍左腿，左脚踏跳时拍右腿；第三个8拍：踏跳屈伸腿，左右各两次；第四个8拍：原地踏跳转一圈，跳完32拍后停止	1. 宣布游戏内容 2. 讲解游戏规则 3. 安排组织学生参与游戏	1. 学生认真听教师讲解 2. 两两结对练习 3. 听教师的口令进行游戏	1	10	中
设计意图	一、教学内容 （1）在熟悉球性的练习过程中，所设计的几项练习中都蕴含了脑执行功能的内容。例如，体前抛球、体后击掌接球就是让学生抑制抛球后又在体前接球这一习惯，改为体后击掌接球；而根据教师口令，选择单手抛球或是双手抛球，以及之后是击掌一次或是几次这一练习过程中，学生需要通过口令来判断抛球方式、击掌次数，最后再接球，在做完抛球动作后，学生需要立刻转换思维来做击掌动作，并且对击掌次数进行刷新 （2）变向跑运球这一环节中，学生在变向处不仅要转换方向，还要转换运球手，这对于学生的转换能力是一个非常好的锻炼 二、教学组织形式 环境也是影响脑执行功能的重要因素之一，由于有三个不同的项目，因此在环境上要求学生必须打起精神，能够快速转换到下一个教学内容中去 创设群体活动情境，运动情境中的社会交往，可以促使学生了解其他参与者的意图，根据对他们即将做出的动作的预测，来提取自己的行为反应，使学生能够主动探索，积极练习，发展个体的脑执行功能，培养团队合作意识 三、运动强度 通过准备活动到基本部分活动，学生达到中等至中上等活动量					
结束部分4分钟	1. 放松活动 2. 课堂小结 3. 归还器材，宣布下课	1. 带领学生做放松活动 2. 点评课堂表现	1. 按教师指导进行放松 2. 认真听讲，反思学习表现 3. 师生道别	1 1	2 2	小 小

课时实施方案 20

内容	1. 小学篮球变向跑技能 2. 游戏					
教学目标	1. 通过学习和练习，使学生掌握一定的篮球变向跑动作技能，并锻炼身体素质 2. 通过学习和练习，发展学生的脑执行功能					
过程	课的内容	教师活动	学生活动	运动负荷		
				次数	时间	强度
准备部分6分钟	一、课堂常规 1. 集合整队 2. 师生问好 3. 宣布内容 4. 安排见习	1. 集合整队 2. 师生问好 3. 宣布内容 4. 提出要求 5. 安排见习	1. 体育委员整队，向教师报告出勤人数 2. 学生四列横队，体操队形如下： × ▲	1	2	小
	二、准备活动 慢跑热身 250 米 ×2 圈 体育常规练习	带领学生做好慢跑热身活动	要求： 1. 快、静、齐 2. 认真听讲，精神饱满 3. 明确上课内容和要求	1	4	小
基本部分30分钟	1. 伴随音乐，带领学生做熟悉球性的练习 ①原地运球 ②体前抛球，体后击掌接球 ③原地单手左右推滚球 ④单手抛球换手接球	1. 教师先讲解动作要领及身体姿势要求，然后完整示范动作，再分解示范，边示范边重复要求，使学生建立一个完整的动作概念 2. 巡回指导 3. 鼓励后进生 4. 将学生以列为单位分成 4 个小组，组内进行练习 5. 对小组展示进行评价	1. 学生认真听教师讲解 2. 两两结对练习 3. 学生模仿教师的动作，跟着音乐节拍认真完成	1	10	中
	2. 变向跑 ①徒手变向跑动练习 ②变向跑与急停起动相结合	1. 教师先完整示范动作，后分解示范，边示范边讲要求，使学生建立一个完整的动作概念。先徒手练习，体会动作，后持球练习	1. 学生先看教师的动作 2. 学生跟着教师的动作模仿练习 3. 学生自我练习 4. 学生集体练习 5. 学生分组进行练习	1	10	中

基本部分30分钟		2. 每次进行不同的组织形式之前都要求几位同学辅助做演示，以便学生看得更直观 3. 为了调动学生的学习积极性，移动的每种组织形式都可以设置为小组之间的比赛 4. 请表现优秀的学生给大家进行示范，并分享自己的学习心得				
	3. 游戏 放松操 学生排成两列，根据老师节拍做放松操，规则为第一个8拍：拍手踏跳，每两拍拍手一次；第二个8拍：拍腿踏跳（即右手拍右腿踝关节外侧，左手拍左腿踝关节外侧）每两拍拍一次。右脚踏跳时拍左腿，左脚踏跳时拍右腿；第三个8拍：踏跳屈伸腿，左右各两次；第四个8拍：原地踏跳转一圈，跳完32拍后停止	1. 宣布游戏内容 2. 讲解游戏规则 3. 安排组织学生参与游戏	1. 学生认真听教师讲解 2. 两两结对练习 3. 听教师的口令进行游戏	1	10	中
设计意图	一、教学内容 （1）在熟悉球性的练习过程中，所设计的几项练习中都蕴含了脑执行功能的内容。例如，体前抛球、体后击掌接球就是让学生抑制抛球后又在体前接球这一习惯，改为体后击掌接球；而根据教师口令，选择单手抛球或是双手抛球，以及之后是击掌一次或是几次这一练习过程中，学生需要通过口令来判断抛球方式、击掌次数，最后再接球，在做完抛球动作后，学生需要立刻转换思维来做击掌动作，并且对击掌次数进行刷新 （2）变向跑运球这一环节中，学生在变向处不仅要转换方向，还要转换运球手，这对于学生的转换能力是一个非常好的锻炼 二、教学组织形式 环境也是影响脑执行功能的重要因素之一，由于有三个不同的项目，因此在环境上要求学生必须打起精神，能够快速转换到下一个教学内容中去 创设群体活动情境，运动情境中的社会交往，可以促使学生了解其他参与者的意图，根据对他们即将做出的动作的预测，来提取自己的行为反应，使学生能够主动探索，积极练习，发展个体的脑执行功能，培养团队合作意识 三、运动强度 通过准备活动到基本部分活动，学生达到中等至中上等活动量					

结束部分4分钟	1. 放松活动 2. 课堂小结 3. 归还器材，宣布下课	1. 带领学生做放松活动 2. 点评课堂表现	1. 按教师指导进行放松 2. 认真听讲，反思学习表现 3. 师生道别	1 1	2 2	小 小

课时实施方案 21

内容	1. 小学篮球变向跑技能 2. 游戏					
教学目标	1. 通过学习和练习，使学生掌握一定的篮球变向跑动作技能，并锻炼身体素质 2. 通过学习和练习，发展学生的脑执行功能					
过程	课的内容	教师活动	学生活动	运动负荷		
				次数	时间	强度
准备部分6分钟	一、课堂常规 1. 集合整队 2. 师生问好 3. 宣布内容 4. 安排见习	1. 集合整队 2. 师生问好 3. 宣布内容 4. 提出要求 5. 安排见习	1. 体育委员整队，向教师报告出勤人数 2. 学生四列横队，体操队形如下： × ▲	1	2	小
	二、准备活动 慢跑热身 250 米 ×2 圈 体育常规练习	带领学生做好慢跑热身活动	要求： 1. 快、静、齐 2. 认真听讲，精神饱满 3. 明确上课内容和要求	1	4	小
基本部分30分钟	1. 伴随音乐，带领学生做熟悉球性的练习 ①原地运球 ②体前抛球，体后击掌接球 ③原地单手左右推滚球 ④单手抛球换手接球	1. 教师先讲解动作要领及身体姿势要求，然后完整示范动作，再分解示范，边示范边重复要求，使学生建立一个完整的动作概念 2. 巡回指导 3. 鼓励后进生 4. 将学生以列为单位分成 4 个小组，组内进行练习 5. 对小组展示进行评价	1. 学生认真听教师讲解 2. 两两结对练习 3. 学生模仿教师的动作，跟着音乐节拍认真完成	1	10	中

基本部分30分钟	2. 变向跑 ①徒手变向跑动练习 ②变向跑与急停起动相结合	1. 教师先完整示范动作，后分解示范，边示范边讲要求，使学生建立一个完整的动作概念。先徒手练习，体会动作，后持球练习 2. 每次进行不同的组织形式之前都要求几位同学辅助做演示，以便学生看得更直观 3. 为了调动学生的学习积极性，移动的每种组织形式都可以设置为小组之间的比赛 4. 请表现优秀的学生给大家进行示范，并分享自己的学习心得	1. 学生先看教师的动作 2. 学生跟着教师的动作模仿练习 3. 学生自我练习 4. 学生集体练习 5. 学生分组进行练习	1	10	中
	3. 游戏 放松操 学生排成两列，根据老师节拍做放松操，规则为第一个 8 拍：拍手踏跳，每两拍拍手一次；第二个 8 拍：拍腿踏跳（即右手拍右腿踝关节外侧，左手拍左腿踝关节外侧）每两拍拍一次。右脚踏跳时拍左腿，左脚踏跳时拍右腿；第三个 8 拍：踏跳屈伸腿，左右各两次；第四个 8 拍：原地踏跳转一圈，跳完 32 拍后停止	1. 宣布游戏内容 2. 讲解游戏规则 3. 安排组织学生参与游戏	1. 学生认真听教师讲解 2. 两两结对练习 3. 听教师的口令进行游戏	1	10	中
设计意图	一、教学内容 （1）在熟悉球性的练习过程中，所设计的几项练习中都蕴含了脑执行功能的内容。例如，体前抛球、体后击掌接球就是让学生抑制抛球后又在体前接球这一习惯，改为体后击掌接球；而根据教师口令，选择单手抛球或是双手抛球，以及之后是击掌一次或是几次这一练习过程中，学生需要通过口令来判断抛球方式、击掌次数，最后再接球，在做完抛球动作后，学生需要立刻转换思维来做击掌动作，并且对击掌次数进行刷新 （2）变向跑运球这一环节中，学生在变向处不仅要转换方向，还要转换运球手，这对于学生的转换能力是一个非常好的锻炼					

设计意图	二、教学组织形式 环境也是影响脑执行功能的重要因素之一，由于有三个不同的项目，因此在环境上要求学生必须打起精神，能够快速转换到下一个教学内容中去 创设群体活动情境，运动情境中的社会交往，可以促使学生了解其他参与者的意图，根据对他们即将做出的动作的预测，来提取自己的行为反应，使学生能够主动探索，积极练习，发展个体的脑执行功能，培养团队合作意识 三、运动强度 通过准备活动到基本部分活动，学生达到中等至中上等活动量					
结束部分4分钟	1. 放松活动 2. 课堂小结 3. 归还器材，宣布下课	1. 带领学生做放松活动 2. 点评课堂表现	1. 按教师指导进行放松 2. 认真听讲，反思学习表现 3. 师生道别	1 1	2 2	小 小

课时实施方案 22

内容	1. 小学篮球变向跑技能 2. 游戏					
教学目标	1. 通过学习和练习，使学生掌握一定的篮球变向跑动作技能，并锻炼身体素质 2. 通过学习和练习，发展学生的脑执行功能					
过程	课的内容	教师活动	学生活动	运动负荷		
				次数	时间	强度
准备部分6分钟	一、课堂常规 1. 集合整队 2. 师生问好 3. 宣布内容 4. 安排见习	1. 集合整队 2. 师生问好 3. 宣布内容 4. 提出要求 5. 安排见习	1. 体育委员整队，向教师报告出勤人数 2. 学生四列横队，体操队形如下： × ▲	1	2	小
	二、准备活动 慢跑热身 250 米 ×2 圈 体育常规练习	带领学生做好慢跑热身活动	要求： 1. 快、静、齐 2. 认真听讲, 精神饱满 3. 明确上课内容和要求	1	4	小
基本部分30分钟	1. 伴随音乐，带领学生做熟悉球性的练习 ①原地运球 ②体前抛球，体后击掌接球 ③原地单手左右推滚球	1. 教师先讲解动作要领及身体姿势要求，然后完整示范动作，再分解示范，边示范边重复要求，使学生建立一个完整的动作概念	1. 学生认真听教师讲解 2. 两两结对练习 3. 学生模仿教师的动作，跟着音乐节拍认真完成	1	10	中

基本部分30分钟	④单手抛球换手接球	2. 巡回指导 3. 鼓励后进生 4. 将学生以列为单位分成4个小组，组内进行练习 5. 对小组展示进行评价				
	2. 变向跑 ①徒手变向跑动练习 ②变向跑与急停起动相结合	1. 教师先完整示范动作，后分解示范，边示范边讲要求，使学生建立一个完整的动作概念。先徒手练习，体会动作，后持球练习 2. 每次进行不同的组织形式之前都要求几位同学辅助做演示，以便学生看得更直观 3. 为了调动学生的学习积极性，移动的每种组织形式都可以设置为小组之间的比赛 4. 请表现优秀的学生给大家进行示范，并分享自己的学习心得	1. 学生先看教师的动作 2. 学生跟着教师的动作模仿练习 3. 学生自我练习 4. 学生集体练习 5. 学生分组进行练习	1	10	中
	3. 游戏 放松操 学生排成两列，根据老师节拍做放松操，规则为第一个8拍：拍手踏跳，每两拍拍手一次；第二个8拍：拍腿踏跳（即右手拍右腿踝关节外侧，左手拍左腿踝关节外侧）每两拍拍一次。右脚踏跳时拍左腿，左脚踏跳时拍右腿；第三个8拍：踏跳屈伸腿，左右各两次；第四个8拍：原地踏跳转一圈，跳完32拍后停止	1. 宣布游戏内容 2. 讲解游戏规则 3. 安排组织学生参与游戏	1. 学生认真听教师讲解 2. 两两结对练习 3. 听教师的口令进行游戏	1	10	中

设计意图	一、教学内容 （1）在熟悉球性的练习过程中，所设计的几项练习中都蕴含了脑执行功能的内容。例如，体前抛球、体后击掌接球就是让学生抑制抛球后又在体前接球这一习惯，改为体后击掌接球；而根据教师口令，选择单手抛球或是双手抛球，以及之后是击掌一次或是几次这一练习过程中，学生需要通过口令来判断抛球方式、击掌次数，最后再接球，在做完抛球动作后，学生需要立刻转换思维来做击掌动作，并且对击掌次数进行刷新 （2）变向跑运球这一环节中，学生在变向处不仅要转换方向，还要转换运球手，这对于学生的转换能力是一个非常好的锻炼 二、教学组织形式 环境也是影响脑执行功能的重要因素之一，由于有三个不同的项目，因此在环境上要求学生必须打起精神，能够快速转换到下一个教学内容中去 创设群体活动情境，运动情境中的社会交往，可以促使学生了解其他参与者的意图，根据对他们即将做出的动作的预测，来提取自己的行为反应，使学生能够主动探索，积极练习，发展个体的脑执行功能，培养团队合作意识 三、运动强度 通过准备活动到基本部分活动，学生达到中等至中上等活动量					
结束部分4分钟	1. 放松活动 2. 课堂小结 3. 归还器材，宣布下课	1. 带领学生做放松活动 2. 点评课堂表现	1. 按教师指导进行放松 2. 认真听讲，反思学习表现 3. 师生道别	1 1	2 2	小 小

课时实施方案 23

内容	1. 小学篮球原地双手低手传接球技能 2. 游戏					
教学目标	1. 通过学习和练习，使学生掌握一定的篮球原地双手低手传接球技能，并锻炼身体素质 2. 通过学习和练习，发展学生的抑制功能					
过程	课的内容	教师活动	学生活动	运动负荷		
				次数	时间	强度
准备部分6分钟	一、课堂常规 1. 集合整队 2. 师生问好 3. 宣布内容 4. 安排见习 二、准备活动 慢跑热身 250 米 ×2 圈 体育常规练习	1. 集合整队 2. 师生问好 3. 宣布内容 4. 提出要求 5. 安排见习 带领学生做好慢跑热身活动	1. 体育委员整队，向教师报告出勤人数 2. 学生四列横队，体操队形如下： ××××× ××××× ××××× ××××× ▲ 要求： 1. 快、静、齐 2. 认真听讲，精神饱满 3. 明确上课内容和要求	1 1	2 4	小 小

基本部分30分钟	1. 伴随音乐，带领学生做熟悉球性的练习 ①单手托球绕颈、腰、膝盖，反之从下向上 ②胯下8字绕球 ③单、双手抛球，根据教师的口令多次击掌后接球 ④单手抛球换手接球	1. 教师先讲解动作要领及身体姿势要求，然后完整示范动作，再分解示范，边示范边重复要求，使学生建立一个完整的动作概念 2. 巡回指导 3. 鼓励后进生 4. 将学生以列为单位分成4个小组，组内进行练习 5. 对小组展示进行评价	1. 学生认真听教师讲解 2. 两两结对练习 3. 学生模仿教师的动作，跟着音乐节拍认真完成	1	10	中
	2. 原地双手低手传接球 ①讲解动作要领 ②徒手动作练习 ③三角传接球，改变传接球手法	1. 教师先完整示范动作，后分解示范，边示范边讲要求，使学生建立一个完整的动作概念。先徒手练习，体会动作，后持球练习 2. 每次进行不同的组织形式之前都要求几位同学辅助做演示，以便学生看得更直观 3. 为了调动学生的学习积极性，移动的每种组织形式都可以设置为小组之间的比赛 4. 请表现优秀的学生给大家进行示范，并分享自己的学习心得	1. 学生先看教师的动作 2. 学生跟着教师的动作模仿练习 3. 学生自我练习 4. 学生集体练习 5. 学生分组进行练习	1	10	中
	3. 游戏 口号追人 让游戏者站成一个圆圈，从排头报数，每人记住自己的号数。当教师叫某个号数后，如果“5”号，则“5”号队员立刻在圈外向逆时针方向跑去，“6号”队员迅速去追。如果“5号”队员在途中被追上，则“6号”队员胜。如果没有追上，则“5号”队员胜，	1. 宣布游戏内容 2. 讲解游戏规则 3. 安排组织学生参与游戏	1. 学生认真听教师讲解 2. 两两结对练习 3. 听教师的口令进行游戏	1	10	中

基本部分30分钟	两人回原位。教师再叫别的号数，游戏继续进行。 游戏规则：①没有叫号的不能跑；②必须按规定的方向跑圈；③追者只能拍，不能推拉					
设计意图	一、教学内容 （1）在熟悉球性的练习过程中，所设计的几项练习中都蕴含了脑执行功能的内容。例如，体前抛球、体后击掌接球就是让学生抑制抛球后又在体前接球这一习惯，改为体后击掌接球；而根据教师口令，选择单手抛球或是双手抛球，以及之后是击掌一次或是几次这一练习过程中，学生需要通过口令来判断抛球方式、击掌次数，最后再接球，在做完抛球动作后，学生需要立刻转换思维来做击掌动作，并且对击掌次数进行刷新 （2）三角传接球中，两两之间的传球方式不同，这就要求学生不断刷新前一个同学的传球方式记忆，并且还要抑制与其相同的传球冲动。这一过程主要是锻炼学生的抑制能力 二、教学组织形式 环境也是影响脑执行功能的重要因素之一，因此本篮球教学的组织形式采用了开放型教学模式，积极地创设了大量的合作和竞争等学习情境，并且组织过程充分考虑了学生的学习兴趣，也提高了他们的学习兴趣，进一步促进了学生脑执行功能的发展 三、运动强度 通过准备活动到基本部分活动，学生达到中等至中上等活动量					
结束部分4分钟	1. 放松活动 2. 课堂小结 3. 归还器材，宣布下课	1. 带领学生做放松活动 2. 点评课堂表现	1. 按教师指导进行放松 2. 认真听讲，反思学习表现 3. 师生道别	1 1	2 2	小 小

课时实施方案 24

内容	1. 小学篮球原地双手低手传接球技能 2. 游戏					
教学目标	1. 通过学习和练习，使学生掌握一定的篮球原地双手低手传接球技能，并锻炼身体素质 2. 通过学习和练习，发展学生的抑制功能					
过程	课的内容	教师活动	学生活动	运动负荷		
				次数	时间	强度
准备部分6分钟	一、课堂常规 1. 集合整队 2. 师生问好 3. 宣布内容 4. 安排见习	1. 集合整队 2. 师生问好 3. 宣布内容 4. 提出要求 5. 安排见习	1. 体育委员整队，向教师报告出勤人数 2. 学生四列横队，体操队形如下：	1	2	小

准备部分6分钟	二、准备活动 慢跑热身 250 米 ×2 圈 体育常规练习	带领学生做好慢跑热身活动	× ▲ 要求： 1. 快、静、齐 2. 认真听讲，精神饱满 3. 明确上课内容和要求	1	4	小
基本部分30分钟	1. 伴随音乐，带领学生做熟悉球性的练习 ①单手托球绕颈、腰、膝盖，反之从下向上 ②胯下 8 字绕球 ③单、双手抛球，根据教师的口令多次击掌后接球 ④单手抛球换手接球	1. 教师先讲解动作要领及身体姿势要求，然后完整示范动作，再分解示范，边示范边重复要求，使学生建立一个完整的动作概念 2. 巡回指导 3. 鼓励后进生 4. 将学生以列为单位分成 4 个小组，组内进行练习 5. 对小组展示进行评价	1. 学生认真听教师讲解 2. 两两结对练习 3. 学生模仿教师的动作，跟着音乐节拍认真完成	1	10	中
	2. 原地双手低手传接球 ①讲解动作要领 ②徒手动作练习 ③三角传接球，改变传接球手法	1. 教师先完整示范动作，后分解示范，边示范边讲要求，使学生建立一个完整的动作概念。先徒手练习，体会动作，后持球练习 2. 每次进行不同的组织形式之前都要求几位同学辅助做演示，以便学生看得更直观 3. 为了调动学生的学习积极性，移动的每种组织形式都可以设置为小组之间的比赛 4. 请表现优秀的学生给大家进行示范，并分享自己的学习心得	1. 学生先看教师的动作 2. 学生跟着教师的动作模仿练习 3. 学生自我练习 4. 学生集体练习 5. 学生分组进行练习	1	10	中

基本部分30分钟	3. 游戏 口号追人 让游戏者站成一个圆圈，从排头报数，每人记住自己的号数。当教师叫某个号数后，如果“5”号，则“5”号队员立刻在圈外向逆时针方向跑去，“6号”队员迅速去追。如果“5号”队员在途中被追上，则“6号”队员胜。如果没有追上，则“5号”队员胜，两人回原位。教师再叫别的号数，游戏继续进行。 游戏规则：①没有叫号的不能跑；②必须按规定的方向跑圈；③追者只能拍，不能推拉	1. 宣布游戏内容 2. 讲解游戏规则 3. 安排组织学生参与游戏	1. 学生认真听教师讲解 2. 两两结对练习 3. 听教师的口令进行游戏	1	10	中
设计意图	一、教学内容 （1）在熟悉球性的练习过程中，所设计的几项练习中都蕴含了脑执行功能的内容。例如，体前抛球、体后击掌接球就是让学生抑制抛球后又在体前接球这一习惯，改为体后击掌接球；而根据教师口令，选择单手抛球或是双手抛球，以及之后是击掌一次或是几次这一练习过程中，学生需要通过口令来判断抛球方式、击掌次数，最后再接球，在做完抛球动作后，学生需要立刻转换思维来做击掌动作，并且对击掌次数进行刷新 （2）三角传接球中，两两之间的传球方式不同，这就要求学生不断刷新前一个同学的传球方式记忆，并且还要抑制与其相同的传球冲动。这一过程主要是锻炼学生的抑制能力 二、教学组织形式 环境也是影响脑执行功能的重要因素之一，因此本篮球教学的组织形式采用了开放型教学模式，积极地创设了大量的合作和竞争等学习情境，并且组织过程充分考虑了学生的学习兴趣，也提高了他们的学习兴趣，进一步促进了学生脑执行功能的发展 三、运动强度 通过准备活动到基本部分活动，学生达到中等至中上等活动量					
结束部分4分钟	1. 放松活动 2. 课堂小结 3. 归还器材，宣布下课	1. 带领学生做放松活动 2. 点评课堂表现	1. 按教师指导进行放松 2. 认真听讲，反思学习表现 3. 师生道别	1 1	2 2	小 小

课时实施方案 25

内容	1. 小学篮球原地双手低手传接球技能 2. 游戏					
教学目标	1. 通过学习和练习，使学生掌握一定的篮球原地双手低手传接球技能，并锻炼身体素质 2. 通过学习和练习，发展学生的抑制功能					
过程	课的内容	教师活动	学生活动	运动负荷		
				次数	时间	强度
准备部分6分钟	一、课堂常规 1. 集合整队 2. 师生问好 3. 宣布内容 4. 安排见习	1. 集合整队 2. 师生问好 3. 宣布内容 4. 提出要求 5. 安排见习	1. 体育委员整队，向教师报告出勤人数 2. 学生四列横队，体操队形如下： ××××× ××××× ××××× ××××× ▲ 要求： 1. 快、静、齐 2. 认真听讲，精神饱满 3. 明确上课内容和要求	1	2	小
	二、准备活动 慢跑热身 250 米 ×2 圈 体育常规练习	带领学生做好慢跑热身活动		1	4	小
基本部分30分钟	1. 伴随音乐，带领学生做熟悉球性的练习 ①单手托球绕颈、腰、膝盖，反之从下向上 ②胯下 8 字绕球 ③单、双手抛球，根据教师的口令多次击掌后接球 ④单手抛球换手接球	1. 教师先讲解动作要领及身体姿势要求，然后完整示范动作，再分解示范，边示范边重复要求，使学生建立一个完整的动作概念 2. 巡回指导 3. 鼓励后进生 4. 将学生以列为单位分成 4 个小组，组内进行练习 5. 对小组展示进行评价	1. 学生认真听教师讲解 2. 两两结对练习 3. 学生模仿教师的动作，跟着音乐节拍认真完成	1	10	中
	2. 原地双手低手传接球 ①讲解动作要领 ②徒手动作练习 ③三角传接球，改变传接球手法	1. 教师先完整示范动作，后分解示范，边示范边讲要求，使学生建立一个完整的动作概念。先徒手练习，体会动作，后持球练习 2. 每次进行不同的组织形式之前都要求几位同学辅助做演示，	1. 学生先看教师的动作 2. 学生跟着教师的动作模仿练习 3. 学生自我练习 4. 学生集体练习 5. 学生分组进行练习	1	10	中

		以便学生看得更直观 3. 为了调动学生的学习积极性，移动的每种组织形式都可以设置为小组之间的比赛 4. 请表现优秀的学生给大家进行示范，并分享自己的学习心得				
基本部分30分钟	3. 游戏 口号追人 让游戏者站成一个圆圈，从排头报数，每人记住自己的号数。当教师叫某个号数后，如果“5”号，则“5”号队员立刻在圈外向逆时针方向跑去，“6号”队员迅速去追。如果“5号”队员在途中被追上，则“6号”队员胜。如果没有追上，则“5号”队员胜，两人回原位。教师再叫别的号数，游戏继续进行。 游戏规则：①没有叫号的不能跑；②必须按规定的方向跑圈；③追者只能拍，不能推拉	1. 宣布游戏内容 2. 讲解游戏规则 3. 安排组织学生参与游戏	1. 学生认真听教师讲解 2. 两两结对练习 3. 听教师的口令进行游戏	1	10	中
设计意图	一、教学内容 （1）在熟悉球性的练习过程中，所设计的几项练习中都蕴含了脑执行功能的内容。例如，体前抛球、体后击掌接球就是让学生抑制抛球后又在体前接球这一习惯，改为体后击掌接球；而根据教师口令，选择单手抛球或是双手抛球，以及之后是击掌一次或是几次这一练习过程中，学生需要通过口令来判断抛球方式、击掌次数，最后再接球，在做完抛球动作后，学生需要立刻转换思维来做击掌动作，并且对击掌次数进行刷新 （2）三角传接球中，两两之间的传球方式不同，这就要求学生不断刷新前一个同学的传球方式记忆，并且还要抑制与其相同的传球冲动。这一过程主要是锻炼学生的抑制能力 二、教学组织形式 环境也是影响脑执行功能的重要因素之一，因此本篮球教学的组织形式采用了开放型教学模式，积极地创设了大量的合作和竞争等学习情境，并且组织过程充分考虑了学生的学习兴趣，也提高了他们的学习兴趣，进一步促进了学生脑执行功能的发展 三、运动强度 通过准备活动到基本部分活动，学生达到中等至中上等活动量					

结束部分4分钟	1. 放松活动 2. 课堂小结 3. 归还器材，宣布下课	1. 带领学生做放松活动 2. 点评课堂表现	1. 按教师指导进行放松 2. 认真听讲，反思学习表现 3. 师生道别	1 1	2 2	小 小

课时实施方案 26

内容	1. 小学篮球原地双手低手传接球技能 2. 游戏					
教学目标	1. 通过学习和练习，使学生掌握一定的篮球原地双手低手传接球技能，并锻炼身体素质 2. 通过学习和练习，发展学生的抑制功能					
过程	课的内容	教师活动	学生活动	运动负荷		
				次数	时间	强度
准备部分6分钟	一、课堂常规 1. 集合整队 2. 师生问好 3. 宣布内容 4. 安排见习 二、准备活动 慢跑热身 250 米 ×2 圈 体育常规练习	1. 集合整队 2. 师生问好 3. 宣布内容 4. 提出要求 5. 安排见习 带领学生做好慢跑热身活动	1. 体育委员整队，向教师报告出勤人数 2. 学生四列横队，体操队形如下： × ▲ 要求： 1. 快、静、齐 2. 认真听讲，精神饱满 3. 明确上课内容和要求	1 1	2 4	小 小
基本部分30分钟	1. 伴随音乐，带领学生做熟悉球性的练习 ①单手托球绕颈、腰、膝盖，反之从下向上 ②胯下 8 字绕球 ③单、双手抛球，根据教师的口令多次击掌后接球 ④单手抛球换手接球	1. 教师先讲解动作要领及身体姿势要求，然后完整示范动作，再分解示范，边示范边重复要求，使学生建立一个完整的动作概念 2. 巡回指导 3. 鼓励后进生 4. 将学生以列为单位分成 4 个小组，组内进行练习 5. 对小组展示进行评价	1. 学生认真听教师讲解 2. 两两结对练习 3. 学生模仿教师的动作，跟着音乐节拍认真完成	1	10	中

基本部分30分钟	2. 原地双手低手传接球 ①讲解动作要领 ②徒手动作练习 ③三角传接球，改变传接球手法	1. 教师先完整示范动作，后分解示范，边示范边讲要求，使学生建立一个完整的动作概念。先徒手练习，体会动作，后持球练习 2. 每次进行不同的组织形式之前都要求几位同学辅助做演示，以便学生看得更直观 3. 为了调动学生的学习积极性，移动的每种组织形式都可以设置为小组之间的比赛 4. 请表现优秀的学生给大家进行示范，并分享自己的学习心得	1. 学生先看教师的动作 2. 学生跟着教师的动作模仿练习 3. 学生自我练习 4. 学生集体练习 5. 学生分组进行练习	1	10	中
	3. 游戏 口号追人 让游戏者站成一个圆圈，从排头报数，每人记住自己的号数。当教师叫某个号数后，如果“5”号，则“5”号队员立刻在圈外向逆时针方向跑去，“6号”队员迅速去追。如果“5号”队员在途中被追上，则“6号”队员胜。如果没有追上，则“5号”队员胜，两人回原位。教师再叫别的号数，游戏继续进行。 游戏规则：①没有叫号的不能跑；②必须按规定的方向跑圈；③追者只能拍，不能推拉	1. 宣布游戏内容 2. 讲解游戏规则 3. 安排组织学生参与游戏	1. 学生认真听教师讲解 2. 两两结对练习 3. 听教师的口令进行游戏	1	10	中

设计意图	一、教学内容 （1）在熟悉球性的练习过程中，所设计的几项练习中都蕴含了脑执行功能的内容。例如，体前抛球、体后击掌接球就是让学生抑制抛球后又在体前接球这一习惯，改为体后击掌接球；而根据教师口令，选择单手抛球或是双手抛球，以及之后是击掌一次或是几次这一练习过程中，学生需要通过口令来判断抛球方式、击掌次数，最后再接球，在做完抛球动作后，学生需要立刻转换思维来做击掌动作，并且对击掌次数进行刷新 （2）三角传接球中，两两之间的传球方式不同，这就要求学生不断刷新前一个同学的传球方式记忆，并且还要抑制与其相同的传球冲动。这一过程主要是锻炼学生的抑制能力 二、教学组织形式 环境也是影响脑执行功能的重要因素之一，因此本篮球教学的组织形式采用了开放型教学模式，积极地创设了大量的合作和竞争等学习情境，并且组织过程充分考虑了学生的学习兴趣，也提高了他们的学习兴趣，进一步促进了学生脑执行功能的发展 三、运动强度 通过准备活动到基本部分活动，学生达到中等至中上等活动量					
结束部分4分钟	1. 放松活动 2. 课堂小结 3. 归还器材，宣布下课	1. 带领学生做放松活动 2. 点评课堂表现	1. 按教师指导进行放松 2. 认真听讲，反思学习表现 3. 师生道别	1 1	2 2	小 小

课时实施方案 27

内容	1. 小学篮球双手胸前传接球技能 2. 游戏					
教学目标	1. 通过学习和练习，使学生掌握一定的篮球双手胸前传接球技能，并锻炼身体素质 2. 通过学习和练习，发展学生的刷新功能					
过程	课的内容	教师活动	学生活动	运动负荷		
				次数	时间	强度
准备部分6分钟	一、课堂常规 1. 集合整队 2. 师生问好 3. 宣布内容 4. 安排见习 二、准备活动 慢跑热身 250 米 ×2 圈 体育常规练习	1. 集合整队 2. 师生问好 3. 宣布内容 4. 提出要求 5. 安排见习 带领学生做好慢跑热身活动	1. 体育委员整队，向教师报告出勤人数 2. 学生四列横队，体操队形如下： ××××× ××××× ××××× ××××× ▲ 要求： 1. 快、静、齐 2. 认真听讲，精神饱满 3. 明确上课内容和要求	1 1	2 4	小 小

基本部分30分钟	1. 伴随音乐，带领学生做熟悉球性的练习 ①单手托球绕颈、腰、膝盖，反之从下向上 ②胯下8字绕球 ③单、双手抛球，根据教师的口令多次击掌后接球 ④单手抛球换手接球	1. 教师先讲解动作要领及身体姿势要求，然后完整示范动作，再分解示范，边示范边重复要求，使学生建立一个完整的动作概念 2. 巡回指导 3. 鼓励后进生 4. 将学生以列为单位分成4个小组，组内进行练习 5. 对小组展示进行评价	1. 学生认真听教师讲解 2. 两两结对练习 3. 学生模仿教师的动作，跟着音乐节拍认真完成	1	10	中
	2. 双手胸前传接球 ①讲解动作要领 ②两人一组，徒手模拟双手胸前传接球动作 ③四人一组，逆时针方向传接球，结合转身或跨步	1. 教师先完整示范动作，后分解示范，边示范边讲要求，使学生建立一个完整的动作概念。先徒手练习，体会动作，后持球练习 2. 每次进行不同的组织形式之前都要求几位同学辅助做演示，以便学生看得更直观 3. 为了调动学生的学习积极性，移动的每种组织形式都可以设置为小组之间的比赛 4. 请表现优秀的学生给大家进行示范，并分享自己的学习心得	1. 学生先看教师的动作 2. 学生跟着教师的动作模仿练习 3. 学生自我练习 4. 学生集体练习 5. 学生分组进行练习	1	10	中
	3. 游戏 跑中抛接 把游戏者分成人数相等的数队，面对横绳排成纵队站在起跑线后，每队第一人手拿一个篮球。游戏开始后，各队排头手持篮球向横绳跑去，到绳子前面时，双手把球从绳上抛过去，立刻从绳底下跑过去把自己	1. 宣布游戏内容 2. 讲解游戏规则 3. 安排组织学生参与游戏	1. 学生认真听教师讲解 2. 两两结对练习 3. 听教师的口令进行游戏	1	10	中

基本部分30分钟	抛的球接住，然后快速跑回本队，把球交给第二人，自己回到队尾，第二人照同样的方法做。如此依次进行，以先跑完的队为胜。游戏规则：①球从绳底下过去不算，要重新抛接；②途中掉了球在掉处拾起重跑；③抛起的球不能落地，否则重抛；④跑回后必须递球给同伴，不许扔球。					
设计意图	一、教学内容 （1）在熟悉球性的练习过程中，所设计的几项练习中都蕴含了脑执行功能的内容。例如，体前抛球、体后击掌接球就是让学生抑制抛球后又在体前接球这一习惯，改为体后击掌接球；而根据教师的口令，选择单手抛球或是双手抛球，以及之后是击掌一次或是几次这一练习过程中，学生需要通过口令来判断抛球方式、击掌次数，最后再接球，在做完抛球动作后，学生需要立刻转换思维来做击掌动作，并且对击掌次数进行刷新 （2）四人一组胸前传接球过程，若前一位同学是原地转身后传球，那么接球的同学则需要做成跨步后传球，依次类推，这就要求学生不断刷新对前者的传球方式的记忆，并且还要抑制自己做出相同的动作，这一过程主要锻炼学生的刷新能力 二、教学组织形式 环境也是影响脑执行功能的重要因素之一，因此本篮球教学的组织形式采用了开放型教学模式，积极地创设了大量的合作和竞争等学习情境，并且组织过程充分考虑了学生的学习兴趣，也提高他们的学习兴趣，进一步促进了学生脑执行功能的发展 三、运动强度 通过准备活动到基本部分活动，学生达到中等至中上等活动量					
结束部分4分钟	1. 放松活动 2. 课堂小结 3. 归还器材，宣布下课	1. 带领学生做放松活动 2. 点评课堂表现	1. 按教师指导进行放松 2. 认真听讲，反思学习表现 3. 师生道别	1 1	2 2	小 小

课时实施方案 28

过程	课的内容	教师活动	学生活动	运动负荷		
内容	1. 小学篮球双手胸前传接球技能 2. 游戏					
教学目标	1. 通过学习和练习，使学生掌握一定的篮球双手胸前传接球技能，并锻炼身体素质 2. 通过学习和练习，发展学生的刷新功能					
				次数	时间	强度
准备部分6分钟	一、课堂常规 1. 集合整队 2. 师生问好 3. 宣布内容 4. 安排见习	1. 集合整队 2. 师生问好 3. 宣布内容 4. 提出要求 5. 安排见习	1. 体育委员整队，向教师报告出勤人数 2. 学生四列横队，体操队形如下： × ▲ 要求： 1. 快、静、齐 2. 认真听讲，精神饱满 3. 明确上课内容和要求	1	2	小
	二、准备活动 慢跑热身 250 米 ×2 圈 体育常规练习	带领学生做好慢跑热身活动		1	4	小
基本部分30分钟	1. 伴随音乐，带领学生做熟悉球性的练习 ①单手托球绕颈、腰、膝盖，反之从下向上 ②胯下 8 字绕球 ③单、双手抛球，根据教师的口令多次击掌后接球 ④单手抛球换手接球	1. 教师先讲解动作要领及身体姿势要求，然后完整示范动作，再分解示范，边示范边重复要求，使学生建立一个完整的动作概念 2. 巡回指导 3. 鼓励后进生 4. 将学生以列为单位分成 4 个小组，组内进行练习 5. 对小组展示进行评价	1. 学生认真听教师讲解 2. 两两结对练习 3. 学生模仿教师的动作，跟着音乐节拍认真完成	1	10	中
	2. 双手胸前传接球 ①讲解动作要领 ②两人一组，徒手模拟双手胸前传接球动作 ③四人一组，逆时针方向传接球，结合转身或跨步	1. 教师先完整示范动作，后分解示范，边示范边讲要求，使学生建立一个完整的动作概念。先徒手练习，体会动作，后持球练习	1. 学生先看教师的动作 2. 学生跟着教师的动作模仿练习 3. 学生自我练习 4. 学生集体练习 5. 学生分组进行练习	1	10	中

		2. 每次进行不同的组织形式之前都要求几位同学辅助做演示，以便学生看得更直观 3. 为了调动学生的学习积极性，移动的每种组织形式都可以设置为小组之间的比赛 4. 请表现优秀的学生给大家进行示范，并分享自己的学习心得				
基本部分30分钟	3. 游戏 跑中抛接 把游戏者分成人数相等的数队，面对横绳排成纵队站在起跑线后，每队第一人手拿一个篮球。游戏开始后，各队排头手持篮球向横绳跑去，到绳子前面时，双手把球从绳上抛过去，立刻从绳底下跑过去把自己抛的球接住，然后快速跑回本队，把球交给第二人，自己回到队尾，第二人照同样的方法做。如此依次进行，以先跑完的队为胜。游戏规则：①球从绳底下过去不算，要重新抛接；②途中掉了球在掉处拾起重跑；③抛起的球不能落地，否则重抛；④跑回后必须递球给同伴，不许扔球。	1. 宣布游戏内容 2. 讲解游戏规则 3. 安排组织学生参与游戏	1. 学生认真听教师讲解 2. 两两结对练习 3. 听教师的口令进行游戏	1	10	中
设计意图	一、教学内容 （1）在熟悉球性的练习过程中，所设计的几项练习中都蕴含了脑执行功能的内容。例如，体前抛球、体后击掌接球就是让学生抑制抛球后又在体前接球这一习惯，改为体后击掌接球；而根据教师的口令，选择单手抛球或是双手抛球，以及之后是击掌一次或是几次这一练习过程中，学生需要通过口令来判断抛球方式、击掌次数，最后再接球，在做完抛球动作后，学生需要立刻转换思维来做击掌动作，并且对击掌次数进行刷新					

设计意图	（2）四人一组胸前传接球过程，若前一位同学是原地转身后传球，那么接球的同学则需要做成跨步后传球，依次类推，这就要求学生不断刷新对前者的传球方式的记忆，并且还要抑制自己做出相同的动作，这一过程主要锻炼学生的刷新能力 二、教学组织形式 环境也是影响脑执行功能的重要因素之一，因此本篮球教学的组织形式采用了开放型教学模式，积极地创设了大量的合作和竞争等学习情境，并且组织过程充分考虑了学生的学习兴趣，也提高他们的学习兴趣，进一步促进了学生脑执行功能的发展 三、运动强度 通过准备活动到基本部分活动，学生达到中等至中上等活动量					
结束部分4分钟	1. 放松活动 2. 课堂小结 3. 归还器材，宣布下课	1. 带领学生做放松活动 2. 点评课堂表现	1. 按教师指导进行放松 2. 认真听讲，反思学习表现 3. 师生道别	1 1	2 2	小 小

课时实施方案 29

内容	1. 小学篮球双手胸前传接球技能 2. 游戏					
教学目标	1. 通过学习和练习，使学生掌握一定的篮球双手胸前传接球技能，并锻炼身体素质 2. 通过学习和练习，发展学生的刷新功能					
过程	课的内容	教师活动	学生活动	运动负荷		
				次数	时间	强度
准备部分6分钟	一、课堂常规 1. 集合整队 2. 师生问好 3. 宣布内容 4. 安排见习 二、准备活动 慢跑热身 250 米 ×2 圈 体育常规练习	1. 集合整队 2. 师生问好 3. 宣布内容 4. 提出要求 5. 安排见习 带领学生做好慢跑热身活动	1. 体育委员整队，向教师报告出勤人数 2. 学生四列横队，体操队形如下： × ▲ 要求： 1. 快、静、齐 2. 认真听讲，精神饱满 3. 明确上课内容和要求	1 1	2 4	小 小

基本部分30分钟	1. 伴随音乐，带领学生做熟悉球性的练习 ①单手托球绕颈、腰、膝盖，反之从下向上 ②胯下8字绕球 ③单、双手抛球，根据教师的口令多次击掌后接球 ④单手抛球换手接球	1. 教师先讲解动作要领及身体姿势要求，然后完整示范动作，再分解示范，边示范边重复要求，使学生建立一个完整的动作概念 2. 巡回指导 3. 鼓励后进生 4. 将学生以列为单位分成4个小组，组内进行练习 5. 对小组展示进行评价	1. 学生认真听教师讲解 2. 两两结对练习 3. 学生模仿教师的动作，跟着音乐节拍认真完成	1	10	中
	2. 双手胸前传接球 ①讲解动作要领 ②两人一组，徒手模拟双手胸前传接球动作 ③四人一组，逆时针方向传接球，结合转身或跨步	1. 教师先完整示范动作，后分解示范，边示范边讲要求，使学生建立一个完整的动作概念。先徒手练习，体会动作，后持球练习 2. 每次进行不同的组织形式之前都要求几位同学辅助做演示，以便学生看得更直观 3. 为了调动学生的学习积极性，移动的每种组织形式都可以设置为小组之间的比赛 4. 请表现优秀的学生给大家进行示范，并分享自己的学习心得	1. 学生先看教师的动作 2. 学生跟着教师的动作模仿练习 3. 学生自我练习 4. 学生集体练习 5. 学生分组进行练习	1	10	中
	3. 游戏 跑中抛接 把游戏者分成人数相等的数队，面对横绳排成纵队站在起跑线后，每队第一人手拿一个篮球。游戏开始后，各队排头手持篮球向横绳跑去，到绳子前面时，双手把球从绳上抛过去，立刻从绳底下跑过去把自己	1. 宣布游戏内容 2. 讲解游戏规则 3. 安排组织学生参与游戏	1. 学生认真听教师讲解 2. 两两结对练习 3. 听教师的口令进行游戏	1	10	中

基本部分30分钟	抛的球接住，然后快速跑回本队，把球交给第二人，自己回到队尾，第二人照同样的方法做。如此依次进行，以先跑完的队为胜。游戏规则：①球从绳底下过去不算，要重新抛接；②途中掉了球在掉处拾起重跑；③抛起的球不能落地，否则重抛；④跑回后必须递球给同伴，不许扔球。					
设计意图	一、教学内容 （1）在熟悉球性的练习过程中，所设计的几项练习中都蕴含了脑执行功能的内容。例如，体前抛球、体后击掌接球就是让学生抑制抛球后又在体前接球这一习惯，改为体后击掌接球；而根据教师的口令，选择单手抛球或是双手抛球，以及之后是击掌一次或是几次这一练习过程中，学生需要通过口令来判断抛球方式、击掌次数，最后再接球，在做完抛球动作后，学生需要立刻转换思维来做击掌动作，并且对击掌次数进行刷新 （2）四人一组胸前传接球过程，若前一位同学是原地转身后传球，那么接球的同学则需要做成跨步后传球，依次类推，这就要求学生不断刷新对前者的传球方式的记忆，并且还要抑制自己做出相同的动作，这一过程主要锻炼学生的刷新能力 二、教学组织形式 环境也是影响脑执行功能的重要因素之一，因此本篮球教学的组织形式采用了开放型教学模式，积极地创设了大量的合作和竞争等学习情境，并且组织过程充分考虑了学生的学习兴趣，也提高他们的学习兴趣，进一步促进了学生脑执行功能的发展 三、运动强度 通过准备活动到基本部分活动，学生达到中等至中上等活动量					
结束部分4分钟	1. 放松活动 2. 课堂小结 3. 归还器材，宣布下课	1. 带领学生做放松活动 2. 点评课堂表现	1. 按教师指导进行放松 2. 认真听讲，反思学习表现 3. 师生道别	1 1	2 2	小 小

课时实施方案30

内容	1. 小学篮球双手胸前传接球技能 2. 游戏
教学目标	1. 通过学习和练习，使学生掌握一定的篮球双手胸前传接球技能，并锻炼身体素质 2. 通过学习和练习，发展学生的刷新功能

过程	课的内容	教师活动	学生活动	运动负荷		
				次数	时间	强度
准备部分6分钟	一、课堂常规 1. 集合整队 2. 师生问好 3. 宣布内容 4. 安排见习	1. 集合整队 2. 师生问好 3. 宣布内容 4. 提出要求 5. 安排见习	1. 体育委员整队，向教师报告出勤人数 2. 学生四列横队，体操队形如下： × ▲ 要求： 1. 快、静、齐 2. 认真听讲，精神饱满 3. 明确上课内容和要求	1	2	小
	二、准备活动 慢跑热身 250 米 ×2 圈 体育常规练习	带领学生做好慢跑热身活动		1	4	小
基本部分30分钟	1. 伴随音乐，带领学生做熟悉球性的练习 ①单手托球绕颈、腰、膝盖，反之从下向上 ②胯下 8 字绕球 ③单、双手抛球，根据教师的口令多次击掌后接球 ④单手抛球换手接球	1. 教师先讲解动作要领及身体姿势要求，然后完整示范动作，再分解示范，边示范边重复要求，使学生建立一个完整的动作概念 2. 巡回指导 3. 鼓励后进生 4. 将学生以列为单位分成 4 个小组，组内进行练习 5. 对小组展示进行评价	1. 学生认真听教师讲解 2. 两两结对练习 3. 学生模仿教师的动作，跟着音乐节拍认真完成	1	10	中
	2. 双手胸前传接球 ①两两持球练习胸前传接球技术 ②两人一组，中间一根绳，学生击地传接球与胸前传接球相互转换	1. 教师先完整示范动作，后分解示范，边示范边讲要求，使学生建立一个完整的动作概念。先徒手练习，体会动作，后持球练习 2. 每次进行不同的组织形式之前都要求几位同学辅助做演示，以便学生看得更直观 3. 为了调动学生的学习积极性，移动的每种组织形式都可以设置为小组之间的比赛 4. 请表现优秀的学生给大家进行示范，并分享自己的学习心得	1. 学生先看教师的动作 2. 学生跟着教师的动作模仿练习 3. 学生自我练习 4. 学生集体练习 5. 学生分组进行练习	1	10	中

基本部分30分钟	3. 游戏 跑中抛接 把游戏者分成人数相等的数队，面对横绳排成纵队站在起跑线后，每队第一人手拿一个篮球。游戏开始后，各队排头手持篮球向横绳跑去，到绳子前面时，双手把球从绳上抛过去，立刻从绳底下跑过去把自己抛的球接住，然后快速跑回本队，把球交给第二人，自己回到队尾，第二人照同样的方法做。如此依次进行，以先跑完的队为胜。游戏规则：①球从绳底下过去不算，要重新抛接；②途中掉了球在掉处拾起重跑；③抛起的球不能落地，否则重抛；④跑回后必须递球给同伴，不许扔球	1. 宣布游戏内容 2. 讲解游戏规则 3. 安排组织学生参与游戏	1. 学生认真听教师讲解 2. 两两结对练习 3. 听教师的口令进行游戏	1	10	中
设计意图	一、教学内容 （1）在熟悉球性的练习过程中，所设计的几项练习中都蕴含了脑执行功能的内容。例如，体前抛球、体后击掌接球就是让学生抑制抛球后又在体前接球这一习惯，改为体后击掌接球；而根据教师的口令，选择单手抛球或是双手抛球，以及之后是击掌一次或是几次这一练习过程中，学生需要通过口令来判断抛球方式、击掌次数，最后再接球，在做完抛球动作后，学生需要立刻转换思维来做击掌动作，并且对击掌次数进行刷新 （2）两人一组传接球过程中，例如：甲先击地，乙则胸前过绳传球，甲接球后改为胸前，乙击地，以此循环。甲需要不断刷新自己之前一次的运球方式，还要将两种传球方式不断转换，乙则需要不断抑制自己与甲进行相同的传球方式。这一过程抑制、刷新与转换均涉及，但主要是锻炼了刷新能力 二、教学组织形式 环境也是影响脑执行功能的重要因素之一，因此本篮球教学的组织形式采用了开放型教学模式，积极地创设了大量的合作和竞争等学习情境，并且组织过程充分考虑了学生的学习兴趣，也提高了他们的学习兴趣，进一步促进了学生脑执行功能的发展 三、运动强度 通过准备活动到基本部分活动，学生达到中等至中上等活动量					
结束部分4分钟	1. 放松活动 2. 课堂小结 3. 归还器材，宣布下课	1. 带领学生做放松活动 2. 点评课堂表现	1. 按教师指导进行放松 2. 认真听讲，反思学习表现 3. 师生道别	1 1	2 2	小 小

课时实施方案 31

<table>
<tr><td>内容</td><td colspan="6">1. 小学篮球双手胸前传接球技能
2. 游戏</td></tr>
<tr><td>教学目标</td><td colspan="6">1. 通过学习和练习，使学生掌握一定的篮球双手胸前传接球技能，并锻炼身体素质
2. 通过学习和练习，发展学生的刷新功能</td></tr>
<tr><td rowspan="2">过程</td><td rowspan="2">课的内容</td><td rowspan="2">教师活动</td><td rowspan="2">学生活动</td><td colspan="3">运动负荷</td></tr>
<tr><td>次数</td><td>时间</td><td>强度</td></tr>
<tr><td rowspan="2">准备部分6分钟</td><td>一、课堂常规
1. 集合整队
2. 师生问好
3. 宣布内容
4. 安排见习</td><td>1. 集合整队
2. 师生问好
3. 宣布内容
4. 提出要求
5. 安排见习</td><td rowspan="2">1. 体育委员整队，向教师报告出勤人数
2. 学生四列横队，体操队形如下：
× × × × ×
× × × × ×
× × × × ×
× × × × ×
▲
要求：
1. 快、静、齐
2. 认真听讲，精神饱满
3. 明确上课内容和要求</td><td>1</td><td>2</td><td>小</td></tr>
<tr><td>二、准备活动
慢跑热身
250 米 ×2 圈
体育常规练习</td><td>带领学生做好慢跑热身活动</td><td>1</td><td>4</td><td>小</td></tr>
<tr><td rowspan="2">基本部分30分钟</td><td>1. 伴随音乐，带领学生做熟悉球性的练习
①单手托球绕颈、腰、膝盖，反之从下向上
②胯下 8 字绕球
③单、双手抛球，根据教师的口令多次击掌后接球
④单手抛球换手接球</td><td>1. 教师先讲解动作要领及身体姿势要求，然后完整示范动作，再分解示范，边示范边重复要求，使学生建立一个完整的动作概念
2. 巡回指导
3. 鼓励后进生
4. 将学生以列为单位分成 4 个小组，组内进行练习
5. 对小组展示进行评价</td><td>1. 学生认真听教师讲解
2. 两两结对练习
3. 学生模仿教师的动作，跟着音乐节拍认真完成</td><td>1</td><td>10</td><td>中</td></tr>
<tr><td>2. 双手胸前传接球
①两两持球练习胸前传接球技术
②两人一组，中间一根绳，学生击地传接球与胸前传接球相互转换</td><td>1. 教师先完整示范动作，后分解示范，边示范边讲要求，使学生建立一个完整的动作概念。先徒手练习，体会动作，后持球练习
2. 每次进行不同的组织形式之前都要求几位同学辅助做演示，以便学生看得更直观</td><td>1. 学生先看教师的动作
2. 学生跟着教师的动作模仿练习
3. 学生自我练习
4. 学生集体练习
5. 学生分组进行练习</td><td>1</td><td>10</td><td>中</td></tr>
</table>

		3. 为了调动学生的学习积极性，移动的每种组织形式都可以设置为小组之间的比赛 4. 请表现优秀的学生给大家进行示范，并分享自己的学习心得				
基本部分30分钟	3. 游戏 跑中抛接 把游戏者分成人数相等的数队，面对横绳排成纵队站在起跑线后，每队第一人手拿一个篮球。游戏开始后，各队排头手持篮球向横绳跑去，到绳子前面时，双手把球从绳上抛过去，立刻从绳底下跑过去把自己抛的球接住，然后快速跑回本队，把球交给第二人，自己回到队尾，第二人照同样的方法做。如此依次进行，以先跑完的队为胜。游戏规则：①球从绳底下过去不算，要重新抛接；②途中掉了球在掉处拾起重跑；③抛起的球不能落地，否则重抛；④跑回后必须递球给同伴，不许扔球	1. 宣布游戏内容 2. 讲解游戏规则 3. 安排组织学生参与游戏	1. 学生认真听教师讲解 2. 两两结对练习 3. 听教师的口令进行游戏	1	10	中
设计意图	一、教学内容 （1）在熟悉球性的练习过程中，所设计的几项练习中都蕴含了脑执行功能的内容。例如，体前抛球、体后击掌接球就是让学生抑制抛球后又在体前接球这一习惯，改为体后击掌接球；而根据教师的口令，选择单手抛球或是双手抛球，以及之后是击掌一次或是几次这一练习过程中，学生需要通过口令来判断抛球方式、击掌次数，最后再接球，在做完抛球动作后，学生需要立刻转换思维来做击掌动作，并且对击掌次数进行刷新 （2）两人一组传接球过程中，例如：甲先击地，乙则胸前过绳传球，甲接球后改为胸前，乙击地，以此循环。甲需要不断刷新自己之前一次的运球方式，还要将两种传球方式不断转换，乙则需要不断抑制自己与甲进行相同的传球方式。这一过程抑制、刷新与转换均涉及，但主要是锻炼了刷新能力					

设计意图	二、教学组织形式 环境也是影响脑执行功能的重要因素之一，因此本篮球教学的组织形式采用了开放型教学模式，积极地创设了大量的合作和竞争等学习情境，并且组织过程充分考虑了学生的学习兴趣，也提高了他们的学习兴趣，进一步促进了学生脑执行功能的发展 三、运动强度 通过准备活动到基本部分活动，学生达到中等至中上等活动量					
结束部分4分钟	1. 放松活动 2. 课堂小结 3. 归还器材，宣布下课	1. 带领学生做放松活动 2. 点评课堂表现	1. 按教师指导进行放松 2. 认真听讲，反思学习表现 3. 师生道别	1 1	2 2	小 小

课时实施方案 32

内容	1. 小学篮球行进间双手胸前传接球技能 2. 游戏					
教学目标	1. 通过学习和练习，使学生掌握一定的篮球行进间双手胸前传接球技能，并锻炼身体素质 2. 通过学习和练习，发展学生的转换功能					
过程	课的内容	教师活动	学生活动	运动负荷		
				次数	时间	强度
准备部分6分钟	一、课堂常规 1. 集合整队 2. 师生问好 3. 宣布内容 4. 安排见习 二、准备活动 慢跑热身 250 米 ×2 圈 体育常规练习	1. 集合整队 2. 师生问好 3. 宣布内容 4. 提出要求 5. 安排见习 带领学生做好慢跑热身活动	1. 体育委员整队，向教师报告出勤人数 2. 学生四列横队，体操队形如下： × ▲ 要求： 1. 快、静、齐 2. 认真听讲，精神饱满 3. 明确上课内容和要求	1 1	2 4	小 小

基本部分30分钟	1. 伴随音乐，带领学生做熟悉球性的练习 ①单手托球绕颈、腰、膝盖，反之从下向上 ②胯下8字绕球 ③单、双手抛球，根据教师的口令多次击掌后接球 ④单手抛球换手接球	1. 教师先讲解动作要领及身体姿势要求，然后完整示范动作，再分解示范，边示范边重复要求，使学生建立一个完整的动作概念 2. 巡回指导 3. 鼓励后进生 4. 将学生以列为单位分成4个小组，组内进行练习 5. 对小组展示进行评价	1. 学生认真听教师讲解 2. 两两结对练习 3. 学生模仿教师的动作，跟着音乐节拍认真完成	1	10	中
	2. 行进间双手胸前传接球 ①讲解动作要领 ②两两徒手练习 ③左手运球5米后右手运球5米，双手胸前传接球	1. 教师先完整示范动作，后分解示范，边示范边讲要求，使学生建立一个完整的动作概念。先徒手练习，体会动作，后持球练习 2. 每次进行不同的组织形式之前都要求几位同学辅助做演示，以便学生看得更直观 3. 为了调动学生的学习积极性，移动的每种组织形式都可以设置为小组之间的比赛 4. 请表现优秀的学生给大家进行示范，并分享自己的学习心得	1. 学生先看教师的动作 2. 学生跟着教师的动作模仿练习 3. 学生自我练习 4. 学生集体练习 5. 学生分组进行练习	1	10	中
	3. 游戏 跑中抛接 把游戏者分成人数相等的数队，面对横绳排成纵队站在起跑线后，每队第一人手拿一个篮球。游戏开始后，各队排头手持篮球向横绳跑去，到绳子前面时，双手把球从绳上抛过去，立刻从绳上抛过去，立刻从绳底下跑过去把自己抛	1. 宣布游戏内容 2. 讲解游戏规则 3. 安排组织学生参与游戏	1. 学生认真听教师讲解 2. 两两结对练习 3. 听教师的口令进行游戏	1	10	中

基本部分30分钟	的球接住，然后快速跑回本队，把球交给第二人，自己回到队尾，第二人照同样的方法做。如此依次进行，以先跑完的队为胜。游戏规则：①球从绳底下过去不算，要重新抛接；②途中掉了球在掉处拾起重跑；③抛起的球不能落地，否则重抛；④跑回后必须递球给同伴，不许扔球					
设计意图	一、教学内容 （1）在熟悉球性的练习过程中，所设计的几项练习中都蕴含了脑执行功能的内容。例如，体前抛球、体后击掌接球就是让学生抑制抛球后又在体前接球这一习惯，改为体后击掌接球；而根据教师的口令，选择单手抛球或是双手抛球，以及之后是击掌一次或是几次这一练习过程中，学生需要通过口令来判断抛球方式、击掌次数，最后再接球，在做完抛球动作后，学生需要立刻转换思维来做击掌动作，并且对击掌次数进行刷新 （2）两队相对站立，一队持球，先左手运球 5 米，到标志物后换右手运球 5 米，接着胸前传球给对面的学生，学生接球后跑向持球队队尾，在这一过程中，左右手的互换对学生的抑制与转换能力起到一定帮助，主要锻炼学生两手之间的转换以及不同技能之间的转换能力 二、教学组织形式 环境也是影响脑执行功能的重要因素之一，因此本篮球教学的组织形式采用了开放型教学模式，积极地创设了大量的合作和竞争等学习情境，并且组织过程充分考虑了学生的学习兴趣，也提高了他们的学习兴趣，进一步促进了学生脑执行功能的发展 三、运动强度 通过准备活动到基本部分活动，学生达到中等至中上等活动量					
结束部分4分钟	1. 放松活动 2. 课堂小结 3. 归还器材，宣布下课	1. 带领学生做放松活动 2. 点评课堂表现	1. 按教师指导进行放松 2. 认真听讲，反思学习表现 3. 师生道别	1 1	2 2	小 小

课时实施方案 33

内容	1. 小学篮球行进间双手胸前传接球技能 2. 游戏
教学目标	1. 通过学习和练习，使学生掌握一定的篮球行进间双手胸前传接球技能，并锻炼身体素质 2. 通过学习和练习，发展学生的转换功能

过程	课的内容	教师活动	学生活动	运动负荷		
				次数	时间	强度
准备部分6分钟	一、课堂常规 1. 集合整队 2. 师生问好 3. 宣布内容 4. 安排见习	1. 集合整队 2. 师生问好 3. 宣布内容 4. 提出要求 5. 安排见习	1. 体育委员整队，向教师报告出勤人数 2. 学生四列横队，体操队形如下： × ▲ 要求： 1. 快、静、齐 2. 认真听讲，精神饱满 3. 明确上课内容和要求	1	2	小
	二、准备活动 慢跑热身 250 米 ×2 圈 体育常规练习	带领学生做好慢跑热身活动		1	4	小
基本部分30分钟	1. 伴随音乐，带领学生做熟悉球性的练习 ①单手托球绕颈、腰、膝盖，反之从下向上 ②胯下 8 字绕球 ③单、双手抛球，根据教师的口令多次击掌后接球 ④单手抛球换手接球	1. 教师先讲解动作要领及身体姿势要求，然后完整示范动作，再分解示范，边示范边重复要求，使学生建立一个完整的动作概念 2. 巡回指导 3. 鼓励后进生 4. 将学生以列为单位分成 4 个小组，组内进行练习 5. 对小组展示进行评价	1. 学生认真听教师讲解 2. 两两结对练习 3. 学生模仿教师的动作，跟着音乐节拍认真完成	1	10	中
	2. 行进间双手胸前传接球 ①原地双手胸前传接球练习 ②学生分为两列，相距一定距离，持球者运球跑动一定距离后胸前传球给对方，然后立即跑到对方队尾，以此循环	1.教师先完整示范动作，后分解示范，边示范边讲要求，使学生建立一个完整的动作概念。先徒手练习，体会动作，后持球练习 2. 每次进行不同的组织形式之前都要求几位同学辅助做演示，以便学生看得更直观 3. 为了调动学生的学习积极性，传接球的每种组织形式都可以设置为小组之间的比赛 4. 请传接球优秀的学	1. 学生先看教师的动作 2. 学生跟着教师的动作模仿练习 3. 学生自我练习 4. 学生集体练习 5. 学生分组进行练习	1	10	中

		生给大家进行示范，并分享自己的学习心得				
基本部分30分钟	3. 游戏 指部位 学生围成圈，教师下达如下几个口令“眼睛、耳朵、头发、嘴巴、眉毛、牙齿”。游戏者先用食指指着自己的鼻尖。游戏开始后，教师下达任意一个口令，学生要立刻指向错误的部位（仅限口令中所包含的部位），随着游戏的深入进行，教师的口令会喊得越来越快 规则：动作必须到位清楚，不能有停顿；若言行一致则为失败，需要表演节目	1. 宣布游戏内容 2. 讲解游戏规则 3. 安排组织学生参与游戏	1. 学生认真听教师讲解 2. 两两结对练习 3. 听教师的口令进行游戏	1	10	中
设计意图	一、教学内容 （1）在熟悉球性的练习过程中，所设计的几项练习中都蕴含了脑执行功能的内容。例如，体前抛球、体后击掌接球就是让学生抑制抛球后又在体前接球这一习惯，改为体后击掌接球；而根据教师的口令，选择单手抛球或是双手抛球，以及之后是击掌一次或是几次这一练习过程中，学生需要通过口令来判断抛球方式、击掌次数，最后再接球，在做完抛球动作后，学生需要立刻转换思维来做击掌动作，并且对击掌次数进行刷新 （2）两队之间进行胸前传接球过程，先要运球一段距离，之后要抑制继续运球的反应而转换成胸前传球，结束后还要立刻跑到对方队尾，这一过程对学生的抑制与转换能力要求较高，可以很好地锻炼学生的转换能力 二、教学组织形式 环境也是影响脑执行功能的重要因素之一，因此本篮球教学的组织形式采用了开放型教学模式，积极地创设了大量的合作和竞争等学习情境，并且组织过程充分考虑了学生的学习兴趣，也提高了他们的学习兴趣，进一步促进了学生脑执行功能的发展 三、运动强度 通过准备活动到基本部分活动，学生达到中等至中上等活动量					
结束部分4分钟	1. 放松活动 2. 课堂小结 3. 归还器材，宣布下课	1. 带领学生做放松活动 2. 点评课堂表现	1. 按教师指导进行放松 2. 认真听讲，反思学习表现 3. 师生道别	1 1	2 2	小 小

课时实施方案 34

内容	1. 小学篮球行进间双手胸前传接球技能 2. 游戏					
教学目标	1. 通过学习和练习，使学生掌握一定的篮球行进间双手胸前传接球技能，并锻炼身体素质 2. 通过学习和练习，发展学生的转换功能					
过程	课的内容	教师活动	学生活动	运动负荷		
				次数	时间	强度
准备部分6分钟	一、课堂常规 1. 集合整队 2. 师生问好 3. 宣布内容 4. 安排见习 二、准备活动 慢跑热身 250 米 ×2 圈 体育常规练习	1. 集合整队 2. 师生问好 3. 宣布内容 4. 提出要求 5. 安排见习 带领学生做好慢跑热身活动	1. 体育委员整队，向教师报告出勤人数 2. 学生四列横队，体操队形如下： × ▲ 要求： 1. 快、静、齐 2. 认真听讲, 精神饱满 3. 明确上课内容和要求	1 1	2 4	小 小
基本部分30分钟	1. 伴随音乐，带领学生做熟悉球性的练习 ①单手托球绕颈、腰、膝盖，反之从下向上 ②胯下 8 字绕球 ③单、双手抛球，根据教师的口令多次击掌后接球 ④单手抛球换手接球	1. 教师先讲解动作要领及身体姿势要求，然后完整示范动作，再分解示范，边示范边重复要求，使学生建立一个完整的动作概念 2. 巡回指导 3. 鼓励后进生 4. 将学生以列为单位分成 4 个小组，组内进行练习 5. 对小组展示进行评价	1. 学生认真听教师讲解 2. 两两结对练习 3. 学生模仿教师的动作，跟着音乐节拍认真完成	1	10	中
	2. 行进间双手胸前传接球 ①原地双手胸前传接球练习 ②学生分为两列，相距一定距离，持球者运球跑动一定距离后胸前传球给对方，然后立即跑到对方队尾，以此循环	1.教师先完整示范动作，后分解示范，边示范边讲要求，使学生建立一个完整的动作概念。先徒手练习，体会动作，后持球练习	1. 学生先看教师的动作 2. 学生跟着教师的动作模仿练习 3. 学生自我练习 4. 学生集体练习 5. 学生分组进行练习	1	10	中

基本部分30分钟		2. 每次进行不同的组织形式之前都要求几位同学辅助做演示，以便学生看得更直观 3. 为了调动学生的学习积极性，传接球的每种组织形式都可以设置为小组之间的比赛 4. 请传接球优秀的学生给大家进行示范，并分享自己的学习心得				
	3. 游戏 指部位 学生围成圈，教师下达如下几个口令“眼睛、耳朵、头发、嘴巴、眉毛、牙齿”。游戏者先用食指指着自己的鼻尖。游戏开始后，教师下达任意一个口令，学生要立刻指向错误的部位（仅限口令中所包含的部位），随着游戏的深入进行，教师的口令会喊得越来越快 规则：动作必须到位清楚，不能有停顿；若言行一致则为失败，需要表演节目	1. 宣布游戏内容 2. 讲解游戏规则 3. 安排组织学生参与游戏	1. 学生认真听教师讲解 2. 两两结对练习 3. 听教师的口令进行游戏	1	10	中
设计意图	一、教学内容 （1）在熟悉球性的练习过程中，所设计的几项练习中都蕴含了脑执行功能的内容。例如，体前抛球、体后击掌接球就是让学生抑制抛球后又在体前接球这一习惯，改为体后击掌接球；而根据教师的口令，选择单手抛球或是双手抛球，以及之后是击掌一次或是几次这一练习过程中，学生需要通过口令来判断抛球方式、击掌次数，最后再接球，在做完抛球动作后，学生需要立刻转换思维来做击掌动作，并且对击掌次数进行刷新 （2）两队之间进行胸前传接球过程，先要运球一段距离，之后要抑制继续运球的反应而转换成胸前传球，结束后还要立刻跑到对方队尾，这一过程对学生的抑制与转换能力要求较高，可以很好地锻炼学生的转换能力 二、教学组织形式 环境也是影响脑执行功能的重要因素之一，因此本篮球教学的组织形式采用了开放型教学模式，积极地创设了大量的合作和竞争等学习情境，并且组织过程充分考虑了学生的学习兴趣，也提高了他们的学习兴趣，进一步促进了学生脑执行功能的发展 三、运动强度 通过准备活动到基本部分活动，学生达到中等至中上等活动量					

结束部分4分钟	1. 放松活动 2. 课堂小结 3. 归还器材，宣布下课	1. 带领学生做放松活动 2. 点评课堂表现	1. 按教师指导进行放松 2. 认真听讲，反思学习表现 3. 师生道别	1 1	2 2	小 小

课时实施方案 35

内容	1. 小学篮球行进间双手胸前传接球技能 2. 游戏					
教学目标	1. 通过学习和练习，使学生掌握一定的篮球行进间双手胸前传接球技能，并锻炼身体素质 2. 通过学习和练习，发展学生的转换功能					
过程	课的内容	教师活动	学生活动	运动负荷		
				次数	时间	强度
准备部分6分钟	一、课堂常规 1. 集合整队 2. 师生问好 3. 宣布内容 4. 安排见习 二、准备活动 慢跑热身 250 米 ×2 圈 体育常规练习	1. 集合整队 2. 师生问好 3. 宣布内容 4. 提出要求 5. 安排见习 带领学生做好慢跑热身活动	1. 体育委员整队，向教师报告出勤人数 2. 学生四列横队，体操队形如下： × ▲ 要求： 1. 快、静、齐 2. 认真听讲，精神饱满 3. 明确上课内容和要求	1 1	2 4	小 小
基本部分30分钟	1. 伴随音乐，带领学生做熟悉球性的练习 ①单手托球绕颈、腰、膝盖，反之从下向上 ②胯下 8 字绕球 ③单、双手抛球，根据教师的口令多次击掌后接球 ④单手抛球换手接球	1. 教师先讲解动作要领及身体姿势要求，然后完整示范动作，再分解示范，边示范边重复要求，使学生建立一个完整的动作概念 2. 巡回指导 3. 鼓励后进生 4. 将学生以列为单位分成 4 个小组，组内进行练习 5. 对小组展示进行评价	1. 学生认真听教师讲解 2. 两两结对练习 3. 学生模仿教师的动作，跟着音乐节拍认真完成	1	10	中

基本部分30分钟	2. 行进间双手胸前传接球 ①原地双手胸前传接球练习 ②学生分为两列，相距一定距离，持球者运球跑动一定距离后胸前传球给对方，然后立即跑到对方队尾，以此循环	1.教师先完整示范动作，后分解示范，边示范边讲要求，使学生建立一个完整的动作概念。先徒手练习，体会动作，后持球练习 2. 每次进行不同的组织形式之前都要求几位同学辅助做演示，以便学生看得更直观 3. 为了调动学生的学习积极性，传接球的每种组织形式都可以设置为小组之间的比赛 4. 请传接球优秀的学生给大家进行示范，并分享自己的学习心得	1. 学生先看教师的动作 2. 学生跟着教师的动作模仿练习 3. 学生自我练习 4. 学生集体练习 5. 学生分组进行练习	1	10	中
	3. 游戏 指部位 学生围成圈，教师下达如下几个口令“眼睛、耳朵、头发、嘴巴、眉毛、牙齿”。游戏者先用食指指着自己的鼻尖。游戏开始后，教师下达任意一个口令，学生要立刻指向错误的部位（仅限口令中所包含的部位），随着游戏的深入进行，教师的口令会喊得越来越快 规则：动作必须到位清楚，不能有停顿；若言行一致则为失败，需要表演节目	1. 宣布游戏内容 2. 讲解游戏规则 3. 安排组织学生参与游戏	1. 学生认真听教师讲解 2. 两两结对练习 3. 听教师的口令进行游戏	1	10	中
设计意图	一、教学内容 （1）在熟悉球性的练习过程中，所设计的几项练习中都蕴含了脑执行功能的内容。例如，体前抛球、体后击掌接球就是让学生抑制抛球后又在体前接球这一习惯，改为体后击掌接球；而根据教师的口令，选择单手抛球或是双手抛球，以及之后是击掌一次或是几次这一练习过程中，学生需要通过口令来判断抛球方式、击掌次数，最后再接球，在做完抛球动作后，学生需要立刻转换思维来做击掌动作，并且对击掌次数进行刷新					

设计意图	（2）两队之间进行胸前传接球过程，先要运球一段距离，之后要抑制继续运球的反应而转换成胸前传球，结束后还要立刻跑到对方队尾，这一过程对学生的抑制与转换能力要求较高，可以很好地锻炼学生的转换能力 二、教学组织形式 环境也是影响脑执行功能的重要因素之一，因此本篮球教学的组织形式采用了开放型教学模式，积极地创设了大量的合作和竞争等学习情境，并且组织过程充分考虑了学生的学习兴趣，也提高了他们的学习兴趣，进一步促进了学生脑执行功能的发展 三、运动强度 通过准备活动到基本部分活动，学生达到中等至中上等活动量					
结束部分4分钟	1. 放松活动 2. 课堂小结 3. 归还器材，宣布下课	1. 带领学生做放松活动 2. 点评课堂表现	1. 按教师指导进行放松 2. 认真听讲，反思学习表现 3. 师生道别	1 1	2 2	小 小

课时实施方案 36

内容	1. 小学篮球行进间双手胸前传接球技能 2. 游戏					
教学目标	1. 通过学习和练习，使学生掌握一定的篮球行进间双手胸前传接球技能，并锻炼身体素质 2. 通过学习和练习，发展学生的转换功能					
过程	课的内容	教师活动	学生活动	运动负荷		
				次数	时间	强度
准备部分6分钟	一、课堂常规 1. 集合整队 2. 师生问好 3. 宣布内容 4. 安排见习	1. 集合整队 2. 师生问好 3. 宣布内容 4. 提出要求 5. 安排见习	1. 体育委员整队，向教师报告出勤人数 2. 学生四列横队，体操队形如下： × ▲	1	2	小
	二、准备活动 慢跑热身 250 米 ×2 圈 体育常规练习	带领学生做好慢跑热身活动	要求： 1. 快、静、齐 2. 认真听讲，精神饱满 3. 明确上课内容和要求	1	4	小
基本部分30分钟	1. 伴随音乐，带领学生做熟悉球性的练习 ①单手托球绕颈、腰、膝盖，反之从下向上 ②胯下 8 字绕球 ③单、双手抛球，根	1. 教师先讲解动作要领及身体姿势要求，然后完整示范动作，再分解示范，边示范边重复要求，使学生建立一个完整的动作	1. 学生认真听教师讲解 2. 两两结对练习 3. 学生模仿教师的动作，跟着音乐节拍认真完成	1	10	中

	据教师的口令多次击掌后接球 ④单手抛球换手接球	概念 2. 巡回指导 3. 鼓励后进生 4. 将学生以列为单位分成4个小组，组内进行练习 5. 对小组展示进行评价				
基本部分30分钟	2. 行进间双手胸前传接球 ①原地双手胸前传接球练习 ②学生分为两列，相距一定距离，持球者运球跑动一定距离后胸前传球给对方，然后立即跑到对方队尾，以此循环	1.教师先完整示范动作，后分解示范，边示范边讲要求，使学生建立一个完整的动作概念。先徒手练习，体会动作，后持球练习 2. 每次进行不同的组织形式之前都要求几位同学辅助做演示，以便学生看得更直观 3. 为了调动学生的学习积极性，传接球的每种组织形式都可以设置为小组之间的比赛 4. 请传接球优秀的学生给大家进行示范，并分享自己的学习心得	1. 学生先看教师的动作 2. 学生跟着教师的动作模仿练习 3. 学生自我练习 4. 学生集体练习 5. 学生分组进行练习	1	10	中
	3. 游戏 指部位 学生围成圈，教师下达如下几个口令“眼睛、耳朵、头发、嘴巴、眉毛、牙齿”。游戏者先用食指指着自己的鼻尖。游戏开始后，教师下达任意一个口令，学生要立刻指向错误的部位（仅限口令中所包含的部位），随着游戏的深入进行，教师的口令会喊得越来越快 规则：动作必须到位清楚，不能有停顿；若言行一致则为失败，需要表演节目	1. 宣布游戏内容 2. 讲解游戏规则 3. 安排组织学生参与游戏	1. 学生认真听教师讲解 2. 两两结对练习 3. 听教师的口令进行游戏	1	10	中

设计意图	一、教学内容 （1）在熟悉球性的练习过程中，所设计的几项练习中都蕴含了脑执行功能的内容。例如，体前抛球、体后击掌接球就是让学生抑制抛球后又在体前接球这一习惯，改为体后击掌接球；而根据教师的口令，选择单手抛球或是双手抛球，以及之后是击掌一次或是几次这一练习过程中，学生需要通过口令来判断抛球方式、击掌次数，最后再接球，在做完抛球动作后，学生需要立刻转换思维来做击掌动作，并且对击掌次数进行刷新 （2）两队之间进行胸前传接球过程，先要运球一段距离，之后要抑制继续运球的反应而转换成胸前传球，结束后还要立刻跑到对方队尾，这一过程对学生的抑制与转换能力要求较高，可以很好地锻炼学生的转换能力 二、教学组织形式 环境也是影响脑执行功能的重要因素之一，因此本篮球教学的组织形式采用了开放型教学模式，积极地创设了大量的合作和竞争等学习情境，并且组织过程充分考虑了学生的学习兴趣，也提高了他们的学习兴趣，进一步促进了学生脑执行功能的发展 三、运动强度 通过准备活动到基本部分活动，学生达到中等至中上等活动量					
结束部分4分钟	1. 放松活动 2. 课堂小结 3. 归还器材，宣布下课	1. 带领学生做放松活动 2. 点评课堂表现	1. 按教师指导进行放松 2. 认真听讲，反思学习表现 3. 师生道别	1 1	2 2	小 小

课时实施方案 37

内容	1. 小学篮球原地双手低手胸前投篮技能 2. 游戏					
教学目标	1. 通过学习和练习，使学生掌握一定的原地双手低手胸前投篮技能，并锻炼身体素质 2. 通过学习和练习，发展学生的转换功能					
过程	课的内容	教师活动	学生活动	运动负荷		
				次数	时间	强度
准备部分6分钟	一、课堂常规 1. 集合整队 2. 师生问好 3. 宣布内容 4. 安排见习 二、准备活动 慢跑热身 250 米 ×2 圈 体育常规练习	1. 集合整队 2. 师生问好 3. 宣布内容 4. 提出要求 5. 安排见习 带领学生做好慢跑热身活动	1. 体育委员整队，向教师报告出勤人数 2. 学生四列横队，体操队形如下： × ▲ 要求： 1. 快、静、齐 2. 认真听讲，精神饱满 3. 明确上课内容和要求	1 1	2 4	小 小

基本部分30分钟	1. 伴随音乐，带领学生做熟悉球性的练习 ①原地、行进间双手体前拨动球 ②体前抛球，体后击掌接球 ③单手投篮动作向上自抛自接 ④踢腿交接球	1. 教师先讲解动作要领及身体姿势要求，然后完整示范动作，再分解示范，边示范边重复要求，使学生建立一个完整的动作概念 2. 巡回指导 3. 鼓励后进生 4. 将学生以列为单位分成4个小组，组内进行练习 5. 对小组展示进行评价	1. 学生认真听教师讲解 2. 两两结对练习 3. 学生模仿教师的动作，跟着音乐节拍认真完成	1	10	中
	2. 原地双手低手胸前投篮 ①讲解动作要领 ②投墙上圈、点的练习 ③不同距离投不同数量篮球的练习	1. 教师先完整示范动作，后分解示范，边示范边讲要求，使学生建立一个完整的动作概念。先徒手练习，体会动作，后持球练习 2. 每次进行不同的组织形式之前都要求几位同学辅助做演示，以便学生看得更直观 3. 为了调动学生的学习积极性，投篮的每种组织形成都可以设置为小组之间的比赛 4. 请传接球优秀的学生给大家进行示范，并分享自己的学习心得	1. 学生先看教师的动作 2. 学生跟着教师的动作模仿练习 3. 学生自我练习 4. 学生集体练习 5. 学生分组进行练习	1	10	中
	3. 游戏 过栏架接力 学生在跨栏架一侧成一列纵队，排头持篮球运球过栏架，根据身高等特点自行选择过栏架方式（如钻、跨），运球到终点时换手返回，与下一队员击掌后下一队员方能开始，两队之间可	1. 宣布游戏内容 2. 讲解游戏规则 3. 安排组织学生参与游戏	1. 学生认真听教师讲解 2. 两两结对练习 3. 听教师的口令进行游戏	1	10	中

基本部分30分钟	进行比赛，看哪队先完成 规则：①只有过栏架时方能抱球，其余时间均要运球；②击掌后下一同学才能开始；③返回途中要换手运球，否则均要从头开始。					
设计意图	一、教学内容 （1）在熟悉球性的练习过程中，所设计的几项练习中都蕴含了脑执行功能的内容。例如，体前抛球、体后击掌接球就是让学生抑制抛球后又在体前接球这一习惯，改为体后击掌接球；而根据教师的口令，选择单手抛球或是双手抛球，以及之后是击掌一次或是几次这一练习过程中，学生需要通过口令来判断抛球方式、击掌次数，最后再接球，在做完抛球动作后，学生需要立刻转换思维来做击掌动作，并且对击掌次数进行刷新 （2）在原地低手胸前投篮练习中，教师在篮下三个不同的位置画三个离篮筐不同距离的起始线，要求三队学生在不同的起始线后投入不同的篮球数量，投过后立刻去下一队队尾，这一过程要求学生不断刷新队列与投篮数量的记忆，并且换队后还要抑制之前那队的投篮数量，对学生抑制与刷新能力的提高有一定帮助，主要锻炼学生的抑制能力 二、教学组织形式 环境也是影响脑执行功能的重要因素之一，因此本篮球教学的组织形式采用了开放型教学模式，积极地创设了大量的合作和竞争等学习情境，并且组织过程充分考虑了学生的学习兴趣，也提高了他们的学习兴趣，进一步促进了学生脑执行功能的发展 三、运动强度 通过准备活动到基本部分活动，学生达到中等至中上等活动量					
结束部分4分钟	1. 放松活动 2. 课堂小结 3. 归还器材，宣布下课	1. 带领学生做放松活动 2. 点评课堂表现	1. 按教师指导进行放松 2. 认真听讲，反思学习表现 3. 师生道别	1 1	2 2	小 小

课时实施方案 38

内容	1. 小学篮球原地双手低手胸前投篮技能 2. 游戏					
教学目标	1. 通过学习和练习，使学生掌握一定的原地双手低手胸前投篮技能，并锻炼身体素质 2. 通过学习和练习，发展学生的转换功能					
过程	课的内容	教师活动	学生活动	运动负荷		
				次数	时间	强度
准备部分6分钟	一、课堂常规 1. 集合整队 2. 师生问好 3. 宣布内容 4. 安排见习	1. 集合整队 2. 师生问好 3. 宣布内容 4. 提出要求 5. 安排见习	1. 体育委员整队，向教师报告出勤人数 2. 学生四列横队，体操队形如下：	1	2	小

准备部分6分钟	二、准备活动 慢跑热身 250米 ×2圈 体育常规练习	带领学生做好慢跑热身活动	× ▲ 要求： 1. 快、静、齐 2. 认真听讲，精神饱满 3. 明确上课内容和要求	1	4	小
基本部分30分钟	1. 伴随音乐，带领学生做熟悉球性的练习 ①原地、行进间双手体前拨动球 ②体前抛球，体后击掌接球 ③单手投篮动作向上自抛自接 ④踢腿交接球	1. 教师先讲解动作要领及身体姿势要求，然后完整示范动作，再分解示范，边示范边重复要求，使学生建立一个完整的动作概念 2. 巡回指导 3. 鼓励后进生 4. 将学生以列为单位分成4个小组，组内进行练习 5. 对小组展示进行评价	1. 学生认真听教师讲解 2. 两两结对练习 3. 学生模仿教师的动作，跟着音乐节拍认真完成	1	10	中
	2. 原地双手低手胸前投篮 ①讲解动作要领 ②投墙上圈、点的练习 ③不同距离投不同数量篮球的练习	1. 教师先完整示范动作，后分解示范，边示范边讲要求，使学生建立一个完整的动作概念。先徒手练习，体会动作，后持球练习 2. 每次进行不同的组织形式之前都要求几位同学辅助做演示，以便学生看得更直观 3. 为了调动学生的学习积极性，投篮的每种组织形成都可以设置为小组之间的比赛 4. 请传接球优秀的学生给大家进行示范，并分享自己的学习心得	1. 学生先看教师的动作 2. 学生跟着教师的动作模仿练习 3. 学生自我练习 4. 学生集体练习 5. 学生分组进行练习	1	10	中

基本部分30分钟	3. 游戏 过栏架接力 学生在跨栏架一侧成一列纵队，排头持篮球运球过栏架，根据身高等特点自行选择过栏架方式（如钻、跨），运球到终点时换手返回，与下一队员击掌后下一队员方能开始，两队之间可进行比赛，看哪队先完成 规则：①只有过栏架时方能抱球，其余时间均要运球；②击掌后下一同学才能开始；③返回途中要换手运球，否则均要从头开始。	1. 宣布游戏内容 2. 讲解游戏规则 3. 安排组织学生参与游戏	1. 学生认真听教师讲解 2. 两两结对练习 3. 听教师的口令进行游戏	1	10	中
设计意图	一、教学内容 （1）在熟悉球性的练习过程中，所设计的几项练习中都蕴含了脑执行功能的内容。例如，体前抛球、体后击掌接球就是让学生抑制抛球后又在体前接球这一习惯，改为体后击掌接球；而根据教师的口令，选择单手抛球或是双手抛球，以及之后是击掌一次或是几次这一练习过程中，学生需要通过口令来判断抛球方式、击掌次数，最后再接球，在做完抛球动作后，学生需要立刻转换思维来做击掌动作，并且对击掌次数进行刷新 （2）在原地低手胸前投篮练习中，教师在篮下三个不同的位置画三个离篮筐不同距离的起始线，要求三队学生在不同的起始线后投入不同的篮球数量，投过后立刻去下一队队尾，这一过程要求学生不断刷新队列与投篮数量的记忆，并且换队后还要抑制之前那队的投篮数量，对学生抑制与刷新能力的提高有一定帮助，主要锻炼学生的抑制能力 二、教学组织形式 环境也是影响脑执行功能的重要因素之一，因此本篮球教学的组织形式采用了开放型教学模式，积极地创设了大量的合作和竞争等学习情境，并且组织过程充分考虑了学生的学习兴趣，也提高了他们的学习兴趣，进一步促进了学生脑执行功能的发展 三、运动强度 通过准备活动到基本部分活动，学生达到中等至中上等活动量					
结束部分4分钟	1. 放松活动 2. 课堂小结 3. 归还器材，宣布下课	1. 带领学生做放松活动 2. 点评课堂表现	1. 按教师指导进行放松 2. 认真听讲，反思学习表现 3. 师生道别	1 1	2 2	小 小

课时实施方案 39

过程	课的内容	教师活动	学生活动	运动负荷 次数	运动负荷 时间	运动负荷 强度
内容	1. 小学篮球原地双手低手胸前投篮技能 2. 游戏					
教学目标	1. 通过学习和练习，使学生掌握一定的原地双手低手胸前投篮技能，并锻炼身体素质 2. 通过学习和练习，发展学生的转换功能					
准备部分6分钟	一、课堂常规 1. 集合整队 2. 师生问好 3. 宣布内容 4. 安排见习	1. 集合整队 2. 师生问好 3. 宣布内容 4. 提出要求 5. 安排见习	1. 体育委员整队，向教师报告出勤人数 2. 学生四列横队，体操队形如下：	1	2	小
	二、准备活动 慢跑热身 250 米 ×2 圈 体育常规练习	带领学生做好慢跑热身活动	× ▲ 要求： 1. 快、静、齐 2. 认真听讲，精神饱满 3. 明确上课内容和要求	1	4	小
基本部分30分钟	1. 伴随音乐，带领学生做熟悉球性的练习 ①原地、行进间双手体前拨动球 ②体前抛球，体后击掌接球 ③单手投篮动作向上自抛自接 ④踢腿交接球	1. 教师先讲解动作要领及身体姿势要求，然后完整示范动作，再分解示范，边示范边重复要求，使学生建立一个完整的动作概念 2. 巡回指导 3. 鼓励后进生 4. 将学生以列为单位分成 4 个小组，组内进行练习 5. 对小组展示进行评价	1. 学生认真听教师讲解 2. 两两结对练习 3. 学生模仿教师的动作，跟着音乐节拍认真完成	1	10	中
	2. 原地双手低手胸前投篮 ①讲解动作要领 ②投墙上圈、点的练习 ③不同距离投不同数量篮球的练习	1. 教师先完整示范动作，后分解示范，边示范边讲要求，使学生建立一个完整的动作概念。先徒手练习，体会动作，后持球练习	1. 学生先看教师的动作 2. 学生跟着教师的动作模仿练习 3. 学生自我练习 4. 学生集体练习 5. 学生分组进行练习	1	10	中

基本部分30分钟		2. 每次进行不同的组织形式之前都要求几位同学辅助做演示，以便学生看得更直观 3. 为了调动学生的学习积极性，投篮的每种组织形成都可以设置为小组之间的比赛 4. 请传接球优秀的学生给大家进行示范，并分享自己的学习心得				
	3. 游戏 过栏架接力 学生在跨栏架一侧成一列纵队，排头持篮球运球过栏架，根据身高等特点自行选择过栏架方式（如钻、跨），运球到终点时换手返回，与下一队员击掌后下一队员方能开始，两队之间可进行比赛，看哪队先完成 规则：①只有过栏架时方能抱球，其余时间均要运球；②击掌后下一同学才能开始；③返回途中要换手运球，否则均要从头开始。	1. 宣布游戏内容 2. 讲解游戏规则 3. 安排组织学生参与游戏	1. 学生认真听教师讲解 2. 两两结对练习 3. 听教师的口令进行游戏	1	10	中
设计意图	一、教学内容 （1）在熟悉球性的练习过程中，所设计的几项练习中都蕴含了脑执行功能的内容。例如，体前抛球、体后击掌接球就是让学生抑制抛球后又在体前接球这一习惯，改为体后击掌接球；而根据教师的口令，选择单手抛球或是双手抛球，以及之后是击掌一次或是几次这一练习过程中，学生需要通过口令来判断抛球方式、击掌次数，最后再接球，在做完抛球动作后，学生需要立刻转换思维来做击掌动作，并且对击掌次数进行刷新 （2）在原地低手胸前投篮练习中，教师在篮下三个不同的位置画三个离篮筐不同距离的起始线，要求三队学生在不同的起始线后投入不同的篮球数量，投过后立刻去下一队队尾，这一过程要求学生不断刷新队列与投篮数量的记忆，并且换队后还要抑制之前那队的投篮数量，对学生抑制与刷新能力的提高有一定帮助，主要锻炼学生的抑制能力 二、教学组织形式 环境也是影响脑执行功能的重要因素之一，因此本篮球教学的组织形式采用了开放型教学模式，积极地创设了大量的合作和竞争等学习情境，并且组织过程充分考虑了学生的学习兴趣，也提高了他们的学习兴趣，进一步促进了学生脑执行功能的发展 三、运动强度 通过准备活动到基本部分活动，学生达到中等至中上等活动量					

结束部分4分钟	1. 放松活动 2. 课堂小结 3. 归还器材，宣布下课	1. 带领学生做放松活动 2. 点评课堂表现	1. 按教师指导进行放松 2. 认真听讲，反思学习表现 3. 师生道别	1 1	2 2	小 小

课时实施方案 40

内容	1. 小学篮球原地双手低手胸前投篮技能 2. 游戏					
教学目标	1. 通过学习和练习，使学生掌握一定的原地双手低手胸前投篮技能，并锻炼身体素质 2. 通过学习和练习，发展学生的转换功能					
过程	课的内容	教师活动	学生活动	运动负荷		
				次数	时间	强度
准备部分6分钟	一、课堂常规 1. 集合整队 2. 师生问好 3. 宣布内容 4. 安排见习 二、准备活动 慢跑热身 250 米 ×2 圈 体育常规练习	1. 集合整队 2. 师生问好 3. 宣布内容 4. 提出要求 5. 安排见习 带领学生做好慢跑热身活动	1. 体育委员整队，向教师报告出勤人数 2. 学生四列横队，体操队形如下： × ▲ 要求： 1. 快、静、齐 2. 认真听讲，精神饱满 3. 明确上课内容和要求	1 1	2 4	小 小
基本部分30分钟	1. 伴随音乐，带领学生做熟悉球性的练习 ①原地、行进间双手体前拨动球 ②体前抛球，体后击掌接球 ③单手投篮动作向上自抛自接 ④踢腿交接球	1. 教师先讲解动作要领及身体姿势要求，然后完整示范动作，再分解示范，边示范边重复要求，使学生建立一个完整的动作概念 2. 巡回指导 3. 鼓励后进生 4. 将学生以列为单位分成 4 个小组，组内进行练习 5. 对小组展示进行评价	1. 学生认真听教师讲解 2. 两两结对练习 3. 学生模仿教师的动作，跟着音乐节拍认真完成	1	10	中

基本部分30分钟	2. 原地双手低手胸前投篮 ①讲解动作要领 ②投墙上圈、点的练习 ③不同距离投不同数量篮球的练习	1. 教师先完整示范动作，后分解示范，边示范边讲要求，使学生建立一个完整的动作概念。先徒手练习，体会动作，后持球练习 2. 每次进行不同的组织形式之前都要求几位同学辅助做演示，以便学生看得更直观 3. 为了调动学生的学习积极性，投篮的每种组织形成都可以设置为小组之间的比赛 4. 请传接球优秀的学生给大家进行示范，并分享自己的学习心得	1. 学生先看教师的动作 2. 学生跟着教师的动作模仿练习 3. 学生自我练习 4. 学生集体练习 5. 学生分组进行练习	1	10	中
	3. 游戏 过栏架接力 学生在跨栏架一侧成一列纵队，排头持篮球运球过栏架，根据身高等特点自行选择过栏架方式（如钻、跨），运球到终点时换手返回，与下一队员击掌后下一队员方能开始，两队之间可进行比赛，看哪队先完成 规则：①只有过栏架时方能抱球，其余时间均要运球；②击掌后下一同学才能开始；③返回途中要换手运球，否则均要从头开始。	1. 宣布游戏内容 2. 讲解游戏规则 3. 安排组织学生参与游戏	1. 学生认真听教师讲解 2. 两两结对练习 3. 听教师的口令进行游戏	1	10	中
设计意图	一、教学内容 （1）在熟悉球性的练习过程中，所设计的几项练习中都蕴含了脑执行功能的内容。例如，体前抛球、体后击掌接球就是让学生抑制抛球后又在体前接球这一习惯，改为体后击掌接球；而根据教师的口令，选择单手抛球或是双手抛球，以及之后是击掌一次或是几次这一练习过程中，学生需要通过口令来判断抛球方式、击掌次数，最后再接球，在做完抛球动作后，学生需要立刻转换思维来做击掌动作，并且对击掌次数进行刷新					

设计意图	（2）在原地低手胸前投篮练习中，教师在篮下三个不同的位置画三个离篮筐不同距离的起始线，要求三队学生在不同的起始线后投入不同的篮球数量，投过后立刻去下一队队尾，这一过程要求学生不断刷新队列与投篮数量的记忆，并且换队后还要抑制之前那队的投篮数量，对学生抑制与刷新能力的提高有一定帮助，主要锻炼学生的抑制能力 二、教学组织形式 环境也是影响脑执行功能的重要因素之一，因此本篮球教学的组织形式采用了开放型教学模式，积极地创设了大量的合作和竞争等学习情境，并且组织过程充分考虑了学生的学习兴趣，也提高了他们的学习兴趣，进一步促进了学生脑执行功能的发展 三、运动强度 通过准备活动到基本部分活动，学生达到中等至中上等活动量					
结束部分4分钟	1. 放松活动 2. 课堂小结 3. 归还器材，宣布下课	1. 带领学生做放松活动 2. 点评课堂表现	1. 按教师指导进行放松 2. 认真听讲，反思学习表现 3. 师生道别	1 1	2 2	小 小

课时实施方案 41

内容	1. 小学篮球原地双手低手胸前投篮技能 2. 游戏					
教学目标	1. 通过学习和练习，使学生掌握一定的原地双手低手胸前投篮技能，并锻炼身体素质 2. 通过学习和练习，发展学生的转换功能					
过程	课的内容	教师活动	学生活动	运动负荷		
				次数	时间	强度
准备部分6分钟	一、课堂常规 1. 集合整队 2. 师生问好 3. 宣布内容 4. 安排见习 二、准备活动 慢跑热身 250 米 ×2 圈 体育常规练习	1. 集合整队 2. 师生问好 3. 宣布内容 4. 提出要求 5. 安排见习 带领学生做好慢跑热身活动	1. 体育委员整队，向教师报告出勤人数 2. 学生四列横队，体操队形如下： × ▲ 要求： 1. 快、静、齐 2. 认真听讲，精神饱满 3. 明确上课内容和要求	1 1	2 4	小 小

基本部分30分钟	1. 伴随音乐，带领学生做熟悉球性的练习 ①原地、行进间双手体前拨动球 ②体前抛球，体后击掌接球 ③单手投篮动作向上自抛自接 ④踢腿交接球	1. 教师先讲解动作要领及身体姿势要求，然后完整示范动作，再分解示范，边示范边重复要求，使学生建立一个完整的动作概念 2. 巡回指导 3. 鼓励后进生 4. 将学生以列为单位分成 4 个小组，组内进行练习 5. 对小组展示进行评价	1. 学生认真听教师讲解 2. 两两结对练习 3. 学生模仿教师的动作，跟着音乐节拍认真完成	1	10	中
	2. 原地双手低手胸前投篮 ①讲解动作要领 ②投墙上圈、点的练习 ③不同距离投不同数量篮球的练习	1. 教师先完整示范动作，后分解示范，边示范边讲要求，使学生建立一个完整的动作概念。先徒手练习，体会动作，后持球练习 2. 每次进行不同的组织形式之前都要求几位同学辅助做演示，以便学生看得更直观 3. 为了调动学生的学习积极性，投篮的每种组织形成都可以设置为小组之间的比赛 4. 请传接球优秀的学生给大家进行示范，并分享自己的学习心得	1. 学生先看教师的动作 2. 学生跟着教师的动作模仿练习 3. 学生自我练习 4. 学生集体练习 5. 学生分组进行练习	1	10	中
	3. 游戏 过栏架接力 学生在跨栏架一侧成一列纵队，排头持篮球运球过栏架，根据身高等特点自行选择过栏架方式（如钻、跨），运球到终点时换手返回，与下一队员击掌后下一队员方能开始，两队之间可	1. 宣布游戏内容 2. 讲解游戏规则 3. 安排组织学生参与游戏	1. 学生认真听教师讲解 2. 两两结对练习 3. 听教师的口令进行游戏	1	10	中

基本部分30分钟	进行比赛，看哪队先完成 规则：①只有过栏架时方能抱球，其余时间均要运球；②击掌后下一同学才能开始；③返回途中要换手运球，否则均要从头开始。					
设计意图	一、教学内容 （1）在熟悉球性的练习过程中，所设计的几项练习中都蕴含了脑执行功能的内容。例如，体前抛球、体后击掌接球就是让学生抑制抛球后又在体前接球这一习惯，改为体后击掌接球；而根据教师的口令，选择单手抛球或是双手抛球，以及之后是击掌一次或是几次这一练习过程中，学生需要通过口令来判断抛球方式、击掌次数，最后再接球，在做完抛球动作后，学生需要立刻转换思维来做击掌动作，并且对击掌次数进行刷新 （2）在原地低手胸前投篮练习中，教师在篮下三个不同的位置画三个离篮筐不同距离的起始线，要求三队学生在不同的起始线后投入不同的篮球数量，投过后立刻去下一队队尾，这一过程要求学生不断刷新队列与投篮数量的记忆，并且换队后还要抑制之前那队的投篮数量，对学生抑制与刷新能力的提高有一定帮助，主要锻炼学生的抑制能力 二、教学组织形式 环境也是影响脑执行功能的重要因素之一，因此本篮球教学的组织形式采用了开放型教学模式，积极地创设了大量的合作和竞争等学习情境，并且组织过程充分考虑了学生的学习兴趣，也提高了他们的学习兴趣，进一步促进了学生脑执行功能的发展 三、运动强度 通过准备活动到基本部分活动，学生达到中等至中上等活动量					
结束部分4分钟	1. 放松活动 2. 课堂小结 3. 归还器材，宣布下课	1. 带领学生做放松活动 2. 点评课堂表现	1. 按教师指导进行放松 2. 认真听讲，反思学习表现 3. 师生道别	1 1	2 2	小 小

课时实施方案 42

内容	1. 小学篮球原地双手低手胸前投篮技能 2. 游戏
教学目标	1. 通过学习和练习，使学生掌握一定的篮球原地双手低手胸前投篮动作技能，并锻炼身体素质 2. 通过学习和练习，发展学生的抑制功能

过程	课的内容	教师活动	学生活动	运动负荷		
				次数	时间	强度

准备部分6分钟	一、课堂常规 1. 集合整队 2. 师生问好 3. 宣布内容 4. 安排见习	1. 集合整队 2. 师生问好 3. 宣布内容 4. 提出要求 5. 安排见习	1. 体育委员整队，向教师报告出勤人数 2. 学生四列横队，体操队形如下： × ▲ 要求： 1. 快、静、齐 2. 认真听讲, 精神饱满 3. 明确上课内容和要求	1	2	小
	二、准备活动 慢跑热身 250 米 ×2 圈 体育常规练习	带领学生做好慢跑热身活动		1	4	小
基本部分30分钟	1. 伴随音乐，带领学生做熟悉球性的练习 ①原地、行进间双手体前拨动球 ②体前抛球，体后击掌接球 ③单手投篮动作向上自抛自接 ④踢腿交接球	1. 教师先讲解动作要领及身体姿势要求，然后完整示范动作，再分解示范，边示范边重复要求，使学生建立一个完整的动作概念 2. 巡回指导 3. 鼓励后进生 4. 将学生以列为单位分成 4 个小组，组内进行练习 5. 对小组展示进行评价	1. 学生认真听教师讲解 2. 两两结对练习 3. 学生模仿教师的动作，跟着音乐节拍认真完成	1	10	中
	2. 原地双手低手胸前投篮 ①篮下近距离投篮练习 ②两人一组, 不同传球方式传球后进行胸前投篮	1. 教师先完整示范动作, 后分解示范, 边示范边讲要求, 使学生建立一个完整的动作概念。先徒手练习, 体会动作, 后持球练习 2. 每次进行不同的组织形式之前都要求几位同学辅助做演示，以便学生看得更直观 3. 为了调动学生的学习积极性，传接球的每种组织都可以设置为小组之间的比赛 4. 请传接球优秀的学生给大家进行示范，并分享自己的学习心得	1. 学生先看教师的动作 2. 学生跟着教师的动作模仿练习 3. 学生自我练习 4. 学生集体练习 5. 学生分组进行练习	1	10	中

基本部分30分钟	3. 游戏 过栏架接力 学生在跨栏架一侧成一列纵队，排头持篮球运球过栏架，根据身高等特点自行选择过栏架方式（如钻、跨），运球到终点时换手返回，与下一队员击掌后下一队员方能开始，两队之间可进行比赛，看哪队先完成 规则：①只有过栏架时方能抱球，其余时间均要运球；②击掌后下一同学才能开始；③返回途中要换手运球，否则均要从头开始	1. 宣布游戏内容 2. 讲解游戏规则 3. 安排组织学生参与游戏	1. 学生认真听教师讲解 2. 两两结对练习 3. 听教师的口令进行游戏	1	10	中
设计意图	一、教学内容 （1）在熟悉球性的练习过程中，所设计的几项练习中都蕴含了脑执行功能的内容。例如，体前抛球、体后击掌接球就是让学生抑制抛球后又在体前接球这一习惯，改为体后击掌接球；而根据教师的口令，选择单手抛球或是双手抛球，以及之后是击掌一次或是几次这一练习过程中，学生需要通过口令来判断抛球方式、击掌次数，最后再接球，在做完抛球动作后，学生需要立刻转换思维来做击掌动作，并且对击掌次数进行刷新 （2）在原地低手胸前投篮练习中，教师在篮下三个不同的位置画三个离篮筐不同距离的起始线，要求三队学生在不同的起始线后投入不同的篮球数量，投过后立刻去下一队队尾，这一过程要求学生不断刷新队列与投篮数量的记忆，并且换队后还要抑制之前那队的投篮数量，对学生抑制与刷新能力的提高有一定帮助，主要锻炼学生的抑制能力 二、教学组织形式 环境也是影响脑执行功能的重要因素之一，因此本篮球教学的组织形式采用了开放型教学模式，积极地创设了大量的合作和竞争等学习情境，并且组织过程充分考虑了学生的学习兴趣，也提高了他们的学习兴趣，进一步促进了学生脑执行功能的发展 三、运动强度 通过准备活动到基本部分活动，学生达到中等至中上等活动量					
结束部分4分钟	1. 放松活动 2. 课堂小结 3. 归还器材，宣布下课	1. 带领学生做放松活动 2. 点评课堂表现	1. 按教师指导进行放松 2. 认真听讲，反思学习表现 3. 师生道别	1 1	2 2	小 小

课时实施方案 43

内容	1. 小学篮球原地双手低手胸前投篮技能 2. 游戏					
教学目标	1. 通过学习和练习，使学生掌握一定的篮球原地双手低手胸前投篮动作技能，并锻炼身体素质 2. 通过学习和练习，发展学生的抑制功能					
过程	课的内容	教师活动	学生活动	运动负荷		
				次数	时间	强度
准备部分6分钟	一、课堂常规 1. 集合整队 2. 师生问好 3. 宣布内容 4. 安排见习	1. 集合整队 2. 师生问好 3. 宣布内容 4. 提出要求 5. 安排见习	1. 体育委员整队，向教师报告出勤人数 2. 学生四列横队，体操队形如下： × ▲ 要求： 1. 快、静、齐 2. 认真听讲，精神饱满 3. 明确上课内容和要求	1	2	小
	二、准备活动 慢跑热身 250 米 ×2 圈 体育常规练习	带领学生做好慢跑热身活动		1	4	小
基本部分30分钟	1. 伴随音乐，带领学生做熟悉球性的练习 ①原地、行进间双手体前拨动球 ②体前抛球，体后击掌接球 ③单手投篮动作向上自抛自接 ④踢腿交接球	1. 教师先讲解动作要领及身体姿势要求，然后完整示范动作，再分解示范，边示范边重复要求，使学生建立一个完整的动作概念 2. 巡回指导 3. 鼓励后进生 4. 将学生以列为单位分成 4 个小组，组内进行练习 5. 对小组展示进行评价	1. 学生认真听教师讲解 2. 两两结对练习 3. 学生模仿教师的动作，跟着音乐节拍认真完成	1	10	中
	2. 原地双手低手胸前投篮 ①篮下近距离投篮练习 ②两人一组，不同传球方式传球后进行胸前投篮	1. 教师先完整示范动作，后分解示范，边示范边讲要求，使学生建立一个完整的动作概念。先徒手练习，体会动作，后持球练习	1. 学生先看教师的动作 2. 学生跟着教师的动作模仿练习 3. 学生自我练习 4. 学生集体练习 5. 学生分组进行练习	1	10	中

基本部分30分钟		2. 每次进行不同的组织形式之前都要求几位同学辅助做演示，以便学生看得更直观 3. 为了调动学生的学习积极性，传接球的每种组织都可以设置为小组之间的比赛 4. 请传接球优秀的学生给大家进行示范，并分享自己的学习心得				
	3. 游戏 过栏架接力 学生在跨栏架一侧成一列纵队，排头持篮球运球过栏架，根据身高等特点自行选择过栏架方式（如钻、跨），运球到终点时换手返回，与下一队员击掌后下一队员方能开始，两队之间可进行比赛，看哪队先完成 规则：①只有过栏架时方能抱球，其余时间均要运球；②击掌后下一同学才能开始；③返回途中要换手运球，否则均要从头开始	1. 宣布游戏内容 2. 讲解游戏规则 3. 安排组织学生参与游戏	1. 学生认真听教师讲解 2. 两两结对练习 3. 听教师的口令进行游戏	1	10	中
设计意图	一、教学内容 （1）在熟悉球性的练习过程中，所设计的几项练习中都蕴含了脑执行功能的内容。例如，体前抛球、体后击掌接球就是让学生抑制抛球后又在体前接球这一习惯，改为体后击掌接球；而根据教师的口令，选择单手抛球或是双手抛球，以及之后是击掌一次或是几次这一练习过程中，学生需要通过口令来判断抛球方式、击掌次数，最后再接球，在做完抛球动作后，学生需要立刻转换思维来做击掌动作，并且对击掌次数进行刷新 （2）在原地低手胸前投篮练习中，教师在篮下三个不同的位置画三个离篮筐不同距离的起始线，要求三队学生在不同的起始线后投入不同的篮球数量，投过后立刻去下一队队尾，这一过程要求学生不断刷新队列与投篮数量的记忆，并且换队后还要抑制之前那队的投篮数量，对学生抑制与刷新能力的提高有一定帮助，主要锻炼学生的抑制能力 二、教学组织形式 环境也是影响脑执行功能的重要因素之一，因此本篮球教学的组织形式采用了开放型教学					

设计意图	模式，积极地创设了大量的合作和竞争等学习情境，并且组织过程充分考虑了学生的学习兴趣，也提高了他们的学习兴趣，进一步促进了学生脑执行功能的发展 三、运动强度 通过准备活动到基本部分活动，学生达到中等至中上等活动量					
结束部分4分钟	1. 放松活动 2. 课堂小结 3. 归还器材，宣布下课	1. 带领学生做放松活动 2. 点评课堂表现	1. 按教师指导进行放松 2. 认真听讲，反思学习表现 3. 师生道别	1 1	2 2	小 小

课时实施方案 44

内容	1. 小学篮球原地单手肩上投篮技能 2. 游戏					
教学目标	1. 通过学习和练习，使学生掌握一定的篮球原地单手肩上投篮动作技能，并锻炼身体素质 2. 通过学习和练习，发展学生的刷新功能					
过程	课的内容	教师活动	学生活动	运动负荷		
				次数	时间	强度
准备部分6分钟	一、课堂常规 1. 集合整队 2. 师生问好 3. 宣布内容 4. 安排见习	1. 集合整队 2. 师生问好 3. 宣布内容 4. 提出要求 5. 安排见习	1. 体育委员整队，向教师报告出勤人数 2. 学生四列横队，体操队形如下： × ▲	1	2	小
	二、准备活动 慢跑热身 250 米 ×2 圈 体育常规练习	带领学生做好慢跑热身活动	要求： 1. 快、静、齐 2. 认真听讲，精神饱满 3. 明确上课内容和要求	1	4	小
基本部分30分钟	1. 伴随音乐，带领学生做熟悉球性的练习 ①原地、行进间双手体前拨动球 ②体前抛球，体后击掌接球 ③单手投篮动作向上自抛自接 ④踢腿交接球	1. 教师先讲解动作要领及身体姿势要求，然后完整示范动作，再分解示范，边示范边重复要求，使学生建立一个完整的动作概念 2. 巡回指导 3. 鼓励后进生	1. 学生认真听教师讲解 2. 两两结对练习 3. 学生模仿教师的动作，跟着音乐节拍认真完成	1	10	中

		4. 将学生以列为单位分成4个小组，组内进行练习 5. 对小组展示进行评价				
基本部分30分钟	2. 原地单手肩上投篮 ①讲解动作要领 ②徒手练习动作 ③两人一组，互传一定距离后互相在对方口令的指挥下投篮	1. 教师先完整示范动作，后分解示范，边示范边讲要求，使学生建立一个完整的动作概念。先徒手练习，体会动作，后持球练习 2. 每次进行不同的组织形式之前都要求几位同学辅助做演示，以便学生看得更直观 3. 为了调动学生的学习积极性，传接球的每种组织都可以设置为小组之间的比赛 4. 请传接球优秀的学生给大家进行示范，并分享自己的学习心得	1. 学生先看教师的动作 2. 学生跟着教师的动作模仿练习 3. 学生自我练习 4. 学生集体练习 5. 学生分组进行练习	1	10	中
	3. 游戏 过栏架接力 学生在跨栏架一侧成一列纵队，排头持篮球运球过栏架，根据身高等特点自行选择过栏架方式（如钻、跨），运球到终点时换手返回，与下一队员击掌后下一队员方能开始，两队之间可进行比赛，看哪队先完成 规则：①只有过栏架时方能抱球，其余时间均要运球；②击掌后下一同学才能开始；③返回途中要换手运球，否则均要从头开始	1. 宣布游戏内容 2. 讲解游戏规则 3. 安排组织学生参与游戏	1. 学生认真听教师讲解 2. 两两结对练习 3. 听教师的口令进行游戏	1	10	中

设计意图	一、教学内容 （1）在熟悉球性的练习过程中，所设计的几项练习中都蕴含了脑执行功能的内容。例如，体前抛球、体后击掌接球就是让学生抑制抛球后又在体前接球这一习惯，改为体后击掌接球；而根据教师的口令，选择单手抛球或是双手抛球，以及之后是击掌一次或是几次这一练习过程中，学生需要通过口令来判断抛球方式、击掌次数，最后再接球，在做完抛球动作后，学生需要立刻转换思维来做击掌动作，并且对击掌次数进行刷新 （2）两人一组练习过程中，甲乙两人相距一定距离，跑动传球到篮下，此时若甲持球投篮，则乙给口令“胸前”“肩上”，即两种投篮方式，甲则需要用与口令相反的方式投篮。这时甲需要对乙的口令内容不断刷新，且要抑制做出与口令相同的动作，可以很好地锻炼刷新能力 二、教学组织形式 环境也是影响脑执行功能的重要因素之一，因此本篮球教学的组织形式采用了开放型教学模式，积极地创设了大量的合作和竞争等学习情境，并且组织过程充分考虑了学生的学习兴趣，也提高了他们的学习兴趣，进一步促进了学生脑执行功能的发展 三、运动强度 通过准备活动到基本部分活动，学生达到中等至中上等活动量					
结束部分4分钟	1. 放松活动 2. 课堂小结 3. 归还器材，宣布下课	1. 带领学生做放松活动 2. 点评课堂表现	1. 按教师指导进行放松 2. 认真听讲，反思学习表现 3. 师生道别	1 1	2 2	小 小

课时实施方案 45

内容	1. 小学篮球原地单手肩上投篮技能 2. 游戏					
教学目标	1. 通过学习和练习，使学生掌握一定的篮球原地单手肩上投篮动作技能，并锻炼身体素质 2. 通过学习和练习，发展学生的刷新功能					
过程	课的内容	教师活动	学生活动	运动负荷		
				次数	时间	强度
准备部分6分钟	一、课堂常规 1. 集合整队 2. 师生问好 3. 宣布内容 4. 安排见习	1. 集合整队 2. 师生问好 3. 宣布内容 4. 提出要求 5. 安排见习	1. 体育委员整队，向教师报告出勤人数 2. 学生四列横队，体操队形如下： ××××× ××××× ××××× ××××× ▲	1	2	小
	二、准备活动 慢跑热身 250 米 ×2 圈 体育常规练习	带领学生做好慢跑热身活动	要求： 1. 快、静、齐 2. 认真听讲，精神饱满 3. 明确上课内容和要求	1	4	小

基本部分30分钟	1. 伴随音乐，带领学生做熟悉球性的练习 ①原地、行进间双手体前拨动球 ②体前抛球，体后击掌接球 ③单手投篮动作向上自抛自接 ④踢腿交接球	1. 教师先讲解动作要领及身体姿势要求，然后完整示范动作，再分解示范，边示范边重复要求，使学生建立一个完整的动作概念 2. 巡回指导 3. 鼓励后进生 4. 将学生以列为单位分成 4 个小组，组内进行练习 5. 对小组展示进行评价	1. 学生认真听教师讲解 2. 两两结对练习 3. 学生模仿教师的动作，跟着音乐节拍认真完成	1	10	中
	2. 原地单手肩上投篮 ①讲解动作要领 ②徒手练习动作 ③两人一组，互传一定距离后互相在对方口令的指挥下投篮	1. 教师先完整示范动作，后分解示范，边示范边讲要求，使学生建立一个完整的动作概念。先徒手练习，体会动作，后持球练习 2. 每次进行不同的组织形式之前都要求几位同学辅助做演示，以便学生看得更直观 3. 为了调动学生的学习积极性，传接球的每种组织都可以设置为小组之间的比赛 4. 请传接球优秀的学生给大家进行示范，并分享自己的学习心得	1. 学生先看教师的动作 2. 学生跟着教师的动作模仿练习 3. 学生自我练习 4. 学生集体练习 5. 学生分组进行练习	1	10	中
	3. 游戏 过栏架接力 学生在跨栏架一侧成一列纵队，排头持篮球运球过栏架，根据身高等特点自行选择过栏架方式（如钻、跨），运球到终点时换手返回，与下一队员击掌后下一队员方能开始，两队之间可进行比赛，看哪队先	1. 宣布游戏内容 2. 讲解游戏规则 3. 安排组织学生参与游戏	1. 学生认真听教师讲解 2. 两两结对练习 3. 听教师的口令进行游戏	1	10	中

基本部分30分钟	完成 规则：①只有过栏架时方能抱球，其余时间均要运球；②击掌后下一同学才能开始；③返回途中要换手运球，否则均要从头开始					
设计意图	一、教学内容 （1）在熟悉球性的练习过程中，所设计的几项练习中都蕴含了脑执行功能的内容。例如，体前抛球、体后击掌接球就是让学生抑制抛球后又在体前接球这一习惯，改为体后击掌接球；而根据教师的口令，选择单手抛球或是双手抛球，以及之后是击掌一次或是几次这一练习过程中，学生需要通过口令来判断抛球方式、击掌次数，最后再接球，在做完抛球动作后，学生需要立刻转换思维来做击掌动作，并且对击掌次数进行刷新 （2）两人一组练习过程中，甲乙两人相距一定距离，跑动传球到篮下，此时若甲持球投篮，则乙给口令“胸前”“肩上”，即两种投篮方式，甲则需要用与口令相反的方式投篮。这时甲需要对乙的口令内容不断刷新，且要抑制做出与口令相同的动作，可以很好地锻炼刷新能力 二、教学组织形式 环境也是影响脑执行功能的重要因素之一，因此本篮球教学的组织形式采用了开放型教学模式，积极地创设了大量的合作和竞争等学习情境，并且组织过程充分考虑了学生的学习兴趣，也提高了他们的学习兴趣，进一步促进了学生脑执行功能的发展 三、运动强度 通过准备活动到基本部分活动，学生达到中等至中上等活动量					
结束部分4分钟	1. 放松活动 2. 课堂小结 3. 归还器材，宣布下课	1. 带领学生做放松活动 2. 点评课堂表现	1. 按教师指导进行放松 2. 认真听讲，反思学习表现 3. 师生道别	1 1	2 2	小 小

课时实施方案46

内容	1. 小学篮球原地单手肩上投篮技能 2. 游戏					
教学目标	1. 通过学习和练习，使学生掌握一定的篮球原地单手肩上投篮动作技能，并锻炼身体素质 2. 通过学习和练习，发展学生的刷新功能					
过程	课的内容	教师活动	学生活动	运动负荷		
				次数	时间	强度
准备部分6分钟	一、课堂常规 1. 集合整队 2. 师生问好 3. 宣布内容 4. 安排见习	1. 集合整队 2. 师生问好 3. 宣布内容 4. 提出要求 5. 安排见习	1. 体育委员整队，向教师报告出勤人数 2. 学生四列横队，体操队形如下：	1	2	小

准备部分6分钟	二、准备活动 慢跑热身 250 米 ×2 圈 体育常规练习	带领学生做好慢跑热身活动	× ▲ 要求： 1. 快、静、齐 2. 认真听讲，精神饱满 3. 明确上课内容和要求	1	4	小
基本部分30分钟	1. 伴随音乐，带领学生做熟悉球性的练习 ①原地、行进间双手体前拨动球 ②体前抛球，体后击掌接球 ③单手投篮动作向上自抛自接 ④踢腿交接球	1. 教师先讲解动作要领及身体姿势要求，然后完整示范动作，再分解示范，边示范边重复要求，使学生建立一个完整的动作概念 2. 巡回指导 3. 鼓励后进生 4. 将学生以列为单位分成 4 个小组，组内进行练习 5. 对小组展示进行评价	1. 学生认真听教师讲解 2. 两两结对练习 3. 学生模仿教师的动作，跟着音乐节拍认真完成	1	10	中
	2. 原地单手肩上投篮 ①讲解动作要领 ②徒手练习动作 ③两人一组，互传一定距离后互相在对方口令的指挥下投篮	1. 教师先完整示范动作，后分解示范，边示范边讲要求，使学生建立一个完整的动作概念。先徒手练习，体会动作，后持球练习 2. 每次进行不同的组织形式之前都要求几位同学辅助做演示，以便学生看得更直观 3. 为了调动学生的学习积极性，传接球的每种组织都可以设置为小组之间的比赛 4. 请传接球优秀的学生给大家进行示范，并分享自己的学习心得	1. 学生先看教师的动作 2. 学生跟着教师的动作模仿练习 3. 学生自我练习 4. 学生集体练习 5. 学生分组进行练习	1	10	中
	3. 游戏 过栏架接力	1. 宣布游戏内容 2. 讲解游戏规则	1. 学生认真听教师讲解	1	10	中

基本部分30分钟	学生在跨栏架一侧成一列纵队，排头持篮球运球过栏架，根据身高等特点自行选择过栏架方式（如钻、跨），运球到终点时换手返回，与下一队员击掌后下一队员方能开始，两队之间可进行比赛，看哪队先完成 规则：①只有过栏架时方能抱球，其余时间均要运球；②击掌后下一同学才能开始；③返回途中要换手运球，否则均要从头开始	3. 安排组织学生参与游戏	2. 两两结对练习 3. 听教师的口令进行游戏			
设计意图	一、教学内容 （1）在熟悉球性的练习过程中，所设计的几项练习中都蕴含了脑执行功能的内容。例如，体前抛球、体后击掌接球就是让学生抑制抛球后又在体前接球这一习惯，改为体后击掌接球；而根据教师的口令，选择单手抛球或是双手抛球，以及之后是击掌一次或是几次这一练习过程中，学生需要通过口令来判断抛球方式、击掌次数，最后再接球，在做完抛球动作后，学生需要立刻转换思维来做击掌动作，并且对击掌次数进行刷新 （2）两人一组练习过程中，甲乙两人相距一定距离，跑动传球到篮下，此时若甲持球投篮，则乙给口令“胸前”“肩上”，即两种投篮方式，甲则需要用与口令相反的方式投篮。这时甲需要对乙的口令内容不断刷新，且要抑制做出与口令相同的动作，可以很好地锻炼刷新能力 二、教学组织形式 环境也是影响脑执行功能的重要因素之一，因此本篮球教学的组织形式采用了开放型教学模式，积极地创设了大量的合作和竞争等学习情境，并且组织过程充分考虑了学生的学习兴趣，也提高了他们的学习兴趣，进一步促进了学生脑执行功能的发展 三、运动强度 通过准备活动到基本部分活动，学生达到中等至中上等活动量					
结束部分4分钟	1. 放松活动 2. 课堂小结 3. 归还器材，宣布下课	1. 带领学生做放松活动 2. 点评课堂表现	1. 按教师指导进行放松 2. 认真听讲，反思学习表现 3. 师生道别	1 1	2 2	小 小

课时实施方案 47

内容	1. 小学篮球行进间单手肩上投篮技能 2. 游戏					
教学目标	1. 通过学习和练习，使学生掌握一定的篮球行进间单手肩上投篮动作技能，并锻炼身体素质 2. 通过学习和练习，发展学生的刷新功能					
过程	课的内容	教师活动	学生活动	运动负荷		
				次数	时间	强度
准备部分6分钟	一、课堂常规 1. 集合整队 2. 师生问好 3. 宣布内容 4. 安排见习	1. 集合整队 2. 师生问好 3. 宣布内容 4. 提出要求 5. 安排见习	1. 体育委员整队，向教师报告出勤人数 2. 学生四列横队，体操队形如下： ××××× ××××× ××××× ××××× ▲	1	2	小
	二、准备活动 慢跑热身 250 米 ×2 圈 体育常规练习	带领学生做好慢跑热身活动	要求： 1. 快、静、齐 2. 认真听讲，精神饱满 3. 明确上课内容和要求	1	4	小
基本部分30分钟	1. 伴随音乐，带领学生做熟悉球性的练习 ①原地、行进间双手体前拨动球 ②体前抛球，体后击掌接球 ③单手投篮动作向上自抛自接 ④踢腿交接球	1. 教师先讲解动作要领及身体姿势要求，然后完整示范动作，再分解示范，边示范边重复要求，使学生建立一个完整的动作概念 2. 巡回指导 3. 鼓励后进生 4. 将学生以列为单位分成 4 个小组，组内进行练习 5. 对小组展示进行评价	1. 学生认真听教师讲解 2. 两两结对练习 3. 学生模仿教师的动作，跟着音乐节拍认真完成	1	10	中
	2. 行进间单手肩上投篮 ①讲解动作要领 ②徒手练习动作 ③两人一组，互传一定距离后互相在对方口令的指挥下投篮	1. 教师先完整示范动作，后分解示范，边示范边讲要求，使学生建立一个完整的动作概念。先徒手练习，体会动作，后持球练习	1. 学生先看教师的动作 2. 学生跟着教师的动作模仿练习 3. 学生自我练习 4. 学生集体练习 5. 学生分组进行练习	1	10	中

基本部分30分钟		2. 每次进行不同的组织形式之前都要求几位同学辅助做演示，以便学生看得更直观 3. 为了调动学生的学习积极性，投篮的每种组织形式都可以设置为小组之间的比赛 4. 请传接球优秀的学生给大家进行示范，并分享自己的学习心得				
	3. 游戏 螃蟹追逃 游戏规则：在规定的区域内，每两人结成一对，背向站立，手拉手组成螃蟹，把所有螃蟹分为两队，教师决定两组螃蟹谁为追者，谁为逃者，教师发出指令后，逃者先跑两步，追者再开始追逃，追者要在区域内追到逃者，若逃者跑到区域外则安全；一组完成后角色互换，比谁追到的逃者多	1. 宣布游戏内容 2. 讲解游戏规则 3. 安排组织学生参与游戏	1. 学生认真听教师讲解 2. 两两结对练习 3. 听教师的口令进行游戏	1	10	中
设计意图	一、教学内容 （1）在熟悉球性的练习过程中，所设计的几项练习中都蕴含了脑执行功能的内容。例如，体前抛球、体后击掌接球就是让学生抑制抛球后又在体前接球这一习惯，改为体后击掌接球；而根据教师的口令，选择单手抛球或是双手抛球，以及之后是击掌一次或是几次这一练习过程中，学生需要通过口令来判断抛球方式、击掌次数，最后再接球，在做完抛球动作后，学生需要立刻转换思维来做击掌动作，并且对击掌次数进行刷新 （2）两人一组练习过程中，甲乙两人相距一定距离，跑动传球到篮下，此时若甲持球投篮，则乙给口令“胸前”“肩上”，即两种投篮方式，甲则需要用与口令相反的方式投篮。这时甲需要对乙的口令内容不断刷新，且要抑制做出与口令相同的动作，可以很好地锻炼刷新能力 二、教学组织形式 环境也是影响脑执行功能的重要因素之一，因此本篮球教学的组织形式采用了开放型教学模式，积极地创设了大量的合作和竞争等学习情境，并且组织过程充分考虑了学生的学习兴趣，也提高了他们的学习兴趣，进一步促进了学生脑执行功能的发展 三、运动强度 通过准备活动到基本部分活动，学生达到中等至中上等活动量					

结束部分4分钟	1. 放松活动 2. 课堂小结 3. 归还器材，宣布下课	1. 带领学生做放松活动 2. 点评课堂表现	1. 按教师指导进行放松 2. 认真听讲，反思学习表现 3. 师生道别	1 1	2 2	小 小

课时实施方案 48

内容	1. 小学篮球运球单手肩上投篮技能 2. 游戏					
教学目标	1. 通过学习和练习，使学生掌握一定的篮球运球单手肩上投篮动作技能，并锻炼身体素质 2. 通过学习和练习，发展学生的刷新功能					
过程	课的内容	教师活动	学生活动	运动负荷		
				次数	时间	强度
准备部分6分钟	一、课堂常规 1. 集合整队 2. 师生问好 3. 宣布内容 4. 安排见习	1. 集合整队 2. 师生问好 3. 宣布内容 4. 提出要求 5. 安排见习	1. 体育委员整队，向教师报告出勤人数 2. 学生四列横队，体操队形如下： × ▲	1	2	小
	二、准备活动 慢跑热身 250 米 ×2 圈 体育常规练习	带领学生做好慢跑热身活动	要求： 1. 快、静、齐 2. 认真听讲，精神饱满 3. 明确上课内容和要求	1	4	小
基本部分30分钟	1. 伴随音乐，带领学生做熟悉球性的练习 ①原地、行进间双手体前拨动球 ②体前抛球，体后击掌接球 ③单手投篮动作向上自抛自接 ④踢腿交接球	1. 教师先讲解动作要领及身体姿势要求，然后完整示范动作，再分解示范，边示范边重复要求，使学生建立一个完整的动作概念 2. 巡回指导 3. 鼓励后进生	1. 学生认真听教师讲解 2. 两两结对练习 3. 学生模仿教师的动作，跟着音乐节拍认真完成	1	10	中

基本部分30分钟		4. 将学生以列为单位分成4个小组，组内进行练习 5. 对小组展示进行评价				
	2. 运球单手肩上投篮 ①讲解动作要领 ②徒手练习动作 ③两人一组，互传一定距离后互相在对方口令的指挥下投篮	1. 教师先完整示范动作，后分解示范，边示范边讲要求，使学生建立一个完整的动作概念。先徒手练习，体会动作，后持球练习 2. 每次进行不同的组织形式之前都要求几位同学辅助做演示，以便学生看得更直观 3. 为了调动学生的学习积极性，投篮的每种组织形式都可以设置为小组之间的比赛 4. 请传接球优秀的学生给大家进行示范，并分享自己的学习心得	1. 学生先看教师的动作 2. 学生跟着教师的动作模仿练习 3. 学生自我练习 4. 学生集体练习 5. 学生分组进行练习	1	10	中
	3. 游戏 反口令喊数抱团 学生逆时针慢跑围成圆圈，教师喊出行进间动作，学生做相反的动作： 高抬腿—后踢腿 小步跑—跨步走 直到教师发出新口令动作；教师发出字母指令后，学生头脑中反应出字母所在字母表中的位置（数字），然后按数字人数左右抱在一起，人数错误的学生，原地做兔子跳5次。	1. 宣布游戏内容 2. 讲解游戏规则 3. 安排组织学生参与游戏	1. 学生认真听教师讲解 2. 两两结对练习 3. 听教师的口令进行游戏	1	10	中

设计意图	一、教学内容 （1）在熟悉球性的练习过程中，所设计的几项练习中都蕴含了脑执行功能的内容。例如，体前抛球、体后击掌接球就是让学生抑制抛球后又在体前接球这一习惯，改为体后击掌接球；而根据教师的口令，选择单手抛球或是双手抛球，以及之后是击掌一次或是几次这一练习过程中，学生需要通过口令来判断抛球方式、击掌次数，最后再接球，在做完抛球动作后，学生需要立刻转换思维来做击掌动作，并且对击掌次数进行刷新 （2）两人一组练习过程中，甲乙两人相距一定距离，跑动传球到篮下，此时若甲持球投篮，则乙给口令“胸前”“肩上”，即两种投篮方式，甲则需要用与口令相反的方式投篮。这时甲需要对乙的口令内容不断刷新，且要抑制做出与口令相同的动作，可以很好地锻炼刷新能力 二、教学组织形式 环境也是影响脑执行功能的重要因素之一，因此本篮球教学的组织形式采用了开放型教学模式，积极地创设了大量的合作和竞争等学习情境，并且组织过程充分考虑了学生的学习兴趣，也提高了他们的学习兴趣，进一步促进了学生脑执行功能的发展 三、运动强度 通过准备活动到基本部分活动，学生达到中等至中上等活动量					
结束部分4分钟	1. 放松活动 2. 课堂小结 3. 归还器材，宣布下课	1. 带领学生做放松活动 2. 点评课堂表现	1. 按教师指导进行放松 2. 认真听讲，反思学习表现 3. 师生道别	1 1	2 2	小 小

作者简介

殷恒婵，北京师范大学体育与运动学院院长，二级教授，博士生导师，享受国务院政府特殊津贴专家。研究方向为体育运动心理学理论与实践，运动与身心健康发展、运动与脑执行功能、竞技心理咨询与辅导。承担国家级、省部级等课题30余项，发表学术论文100余篇，出版著作及教材20余部，带领团队深入体操、花样滑冰、田径、射击、射箭等多支国家运动队开展心理科技攻关和务工作。曾获得国家级教学成果奖、国家级精品课程、国家级资源共享课、国家级精品教材、夏季奥运会及冬季奥运会科研攻关与科技服务项目贡献奖、国家级百篇优秀博士论文提名奖指导教师、北京市高等学校教学名师奖、北京市三八红旗奖章、北京师范大学首届“四有”好老师金质奖章等荣誉表彰40余项。担任全国高等学校体育教学指导委员会委员、中国教育学会体育与卫生分会副理事长、中国体育科学学会运动心理学分会副主任委员、CCTV体坛风云人物总评评委等。

潘家礼，博士，现为重庆师范大学教师，副教授，硕士研究生导师，主要研究方向为体育运动心理学理论与实践、体育运动与儿童青少年脑智提升等。主持教育部、重庆市社会科学界联合会、重庆市教委等课题8项，在《体育科学》等期刊发表学术论文20余篇。

崔蕾，北京师范大学体育与运动学院在读博士研究生，研究方向为体育运动与身心健康、体育运动与脑可塑性。作为核心成员参与国家级、省部级等课题多项，多篇论文被CSSCI收录，曾跟随团队深入田径、射击射箭等多支国家运动队开展心理科技攻关和服务工作。